KB091402

스프링 부트 JPA 모범 사례

스프링 부트 JPA 모범 사례

스프링 부트 기반 애플리케이션에서의 JPA 성능 최적화

안겔 레오나르드 지음   한성곤 옮김

i!i
에이콘

에이콘출판의 기틀을 마련하신 故 정완재 선생님 (1935-2004)

사랑하는 아내 옥타비아^{Octavia}에게 이 책을 바친다.

사랑하는 아내 옥타비아[Octavia]에게 이 책을 바친다.

지은이 소개

안겔 레오나르드^{Anghel Leonard}

 자바 생태계에서 20년 이상의 경험을 가진 수석 기술 전략 가^{Chief Technology Strategist}이자 독립 컨설턴트다. 일상 업무에서 강력한 아키텍처, 클린 코드, 고성능을 지원하는 자바 분산 애플리케이션을 설계하고 개발하는 데 중점을 둔다. 또한 코칭, 멘토링, 기술 리더십에도 열정을 쏟고 있으며, 여러 권의 도서와 비디오, 자바 기술과 관련된 수십 개의 기사를 저술했다.

마누엘 조던 엘레라 Manuel Jordan Elera

독학으로 최신 기술을 배우고 새로운 통합을 만들어내는 것을 즐기는 개발자이자 연구자다. 2013년 스프링 어워드 – 커뮤니티 챔피언 및 스프링 챔피언을 수상했다. 여가 시간에는 성경을 읽고 기타로 음악을 작곡하기도 하며, 닉네임은 dr_pompeii이다. 『Pro Spring Boot 2』(2019), 『Rapid Java Persistence and Microservices』(2019), 『Java Language Features』(2018), 『스프링 부트 2 레시피』(에이콘, 2019), 『Java APIs, Extensions and Libraries』(2018) 등 에이프레스Apress의 수많은 도서를 기술 감수했다. 다양한 스프링 기술에 대한 13개의 상세한 튜토리얼을 읽어보거나 블로그(https://www.manueljordanelear.blogspot.com)를 통해 문의할 수 있다. X(전 트위터) 계정(@dr_pompeii)을 팔로우하자.

옮긴이 소개

한성곤(vincent.han@sw-architect.org)

다년간 SW 엔지니어링, 개발, 아키텍처 수립뿐만 아니라 프로젝트 관리 및 코드 품질 개선 활동 등 다양한 경험과 역할을 수행했다. 현재 삼성SDS에서 로우 코드 플랫폼^{Low Code Platform} 개발과 관련된 업무를 수행 중이며, 전자정부 표준 프레임워크 오픈커뮤니티 커미터 활동 등을 통해 얇은 지식이나마 공유하고자 노력하고 있다.

스프링^{Spring} 프레임워크, 특히 최근 클라우드 네이티브^{cloud-native} 기반 애플리케이션 구축에 많이 사용되는 스프링 부트^{Spring Boot}에서 데이터 액세스 기술로 인기를 끌고 있는 것이 바로 JPA^{Java Persistence API}다. 개별 데이터베이스 시스템마다 네이티브^{native} 쿼리를 작성해야 하는 MyBatis나 코드에 직접 쿼리를 작성하는 JDBC 기반 개발은 DBMS 대상을 확대하기가 쉽지 않지만, JPA의 경우 간단한 설정 변경만으로 여러 DBMS와 버전을 손쉽게 지원하는 특징을 갖는다. 무엇보다도 SQL 중심이 아닌 객체지향적 설계 및 개발 방식을 지원한다.

그러나 JPA는 기존에 익숙하던 방식이나 직관적인 다른 데이터 액세스 기술과는 달리 내부적인 처리 메커니즘을 어느 정도 알고 동작 방식을 이해해야 어려움 없이 활용할 수 있다. 즉, 학습 곡선^{learning curve}이 가파르다. 특히 잘못 설계된 엔터티^{entity}는 성능에 많은 영향을 주기도 하고, 정확하게 설정되지 않은 연관관계^{association}는 예외가 발생하는 등의 난항을 겪는 경우가 많다.

이 책은 JPA에 대한 다양한 측면, 특히 성능과 관련된 이슈와 이에 대한 해결 방법을 다룬다. 다만 JPA의 기초를 다루지 않고 JPA 사용에 대한 기본 지식을 갖고 있어야 볼 수 있는 수준으로, JPA를 이미 사용하고 있는 개발자를 위한 레시피^{recipe}와 모범 사례^{best practices}를 모았다. 실용적인 레시피를 중심으로 구성됐고, 각 레시피는 성능 사례 또는 성능 관련 사례를 중점적으로 다루고 있으며 여러 스타일(순수 하이버네이트^{Hibernate} 사용, 스프링 데이터^{Spring Data} JPA 등)로 작성돼 온전한 예제를 많이 포함하고 있다.

예제 코드는 저자의 깃허브 리포지터리(https://github.com/Apress/spring-boot-persistence-best-practices)를 확인하거나, 역자가 일부 수정해 제공하는 깃허브 리포지터리

(https://bit.ly/bootjpa)를 통해 확인할 수 있다. 여러 자바 버전(n-LTS 버전 포함)을 자바 11로 통일하고 스프링 부트도 v2 버전에서 가장 최신 버전으로 적용했다. 코드 가독성을 위한 약간의 수정 등도 포함했다.

마지막으로 이 책을 통해 JPA를 효율적으로 활용해서 견고한 엔터프라이즈 애플리케이션 구축의 토대가 되기를 희망한다. 아울러 부족한 역자를 믿고 번역을 맡겨준 에이콘출판사에 감사하며, 항상 격려와 배려를 해주신 고 권성준 사장님과 황영주 부사장님 그리고 편집 팀에게도 이 자리를 빌려 고마운 마음을 전한다.

간단히 말해 이 책은 스프링 부트 애플리케이션의 자바 영속성^{Persistence} 성능에 대한 모범 사례 모음집이다. 모범 사례는 120개 이상의 항목을 통해 제공되며, 다음과 같이 3가지 범주로 분류된다.

- 첫째, 엔터티 정의, 관계 매핑, 쿼리 작성, 데이터 가져오기, 식별자^{identifier} 생성기^{generator} 선택 등에 대한 모범 사례를 다룬다. 주로 스프링 부트 기본 제공 아티팩트^{artifact}로 도움을 받을 수 없는 영역과 수정이 어렵고 도메인 모델에 상당한 변경을 필요로 하는 심각한 성능 저하 방지를 다룬다.

- 둘째, 스프링 부트 지원 기능(더 정확하게는 스프링 데이터) 사용을 위한 모범 사례를 다룬다. 기본 지원 기능의 묘책을 활용하다 보면 성능이 저하될 수 있다. 예를 들어 OSIV^{Open Session In View}, 오프셋 페이지네이션^{offset pagination}, 커밋 후 후크^{post-commits hook}, @Transactional에 대한 오해는 다루는 주제 중 일부에 불과하다. 여러분은 이 범위 항목들에 뛰어들 준비가 돼 있고 흥미를 느낄 것이라 확신한다.

- 셋째, 애플리케이션의 성능을 유지할 수 있는 몇 가지 하이버네이트 기능을 자세히 알아본다. 기본적으로 스프링 데이터는 영속성 공급자로 하이버네이트를 사용하기에 스프링 데이터를 통해 하이버네이트를 활용할 수 있을 뿐만 아니라 하이버네이트 자체로도 활용할 수 있다. 하이버네이트 프록시^{proxy}를 통한 자식 측 부모 연관관계 채우기^{populating}, 더티 트래킹^{dirty tracking}, 커넥션^{connection} 획득 지연, 지연 로딩^{lazy loading} 속성, 자연키 ^{natural key} 사용과 같은 좋은 기능은 다루는 항목 중 일부에 불과하다.

이 책의 전제 조건은 매우 명확하다. IDE(예: NetBeans, Eclipse, IntelliJ IDEA, Visual Studio 등), MySQL 및 PostgreSQL이 필요하다. 선택적으로 다른 데이터베이스 벤더(예: 오라클, SQL 서버 등)를 설치하거나 사용할 수 있다.

앞으로 보겠지만 리포지터리(repository) 인터페이스에 @Repository 어노테이션 사용을 선호한다. @Repository는 확인되지 않은 SQL의 특정 예외(exception)를 스프링 예외로 변환하는 데 유용하다는 것은 잘 알려져 있다. 이 방법으로는 DataAccessException(및 하위 클래스)만 처리하면 된다.

그럼에도 스프링을 사용할 때에는 유효하지만 스프링 데이터 리포지터리는 이미 스프링 프록시에 의해 처리된다. 즉, @Repository를 사용하지 않아도 아무런 차이가 없다. 다만 혼란을 피하고 리포지터리 인터페이스임을 강조하고자 이 표현 방식을 선호한다. 너무 장황하거나 불필요하다고 생각되면 자유롭게 제거해도 된다.

이 책에서 사용된 예제는 압도적인 비율로 하이버네이트 JPA를 사용한다. 즉, 스프링 부트 애플리케이션에서 가장 일반적으로 사용되는 하이버네이트를 JPA 공급자로 채택하고 있다. 스프링 부트(스프링) 애플리케이션에서 순수 하이버네이트를 적용하는 경우(예: SessionFactoryBuilder, BootstrapServiceRegistryBuilder, SessionRegistry, Configuration, HibernateTransactionManager 등), 사례 및 시나리오에 따라 다른 동작이 나타날 수도 있다.

'하이버네이트의' 또는 '하이버네이트 ORM'이라고 표현된 부분은 JPA에는 존재하지 않는(하이버네이트에만 존재하는) 무언가를 언급하는 것이지만, 맥락에 따라 그렇지 않을 수도 있다.

간결함과 주제의 핵심을 명확하게 하고자 다음과 같이 프로덕션(production) 환경에서 피해야 할 예제 코드의 몇 가지 단점을 확인할 수 있다.

- 하드 코딩된(hard-coded) 식별자(기본키) 또는 메서드 인자로 지정된 기타 데이터
- Optional 객체를 언래핑(unwrapping)하기 위한 orElseThrow() 사용(요청된 데이터를 찾거나 로드하는 데 문제가 있는 경우 신속히 신호를 받을 수 있어 이 방식을 선호함)
- 여기에 언급을 잊어버린 다른 것들

주요 성능 페널티 정리

즉시 가져오기^{eager fetching}를 사용

- 항목: 1-5, 7, 8, 9, 23, 24

N+1 문제를 방지/조치하지 않음

- 항목: 6-9, 23, 24, 39-41, 43, 56, 66, 67, 81, 108

필요한 것 이상으로 많은 데이터 가져오기

- 항목: 10, 12, 21, 23-38, 42, 43, 45, 56, 57, 97, 98, 105, 128

방대한 리스트 요소를 하나씩 업데이트/삭제하기

- 항목: 6, 51-53, 59, 109, 126, 129

읽기 전용 처리에 엔터티 사용

- 항목: 16, 22, 25-38, 42, 43, 56, 57, 95, 96

낮은 성능 배치 처리 구현

- 항목: 46-55

낮은 성능 연관관계 구현

- 항목: 1-5, 11, 12, 14, 75, 76, 80

뷰^{View}에서 열린 세션(OSIV) 사용

- 항목: 23, 110

낮은 성능 식별자 사용

- 항목: 55, 65-76

낮은 성능 페이지네이션^{pagination} 사용

- 항목: 44, 94-102

읽기 전용 쿼리에 @Transactional 사용하지 않기

- 항목: 61, 64

@Transactional 최적화 방식 사용하지 않기

- 항목: 61-64

커넥션 지연 획득하지 않기

- 항목: 60, 64

가장 효율적인 쿼리 사용하지 않기(윈도우 함수, CTE, 네이티브 쿼리 피하기)

- 항목: 10, 28-30, 34, 39, 41-45, 56, 59, 103, 105, 107, 108, 119-129

스마트 엔터티 사용하지 않기

- 항목: 13, 15-17, 19

하이버네이트 이점 활용하지 않기

- 항목: 10, 16, 18, 23, 35, 36, 37, 48, 60, 66, 67, 69-71, 77-80, 89-91, 103, 109, 111, 115, 124, 126, 132, 143-147

낮은 성능 이벤트 및 콜백callback 사용

- 항목: 20, 104, 106

모니터링 및 감사audit 사용하지 않기

- 항목: 81-85, 88-91

데이터베이스 기능 활용하지 않기

- 항목: 112, 114, 116-120, 130

잘못되거나 성능이 낮은 설정 수행

- 항목: 86, 87, 92, 93

낙관적 잠금optimistic locking 회피하기

- 항목: 131-137

낮은 성능 상속 사용

- 항목: 138-142

기본 JPA, SQL, 플러시flush, 트랜잭션, 인덱스, 2차 캐시Second Level Cache에 대한 기술 부족

- 부록: A-K

문의

한국어판의 예제 코드는 에이콘출판사의 도서정보 페이지(http://www.acornpub.co.kr/book/spring-boot-jpa)에서 다운로드할 수 있다.

한국어판에 관한 질문은 이 책의 옮긴이나 에이콘출판사 편집 팀(editor@acornpub.co.kr)으로 문의할 수 있고, 정오표는 에이콘출판사의 도서정보 페이지(http://www.acornpub.co.kr/book/spring-boot-jpa)에서 찾아볼 수 있다.

## 1장

연관관계

항목 1: @OneToMany 연관관계를 효과적으로 구성하는 방법

양방향^{bidirectional} @OneToMany 연관관계^{association}는 도메인 모델^{domain model}에서 가장 많이 볼 수 있는 연관관계일 것이다. 이를 기반으로 이 책에서는 많은 예제에 이 연관관계를 활용한다.

연관관계 효율성에 대한 빠른 가이드는 부록 B를 참고하자.

양방향 지연^{lazy} @OneToMany 연관관계와 관련해 Author와 Book이라는 두 엔터티^{entity}를 생각해보자. 그림 1-1에서 해당 @OneToMany 테이블 관계^{relationship}를 볼 수 있다.

여기서 author 테이블은 book 테이블에 대한 @OneToMany 관계를 갖는데, author의 행^{row}은 여러 book 행에 의해 참조될 수 있으며, author_id 열^{column}은 author 테이블의 기본키^{primary key}를 참조하는 외래키^{foreign key}를 통해 이 관계를 매핑한다. 저자 없이 도서는 존재할 수 없기 때문에 author가 부모 측_(@OneToMany)이 되고 book은 자식 측_(@ManyToOne)이 된다. 이 @ManyToOne 연관관계는 외래키 열을 영속성 콘텍스트^{Persistence Context}[1]_{(1차 캐시}^{First Level Cache}₎와 동기화하는 역할을 한다.

---

[1] 영속성 콘텍스트는 엔터티를 영구적으로 보관하는 환경을 뜻하는데, 애플리케이션과 데이터베이스 사이에 객체를 저장하는 가상의 데이터베이스 역할을 한다. 엔터티 매니저(Entity Manager)를 통해 객체를 처리할 때 사용되며 내부에 캐시를 갖는데, 이를 1차 캐시라고 한다. 이와는 별도로 JPA 구현체들은 애플리케이션 수준에서의 캐시를 지원하는데, 이를 공유 캐시(Shared Cache) 또는 2차 캐시(Second-level Cache)라고 한다. - 옮긴이

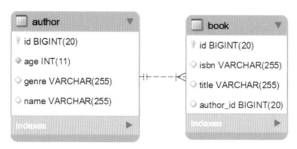

그림 1-1. @OneToMany 테이블 관계

JPA 기초에 대한 의미 있고 간단한 가이드는 부록 A를 참고하자.

일반적인 규칙으로 단방향(unidirectional) 연관관계보다는 양방향을 사용하자. 곧 살펴보겠지만 **항목 2**에서 단방향 @OneToMany의 성능 저하 문제와 이를 피해야 하는 이유를 살펴본다.

양방향 @OneToMany 연관관계를 코딩하는 가장 좋은 방법은 다음 절에서 살펴본다.

항상 부모 측에서 자식 측으로 전이를 사용

자식 측에서 부모 측으로의 전이^{cascading}는 코드 스멜^{code smell}[2]이자 잘못된 관행이며 도메인 모델과 애플리케이션 설계를 다시 살펴봐야 할 명확한 신호다. 자식으로부터 부모로 탄생이 전이되는 것이 얼마나 부적절하고 비논리적인지 생각해보면 된다. 자식은 부모 없이 존재할 수 없는데, 다른 한편으로 자식이 부모의 탄생을 전이한다는 것이다. 이는 비논리적이지 않은가? 그래서 통상적으로 다음 예제와 같이 부모 측에서 자식 측으로만 전이를 지정한다(이는 양방향 연관관계를 사용하는 가장 중요한 이점 중 하나다). 이를 위해 Author에서 Book으로 전이될 수 있도록 Author 엔터티에 전이 타입^{cascade type}을 추가한다.

---

2. 프로그래밍 코드에서 당장의 문제를 일으킬 수 있는 오류가 아니어도 추후 개선을 방해하거나 이해를 어렵게 하는 특징을 나타낸다. 대표적으로 중복 코드나 이해하기 어려운 변수명 사용 등이 해당된다. 이 한국어판에서는 원문의 의미를 살리고자 해당 용어를 그대로 사용한다. – 옮긴이

```
@OneToMany(cascade = CascadeType.ALL)
```

현 맥락에서는 @ManyToOne상에 CascadeType.*를 지정하면 안 되는데, 엔터티 상태 전환(entity state transitions)이 부모 측 엔터티에서 자식 측 엔터티로만 전파돼야 하기 때문이다.

부모 측에 mappedBy 지정

부모 측에 설정되는 mappedBy 속성은 양방향 연관관계의 특성을 부여한다. 다시 말해 양방향 @OneToMany 연관관계에서 부모 측 @OneToMany에 mappedBy가 지정되고 mappedBy에 의해 참조되는 자식 측에 @ManyToOne이 지정된다. mappedBy를 통해 양방향 @OneToMany 연관관계가 @ManyToOne 자식 측 매핑을 미러링한다는 신호를 보내는 것이다. 이 경우 Author 엔터티에 다음과 같이 추가한다.

```
@OneToMany(cascade = CascadeType.ALL,
           mappedBy = "author")
```

부모 측에 orphanRemoval 지정

부모 측 orphanRemoval 지정은 더 이상 참조되지 않는 자식들의 삭제를 보장한다. 즉, orphanRemoval은 소유 객체로부터 참조 없이 존재할 수 없는 의존 객체를 정리하기에 유용하다. 이를 위해 다음과 같이 Author 엔터티에 orphanRemoval을 지정한다.

```
@OneToMany(cascade = CascadeType.ALL,
           mappedBy = "author",
           orphanRemoval = true)
```

연관관계의 양측을 동기화 상태로 유지

부모 측 도우미^{helper} 메서드를 통해 어렵지 않게 연관관계의 양쪽 상태를 동기화할 수 있다. 보통 addChild(), removeChild(), removeChildren() 메서드가 이 작업을 수행하고 '서바이벌 키트^{survival kit}[3]'를 나타내지만 더 많은 도우미 메서드를 추가할 수 있다. 동기화를 포함해 사용해야 할 처리를 식별하고 이를 도우미 메서드로 끌어내기만 하면 된다. 연관관계의 양쪽을 동기화 상태로 유지하려 노력하지 않으면 엔터티 상태 전환으로 인해 예기치 않은 동작이 발생될 수 있다. 이를 위해 Author 엔터티에 다음과 같은 도우미 메서드를 추가한다.

```java
public void addBook(Book book) {
    this.books.add(book);
    book.setAuthor(this);
}

public void removeBook(Book book) {
    book.setAuthor(null);
    this.books.remove(book);
}

public void removeBooks() {
    Iterator<Book> iterator = this.books.iterator();

    while (iterator.hasNext()) {
        Book book = iterator.next();

        book.setAuthor(null);
        iterator.remove();
    }
}
```

---

3. 생존을 위한 최소한의 기본 물품을 뜻한다. — 옮긴이

equals()와 hashCode() 오버라이딩

equals()와 hashCode() 메서드를 적절하게 오버라이딩^{overriding}함으로써 애플리케이션은 모든 엔터티 상태 전환에서 동일한 결과를 얻을 수 있다(해당 관점은 항목 68에서 상세히 분석한다). @OneToMany 연관관계의 경우 이 두 메서드는 자식 측에서 재정의돼야 하는데, 자동 생성된 데이터베이스 식별자^{auto-generated database identifier}를 사용해 오버라이드해야 한다. 자동 생성된 데이터베이스 식별자를 기반으로 equals()와 hashCode()를 재정의하는 것은 항목 68에서 자세히 설명된 특수한 경우다. 기억해야 할 가장 중요한 내용은 자동 생성된 데이터베이스 식별자의 경우 equals() 메서드는 동등성 검사^{equality check}를 수행하기 전에 식별자의 null 검사를 수행해야 하며, hashCode() 메서드는 상수 값을 반환해야 한다는 것이다. Book 엔터티는 자식 측이기에 다음과 같이 이 2가지 주요 사항[4]을 강조한다.

```
@Override
public boolean equals(Object obj) {
    // ...
    return id != null && id.equals(((Book) obj).id);
}

@Override
public int hashCode() {
    return 2021;
}
```

연관관계 양측에서 지연 로딩 사용

기본적으로 부모 측 엔터티를 가져오더라도^{fetching} 자식 측 엔터티는 가져오지 않는데, @OneToMany는 지연^{lazy}으로 설정됐음을 의미한다. 반면 자식 측 엔터티를

---

4. equals()에서 2021 상수 값을 반환한 것은 특별한 의미는 없다. 단지 책이 출간된 당시 년도를 사용한 것으로 생각되며, 특정된 값 사용이 꺼려지면 엔터티 클래스를 기반으로 하는 SomeEntityClass.class.hashCode()를 사용하거나 getClass().hashCode()를 사용할 수 있다. — 옮긴이

가져오면 기본적으로 부모 측 엔터티를 즉시^{eagerly} 가져온다. 좀 더 자세한 내용은 3장에서 다루겠지만 명시적으로 @ManyToOne을 지연으로 설정하고 쿼리 기반에서만 즉시 가져오게 하는 것이 좋다. 이를 위해 Book 엔터티는 @ManyToOne을 명시적으로 LAZY로 지정한다.

```
@ManyToOne(fetch = FetchType.LAZY)
```

toString() 오버라이딩 방법에 주의

toString()을 재정의해야 하는 경우 엔터티가 데이터베이스로부터 로드될 때 가져오는 기본 속성만 포함해야 한다. 지연 속성이나 연관관계를 포함하게 되면 해당 데이터를 가져오는 별도 SQL문이 실행되거나 LazyInitializationException이 발생된다. 예를 들어 Author 엔터티에 대한 toString() 메서드를 구현할 때 books 컬렉션^{collection}을 사용하지 않고 기본 속성^(id, name, age, genre)만 사용해야 한다.

```
@Override
public String toString() {
    return "Author{" + "id=" + id + ", name=" + name
        + ", genre=" + genre + ", age=" + age + '}';
}
```

@JoinColumn을 사용해 조인 칼럼 지정

소유되는 엔터티^(Book)에 정의된 조인 칼럼^{join column}은 ID 값을 저장하고 Author 엔터티에 대한 외래키를 갖는데, 이 칼럼은 의도된 이름을 지정하는 것이 좋다. 그래야 참조할 때 잠재적인 혼동이나 실수를 피할 수 있다^(예: 네이티브 쿼리^{native queries}). 이를 위해 다음과 같이 @JoinColumn을 Book 엔터티에 추가한다.

```
@JoinColumn(name = "author_id")
```

Author 및 Book 샘플 코드

지금까지의 지침들을 함께 사용해 코드로 표현하면 다음과 같은 Author와 Book 샘플 코드가 된다.

```java
@Entity
public class Author implements Serializable {
    private static final long serialVersionUID = 1L;

    @Id
    @GeneratedValue(strategy = GenerationType.IDENTITY)
    private Long id;

    private String name;
    private String genre;
    private int age;

    @OneToMany(cascade = CascadeType.ALL,
        mappedBy = "author", orphanRemoval = true)
    private List<Book> books = new ArrayList<>();

    public void addBook(Book book) {
        this.books.add(book);
        book.setAuthor(this);
    }

    public void removeBook(Book book) {
        book.setAuthor(null);
        this.books.remove(book);
    }

    public void removeBooks() {
        Iterator<Book> iterator = this.books.iterator();
        while (iterator.hasNext()) {
```

```java
            Book book = iterator.next();

            book.setAuthor(null);
            iterator.remove();
        }
    }

    // 간결함을 위해 getter/setter 생략

    @Override
    public String toString() {
        return "Author{" + "id=" + id + ", name=" + name
            + ", genre=" + genre + ", age=" + age + '}';
    }
}

@Entity
public class Book implements Serializable {
    private static final long serialVersionUID = 1L;

    @Id
    @GeneratedValue(strategy = GenerationType.IDENTITY)
    private Long id;

    private String title;
    private String isbn;

    @ManyToOne(fetch = FetchType.LAZY)
    @JoinColumn(name = "author_id")
    private Author author;

    // 간결함을 위해 getter/setter 생략

    @Override
    public boolean equals(Object obj) {
        if (obj == null) {
            return false;
        }
        if (this == obj) {
            return true;
```

```
        }
        if (getClass() != obj.getClass()) {
            return false;
        }
        return id != null && id.equals(((Book) obj).id);
    }

    @Override
    public int hashCode() {
        return 2021;
    }

    @Override
    public String toString() {
        return "Book{" + "id=" + id + ", title=" + title
                       + ", isbn=" + isbn + '}';
    }
}
```

해당 코드는 깃허브[5]에서 확인할 수 있다.

엔터티 삭제 처리, 특히 자식 엔터티 처리에 주의해야 한다. `CascadeType.REMOVE`와 `orphanRemoval=true`가 처리되는 동안 많은 SQL문이 생성될 수 있다. 이 경우 벌크(bulk) 처리를 사용하는 것이 일반적으로 상당히 많은 엔터티를 삭제하는 가장 좋은 방법이다. 배치 처리로 삭제하는 것은 **항목 52**와 **항목 53**을 참고하고, 자식 엔터티 삭제에 대한 모범 사례는 **항목 6**을 참고하자.

항목 2: 단방향 @OneToMany 연관관계를 피해야 하는 이유

양방향 지연 @OneToMany 연관관계와 관련된 Author와 Book 엔터티를 고려해보자(저자는 여러 도서를 저술하고 각 도서는 단일 저자를 갖는다). 자식 엔터티인 Book을 등록하려 하면

---

5. HibernateSpringBootOneToManyBidirectional

book 테이블에 하나의 SQL INSERT문이 트리거되고(하나의 자식 행이 추가됨), 자식 엔터티를 삭제하면 book 테이블에 하나의 SQL DELETE문이 트리거된다(하나의 자식 행이 삭제된다).

이제 동일한 Author와 Book 엔터티가 다음과 같이 매핑된 단방향 @OneToMany 연관관계를 가정해보자.

```
@OneToMany(cascade = CascadeType.ALL, orphanRemoval = true)
private List<Book> books = new ArrayList<>();
```

누락된 @ManyToOne 연관관계는 그림 1-2와 같이 부모-자식 연관관계를 관리하기 위한 별도의 연결 테이블junction table(author_books)을 생성한다.

이 연결 테이블에는 2개의 외래키가 있어 인덱싱indexing은 양방향 @OneToMany의 경우보다 더 많은 메모리를 사용한다. 아울러 3개의 테이블이 있으면 쿼리 작업에도 영향을 미치는데, 데이터 읽기는 다음과 같이 2개가 아닌 3개의 조인join이 필요하기 때문이다. 추가적으로 단방향 @OneToMany 연관관계에서 INSERT나 DELETE가 어떻게 작동하는지도 살펴보자.

그림 1-2. @OneToMany 테이블 관계

3권의 도서를 저술한 Joana Nimar라는 작가가 있다고 생각해보면 데이터 스냅숏snapshot은 그림 1-3과 같다.

author

id	age	genre	name
1	34	History	Joana Nimar

author_books

author_id	books_id
1	1
1	2
1	3

book

id	isbn	title
1	001-JN	A History of Ancient Prague
2	002-JN	A People's History
3	003-JN	World History

그림 1-3. 데이터 스냅숏(단방향 @OneToMany)

일반적인 단방향 @OneToMany

다음 절에서 일반 단방향 **@OneToMany** 연관관계에서의 INSERT와 REMOVE 처리를 다룬다.

각 시나리오는 그림 1-3에 표시된 데이터 스냅숏에서 시작한다.

저자와 해당 도서 등록

데이터 스냅숏에 대한 저자와 연관된 도서를 등록persisting하기 위한 서비스 메서드는 다음과 같다.

```
@Transactional
public void insertAuthorWithBooks() {
    Author jn = new Author();
    jn.setName("Joana Nimar");
    jn.setAge(34);
    jn.setGenre("History");

    Book jn01 = new Book();
    jn01.setIsbn("001-JN");
    jn01.setTitle("A History of Ancient Prague");

    Book jn02 = new Book();
    jn02.setIsbn("002-JN");
    jn02.setTitle("A People's History");

    Book jn03 = new Book();
```

```
        jn03.setIsbn("003-JN");
        jn03.setTitle("World History");

        jn.addBook(jn01);
        jn.addBook(jn02);
        jn.addBook(jn03);

        authorRepository.save(jn);
    }
```

생성된 SQL INSERT문을 살펴보며 양방향 @OneToMany 연관관계와 비교해 연결 테이블에 3개의 INSERT가 추가됐음을 알 수 있다(n개 도서의 경우 n개의 추가 INSERT가 있음).

```
    INSERT INTO author (age, genre, name)
        VALUES (?, ?, ?)
    Binding:[34, History, Joana Nimar]

    INSERT INTO book (isbn, title)
        VALUES (?, ?)
    Binding:[001-JN, A History of Ancient Prague]

    INSERT INTO book (isbn, title)
        VALUES (?, ?)
    Binding:[002-JN, A People's History]

    INSERT INTO book (isbn, title)
        VALUES (?, ?)
    Binding:[003-JN, World History]

    -- 양방향 @OneToMany에서는 필요 없는 추가 insert 처리들
    INSERT INTO author_books (author_id, books_id)
        VALUES (?, ?)
    Binding:[1, 1]

    INSERT INTO author_books (author_id, books_id)
        VALUES (?, ?)
    Binding:[1, 2]
```

```
INSERT INTO author_books (author_id, books_id)
    VALUES (?, ?)
Binding:[1, 3]
```

따라서 이런 맥락에서 단방향 @OneToMany는 양방향 @OneToMany 연관관계보다 덜 효율적이다. 다음 각 시나리오에서는 현재 데이터 스냅숏을 시작점으로 사용한다.

기존 저자의 새로운 도서 등록

Joana Nimar가 새 도서를 출판했기에 book 테이블에 추가해야 한다. 이를 위한 서비스 메서드는 다음과 같다.

```
@Transactional
public void insertNewBook() {
    Author author = authorRepository.fetchByName("Joana Nimar");

    Book book = new Book();
    book.setIsbn("004-JN");
    book.setTitle("History Details");

    author.addBook(book); // addBook() 도우미 사용

    authorRepository.save(author);
}
```

이 메서드를 호출하고 SQL INSERT문 결과만을 확인하면 다음과 같다.

```
INSERT INTO book (isbn, title)
    VALUES (?, ?)
Binding:[004-JN, History Details]

-- 아래 DML문들은 양방향 @OneToMany에서는 나타나지 않음
```

```
DELETE FROM author_books
WHERE author_id = ?
Binding:[1]

INSERT INTO author_books (author_id, books_id)
    VALUES (?, ?)
Binding:[1, 1]

INSERT INTO author_books (author_id, books_id)
    VALUES (?, ?)
Binding:[1, 2]

INSERT INTO author_books (author_id, books_id)
    VALUES (?, ?)
Binding:[1, 3]

INSERT INTO author_books (author_id, books_id)
    VALUES (?, ?)
Binding:[1, 4]
```

새 도서를 추가하고자 JPA 영속성 공급자[provider](하이버네이트)는 연결 테이블에서 모든 연관 도서를 삭제한 후 메모리에 새 도서를 추가하고 결과를 다시 등록한다. 이는 효율성과는 거리가 멀고 성능 저하 가능성이 매우 높다.

마지막 도서 삭제

마지막 도서 삭제는 다음과 같이 저자와 연관된 List<Book>을 가져오고 이 리스트에서 마지막 도서를 삭제한다.

```
@Transactional
public void deleteLastBook() {
    Author author = authorRepository.fetchByName("Joana Nimar");
    List<Book> books = author.getBooks();

    author.removeBook(books.get(books.size() - 1));
```

```
    }
```

deleteLastBook()을 호출하면 다음과 같은 관련 SQL문이 표시된다.

```
DELETE FROM author_books
WHERE author_id = ?
Binding:[1]

INSERT INTO author_books (author_id, books_id)
    VALUES (?, ?)
Binding:[1, 1]

INSERT INTO author_books (author_id, books_id)
    VALUES (?, ?)
Binding:[1, 2]

-- 양방향 @OneToMany에서 유일하게 필요한 DML
DELETE FROM book
WHERE id = ?
Binding:[3]
```

마지막 도서를 삭제하고자 JPA 영속성 공급자(하이버네이트)는 연결 테이블에서 모든 관련 도서를 삭제하고 메모리에서 마지막 도서를 제거한 후 나머지 도서를 다시 등록한다. 따라서 양방향 @OneToMany 연관관계와 비교해 성능 페널티penalty를 갖는 몇 개의 DML문이 추가되는데, 연관된 도서가 많을수록 성능 저하가 커진다.

첫 번째 도서 삭제

첫 번째 도서를 삭제하려면 다음과 같이 저자와 연관된 List<Book>을 가져오고 이 리스트에서 첫 번째 도서를 삭제해야 한다.

```
@Transactional
```

```
public void deleteFirstBook() {
    Author author = authorRepository.fetchByName("Joana Nimar");
    List<Book> books = author.getBooks();

    author.removeBook(books.get(0));
}
```

deleteFirstBook()을 호출하면 다음과 같은 관련 SQL문이 표시된다.

```
DELETE FROM author_books
WHERE author_id = ?
Binding:[1]

INSERT INTO author_books (author_id, books_id)
    VALUES (?, ?)
Binding:[1, 2]

INSERT INTO author_books (author_id, books_id)
    VALUES (?, ?)
Binding:[1, 3]

-- 양방향 @OneToMany에서 유일하게 필요한 DML
DELETE FROM book
WHERE id = ?
Binding:[1]
```

첫 번째 도서를 삭제하면 마지막 도서를 삭제하는 것과 똑같이 동작한다.

추가 SQL문의 동적 개수로 인한 성능 저하 외에도 연결 테이블의 외래키 칼럼과 관련된 인덱스 항목의 삭제 및 재추가로 인한 성능 저하도 있다(대부분의 데이터베이스는 외래키에 인덱스를 사용한다). 데이터베이스가 연결 테이블에서 부모 엔터티와 연관된 모든 테이블 행을 삭제할 때 해당 인덱스 항목도 삭제되고, 연결 테이블에 다시 추가될 때 인덱스 항목이 추가된다.

지금까지의 결론은 명확하다. 단방향 @OneToMany 연관관계는 데이터 읽기, 쓰기, 삭제에 대해 양방향 @OneToMany 연관관계보다 덜 효율적이다.

@OrderColumn 사용

@OrderColumn 어노테이션을 지정하며 단방향 @OneToMany 연관관계가 정렬된다. 다시 말해 @OrderColumn은 컬렉션이 ORDER BY 절을 사용해 정렬되도록 연결 테이블의 별도 데이터베이스 칼럼으로 항목 인덱스(모든 컬렉션 항목의 인덱스)를 구체화하도록 하이버네이트에 지시한다. 이 경우 모든 컬렉션 항목의 인덱스는 연결 테이블의 books_order 칼럼에 저장된다. 코드로는 다음과 같다.

```
@OneToMany(cascade = CascadeType.ALL, orphanRemoval = true)
@OrderColumn(name = "books_order")
private List<Book> books = new ArrayList<>();
```

이제 @OrderColumn과 연관관계가 어떻게 작동하는지 좀 더 살펴보자.

저자와 도서 등록

insertAuthorWithBooks() 서비스 메서드를 통해 스냅숏에서 저자와 연관된 도서를 등록하면 다음과 같은 관련 SQL문이 트리거된다.

```
INSERT INTO author (age, genre, name)
    VALUES (?, ?, ?)
Binding:[34, History, Joana Nimar]
INSERT INTO book (isbn, title)
    VALUES (?, ?)
Binding:[001-JN, A History of Ancient Prague]
```

```
INSERT INTO book (isbn, title)
    VALUES (?, ?)
Binding:[002-JN, A People's History]

INSERT INTO book (isbn, title)
    VALUES (?, ?)
Binding:[003-JN, World History]

-- 양방향 @OneToMany에서는 필요 없는 추가 insert 처리들
INSERT INTO author_books (author_id, books_order, books_id)
    VALUES (?, ?, ?)
Binding:[1, 0, 1]

INSERT INTO author_books (author_id, books_order, books_id)
    VALUES (?, ?, ?)
Binding:[1, 1, 2]

INSERT INTO author_books (author_id, books_order, books_id)
    VALUES (?, ?, ?)
Binding:[1, 2, 3]
```

여전히 3개의 추가 INSERT문이 호출되며 @OrderColumn은 아무런 이점이 없는 것 같다.

기존 저자의 새로운 도서 등록

insertNewBook() 서비스 메서드를 통해 새 도서를 등록하면 다음과 같은 관련 SQL문이 호출된다.

```
INSERT INTO book (isbn, title)
    VALUES (?, ?)
Binding:[004-JN, History Details]

-- 양방향 @OneToMany에서는 필요하지 않음
INSERT INTO author_books (author_id, books_order, books_id)
```

```
        VALUES (?, ?, ?)
    Binding:[1, 3, 4]
```

좋은 소식과 나쁜 소식이 있다.

좋은 소식은 이번에는 하이버네이트가 연관 도서를 메모리에서 다시 추가하고
자 삭제하지 않았다는 것이다.

나쁜 소식은 양방향 @OneToMany 연관관계와 비교해서 연결 테이블에 여전히 추
가 INSERT문이 있다는 것이다. 따라서 이 맥락에서 @OrderColumn은 약간의 이점
을 가져온다.

마지막 도서 삭제

deleteLastBook()을 통해 마지막 도서를 삭제하면 다음과 같은 관련 SQL문이
트리거된다.

```
DELETE FROM author_books
WHERE author_id = ?
    AND books_order = ?
Binding:[1, 2]

-- 양방향 @OneToMany에서 필요한 유일한 DML
DELETE FROM book
WHERE id = ?
Binding:[3]
```

@OrderColumn이 마지막 도서를 제거한 경우 약간의 이점을 가져왔는데, JPA 영
속성 공급자(하이버네이트)가 삭제되지 않은 나머지를 메모리에서 다시 추가하고자
연관된 모든 도서를 삭제하지 않은 것이다.

그러나 여전히 양방향 @OneToMany 연관관계와 비교해 연결 테이블에 호출되는 추가 DELETE가 있다.

첫 번째 도서 삭제

deleteFirstBook()을 통해 첫 번째 도서를 삭제하면 다음과 같은 관련 SQL문이 호출된다.

```
DELETE FROM author_books
WHERE author_id = ?
    AND books_order = ?
Binding:[1, 2]

UPDATE author_books
SET books_id = ?
WHERE author_id = ?
AND books_order = ?
Binding:[3, 1, 1]

UPDATE author_books
SET books_id = ?
WHERE author_id = ?
    AND books_order = ?
Binding:[2, 1, 0]

-- 양방향 @OneToMany에서 유일하게 필요한 DML
DELETE FROM book
WHERE id = ?
Binding:[1]
```

컬렉션의 끝에서 멀어질수록 @OrderColumn을 사용하는 이점이 작아진다. 첫 번째 도서를 삭제하면 연결 테이블에서 DELETE가 발생하고 데이터베이스에서 컬렉션의 메모리 내 순서를 유지하기 위한 일련의 UPDATE문이 뒤따른다. 다시 말하지만 효율적이지 않다.

@OrderColumn을 추가하면 삭제 처리에 약간의 이점이 있을 수 있다. 그럼에도 제거할 요소가 목록의 앞부분에 가까울수록 더 많은 UPDATE문이 필요하고 이로 인해 성능이 저하된다. 최상의 시나리오(컬렉션 끝에서 요소 제거)에서도 이 접근 방식은 양방향 @OneToMany 연결보다 낫지 않다.

@JoinColumn 사용

이제 @JoinColumn을 추가하면 어떤 이점이 있는지 살펴보자.

```
@OneToMany(cascade = CascadeType.ALL, orphanRemoval = true)
@JoinColumn(name = "author_id")
private List<Book> books = new ArrayList<>();
```

@JoinColumn을 지정하면 @OneToMany 연관관계가 자식 테이블 외래키를 제어할 수 있음을 하이버네이트에 지시한다. 즉, 그림 1-4와 같이 연결 테이블이 없어지고 테이블 수가 3개에서 2개로 줄어드는 것이다.

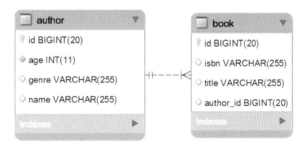

그림 1-4. @JoinColumn을 추가하면 연결 테이블이 제거됨

저자와 도서 등록

insertAuthorWithBooks() 서비스 메서드를 통해 저자와 연관 도서를 등록하면 다음과 같은 관련 SQL문이 트리거된다.

```
INSERT INTO author (age, genre, name)
    VALUES (?, ?, ?)
Binding:[34, History, Joana Nimar]

INSERT INTO book (isbn, title)
    VALUES (?, ?)
Binding:[001-JN, A History of Ancient Prague]

INSERT INTO book (isbn, title)
    VALUES (?, ?)
Binding:[002-JN, A People's History]

INSERT INTO book (isbn, title)
    VALUES (?, ?)
Binding:[003-JN, World History]

-- 양방향 @OneToMany에서는 필요 없는 추가 DML
UPDATE book
SET author_id = ?
WHERE id = ?
Binding:[1, 1]

UPDATE book
SET author_id = ?
WHERE id = ?
Binding:[1, 2]

UPDATE book
SET author_id = ?
WHERE id = ?
Binding:[1, 3]
```

등록되는 각 도서에 대해 하이버네이트는 author_id 값을 설정하고자 UPDATE를
호출한다. 이는 분명히 양방향 @OneToMany 연관관계와 비교해 성능 저하가 추가
되는 것이다.

기존 저자의 새로운 도서 등록

insertNewBook() 서비스 메서드를 통해 새 도서를 등록하면 다음과 같은 관련 SQL문이 호출된다.

```
INSERT INTO book (isbn, title)
    VALUES (?, ?)
Binding:[004-JN, History Details]

-- 양방향 @OneToMany에서는 필요하지 않은 추가 DML
UPDATE book
SET author_id = ?
WHERE id = ?
Binding:[1, 4]
```

일반 단방향 @OneToMany 연관관계만큼 나쁘지는 않지만 여전히 양방향 @OneToMany 연관관계에서는 필요하지 않은 UPDATE문이 처리된다.

마지막 도서 삭제

deleteLastBook()을 통해 마지막 도서를 삭제하면 다음과 같은 관련 SQL문이 트리거된다.

```
UPDATE book
SET author_id = NULL
WHERE author_id = ?
AND id = ?
Binding:[1, 3]

-- 양방향 @OneToMany에서 필요한 유일한 DML
DELETE FROM book
WHERE id = ?
Binding:[3]
```

JPA 영속성 공급자(하이버네이트)는 author_id를 null로 설정해 저자로부터 도서 연관관계를 끊는다.

그런 다음 orhpanRemoval=true 덕분에 연관이 해제된 도서가 삭제된다. 그럼에도 이런 추가 UPDATE는 양방향 @OneToMany 연관관계에서는 필요하지 않다.

첫 번째 도서 삭제

deleteFirstBook()을 통해 첫 번째 도서를 삭제하면 다음과 같은 관련 SQL문이 호출된다(이전 절과 동일한 SQL문임).

```
UPDATE book
SET author_id = NULL
WHERE author_id = ?
AND id = ?
Binding:[1, 1]

-- 양방향 @OneToMany에서 유일하게 필요한 DML
DELETE FROM book
WHERE id = ?
Binding:[1]
```

UPDATE가 아직 존재한다. 다시 한 번 양방향 @OneToMany 연관관계가 이 게임에서 승리한다.

@JoinColumn을 추가하면 일반 단방향 @OneToMany보다는 이점을 제공할 수 있지만 양방향 @OneToMany 연관관계보다는 낫지 않다. 추가 UPDATE문은 여전히 성능 저하를 가져온다.

@JoinColumn과 @OrderColumn을 함께 지정하는 것도 여전히 양방향 @OneToMany보다 낫지 않다. 게다가 List 대신 Set을 사용하거나 @JoinColumn(예: @ManyToOne @JoinColumn (name =

"author_id", updatetable = false, insertable = false))과 함께 양방향 @OneToMany를 사용하는 것도 여전히 양방향 @OneToMany 연관관계보다 성능이 떨어진다.

일반적인 규칙으로 단방향 @OneToMany 연관관계는 양방향 @OneToMany 또는 단방향 @ManyToOne 연관관계보다 덜 효율적이다.

전체 코드는 깃허브[6]에서 확인할 수 있다.

항목 3: 단방향 @ManyToOne의 효율성

항목 2에서 강조했듯 단방향 @OneToMany 연관관계는 효율적이지 않으며 양방향 @OneToMany 연관관계가 더 효율적이다. 그러면 단방향 @ManyToOne 연관관계는 얼마나 효율적일까? Author와 Book이 단방향 지연 @ManyToOne 연관관계와 관련돼 있다고 가정해보자. @ManyToOne 연관관계는 그림 1-5[7]와 같이 정확히 일대다
one-to-many 테이블 관계에 매핑된다.

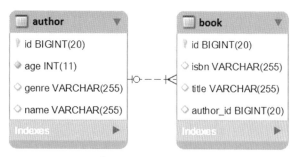

그림 1-5. 일대다 테이블 관계

---

6. HibernateSpringBootOneToManyUnidirectional
7. @OneToMany를 다룬 부분의 그림 1-1과 같아 보이지만 한 가지 차이가 있다. Author 쪽 관계 선택 사양(optionality)이 필수인 '|'에서 선택인 'o'로 변경됐다. 즉, Book 엔터티 입장에서 Author가 필수가 아닌 다대일(many-to-one) 관계를 갖는다. 이는 저자가 없는 도서가 있을 수 있다는 것으로, 도서를 따로 등록 관리하거나 작가가 미상인 도서를 생각하면 될 것 같다. - 옮긴이

보시다시피 기본 외래키는 자식 측에서 관리되는데, 이는 단방향이나 양방향 연관관계에서 동일하다.

Author와 Book 엔터티의 코드는 다음과 같다.

```java
@Entity
public class Author implements Serializable {
    private static final long serialVersionUID = 1L;

    @Id
    @GeneratedValue(strategy = GenerationType.IDENTITY)
    private Long id;

    private String name;
    private String genre;
    private int age;
    // ...
}

@Entity
public class Book implements Serializable {
    private static final long serialVersionUID = 1L;

    @Id
    @GeneratedValue(strategy = GenerationType.IDENTITY)
    private Long id;

    private String title;
    private String isbn;

    @ManyToOne(fetch = FetchType.LAZY)
    @JoinColumn(name = "author_id")
    private Author author;
    // ...
}
```

이제 단방향 @ManyToOne 연관관계가 얼마나 효율적인지 살펴보자.

특정 저자에게 새 도서 추가

새로운 도서를 특정 저자에게 추가하는 가장 효율적인 방법은 다음 예와 같다(코드를 간결하게 하고자 저자 id를 4로 하드코딩^{hardcode}했다).

```
@Transactional
public void insertNewBook() {
    Author author = authorRepository.getOne(4L);

    Book book = new Book();
    book.setIsbn("003-JN");
    book.setTitle("History Of Present");
    book.setAuthor(author);

    bookRepository.save(book);
}
```

이 메서드는 하나의 INSERT SQL문만을 호출한다. author_id 칼럼은 연관된 Author 엔터티의 식별자^{identifier}를 갖는다.

```
INSERT INTO book (author_id, isbn, title)
    VALUES (?, ?, ?)
Binding:[4, 003-JN, History Of Present]
```

EntityManager.getReference()를 통해 Author 참조를 반환하는 getOne()[8] 메서드를 사용한 점을 주목하자(자세한 내용은 **항목 14** 참고). 참조 상태는 지연된 방식으로 가져올 수 있지만 이 상황에서는 필요하지 않다. 따라서 불필요한 SELECT문을 피할 수 있다. 물론 영속성 콘텍스트에서 Author 인스턴스를 실제로 로드해야 하는 경우 findById()에 사용하는 것도 가능하고 바람직하다. 이때는 분명히 SELECT문이 사용된다.

---

8. 스프링 데이터 JPA v2.7부터는 권장되지 않으며(deprecated), 대신 getReferenceById() 메서드를 사용하도록 가이드된다. – 옮긴이

하이버네이트의 더티 체킹^{Dirty Checking9} 메커니즘은 예상대로 작동하는데(더티 체킹에 익숙하지 않은 경우 항목 18을 참고), 도서의 정보를 수정하면 UPDATE문이 실행된다. 다음 코드를 확인해보자.

```java
@Transactional
public void insertNewBook() {
    Author author = authorRepository.getOne(4L);

    Book book = new Book();
    book.setIsbn("003-JN");
    book.setTitle("History Of Present");
    book.setAuthor(author);

    bookRepository.save(book);

    book.setIsbn("not available");
}
```

이번에 insertNewBook() 호출은 INSERT와 UPDATE가 트리거된다.

```sql
INSERT INTO book (author_id, isbn, title)
    VALUES (?, ?, ?)

UPDATE book
SET author_id = ?,
    isbn = ?,
    title = ?
WHERE id = ?
```

하이버네이트는 연관된 Author 엔터티의 식별자로 author_id 칼럼을 채우기 때문에 특정 저자의 새로운 도서를 추가하는 것은 효율적으로 처리된다.

---

9. 간단히 얘기하자면 더티란 엔터티의 상태가 변경된 것으로, 체킹을 통해 상태 변경을 검사하고 트랜잭션이 끝날 때에 자동으로 데이터베이스에 반영(update)한다. – 옮긴이

저자의 모든 도서 가져오기

다음과 같이 JPQL 쿼리^{query}를 통해 저자가 쓴 모든 도서를 가져올 수 있다.

```
@Transactional(readOnly = true)
@Query("SELECT b FROM Book b WHERE b.author.id = :id")
List<Book> fetchBooksOfAuthorById(Long id);
```

서비스 메서드에서 fetchBooksOfAuthorById()를 호출하는 것은 매우 간단하다.

```
public void fetchBooksOfAuthorById() {
    List<Book> books = bookRepository.fetchBooksOfAuthorById(4L);
}
```

호출된 SELECT는 다음과 같다.

```
SELECT
    book0_.id AS id1_1_,
    book0_.author_id AS author_i4_1_,
    book0_.isbn AS isbn2_1_,
    book0_.title AS title3_1_
FROM book book0_
WHERE book0_.author_id = ?
```

도서 정보가 수정되면 더티 체킹 메커니즘의 이점이 활용되는데, 도서 컬렉션에서 도서를 업데이트하면 UPDATE문이 생성된다. 다음 코드를 확인해보자.

```
@Transactional
public void fetchBooksOfAuthorById() {
    List<Book> books = bookRepository.fetchBooksOfAuthorById(4L);
```

```
        books.get(0).setIsbn("not available");
    }
```

이번 fetchBooksAuthorById() 호출은 SELECT와 UPDATE를 트리거한다.

```
    SELECT
        book0_.id AS id1_1_,
        book0_.author_id AS author_i4_1_,
        book0_.isbn AS isbn2_1_,
        book0_.title AS title3_1_
    FROM book book0_
    WHERE book0_.author_id = ?

    UPDATE book
    SET author_id = ?,
        isbn = ?,
        title = ?
    WHERE id = ?
```

저자의 모든 도서를 가져오는 것은 하나의 SELECT만 필요하다. 따라서 이 작업은 효율적이다. 가져온 컬렉션은 하이버네이트에 의해 관리되진 않지만 도서를 추가/삭제하는 것은 매우 효율적이고 수행하기 쉽다. 이 주제는 곧 다룰 예정이다.

저자의 도서 페이징 처리

자식 레코드^{record} 수가 적으면 전체 도서를 가져와도 잘 작동하지만 일반적으로 많은 컬렉션을 가져오는 것은 중대한 성능 저하를 초래하는 나쁜 관행이다. 이때 페이지네이션^{pagination}은 구원의 손길을 제공한다(Pageable 인자^{argument} 추가만으로 일반적인 스프링 데이터의 오프셋^{offset} 기반 페이지네이션이 처리된다).

```
@Transactional(readOnly = true)
@Query("SELECT b FROM Book b WHERE b.author.id = :id")
Page<Book> fetchPageBooksOfAuthorById(Long id, Pageable pageable);
```

다음 예제와 같이 서비스 메서드에서 fetchPageBooksOfAuthorById()를 호출한다(물론 실제로는 여기에 표시된 것처럼 하드코딩된 값을 사용하지 않는다).

```
public void fetchPageBooksOfAuthorById() {
    Page<Book> books = bookRepository.fetchPageBooksOfAuthorById(4L,
        PageRequest.of(0, 2, Sort.by(Sort.Direction.ASC, "title")));

    books.get().forEach(System.out::println);
}
```

이 메서드는 2개의 SELECT문을 트리거한다.

```
SELECT
    book0_.id AS id1_1_,
    book0_.author_id AS author_i4_1_,
    book0_.isbn AS isbn2_1_,
    book0_.title AS title3_1_
FROM book book0_
WHERE book0_.author_id = ?
ORDER BY book0_.title ASC LIMIT ?

SELECT
    COUNT(book0_.id) AS col_0_0_
FROM book book0_
WHERE book0_.author_id = ?
```

오프셋 페이지네이션에 대한 최적화는 항목 95와 96에서 다룬다.

이전 절에서와 마찬가지로 로딩된 컬렉션은 하이버네이트에서 관리되진 않지만 도서를 수정하면 더티 체킹 메커니즘이 동작한다.

저자의 모든 도서 가져오기와 새로운 도서 추가

'저자의 모든 도서 가져오기' 절에서 이미 이 주제의 절반을 다뤘고 '특정 저자에게 새 도서 추가' 절에서는 나머지 절반을 살펴봤다. 이제 이 절들을 결합하면 다음과 같은 코드를 볼 수 있다.

```
@Transactional
public void fetchBooksOfAuthorByIdAndAddNewBook() {
    List<Book> books = bookRepository.fetchBooksOfAuthorById(4L);

    Book book = new Book();
    book.setIsbn("004-JN");
    book.setTitle("History Facts");
    book.setAuthor(books.get(0).getAuthor());

    books.add(bookRepository.save(book));
}
```

생성된 SQL문은 다음과 같다.

```
SELECT
    book0_.id AS id1_1_,
    book0_.author_id AS author_i4_1_,
    book0_.isbn AS isbn2_1_,
    book0_.title AS title3_1_
FROM book book0_
WHERE book0_.author_id = ?

INSERT INTO book (author_id, isbn, title)
    VALUES (?, ?, ?)
```

저자의 모든 도서 가져오기와 도서 삭제

다음 코드는 저자의 모든 도서를 가져온 후 첫 번째 도서를 삭제한다.

```
@Transactional
public void fetchBooksOfAuthorByIdAndDeleteFirstBook() {
    List<Book> books = bookRepository.fetchBooksOfAuthorById(4L);

    bookRepository.delete(books.remove(0));
}
```

저자의 모든 도서를 가져오는 데 필요한 이미 확인된 SELECT 외에 다음과 같은 하나의 DELETE문을 통해 삭제가 처리된다.

```
DELETE FROM book
WHERE id = ?
```

전체 코드는 깃허브[10]에서 확인할 수 있다.

항목 4: @ManyToMany 연관관계를 효과적으로 구성하는 방법

이번에는 이미 살펴본 Author와 Book 엔터티가 양방향 지연 @ManyToMany 연관관계를 갖는다(저자는 도서를 저술하고 하나의 도서는 여러 저자가 함께 저술한다). 그림 1-6을 살펴보자.

양방향 @ManyToMany 연관관계는 양쪽으로부터 탐색할 수 있으므로 양쪽 모두 부모(부모 측)가 된다. 둘 다 부모이기 때문에 둘 중 누구도 외래키를 보유하지 않고 연결 또는 조인 테이블로 알려진 별도의 테이블에 저장되는 2개의 외래키를 갖는다. 이 연결 테이블은 숨겨져 있으며 자식 측 역할을 한다.

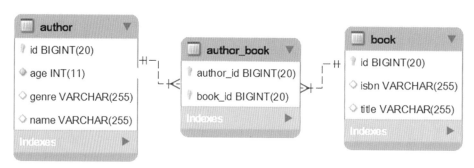

그림 1-6. @ManyToMany 테이블 관계

양방향 @ManyToMany 연관관계에 대한 가장 좋은 코딩 방법은 이후 절들에서 살펴보자.

관계의 오너 선택

기본 @ManyToMany 매핑을 사용하려면 개발자가 관계의 오너owner와 mappedBy 측 (즉, 오너의 반대 측)을 선택해야 한다. 한쪽만 오너가 될 수 있고 변경 사항은 오너로부

---

10. HibernateSpringBootJustManyToOne

터 데이터베이스로 전파된다. 예를 들어 Author는 오너가 될 수 있고, Book에는 mappedBy가 추가된다.

```java
@ManyToMany(mappedBy = "books")
private Set<Author> authors = new HashSet<>();
```

항상 List가 아닌 Set 사용

특히 삭제 처리와 관련해 Set을 사용하고 List를 피하는 것이 좋다. **항목 5**에서 강조하겠지만 Set은 List보다 성능이 훨씬 뛰어나다.

```java
private Set<Book> books = new HashSet<>();       // Author 클래스 내
private Set<Author> authors = new HashSet<>(); // Book 클래스 내
```

연관관계의 양측 동기화 상태 유지

좀 더 많이 사용되는 쪽에 추가된 도우미 메서드를 통해 연관관계 양쪽을 쉽게 동기화 상태로 유지할 수 있다. 예를 들어 비즈니스 로직이 도서보다 저자를 더 많이 다룬다면 개발자는 최소한 3개의 도우미 메서드인 addBook(), removeBook(), removeBooks()를 Author에 추가한다.

CascadeType.ALL 및 CascadeType.REMOVE 사용하지 않기

대부분의 경우 제거에 대한 전이는 좋은 생각이 아니다. 예를 들어 Author 엔터티를 삭제해도 다른 저자에 의해 Book이 참조될 수 있기 때문에 Book 제거가 호출되지 않아야 한다(도서는 여러 저자에 의해 공동 저술될 수 있음). 따라서 CascadeType.ALL과 CascadeType.REMOVE 사용을 피하고 명시적으로 CascadeType.PERSIST와 CascadeType.MERGE를 사용해야 한다.

```
@ManyToMany(cascade = {CascadeType.PERSIST, CascadeType.MERGE})
private Set<Book> books = new HashSet<>();
```

고아 객체(orphan) 삭제 옵션(orphanRemoval)은 @OneToOne과 @OneToMany 연관관계 어노테이션
에 지정되지만 @ManyToOne 또는 @ManyToMany 어노테이션에는 지정되지 말아야 한다.

조인 테이블 설정

조인 테이블명과 칼럼명을 명시적으로 설정하면 개발자가 혼동 없이 정보를
참조할 수 있는데, 다음 예제와 같이 @JoinTable을 통해 지정한다.

```
@JoinTable(name = "author_book",
    joinColumns = @JoinColumn(name = "author_id"),
    inverseJoinColumns = @JoinColumn(name = "book_id")
)
```

연관관계 양측에서 지연 로딩 사용

기본적으로 @ManyToMany 연관관계는 지연 처리되며, 이 방식을 그대로 사용해
야 한다. 다음과 같이 하면 안 된다.

```
@ManyToMany(fetch = FetchType.EAGER)
```

equals() 및 hashCode() 오버라이딩

equals()와 hashCode() 메서드를 적절하게 재정의함으로써 애플리케이션은 모
든 엔터티 상태 전환에서 동일한 결과를 얻는다. 이에 대한 내용은 항목 68에서

분석한다. 그리고 양방향 @ManyToMany 연관관계의 이 두 메서드는 양쪽에서 재정의돼야 한다.

toString() 오버라이딩 방법에 주의

toString()을 재정의해야 하는 경우 엔터티가 데이터베이스에서 로드될 때 가져오는 기본 속성만 포함해야 한다. 지연 속성 또는 연관관계를 포함하게 되면 해당 데이터를 가져오는 별도의 SQL문이 실행된다.

Author 및 Book 샘플 코드

지금까지의 지침들을 함께 사용해 코드로 표현하면 다음과 같은 Author와 Book 샘플 코드가 된다.

```java
@Entity
public class Author implements Serializable {
    private static final long serialVersionUID = 1L;

    @Id
    @GeneratedValue(strategy = GenerationType.IDENTITY)
    private Long id;

    private String name;
    private String genre;
    private int age;

    @ManyToMany(cascade = {CascadeType.PERSIST, CascadeType.MERGE})
    @JoinTable(name = "author_book",
        joinColumns = @JoinColumn(name = "author_id"),
        inverseJoinColumns = @JoinColumn(name = "book_id")
    )
    private Set<Book> books = new HashSet<>();

    public void addBook(Book book) {
```

```java
        this.books.add(book);
        book.getAuthors().add(this);
    }

    public void removeBook(Book book) {
        this.books.remove(book);
        book.getAuthors().remove(this);
    }

    public void removeBooks() {
        Iterator<Book> iterator = this.books.iterator();

        while (iterator.hasNext()) {
            Book book = iterator.next();

            book.getAuthors().remove(this);
            iterator.remove();
        }
    }

    // 간결함을 위해 getter/setter 생략

    @Override
    public boolean equals(Object obj) {
        if (obj == null) {
            return false;
        }
        if (this == obj) {
            return true;
        }
        if (getClass() != obj.getClass()) {
            return false;
        }

        return id != null && id.equals(((Author) obj).id);
    }

    @Override
    public int hashCode() {
```

```
            return 2021;
        }

        @Override
        public String toString() {
            return "Author{" + "id=" + id + ", name=" + name
                    + ", genre=" + genre + ", age=" + age + '}';
        }
    }

@Entity
public class Book implements Serializable {
    private static final long serialVersionUID = 1L;

    @Id
    @GeneratedValue(strategy = GenerationType.IDENTITY)
    private Long id;

    private String title;
    private String isbn;

    @ManyToMany(mappedBy = "books")
    private Set<Author> authors = new HashSet<>();

    // 간결함을 위해 getter/setter 생략

    @Override
    public boolean equals(Object obj) {
        if (obj == null) {
            return false;
        }
        if (this == obj) {
            return true;
        }
        if (getClass() != obj.getClass()) {
            return false;
        }

        return id != null && id.equals(((Book) obj).id);
```

```
    }

    @Override
    public int hashCode() {
        return 2021;
    }

    @Override
    public String toString() {
        return "Book{" + "id=" + id + ", title=" + title
                + ", isbn=" + isbn + '}';
    }
}
```

전체 코드는 깃허브[11]에서 확인할 수 있다.

선택적으로 @ManyToMany는 2개의 양방향 @OneToMany 연관관계로 대체될 수 있다. 즉, 연결 테이블을 별도 엔터티에 매핑하는 것으로, 별도 문서[12]에서 설명하는 몇 가지 이점을 갖는다.

항목 5: @ManyToMany에서 Set이 List보다 나은 이유

무엇보다도 하이버네이트가 @ManyToMany 관계를 2개의 단방향 @OneToMany 연관관계로 처리한다는 점에 유의하자. 오너 측과 자식 측(연결 테이블)은 하나의 단방향 @OneToMany 연관관계를 나타내고, 오너 측이 아닌 쪽과 자식 측(연결 테이블)도 다른 단방향 @OneToMany 연관관계를 표현한다. 그리고 각 연관관계는 연결 테이블에 저장된 외래키에 활용한다.

이 방식에서 엔터티 제거(또는 재정렬)는 연결 테이블에서 모든 연결 항목을 삭제하

---

11. HibernateSpringBootManyToManyBidirectional
12. https://vladmihalcea.com/the-best-way-to-map-a-many-to-many-association-with-extra-columns-when-using-jpa-and-hibernate/

고 메모리 내용(현재 영속성 콘텍스트상)을 다시 반영하고자 재등록된다.

List 사용

양방향 지연 @ManyToMany 연관관계에 포함된 Author와 Book이 다음과 같이 java.util.List를 통해 처리된다고 가정해보자(관련 부분 코드만 표시).

```
@Entity
public class AuthorList implements Serializable {
    // ...
    @ManyToMany(cascade = {CascadeType.PERSIST, CascadeType.MERGE})
    @JoinTable(name = "author_book_list",
            joinColumns = @JoinColumn(name = "author_id"),
            inverseJoinColumns = @JoinColumn(name = "book_id")
    )
    private List<BookList> books = new ArrayList<>();
    // ...
}

@Entity
public class BookList implements Serializable {
    // ...
    @ManyToMany(mappedBy = "books")
    private List<AuthorList> authors = new ArrayList<>();
    // ...
}
```

살펴볼 데이터 스냅숏은 그림 1-7과 같다.

author_list

id	age	genre	name
1	38	Anthology	Alicia Tom
2	23	Anthology	Mark Janel

author_book_list

author_id	book_id
1	1
1	2
1	3
2	1
2	2

book_list

id	isbn	title
1	001-AT-MJ	The book of swords
2	002-AT-MJ	One Day
3	001-AT	Head Down

그림 1-7. 데이터 스냅숏(양방향 @ManyToMany)

처리하고자 하는 것은 Alicia Tom(ID 1의 저자)이 쓴 One Day(ID가 2인 도서)를 삭제하는 것이다. 이 저자를 나타내는 엔터티는 **alicia**라는 변수에 저장되고, 삭제하고자 하는 도서는 **oneDay**라는 변수에 저장된다고 가정하면 삭제는 다음과 같은 removeBook() 메서드를 통해 처리된다.

```
alicia.removeBook(oneDay);
```

이 삭제에 의해 호출되는 SQL문은 다음과 같다.

```
DELETE FROM author_book_list
WHERE author_id = ?
Binding: [1]

INSERT INTO author_book_list (author_id, book_id)
    VALUES (?, ?)
Binding: [1, 1]

INSERT INTO author_book_list (author_id, book_id)
    VALUES (?, ?)
Binding: [1, 3]
```

삭제는 하나의 SQL문으로 처리되지 않았다. 실제로 연결 테이블에서 **alicia**의 모든 연결 항목을 삭제하는 것으로 시작해서 삭제 대상이 아닌 연결 항목들을 다시 삽입해 메모리 내의 내용(영속성 콘텍스트)을 반영했다. 더 많은 연결 항목이 다시 등록될수록 데이터베이스 트랜잭션이 길어지게 된다.

Set 사용

이제 List를 다음과 같이 Set으로 변경해보자.

```java
@Entity
public class AuthorSet implements Serializable {
    // ...
    @ManyToMany(cascade = {CascadeType.PERSIST, CascadeType.MERGE})
    @JoinTable(name = "author_book_set",
            joinColumns = @JoinColumn(name = "author_id"),
            inverseJoinColumns = @JoinColumn(name = "book_id")
    )
    private Set<BookSet> books = new HashSet<>();
    // ...
}

@Entity
public class BookSet implements Serializable {
    // ...
    @ManyToMany(mappedBy = "books")
    private Set<AuthorSet> authors = new HashSet<>();
    // ...
}
```

이번에는 alicia.removeBook(oneDay)가 다음과 같은 SQL DELETE문을 트리거한다.

```sql
DELETE FROM author_book_set
WHERE author_id = ?
    AND book_id = ?
Binding: [1, 2]
```

전체 코드는 깃허브[13]에서 확인할 수 있는데, 하나의 DELETE문만 사용되므로 훨씬 효율적이다.

---

13. HibernateSpringBootManyToManyBidirectionalListVsSet

@ManyToMany 어노테이션을 사용할 때에는 항상 java.util.Set을 사용하고 java.util.List를 사용하지 말아야 한다. 다른 연관관계에서는 상황에 적합한 것을 사용하면 되지만 List를 사용할 경우는 하이버네이트 5.0.8부터 수정된 HHH-5855[14] 이슈를 알고 있어야 한다.

결과 세트 순서 유지

잘 알려져 있듯 java.util.ArrayList는 삽입된 요소의 순서를 유지하지만(리스트에서 각 요소가 삽입되는 위치를 정확하게 제어함) java.util.HashSet은 그렇지 않다. 다시 말해 java.util.ArrayList에는 미리 정의된 요소 항목 순서가 있는 반면 java.util.HashSet은 기본적으로 순서가 지정돼 있지 않다.

JPA 사양specification에 의하면 지정된 칼럼에 대한 결과 세트result set 정렬 방법에는 최소 2가지가 있다.

- @OrderBy를 사용해 데이터베이스에게 가져올 데이터를 지정된 칼럼(특정 순서로 엔터티를 검색하고자 생성된 SQL 쿼리에 ORDER BY 추가)별로 정렬하도록 요청하고 하이버네이트가 이 순서를 유지한다.
- @OrderColumn을 사용해 추가 칼럼(이 경우 연결 테이블에 저장)을 통해 영구적으로 순서를 유지한다.

이 어노테이션(@OrderBy)은 @OneToMany/@ManyToMany 연관관계 및 @ElementCollection과 함께 사용할 수 있다. 명시적 칼럼 지정 없이 @OrderBy를 추가하면 엔터티 기본키(ORDER BY author1_.id ASC)를 기준으로 오름차순 정렬된다. 여러 칼럼으로 정렬하는 것도 가능하다(예: 연령별 내림차순, 이름으로 오름차순, @OrderBy("age DESC, name ASC")). 당연히 @OrderBy는 java.util.List와도 사용할 수 있다.

14. https://hibernate.atlassian.net/browse/HHH-5855

@OrderBy 사용

그림 1-8과 같은 데이터 스냅숏을 생각해보자.

author_list						author_book_list				book_list		
id	age	genre	name			author_id	book_id			id	isbn	title
1	23	Anthology	Mark Janel			1	1			1	001-all	Encyclopedia
2	51	Anthology	Quartis Young			2	1					
3	38	Anthology	Alicia Tom			3	1					
4	56	Anthology	Katy Loin			4	1					
5	38	Anthology	Martin Leon			5	1					
6	56	Anthology	Qart Pinkil			6	1					

그림 1-8. 데이터 스냅숏(다대다 Set과 @OrderBy)

6명의 저자에 의해 집필진 도서가 있다. Book#getAuthors()를 통해 저자 이름을 내림차순으로 가져오려면 다음과 같이 Book에 @OrderBy를 추가하면 된다.

```
@ManyToMany(mappedBy = "books")
@OrderBy("name DESC")
private Set<Author> authors = new HashSet<>();
```

getAuthors()가 호출되면 @OrderBy는 다음과 같다.

- 호출되는 SQL에 해당 ORDER BY절을 추가한다. 그러면 가져올 데이터를 정렬하도록 데이터베이스에 지시한다.
- 순서를 유지하고자 하이버네이트에 알린다. 내부적으로 하이버네이트는 LinkedHashSet을 사용해 순서를 보존한다.

결국 getAuthors()를 호출하면 @OrderBy 정보를 준수하는 저자 Set이 생성된다. 그리고 트리거된 SQL은 ORDER BY절을 포함한 다음과 같은 SELECT가 뜬다.

```
SELECT
    authors0_.book_id AS book_id2_1_0_,
```

```
    authors0_.author_id AS author_i1_1_0_,
    author1_.id AS id1_0_1_,
    author1_.age AS age2_0_1_,
    author1_.genre AS genre3_0_1_,
    author1_.name AS name4_0_1_
FROM author_book authors0_
INNER JOIN author author1_
    ON authors0_.author_id = author1_.id
WHERE authors0_.book_id = ?
ORDER BY author1_.name DESC
```

Set의 내용은 다음과 같이 표시된다(Author#toString() 사용).

```
Author{id=2, name=Quartis Young, genre=Anthology, age=51},
Author{id=6, name=Qart Pinkil, genre=Anthology, age=56},
Author{id=5, name=Martin Leon, genre=Anthology, age=38},
Author{id=1, name=Mark Janel, genre=Anthology, age=23},
Author{id=4, name=Katy Loin, genre=Anthology, age=56},
Author{id=3, name=Alicia Tom, genre=Anthology, age=38}
```

전체 코드는 깃허브[15]에서 확인할 수 있다.

HashSet과 함께 @OrderBy를 사용하면 가져온 Set의 순서가 유지되지만 이는 비영속 상태 (transient state)에서 일관성이 없을 수 있다. 간혹 이게 문제가 되면 비영속 상태에서도 일관성을 유지하고자 HashSet 대신 LinkedHashSet을 명시적으로 사용하는 것이 좋다. 따라서 온전한 일관성을 위해 다음과 같이 사용하자.

```
@ManyToMany(mappedBy = "books")
@OrderBy("name DESC")
private Set<Author> authors = new LinkedHashSet<>();
```

---

15. HibernateSpringBootManyToManySetAndOrderBy

항목 6: CascadeType.REMOVE 및 orphanRemoval=true를 사용해 하위 엔터티 제거를 피해야 하는 이유와 시기

먼저 CascadeType.REMOVE와 orphanRemoval=true의 차이점을 빠르게 살펴보자. 다음과 같이 작성된 양방향 지연 @OneToMany 연관관계를 갖는 Author와 Book 엔터티를 사용하자.

```
// Author.java 부분
@OneToMany(cascade = CascadeType.ALL,
        mappedBy = "author", orphanRemoval = true)
private List<Book> books = new ArrayList<>();

// Book.java 부분
@ManyToOne(fetch = FetchType.LAZY)
@JoinColumn(name = "author_id")
private Author author;
```

Author 엔터티 삭제는 연관된 Book 엔터티로 자동 전이된다. 이는 CascadeType. REMOVE 또는 orphanRemoval=true가 하나라도 설정돼 있으면 처리가 되는데, 두 설정이 중복된다는 것이다.

그렇다면 어떻게 다른가? 다음과 같이 저자로부터 도서를 연결 해제(또는 연관 해제)하는 데 사용하는 도우미 메서드가 있다고 생각해보자.

```
public void removeBook(Book book) {
    book.setAuthor(null);
    this.books.remove(book);
}
```

또는 모든 도서를 저자로부터 연결 해제하는 경우다.

```java
public void removeBooks() {
    Iterator<Book> iterator = this.books.iterator();

    while (iterator.hasNext()) {
        Book book = iterator.next();

        book.setAuthor(null);
        iterator.remove();
    }
}
```

orphanRemoval=true가 있는 상태에서 removeBook() 메서드를 호출하면 DELETE 문을 사용해 도서가 자동으로 삭제된다. orphanRemoval=false가 지정돼 있으면 UPDATE문이 호출된다. 도서의 연결 해제 자체는 삭제 처리가 아니기 때문에 CascadeType.REMOVE 존재 여부는 상관없다. 따라서 orphanRemoval=true는 오너 엔터티(Author)의 참조 없이는 존재하지 않아야 할 엔터티를 정리(허상 참조^{dangling references} 삭제)하는 데 유용하다.

그럼 이 설정은 얼마나 효율적일까? 간단히 말해 상당수의 엔터티에 영향을 줘야 하는 경우 그다지 효율적이지 않다. 상세한 설명은 다음 서비스 메서드에서 저자를 삭제하는 것으로 시작해보자(이 저자는 3권의 연관 도서가 있다).

```java
@Transactional
public void deleteViaCascadeRemove() {
    Author author = authorRepository.findByName("Joana Nimar");

    authorRepository.delete(author);
}
```

저자를 삭제하면 연관된 모든 도서가 삭제되는데, 이는 CascadeType.REMOVE를 포함한 CascadeType.ALL의 효과다. 그러나 연관된 도서를 삭제하기 전에 SELECT 를 통해 영속성 콘텍스트에 먼저 로드되는데, 이미 영속성 콘텍스트에 존재한다면 따로 로드되진 않는다. 다만 도서가 영속성 콘텍스트에 없다면 CascadeType. REMOVE는 적용되지 않는다. 아울러 4개의 DELETE문이 실행되는데, 1개는 저자를 삭제하는 것이고 3개는 연관 도서를 삭제하기 위한 것이다.

```
DELETE
FROM book
WHERE id=?
Binding:[1]

DELETE
FROM book
WHERE id=?
Binding:[2]

DELETE
FROM book
WHERE id=?
Binding:[4]

DELETE
FROM author
WHERE id=?
Binding:[4]
```

각 도서별로 DELETE문이 있어 삭제할 도서가 많을수록 DELETE문이 많아지고 성능 저하는 커진다.

이제 orphanRemoval=true 기준으로 삭제를 처리하는 서비스 메서드를 작성해보자. 좀 다르게 이번에는 저자와 연관된 도서를 같은 SELECT로 로드한다.

```
@Transactional
public void deleteViaOrphanRemoval() {
    Author author = authorRepository.findByNameWithBooks("Joana Nimar");

    author.removeBooks();
```

```
        authorRepository.delete(author);
    }
```

애석하게도 이 접근 방법도 전이된 삭제 경우와 정확히 같은 DELETE문을 트리거하므로 성능 저하가 동일하게 발생한다.

애플리케이션이 산발적인 삭제를 호출하는 경우 CascadeType.REMOVE나 orphanRemoval=true를 함께 또는 따로 사용할 수 있다. 특히 이 방법은 관리되는 엔터티를 삭제하는 경우에 유용하므로 엔터티 상태 전환을 관리하는 하이버네이트가 필요하다. 더욱이 이 접근 방식을 통해 부모와 자식을 위한 낙관적 잠금Optimistic Lock[16] 메커니즘(예: @Version)의 이점을 누릴 수 있다. 그러나 좀 더 효율적으로(더 적은 수의 DELETE문) 삭제하는 방법을 찾는다면 몇 가지를 고려할 수 있다. 물론 각 접근 방식에는 각각의 장단점이 있다.

이어서 다룰 4가지 접근 방법은 벌크 처리를 통해 저자와 연관 도서를 삭제한다. 이 방법으로 트리거되는 DELETE문의 수를 최적화하고 제어할 수 있다. 해당 처리는 매우 빠르지만 3가지 주요 단점을 갖는다.

- 자동화된 낙관적 잠금 메커니즘을 무시한다(예: 더 이상 @Version을 사용할 수 없음).
- 영속성 콘텍스트는 벌크 작업에 의해 수행된 수정 사항을 반영하고자 동기화되지 않기 때문에 유효하지 않은 콘텍스트를 가질 수 있다.
- 전이 삭제(CascadeType.REMOVE) 또는 orphanRemoval을 활용할 수 없다.

이와 같은 단점이 문제가 된다면 벌크 작업을 피하거나 직접 해당 문제를 처리하는 2가지 선택 사항이 있다. 가장 어려운 부분은 영속성 콘텍스트에 로드되지 않은 자식에 대한 자동 낙관적 잠금 메커니즘 작업을 에뮬레이션emulate하는 것이다. 이어지는 예제에서는 자동 낙관적 잠금 메커니즘이 비활성화됐다고 가정하

---

16. 낙관적 잠금은 실제로 데이터 경합 발생 가능성이 낮을 것으로 보고 잠금을 관리하는 방법이다. 일반적인 잠금이라기보다 충돌 감지(conflict detection)에 가깝고 JPA에서는 @Version 어노테이션이 붙은 속성을 추가하면 간단하게 적용된다. – 옮긴이

지만 flushAutomatically = true 또는 clearAutomatically = true를 통해 영속성 콘텍스트 동기화 문제를 관리할 수 있다. 그러나 이 2가지 설정이 항상 필요하다고 결론 내지 말아야 한다. 사용 방법은 달성해야 할 목적에 따라 다르기 때문이다.

영속성 콘텍스트에 이미 로드된 저자 삭제

영속성 콘텍스트상에 Author가 하나만 로드된 경우와 Author가 더 많이 로드됐지만 전체가 아닌 경우를 살펴보자. 연관된 도서(영속성 콘텍스트에 이미 로드됐든 안 됐든)도 삭제해야 한다.

하나의 저자만 영속성 콘텍스트에 로드된 경우

삭제돼야 하는 Author가 연관된 Book 없이 영속성 콘텍스트에서 이미 로드됐다고 가정해보자. Author와 연관된 도서를 삭제하려면 저자의 식별자(author.getId())를 사용할 수 있다. 우선 저자의 모든 도서를 삭제한다.

```
// BookRepository에 다음 메서드를 추가
@Transactional
@Modifying(flushAutomatically = true, clearAutomatically = true)
@Query("DELETE FROM Book b WHERE b.author.id = ?1")
int deleteByAuthorIdentifier(Long id);
```

그런 다음 해당 식별자로 저자를 삭제한다.

```
// AuthorRepository에 다음 메서드를 추가
@Transactional
@Modifying(flushAutomatically = true, clearAutomatically = true)
@Query("DELETE FROM Author a WHERE a.id = ?1")
```

```
int deleteByIdentifier(Long id);
```

flushAutomatically = true, clearAutomatically = true 부분은 조금 뒤에 설명한다. 지금은 삭제를 처리하기 위한 다음과 같은 서비스 메서드를 살펴보자.

```
@Transactional
public void deleteViaIdentifiers() {
    Author author = authorRepository.findByName("Joana Nimar");

    bookRepository.deleteByAuthorIdentifier(author.getId());
    authorRepository.deleteByIdentifier(author.getId());
}
```

deleteViaIdentifiers()를 호출하면 다음 쿼리들이 트리거된다.

```
DELETE FROM book
WHERE author_id = ?

DELETE FROM author
WHERE id = ?
```

연관된 도서들이 영속성 콘텍스트에 로드되지 않았고 호출된 DELETE문은 2개뿐이며 도서의 수는 DELETE문의 수에 영향을 주지 않았다.

저자는 내장된[built-in] deleteInBatch(Iterable<T> entities)[17]를 통해 삭제될 수도 있다.

```
authorRepository.deleteInBatch(List.of(author));
```

---

17. Spring Data JPA v2.5부터 권장되지 않으며 대신 deleteAllInBatch(Iterable<T> entities)를 사용하도록 가이드되고 있다. – 옮긴이

여러 저자가 영속성 콘텍스트에 로드된 경우

이번엔 영속성 콘텍스트에 삭제돼야 할 저자가 더 많이 포함돼 있다고 가정해보자. 예를 들어 List<Author>로 가져온 34세의 모든 저자를 삭제하는 것이다(34세의 저자가 2명 있다고 가정한다). 저자 식별자로 삭제를 시도하면(이전 경우와 같이) 각 저자에 대해 별도의 DELETE가 발생할 뿐만 아니라 각 저자의 연관 도서에 대해서도 별도 DELETE가 발생한다. 따라서 이 방법은 효율적이지 않다.

이번엔 2개의 벌크 작업을 활용해보자. IN 연산자(WHERE절에 여러 값을 지정할 수 있음)와 내장된 deleteInBatch(Iterable<T> entities)를 통해 정의하면 다음과 같다.

```
// BookRepository에 다음 메서드를 추가
@Transactional
@Modifying(flushAutomatically = true, clearAutomatically = true)
@Query("DELETE FROM Book b WHERE b.author IN ?1")
int deleteBulkByAuthors(List<Author> authors);
```

그리고 List<Author>와 관련 도서를 삭제하는 서비스 메서드는 다음과 같다.

```
@Transactional
public void deleteViaBulkIn() {
    List<Author> authors = authorRepository.findByAge(34);

    bookRepository.deleteBulkByAuthors(authors);
    authorRepository.deleteInBatch(authors);
}
```

deleteViaBulkIn()을 호출하면 다음 쿼리들이 호출된다.

```
DELETE FROM book
WHERE author_id IN (?, ?)
```

```
DELETE FROM author
WHERE id = ?
    OR id = ?
```

연관된 도서는 영속성 콘텍스트에 로드되지 않으며 트리거된 DELETE문은 2개뿐이고 저자와 도서의 수는 DELETE문의 수에 영향을 주지 않았다.

한 저자와 관련 도서들이 영속성 콘텍스트에 로드된 경우

Author(삭제돼야 할 저자)와 저자의 Book들이 이미 영속성 콘텍스트에 로드돼 있다고 가정해보자. 이번에는 내장된 deleteInBatch(Iterable<T> entities)를 사용할 수 있기 때문에 따로 벌크 처리를 정의할 필요가 없다.

```
@Transactional
public void deleteViaDeleteInBatch() {
    Author author = authorRepository.findByNameWithBooks("Joana Nimar");

    bookRepository.deleteInBatch(author.getBooks());
    authorRepository.deleteInBatch(List.of(author));
}
```

이 방식의 주요 단점은 영속성 콘텍스트를 플러시^{flush}나 클리어^{clear}하지 않는 내장 deleteInBatch(Iterable<T> entities)의 기본 동작이다. 이로 인해 영속성 콘텍스트가 현행화되지 않은 상태^{outdated state}로 남을 수 있다.

물론 이전 방법들에서는 삭제 전 플러시할 것이 없고 삭제 후 트랜잭션이 커밋^{commit}되기 때문에 영속성 콘텍스트를 따로 클리어할 필요가 없이 영속성 콘텍스트가 닫힌다^{closed}. 그러나 플러시와 클리어(반드시 둘 다일 필요는 없음)가 필요한 경우가 있으며, 일반적으로 클리어는 플러시보다 훨씬 더 자주 필요하다. 예를 들어 다음 메서드는 삭제 전에 따로 플러시가 필요하지 않지만 삭제 후에 클리어가 필요하다. 그렇지 않으면 예외[exception]가 발생한다.

```java
@Transactional
public void deleteViaDeleteInBatch() {
    Author author = authorRepository.findByNameWithBooks("Joana Nimar");

    bookRepository.deleteInBatch(author.getBooks());
    authorRepository.deleteInBatch(List.of(author));

    // ...
    // 나중에 이 저자가 삭제된 사실을 잊었다.
    author.setGenre("Anthology");
}
```

강조된 부분의 코드 호출은 다음과 같은 유형의 예외를 발생시킨다.

```
org.springframework.orm.ObjectOptimisticLockingFailureException: Object of
class [com.bookstore.entity.Author] with identifier [4]: Optimistic Locking
failed; nested exception is org.hibernate.StaleObjectStateException: Row was
updated or deleted by another transaction (or unsaved-value mapping was
incorrect) : [com.bookstore.entity.Author#4]
```

실질적으로 수정(setGenre() 호출)은 영속성 콘텍스트에 포함된 Author 엔터티를 변경하지만 이 콘텍스트는 저자가 데이터베이스에서 삭제됐기 때문에 유효하지 않다. 즉, 저자와 연관된 도서를 데이터베이스에서 삭제한 후에도 현재 영속성 콘텍스트에 계속 존재하게 된다. 영속성 콘텍스트는 deleteInBatch(Iterable<T> entitied)를 통해 수행된 삭제를 인식하지 못하므로 삭제 후 영속성 콘텍스트가 클리어되게 하려면 deleteInBatch(Iterable<T> entities)를 재정의해 @Modifying(clearAutomatically = true)를 추가해야 한다. 이렇게 하면 삭제 후 영속성 콘텍스트가 자동으로 클리어된다. 추가적으로 플러시가 필요한 유즈케이스인 경우 @Modifying(flushAutomatically = true, clearAutomatically = true)를 사용

하거나 flush() 메서드를 호출한다. 아니면 더 좋은 방법은 다음의 deleteVia
Identifiers() 메서드와 같이 사용하는 것이다(이미 @Modifying(flushAutomatically = true,
clearAutomatically = true) 어노테이션이 지정된 메서드 사용).

```
@Transactional
public void deleteViaIdentifiers() {
    Author author = authorRepository.findByName("Joana Nimar");

    bookRepository.deleteByAuthorIdentifier(author.getId());
    authorRepository.deleteByIdentifier(author.getId());
}
```

이 deleteViaIdentifiers()를 호출하면 다음 쿼리들이 호출된다.

```
DELETE FROM book
WHERE author_id = ?

DELETE FROM author
WHERE id = ?
```

도서 수는 DELETE문의 수에 영향을 주지 않는다.

영속성 콘텍스트가 삭제돼야 하는 여러 Author와 연관된 Book들을 관리하는 경우 deleteViaBulkIn()
을 활용하자.

삭제해야 할 저자와 도서가 영속성 콘텍스트에 로드되지 않은 경우 삭제

삭제해야 할 저자와 연관 도서가 영속성 콘텍스트에 로드되지 않은 경우 다음
서비스 메서드와 같이 저자 식별자를 하드코딩할 수 있다(알고 있는 경우).

```
@Transactional
public void deleteViaHardCodedIdentifiers() {
    bookRepository.deleteByAuthorIdentifier(4L);
    authorRepository.deleteByIdentifier(4L);
}
```

deleteByAuthorIdentifier()와 deleteByIdentifier() 메서드는 '하나의 저자만 영속성 콘텍스트에 로드된 경우' 절과 동일하며 생성된 쿼리는 다음과 같이 명확하다.

```
DELETE FROM book
WHERE author_id = ?

DELETE FROM author
WHERE id = ?
```

저자가 더 있는 경우 벌크 작업을 사용해 다음과 같이 삭제할 수도 있다.

```
// BookRepository에 다음 메서드를 추가
@Transactional
@Modifying(flushAutomatically = true, clearAutomatically = true)
@Query("DELETE FROM Book b WHERE b.author.id IN ?1")
int deleteBulkByAuthorIdentifier(List<Long> id);

// AuthorRepository에 다음 메서드를 추가
@Transactional
@Modifying(flushAutomatically = true, clearAutomatically = true)
@Query("DELETE FROM Author a WHERE a.id IN ?1")
int deleteBulkByIdentifier(List<Long> id);
```

이제 2명의 저자와 연관 도서를 다음과 같이 삭제한다.

```java
@Transactional
public void deleteViaBulkHardCodedIdentifiers() {
    List<Long> authorsIds = Arrays.asList(1L, 4L);

    bookRepository.deleteBulkByAuthorIdentifier(authorsIds);
    authorRepository.deleteBulkByIdentifier(authorsIds);
}
```

생성된 SQL문은 다음과 같다.

```sql
DELETE FROM book
WHERE author_id IN (?, ?)
DELETE FROM author
WHERE id IN (?, ?)
```

저자와 도서의 수는 DELETE문의 수에 영향을 주지 않고 있고 영속성 콘텍스트에 아무것도 로드하지 않기 때문에 flushAutomatically = true, clearAutomatically = true는 효과가 없다.

영속성 콘텍스트에서 유효하지 않은 엔터티를 방지하려면 쿼리가 실행되기 전에 EntityManager를 플러시하는 것(flushAutomatically = true)이나 쿼리 실행 후에 클리어하는 것(clearAutomatically = true)을 잊지 말아야 한다. 플러시 또는 클리어를 원하지 않는 경우에는 영속성 콘텍스트가 유효하지 않은 엔터티를 방지하는 방법에 주의를 기울여야 한다. 수행 중인 작업을 알고 있는 한 영속성 콘텍스트를 플러시 또는 클리어하지 않는 것은 문제가 되지 않는다. 분리된 트랜잭션 지원 서비스 메서드에서 벌크 작업을 이상적으로 격리할 수 있는데, 이렇게 하면 영속성 콘텍스트를 명시적으로 플러시하고 클리어할 필요는 없다. 관리되는 엔터티 작업 중간에 벌크 작업을 인터리브(interleave)할 때에만 문제가 발생할 수 있다.

플러시 작동 방식에 대한 복습이 필요하면 부록 H를 읽어보자.

모든 항목을 삭제하는 가장 효율적인 방법은 벌크 작업을 트리거하는 내장 deleteAllIn Batch()를 사용하는 것이다.

해당 코드는 깃허브[18]에서 확인할 수 있다.

항목 7: JPA 엔터티 그래프를 통해 연관관계를 가져오는 방법

항목 39와 항목 41에서는 (LEFT) JOIN FETCH를 통해 부모와 함께 하나의 SELECT 쿼리로 연관관계를 가져오는 방법을 살펴본다. 이 방법은 지연 로딩 예외(lazy loading exceptions)와 N+1 문제[19]를 피하고자 쿼리 기반으로 지연 연관관계에서 즉시적으로(eagerly) 로딩할 때에 유용하다. (LEFT) JOIN FETCH가 쿼리에 사용되면 엔터티 그래프(entity graphs)와 쿼리가 독립적이기 때문에 쿼리와 엔터티 그래프는 재사용 할 수 있다(예: 엔터티 그래프와 함께 또는 엔터티 그래프 없이 쿼리를 활용하거나 엔터티 그래프를 다른 쿼리와 함께 사용할 수 있다).

간단히 말해 엔터티 그래프(일명 페치 플랜fetch plans)는 JPA 2.1에서 도입됐으며 지연 로딩 예외와 N+1 문제를 해결해 엔터티 로드 성능 개선에 도움이 된다. 개발자는 엔터티와 관련된 연관관계와 하나의 SELECT문에 로드돼야 할 기본적인 필드들을 지정하고 해당 엔터티에 대한 여러 엔터티 그래프를 정의해 다른 엔터티를 연결chain할 수 있으며, 하위 그래프sub-graphs를 사용해 복잡한 페치 플랜을 만들 수 있다. 엔터티 그래프는 전역적이며 여러 엔터티(도메인 모델)에서 재사용될 수 있다. 현재 FetchType의 의미 체계semantics를 재정의하고자 다음과 같은 2가지 속성을 갖는다.

- 페치 그래프fetch graph: javax.persistence.fetchgraph 속성property으로 지정되는 기본 가져오기 유형으로, attributeNodes에 지정되는 속성들attributes

---

18. HibernateSpringBootCascadeChildRemoval
19. 엔터티를 조회할 때 연관관계에 의해 데이터 개수(N)만큼 추가 조회가 발생하는 문제다. – 옮긴이

은 FetchType.EAGER로 처리된다. 나머지 속성들은 기본 또는 명시적 FetchType과 상관없이 FetchType.LAZY로 처리된다.

- **로드 그래프**^{load graph}: javax.persistence.loadgraph 속성으로 지정돼 사용 되는 가져오기 유형으로, attributeNodes에 지정된 속성들은 FetchType. EAGER로 처리된다. 나머지 속성은 지정된 FetchType이나 기본 FetchType 에 따라 처리된다.

엔터티 그래프는 어노테이션(예: @NamedEntityGraph), **attributesPaths**(에드혹^{ad hoc} 엔터티 그래프) 또는 getEntityGraph()/createEntityGraph() 메서드를 사용하는 EntityManager API로 정의할 수 있다.

양방향 지연 @OneToMany 연관관계를 갖는 Author와 Book 엔터티를 가정하고 엔 터티 그래프(페치 그래프)는 하나의 SELECT를 통해 모든 Author와 연관된 Book들을 로드해야 한다고 생각해보자. JOIN FETCH를 통해 같은 결과를 얻을 수 있지만 먼저 엔터티 그래프를 사용해 처리해보자.

NamedEntityGraph로 엔터티 그래프 정의

@NamedEntityGraph 어노테이션은 엔터티에 정의되는데, 개발자는 엔터티 그 래프의 고유한 이름(name 항목을 통해)과 엔터티 그래프를 가져올 때 포함할 속성 (attributeNodes 항목을 통해 쉼표로 구분된 @NamedAttributeNode 어노테이션 포함, 각 @NamedAttributeNode 목록 항목은 가져와야 하는 필드/연관관계에 대응)을 지정한다. 속성은 기본 필드와 연관관계가 지정된다.

Author 엔터티 코드상에 엔터티 그래프를 추가해보자.

```
@Entity
@NamedEntityGraph(
    name = "author-books-graph",
    attributeNodes = {
        @NamedAttributeNode("books")
```

```
        }
    )
    public class Author implements Serializable {
        private static final long serialVersionUID = 1L;

        @Id
        @GeneratedValue(strategy = GenerationType.IDENTITY)
        private Long id;

        private String name;
        private String genre;
        private int age;

        @OneToMany(cascade = CascadeType.ALL,
                mappedBy = "author", orphanRemoval = true)
        private List<Book> books = new ArrayList<>();

        // 간결함을 위해 getter/setter 생략
    }
```

이제 Author 엔터티의 리포지터리^{repository}인 AuthorRepository에 초점을 맞춰보자.

AuthorRepository는 엔터티 그래프를 지정해야 하는 곳으로, 스프링 데이터는 @EntityGraph 어노테이션(해당 어노테이션 클래스는 org.springframework.data.jpa.repository.EntityGraph)을 통해 엔터티 그래프 지원 기능을 제공한다.

쿼리 메서드 오버라이딩

예를 들어 엔터티 그래프(author-books-graph)를 사용해 연관된 도서를 포함하고 모든 지지를 찾는 코드는 다음과 같다(EntityGraph.EntityGraphType.FETCH는 기본값으로 페치 그래프를 나타내고, EntityGraph.EntityGraphType.LOAD는 로드 그래프를 지정한다).

```
    @Repository
    @Transactional(readOnly = true)
```

```
public interface AuthorRepository extends JpaRepository<Author, Long> {

    @Override
    @EntityGraph(value = "author-books-graph",
            type = EntityGraph.EntityGraphType.FETCH)
    List<Author> findAll();
}
```

그리고 findAll() 메서드가 호출되면 다음 SQL SELECT문이 생성된다.

```
SELECT
    author0_.id AS id1_0_0_,
    books1_.id AS id1_1_1_,
    author0_.age AS age2_0_0_,
    author0_.genre AS genre3_0_0_,
    author0_.name AS name4_0_0_,
    books1_.author_id AS author_i4_1_1_,
    books1_.isbn AS isbn2_1_1_,
    books1_.title AS title3_1_1_,
    books1_.author_id AS author_i4_1_0__,
    books1_.id AS id1_1_0__
FROM author author0_
LEFT OUTER JOIN book books1_
    ON author0_.id = books1_.author_id
```

생성된 쿼리는 @EntityGraph를 통해 지정된 엔터티 그래프로 처리된 점을 확인할 수 있다.

쿼리 빌더 메커니즘 사용

findAll()을 오버라이딩하는 것은 모든 항목을 가져오는 편리한 방법이지만 스프링 데이터 쿼리 빌더^{Query Builder} 메커니즘을 사용하면 WHERE절로 가져올 데이터를 필터링할 수 있다. 예를 들어 다음과 같이 지정 연령보다 나이가 적은 저자 데이터를 이름 기준 내림차순으로 가져올 수 있다.

```
@Repository
@Transactional(readOnly = true)
public interface AuthorRepository extends JpaRepository<Author, Long> {

    @EntityGraph(value = "author-books-graph",
            type = EntityGraph.EntityGraphType.FETCH)
    List<Author> findByAgeLessThanOrderByNameDesc(int age);
}
```

생성된 SQL SELECT문은 다음과 같다.

```
SELECT
    ...
FROM author author0_
LEFT OUTER JOIN book books1_
    ON author0_.id = books1_.author_id
WHERE author0_.age < ?
ORDER BY author0_.name DESC
```

Specification 사용

Specification 사용도 지원한다. 예를 들어 WHERE age > 45 조건을 생성하기 위한 다음과 같은 일반적인 Specification이 있다고 가정해보자.

```
public class AuthorSpecs {
    private static final int AGE = 45;

    public static Specification<Author> isAgeGt45() {
```

```
        return (Root<Author> root,
                CriteriaQuery<?> query, CriteriaBuilder builder)
                        -> builder.greaterThan(root.get("age"), AGE);
    }
}
```

Specification 사용은 다음과 같다.

```
@Repository
@Transactional(readOnly = true)
public interface AuthorRepository extends JpaRepository<Author, Long>,
        JpaSpecificationExecutor<Author> {

    @Override
    @EntityGraph(value = "author-books-graph",
            type = EntityGraph.EntityGraphType.FETCH)
    List<Author> findAll(Specification spec);
}

// 호출 부분
List<Author> authors = authorRepository.findAll(AuthorSpecs.isAgeGt45());
```

생성된 SQL SELECT문은 다음과 같다.

```
SELECT
    ...
FROM author author0_
LEFT OUTER JOIN book books1_
    ON author0_.id = books1_.author_id
WHERE author0_.age > 45
```

@Query 및 JPQL 사용

마지막으로 @Query와 JPQL을 사용하는 것도 가능하다.

조인 가져오기를 지정한 엔터티 그래프와 함께 사용되는 쿼리는 주의가 필요하다. 가져오는 연관관계의 오너가 SELECT 리스트에 있어야 한다.

명시적으로 사용된 JPQL 쿼리를 확인해보자.

```
@Repository
@Transactional(readOnly = true)
public interface AuthorRepository extends JpaRepository<Author, Long> {

    @EntityGraph(value = "author-books-graph",
            type = EntityGraph.EntityGraphType.FETCH)
    @Query(value="SELECT a FROM Author a WHERE a.age > 20 AND a.age < 40")
    List<Author> fetchAllAgeBetween20And40();
}
```

SQL SELECT문은 다음과 같다.

```
SELECT
    ...
FROM author author0_
LEFT OUTER JOIN book books1_
    ON author0_.id = books1_.author_id
WHERE author0_.age > 20 AND author0_.age < 40
```

다수의 즉시 가져오기를 하는 엔터티 그래프는 주의해야 한다(예: Author에 LAZY로 선언된 List에 매핑되는 2개의 @OneToMany 연관관계가 있고, 둘 다 엔터티 그래프에 나타난다). 여러 좌측 아우터 조인(left outer joins)으로 SELECT가 호출되면 하나 이상의 하이버네이트 Bag(동일한

항목이 제거되지 않고 중복이 허용되는 비정렬 컬렉션 타입)을 즉시 가져오게 되는데, MultipleBagFetchException이 발생하게 된다. 즉, 엔터티 그래프 힌트(hint)를 사용해 쿼리를 실행할 때 즉시 여러 로딩을 시도하면 하이버네이트는 MultipleBagFetchException을 던진다.

그러나 잘못된 가정으로 MultipleBagFetchException이 엔터티 그래프에 한정된 것으로 생각하지 말아야 한다. 여러 개의 즉시 로딩을 시도하는 쿼리를 실행하려고 할 때마다 나타난다. 특히 이런 종류의 예외는 Page가 있는 Section을 갖는 Chapter를 보유한 Book과 같은 엔터티 계층 구조(hierarchies)에서 여러 레벨을 가져오는 경우에 자주 발생한다.

이 문제에 대한 가장 쉬운 해결책은 Set를 List로 변경하는 것이지만 예상대로 작동함에도 효율적인 솔루션과는 거리가 멀다. 중간 결과 세트를 병합한 결과인 카테시안 곱(Cartesian product)이 엄청 크기 때문이다. 일반적으로 얘기해 B와 C의 연관관계를 갖는 A 엔터티를 가져온다고 가정해보자. 10개의 B행과 20개의 C행을 함께 갖는 25개의 A행이 있다면 최종 결과를 가져오는 카테시안 곱은 25 × 10 × 20행 = 5,000행이다. 성능 관점에서 매우 좋지 않은 결과다. 최상의 해결책은 한 번에 최대 하나의 연관관계를 가져오는 것인데, 하나 이상의 쿼리가 필요함을 의미하지만 매우 큰 카테시안 곱을 피할 수 있다. 완전한 예제는 블라드 미하체아(Vlad Mihalcea)의 멋진 기사[20]를 확인해보자.

엔터티 그래프와 함께 네이티브 쿼리를 사용하면 'A native SQL query cannot use EntityGraphs' 유형의 하이버네이트 예외가 발생한다.

엔터티 그래프가 연관된 컬렉션을 가져오는 SQL JOIN으로 변환될 때에 페이지네이션(Pageable) 사용에 주의해야 한다. 이 경우 메모리 내에서 페이징이 처리되면서 성능 저하가 발생할 수 있다.

네이티브 쿼리는 엔터티 그래프와 함께 사용할 수 없다. 윈도우 함수(**항목 95**)를 사용하는 것도 옵션이 아니다. WHERE 및 HAVING절 외부에 하위 쿼리(sub-queries)를 작성하는 것, 집합 연산(set operations)(예: UNION, INTERSECT, EXCEPT) 실행, 데이터베이스 지정 힌트 사용, 재귀 쿼리(recursive queries)를 작성하는 것은 JPQL상 윈도우 함수를 사용하는 것과 함께 JPQL의 상위 5가지 제약 사항을 나타낸다.

반면 엔터티 그래프가 컬렉션 타입이 아닌 기본(@Basic) 속성이나 연관관계를 가져오는 경우 페이지네이션은 LIMIT 또는 이에 대응하는 처리를 통해 데이터베이스에서 수행된다.

---

20. https://vladmihalcea.com/hibernate-multiplebagfetchexception/

전체 코드는 깃허브[21]에서 확인할 수 있다.

여기서 주목해야 할 매우 중요한 사항이 있다. 엔터티 그래프(페치 그래프)는 book 연관관계만 로드하고자 @NamedAttributeNode를 명시적으로 지정한다는 것이다. 페치 그래프의 경우 나머지 속성은 기본이든 명시적 FetchType이든 FetchType. LAZY로 처리된다. 그렇다면 이전 쿼리에 Author의 기본 속성도 포함된 이유가 무엇일까? 이 질문에 대한 답과 해결책은 항목 9에서 확인할 수 있다. 엔터티 그래프(페치 및 로드 그래프)를 통해 필요한 기본 속성만 가져오려면 항목 9를 참고하면 된다. 지금은 애드혹 엔터티 그래프를 계속 살펴보자.

애드혹 엔터티 그래프

애드혹 엔터티 그래프는 @EntityGraph 어노테이션의 attributePath 속성을 통해 정의된다. 한 번의 SELECT로 로드돼야 하는 엔터티의 관련 연관관계나 기본 필드는 @EntityGraph(attributePath = {"attr1", "attr2", ...} 유형의 콤마로 구분된 목록으로 지정된다. 분명한 것은 이 방식에서는 @NamedEntityGraph 사용이 필요 없다는 것이다. 예를 들어 이전 절의 엔터티 그래프는 다음과 같이 작성할 수 있다.

```
@Repository
@Transactional(readOnly = true)
public interface AuthorRepository extends JpaRepository<Author, Long> {
    @Override
    @EntityGraph(attributePaths = {"books"},
            type = EntityGraph.EntityGraphType.FETCH)
    List<Author> findAll();
}
```

findAll()을 호출하면 @NamedEntityGraph와 동일한 SQL SELECT문이 생성된다.

---

21. HibernateSpringBootNamedEntityGraph

```
SELECT
    author0_.id AS id1_0_0_,
    books1_.id AS id1_1_1_,
    author0_.age AS age2_0_0_,
    author0_.genre AS genre3_0_0_,
    author0_.name AS name4_0_0_,
    books1_.author_id AS author_i4_1_1_,
    books1_.isbn AS isbn2_1_1_,
    books1_.title AS title3_1_1_,
    books1_.author_id AS author_i4_1_0__,
    books1_.id AS id1_1_0__
FROM author author0_
LEFT OUTER JOIN book books1_
    ON author0_.id = books1_.author_id
```

쿼리 빌더 메커니즘, Specification, JPQL과 함께 @EntityGraph를 사용하는 예제를 되짚어보면 다음 리포지터리와 같다.

```
@Repository
@Transactional(readOnly = true)
public interface AuthorRepository extends JpaRepository<Author, Long>,
        JpaSpecificationExecutor<Author> {

    @Override
    @EntityGraph(attributePaths = {"books"},
            type = EntityGraph.EntityGraphType.FETCH)
    List<Author> findAll();

    @EntityGraph(attributePaths = {"books"},
            type = EntityGraph.EntityGraphType.FETCH)
    List<Author> findByAgeLessThanOrderByNameDesc(int age);

    @Override
    @EntityGraph(attributePaths = {"books"},
            type = EntityGraph.EntityGraphType.FETCH)
```

```
List<Author> findAll(Specification<Author> spec);

@EntityGraph(attributePaths = {"books"},
        type = EntityGraph.EntityGraphType.FETCH)
@Query(value="SELECT a FROM Author a WHERE a.age > 20 AND a.age < 40")
List<Author> fetchAllAgeBetween20And40();
}
```

전체 코드는 깃허브[22]에서 확인할 수 있다.

애드혹 엔터티 그래프(ad hoc entity graphs)는 엔터티 그래프 정의를 리포지터리 수준에서 유지하고 @NamedEntityGraph로 엔터티를 변경하지 않는 편리한 방법이다.

EntityManager를 통한 엔터티 그래프 정의

EntityManager로 엔터티 그래프를 직접 가져오려면 getEntityGraph(String entityGraphName) 메서드를 호출한다. 그 후 다음 코드 조각에서와 같이 이 메서드의 반환을 오버로드된 find() 메서드에 전달한다.

```
EntityGraph entityGraph = entityManager
        .getEntityGraph("author-books-graph");

Map<String, Object> properties = new HashMap<>();
properties.put("javax.persistence.fetchgraph", entityGraph);
Author author = entityManager.find(Author.class, id, properties);
```

JPQL과 EntityManager에서도 다음과 같이 사용할 수 있다.

---

22. HibernateSpringBootEntityGraphAttributePaths

```
EntityGraph entityGraph = entityManager
        .getEntityGraph("author-books-graph");

Author author = entityManager.createQuery(
        "SELECT a FROM Author a WHERE a.id = :id", Author.class)
    .setParameter("id", id)
    .setHint("javax.persistence.fetchgraph", entityGraph)
    .getSingleResult();
```

또는 CriteriaBuilder와 EntityManager를 사용하면 다음과 같다.

```
EntityGraph entityGraph = entityManager
        .getEntityGraph("author-books-graph");

CriteriaBuilder criteriaBuilder = entityManager.getCriteriaBuilder();
CriteriaQuery<Author> criteriaQuery
        = criteriaBuilder.createQuery(Author.class);

Root<Author> root = criteriaQuery.from(Author.class);
criteriaQuery.where(criteriaBuilder.equal(root.<Long>get("id"), id));

TypedQuery<Author> typedQuery = entityManager.createQuery(criteriaQuery);
typedQuery.setHint("javax.persistence.loadgraph", entityGraph);

Author author = typedQuery.getSingleResult();
```

EntityManager#createEntityGraph() 메서드로 엔터티 그래프를 생성할 수도 있는데, 자세한 내용은 공식 문서를 참고하면 된다.

항목 8: JPA 엔터티 서브그래프를 통해 연관관계를 가져오는 방법

엔터티 그래프에 익숙하지 않은 경우 항목 7을 먼저 읽어보자.

엔터티 그래프는 성능이 저하되는 경향이 있는데, 엔터티상 큰 트리(예: 하위 그래프들을 갖는 하위 그래프)를 만들거나 필요하지 않은 연관관계(또는 필드) 로딩이 성능 저하를 만든다. 매우 빠르게 큰 값이 되는 m × n × p × ... 유형의 카테시안 곱이 되는 것이 얼마나 쉬운지 생각해보면 알 수 있다.

서브그래프를 사용하면 복잡한 엔터티 그래프를 작성할 수 있는데, 서브그래프는 주로 다른 엔터티 그래프 또는 엔터티 서브그래프에 포함되는 엔터티 그래프다. Author, Book, Publisher의 3가지 엔터티를 살펴보자. Author와 Book 엔터티는 양방향 지연 @OneToMany 연관관계를 갖고, Publish와 Book 엔터티도 양방향 지연 @OneToMany 연관관계를 갖는다. Author와 Publisher 사이에는 연관관계가 없는데, 그림 1-9가 관련된 테이블(author, book, publisher)을 보여준다.

그림 1-9. 테이블 관계

엔터티 그래프의 목표는 연관된 도서와 함께 모든 저자 그리고 해당 도서와 연관된 출판사를 가져오는 것이다. 이를 위해 엔터티 서브그래프를 사용한다.

@NamedEntityGraph 및 @NamedSubgraph 사용

Author 엔터티에서 @NamedEntityGraph를 사용해 저자와 연관된 도서를 즉시 로딩하는 엔터티 그래프를 정의하고, @NamedSubgraph로 로드된 도서와 관련된 출판사를 가져오기 위한 엔터티 서브그래프를 정의한다.

```
@Entity
@NamedEntityGraph(
    name = "author-books-publisher-graph",
    attributeNodes = {
        @NamedAttributeNode(value = "books", subgraph = "publisher-subgraph")
    },
    subgraphs = {
        @NamedSubgraph(
            name = "publisher-subgraph",
            attributeNodes = {
                @NamedAttributeNode("publisher")
            }
        )
    }
)
public class Author implements Serializable {

    private static final long serialVersionUID = 1L;

    @Id
    @GeneratedValue(strategy = GenerationType.IDENTITY)
    private Long id;

    private String name;
    private String genre;
    private int age;

    @OneToMany(cascade = CascadeType.ALL,
            mappedBy = "author", orphanRemoval = true)
    private List<Book> books = new ArrayList<>();

    // 간결함을 위해 getter/setter 생략
}
```

Book의 관련 부분은 다음과 같다.

```
@Entity
public class Book implements Serializable {
    // ...
    @ManyToOne(fetch = FetchType.LAZY)
    @JoinColumn(name = "publisher_id")
    private Publisher publisher;
    // ...
}
```

그리고 AuthorRepository에서 엔터티 그래프를 사용한다.

```
@Repository
@Transactional(readOnly = true)
public interface AuthorRepository extends JpaRepository<Author, Long> {

    @Override
    @EntityGraph(value = "author-books-publisher-graph",
            type = EntityGraph.EntityGraphType.FETCH)
    List<Author> findAll();
}
```

findAll()을 호출하면 다음 SQL SELECT문이 생성된다.

```
SELECT
    author0_.id AS id1_0_0_,
    books1_.id AS id1_1_1_,
    publisher2_.id AS id1_2_2_,
    author0_.age AS agc2_0_0_,
    author0_.genre AS genre3_0_0_,
    author0_.name AS name4_0_0_,
    books1_.author_id AS author_i4_1_1_,
    books1_.isbn AS isbn2_1_1_,
    books1_.publisher_id AS publishe5_1_1_,
```

```
        books1_.title AS title3_1_1_,
        books1_.author_id AS author_i4_1_0__,
        books1_.id AS id1_1_0__,
        publisher2_.company AS company2_2_2_
FROM author author0_
LEFT OUTER JOIN book books1_
    ON author0_.id = books1_.author_id
LEFT OUTER JOIN publisher publisher2_
    ON books1_.publisher_id = publisher2_.id
```

따로 언급할 필요 없이 명확하지만 쿼리 빌더 메커니즘, Specification, JPQL과 함께 서브그래프를 사용할 수 있다. 예를 들어 JPQL과 함께 사용되는 서브그래프는 다음과 같다.

```
@Repository
@Transactional(readOnly = true)
public interface AuthorRepository extends JpaRepository<Author, Long> {

    @EntityGraph(value = "author-books-publisher-graph",
            type = EntityGraph.EntityGraphType.FETCH)
    @Query(value="SELECT a FROM Author a WHERE a.age > 20 AND a.age<40")
    List<Author> fetchAllAgeBetween20And40();
}
```

fetchAllAgeBetween20And40()을 호출하면 다음 SQL SELECT문이 트리거된다(엔터티 그래프를 고려해 쿼리가 어떻게 보완됐는지 확인).

```
SELECT
    author0_.id AS id1_0_0_,
    books1_.id AS id1_1_1_,
    publisher2_.id AS id1_2_2_,
    author0_.age AS age2_0_0_,
```

```
        author0_.genre AS genre3_0_0_,
        author0_.name AS name4_0_0_,
        books1_.author_id AS author_i4_1_1_,
        books1_.isbn AS isbn2_1_1_,
        books1_.publisher_id AS publishe5_1_1_,
        books1_.title AS title3_1_1_,
        books1_.author_id AS author_i4_1_0__,
        books1_.id AS id1_1_0__,
        publisher2_.company AS company2_2_2_
    FROM author author0_
    LEFT OUTER JOIN book books1_
        ON author0_.id = books1_.author_id
    LEFT OUTER JOIN publisher publisher2_
        ON books1_.publisher_id = publisher2_.id
    WHERE author0_.age > 20
    AND author0_.age < 40
```

조인이 지정된 엔터티 그래프와 함께 사용된 JPQL 쿼리에 주의하자. JPQL 쿼리상 가져올 연관관계의 오너가 SELECT 리스트에 포함돼 있어야 한다.

애드혹 엔터티 그래프에서 점 노테이션(.) 사용

애드혹 엔터티 그래프에서도 서브그래프를 사용할 수 있는데, 애드혹 엔터티 그래프를 사용하면 @NamedEntityGraph로 엔터티를 변경하지 않고 리포지터리 레벨에서 엔터티 그래프 정의를 유지할 수 있다.

서브그래프를 사용하려면 다음 예제와 같이 점 표기법(.)을 사용해 필요한 연관 관계를 연결하기만 하면 된다.

```
@Repository
```

```
@Transactional(readOnly = true)
public interface AuthorRepository extends JpaRepository<Author, Long> {

    @Override
    @EntityGraph(attributePaths = {"books.publisher"},
            type = EntityGraph.EntityGraphType.FETCH)
    List<Author> findAll();
}
```

따라서 books.publisher 경로를 통해 도서와 연관된 출판사를 가져올 수 있으며, 생성된 SELECT는 @NamedEntityGraph와 @NamedSubgraph를 사용할 때와 동일하다.

이 아이디어에 익숙해지기 위해 다른 예를 살펴보자. 모든 출판사와 연관된 도서, 더 나아가 해당 도서와 관련된 저자를 가져오는 애드혹 엔터티 그래프를 정의해보자. 이번에는 다음과 같이 PublisherRepository에 엔터티 그래프가 정의된다.

```
@Repository
@Transactional(readOnly = true)
public interface PublisherRepository
        extends JpaRepository<Publisher, Long> {

    @Override
    @EntityGraph(attributePaths = {"books.author"},
            type = EntityGraph.EntityGraphType.FETCH)
    List<Publisher> findAll();
}
```

이번에 생성된 SQL SELECT문은 다음과 같다.

```
SELECT
```

```
        publisher0_.id AS id1_2_0_,
        books1_.id AS id1_1_1_,
        author2_.id AS id1_0_2_,
        publisher0_.company AS company2_2_0_,
        books1_.author_id AS author_i4_1_1_,
        books1_.isbn AS isbn2_1_1_,
        books1_.publisher_id AS publishe5_1_1_,
        books1_.title AS title3_1_1_,
        books1_.publisher_id AS publishe5_1_0__,
        books1_.id AS id1_1_0__,
        author2_.age AS age2_0_2_,
        author2_.genre AS genre3_0_2_,
        author2_.name AS name4_0_2_
FROM publisher publisher0_
LEFT OUTER JOIN book books1_
    ON publisher0_.id = books1_.publisher_id
LEFT OUTER JOIN author author2_
    ON books1_.author_id = author2_.id
```

애드혹 서브그래프는 스프링 데이터 쿼리 빌더 메커니즘, Specification, JPQL
과 함께 사용할 수 있다. 예를 들어 JPQL과 함께 사용되는 위의 애드혹 서브그
래프는 다음과 같다.

```
@Repository
@Transactional(readOnly = true)
public interface PublisherRepository
        extends JpaRepository<Publisher, Long> {

    @EntityGraph(attributePaths = {"books.author"},
            type = EntityGraph.EntityGraphType.FETCH)
    @Query("SELECT p FROM Publisher p WHERE p.id > 1 AND p.id < 3")
    List<Publisher> fetchAllIdBetween1And3();
}
```

fetchAllIdBetween1And3()을 호출하면 다음 SQL SELECT문이 트리거된다(엔터티 그래프를 고려해 쿼리가 어떻게 보완됐는지 확인).

```sql
SELECT
    publisher0_.id AS id1_2_0_,
    books1_.id AS id1_1_1_,
    author2_.id AS id1_0_2_,
    publisher0_.company AS company2_2_0_,
    books1_.author_id AS author_i4_1_1_,
    books1_.isbn AS isbn2_1_1_,
    books1_.publisher_id AS publishe5_1_1_,
    books1_.title AS title3_1_1_,
    books1_.publisher_id AS publishe5_1_0__,
    books1_.id AS id1_1_0__,
    author2_.age AS age2_0_2_,
    author2_.genre AS genre3_0_2_,
    author2_.name AS name4_0_2_
FROM publisher publisher0_
LEFT OUTER JOIN book books1_
    ON publisher0_.id = books1_.publisher_id
LEFT OUTER JOIN author author2_
    ON books1_.author_id = author2_.id
WHERE publisher0_.id > 1
AND publisher0_.id < 3
```

전체 코드는 깃허브[23]에서 확인할 수 있다.

EntityManager를 통한 엔터티 서브그래프 정의

다음 코드 조각과 같이 EntityManager와 EntityGraph.addSubgraph(String attributeName) 메서드를 통해 엔터티 서브그래프를 직접 구성할 수 있다.

---

23. HibernateSpringBootNamedSubgraph

```
EntityGraph<Author> entityGraph = entityManager
        .createEntityGraph(Author.class);

Subgraph<Book> bookGraph = entityGraph.addSubgraph("books");
bookGraph.addAttributeNodes("publisher");

Map<String, Object> properties = new HashMap<>();
properties.put("javax.persistence.fetchgraph", entityGraph);
Author author = entityManager.find(Author.class, id, properties);
```

항목 9: 엔터티 그래프 및 기본 속성 처리 방법

하이버네이트 JPA 기반으로 엔터티 그래프를 사용해 엔터티의 일부 기본 속성(basic attributes)만을 가져오려면(전부가 아닌) 다음과 같은 수정된 해결책이 필요하다.

- 하이버네이트 Bytecode Enhancement
- @Basic(fetch = FetchType.LAZY)를 사용해 엔터티 그래프의 일부가 아닌 기본 속성 지정

여기서 주요 단점은 지정된 기본 속성이 엔터티 그래프를 사용하는 쿼리뿐만 아니라 다른 모든 쿼리(예: findById())들도 지연 로딩으로 처리되는데, 대부분의 경우 이 동작을 원하지 않는다는 점이다. 그러니 주의해서 사용해야 한다.

JPA 규격specifications을 준수하는 엔터티 그래프는 javax.persistence.fetchgraph와 javax.persistence.loadgraph라는 두 속성을 통해 현재 FetchType의 의미 체계를 재정의할 수 있다. 사용된 속성에 따라 엔터티 그래프는 페치 그래프fetch graph 또는 로드 그래프load graph가 될 수 있다. 페치 그래프의 경우 attributeNodes에 있는 속성은 FetchType.EAGER로 처리되고 나머지 속성은 기본/명시적 FetchType에 관계없이 FetchType.LAZY로 처리된다. 로드 그래프의 경우는 attributeNodes에 있는 속성은 FetchType.EAGER로 처리되고 나머진 지정된 FetchType 또는 기본 FetchType에 따라 처리된다.

그렇다면 Author와 Book 엔터티가 양방향 지연 @OneToMany 연관관계를 갖는다고 가정하고, Author 엔터티상에서 저자와 관련 도서의 이름을 로드하는 엔터티 그래프를 정의해보자. 이때는 저자의 연령과 장르를 로드할 필요가 없으므로 엔터티 그래프에서 age와 genre 기본 필드를 지정하지 않는다.

```java
@Entity
@NamedEntityGraph(
    name = "author-books-graph",
        attributeNodes = {
        @NamedAttributeNode("name"),
        @NamedAttributeNode("books")
    }
)
public class Author implements Serializable {

    private static final long serialVersionUID = 1L;

    @Id
    @GeneratedValue(strategy = GenerationType.IDENTITY)
    private Long id;

    private String name;
    private String genre;
    private int age;

    @OneToMany(cascade = CascadeType.ALL,
            mappedBy = "author", orphanRemoval = true)
    private List<Book> books = new ArrayList<>();

    // 간결함을 위해 getter/setter 생략
}
```

이제 AuthorRepository에서 엔터티 그래프를 사용해보자. 두 방법 모두 동일한 리포지터리에 두려면 쿼리 빌더 메커니즘을 통해 함께 사용할 수 있다. findByAgeGreaterThanAndGenre()와 findByGenreAndAgeGreaterThan()은 거의 비슷한 SQL문을 생성한다.

```
@Repository
@Transactional(readOnly = true)
public interface AuthorRepository extends JpaRepository<Author, Long> {

    @EntityGraph(value = "author-books-graph",
            type = EntityGraph.EntityGraphType.FETCH)
    List<Author> findByAgeGreaterThanAndGenre(int age, String genre);

    @EntityGraph(value = "author-books-graph",
            type = EntityGraph.EntityGraphType.LOAD)
    List<Author> findByGenreAndAgeGreaterThan(String genre, int age);
}
```

findByAgeGreaterThanAndGenre()를 호출하면 다음 SQL SELECT문이 생성된다(페치 그래프).

```
SELECT
    author0_.id AS id1_0_0_,
    books1_.id AS id1_1_1_,
    author0_.age AS age2_0_0_,
    author0_.genre AS genre3_0_0_,
    author0_.name AS name4_0_0_,
    books1_.author_id AS author_i4_1_1_,
    books1_.isbn AS isbn2_1_1_,
    books1_.title AS title3_1_1_,
    books1_.author_id AS author_i4_1_0__,
    books1_.id AS id1_1_0__
FROM author author0_
LEFT OUTER JOIN book books1_
    ON author0_.id = books1_.author_id
WHERE author0_.age > ?
AND author0_.genre = ?
```

여기서 age와 genre가 페치 그래프상에 일부가 아님에도 쿼리를 통해 가져온

점에 주목하자. 이제 findByGenreAndAgeGreaterThan()을 통해 로그 그래프를 사용해보자.

```
SELECT
    author0_.id AS id1_0_0_,
    books1_.id AS id1_1_1_,
    author0_.age AS age2_0_0_,
    author0_.genre AS genre3_0_0_,
    author0_.name AS name4_0_0_,
    books1_.author_id AS author_i4_1_1_,
    books1_.isbn AS isbn2_1_1_,
    books1_.title AS title3_1_1_,
    books1_.author_id AS author_i4_1_0__,
    books1_.id AS id1_1_0__
FROM author author0_
LEFT OUTER JOIN book books1_
    ON author0_.id = books1_.author_id
WHERE author0_.genre = ?
AND author0_.age > ?
```

이번에는 age와 genre가 포함된 것은 정상이지만 이들 속성(age 및 genre)을 @NamedAttributeNode로 명시적으로 지정하지 않더라도 페치 그래프는 가져오게 된다.

기본적으로 속성들은 @Basic으로 지정되는데, 기본 페치 정책fetch policy을 사용한다. 기본 페치 정책은 FetchType.EAGER이기 때문에 보완된 해결책은 다음과 같이 @Basic(fetch = FetchType.LAZY)를 사용해 페치 그래프에서 가져오지 말아야 할 기본 속성을 추가로 구성하는 것이다.

```
// ...
@Basic(fetch = FetchType.LAZY)
private String genre;
```

```
@Basic(fetch = FetchType.LAZY)
private int age;
// ...
```

그러나 페치와 로드 그래프를 실행해도 정확히 동일한 쿼리가 나타난다. 이는 JPA 규격이 기본(@Basic) 속성을 사용하는 하이버네이트에 적용되지 않았음을 의미한다. Bytecode Enhancement가 활성화되지 않은 한 페치와 로드 그래프 모두 이 설정을 무시하기 때문인데, 이를 적용하고자 메이븐Maven에 다음과 같은 플러그인plug-in을 추가해야 한다.

```
<plugin>
    <groupId>org.hibernate.orm.tooling</groupId>
    <artifactId>hibernate-enhance-maven-plugin</artifactId>
    <version>${hibernate.version}</version>
    <executions>
        <execution>
            <configuration>
                <failOnError>true</failOnError>
                <enableLazyInitialization>true</enableLazyInitialization>
            </configuration>
            <goals>
                <goal>enhance</goal>
            </goals>
        </execution>
    </executions>
</plugin>
```

이제 페치 그래프를 실행하면 다음과 같이 예상되는 SELECT문이 표시된다.

```
SELECT
    author0_.id AS id1_0_0_,
```

```
        books1_.id AS id1_1_1_,
        author0_.name AS name4_0_0_,
        books1_.author_id AS author_i4_1_1_,
        books1_.isbn AS isbn2_1_1_,
        books1_.title AS title3_1_1_,
        books1_.author_id AS author_i4_1_0__,
        books1_.id AS id1_1_0__
FROM author author0_
LEFT OUTER JOIN book books1_
    ON author0_.id = books1_.author_id
WHERE author0_.age > ?
AND author0_.genre = ?
```

로드 그래프를 실행해도 예상되는 SELECT문이 나타난다.

```
SELECT
        author0_.id AS id1_0_0_,
        books1_.id AS id1_1_1_,
        author0_.name AS name4_0_0_,
        books1_.author_id AS author_i4_1_1_,
        books1_.isbn AS isbn2_1_1_,
        books1_.title AS title3_1_1_,
        books1_.author_id AS author_i4_1_0__,
        books1_.id AS id1_1_0__
FROM author author0_
LEFT OUTER JOIN book books1_
    ON author0_.id = books1_.author_id
WHERE author0_.genre = ?
AND author0_.age > ?
```

전체 코드는 깃허브[24]에서 확인할 수 있다.

---

24. HibernateSpringBootNamedEntityGraphBasicAttrs

항목 10: 하이버네이트 @Where 어노테이션을 통한 연관관계 필터링 처리

JOIN FETCH WHERE(항목 39) 또는 @NamedEntityGraph(항목 7 및 항목 8)가 적용 사례에 적합하지 않은 경우에만 @Where 방식을 사용하자.

@Where 어노테이션은 사용이 간편하며 쿼리에 WHERE절을 추가해 가져오는 연관관계를 필터링하는 데 유용하다.

양방향 지연 @OneToMany 연관관계와 관련된 Author와 Book 엔터티를 사용해보자. 목표는 다음을 지연 로딩하는 것이다.

- 전체 도서
- $20보다 저렴한 모든 도서
- $20보다 비싼 모든 도서

더 싸거나 비싼 도서를 필터링하고자 Author 엔터티는 다음과 같이 @Where를 지정한다.

```
@Entity
public class Author implements Serializable {
    private static final long serialVersionUID = 1L;

    @Id
    @GeneratedValue(strategy = GenerationType.IDENTITY)
    private Long id;

    private String name;
    private String genre;
    private int age;

    @OneToMany(cascade = CascadeType.ALL,
            mappedBy = "author", orphanRemoval = true)
```

```java
    private List<Book> books = new ArrayList<>();

    @OneToMany(cascade = CascadeType.ALL,
            mappedBy = "author", orphanRemoval = true)
    @Where(clause = "price <= 20")
    private List<Book> cheapBooks = new ArrayList<>();

    @OneToMany(cascade = CascadeType.ALL,
            mappedBy = "author", orphanRemoval = true)
    @Where(clause = "price > 20")
    private List<Book> restOfBooks = new ArrayList<>();

    // ...
}
```

추가적으로 3가지 쿼리를 트리거하는 3개의 서비스 메서드를 작성해보자.

```java
@Transactional(readOnly = true)
public void fetchAuthorWithAllBooks() {

    Author author = authorRepository.findById(1L).orElseThrow();
    List<Book> books = author.getBooks();

    System.out.println(books);
}

@Transactional(readOnly = true)
public void fetchAuthorWithCheapBooks() {

    Author author = authorRepository.findById(1L).orElseThrow();
    List<Book> books = author.getCheapBooks();

    System.out.println(books);
}

@Transactional(readOnly = true)
public void fetchAuthorWithRestOfBooks() {

    Author author = authorRepository.findById(1L).orElseThrow();
```

```
        List<Book> books = author.getRestOfBooks();

        System.out.println(books);
    }
```

fetchAuthorWithCheapBooks()를 호출하면 $20보다 저렴한 도서를 가져오는 다음 SQL문이 생성된다.

```
    SELECT
        cheapbooks0_.author_id AS author_i5_1_0_,
        cheapbooks0_.id AS id1_1_0_,
        cheapbooks0_.id AS id1_1_1_,
        cheapbooks0_.author_id AS author_i5_1_1_,
        cheapbooks0_.isbn AS isbn2_1_1_,
        cheapbooks0_.price AS price3_1_1_,
        cheapbooks0_.title AS title4_1_1_
    FROM book cheapbooks0_
    WHERE (cheapbooks0_.price <= 20)
    AND cheapbooks0_.author_id = ?
```

하이버네이트는 price <= 20 조건으로 도서를 필터링하도록 데이터베이스에 지시하기 위한 WHERE절을 추가한다.

fetchAuthorWithRestOfBooks()를 호출하면 price > 20 조건으로 도서를 필터링하고자 다음과 같이 WHERE절이 추가된다.

```
    SELECT
        restofbook0_.author_id AS author_i5_1_0_,
        restofbook0_.id AS id1_1_0_,
        restofbook0_.id AS id1_1_1_,
        restofbook0_.author_id AS author_i5_1_1_,
        restofbook0_.isbn AS isbn2_1_1_,
```

```
        restofbook0_.price AS price3_1_1_,
        restofbook0_.title AS title4_1_1_
    FROM book restofbook0_
    WHERE (restofbook0_.price > 20)
    AND restofbook0_.author_id = ?
```

전체 코드는 깃허브[25]에서 확인할 수 있다.

생성된 쿼리들은 지연 방식으로 도서를 가져온다는 점에 유의하자. 즉, 분리된 SELECT로 저자를 가져온 후에 트리거되는 추가 SELECT 쿼리들이 존재한다. 하나의 SELECT로 저자와 연관 도서를 한 번에 가져오려 하지 않는다면 문제는 없지만 이런 경우에도 LAZY에서 EAGER로 전환하는 것은 피해야 한다. 따라서 JOIN FETCH WHERE를 사용하는 것이 적어도 2가지 측면에서 훨씬 낫다.

- 저자를 가져오는 하나의 SELECT로 연관된 도서를 가져온다.
- 주어진 가격을 쿼리 바인딩 파라미터로 전달할 수 있다.

그럼에도 @Where는 여러 상황에서 유용할 수 있는데, 예를 들어 소프트 삭제[soft deletes][26] 구현에 사용할 수 있다(항목 109).

항목 11: @MapsId를 통한 단방향/양방향 @OneToOne 최적화 방법

@OneToOne 연관관계를 갖는 Author와 Book 엔터티를 생각해보자. 그림 1-10에 해당 일대일[one-to-one] 테이블 관계가 나타나 있다.

---

25. HibernateSpringBootFilterAssociation
26. 실제 데이터를 삭제하지 않고 삭제 여부를 나타내는 별도 칼럼 사용 방식이다. - 옮긴이

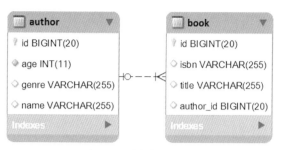

그림 1-10. 일대일 테이블 관계

관계형 데이터베이스 관리 시스템^{RDBMS}에서 일대일 연관관계는 고유한^{unique} 외래키를 통해 부모 측과 자식 측이 '연결'된다. JPA에서 이 연결은 @OneToOne 어노테이션으로 매핑되고 연관관계는 단방향 또는 양방향일 수 있다.

이런 맥락에서 단방향이나 양방향 @OneToOne 연관관계에서 @MapsId가 중요한 이유는 무엇일까? 우선 일반적인 매핑을 사용할 때에 성능 관점에서의 단점을 살펴보자. 먼저 단방향 @OneToOne 연관관계를 확인해보자.

일반적인 단방향 @OneToOne

Author가 부모 측이고 Book이 일대일 연관관계의 자식 측이다. 우선 Author 엔터티는 다음과 같다.

```
@Entity
public class Author implements Serializable {

    private static final long serialVersionUID = 1L;

    @Id
    @GeneratedValue(strategy = GenerationType.IDENTIIY)
    private Long id;

    private String name;
    private String genre;
    private int age;
```

```
    // 간결함을 위해 getter/setter 생략
}
```

@OneToOne 어노테이션은 다음과 같이 자식 측에 추가된다.

```
@Entity
public class Book implements Serializable {

    private static final long serialVersionUID = 1L;

    @Id
    private Long id;

    private String title;
    private String isbn;

    @OneToOne(fetch = FetchType.LAZY)
    @JoinColumn(name = "author_id")
    private Author author;

    // 간결함을 위해 getter/setter 생략
}
```

@JoinColumn 어노테이션은 외래키의 열 이름을 변경(customize)하는 데 사용됐다.

단방향 @OneToOne은 연관된 외래키를 제어한다. 즉, 관계의 오너 측이 외래키를 제어하는 것이다. 그리고 다음과 같이 서비스 메서드에서 setAuthor()를 호출한다(프로덕션 수준에서는 orElseThrow()를 사용하지 말아야 한다. 여기서는 단순히 반환된 Optional에서 간단히 Author를 가져오고자 사용한다).

```
@Transactional
public void newBookOfAuthor() {
```

```
        Author author = authorRepository.findById(1L).orElseThrow();

        Book book = new Book();
        book.setTitle("A History of Ancient Prague");
        book.setIsbn("001-JN");
        book.setAuthor(author);

        bookRepository.save(book);
    }
```

newBookOfAuthor()를 호출하면 book 테이블에 대한 다음과 같은 INSERT문이 생성된다.

```
    INSERT INTO book (author_id, isbn, title)
        VALUES (?, ?, ?)
    Binding:[1, 001-JN, A History of Ancient Prague]
```

따라서 JPA 영속성 공급자(하이버네이트)는 외래키 칼럼(author_id) 값을 author 식별자로 지정됐다.

지금까진 모든 것이 괜찮아 보인다. 그러나 지금과 같은 연관관계의 부모 측에서 연관된 자식을 가져와야 하는 경우 자식 엔터티의 식별자를 알 수 없기 때문에 JPQL 쿼리가 추가돼야 한다. 다음 JPQL 쿼리를 확인해보자.

```
    @Repository
    public interface BookRepository extends JpaRepository<Book, Long> {

        @Query("SELECT b FROM Book b WHERE b.author = ?1")
        Book fetchBookByAuthor(Author author);
    }
```

서비스 메서드는 다음과 같다.

```
@Transactional(readOnly = true)
public Book fetchBookByAuthor() {

    Author author = authorRepository.findById(1L).orElseThrow();

    return bookRepository.fetchBookByAuthor(author);
}
```

fetchBookByAuthor()를 호출하면 다음과 같은 SQL문이 실행된다.

```
SELECT
    book0_.id AS id1_1_,
    book0_.author_id AS author_i4_1_,
    book0_.isbn AS isbn2_1_,
    book0_.title AS title3_1_
FROM book book0_
WHERE book0_.author_id = ?
Binding:[1] Extracted:[1, 1, 001-JN, A History of Ancient Prague]
```

부모 측이 지속적으로 또는 매번 자식 측을 필요로 한다면 새로운 쿼리가 추가되면서 성능이 저하될 수 있다.

애플리케이션이 Author와 Book을 저장하고자 2차 캐시를 사용하는 경우 살펴본 성능 저하는 더 나빠진다. Author와 Book이 2차 캐시에 저장돼 있는 동안 연관된 자식을 가져오는 것은 여전히 여기서 나열된 JPQL 쿼리를 통한 데이터베이스 처리가 필요하다. 부모가 자식의 식별자를 알고 있다고 가정하면 다음과 같이 2차 캐시 장점을 얻을 수 있다(orElseThrow()에 특별한 의미를 부여하지 말자. 단지 반환된 Optional을 간단히 처리하기 위한 것이다).

Author author = authorRepository.findById(1L).orElseThrow();

Book book = bookRepository.findById(author.getId()).orElseThrow();

그러나 자식에 대한 식별자를 보통 알 수 없기 때문에 이 코드를 사용할 수 없다.

다른 해결 방법(더 좋지 않은)은 쿼리 캐시(query cache) 또는 @NaturalId를 사용하는 것이다.

일반적인 양방향 @OneToOne

양방향 @OneToOne 연관관계와 관련된 Author와 Book 엔터티를 고려해보자. 바꿔 말하면 부모 측은 다음과 같이 mappedBy를 사용한다(자식 측은 동일하게 유지).

```
@Entity
public class Author implements Serializable {

    private static final long serialVersionUID = 1L;

    @Id
    @GeneratedValue(strategy = GenerationType.IDENTITY)
    private Long id;

    private String name;
    private String genre;
    private int age;

    @OneToOne(mappedBy = "author", cascade = CascadeType.ALL,
            fetch = FetchType.LAZY)
    private Book book;

    // 간결함을 위해 getter/setter 생략
}
```

양방향 @OneToOne의 주요 단점은 다음과 같이 부모(Author)를 가져올 때 확인할 수 있다.

```
Author author = authorRepository.findById(1L).orElseThrow();
```

LAZY 연관관계임에도 Author를 가져오면 다음과 같은 SELECT문들이 트리거된다.

```
SELECT
    author0_.id AS id1_0_0_,
    author0_.age AS age2_0_0_,
    author0_.genre AS genre3_0_0_,
    author0_.name AS name4_0_0_
FROM author author0_
WHERE author0_.id = ?
SELECT
    book0_.id AS id1_1_0_,
    book0_.author_id AS author_i4_1_0_,
    book0_.isbn AS isbn2_1_0_,
    book0_.title AS title3_1_0_
FROM book book0_
WHERE book0_.author_id = ?
```

부모 엔터티 다음에 하이버네이트는 자식 엔터티도 가져온다. 애플리케이션에
부모만 필요한 경우에도 자식을 가져오는 것은 리소스 낭비이자 성능 저하를
초래한다.

추가된 쿼리는 부모 측 딜레마로 인해 발생한다. 자식 엔터티를 가져오지 않으면 JPA 영속성 공급
자(하이버네이트)는 자식 참조를 null로 할지 Object(실제 객체 또는 프록시 객체)로 할지 알 수
없다. @OneToOne에 optional=false 속성을 통해 비널가능성(non-nullability) 인식을 추가하는
것도 이 경우에는 도움이 되지 않는다.

해결 방법은 부모 측에 Bytecode Enhancement와 @LazyToOne(LazyToOneOption.
NO_PROXY)을 사용하는 것이다. 또는 더 좋은 방법은 단방향 @OneToOne과
@MapsId를 사용하는 것이다.

@OneToOne을 구원하는 @MapsId

@MapsId는 @ManyToOne과 단방향(또는 양방향) @OneToOne 연관관계에 적용할 수 있는 JPA 2.0 어노테이션이며, 이를 통해 book 테이블의 기본키 자체가 author 테이블의 기본키를 참조하는 외래키가 될 수 있다. Author와 book 테이블은 그림 1-11과 같이 기본키를 공유하는 것이다(자식 테이블은 부모 테이블과 기본키를 공유한다).

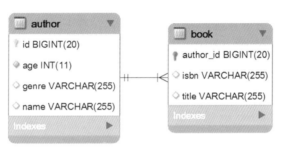

그림 1-11. @MapsId 및 @OneToOne 공유키

다음과 같이 자식 항목에 @MapsId를 추가한다.

```java
@Entity
public class Book implements Serializable {

    private static final long serialVersionUID = 1L;

    @Id
    private Long id;

    private String title;
    private String isbn;

    @MapsId
    @OneToOne(fetch = FetchType.LAZY)
    @JoinColumn(name = "author_id")
    private Author author;

    // 간결함을 위해 getter/setter 생략
}
```

Book 엔터티의 식별자를 확인해보자. 이 식별자는 정확히 author 연관관계의 식별자이기에 생성할 필요가 없고(@GeneratedValue가 없음) 하이버네이트에 의해 설정된다.

@JoinColumn 어노테이션은 기본키 칼럼의 이름을 변경하는 데 사용된다.

부모 엔터티는 양방향 @OneToOne이 필요하지 않기 때문에 간단하며(원래 갖고 있다면) Author는 다음과 같다.

```java
@Entity
public class Author implements Serializable {

    private static final long serialVersionUID = 1L;

    @Id
    @GeneratedValue(strategy = GenerationType.IDENTITY)
    private Long id;

    private String name;
    private String genre;
    private int age;

    // 간결함을 위해 getter/setter 생략
}
```

이제 다음과 같이 서비스 메서드를 사용해 Book을 등록할 수 있다(강조된 주석 고려).

```java
@Transactional
public void newBookOfAuthor() {

    Author author = authorRepository.findById(1L).orElseThrow();

    Book book = new Book();
    book.setTitle("A History of Ancient Prague");
```

```
        book.setIsbn("001-JN");

        // 이 처리는 book의 id를 author의 id로 설정함
        book.setAuthor(author);

        bookRepository.save(book);
    }
```

newBookOfAuthor()를 호출하면 다음 INSERT문이 나타난다(이는 save() 메서드를 호출한 결과다).

```
    INSERT INTO book (isbn, title, author_id)
        VALUES (?, ?, ?)
    Binding:[001-JN, A History of Ancient Prague, 1]
```

author_id가 author의 식별자로 설정된 점에 유의하자. 이는 부모 테이블과 자식 테이블이 동일한 기본키를 공유함을 의미한다.

아울러 개발자는 다음과 같이 Author 식별자로 Book을 가져올 수 있다(식별자는 Author와 Book 사이에 공유가 되므로 개발자는 Book 식별자를 지정하고자 author.getId()에 사용한다).

```
    @Transactional(readOnly = true)
    public Book fetchBookByAuthorId() {

        Author author = authorRepository.findById(1L).orElseThrow();

        return bookRepository.findById(author.getId()).orElseThrow();
    }
```

@MapsId를 사용하면 다음과 같은 많은 이점이 있다.

- Book이 2차 캐시에 있으면 캐시에서 가져온다(추가 데이터베이스 처리 필요 없음). 이는 일반 단방향 @OneToOne의 주요 단점이다.
- Author를 가져오는 것은 Book을 추가적으로 가져오는 불필요한 부가 쿼리를 자동으로 호출

하지 않는다. 이는 일반 양방향 @OneToOne의 주요 단점이다.

● 기본키를 공유하면 메모리 사용량이 줄어든다(기본키와 외래키를 모두 인덱싱할 필요 없음).

전체 코드는 깃허브[27]에서 확인할 수 있다.

항목 12: 단 하나의 연관관계만 Null이 아닌지 확인하는 방법

Review 엔터티를 생각해보자. Book, Article, Magazine에 대한 3가지 @ManyToOne 관계가 다음과 같이 정의된다.

```java
@Entity
public class Review implements Serializable {

    private static final long serialVersionUID = 1L;

    @Id
    @GeneratedValue(strategy = GenerationType.IDENTITY)
    private Long id;

    private String content;

    @ManyToOne(fetch = FetchType.LAZY)
    private Book book;

    @ManyToOne(fetch = FetchType.LAZY)
    private Article article;

    @ManyToOne(fetch = FetchType.LAZY)
    private Magazine magazine;

    // 간결함을 위해 getter/setter 생략
}
```

지금과 같은 상황에서 리뷰는 도서, 잡지 또는 기사와 연관될 수 있다. 애플리케이션 수준에서 이 제약 조건을 구현하는 것은 Bean Validation[28]을 통해 달성할 수 있으며, 클래스 수준에서는 Review 엔터티에 추가할 수 있는 다음과 같은 어노테이션을 정의한다.

```
@Target({ElementType.TYPE})
@Retention(RetentionPolicy.RUNTIME)
@Constraint(validatedBy = {JustOneOfManyValidator.class})
public @interface JustOneOfMany {

    String message() default "A review can be associated with either
                              a book, a magazine or an article";
    Class<?>[] groups() default {};
    Class<? extends Payload>[] payload() default {};
}
```

Bean Validation 문서에 따라 @JustOneOfMany 어노테이션은 다음과 같이 유효성 검사 권한이 부여된다.

```
public class JustOneOfManyValidator
        implements ConstraintValidator<JustOneOfMany, Review> {

    @Override
    public boolean isValid(Review review, ConstraintValidatorContext ctx) {

        return Stream.of(
                review.getBook(), review.getArticle(), review.getMagazine())
            .filter(Objects::nonNull)
            .count() == 1;
    }
}
```

---

28. https://beanvalidation.org/

마지막으로 클래스 수준에서 Review 엔터티에 @JustOneOfMany 어노테이션을 추가하기만 하면 된다.

```
@Entity
@JustOneOfMany
public class Review implements Serializable {
    // ...
}
```

테스트 확인

데이터베이스에는 이미 Book, Article, Magazine이 포함돼 있고, 다음 서비스 메서드는 Book에 대한 Review를 성공적으로 저장한다.

```
@Transactional
public void persistReviewOk() {

    Review review = new Review();
    review.setContent("This is a book review ...");
    review.setBook(bookRepository.findById(1L).get());

    reviewRepository.save(review);
}
```

반면 다음 서비스 메서드는 Review를 저장하지 못한다. 코드가 이 리뷰를 Article과 Magazine에 지정하려고 하기 때문에 @JustOneOfMany를 통해 지정된 유효성 검사에 실패한다.

```
@Transactional
public void persistReviewWrong() {

    Review review = new Review();
```

```
review.setContent("This is an article and magazine review ...");
review.setArticle(articleRepository.findById(1L).get());

// 유효성 검사에 실패한다.
review.setMagazine(magazineRepository.findById(1L).get());

reviewRepository.save(review);
}
```

그럼에도 네이티브 쿼리는 애플리케이션 수준에서 유효성 검사를 무시할 수 있다. 이런 시나리오가 예상된다면 데이터베이스 수준에서도 유효성 검사를 추가해야 하는데, MySQL에서는 다음과 같이 TRIGGER로 이 작업을 수행할 수 있다.

```
CREATE TRIGGER Just_One_Of_Many
    BEFORE INSERT ON review
    FOR EACH ROW
    BEGIN
        IF (NEW.article_id IS NOT NULL AND NEW.magazine_id IS NOT NULL)
            OR (NEW.article_id IS NOT NULL AND NEW.book_id IS NOT NULL)
            OR (NEW.book_id IS NOT NULL AND NEW.magazine_id IS NOT NULL) THEN
                SIGNAL SQLSTATE '45000'
                SET MESSAGE_TEXT='A review can be associated with either
                                a book, a magazine or an article';
        END IF;
    END;
```

전체 코드는 깃허브[29]에서 확인할 수 있다.

---

29. HibernateSpringBootChooseOnlyOneAssociation

## 2장

엔터티

항목 13: 엔터티의 플루언트 API 스타일 적용 방법

그림 2-1과 같이 양방향 지연 @OneToMany 연관관계를 갖는 Author와 Book 엔터
티를 고려해보자.

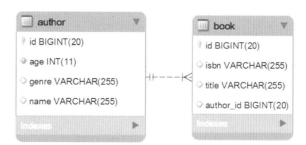

그림 2-1. @OneToMany 테이블 관계

일반적으로 다음과 같이 여러 Book을 갖는 Author를 만들 수 있다(예: 2권의 도서를
가진 1명의 저자).

```
Author author = new Author();
author.setName("Joana Nimar");
author.setAge(34);
```

```
author.setGenre("History");

Book book1 = new Book();
book1.setTitle("A History of Ancient Prague");
book1.setIsbn("001-JN");

Book book2 = new Book();
book2.setTitle("A People's History");
book2.setIsbn("002-JN");

// addBook()은 Author 클래스에 정의된 도우미 메서드
author.addBook(book1);
author.addBook(book2);
```

적어도 2가지 방법으로 이 코드 조각을 플루언트 스타일^{fluent-style}로 작성할 수 있다.

플루언트 스타일은 주로 읽기 쉽고 코드의 자연스러운 흐름을 표현하도록 설계된다.

엔터티 세터를 통한 플루언트 스타일

엔터티 세터^{setter}를 통해 플루언트 스타일을 사용해보자. 일반적으로 엔터티 세터 메서드는 void를 반환하지만 다음과 같이 void 대신 this를 반환하도록 엔터티 세터를 변경한다(도우미 메서드도 함께 수정돼야 함).

```
@Entity
public class Author implements Serializable {

    private static final long serialVersionUID = 1L;

    @Id
    @GeneratedValue(strategy = GenerationType.IDENTITY)
    private Long id;
```

```java
private String name;
private String genre;
private int age;

@OneToMany(cascade = CascadeType.ALL,
        mappedBy = "author", orphanRemoval = true)
private List<Book> books = new ArrayList<>();
public Author addBook(Book book) {
    this.books.add(book);
    book.setAuthor(this);
    return this;
}

public Author removeBook(Book book) {
    book.setAuthor(null);
    this.books.remove(book);
    return this;
}

public Author setId(Long id) {
    this.id = id;
    return this;
}

public Author setName(String name) {
    this.name = name;
    return this;
}

public Author setGenre(String genre) {
    this.genre = genre;
    return this;
}

public Author setAge(int age) {
    this.age = age;
    return this;
}
```

```java
    public Author setBooks(List<Book> books) {
        this.books = books;
        return this;
    }

    // 간결함을 위해 getter 생략
}


@Entity
public class Book implements Serializable {

    private static final long serialVersionUID = 1L;

    @Id
    @GeneratedValue(strategy = GenerationType.IDENTITY)
    private Long id;

    private String title;
    private String isbn;

    @ManyToOne(fetch = FetchType.LAZY)
    @JoinColumn(name = "author_id")
    private Author author;

    public Book setId(Long id) {
        this.id = id;
        return this;
    }

    public Book setTitle(String title) {
        this.title = title;
        return this;
    }

    public Book setIsbn(String isbn) {
        this.isbn = isbn;
        return this;
    }
```

```
    public Book setAuthor(Author author) {
        this.author = author;
        return this;
    }

    // 간결함을 위해 getter 생략
}
```

세터들이 void 대신 this를 반환하기 때문에 다음처럼 플루언트 스타일로 서로 연결[chained]해 사용할 수 있다.

```
Author author = new Author()
    .setName("Joana Nimar")
    .setAge(34)
    .setGenre("History")
    .addBook(new Book()
        .setTitle("A History of Ancient Prague")
        .setIsbn("001-JN"))
    .addBook(new Book()
        .setTitle("A People's History")
        .setIsbn("002-JN"));
```

전체 코드는 깃허브[1]에서 확인할 수 있다.

별도 메서드를 통한 플루언트 스타일

다음과 같이 엔터티 세터를 변경하는 대신 다른 메서드를 사용해 플루언트 스타일 방식을 구현할 수도 있다.

---

1. HibernateSpringBootFluentApiOnSetters

```java
@Entity
public class Author implements Serializable {

    private static final long serialVersionUID = 1L;

    @Id
    @GeneratedValue(strategy = GenerationType.IDENTITY)
    private Long id;

    private String name;
    private String genre;
    private int age;

    @OneToMany(cascade = CascadeType.ALL,
            mappedBy = "author", orphanRemoval = true)
    private List<Book> books = new ArrayList<>();

    public Author addBook(Book book) {
        this.books.add(book);
        book.setAuthor(this);
        return this;
    }

    public Author removeBook(Book book) {
        book.setAuthor(null);
        this.books.remove(book);
        return this;
    }

    public Author id(Long id) {
        this.id = id;
        return this;
    }

    public Author name(String name) {
        this.name = name;
        return this;
    }

    public Author genre(String genre) {
```

```java
        this.genre = genre;
        return this;
    }

    public Author age(int age) {
        this.age = age;
        return this;
    }

    public Author books(List<Book> books) {
        this.books = books;
        return this;
    }

    // 간결함을 위해 getter/setter 생략
}


@Entity
public class Book implements Serializable {

    private static final long serialVersionUID = 1L;

    @Id
    @GeneratedValue(strategy = GenerationType.IDENTITY)
    private Long id;

    private String title;
    private String isbn;

    @ManyToOne(fetch = FetchType.LAZY)
    @JoinColumn(name = "author_id")
    private Author author;

    public Book id(Long id) {
        this.id = id;
        return this;
    }

    public Book title(String title) {
```

```
        this.title = title;
        return this;
    }

    public Book isbn(String isbn) {
        this.isbn = isbn;
        return this;
    }

    public Book author(Author author) {
        this.author = author;
        return this;
    }

    // 간결함을 위해 getter/setter 생략
}
```

이번에는 추가된 메서드를 다음 코드 조각처럼 플루언트 스타일 방식으로 사용한다.

```
Author author = new Author()
    .name("Joana Nimar")
    .age(34)
    .genre("History")
    .addBook(new Book()
        .title("A History of Ancient Prague")
        .isbn("001-JN"))
    .addBook(new Book()
        .title("A People's History")
        .isbn("002-JN"));
```

전체 코드는 깃허브[2]에서 확인할 수 있다.

---

2. HibernateSpringBootFluentApiAdditionalMethods

항목 14: 하이버네이트 프록시를 통한 자식 측에서 부모 연관관계 채우기

스프링 내장 메서드인 findById() 또는 getOne()을 통해 식별자로 엔터티를 가져올 수 있다. findById() 메서드는 스프링 내부적으로 EntityManager#find()를 사용하고 getOne()은 EntityManager#getReferce()를 사용한다.

findById()는 영속성 콘텍스트, 2차 캐시 또는 데이터베이스로부터 엔터티를 반환(정확하게 이 순서에 의해 엔터티 찾기를 시도)하는데, 반환된 엔터티는 선언된 엔터티 매핑과 동일한 타입이다.

이와는 달리 getOne() 호출은 하이버네이트 프록시^proxy 객체를 반환하는데, 실제 엔터티 타입과 다르다. 이 하이버네이트 프록시는 자식 엔터티가 부모에 대한 참조(@ManyToOne 또는 @OneToOne 지연 연관관계)와 함께 등록될 때 유용하다. 이런 상황에서 데이터베이스로부터 부모 엔터티를 가져오는 것(SELECT문을 실행)은 성능 저하를 가지며 하이버네이트가 초기화되지 않은 프록시에 대한 외래키 값을 설정할 수 있기 때문에 무의미한 작업일 뿐이다.

그럼 @ManyToOne 연관관계를 통해 위 내용을 실제로 확인해보자. 이 연관관계는 일반적인 JPA의 연관관계며 일대다 테이블 관계에 정확하게 매핑된다.

따라서 Author와 Book 엔터티가 단방향 지연 @ManyToOne 연관관계를 갖고 있다고 가정해볼 수 있고, 다음 예에서 Author 엔터티가 부모 측을 나타내고 Book이 자식 측을 나타낸다. 이 관계와 관련된 author와 book 테이블은 그림 2-2와 같다.

여기서 author 테이블에는 ID가 1인 저자가 1명 있다고 가정하고 이 항목에 대한 Book을 만들어보자.

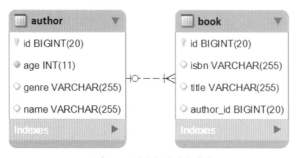

그림 2-2. 일대다 테이블 관계

findById() 사용

findById()를 활용한 코드는 다음과 같다(물론 실제 환경에서는 orElseThrow()를 사용하지 말아야 한

다. 여기서 orElseThrow()는 반환된 Optional에 실제 값을 가져오는 간편한 방법일 뿐이다).

```
@Transactional
public void addBookToAuthor() {

    Author author = authorRepository.findById(1L).orElseThrow();

    Book book = new Book();
    book.setIsbn("001-MJ");
    book.setTitle("The Canterbury Anthology");
    book.setAuthor(author);

    bookRepository.save(book);
}
```

addBookToAuthor() 호출은 다음과 같은 SQL문이 실행된다.

```
SELECT
    author0_.id AS id1_0_0_,
    author0_.age AS age2_0_0_,
    author0_.genre AS genre3_0_0_,
```

```
    author0_.name AS name4_0_0_
FROM author author0_
WHERE author0_.id = ?

INSERT INTO book (author_id, isbn, title)
    VALUES (?, ?, ?)
```

먼저 findById()로 SELECT 쿼리가 실행되는데, 이 SELECT는 데이터베이스에서 저자 정보를 가져온다. 다음으로 INSERT문은 외래키 author_id를 설정해 새 도서를 저장한다.

getOne() 사용

getOne()을 사용한 코드는 다음과 같다.

```
@Transactional
public void addBookToAuthor() {

    Author proxy = authorRepository.getOne(1L);

    Book book = new Book();
    book.setIsbn("001-MJ");
    book.setTitle("The Canterbury Anthology");
    book.setAuthor(proxy);

    bookRepository.save(book);
}
```

하이버네이트는 초기화되지 않은 프록시의 외래키 값을 설정할 수 있기 때문에 이 코드는 하나의 INSERT문만 실행한다.

```
INSERT INTO book (author_id, isbn, title)
    VALUES (?, ?, ?)
```

확실히 findById()를 사용하는 것보다 낫다.

전체 코드는 깃허브[3]에서 확인할 수 있다.

항목 15: 영속성 레이어에서 자바 8 Optional 사용 방법

이번 항목의 목표는 영속성 레이어^{layer}에서 자바 8 Optional API 사용을 위한 모범 사례를 알아보는 것이다. 사례를 확인하기 위한 예제에서 양방향 지연 @OneToMany 연관관계와 관련된 이미 살펴본 Author와 Book 엔터티를 사용한다.

코딩의 황금률은 기술을 활용하는 가장 좋은 방법은 기술이 만들어지고 테스트 된 목적에 맞게 사용하는 것이라 말한다. 자바 8 Optional도 이 규칙의 예외가 될 수 없다. 자바 8 Optional의 목적은 자바 언어 설계자^{architect}인 브라이언 괴츠^{Brian Goetz}에 의해 다음과 같이 명확하게 정의된다.

> Optional은 '결과 없음'을 나타내는 명확한 방법이 필요한 라이브러리 메서드 반환 타입 에 사용되는 제한된 메커니즘 제공을 위한 것이며, null을 대신 사용하면 오류 발생 가능 성이 압도적으로 높다.

이 문장을 염두에 두고 영속성 레이어에 적용해보자.

엔터티에서의 Optional

Optional은 엔터티에 사용할 수 있다. 더 정확히 말하면 Optional은 엔터티의 특정 게터^{getter}(예: null 반환 가능성이 있는 게터)에 사용한다. Author 엔터티의 경우 name과 genre에 대한 게터에 Optional을 사용하고 Book 엔터티의 경우 다음과 같이 title, isbn, author에 Optional을 사용할 수 있다.

---

3. HibernateSpringBootPopulatingChildViaProxy

```
@Entity
public class Author implements Serializable {

    // ...

    public Optional<String> getName() {
        return Optional.ofNullable(name);
    }

    public Optional<String> getGenre() {
        return Optional.ofNullable(genre);
    }
    // ...
}



@Entity
public class Book implements Serializable {

    // ...
    public Optional<String> getTitle() {
        return Optional.ofNullable(title);
    }

    public Optional<String> getIsbn() {
        return Optional.ofNullable(isbn);
    }

    public Optional<Author> getAuthor() {
        return Optional.ofNullable(author);
    }
    // ...
}
```

다음의 경우에는 Optional을 사용하지 말아야 한다.

- 엔터티 필드(Optional은 Serialziable되지 않음)

- 생성자^{constructor} 및 세터 인자^{arguments}
- 기본^{primitive} 타입 및 컬렉션을 반환하는 게터
- 기본키에 관련된 게터

리포지터리에서의 Optional

Optional은 리포지터리에서도 사용된다. 좀 더 정확하게는 Optional을 사용해 쿼리의 결과 세트를 감쌀 수 있다. 스프링은 이미 findById()나 findOne()처럼 Optional을 반환하는 내장 메서드를 제공한다. 다음 코드 조각은 findById() 메서드를 사용한다.

```
Optional<Author> author = authorRepository.findById(1L);
```

추가적으로 다음 2가지 예와 같이 Optional을 반환하는 쿼리를 작성할 수 있다.

```
@Repository
@Transactional(readOnly = true)
public interface AuthorRepository extends JpaRepository<Author, Long> {

    Optional<Author> findByName(String name);
}


@Repository
@Transactional(readOnly = true)
public interface BookRepository extends JpaRepository<Book, Long> {

    Optional<Book> findByTitle(String title);
}
```

Optional이 쿼리 빌더 메커니즘에서만 작동한다고 가정하지 말자. JPQL과 네이티브 쿼리에서도 잘 동작하며, 다음 쿼리는 완벽히 잘 처리된다.

```
@Query("SELECT a FROM Author a WHERE a.name=?1")
Optional<Author> fetchByName(String name);

@Query("SELECT a.genre FROM Author a WHERE a.name=?1")
Optional<String> fetchGenreByName(String name);

@Query(value="SELECT a.genre FROM author a WHERE a.name=?1",
        nativeQuery=true)
Optional<String> fetchGenreByNameNative(String name);
```

전체 코드는 깃허브[4]에서 확인할 수 있다.

항목 16: 불변 엔터티 작성 방법

불변^{immutable} 엔터티는 다음 계약 사항을 준수해야 한다.

- @Immutable(org.hibernate.annotations.Immutable) 어노테이션이 지정 돼야 한다.
- 어떤 종류의 연관관계(@ElementCollection, @OneToOne, @OneToMany, @ManyToOne 또는 @ManyToMany) 도 포함하지 않아야 한다.
- hibernate.cache.use_reference_entries 설정이 true로 지정돼야 한다.

불변 엔터티는 분해된 상태(disassembled state)[5]가 아닌 엔터티 참조로 2차 캐시에 저장된다. 이렇게 되면 분해된 상태에서 엔터티를 재구성하는 성능 저하를 방지할 수 있다(새 엔터티 인스턴 스를 만들고 분해된 상태로 채운다).

다음과 같이 불변 엔터티를 2차 캐시에 저장할 수 있다.

---

4. HibernateSpringBootOptional
5. 분해된 상태는 하이드레이티드(hydrated) 상태라고도 하는데, 엔터티가 하나의 객체 형태가 아닌 개별 속성을 따로 갖는 상태를 말한다. 내부적으로 ResultSet이 캐시에 Object[]로 보관된 상태인데, 나중에 다시 엔터티 객체로 만들어지게 된다. 이 과정을 하이드레이션(hydration)이라 한다. ─ 옮긴이

```
@Entity
@Immutable
@Cache(usage = CacheConcurrencyStrategy.READ_ONLY, region = "Author")
public class Author implements Serializable {

    private static final long serialVersionUID = 1L;

    @Id
    private Long id;

    private String name;
    private String genre;
    private int age;

    // 간결함을 위해 getter/setter 생략
}
```

이 책과 함께 번들로 제공되는 코드는 2차 캐시의 구현을 EhCache[6]로 사용하는 완전한 방법을 제공한다.

이제 엔터티에 CRUD[7] 작업을 적용해보자.

- **신규 Author 만들기**: 다음 메서드는 새로운 Author를 만들고 데이터베이스에 저장하고, 이를 라이트 스루write-through 전략을 통해 2차 캐시에 보관한다(2차 캐시에 대한 자세한 내용은 부록 I 참고).

```
public void newAuthor() {

    Author author = new Author();

    author.setId(1L);
```

---

6. 2차 캐시에 대한 구현 부분은 EhCache, JCache 등과 같은 별도의 캐시 제품을 사용한다. 보통 캐시에 대한 세부적인 제어를 하고자 사용되며, 설정 방법은 예제 코드의 application.properties 등을 참고하자(필요한 종속성도 추가해야 한다). – 옮긴이

7. CRUD는 기본적 데이터 처리 기능인 Create(생성), Read(조회), Update(수정), Delete(삭제)를 묶어서 일컫는 말이다. – 옮긴이

```
        author.setName("Joana Nimar");
        author.setGenre("History");
        author.setAge(34);

        authorRepository.save(author);
    }
```

- **생성된 Author 가져오기:** 다음 메서드는 데이터베이스에 접근하지 않고 2차 캐시에서 생성된 Author를 가져온다.

```
    public void fetchAuthor() {
        Author author = authorRepository.findById(1L).orElseThrow();
        System.out.println(author);
    }
```

- **Author 수정하기:** Author는 변경할 수 없기 때문에(수정할 수 없음) 이 작업은 처리되지 않는다. 이때 오류가 발생하지 않으며 단순히 무시된다.

```
    @Transactional
    public void updateAuthor() {
        Author author = authorRepository.findById(1L).orElseThrow();
        author.setAge(45);
    }
```

- **Author 삭제하기:** 이 작업은 2차 캐시에서 엔터티를 가져와 두 위치(2차 캐시 및 데이터베이스)에서 삭제한다.

```
    public void deleteAuthor() {
        authorRepository.deleteById(1L);
    }
```

불변 클래스의 엔터티는 자동으로 읽기 전용 엔터티로 로드된다.

전체 코드는 깃허브[8]에서 확인할 수 있다.

항목 17: 엔터티 복제 방법

엔터티 복제[cloning]는 일상적인 작업은 아니지만 때론 처음부터 엔터티를 만들지 않아도 되는 가장 쉬운 방법이다. 수동 복제, clone()을 통한 복제, 복사 생성자[copy-constructor]를 통한 복제, Cloning 라이브러리 사용, 직렬화를 통한 복제, JSON을 통한 복제 등과 같은 잘 알려진 많은 복제 기술이 있다.

엔터티의 경우 깊은 복제[deep cloning]를 사용할 필요가 거의 없지만 필요하다면 Cloning[9] 라이브러리가 많은 도움이 된다. 다른 대부분의 경우 속성의 일부만 복사하면 되는데, 이 경우 복사 생성자가 복제되는 항목에 대한 전체 제어를 제공할 수 있다.

예제를 위해 양방향 지연 @ManyToMany 연관관계와 관련된 Author와 Book 엔터티를 사용한다. 간결함을 위해 그림 2-3(2권의 도서를 가진 저자)의 간단한 데이터 스냅숏을 사용해보자.

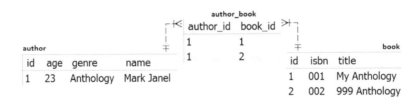

그림 2-3. 데이터 스냅숏

---

8. HibernateSpringBootImmutableEntity
9. https://github.com/kostaskougios/cloning

160

부모 복제와 도서에 대한 연관관계 지정

Mark Janel이 2권의 도서(My Anthology와 999 Anthology)의 유일한 저자가 아니라고 가정해보자. 따라서 공동 저자를 추가해야 하는데, 공동 저자는 Mark Janel과 같은 장르와 도서를 갖고 있지만 나이와 이름이 다르다. 한 가지 해결책은 Mark Janel 엔터티를 복제하고 복제 객체(새 엔터티)를 사용해 공동 저자를 만드는 것이다.

공동 저자의 이름이 Farell Tliop이고 나이가 54세라고 가정하면 그림 2-4와 같은 데이터 스냅숏을 얻을 수 있다.

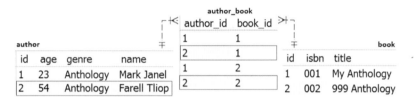

그림 2-4. 부모를 복제하고 도서를 연관관계 지정

이 작업을 위해선 Author 엔터티에 초점을 맞춰야 하는데, 여기에 다음과 같은 두 생성자를 추가한다.

```
@Entity
public class Author implements Serializable {

    private static final long serialVersionUID = 1L;

    @Id
    @GeneratedValue(strategy = GenerationType.IDENTITY)
    private Long id;

    private String name;
    private String genre;
    private int age;

    @ManyToMany(/*... */)
    private Set<Book> books = new HashSet<>();
```

```
    private Author() {
    }

    public Author(Author author, boolean cloneChildren) {
        this.genre = author.getGenre();

        // 연관된 도서
        books.addAll(author.getBooks());
    }
    // ...
}
```

하이버네이트에 의해 내부적으로 private 생성자는 필요하고 public 복사 생성자는 Author를 복제하는 데 필요하다. 좀 더 정확하게는 장르 속성만 복제한다. 추가적으로 기존 Author 엔터티(Mark Janel)에서 참조하는 모든 Book 엔터티는 새 공동 저자 엔터티(Farell Tliop)와 연관관계가 맺어진다.

서비스 메서드는 다음과 같이 첫 번째 Author 엔터티(Mark Janel)를 사용해 공동 저자 엔터티(Farell Tliop)를 생성할 수 있다.

```
@Transactional
public void cloneAuthor() {

    Author author = authorRepository.fetchByName("Mark Janel");

    Author authorClone = new Author(author);
    authorClone.setAge(54);
    authorClone.setName("Farell Tliop");

    authorRepository.save(authorClone);
}
```

Mark Janel과 관련 도서를 가져오고자 생성된 SQL문(fetchByName()을 통해 트리거된 SELECT JOIN FETCH 제외)과 예상된 INSERT문은 다음과 같다.

```
INSERT INTO author (age, genre, name)
    VALUES (?, ?, ?)
Binding: [54, Anthology, Farell Tliop]

INSERT INTO author_book (author_id, book_id)
    VALUES (?, ?)
Binding: [2, 1]

INSERT INTO author_book (author_id, book_id)
    VALUES (?, ?)
Binding: [2, 2]
```

이 예제에서는 기존에 사용하던 addBook() 도우미가 아닌 Set#addAll() 메서드를 사용하고 있는데, book.getAuthors().add(this)에 의해 추가되는 SELECT문을 피하기 위해서다.

```
public void addBook(Book book) {
    this.books.add(book);
    book.getAuthors().add(this);
}
```

예를 들어 books.addAll(author.getBooks())를 다음 코드로 바꿀 수 있다.

```
for (Book book : author.getBooks()) {
    addBook(new Book(book));
}
```

그러면 각 도서에 대해 추가 SELECT가 발생한다. 다시 말하면 공농 저자와 노서 사이의 연관관계가 양쪽으로 동기화된다. 예를 들어 공동 저자를 저장하기 전에 서비스 메서드에서 다음과 같은 코드를 실행해보자.

```
authorClone.getBooks().forEach(
    b -> System.out.println(b.getAuthors()));
```

다음과 같은 출력을 확인할 수 있다.

```
[
    Author{id=1, name=Mark Janel, genre=Anthology, age=23},
    Author{id=null, name=Farell Tliop, genre=Anthology, age=54}
]
[
    Author{id=1, name=Mark Janel, genre=Anthology, age=23},
    Author{id=null, name=Farell Tliop, genre=Anthology, age=54}
]
```

저자와 공동 저자 ID가 데이터베이스에 저장되지 않았고 IDENTITY 생성기를 사용하고 있기 때문에 null임을 알 수 있다. 반면에 Set#addAll()을 사용해 동일한 코드를 실행하면 다음과 같은 결과를 볼 수 있다.

```
[
    Author{id=1, name=Mark Janel, genre=Anthology, age=23}
]
[
    Author{id=1, name=Mark Janel, genre=Anthology, age=23}
]
```

이번에는 도서에 공동 저자를 설정하지 않았기 때문에 공동 저자가 표시되지 않았다(연관관계를 동기화하지 않음). Set#addAll()은 추가 SELECT문을 방지하는 데 도움이 되고 엔터티를 복제한 후 즉시 데이터베이스에 저장할 가능성이 높으므로 이는 문제가 되지 않는다.

부모 및 도서 복제

이번에는 Author(Mark Janel)와 연관관계를 갖는 도서를 복제한다고 가정해보자. 이는 그림 2-5와 같이 예상하는 것이다.

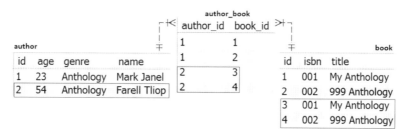

그림 2-5. 부모와 도서를 복제

Book을 복제하려면 다음과 같이 Book 엔터티에 적절한 생성자를 추가하면 된다.

```java
@Entity
public class Book implements Serializable {
    private static final long serialVersionUID = 1L;

    @Id
    @GeneratedValue(strategy = GenerationType.IDENTITY)
    private Long id;

    private String title;
    private String isbn;

    private Book() {
    }

    public Book(Book book) {
        this.title = book.getTitle();
        this.isbn = book.getIsbn();
    }
    // ...
}
```

여기서 private 생성자는 하이버네이트에 의해 내부적으로 필요하며, public 복사 생성자는 Book을 복제한다. 이 예제는 Book의 모든 속성을 복제한다.

아울러 Author 생성자는 다음과 같다.

```java
@Entity
public class Author implements Serializable {
    private static final long serialVersionUID = 1L;

    @Id
    @GeneratedValue(strategy = GenerationType.IDENTITY)
    private Long id;

    private String name;
    private String genre;
    private int age;

    @ManyToMany(/*... */)
    private Set<Book> books = new HashSet<>();

    private Author() {
    }

    public Author(Author author, boolean cloneChildren) {
        this.genre = author.getGenre();

        // 도서 복제
        for (Book book : author.getBooks()) {
            addBook(new Book(book));
        }
    }

    public void addBook(Book book) {
        this.books.add(book);
        book.getAuthors().add(this);
    }
    // ...
}
```

서비스 메서드는 다음과 같이 동일하다.

```java
@Transactional
public void cloneAuthor() {
    Author author = authorRepository.fetchByName("Mark Janel");

    Author authorClone = new Author(author);
    authorClone.setAge(54);
    authorClone.setName("Farell Tliop");

    authorRepository.save(authorClone);
}
```

Mark Janel과 관련 서적을 가져오고자 생성된 SQL문(fetchByName()을 통해 트리거된 SELECT JOIN FETCH 제외)과 예상된 INSERT문은 다음과 같다.

```
INSERT INTO author (age, genre, name)
    VALUES (?, ?, ?)
Binding: [54, Anthology, Farell Tliop]

INSERT INTO book (isbn, title)
    VALUES (?, ?)
Binding: [001, My Anthology]

INSERT INTO book (isbn, title)
    VALUES (?, ?)
Binding: [002, 999 Anthology]

INSERT INTO author_book (author_id, book_id)
    VALUES (?, ?)
Binding: [2, 1]

INSERT INTO author_book (author_id, book_id)
    VALUES (?, ?)
Binding: [2, 2]
```

하나로 처리

다음과 같이 boolean 인자를 사용해 Author의 복사 생성자를 재구성함으로써 서비스 메서드에서 2가지 경우(부모를 복제하고 도서를 연관관계를 지정하거나 부모와 도서를 복제) 중에 쉽게 결정할 수 있다.

```
public Author(Author author, boolean cloneChildren) {
    this.genre = author.getGenre();

    if (!cloneChildren) {
        // 연관관계 지정
        books.addAll(author.getBooks());
    } else {
        // 각 도서 복제
        for (Book book : author.getBooks()) {
            addBook(new Book(book));
        }
    }
}
```

전체 코드는 깃허브[10]에서 확인할 수 있다.

항목 18: 더티 트래킹을 활성화하는 이유와 방법

더티 체킹(Dirty Checking)은 현재 영속성 콘텍스트에 로드된 이후 수정된 관리 중(managed)인 엔터티를 플러시(flush) 시점에 감지하는 하이버네이트 메커니즘이다. 그런 다음 애플리케이션(데이터 액세스 레이어)을 대신해 적절한 SQL UPDATE문을 실행한다. 하이버네이트는 관리 엔터티의 속성이 하나만 변경된 경우에도 모든 관리 엔터티를 스캔한다.

---

10. HibernateSpringBootCloneEntity

하이버네이트 5 이전의 더티 체킹 메커니즘은 모든 관리 엔터티의 모든 속성을 확인하고자 자바 Reflection API에 의존했다. 성능적인 측면에서 엔터티 수가 상대적으로 적은 한 '무해'하지만 많은 수의 관리 엔터티가 있다면 이 방법으로 인해 성능 저하가 발생할 수 있다.

하이버네이트 5부터의 더티 체킹 메커니즘은 속성의 변경 사항을 추적하는 엔터티의 기능인 더티 트래킹^{Dirty Tracking} 메커니즘에 의존한다. 이 더티 트래킹 메커니즘은 더 나은 성능을 제공하는데, 이런 이점은 특히 엔터티 수가 상당히 많을 때 눈에 띈다. 이 메커니즘이 작동하려면 하이버네이트 Bytecode Enhancement 프로세스가 애플리케이션에 추가돼야 하며, 개발자는 특정 플래그 설정을 통해 더티 트래킹 메커니즘도 활성화해야 한다.

```xml
<plugin>
    <groupId>org.hibernate.orm.tooling</groupId>
    <artifactId>hibernate-enhance-maven-plugin</artifactId>
    <version>${hibernate.version}</version>
    <executions>
        <execution>
            <configuration>
                <failOnError>true</failOnError>
                <enableDirtyTracking>true</enableDirtyTracking>
            </configuration>
            <goals>
                <goal>enhance</goal>
            </goals>
        </execution>
    </executions>
</plugin>
```

일반적으로 Bytecode Enhancement는 특정 목적을 위해 자바 클래스의 바이트코드를 계측(instrument)하는 프로세스며, 하이버네이트 Bytecode Enhancement는 빌드 시 수행된다. 따라서 애플리케이션의 런타임에는 영향을 미치지 않는다(런타임 성능 저하는 없지만 빌드 시간 동안 오버헤드는 있음). 어째든 런타임이나 배포 시 실행되도록 설정할 수 있다.

메이븐 또는 그래들(Gradle) 플러그인을 추가해 애플리케이션에 Bytecode Enhancement를 반영할 수 있다(앤트(Ant)도 지원함).

Bytecode Enhancement 플러그인이 추가되면 모든 엔터티 클래스의 바이트코드가 계측된다. 이 프로세스를 instrumention이라고 하며 구성된 설정을 처리하는 데 필요한 명령어(instruction) 세트를 코드에 추가하는 것으로 구성된다(예: 더티 트래킹을 위해 엔터티의 코드를 계측해야 한다. 이 계측을 통해 어떤 속성이 변경됐는지 엔터티를 추적할 수 있다). 플러시 시점에 하이버네이트는 state—diff[11] 처리(computations)에 의존하지 않고 각 엔터티가 변경 사항을 보고하도록 요구한다.

더티 트래킹은 enableDirtyTracking 설정을 통해 활성화된다.

그럼에도 가벼운(thin) 영속성 콘텍스트를 갖는 것이 여전히 권장되며, hydrated state(엔터티 스냅숏)는 여전히 영속성 콘텍스트에 저장된다.

더티 트래킹이 활성화됐는지 확인하려면 엔터티 클래스의 소스코드를 디컴파일하고 다음과 같은 코드를 검색해야 한다.

```
@Transient
private transient DirtyTracker $$_hibernate_tracker;
```

$$_hibernate_tracker는 엔터티 수정 사항을 등록하는 데 사용된다. 플러시되는 동안 하이버네이트는 $$_hibernate_hasDirtyAttributes()라는 메서드를 호출하고, 이 메서드는 더티 속성을 String[]으로 반환한다.

또는 다음과 같이 메시지 로그를 확인할 수 있다.

```
INFO: Enhancing [com.bookstore.entity.Author] as Entity
Successfully enhanced class [C:\...\com\bookstore\entity\Author.class]
```

---

11. 특별한 의미를 갖는 단어는 아니고 객체 또는 엔터티 간 다른 상태(different state)(속성 값)를 직접 찾는 방법을 나타낸다.
 — 옮긴이

하이버네이트 Bytecode Enhancement는 다음과 같은 3가지 주요 메커니즘을 제
공한다(각 메커니즘에 대해 하이버네이트는 적절한 계측 명령을 바이트코드에 추가한다).

- 더티 트래킹(현재 항목에서 다루고 있음): enableDirtyTracking
- 속성 지연 초기화[lazy initialization](항목 23): enableLazyInitialization
- 연관관계 관리(양방향 연관관계에서의 자동 동기화):
  enableAssociationManagement

전체 코드는 깃허브[12]에서 확인할 수 있다.

항목 19: 불리언을 Yes/No로 매핑하는 방법

다음과 같은 데이터 정의 언어[DDL, Data Definition Language]를 사용한 author 테이블을 갖는
레거시 데이터베이스를 가정해보자.

```
CREATE TABLE author (
    id bigint(20) NOT NULL AUTO_INCREMENT,
    age int(11) NOT NULL,
    best_selling varchar(3) NOT NULL,
    genre varchar(255) DEFAULT NULL,
    name varchar(255) DEFAULT NULL,
    PRIMARY KEY (id)
);
```

여기서 best_selling 칼럼을 보면 저자가 베스트셀러 저자인지 여부를 나타내
는 2가지 가능한 값(Yes 또는 No)을 저장한다. 게다가 이 스키미[schema]는 수정할 수
없고(예: 레거시 코드이기에 수정할 수 없음) best_selling 칼럼을 불리언 값으로 매핑해야 한다
고 가정해보자.

---

12. HibernateSpringBootEnableDirtyTracking

해당 엔터티 속성을 다음과 같이 Boolean으로 선언해야 하는 것은 명확하지만 이걸로는 충분하지 않다.

```
@Entity
public class Author implements Serializable {

    // ...
    @NotNull
    private Boolean bestSelling;
    // ...

    public Boolean isBestSelling() {
        return bestSelling;
    }

    public void setBestSelling(Boolean bestSelling) {
        this.bestSelling = bestSelling;
    }
}
```

이 상태로 하이버네이트는 다음 표에 나타난 것 같이 Boolean을 매핑하려고 시도한다.

자바 타입	⟨- 하이버네이트 타입 -⟩	JDBC 타입
boolean/Boolean	BooleanType	BIT
boolean/Boolean	NumericBooleanType	INTEGER(예, 0 또는 1)
boolean/Boolean	YesNoType	CHAR(예, N/n 또는 Y/n)
boolean/Boolean	TrueFalseType	CHAR(예, F/f 또는 T/t)

그러나 위 매핑 중에 어느 것도 VARCHAR(3)과 일치하지 않는다. 세련된 해결 방법은 하이버네이트가 모든 CRUD 처리에 적용할 커스텀 변환기converter를 작성 하는 것인데, 다음과 같이 AttributeConverter 인터페이스를 구현하고 2개의

메서드를 재정의하면 된다.

```java
@Converter(autoApply = true)
public class BooleanConverter
        implements AttributeConverter<Boolean, String> {

    @Override
    public String convertToDatabaseColumn(Boolean attr) {

        return attr == null ? "No" : "Yes";

    }

    @Override
    public Boolean convertToEntityAttribute(String dbData) {

        return !"No".equals(dbData);

    }

}
```

위의 코드에서 convertToDatabaseColumn()은 Boolean에서 String으로 변환하고 convertToEntityAttribute()는 String에서 Boolean으로 변환한다.

이 변환기는 @Converter(autoApply = true) 어노테이션을 갖는데, 이는 해당 변환기가 변환되는 유형(Boolean)의 모든 속성에 사용됨을 의미한다. 특정 속성만을 지정하려면 다음과 같이 autoApply를 제거하거나 false로 설정하고 속성 수준에서 다음과 같이 @Converter를 추가해야 한다.

```java
@Convert(converter = BooleanConverter.class)
private Boolean bestSelling;
```

@Enumerated 어노테이션이 달린 속성에는 AttributeConverter를 적용할 수 없다.

전체 코드는 깃허브[13]에서 확인할 수 있다.

항목 20: 애그리거트 루트로부터 최적의 도메인 이벤트 발행

스프링 리포지터리로 관리되는 엔터티는 애그리거트 루트aggregate roots라 한다. 도메인 주도 설계DDD, Domain Driven Design에서 이 애그리커트 루트는 이벤트 또는 도메인 이벤트를 발행publish할 수 있는데, 스프링 데이터 Ingalls[14] 릴리스부터 애그리거트 루트(엔터티)별로 이벤트를 발행하는 것이 훨씬 쉬워졌다.

스프링 데이터는 @DomainEvents 어노테이션과 함께 제공되며, 해당 발행을 가능한 한 쉽게 하고자 애그리거트 루트의 메서드에 사용된다. @DomainEvents 어노테이션을 갖는 메서드는 스프링 데이터에 의해 인식되며 리포지터리를 통해 엔터티가 저장될 때마다 자동으로 호출된다. @DomainEvents 외에도 스프링 데이터는 @AfterDomainEventPublication[15] 어노테이션을 제공하는데, 발행 후 이벤트를 정리하고자 자동으로 호출돼야 하는 메서드를 지정한다. 코드에서는 일반적으로 다음과 같이 작성한다.

```
class MyAggregateRoot {

    @DomainEvents
    Collection<Object> domainEvents() {
        // 발행하고자 하는 이벤트를 반환
    }

    @AfterDomainEventPublication
    void callbackMethod() {
```

---

13. HibernateSpringBootMapBooleanToYesNo
14. 스프링 데이터 프로젝트는 릴리스 주기가 다른 여러 독립된 프로젝트로 구성되며, 하위 프로젝트 버전과의 혼선을 피하고자 숫자가 아닌 이름의 릴리스로 배포된다. 이를 릴리스 트레인(Release Train)이라고 하는데, Ingalls도 릴리스 트레인 중의 하나다. 스프링 데이터 JPA 버전으로는 1.11.X 버전을 갖는 17년 1월에 배포된 릴리스 트레인이다. – 옮긴이
15. 공식 문서 등에서도 @AfterDomainEventsPublication으로 표현된 부분이 많지만 실제 코드에서는 Events가 아닌 Event 인 @AfterDomainEventPublication이다. 원서에서도 @AfterDomainEventsPublication이라고 돼 있으나 실제 코드인 @AfterDomainEventPublication로 표기했다. – 옮긴이

```
        // 잠재적으로 도메인 이벤트 리스트 정리
    }
}
```

스프링 데이터 Commons는 도메인 이벤트 등록을 지원하고 @DomainsEvent와 @AfterDomainEventPublish에 의해 내부적인 발행 메커니즘을 사용하는 편리한 템플릿 기반^{base} 클래스(AbstractAggregateRoot)를 제공한다. 이벤트들은 **AbstractAggregate Root#registerEvent()** 메서드를 호출해 등록된다. 등록된 이벤트는 스프링 데이터 리포지터리의 save 메서드 중 하나(예: save())를 호출하면 발행되고 발행 후 초기화된다.

그럼 AbstractAggregateRoot와 해당 registerEvent() 메서드를 활용하는 샘플 애플리케이션을 살펴보자. 양방향 지연 @OneToMany 연관관계를 갖는 2개의 엔터티(Book과 BookReview)가 있다. 새 도서 검토가 데이터베이스에 CHECK 상태로 저장되고 CheckReviewEvent가 발행된다. 이 이벤트는 문법 리뷰, 내용 등을 확인하고 리뷰 상태를 CHECK에서 ACCEPT 또는 REJECT로 변경하는 역할을 담당한다. 그런 다음 데이터베이스에서 새 상태를 전달하는데, 이 이벤트는 도서 검토가 CHECK 상태로 저장되기 전에 등록되며 BookReviewRepository.save() 메서드를 호출하면 자동으로 발행된다. 발행 후에 이벤트는 초기화된다.

애그리거트 루트인 BookReview부터 확인해보자.

```
@Entity
public class BookReview extends AbstractAggregateRoot<BookReview>
        implements Serializable {

    private static final long serialVersionUID = 1L;

    @Id
    @GeneratedValue(strategy = GenerationType.IDENTITY)
    private Long id;
```

```
    private String content;
    private String email;

    @Enumerated(EnumType.STRING)
    private ReviewStatus status;

    @ManyToOne(fetch = FetchType.LAZY)
    @JoinColumn(name = "book_id")
    private Book book;

    public void registerReviewEvent() {
        registerEvent(new CheckReviewEvent(this));
    }

    // 간결함을 위해 getter/setter 등 생략
}
```

BookReview는 AbstractAggregateRoot를 확장하고 AbstractAggregateRoot#registerEvent()를 통해 도메인 이벤트 등록을 위한 registerReviewEvent() 메서드를 제공한다. 도서 검토를 저장하기 전에 이벤트(CheckReviewEvent)를 등록하고자 registerReviewEvent() 메서드가 다음과 같이 호출된다.

```
@Service
public class BookstoreService {
    private final static String RESPONSE
        = "We check your review and get back to you with an e-mail ASAP :)";

    private final BookRepository bookRepository;
    private final BookReviewRepository bookReviewRepository;
    // ...

    @Transactional
    public String postReview(BookReview bookReview) {

        Book book = bookRepository.getOne(1L);
        bookReview.setBook(book);
```

```
        bookReview.registerReviewEvent();

        bookReviewRepository.save(bookReview);

        return RESPONSE;
    }
}
```

여기서 save() 메서드가 호출되고 트랜잭션이 커밋된 후에 이벤트가 발행되는데, CheckReviewEvent는 다음과 같다(bookReview 인스턴스가 전달되고 있지만 적절한 생성자를 통해 필요한 속성만을 지정할 수 있음).

```
public class CheckReviewEvent {
    private final BookReview bookReview;

    public CheckReviewEvent(BookReview bookReview) {
        this.bookReview = bookReview;
    }

    public BookReview getBookReview() {
        return bookReview;
    }
}
```

마지막으로 다음과 같이 구현되는 이벤트 핸들러handler가 필요하다.

```
@Service
public class CheckReviewEventHandler {

    public final BookReviewRepository bookReviewRepository;
    // ...
    @TransactionalEventListener
    public void handleCheckReviewEvent(CheckReviewEvent event) {

        BookReview bookReview = event.getBookReview();
```

```
            logger.info(() -> "Starting checking of review: "
                    + bookReview.getId());

            try {
                // 데모를 목적으로 40초의 인위적인 지연을 통해 문법, 콘텐츠, 승인 정책,
                // 리뷰어 이메일 등의 검토에 대한 처리를 시뮬레이션함
                String content = bookReview.getContent(); // 콘텐츠 점검
                String email = bookReview.getEmail(); // 이메일 체크

                Thread.sleep(40_000);
            } catch (InterruptedException ex) {
                Thread.currentThread().interrupt();
                // 예외 로깅
            }

            if (new Random().nextBoolean()) {
                bookReview.setStatus(ReviewStatus.ACCEPT);
                logger.info(() -> "Book review " + bookReview.getId()
                        + " was accepted ...");
            } else {
                bookReview.setStatus(ReviewStatus.REJECT);
                logger.info(() -> "Book review " + bookReview.getId()
                        + " was rejected ...");
            }

            bookReviewRepository.save(bookReview);

            logger.info(() -> "Checking review " + bookReview.getId() + " done!");
        }
    }
```

데모를 목적으로 40초(Thread.sleep(40_000);)의 인위적인 지연을 사용해 문법 리뷰,
콘텐츠, 승인 정책, 리뷰어 이메일 등의 확인을 시뮬레이션하고 있으며, 검토
확인이 완료되면 데이터베이스에서 검토 상태가 업데이트된다.

동기식 실행

이벤트 핸들러에는 @TransactionalEventListener 어노테이션이 지정돼 있고 단계^phase 설정을 통해 이벤트를 발행한 트랜잭션 단계에 명시적으로 바인딩된다. 일반적으로 이벤트는 트랜잭션이 성공적으로 완료된 후에 처리(TransactionPhase. AFTER_COMMIT)된다. 이 AFTER_COMMIT이 @TransactionalEventListener의 기본 설정이지만 BEFORE_COMMIT, AFTER_COMPLETION(성공 여부와 상관없이 트랜잭션이 완료됨) 또는 AFTER_ROLLBACK(트랜잭션이 롤백됨)으로 변경 가능한데, AFTER_COMMIT과 AFTER_ROLLBACK은 AFTER_COMPLETION의 세부화 단계다.

실행 중인 트랜잭션이 없고 fallbackExecution이라는 파라미터가 true로 설정돼 있지 않으면 @TransactionalEventListener 어노테이션이 지정된 메서드는 실행되지 않는다.

AFTER_COMMIT이 지정되고 handleCheckReviewEvent()에 대해 명시적 트랜잭션 콘텍스트가 없기 때문에 리뷰 검토(Thread.sleep()을 통해 시뮬레이션됨)가 트랜잭션 외부에서 실행될 것으로 예상된다. 아울러 save() 메서드(bookReviewRepository.save(bookReview);) 호출에 의해 UPDATE가 실행된다. 이 UPDATE가 새로운 트랜잭션으로 감싸져야 하는데, 애플리케이션 로그를 분석해보면 예상과는 다르다는 것을 알 수 있다(관련 있는 출력 부분만 표시).

```
Creating new transaction with name [...BookstoreService.postReview]:
PROPAGATION_REQUIRED,ISOLATION_DEFAULT
Opened new EntityManager [SessionImpl(719882002<open>)] for JPA transaction
begin
insert into book_review (book_id, content, email, status) values (?, ?, ?, ?)
Committing JPA transaction on EntityManager [SessionImpl(719882002<open>)]
committing
```

```
// 애플리케이션 처리가 handleCheckReviewEvent()로 진입

Starting checking of review: 1

HikariPool-1 - Pool stats (total=10, active=1, idle=9, waiting=0)

Found thread-bound EntityManager [SessionImpl(719882002<open>)] for JPA
transaction

Participating in existing transaction

Checking review 1 done!

Closing JPA EntityManager [SessionImpl(719882002<open>)] after transaction
```

여기서 살펴볼 몇 가지 사항이 있다. 첫 번째로 postReview()가 호출될 때에 트랜잭션이 시작되고 handleCheckReviewEvent() 이벤트 핸들러의 코드가 실행되기 전에 커밋된다. 트랜잭션이 커밋된 후_(AFTER_COMMIT) handleCheckReviewEvent()를 실행하도록 스프링에 지정했기 때문에 이는 정상이다. 그러나 트랜잭션이 커밋된다고 해서 트랜잭션 리소스가 해제되는 것은 아니며 계속 액세스될 수 있다. 또한 로그에서 볼 수 있듯 커넥션 풀^{connection pool}에서 커넥션이 반환되지 않았고 _(HikariCP는 활성된 연결, active=1을 보고함) 연관된 영속성 콘텍스트가 여전히 열려 있다. 예를 들어 bookReviewRepository.findById(book_review_id)를 실행하면 현재 영속성 콘텍스트로부터 BookReview를 가져온다.

둘째, 실행된 UPDATE문이 없다. 도서 검토 상태가 데이터베이스로 전달되지 않았다. 이는 트랜잭션이 이미 커밋됐기 때문이며, 이 시점에 데이터 액세스 코드는 여전히 원래 트랜잭션에 참여하지만 커밋 처리는 없다_(쓰기 작업이 데이터베이스로 전파되지 않음). 이는 정확히 bookReviewRepository.save(bookReview); 코드에서 발생하는 일이다.

상당히 유쾌하지 않은 상황이라고 쉽게 결론을 내릴 수 있는데, 오래 실행되는 트랜잭션이 있고_{(Thread.sleep()을 통해 시뮬레이트된 긴 프로세스로 인해)} 결국엔 도서 검토 상태가 업데이트되지 않기 때문이다. AFTER_COMPLETION_(또는 AFTER_ROLLBACK)으로 변경

하면 handleCheckReviewEvent()를 실행하기 전에 커넥션 풀에서 커넥션이 반환되고 handleCheckReviewEvent()에 @Transactional을 추가하면 예상된 UPDATE문이 실행될 것이라고 생각할 수 있다. 그러나 다음 중 어느 것도 도움이 되지 않는다. 결과는 정확히 동일하다.

```java
@TransactionalEventListener(phase = TransactionPhase.AFTER_COMPLETION)
public void handleCheckReviewEvent(CheckReviewEvent event) {
    // ...
}



@Transactional
public void handleCheckReviewEvent(CheckReviewEvent event) {
    // ...
}



@Transactional
@TransactionalEventListener(phase = TransactionPhase.AFTER_COMPLETION)
public void handleCheckReviewEvent(CheckReviewEvent event) {
    // ...
}
```

이런 상황을 해결하려면 다음과 같이 Propagation.REQUIRES_NEW를 사용해 handleCheckReviewEvent()에 대해 새로운 트랜잭션을 명시적으로 요구해야 한다.

```java
@TransactionalEventListener
@Transactional(propagation = Propagation.REQUIRES_NEW)
public void handleCheckReviewEvent(CheckReviewEvent event) {
    // ...
}
```

이벤트 핸들러(@TransactionalEventListener 어노테이션이 달린 메서드)에서 데이터베이스에 변경 사항(쓰기 작업)을 반영하려면 명시적인 새 트랜잭션(Propagation. REQUIRES_NEW)이 필요하다. 그러나 이 방법은 성능 관점에서 무료(cost-free)가 아니기 때문에 다음 내용을 반드시 읽어보자.

그럼 다시 애플리케이션 로그를 확인해보자.

Creating new transaction with name [...**BookstoreService.postReview**]: PROPAGATION_REQUIRED,ISOLATION_DEFAULT

Opened new EntityManager [SessionImpl(514524928<open>)] for JPA transaction

begin

insert into book_review (book_id, content, email, status) values (?, ?, ?, ?)

Committing JPA transaction on EntityManager [SessionImpl(**514524928**<open>)]

committing

// 애플리케이션 처리가 handleCheckReviewEvent()로 진입

Suspending current transaction, creating new transaction with name [com.bookstore.event.CheckReviewEventHandler.handleCheckReviewEvent]

Opened new EntityManager [SessionImpl(**1879180026**<open>)] for JPA transaction

begin

HikariPool-1 - Pool stats (total=10, **active=2**, idle=8, waiting=0)

Found thread-bound EntityManager [SessionImpl(**1879180026**<open>)] for JPA transaction

Participating in existing transaction

select bookreview0_.id as id1_1_0_, ... where bookreview0_.id=?

Committing JPA transaction on EntityManager [SessionImpl(**1879180026**<open>)]

committing

```
update book_review set book_id=?, content=?, email=?, status=? where id=?

Closing JPA EntityManager [SessionImpl(1879180026<open>)] after transaction

Resuming suspended transaction after completion of inner transaction

Closing JPA EntityManager [SessionImpl(514524928<open>)] after transaction
```

이번에는 postReview()를 호출할 때 트랜잭션이 시작되고 애플리케이션 처리가 handleCheckReviewEvent()에 도달할 때 일시 중지되며, 새로운 트랜잭션과 새로운 영속성 콘텍스트가 생성되고 이후에 사용된다. 예상된 UPDATE가 실행되고 도서 검토 상태가 데이터베이스에 업데이트된다. 그리고 이 시간동안 2개의 데이터베이스 커넥션이 활성화된다(일시 중지된 트랜잭션에 대한 커넥션과 현재 트랜잭션에 대한 커넥션). 새로운 트랜잭션이 커밋되고 관련된 데이터베이스 커넥션이 커넥션 풀에 반환되고, 이후 일시 중단됐던 트랜잭션은 다시 시작되고 닫힌다. 최종적으로 postReview()가 호출될 때 커넥션이 커넥션 풀로 반환된다. 분명히 여기서의 유일한 이점은 UPDATE가 실행됐다는 것이지만 성능 저하도 상당하다는 것이다. 2개의 데이터베이스 커넥션이 오랫동안 활성 상태로 유지되는데, 바로 이 2개의 장기 실행 트랜잭션 때문이다. 이 상황을 해결하려면 BEFORE_COMMIT으로 변경하고 @Transactional을 제거할 수 있다.

```
@TransactionalEventListener(phase = TransactionPhase.BEFORE_COMMIT)
public void handleCheckReviewEvent(CheckReviewEvent event) {
    // ...
}
```

이번에는 postReview()가 호출될 때 트랜잭션이 시작되고 이벤트 핸들러(handleCheckReviewEvent()) 실행이 끝날 때 커밋된다. 따라서 도서 검토 상태의 UPDATE가 트랜잭션 콘텍스트 안에서 실행된다. 이제는 하나의 장기 실행 트랜잭션만 갖으며 UPDATE가 데이터베이스에서 실행된다. 데이터베이스 연결은 postReview()를 호출할 때 열리고 handleCheckReviewEvent() 실행이 끝날 때에 닫힌다. 장기 실행 트랜잭션에 의해 나타나는 성능 저하 외에도 BEFORE_COMMIT 사용은 모든 시나리오를 지원하는 것은 아니라는 점을 염두에 둬야 한다. 계속하기 전에 트랜잭션을 커밋해야 하는 경우에는 선택 사항이 될 수 없다.

또는 AFTER_COMMIT을 그대로 사용하고 Propagation.REQUIRES_NEW를 통해 필요한 트랜잭션에 대한 커넥션 가져오기를 지연시킬 수 있다. 이 내용은 항목 60에서 다룬다. 이를 위해서는 application.properties상에 다음과 같이 자동 커밋을 비활성화해야 한다.

```
spring.datasource.hikari.auto-commit=false
spring.jpa.properties.hibernate.connection.provider_disables_
autocommit=false
```

```
@TransactionalEventListener
@Transactional(propagation = Propagation.REQUIRES_NEW)
public void handleCheckReviewEvent(CheckReviewEvent event) {
    // ...
}
```

다시 애플리케이션 로그를 확인해보자.

```
// 애플리케이션 처리가 handleCheckReviewEvent()로 진입

Suspending current transaction, creating new transaction with name
[com.bookstore.event.CheckReviewEventHandler.handleCheckReviewEvent]
Opened new EntityManager [SessionImpl(1879180026<open>)] for JPA transaction
begin
HikariPool-1 - Pool stats (total=10, active=1, idle=9, waiting=0)
```

```
Found thread-bound EntityManager [SessionImpl(1879180026<open>)] for JPA
transaction

Participating in existing transaction

select bookreview0_.id as id1_1_0_, ... where bookreview0_.id=?

Committing JPA transaction on EntityManager [SessionImpl(1879180026<open>)]

committing

update book_review set book_id=?, content=?, email=?, status=? where id=?

Closing JPA EntityManager [SessionImpl(1879180026<open>)] after transaction

Resuming suspended transaction after completion of inner transaction

Closing JPA EntityManager [SessionImpl(514524928<open>)] after transaction
```

Propagation.REQUIRES_NEW를 통해 필요한 트랜잭션이 bookReviewRepository.save(bookReview);를 호출할 때까지 지연됐다. 즉, 도서 검토를 확인하는 긴 프로세스는 2개가 아닌 하나의 데이터베이스 연결을 유지한다. 이 방법은 조금 나아졌지만 여전히 받아들일 수 있는 수준은 아니다.

비동기식 실행

지금까지 발생된 성능 저하를 무시할 수 있다고 말할 수 없다. 즉, 코드를 더욱 최적화하고자 노력해야 함을 의미한다. 도서 검토 확인 과정은 시간이 많이 걸리기 때문에 이 과정이 끝날 때까지 리뷰어를 막을 필요가 없다. postReview() 메서드에서 볼 수 있듯 도서 검토를 저장하고 이벤트를 등록한 후에 We will check your review and get back to you with an e-mail ASAP :)라는 문자열 응답을 반환할 수 있다. 현재 구현은 동기식 실행을 활용하기 때문에 이벤트 핸들러 실행이 완료된 후에야 이 문자열 응답을 보낼 수 있는데, 당연히 도서 검토 확인 과정에서 리뷰어가 차단돼 답변이 늦어진다.

이벤트 핸들러 실행이 시작하기 전에 문자열 응답을 즉시 반환하는 것이 훨씬 좋은데, 검토 결과가 포함된 이메일은 나중에 보내면 된다. 기본적으로 이벤트 핸들러는 호출자 스레드^{caller thread}에서 실행되기 때문에, 이번에는 이벤트 핸들러 실행을 위한 별도의 스레드 할당으로 비동기식 실행을 지정해볼 때다. 스프링 부트에서는 @EnableAsync를 통해 비동기 기능을 활성화한 후에 다음과 같이 @Async로 이벤트 핸들러에 어노테이션을 지정한다.

```
@Async
@TransactionalEventListener
@Transactional(propagation = Propagation.REQUIRES_NEW)
public void handleCheckReviewEvent(CheckReviewEvent event) {
    // ...
}
```

애플리케이션 로그를 다시 확인할 시간이다.

```
Creating new transaction with name [...BookstoreService.postReview]:
PROPAGATION_REQUIRED,ISOLATION_DEFAULT

Opened new EntityManager [SessionImpl(1691206416<open>)] for JPA transaction

begin

insert into book_review (book_id, content, email, status) values (?, ?, ?, ?)

Committing JPA transaction on EntityManager [SessionImpl(1691206416<open>)]

...

Closing JPA EntityManager [SessionImpl(1691206416<open>)] after transaction

Creating new transaction with name [...CheckReviewEventHandler.
handleCheckReviewEvent]: PROPAGATION_REQUIRES_NEW,ISOLATION_DEFAULT

Opened new EntityManager [SessionImpl(1272552918<open>)] for JPA transaction

// 실행이 비동기식이므로 문자열 응답이 전송되는 정확한 시간은 약간 다를 수 있다.
```

```
Response: We will check your review and get back to you with an email ASAP :)

begin

Starting checking of review: 1

HikariPool-1 - Pool stats (total=10, active=0, idle=10, waiting=0)

Found thread-bound EntityManager [SessionImpl(1272552918<open>)] for JPA
Transaction

Participating in existing transaction
select bookreview0_.id as id1_1_0_, ... where bookreview0_.id=?

Checking review 1 done!

Committing JPA transaction on EntityManager [SessionImpl(1272552918<open>)]

...
```

이번에는 애플리케이션 로그에 장기 실행 트랜잭션이 제거됐음을 알 수 있다.
postReview() 호출이 커밋되고 닫힐 때(할당된 데이터베이스 커넥션이 커넥션 풀로 반환됨) 트랜잭션
이 시작되고 문자열 응답이 리뷰어에게 즉시 전송된다. 이벤트 핸들러 실행은
비동기식이며 새로운 스레드와 새로운 트랜잭션을 요구한다. 데이터베이스 커
넥션 획득은 실제로 필요할 때까지(도서 검토 상태를 업데이트해야 하는 경우) 지연된다. 따라서
도서 검토 점검은 추가 비용 없이 활성/사용 중인 데이터베이스 커넥션을 유지
하지 않는다.

일반적으로 대부분의 애플리케이션은 물리적 데이터베이스 커넥션을 재사용하고자 커넥션 풀을
사용하고, 데이터베이스 서버는 제한된 수의 커넥션만을 제공한다. 즉, 장기 실행 트랜잭션을 수행
하면 커넥션이 오랜 시간 동안 사용되는데, 이는 확장성(scalability)에 영향을 준다. 이는
MVCC(Multi-Version Concurrency Control)[16]을 준수하지 않기 때문이며, 적절한 커넥션 풀과
데이터베이스 서버를 위해서는 짧은 데이터베이스 트랜잭션을 갖는 것이 좋다. 도메인 이벤트 측

---

16. 다중 버전 동시성 제어로, DBMS상에서 일반적으로 사용되는 동시성 제어 방식이다. 데이터의 업데이트가 필요할 때
   새로운 버전을 만들고 변경이 완료되는 시점에 변경된 내용을 이전 버전과 비교해 기록하는 형태다. - 옮긴이

면에서도 주요 성능 저하를 방지하려면 다음과 같은 항목에 주의를 기울여야 한다.

비동시식 실행 시:

- 비동시식 실행에 적합한 작업을 실행해야 하는 경우 AFTER_COMPLETION(또는 세부 단계)과 함께 비동기 이벤트 핸들러를 사용한다.
- 해당 작업이 데이터베이스 작업(읽기/쓰기)을 포함하지 않는 경우 이벤트 핸들러 메서드에 @Transactional을 지정하지 않는다(새로운 트랜잭션을 시작하지 않는다).
- 해당 작업이 데이터베이스 읽기 또는 쓰기 작업이 포함된 경우 Propagation.REQUIRES_NEW를 사용하고 필요할 때까지 데이터베이스 커넥션 취득을 지연한다(데이터베이스 커넥션이 시작된 후 시간이 소모되는 작업을 피함).
- 해당 작업이 데이터베이스 읽기 작업만을 포함하는 경우 @Transactional(readOnly = true, Propagation.REQUIRES_NEW) 어노테이션을 이벤트 핸들러 메서드에 지정한다.
- 해당 작업에 데이터베이스 쓰기 작업이 포함된 경우 @Transactional(Propagation.REQUIRES_NEW) 어노테이션을 이벤트 핸들러 메서드에 지정한다.
- 생산자(producer)의 트랜잭션이 커밋되기 전에 해당 작업이 완료된다는 보장이 없기 때문에 BEFORE_COMMIT 단계 지정으로 비동기 작업을 수행하지 않는다.
- 활용 시나리오에 따라 이벤트 핸들러 스레드의 완료는 인터셉트(intercept)해야 할 수도 있다.

동시식 실행 시:

- 비동시식 실행을 고려한다(특정 단점 포함).
- 이벤트 핸들러가 시간 소모적이지 않고 데이트베이스 쓰기 작업이 필요한 경우에만 BEFORE_COMMIT을 사용한다(물론 커밋 전에 이벤트 핸들러 코드를 실행되는 것이 시나리오에 적합한 경우). 당연히 현재 영속성 콘텍스트(열려 있음)를 읽고 읽기 전용 데이터베이스 작업을 실행할 수 있다.
- 이벤트 핸들러가 시간 소모적이지 않고 데이터베이스 쓰기 작업이 필요하지 않은 경우에만 AFTER_COMPLETION(또는 세부 단계)을 사용한다(동기식 실행에서는 Propagation.REQUIRES_NEW를 사용하지 않도록 노력하자). 그럼에도 여전히 현재 영속성 콘텍스트(열려 있음)를 읽고 읽기 전용 데이터베이스 작업을 실행할 수 있다.
- BEFORE_COMMIT을 사용하는 경우 이벤트 핸들러에서 실행되는 데이터베이스 작업이 실패하면 전체 트랜잭션이 롤백된다(시나리오에 따라 괜찮을 수도 있고 그렇지 않을 수도 있음).

스프링 도메인 이벤트는 이벤트 인프라를 단순화하는 데 유용하지만 다음과 같은 주의 사항에 유의해야 한다.

- 도메인 이벤트는 스프링 데이터 리포지터리에서만 처리된다.
- 도메인 이벤트는 save 메서드(예: save())를 명시적으로 호출하는 경우에만 예상대로 발행된다.
- 이벤트가 발행되는 동안 예외가 발생하면 리스너(이벤트 핸들러)에 알리지 않는다. 즉, 이벤트가 손실될 수 있다.

애플리케이션에서 도메인 이벤트를 사용하기 전에 JPA 콜백(항목 104), 옵저버 Observer 디자인 패턴, 하이버네이트 @Formula(항목 77) 또는 다른 접근 방법이 잘 작동하는지 확인하는 것이 좋다.

전체 코드는 깃허브[17]에서 확인할 수 있다.

---

17. HibernateSpringBootDomainEvents

## 3장

페치

항목 21: 다이렉트 페치 사용 방법

다이렉트 페칭^{Direct fetching} 또는 ID로 가져오기는 식별자를 알고 있고 지연 연관관계가 현재 영속성 콘텍스트에서 필요하지 않을 때에 엔터티를 가져오는 바람직한 방법이다.

기본적으로 다이렉트 페칭은 기본 또는 지정된 FetchType에 따라 엔터티를 로딩하는데, JPA의 @OneToMany와 @ManyToMany 연관관계는 LAZY로, @OneToOne 또는 @ManyToOne 연관관계는 EAGER로 처리되는 점에 유의해야 한다.

따라서 EAGER 연관관계를 갖는 엔터티를 ID로 가져오면 필요하지 않은 경우에도 영속성 콘텍스트로 해당 연관관계가 로딩되며, 이로 인해 성능이 저하된다. 반면 LAZY 연관관계가 있는 엔터티를 가져올 때도 현재 영속성 콘텍스트에서 이 연관관계를 액세스하면 해당 엔터티를 로드하기 위한 추가 쿼리가 발생해 성능이 저하된다.

가장 좋은 방법은 모든 연관관계를 LAZY로 유지하고 해당 연관관계를 로드하고자 수동 페치(manual fetching) 전략(항목 39, 항목 41, 항목 43 참고)을 사용하는 것이다. 현재 영속성 콘텍스트에서 LAZY 연관관계를 참조할 계획이 없는 경우에만 다이렉트 페치를 사용하자.

이제 ID로 엔터티를 가져오는 몇 가지 방법을 살펴보자. 우선 다음과 같은 **Author** 엔터티를 가정해보자.

```java
@Entity
public class Author implements Serializable {

    private static final long serialVersionUID = 1L;

    @Id
    @GeneratedValue(strategy = GenerationType.IDENTITY)
    private Long id;

    private int age;
    private String name;
    private String genre;

    // 간결함을 위해 getter/setter 생략
}
```

다음 3가지 예제의 목적은 다이렉트 페치를 사용해 ID가 1인 엔터티를 로드하는 것이다.

스프링 데이터를 통한 다이렉트 페치

내장된 **findById()** 메서드를 사용해 스프링 데이터에서 다이렉트 페치를 할 수 있는데, ID를 인자로 해당 엔터티를 감싼 **Optional**을 반환한다. 코드로는 다음 과 같이 사용한다.

```java
@Repository
public interface AuthorRepository extends JpaRepository<Author, Long> {}

Optional<Author> author = authorRepository.findById(1L);
```

Author를 로드하는 SQL SELECT문은 다음과 같다.

```
SELECT
    author0_.id AS id1_0_0_,
    author0_.age AS age2_0_0_,
    author0_.genre AS genre3_0_0_,
    author0_.name AS name4_0_0_
FROM author author0_
WHERE author0_.id = ?
```

내부적으로 findById()는 EntityManager.find() 메서드를 사용한다.

EntityManager를 통한 다이렉트 페치

@PersistenceContext를 통해 EntityManager를 주입할 수 있고, EntityManager가 있으면 나머진 find() 메서드를 호출하기만 하면 된다. 이 메서드는 다음과 같이 스프링 데이터 스타일을 따르고 Optional을 반환한다.

```
@PersistenceContext
private EntityManager entityManager;

@Override
public Optional<T> find(Class<T> clazz, ID id) {
    if (id == null) {
        throw new IllegalArgumentException("ID cannot be null");
    }

    return Optional.ofNullable(entityManager.find(clazz, id));
}
```

Author를 로드하는 SQL SELECT문은 findById()와 동일하다.

```
SELECT
    author0_.id AS id1_0_0_,
    author0_.age AS age2_0_0_,
    author0_.genre AS genre3_0_0_,
    author0_.name AS name4_0_0_
FROM author author0_
WHERE author0_.id = ?
```

하이버네이트 Session을 통한 다이렉트 페치

하이버네이트의 Session.get() 메서드를 사용해 ID로 가져오려면 EntityManager 에서 Session을 언랩^{unwrap}해야 한다. 다음 메서드는 이런 언랩을 수행하고 Optional을 반환한다.

```
@PersistenceContext
private EntityManager entityManager;

@Override
public Optional<T> findViaSession(Class<T> clazz, ID id) {
    if (id == null) {
        throw new IllegalArgumentException("ID cannot be null");
    }

    Session session = entityManager.unwrap(Session.class);

    return Optional.ofNullable(session.get(clazz, id));
}
```

Author를 로드하는 SQL SELECT문은 findById()와 EntityManager의 경우와 동일 하다.

```
SELECT
```

```
       author0_.id AS id1_0_0_,
       author0_.age AS age2_0_0_,
       author0_.genre AS genre3_0_0_,
       author0_.name AS name4_0_0_
  FROM author author0_
  WHERE author0_.id = ?
```

전체 코드는 깃허브[1]에서 확인할 수 있다.

JPA 영속성 공급자(하이버네이트)는 다음 순서로 findById(), find(), get()을 통해 지정된 ID를 가진 엔터티를 가져오는데, 탐색 순서는 엄격히 처리된다.

- 현재 영속성 콘텍스트(찾지 못한 경우 다음 단계 이동)
- 2차 캐시(찾지 못한 경우 다음 단계 이동)
- 데이터베이스

다이렉트 페치 및 세션 수준 반복 읽기

이 절에서는 첫 번째 항목(현재 영속성 콘텍스트에서 탐색)을 좀 더 살펴보자. 왜 하이버네이트가 지정된 ID를 갖는 엔터티를 찾고자 영속성 콘텍스트를 먼저 확인할까? 답은 하이버네이트가 세션 수준 반복 읽기session-level repeatable reads를 보장하기 위해서다. 이는 처음 가져온 엔터티는 영속성 콘텍스트(1차 캐시)에 캐시되고, 동일한 엔터티의 계속되는 가져오기(다이렉트 페치 또는 명시적 엔터티 쿼리(JPQL/HQL))는 영속성 콘텍스트에서 수행되는 것을 의미한다. 달리 말하자면 세션 수준 반복 읽기는 동시 쓰기 처리에서 업데이트 손실lost updates을 방지한다.

트랜잭션 서비스 메서드상에서 3가지 다이렉트 방법에 대한 다음 예를 확인해보자.

---

1. HibernateSpringBootDirectFetching

```
@Transactional(readOnly = true)
public void directFetching() {
    // Spring Data를 통한 다이렉트 페치
    Optional<Author> resultSD = authorRepository.findById(1L);
    System.out.println("Direct fetching via Spring Data result: "
            + resultSD.get());

    // EntityManager를 통한 다이렉트 페치
    Optional<Author> resultEM = dao.find(Author.class, 1L);
    System.out.println("Direct fetching via EntityManager result: "
            + resultEM.get());

    // Session을 통한 다이렉트 페치
    Optional<Author> resultHS = dao.findViaSession(Author.class, 1L);
    System.out.println("Direct fetching via Session result: "
            + resultHS.get());
}
```

얼마나 많은 SELECT문이 실행됐을까? 하나라고 대답했다면 정답이다. 즉, authorRepository.findById(1L) 호출로 인해 발생한 단일 SELECT만 존재하고 반환된 저자는 영속성 콘텍스트에 캐시된다. 후속 호출(dao.find(Author.class, 1L) 및 dao.findViaSession(Author.class, 1L))은 데이터베이스에 도달하지 않고 영속성 콘텍스트로부터 저자 인스턴스를 가져온다.

이제 다음 예와 같이 명시적 JPQL 쿼리를 사용한다고 가정해보자. 먼저 ID로 저자를 가져오는 명시적 JPQL을 작성한다(최근 추세에 따라 Optional을 사용하지만 주제와는 관련이 없음).

```
@Repository
@Transactional(readOnly = true)
public interface AuthorRepository extends JpaRepository<Author, Long> {

    @Query("SELECT a FROM Author a WHERE a.id = ?1")
    Optional<Author> fetchById(long id);
}
```

다음으로 서비스 메서드를 살펴보자.

```java
@Transactional(readOnly = true)
public void directFetching() {
    // Spring Data를 통한 다이렉트 페치
    Optional<Author> resultSD = authorRepository.findById(1L);
    System.out.println("Direct fetching via Spring Data: " + resultSD.get());

    // EntityManager를 통한 다이렉트 페치
    Optional<Author> resultJPQL = authorRepository.fetchById(1L);
    System.out.println("Explicit JPQL: " + resultJPQL.get());
}
```

얼마나 많은 SELECT문이 실행됐을까? 2개라고 답했다면 정답이다.

```sql
-- authorRepository.findById(1L)에 의해 실행됨
-- 반환된 author는 영속성 콘텍스트에 로딩됨
SELECT
    author0_.id AS id1_0_0_,
    author0_.age AS age2_0_0_,
    author0_.genre AS genre3_0_0_,
    author0_.name AS name4_0_0_
FROM author author0_
WHERE author0_.id = ?



-- authorRepository.fetchById(1L)에 의해 동일한 SELECT가 실행됨
-- 반환된 데이터 스냅숏은 무시되고
-- 반환된 author는 영속성 콘텍스트로부터 가져옴
SELECT
    author0_.id AS id1_0_,
    author0_.age AS age2_0_,
    author0_.genre AS genre3_0_,
    author0_.name AS name4_0_
```

```
FROM author author0_
WHERE author0_.id = ?
```

첫 번째 SELECT는 영속성 콘텍스트가 비어 있을 때 authorRepository.findById (1L) 호출에 의해 발생한다. 두 번째 SELECT는 2차 캐시를 사용하지 않는 한 데이터베이스에 대한 모든 명시적 쿼리가 실행되기 때문에 데이터베이스에서 실행된다. 따라서 예제의 명시적 SELECT도 이 규칙의 예외가 될 수 없다. 그럼 authorRepository.fetchById(1L) 호출 결과로 반환된 저자는 현재 로드된 데이 터베이스 스냅숏 것일까? 아니면 authorRepository.findById(1L) 호출로 로드 된 영속성 콘텍스트의 저자일까? 영속성 콘텍스트는 세션 수준 반복 읽기를 보 장하기 때문에 하이버네이트 JQPL을 통해 로드된 데이터베이스 스냅숏을 무시 하고 영속성 콘텍스트에 이미 존재하는 저자를 반환한다.

성능적인 측면에서 ID에 의해 엔터티를 가져오고자 명시적 JPQL/SQL 대신 findById(), find() 또는 get() 사용을 권장한다. 이렇게 하면 엔터티가 현재 영속성 콘텍스트에 있는 경우 데이터베 이스에 대해 트리거된 SELECT도 없고 무시할 데이터 스냅숏도 없다.

언뜻 보면 이런 동작이 명확하지 않을 수 있는데, 스프링 TransactionTemplate API를 통해 발생되는 2개의 동시 트랜잭션을 사용해 간단한 테스트로 확인할 수 있다. 다음과 같은 저자를 생각해보자.

```
INSERT INTO author (age, name, genre, id)
    VALUES (23, "Mark Janel", "Anthology", 1);
```

그리고 서비스 메서드는 다음과 같다.

```
private final AuthorRepository authorRepository;
```

```
private final TransactionTemplate template;
// ...
public void process() {

    template.setPropagationBehavior(
        TransactionDefinition.PROPAGATION_REQUIRES_NEW);
    template.setIsolationLevel(Isolation.READ_COMMITTED.value());

    // 트랜잭션 A
    template.execute(new TransactionCallbackWithoutResult() {
        @Override
        protected void doInTransactionWithoutResult(
                        TransactionStatus status) {

            Author authorA1 = authorRepository.findById(1L).orElseThrow();
            System.out.println("Author A1: " + authorA1.getName() + "\n");

            // 트랜잭션 B
            template.execute(new TransactionCallbackWithoutResult() {
                @Override
                protected void doInTransactionWithoutResult(
                                TransactionStatus status) {

                    Author authorB = authorRepository
                            .findById(1L).orElseThrow();
                    authorB.setName("Alicia Tom");

                    System.out.println("Author B: "
                            + authorB.getName() + "\n");
                }
            });

            // findById(), find(), get()을 통한 다이렉트 페치는
            // SELECT를 발생시키지 않음
            // 영속성 콘텍스트로부터 author를 로딩함
            Author authorA2 = authorRepository.findById(1L).orElseThrow();
            System.out.println("\nAuthor A2: " + authorA2.getName() + "\n");

            // JPQL 엔터티 쿼리는 세션 수준 반복 읽기의 장점을 활용
            // 실행된 SELECT로부터의 데이터 스냅숏은 무시됨
```

```
Author authorViaJpql = authorRepository.fetchByIdJpql(1L);
System.out.println("Author via JPQL: "
        + authorViaJpql.getName() + "\n");

// JPQL 엔터티 쿼리는 세션 수준 반복 읽기의 장점을 활용
// 실행된 SELECT로부터의 데이터 스냅숏은 무시됨
Author authorViaSql = authorRepository.fetchByIdSql(1L);
System.out.println("Author via SQL: "
        + authorViaSql.getName() + "\n");

// JPQL 쿼리 프로젝션은 항상 최종 데이터베이스 상태를 로드함
String nameViaJpql = authorRepository.fetchNameByIdJpql(1L);
System.out.println("Author name via JPQL: " + nameViaJpql + "\n");

// JPQL 쿼리 프로젝션은 항상 최종 데이터베이스 상태를 로드함
String nameViaSql = authorRepository.fetchNameByIdSql(1L);
System.out.println("Author name via SQL: " + nameViaSql + "\n");
    }
  });
}
```

코드가 많아 보이지만 매우 간단하다. 우선 REPEATABLE_READ를 기본 격리 수준 isolation level 으로서 MySQL을 통해 코드를 실행해보자(스프링 트랜잭션 격리 수준에 대한 자세한 내용 은 부록 F 참고). REPEATABLE_READ 격리 수준을 인터리빙interleaving하지 않고 하이버네이 트 세션 수준 반복 읽기 작동 방식을 강조하고자 READ_COMMITTED 격리 수준으로 전환한다. 아울러 PROPAGATION_REQUIRES_NEW(스프링 트랜잭션 전파propagation에 대한 자세한 내용은 부록 G 참고) 설정을 통해 두 번째 트랜잭션(트랜잭션 B)이 트랜잭션 A의 콘텍스트에 참 여하지 않게 한다.

트랜잭션 A(영속성 콘텍스트 A와 함께)가 시작되며, 이 트랜잭션 콘텍스트 안에서 findById()가 호출돼 ID가 1인 저자를 가져온다. 따라서 이 저자는 적절한 SELECT 쿼리를 통해 영속성 콘텍스트 A에 로드된다.

다음으로 트랜잭션 A를 그대로 두고 트랜잭션 B(영속성 콘텍스트 B와 함께)가 시작된다.

트랜잭션 B에서도 적절한 **SELECT**를 통해 ID가 1인 저자를 로드하고 이름을 수정한다(Mark Jane에서 Alicia Tom으로). 해당 **UPDATE**는 트랜잭션 B가 커밋되기 직전 플러시^{flush} 시점에 데이터베이스에서 실행되며, 이젠 데이터베이스상에서 ID가 1인 저자의 이름은 Alicia Tom이 됐다.

다시 트랜잭션 A(및 영속성 콘텍스트 A)로 돌아가 다음과 같은 일련의 쿼리가 실행된다.

- 첫째, `findById()`를 호출해 ID가 1인 저자를 가져온다. 저자는 영속성 콘텍스트 A(SELECT 없이)에서 직접 반환되며 이름은 Mark Jane이다. 따라서 세션 수준 반복 읽기가 예상대로 작동한다.
- 둘째, 다음과 같은 명시적 JPQL 쿼리(fetchByIdJpql())를 실행한다.

```
@Query("SELECT a FROM Author a WHERE a.id = ?1")
Author fetchByIdJpql(long id);
```

  실행된 **SELECT**에 의해 반환된 데이터 스냅숏은 무시되고 반환된 저자는 영속성 콘텍스트 A(Mark Jane)의 저자다. 여기서도 세션 수준 반복 읽기가 예상대로 작동한다.
- 다음으로 아래와 같은 명시적 네이티브 SQL 쿼리(fetchByIdSql())를 실행한다.

```
@Query(value = "SELECT * FROM author WHERE id = ?1",
         nativeQuery = true)
Author fetchByIdSql(long id);
```

  동일하게 실행된 **SELECT**에 의해 반환된 데이터 스냅숏은 무시되고 반환된 저자는 영속성 콘텍스트 A(Mark Jane)의 저자다. 세션 수준 반복 읽기가 예상대로 작동한다.

지금까지 하이버네이트의 세션 수준 반복 읽기가 JPQL 또는 네이티브 SQL로 표현된 엔터티 쿼리에서 예상대로 작동한다는 점을 확인했다. 다음으로 SQL 쿼리 프로젝션에서 어떻게 작동하는지 살펴보자.

- 다음 JPQL 쿼리 프로젝션(fetchNameByIdJpql())을 실행한다.

```
@Query("SELECT a.name FROM Author a WHERE a.id = ?1")
String fetchNameByIdJpql(long id);
```

이번에는 실행된 **SELECT**에서 반환된 데이터 스냅숏이 무시되지 않아 반환된 저자의 이름은 Alicia Tom이다. 따라서 이 경우 세션 수준 반복 읽기가 작동하지 않았다.

- 마지막으로 다음 네이티브 SQL 쿼리 프로젝션(fetchNameByIdSql())을 실행한다.

```
@Query(value = "SELECT name FROM author WHERE id = ?1",
            nativeQuery = true)
String fetchNameByIdSql(long id);
```

또다시 실행된 **SELECT**에 의해 반환된 데이터 스냅숏이 무시되지 않았다. 반환된 저자의 이름이 Alicia Tom이며 세션 수준 반복 읽기가 작동하지 않았다.

지금까지 하이버네이트 세션 수준 반복 읽기는 JPQL 또는 네이티브 SQL로 표현된 SQL 쿼리 프로젝션에 대해서는 동작하지 않는다는 결론을 내릴 수 있다. 이런 종류의 쿼리는 항상 최신 데이터베이스 상태를 로드한다.

그럼에도 트랜잭션 격리 수준을 다시 REPEATABLE_READ로 변경하면 SQL 쿼리 프로젝션이 저자 Mark Janel을 반환한다. 이는 이름에서 알 수 있듯 REPEATABLE_READ 격리 수준이 트랜잭션에게 여러 읽기에서 동일한 결과를 가져오도록 명시하기 때문이다. 즉, REPEATABLE_READ 격리 수준은 SQL의 반복 읽기 불가 이상 징후(부록 E)를 방지한다. 예를 들어 데이터베이스에서 하나의 레코드를 여러 번 읽는 트랜잭션에서 매번 동일한 결과를 얻는다(부록 F).

REPEATABLE_READ 트랜잭션 격리 수준과 하이버네이트 세션 수준 반복 읽기를 혼동하지 말자.

추가로 고려해야 할 2가지 측면이 더 있다.

하이버네이트는 기본적으로 세션 수준 반복 읽기를 제공하지만, 때로는 데이터베이스에서 최신 상태를 로드해야 하는 경우가 있다. 이런 경우 EntityManager#refresh() 메서드를 호출하면 된다(스프링 데이터는 이 메서드를 노출하지 않으므로 JpaRepository를 확장해 추가할 수 있다).

여러 요청에 걸쳐 있는 업무 처리에서 일반적으로 사용되는 애플리케이션 수준 반복 읽기 (application-level repeatable reads)와 하이버네이트 세션 수준 반복 읽기를 혼동하지 말자 (**항목 134**). 하이버네이트는 세션 수준 반복 읽기를 보장하고 애플리케이션 수준 반복 읽기를 지원한다. 좀 더 정확히, 영속성 콘텍스트는 세션 수준 반복 읽기를 보장하고 분리된(detached) 엔터티 또는 확장된 영속성 콘텍스트(Extended Persistence Context)를 통해 애플리케이션 수준 반복 읽기를 구성할 수 있다. 애플리케이션 수준 반복 읽기는 업데이트 손실 방지를 위해 낙관적 잠금(optimistic Locking)과 같은 애플리케이션 수준 동시성 제어 전략의 도움을 받아야 한다 (부록 E).

전체 코드는 깃허브[2]에서 확인할 수 있다.

---

2. HibernateSpringBootSessionRepeatableReads

ID로 여러 엔터티 다이렉트 페치

ID로 둘 이상의 엔터티를 로드해야 하는 경우가 있다. 이런 경우 ID별로 엔터티를 로드하는 가장 빠른 방법은 **IN** 연산자를 사용한 쿼리를 활용하는 것이다. 스프링 데이터의 경우는 기본적으로 사용 가능한 **findAllById()** 메서드를 제공하는데, ID에 대한 **Iterable**을 인자로 받아 엔터티 목록을 반환한다(book은 엔터티이고 BookRepository는 이 엔터티에 대한 기본적인 스프링 리포지터리다).

```
List<Book> books = bookRepository.findAllById(List.of(1L, 2L, 5L));
```

다음과 같이 JPQL을 통해 동일한 결과(동일하게 생성된 SQL)를 얻을 수 있다.

```
@Query("SELECT b FROM Book b WHERE b.id IN ?1")
List<Book> fetchByMultipleIds(List<Long> ids);
```

실행 계획 캐시Execution Plan Cache를 지원하는 데이터베이스와 함께 **IN**을 사용하면 항목 122에서와 같이 좀 더 최적화할 수 있다.

Specification 사용도 선택할 수 있는데, 다음 예제를 확인해보자.

```
List<Book> books = bookRepository.findAll(
    new InIdsSpecification(List.of(1L, 2L, 5L)));
```

InIdsSpecification은 다음과 같다.

```
public class InIdsSpecification implements Specification<Book> {

    private final List<Long> ids;

    public InIdsSpecification(List<Long> ids) {
```

```
            this.ids = ids;
        }

        @Override
        public Predicate toPredicate(Root<Book> root,
            CriteriaQuery<?> cquery, CriteriaBuilder cbuilder) {

            return root.in(ids);

            // 또는
            // Expression<String> expression = root.get("id");
            // return expression.in(ids);
        }
    }
```

지금까지의 3가지 방식은 동일한 SQL **SELECT**를 생성하고 세션 수준 반복 읽기의 이점을 얻을 수 있다. 전체 애플리케이션은 깃허브[3]에서 확인할 수 있다.

다른 접근 방법으로 하이버네이트의 `MultiIdentifierLoadAccess` 인터페이스를 활용할 수 있다. 여러 장점 중에 이 인터페이스를 사용하면 ID별로 여러 엔터티를 배치(withBatchSize())로 로드하고 데이터베이스 쿼리 실행 전에 영속성 콘텍스트를 검사해야 하는지 여부를 지정할 수 있다(기본적으로 검사되지 않지만 enabledSessionCheck()를 통해 활성화할 수 있음). `MultiIdentifierLoadAccess`는 하이버네이트 전용 API이기에 스프링 부트 스타일로 구성할 필요가 있는데, 이에 대한 전체 애플리케이션은 깃허브[4]에서 확인할 수 있다.

---

3. HibernateSpringBootLoadMultipleIdsSpecification
4. HibernateSpringBootLoadMultipleIds

항목 22: 미래 영속성 콘텍스트에서 데이터베이스 변경 사항 전파를 위한 읽기 전용 엔터티의 사용 이유

Author 엔터티가 id, name, age, genre와 같은 여러 속성을 통해 저자 프로필을 구성한다고 생각해보자. 이 시나리오에선 저자 프로필을 로드하고 편집(예: 나이 수정)한 다음 다시 저장한다. 단일 트랜잭션(영속성 콘텍스트)으로 처리할 필요 없이 다음과 같이 2개의 서로 다른 트랜잭션에서 수행해야 한다.

읽기-쓰기 모드로 Author 로드

Author 엔터티가 수정돼야 하므로 다음과 같이 읽기-쓰기 모드로 로드해야 한다고 생각할 수 있다.

```
@Transactional
public Author fetchAuthorReadWriteMode() {

    Author author = authorRepository.findByName("Joana Nimar");

    return author;
}
```

가져온 저자는 메서드(트랜잭션) 내에서 수정되지 않았다. 단지 로드되고 반환되므로 수정 전에 현재 영속성 콘텍스트가 닫히고 반환된 저자는 분리된다. 그럼 영속성 콘텍스트에 무엇이 있는지 확인해보자.

다음은 읽기-쓰기 엔터티를 가져온 후의 영속성 콘텍스트 정보다.

```
Total number of managed entities: 1
Total number of collection entries: 0

EntityKey[com.bookstore.entity.Author#4]:
    Author{id=4, age=34, name=Joana Nimar, genre=History}
```

```
Entity name: com.bookstore.entity.Author
Status: MANAGED
State: [34, History, Joana Nimar]
```

강조 표시된 부분을 확인해보면 엔터티 상태는 MANAGED이며 하이드레이티드 상태[5]도 갖고 있다. 즉, 이 방식은 적어도 다음과 같은 2가지 단점을 갖는다.

- 하이버네이트는 엔터티 변경 사항을 데이터베이스로 전파할 준비가 돼 있으므로_(현재 영속성 콘텍스트에 수정 사항이 없더라도) 메모리에 하이드레이티드 상태를 유지한다.
- 플러시 시점에 하이버네이트는 수정 처리를 위해 엔터티를 스캔하는데, 스캔에는 이 엔터티도 포함된다.

성능 페널티는 메모리와 CPU에 반영된다. 불필요한 하이드레이티드 상태를 저장하면 메모리를 더 소모하고, 플러시 시점에 엔터티를 스캔하고, 가비지 컬렉터_{Garbage Collector}가 이를 수집해 CPU 리소스가 소모된다. 읽기 전용 모드로 엔터티를 가져와 이와 같은 단점을 피해야 한다.

읽기 전용 모드로 Author 로드

Author 엔터티는 현재 영속성 콘텍스트에서 수정되지 않으므로 다음과 같이 읽기 전용 모드로 로드할 수 있다.

```
@Transactional(readOnly = true)
public Author fetchAuthorReadOnlyMode() {

    Author author = authorRepository.findByName("Joana Nimar");
```

---

5. 어려운 용어라 다시 한 번 설명하자면 하이드레이티드 상태는 캐시상에 엔터티를 객체가 아닌 Object[]으로 보관한 상태를 말한다. 개별 속성이 Object들로 분리돼 있기 때문에 디스어셈블드(disassembled) 상태라고도 한다. – 옮긴이

```
        return author;
    }
```

이 메서드(트랜잭션)에 의해 로드된 엔터티는 읽기 전용 엔터티이며, DTO(프로젝션)와 혼동되지 말아야 한다. 읽기 전용 엔터티는 미래의 영속성 콘텍스트에서 수정 사항이 데이터베이스로 전파되는 수정만 가능함을 의미한다. DTO(프로젝션)는 영속성 콘텍스트에 로드되지 않으며 수정되지 않는 데이터에 적합하다.

이제 영속성 콘텍스트의 내용을 살펴보자.

읽기 전용 엔터티를 가져온 후의 영속성 콘텍스트는 다음과 같다.

```
Total number of managed entities: 1
Total number of collection entries: 0

EntityKey[com.bookstore.entity.Author#4]:
    Author{id=4, age=34, name=Joana Nimar, genre=History}
Entity name: com.bookstore.entity.Author
Status: READ_ONLY
State: null
```

이번에는 READ_ONLY 상태며 하이드레이티드 상태는 무시됐다. 더욱이 자동 플러시 시간이 없으며 더티 체킹도 적용되지 않는다. 이는 읽기-쓰기 모드로 엔터티를 가져오는 것보다 훨씬 낫다. 하이드레이티드 상태 저장을 위한 메모리 소비도 없고 불필요한 작업으로 CPU를 소모하지 않는다.

Author 수정

엔터티를 가져오고 반환한 후(읽기-쓰기 또는 읽기 전용 모드에서) 분리되는데, 이후에 수정하고 병합할 수 있다.

```
// 분리된 상태에서 읽기 전용 엔터티 수정
Author authorRO = bookstoreService.fetchAuthorReadOnlyMode();
authorRO.setAge(authorRO.getAge() + 1);
bookstoreService.updateAuthor(authorRO)

// 엔터티 병합
@Transactional
public void updateAuthor(Author author) {

    // 내부적으로 EntityManager#merge() 호출
    authorRepository.save(author);
}
```

author는 현재 영속성 콘텍스트에 없고 병합 처리가 된다. 따라서 이 처리는 SELECT와 UPDATE로 구체화된다.

이후 병합된 엔터티는 하이버네이트에서 관리되며 전체 코드는 깃허브[6]에서 확인할 수 있다.

여기에 제시된 사례는 요청당 영속성 콘텍스트(Persistence Context-per-request) 이디엄(idiom)을 를 사용하고 있다. 영속성 콘텍스트는 하나의 물리적 데이터베이스 트랜잭션과 하나의 논리적 @Transactional의 수명주기에 바인딩된다. 확장된 영속성 콘텍스트를 사용하기로 선택한 경우 구현은 다른 규칙이 적용된다. 그럼에도 스프링에서 확장된 영속성 콘텍스트를 사용하는 것은 상당히 도전적이다. 완전히 이해하지 못했다면 사용하지 않는 것이 좋다.

이번 항목에 제시된 시나리오는 웹 애플리케이션에서 일반적으로 발생하며 HTTP long conversation으로 알려져 있다. 일반적으로 웹 애플리케이션에서 이런 종류의 시나리오에는 2개 이상의 HTTP 요청이 필요하다. 특히 이 경우 첫 번째 요청은 저자 프로필을 로드하고 두 번째 요청은 프로필 변경 사항을 전달한다. HTTP 요청 사이에는 저자가 생각하는 시간이 있다. 이에 대해선 항목

---

6. HibernateSpringBootReadOnlyQueries

134에서 좀 더 자세히 설명한다.

항목 23: 하이버네이트 Bytecode Enhancement를 통한 엔터티 속성 지연 로딩 방법

애플리케이션에 다음과 같은 Author 엔터티가 포함돼 있다고 가정해보자. 이 엔터티는 저자 프로필에 매핑된다.

```
@Entity
public class Author implements Serializable {

    private static final long serialVersionUID = 1L;

    @Id
    private Long id;

    @Lob
    @Basic(fetch = FetchType.LAZY)
    private byte[] avatar;

    private int age;
    private String name;
    private String genre;
    // ...
    // 간결함을 위해 getter/setter 생략
}
```

속성에 대한 지연 로딩 활성화

엔터티 식별자(id), name, age, genre와 같은 속성은 엔터티 로딩 시에 즉시 가져와도 되지만 avatar는 애플리케이션 코드로 참조할 때 지연 방식으로 가져와야한다. 따라서 Author를 가져올 때 트리거된 SQL에 avatar 칼럼은 없어야 한다.

그림 3-1에서 author 테이블의 avatar 칼럼을 볼 수 있다.

그림 3-1. Avatar는 지연으로 로딩돼야 한다.

기본적으론 엔터티 속성들은 즉시 로드(동일한 쿼리에서 한 번에 모두)되기 때문에 avatar는 애플리케이션에서 필요하거나 요구하지 않더라도 로드된다.

이 avatar는 그림을 나타내므로 잠재적으로 많은 바이트 데이터를 갖는다(예: 그림 3-1에서 아바타는 5,086바이트를 차지한다). 아바타를 사용하지 않으면서 엔터티를 로드할 때마다 가져오는 것은 제거돼야 할 성능 저하 요소다.

이 문제에 대한 해결책은 속성 지연 로딩^{attributes lazy loading}을 사용하는 것이다.

속성 지연 로딩은 CLOB, BLOB, VARBINARY 등 많은 데이터를 저장하는 칼럼 타입 또는 별도 요청 시 세부 정보가 로드돼야 하는 경우에 유용하다.

속성 지연 로딩을 사용하려면 몇 가지 단계를 따라야 한다. 첫 번째 단계는 메이븐에 하이버네이트 Bytecode Enhancement 플러그인을 추가하는 것이다. 다음으로 enableLazyInitialization 설정을 통해 지연 초기화를 활성화해 엔터티 클래스의 바이트코드를 계측하도록 하이버네이트에게 지시한다(추가된 명령어들이 궁금하면 계측된 엔터티 클래스를 간단히 디컴파일하면 된다). 메이븐의 경우 다음과 같이 <plugins> 섹션에서 Bytecode Enhancement 플러그인을 pom.xml에 추가한다.

```xml
<plugin>
    <groupId>org.hibernate.orm.tooling</groupId>
    <artifactId>hibernate-enhance-maven-plugin</artifactId>
    <version>${hibernate.version}</version>
    <executions>
        <execution>
            <configuration>
                <failOnError>true</failOnError>
                <enableLazyInitialization>true</enableLazyInitialization>
            </configuration>
            <goals>
                <goal>enhance</goal>
            </goals>
        </execution>
    </executions>
</plugin>
```

하이버네이트 Bytecode Enhancement는 빌드 타임에 처리되기 때문에 런타임 오버헤드는 추가되지 않는다. Bytecode Enhancement를 여기와 같이 추가하지 않으면 속성 지연 로딩이 동작하지 않는다.

두 번째 단계는 @Basic(fetch = FetchType.LAZY)로 지연 로딩돼야 하는 엔터티 속성에 어노테이션을 지정한다. Author 엔터티의 경우 다음과 같이 avatar 속성에 어노테이션을 추가한다.

```java
@Lob
@Basic(fetch = FetchType.LAZY)
private byte[] avatar;
```

> 기본적으로 @Basic만 지정된 속성은 기본 페치 정책에 따르는데, 기본 정책은 FetchType. EAGER다.

추가적으로 Author 엔터티에 대한 일반적인 스프링 리포지터리를 작성할 수 있다. 단순 재미를 위해 다음과 같이 주어진 나이보다 많거나 동일한 모든 저자를 가져오는 쿼리를 추가해보자.

```
@Repository
public interface AuthorRepository extends JpaRepository<Author, Long> {

    @Transactional(readOnly = true)
    List<Author> findByAgeGreaterThanEqual(int age);
}
```

다음 서비스 메서드는 지정된 나이보다 많은 모든 저자를 로드한다. 이때 avatar는 로드되지 않는다.

```
public List<Author> fetchAuthorsByAgeGreaterThanEqual(int age) {
    List<Author> authors = authorRepository.findByAgeGreaterThanEqual(age);

    return authors;
}
```

이 메서드를 호출하면 id, name, age, genre만 가져오는 SQL이 다음과 같이 표시된다.

```
SELECT
    author0_.id AS id1_0_,
    author0_.age AS age2_0_,
    author0_.genre AS genre4_0_,
```

```
        author0_.name AS name5_0_
    FROM author author0_
    WHERE author0_.age >= ?
```

가져온 저자 목록에서 저자 id를 선택하고 다음 메서드에 전달하면 avatar 속성도 가져온다. getAvatar() 메서드의 명시적 호출은 아바타의 바이트를 로드하고자 추가적인 SQL을 실행한다.

```
@Transactional(readOnly = true)
public byte[] fetchAuthorAvatarViaId(long id) {

    Author author = authorRepository.findById(id).orElseThrow();
    return author.getAvatar();    // 'avatar' 지연 로딩
}
```

주어진 id로 저자를 가져오는 작업은 2개 SELECT문으로 수행된다. 첫 번째 SELECT는 id, age, name, genre를 가져오고 두 번째 SELECT는 avatar를 가져온다.

```
SELECT
    author0_.id AS id1_0_0_,
    author0_.age AS age2_0_0_,
    author0_.genre AS genre4_0_0_,
    author0_.name AS name5_0_0_
FROM author author0_
WHERE author0_.id = ?

SELECT
    author_.avatar AS avatar3_0_
FROM author author_
WHERE author_.id = ?
```

속성 지연 로딩과 N+1

N+1은 필요/예상보다 더 많은 SQL문(쿼리)이 실행되면서 발생하는 성능 저하 문제를 나타낸다. 즉, 필요한 것보다 더 많은 데이터베이스 호출을 수행하면 CPU, RAM 메모리, 데이터베이스 커넥션 등과 같은 리소스가 소비된다. 대부분의 경우 N+1은 트리거된 SQL문의 수를 검사(집계/검증)할 때까지 감지되지 않은 상태로 남는다.

추가된 불필요한 SQL문이 많을수록 애플리케이션은 느려진다.

다음과 같은 메서드를 생각해보자.

```
@Transactional(readOnly = true)
public List<Author> fetchAuthorsDetailsByAgeGreaterThanEqual(int age) {
    List<Author> authors = authorRepository.findByAgeGreaterThanEqual(40);

    // N+1 케이스이므로 피해야 한다
    authors.forEach(a -> {
        a.getAvatar();
    });

    return authors;
}
```

여기서 findByAgeGreaterThanEqual()을 호출해 트리거된 쿼리는 지정된 나이보다 많은 저자 목록을 가져온다(N+1에서 1에 해당). 저자 목록을 반복하면서 각 저자에 대한 getAvatar() 호출은 저자 수와 동일한 수의 추가 쿼리가 발생한다. 다시 말해 아바타가 지연으로 가져오기 때문에 getAvatar()를 호출하면 각 저자에 대한 SQL SELECT가 추가된다(N+1에서 N에 해당). 2명의 저자가 대해 다음과 같은 3개의 SQL문이 생긴다(마지막 2개의 쿼리는 아바타를 가져오기 위한 필요한 추가 쿼리다).

```
SELECT
    author0_.id AS id1_0_,
    author0_.age AS age2_0_,
    author0_.genre AS genre4_0_,
    author0_.name AS name5_0_
FROM author author0_
WHERE author0_.age >= ?

SELECT
    author_.avatar AS avatar3_0_
FROM author author_
WHERE author_.id = ?

SELECT
    author_.avatar AS avatar3_0_
FROM author author_
WHERE author_.id = ?
```

서브엔터티subentities 기술(항목 24 참고)을 활용하거나 DTOData Transfer Object로 지연 로딩 속성을 명시적으로 처리하는 SQL SELECT를 트리거해 N+1 성능 저하를 피할 수 있다. 예를 들어 다음 쿼리는 하나의 SELECT를 실행해 지정된 나이보다 많은 저자의 이름과 아바타를 DTO(스프링 프로젝션)로 가져온다.

```
public interface AuthorDto {

    String getName();
    byte[] getAvatar();
}

@Transactional(readOnly = true)
```

```
@Query("SELECT a.name AS name, a.avatar AS avatar
        FROM Author a WHERE a.age >= ?1")
List<AuthorDto> findDtoByAgeGreaterThanEqual(int age);
```

해당 소스코드는 깃허브[7]에서 확인할 수 있다.

속성 지연 로딩과 지연 초기화 예외

스프링 부트 애플리케이션에서 속성 지연 로딩을 활성화하면 콘텍스트 처리상 지연 초기화 예외가 발생할 수 있다. 보통 개발자가 Open Session in View[OSIV](기본적으로 활성화됨)를 비활성화할 때 발생한다. 이와 관련된 일반적인 시나리오를 다뤄보자.

기본적으로 Open Session In View는 현재 영속성 콘텍스트를 열린 상태로 유지하는 반면 Jackson[8]은 지연 로드된 속성을 강제로 초기화한다(일반적으로 얘기하면 View 레이어가 프록시 초기화를 트리거한다). 예를 들어 OSIV를 활성화하고 애플리케이션이 REST 컨트롤러 엔드포인트에서 List<Author>를 반환하면 View(Jackson JSON 응답을 직렬화함)는 avatar 속성도 초기화한다. OSIV는 현재 활성화된 Session을 계속 제공하기 때문에 지연 초기화 문제는 발생되지 않는다.

약간 다른 주제지만 다음 질문을 생각해보자. REST API를 통해 엔터티를 노출하는 것이 현명한가? 좋은 측면에서 토르벤 얀센(Thorben Janssen)의 기사[9]를 읽어보자.

분명히 이 방식은 애플리케이션의 목적에 맞지 않는다. 해결 방법은 application.properties에 다음과 같은 설정으로 OSIV를 비활성하는 것이다.

---

7. HibernateSpringBootAttributeLazyLoadingBasic
8. 스프링 부트에서 기본적으로 사용되는 JSON 라이브러리다. – 옮긴이
9. https://thoughts-on-java.org/dont-expose-entities-in-api/

```
spring.jpa.open-in-view=false
```

그러나 이 설정은 예외를 발생시키는데, Jackson이 List<Author>를 JSON으로 직렬화하려 할 때(컨트롤러 엔드포인트를 통해 애플리케이션의 클라이언트가 수신하는 데이터) 사용할 수 있는 Session이 없게 된다.

예외는 다음과 같을 것이다.

```
Could not write JSON: Unable to perform requested lazy initialization
[com.bookstore.entity.Author.avatar] - no session and settings disallow
loading outside the Session;
```

따라서 Jackson은 하이버네이트 세션이 없는 상태에서 지연 로드된 속성 초기화를 강제하고 이로 인해 지연 초기화 예외가 발생한다. 그러나 이 시점에 활성화된 하이버네이트 세션이 없는 것은 잘못된 것이 아니다.

이 문제를 해결하고 속성 지연 로딩을 계속 활용하는 방법은 적어도 2가지가 있다.

지연 로드 속성에 대한 명시적 기본값 지정

손쉬운 방법은 지연 로드된 속성에 기본값을 명시적으로 설정하는 것이다. Jackson이 지연 로드된 속성에 값이 초기화된 것을 확인하면 따로 초기화를 시도하지 않는다. 다음과 같은 메서드를 생각해보자.

```
@Transactional(readOnly = true)
public Author fetchAuthor(long id) {

    Author author = authorRepository.findById(id).orElseThrow();

    if (author.getAge() < 40) {
```

```
            author.getAvatar();
        } else {
            author.setAvatar(null);
        }

        return author;
    }
```

이 메서드는 **id**로 저자를 가져오고 40세 미만인 경우 추가 쿼리를 통해 아바타를 로드한다. 그렇지 않으면 avatar 속성은 null로 초기화되지 않는다. 이번엔 Jackson 직렬화로 인해 문제가 발생하지 않지만 클라이언트는 다음과 같은 JSON을 수신한다.

```
{
    "id": 1,
    "avatar": null,
    "age": 43,
    "name": "Martin Ticher",
    "genre": "Horror"
}
```

이젠 구현된 기능에 따라 아바타를 null로 직렬화하거나 기본값(예: 객체의 경우 null, 기본 정수의 경우 0 등)이 있는 속성을 직렬화하지 않도록 Jackson을 설정할 수 있다. 가장 일반적으로 애플리케이션이 avatar를 직렬화하지 않게 해야 하는데, 엔터티 수준에서 @JsonInclude(Include.NON_DEFAULT) 설정이 필요하다. 이 설정이 있는 경우 Jackson은 기본값을 갖는 속성의 직렬화를 생략한다(경우에 따라 Include.NON_EMPTY와 같은 다른 include를 사용할 수 있음).

```
import com.fasterxml.jackson.annotation.JsonInclude;
import com.fasterxml.jackson.annotation.JsonInclude.Include;
```

```
// ...

@Entity
@JsonInclude(Include.NON_DEFAULT)
public class Author implements Serializable {
    // ...
}
```

이 경우 결과 JSON에 avatar가 포함되지 않는다.

```
{
    "id": 1,
    "age": 43,
    "name": "Martin Ticher",
    "genre": "Horror"
}
```

지연 로드되는 속성에 대한 명시적 기본값 지정은 View로부터의 지연 로딩을 트리거하지 않는다. 이 측면에서 OSIV가 사용되는지 여부는 중요하지 않다. Session이 사용되지 않기 때문이다. 그러나 Session이 여전히 열려 있고 리소스를 소비하므로 OSIV를 비활성하는 것이 좋다.

소스코드는 깃허브[10]에서 확인할 수 있다.

커스텀 Jackson 필터 제공

다른 방법으로 직렬화해야 하는 속성과 그렇지 않은 속성을 커스텀 필터를 통해 Jackson에게 알리는 것이다. 이 경우 Jackson은 id, age, name, genre를 직렬화하고 avatar를 직렬화하지 않는다.

---

10. HibernateSpringBootAttributeLazyLoadingDefaultValues

아바타 없이 주어진 나이보다 많은 저자를 간단히 가져오는 다음과 같은 메서드를 가정해보자.

```
public List<Author> fetchAuthorsByAgeGreaterThanEqual(int age) {

    List<Author> authors = authorRepository.findByAgeGreaterThanEqual(age);

    return authors;
}
```

Jackson에 대한 필터를 작성하고 구성하는 방법에는 여러 가지가 있다.

한 가지 방법은 다음과 같이 @JsonFilter로 엔터티에 어노테이션을 지정하는 것이다(따옴표 사이 텍스트는 이후 참조에 사용되는 필터의 식별자 역할을 한다).

```
@Entity
@JsonFilter("AuthorId")
public class Author implements Serializable {
    // ...
}
```

AuthorId로 식별된 필터는 다음과 같이 BookstoreController에서 구현된다(중요한 부분이 강조 표시됐는데, filterOutAllExcept() 메서드로 전달된 직렬화돼야 할 속성 목록을 확인하자).

```
@RestController
public class BookstoreController {

    private final SimpleFilterProvider filterProvider;
    private final BookstoreService bookstoreService;

    public BookstoreController(BookstoreService bookstoreService) {
        this.bookstoreService = bookstoreService;

        filterProvider = new SimpleFilterProvider().addFilter("AuthorId",
```

```
        SimpleBeanPropertyFilter.filterOutAllExcept(
                "id", "name", "age", "genre"));
        filterProvider.setFailOnUnknownId(false);
    }
    // ...
}
```

필터는 다음과 같이 REST 엔드포인트에서 사용된다.

```
@GetMapping("/authors/{age}")
public MappingJacksonValue fetchAuthorsByAgeGreaterThanEqual(
        @PathVariable int age) throws JsonProcessingException {

    List<Author> authors = bookstoreService.
            fetchAuthorsByAgeGreaterThanEqual(age);

    MappingJacksonValue wrapper = new MappingJacksonValue(authors);
    wrapper.setFilters(filterProvider);

    return wrapper;
}
```

반환된 MappingJacksonValue는 다음 JSON과 같이 직렬화된다.

```
{
    "id": 1,
    "age": 43,
    "name": "Martin Ticher",
    "genre": "Horror"
}
```

문제가 없어 보이지만 애플리케이션은 avatar 속성을 가져온 경우에도 처리가
필요하다. 그렇지 않으면 Jackson은 Cannot resolve PropertyFilter with id

'AuthorId' 예외를 발생시키는데, avatar를 가져올 때 함께 직렬화돼야 한다. 즉, 필터는 모든 속성을 직렬화해야 하는데, 기본 동작되는 필터는 **Author** 엔터티의 모든 속성을 직렬화하는 데 사용되도록 전역적으로(애플리케이션 수준에서) 설정한다.

```
@Configuration
public class WebConfig extends WebMvcConfigurationSupport {

    @Override
    protected void extendMessageConverters(
            List<HttpMessageConverter<?>> converters) {
        for (HttpMessageConverter<?> converter: converters) {
            if (converter instanceof MappingJackson2HttpMessageConverter) {
                ObjectMapper mapper = ((MappingJackson2HttpMessageConverter)
                        converter).getObjectMapper();
                mapper.setFilterProvider(
                    new SimpleFilterProvider().addFilter("AuthorId",
                        SimpleBeanPropertyFilter.serializeAll()));
            }
        }
    }
}
```

List<Author>를 반환하는 REST 엔드포인트는 avatar를 포함해 Author의 모든 속성을 직렬화하는 이 필터를 사용한다.

Jackson은 하이버네이트 데이터 타입과 지연 로딩 부분을 처리하는 JSON 프로세스용 추가 (add-on) 모듈을 갖고 있다(**항목 110**). 이 모듈은 jackson-datatype-hibernate5 아티팩트 (artifact) ID를 갖는다.

소스코드는 깃허브[11]에서 확인할 수 있다.

---

11. HibernateSpringBootAttributeLazyLoadingJacksonSerialization

항목 24: 서브엔터티를 통한 엔터티 속성 지연 로딩 방법

다음과 같은 Author 엔터티를 갖는 애플리케이션을 생각해보자. 이 엔터티는 저자의 프로필을 관리한다.

```
@Entity
public class Author {

    private static final long serialVersionUID = 1L;

    @Id
    private Long id;

    @Lob
    private byte[] avatar;

    private int age;
    private String name;
    private String genre;
    // ...
    // 간결함을 위해 getter/setter 생략
}
```

이 항목은 항목 23에 대한 다른 해결 방법을 제시하는데, id, age, name, genre는 즉시 로딩하고 avatar는 지연 방식으로 처리하는 것을 목적으로 한다. 이 접근 방법은 그림 3-2와 같이 엔터티를 서브엔터티로 분리하는 것을 기반으로 한다.

그림 3-2. 서브엔터티를 통한 속성 지연 로딩

그림 3-2 중앙에 있는 클래스는 기반[base] 클래스(엔터티가 아니며 데이터베이스 테이블이 없음)인 BaseAuthor이며 @MappedSuperclass 어노테이션을 갖는다. 이 어노테이션은 클래스의 매핑 정보가 상속되는 엔터티에 적용되는 것을 지정한다. 그리고 BaseAuthor는 즉시 로딩되는 속성(id, age, name, genre)을 관리하며, BaseAuthor의 각 하위 클래스는 이런 속성을 상속하는 엔터티다. 따라서 하위 클래스를 로드하면 다음과 같은 속성도 함께 로드된다.

```
@MappedSuperclass
public class BaseAuthor implements Serializable {

    private static final long serialVersionUID = 1L;

    @Id
    private Long id;

    private int age;
    private String name;
    private String genre;

    // 간결함을 위해 getter/setter 생략
}
```

AuthorShallow는 BaseAuthor의 서브엔터티로, 상위 클래스의 속성들을 상속한다. 따라서 모든 속성은 즉시 로드된다. @Table 어노테이션을 통해 다음과 같이 이 서브엔터티를 author 테이블에 명시적으로 매핑하는 것이 중요하다.

```
@Entity
@Table(name = "author")
public class AuthorShallow extends BaseAuthor {
}
```

AuthorDeep도 BaseAuthor의 서브엔터티며, 상위 클래스의 속성들을 상속하고 추가로 아바타를 정의하고 있다. 이 아바타는 다음과 같이 @Table을 통해 서브

엔터티를 명시적으로 매핑해 author 테이블에 포함된다.

```
@Entity
@Table(name = "author")
public class AuthorDeep extends BaseAuthor {

    @Lob
    private byte[] avatar;

    public byte[] getAvatar() {
        return avatar;
    }

    public void setAvatar(byte[] avatar) {
        this.avatar = avatar;
    }
}
```

서브엔터티들이 @Table을 통해 동일한 테이블로 명시적 매핑되지 않으면 속성이 다른 테이블에 배치되며 상속된 속성들이 중복된다. 예를 들어 @Table(name = "author")이 없으면 id, name, age, genre가 author_shallow라는 테이블과 author_deep이란 테이블에 포함되고 avatar는 author_deep 테이블에 포함된다. 확실히 좋은 방법은 아니다.

이 시점에서 AuthorShallow는 id, age, name, genre를 즉시 가져오는 반면 AuthorDeep는 이 4가지 속성과 avatar를 추가로 가져온다. 결론적으로 avatar는 필요에 따라 불러올 수 있다.

다음 단계는 매우 간단하다. 다음과 같이 2개의 서브엔터티에 대한 일반적인 스프링 리포지터리를 제공하기만 하면 된다.

```
@Repository
public interface AuthorShallowRepository extends
```

```
        JpaRepository<AuthorShallow, Long> {
}



    @Repository
    public interface AuthorDeepRepository
            extends JpaRepository<AuthorDeep, Long> {
}
```

AuthorShallowRepository의 findAll()을 호출하면 다음과 같은 SQL이 실행된다(avatar는 로드되지 않음).

```
    SELECT
        authorshal0_.id AS id1_0_,
        authorshal0_.age AS age2_0_,
        authorshal0_.genre AS genre3_0_,
        authorshal0_.name AS name4_0_
    FROM author authorshal0_
```

AuthorDeepRepository의 findAll()을 호출하면 다음과 같은 SQL이 트리거된다(avatar가 로드됨).

```
    SELECT
        authordeep0_.id AS id1_0_,
        authordeep0_.age AS age2_0_,
        authordeep0_.genre AS genre3_0_,
        authordeep0_.name AS name4_0_,
        authordeep0_.avatar AS avatar5_0_
    FROM author authordeep0_
```

이제 결론이 구체화되기 시작한다. 하이버네이트는 지연 로딩 속성을 지원하지만(**항목 23** 참고), 이를 위해선 Bytecode Enhancement가 필요하고 Open Session in View와 Jackson 직렬화 문제를 처리해야 한다. 반면 서브엔터티를 사용하는 것은 Bytecode Enhancement가 필요하지 않고 여러 문제가 발생하지 않기 때문에 더 나은 대안이 될 수 있다.

소스코드는 깃허브[12]에서 확인할 수 있다.

항목 25: 스프링 프로젝션을 통한 DTO 가져오기

데이터베이스에서 가져온 데이터는 메모리에 복사된다(일반적으로 결과 세트 또는 JDBC 결과 세트라고 한다). 가져온 결과 세트를 보유한 메모리 영역은 영속성 콘텍스트 또는 1차 캐시 혹은 단순히 캐시라고 하며, 기본적으로 하이버네이트는 읽기-쓰기 모드로 동작한다. 이것은 가져온 결과 세트가 영속성 콘텍스트에 Object[](좀 더 정확히는 하이버네이트의 EntityEntry 인스턴스)로 저장되고 하이버네이트 용어로 하이드레이티드 상태라고 하며 이 상태에서 엔터티가 구성된다. 이 하이드레이티드는 더티 체킹 메커니즘(플러시 시점에 하이버네이트는 엔터티를 하이드레이티드 상태와 비교해 잠재적 변경/수정 사항을 발견하고 UPDATE문을 트리거한다)과 버전 없는 낙관적 잠금(Versionless Optimistic Locking) 메커니즘(WHERE 부분 추가)과 2차 캐시(캐시된 항목은 분리된 하이드레이티드 상태에서 구성되거나 좀 더 정확하게는 처음 분리된 하이드레이티드 상태에서 하이버네이트의 cacheEntry 인스턴스에서 구성된다)를 제공한다.

다시 말하자면 페치 작업 후 로드된 결과 세트는 데이터베이스 외부 메모리에 상주하는 것이다. 애플리케이션은 엔터티를 통해(즉, 자바 객체를 통해) 이 데이터를 액세스/관리하고 콘텍스트를 쉽게 활용하고자 하이버네이트는 가져온 raw 데이터(JDBC 결과 세트)를 하이드레이티드 상태로 변환(이 프로세스를 하이드레이션(hydration)이라고 한다)하고 최종적으로 관리 가능한 방법(엔터티)으로 변환하는 몇 개의 특정 기술을 적용한다.

이는 데이터 수정 계획이 없는 경우 읽기-쓰기 모드로 데이터를 엔터티로 가져오지 않아야 하는 좋은 이유다. 이 시나리오에서 읽기-쓰기 모드는 의미 없이 메모리와 CPU 리소스를 소비하며, 이로 인해 애플리케이션은 심각한 성능 저하가 추가된다. 즉, 읽기 전용 엔터티가 필요하면 읽기

---

12. HibernateSpringBootSubentities

전용 모드를 사용한다(예: 스프링에서 readOnly 설정을 @Transactional (readOnly = true)와 같이 사용한다). 이는 하이버네이트로부터 메모리에서 하이드레이티드 상태를 버리도록 지시한다. 더욱이 자동화된 플러시 처리와 더티 체킹도 없으며, 오직 영속성 콘텍스트에는 엔터티만 남는다. 결과적으로 메모리와 CPU 리소스(CPU 사이클)가 절약된다. 읽기 전용 엔터티는 여전히 가까운 미래에 수정될 계획이 없음을 의미한다(예: 현재 영속성 콘텍스트에서 수정할 계획은 없지만 분리된 상태에서 수정되고 이후 다른 영속성 콘텍스트에서 머지된다). **데이터를 수정할 계획이 없다면 읽기 전용 모드에서 엔터티를 가져오지 않는 것이 좋은 이유다.** 다만 예외적으로 엔터티를 복제(mirror)하는 DTO(모든 칼럼 포함)를 읽기 전용 엔터티의 대안으로 고려할 수 있다.

일반적인 규칙으로 수정되지 않는 읽기 전용 데이터만 필요한 경우 DTO를 사용해 읽기 전용 데이터를 자바 객체로 나타낸다. 대부분의 경우 DTO엔 엔터티 속성의 하위 집합만 포함되므로 필요한 것보다 더 많은 데이터(칼럼)를 가져오는 것을 방지할 수 있다. 불필요한 칼럼을 생략하는 것 외에도 LIMIT 또는 그에 상응한 가져오는 행수를 제한하는 것을 고려해야 한다.

다양한 이유로 일부에선 컨버터/매퍼를 사용해 DTO를 생성하기 위해서만 엔터티를 사용하라고 한다. 결론을 내리기 전에 이 안티패턴(anti-pattern)[13]을 반대하는 블라드 미하체아의 트윗[14]을 읽어보자. 블라드는 "엔터티를 사용하지 말고 매퍼를 사용해 DTO를 생성하세요. 매우 비효율적이지만 이 안티패턴이 계속해서 홍보되는 것을 볼 수 있습니다."라고 얘기하고 있다.

DTO와 스프링 프로젝션은 본질적으로 동일한 목적을 갖는다. 마틴 파울러[Martin Folwer]는 DTO를 '메서드 호출 수를 줄이기 위해 프로세스 간 데이터를 전달하는 객체'로 정의한다. 구현 수준에서는 DTO와 스프링 프로젝션은 동일하지 않다. DTO는 생성자와 게터/세터가 있는 클래스에 사용하는 반면 스프링 프로젝션은 인터페이스와 자동 생성 프록시를 활용한다. 어쨌든 스프링은 클래스도 사용할 수 있는데, 이를 DTO 프로젝션이라 한다.

다음과 같은 **Author** 엔터티를 가정해보자. 이 엔터티는 저자 프로필을 관리한다.

```
@Entity
```

---

13. 소프트웨어 분야에서 사용되는 용어로, 많이 사용되는 패턴이지만 비율적이거나 좋지 못한 패턴을 의미한다. ─ 옮긴이
14. https://twitter.com/vlad_mihalcea/status/1207887006883340288

```
public class Author implements Serializable {

    private static final long serialVersionUID = 1L;

    @Id
    @GeneratedValue(strategy = GenerationType.IDENTITY)
    private Long id;

    private int age;
    private String name;
    private String genre;

    // 간결함을 위해 getter/setter 생략
}
```

목표는 동일한 genre를 가진 저자 2명의 name과 age만 가져오는 것인데, 이번에는 애플리케이션이 스프링 프로젝션을 활용한다.

스프링 프로젝션은 데이터베이스에서 가져와야 하는 칼럼(예: name 및 age)에 대한 게터만 포함하는 자바 인터페이스로 시작할 수 있다.

이런 유형의 스프링 프로젝션은 인터페이스 기반 닫힌 프로젝션interface-based closed projection으로 알려져 있다(프로젝션에 정의된 메서드는 엔터티 속성의 이름과 정확히 일치한다).

```
public interface AuthorNameAge {
    String getName();

    int getAge();
}
```

내부적으로 스프링은 각 엔터티 객체에 대한 프로젝션 인터페이스의 프록시 인스턴스를 생성하고 프록시에 대한 호출은 자동으로 해당 객체로 전달된다.

프로젝션 인터페이스는 리포지터리 인터페이스의 내부 인터페이스로도 선언될 수 있다. 다음 예제와 같이 static 또는 non-static으로 선언된다.

```java
@Repository
public interface AuthorRepository extends JpaRepository<Author, Long> {

    @Transactional(readOnly = true)
    List<AuthorNameAge> findFirst2ByGenre(String genre);

    static interface AuthorNameAge {

        String getName();
        int getAge();
    }
}
```

전체 코드는 깃허브[15]에서 확인할 수 있다.

이 프로젝션에서 2명의 저자만 가져오기 위한 적절한 쿼리는 다음과 같다(스프링 데이터 쿼리 빌더 메커니즘을 활용하거나 JPQL 또는 네이티브 SQL 활용).

```java
@Repository
@Transactional(readOnly = true)
public interface AuthorRepository extends JpaRepository<Author, Long> {

    List<AuthorNameAge> findFirst2ByGenre(String genre);
}
```

이 쿼리는 List<Author>가 아닌 List<AuthorNameAge>를 반환하고 있다.

주어진 장르에 대해 이 메서드를 호출하면 다음 SQL이 실행된다.

```sql
SELECT
    author0_.name AS col_0_0_,
    author0_.age AS col_1_0_
```

15. HibernateSpringBootDtoViaProjectionsIntefaceInRepo

```
FROM author author0_
WHERE author0_.genre=?
LIMIT ?
```

가져온 데이터는 다음과 같은 간단한 예제처럼 프로젝션 게터를 통해 처리될 수 있다.

```
List<AuthorNameAge> authors = bookstoreService.fetchFirst2ByBirthplace();

for (AuthorNameAge author : authors) {
    System.out.println("Author name: " + author.getName()
                                + " | Age: " + author.getAge());
}
```

해당 소스코드는 깃허브[16]에서 확인할 수 있다.

프로젝션 사용은 스프링 데이터 리포지터리 인프라에 내장된 쿼리 빌더 메커니즘 사용으로 제한되지 않는다. JPQL 또는 네이티브 SQL 쿼리를 통해 프로젝션 페치도 가능하다. 예를 들어 이전 쿼리는 다음과 같이 네이티브 SQL 쿼리로 작성할 수 있다.

```
@Query(value = "SELECT a.name, a.age FROM author a
        WHERE a.genre=?1 LIMIT 2", nativeQuery=true)
```

칼럼 이름이 엔터티 속성 이름과 일치하지 않으면 SQL AS 키워드를 사용해 별칭(alias)을 정의한다. 예를 들어 name 속성이 author_name 열에 매핑되고 age 속성이 author_age 열에 매핑된 경우 네이티브 SQL 쿼리는 다음과 같다.

```
@Query(value = "SELECT a.author_name AS name, a.author_age AS age " +
```

---

16. HibernateSpringBootDtoViaProjections

```
                    "FROM author a WHERE a.genre=?1 LIMIT 2",
                    nativeQuery=true)
```

LIMIT를 사용할 필요가 없다면 JPQL을 사용하면 된다. 깃허브[17]에는 JPQL과 스프링 프로젝션 사용 예제가 있다.

JPA 네임드 (네이티브) 쿼리 및 스프링 프로젝션 결합 사용

스프링 부트 애플리케이션에서 네임드[named] (네이티브) 쿼리를 사용하는 데 익숙하지 않은 경우 항목 127을 읽을 때까지 이 절을 잠시 미루는 것이 좋다.

프로젝트에 네임드 쿼리가 많고 스프링 프로젝션을 활용한다고 가정해보자. 다음과 같은 작업 수행을 위한 예로, 우선 @NamedQuery와 @NamedNativeQuery 어노테이션을 사용한 2개의 네임드 쿼리와 네이티브 쿼리를 정의한다. 첫 번째 쿼리인 Author.fetchName은 List<String>에 대한 하나의 매핑을 나타내고 두 번째 쿼리 Author.fetchNameAndAge는 List<AuthorNameAge>에 대한 스프링 프로젝션 매핑을 표현한다.

```
@NamedQuery(
    name = "Author.fetchName",
    query = "SELECT a.name FROM Author a"
)

@NamedQuery(
    name = "Author.fetchNameAndAge",
    query = "SELECT a.age AS age, a.name AS name FROM Author a"
)

@Entity
public class Author implements Serializable {
```

---

17. HibernateSpringBootDtoViaProjectionsAndJpql

```
        // ...
    }



    @NamedNativeQuery(
        name = "Author.fetchName",
        query = "SELECT name FROM author"
    )

    @NamedNativeQuery(
        name = "Author.fetchNameAndAge",
        query = "SELECT age, name FROM author"
    )

    @Entity
    public class Author implements Serializable {
        // ...
    }
```

또는 jpa-named-queries.properties 파일(네이티브가 아닌 네임드 쿼리에서 동적 정렬(Sort)을 활용할 때 권장되는 방법)과 Pageable에서 Sort를 통해 동일한 쿼리를 정의할 수 있다(네이드 쿼리 및 네이티브 쿼리 모두).

```
    # Find the names of authors
    Author.fetchName=SELECT a.name FROM Author a

    # Find the names and ages of authors
    Author.fetchNameAndAge=SELECT a.age AS age, a.name AS name FROM Author a
```

네이티브 쿼리는 다음과 같다.

```
    # Find the names of authors
    Author.fetchName=SELECT name FROM author
```

```
# Find the names and ages of authors
Author.fetchNameAndAge=SELECT age, name FROM author
```

아니면 orm.xml 파일을 통해 동일한 쿼리들을 정의할 수 있다(이 방식에는 @NamedQuery 및 @NamedNativeQuery 사용과 동일한 단점이 있다).

```xml
<!-- Find the names of authors -->
<named-query name="Author.fetchName">
    <query>SELECT a.name FROM Author a</query>
</named-query>

<!-- Find the names and ages of authors -->
<named-query name="Author.fetchNameAndAge">
    <query>SELECT a.age AS age, a.name AS name FROM Author a</query>
</named-query>
```

대응되는 네이티브 쿼리는 다음과 같다.

```xml
<!-- Find the names of authors -->
<named-native-query name="Author.fetchName">
    <query>SELECT name FROM author</query>
</named-native-query>

<!-- Find the names and ages of authors -->
<named-native-query name="Author.fetchNameAndAge">
    <query>SELECT age, name FROM author</query>
</named-native-query>
```

어떤 방법을 사용하든 AuthorRepository는 다음과 같이 동일하다.

```java
@Repository
```

```
@Transactional(readOnly = true)
public interface AuthorRepository extends JpaRepository<Author, Long> {

    // 스칼라(Scalar) 매핑
    List<String> fetchName();

    // 스프링 프로젝션
    List<AuthorNameAge> fetchNameAndAge();
}
```

그리고 네이티브 쿼리는 다음과 같다.

```
@Repository
@Transactional(readOnly = true)
public interface AuthorRepository extends JpaRepository<Author, Long> {

    // 스칼라 매핑
    @Query(nativeQuery = true)
    List<String> fetchName();

    // 스프링 프로젝션
    @Query(nativeQuery = true)
    List<AuthorNameAge> fetchNameAndAge();
}
```

이게 전부다. 스프링 부트는 자동으로 나머지 작업을 수행한다. 네임드 (네이티브) 쿼리가 제공되는 방식에 따라 다음과 같은 방법을 선택할 수 있다.

- @NamedQuery 및 스프링 프로젝션을 통한 JPA 네임드 쿼리 사용 방법[18]
- @NamedNativeQuery 및 스프링 프로젝션을 통한 JPA 네임드 네이티브 쿼리 사용 방법[19]

---

18. HibernateSpringBootDtoSpringProjectionAnnotatedNamedQuery
19. HibernateSpringBootDtoSpringProjectionAnnotatedNamedNativeQuery

- 속성 파일^{properties file} 및 스프링 프로젝션을 통한 JPA 네임드 쿼리 사용 방법[20]
- 속성 파일 및 스프링 프로젝션을 통한 JPA 네임드 네이티브 쿼리 사용 방법[21]
- orm.xml 및 스프링 프로젝션을 통한 JPA 네임드 쿼리 사용 방법[22]
- orm.xml 및 스프링 프로젝션을 통한 JPA 네임드 네이티브 쿼리 사용 방법[23]

클래스 기반 프로젝션

인터페이스 기반 프로젝션 외에도 스프링은 클래스 기반^{class-based} 프로젝션을 지원한다. 인터페이스 대신 클래스를 작성하는데, 예를 들어 AuthorNameAge 인터페이스는 다음과 같이 AuthorNameAge 클래스로 변경될 수 있다.

```
public class AuthorNameAge {

    private String name;
    private int age;

    public AuthorNameAge(String name, int age) {
        this.name = name;
        this.age = age;
    }

    // 간결함을 위해 getter/setter, equals(), hashCode() 생략
}
```

보시다시피 생성자의 인자 이름은 엔터티의 이름과 같아야 한다.

---

20. HibernateSpringBootDtoSpringProjectionPropertiesNamedQuery
21. HibernateSpringBootDtoSpringProjectionPropertiesNamedNativeQuery
22. HibernateSpringBootDtoSpringProjectionOrmXmlNamedQuery
23. HibernateSpringBootDtoSpringProjectionOrmXmlNamedNativeQuery

---

인터페이스 기반 프로젝션은 중첩될 수 있으나 클래스 기반 프로젝션은 중첩될 수 없다.

전체 코드는 깃허브[24]에서 확인할 수 있다.

스프링 프로젝션 재사용 방법

이번에는 id, name, genre, age, email, address, rating과 같은 속성을 포함하도록 Author 엔터티를 보완한다고 생각해보자. 또는 일반적으로 얘기해 엔터티가 많은 수의 속성을 갖는 경우다. 엔터티에 상당한 수의 속성이 있는 경우 속성의 여러 하위 집합을 가져오고자 여러 읽기 전용 쿼리가 필요하다. 예를 들어 읽기 전용 쿼리는 age, name, genre, email, address를 가져오거나 다른 쿼리는 age, name, genre를 가져와야 하거나 또 다른 쿼리는 name과 email만 가져올 수 있다.

이 3가지 쿼리를 만족시키고자 3개의 인터페이스 기반 스프링 닫힌 프로젝션을 정의해야 하는데, 그다지 실용적이지 않다. 예를 들어 나중에 name과 address를 가져오는 읽기 전용 쿼리가 더 필요할 수 있는데, 이 방식에 따라 스프링 프로젝션을 하나 더 추가해야 한다. 저자에 대해 실행되는 모든 읽기 전용 쿼리에 대해 작동하는 하나의 스프링 프로젝션을 정의하는 것이 더 실용적이다.

이 작업을 위해 가장 많은 정보를 가져오는 쿼리(이 경우 age, name, genre, email, address를 가져오는 쿼리)를 충족시키는 게터들을 포함하는 스프링 프로젝션을 다음과 같이 정의한다.

```
@JsonInclude(JsonInclude.Include.NON_DEFAULT)
public interface AuthorDto {

    Integer getAge();
    String getName();
```

---

24. HibernateSpringBootDtoViaClassBasedProjections

```
        String getGenre();
        String getEmail();
        String getAddress();
    }
```

이 프로젝션에는 @JsonInclude(JsonInclude.Include.NON_DEFAULT) 어노테이션이 추가돼 있는데, 이는 null 값(현재 쿼리에서 가져오지 않은 값) 직렬화 방지에 필요하다. 결과 JSON에서 null 값을 건너뛰도록 Jackson 직렬화 메커니즘에 지정하는 것이다.

이제 스프링 데이터 쿼리 빌더 메커니즘을 사용해 다음과 같이 age, name, genre, email, address를 가져오는 쿼리를 생성할 수 있다.

```
    List<AuthorDto> findBy();
```

또는 다음과 같이 JPQL을 작성할 수도 있다.

```
    @Query("SELECT a.age AS age, a.name AS name, a.genre AS genre, "
        + "a.email AS email, a.address AS address FROM Author a")
    List<AuthorDto> fetchAll();
```

fetchAll()을 호출하면 다음과 같이 표현되는 결과 JSON을 확인할 수 있다.

```
    [
        {
            "genre":"Anthology",
            "age":23,
            "email":"markj@gmail.com",
            "name":"Mark Janel",
```

```
        "address":"mark's address"
    },
    ...
]
```

이젠 age, name, genre만 가져오는 쿼리에 AuthorDto 프로젝션을 활용할 수 있다.

```
@Query("SELECT a.age AS age, a.name AS name, a.genre AS genre FROM Author a")
List<AuthorDto> fetchAgeNameGenre();
```

fetchAgeNameGenre()를 호출하고 결과 JSON을 나타내면 다음과 같다.

```
[
    {
        "genre":"Anthology",
        "age":23,
        "name":"Mark Janel"
    },
    ...
]
```

또는 name과 email만을 가져오는 쿼리에 AuthorDto 프로젝션을 다음과 같이 재사용할 수 있다.

```
@Query("SELECT a.name AS name, a.email AS email FROM Author a")
List<AuthorDto> fetchNameEmail();
```

fetchNameEmail()을 호출하고 결과 JSON을 표시하면 다음과 같다.

```
[
    {
        "email":"markj@gmail.com",
        "name":"Mark Janel"
    },
    ...
]
```

전체 코드는 깃허브[25]에서 확인할 수 있다.

동적 스프링 프로젝션 사용 방법

이전 절의 Author 엔터티와 같이 id, name, age, email, address, rating 속성을 가져온다고 가정해보자. 추가적으로 다음과 같이 2개의 스프링 프로젝션을 고려해볼 수 있다.

```
public interface AuthorGenreDto {
    String getGenre();
}
```

```
public interface AuthorNameEmailDto {

    String getName();
    String getEmail();
}
```

다음과 같이 3개의 쿼리를 작성해 동일한 쿼리 메서드를 통해 엔터티 타입, AuthorGenreDto 타입, authorNameEmailDto 타입을 가져올 수 있다.

---

25. HibernateSpringBootReuseProjection

```
Author findByName(String name);

AuthorGenreDto findByName(String name);

AuthorNameEmailDto findByName(String name);
```

원래는 여러 타입을 반환하고자 동일한 쿼리 메서드를 매번 작성해야 한다. 이는 다소 성가신 일이며 스프링은 동적^{dynamic} 프로젝션을 통해 이런 경우를 처리할 수 있다. 다음과 같이 **Class** 파라미터로 쿼리 메서드를 선언하기만 하면 동적 프로젝션을 적용할 수 있다.

```
<T> T findByName(String name, Class<T> type);
```

다음은 2개의 추가 예제다.

```
<T> List<T> findByGenre(String genre, Class<T> type);

@Query("SELECT a FROM Author a WHERE a.name=?1 AND a.age=?2")
<T> T findByNameAndAge(String name, int age, Class<T> type);
```

이젠 반환받고자 하는 타입에 따라 다음과 같이 **findByName()**을 호출할 수 있다.

```
Author author = authorRepository.findByName(
        "Joana Nimar", Author.class);

AuthorGenreDto author = authorRepository.findByName(
        "Joana Nimar", AuthorGenreDto.class);

AuthorNameEmailDto author = authorRepository.findByName(
        "Joana Nimar", AuthorNameEmailDto.class);
```

전체 코드는 깃허브[26]에서 확인할 수 있다.

항목 26: 스프링 프로젝션에서 엔터티를 추가하는 방법

스프링 프로젝션에 익숙하지 않은 경우 계속하기 전에 이전 항목을 읽어보자.

일반적으로 스프링 프로젝션(DTO)은 읽기 전용 데이터를 가져오는 데 사용되지만 애플리케이션이 스프링 프로젝션 내에서 엔터티를 가져와야 하는 경우가 있을 수 있다. 이런 경우 수행해야 하는 단계를 이 예제에서 밝혀보자.

구체화된 연관관계

양방향 지연 @OneToMany 연관관계를 갖는 Author와 Book 엔터티를 고려해보자.

스프링 프로젝션은 Author 엔터티와 Book 엔터티로부터 title 속성만 매핑해야 한다. 이전 항목을 기반으로 스프링 프로젝션 인터페이스는 다음과 같이 작성된다.

```
public interface BookstoreDto {

    Author getAuthor();
    String getTitle();
}
```

데이터 가져오기는 JPQL를 사용한 다음과 같은 리포지터리를 통해 수행된다(가져온 데이터는 List<BookstoreDto>에 있음).

```
@Repository
@Transactional(readOnly = true)
public interface AuthorRepository extends JpaRepository<Author, Long> {
```

---

26. HibernateSpringBootDynamicProjection

```
@Query("SELECT a AS author, b.title AS title
        FROM Author a JOIN a.books b")
List<BookstoreDto> fetchAll();
}
```

이 메서드를 호출하면 다음 SQL이 실행된다.

```
SELECT
    author0_.id AS col_0_0_,
    books1_.title AS col_1_0_,
    author0_.id AS id1_0_,
    author0_.age AS age2_0_,
    author0_.genre AS genre3_0_,
    author0_.name AS name4_0_
FROM author author0_
INNER JOIN book books1_
    ON author0_.id = books1_.author_id
```

다음 서비스 메서드는 읽기-쓰기 트랜잭션으로 fetchAll()을 호출한다. 가져온 Author 인스턴스는 하이버네이트에 의해 관리되고 잠재적 변경 사항은 더티 체킹 메커니즘을 통해 데이터베이스에 반영된다(하이버네이트가 대신 UPDATE문을 트리거한다).

```
@Transactional
public List<BookstoreDto> fetchAuthors() {
    List<BookstoreDto> dto = authorRepository.fetchAll();

    // 가져온 Author는 하이버네이트에 의해 관리됨
    // 다음 코드는 UPDATE를 트리거함
    dto.get(0).getAuthor().setGenre("Poetry");

    return dto;
}
```

가져온 데이터를 화면에 출력하는 것은 다음과 같이 간단하다.

```
List<BookstoreDto> authors = bookstoreService.fetchAuthors();
authors.forEach(a -> System.out.println(a.getAuthor()
                                + ", Title: " + a.getTitle()));
```

소스코드는 깃허브[27]에서 확인할 수 있다.

구체화되지 않은 연관관계

이번엔 Author와 Book 엔터티 간 구체화된^{materialized} 연관관계가 없는 경우를 생각
해보자. 어쨌든 그림 3-3에서 알 수 있듯 두 엔터티는 genre 속성을 공유한다.

그림 3-3. 구체화된 연관관계 없음

이 genre 속성은 Author와 Book을 조인하고 스프링 프로젝션인 BookstoreDto에
서 데이터를 가져오는 데 사용되며, 다음과 같은 JPQL이 genre 속성을 2개의
테이블 조인을 위해 사용된다.

```
@Repository
@Transactional(readOnly = true)
public interface AuthorRepository extends JpaRepository<Author, Long> {
```

---

27. HibernateSpringBootDtoEntityViaProjection

```
@Query("SELECT a AS author, b.title AS title " +
        "FROM Author a JOIN Book b ON a.genre=b.genre ORDER BY a.id")
List<BookstoreDto> fetchAll();
}
```

fetchAll()을 호출하면 다음 SQL이 실행된다.

```
SELECT
    author0_.id AS col_0_0_,
    book1_.title AS col_1_0_,
    author0_.id AS id1_0_,
    author0_.age AS age2_0_,
    author0_.genre AS genre3_0_,
    author0_.name AS name4_0_
FROM author author0_
INNER JOIN book book1_
    ON (author0_.genre = book1_.genre)
ORDER BY author0_.id
```

다음과 같은 서비스 메서드는 읽기-쓰기 트랜잭션으로 fetchAll()을 호출한다. 가져온 Author는 하이버네이트에 의해 관리되고 작성자의 수정 사항은 데이터 베이스로 전파된다는 점에 유의하자.

```
@Transactional
public List<BookstoreDto> fetchAuthors() {

    List<BookstoreDto> dto = authorRepository.fetchAll();

    // 가져온 Author는 하이버네이트에 의해 관리됨
    // 다음 코드는 UPDATE를 트리거함
    dto.get(0).getAuthor().setAge(47);

    return dto;
```

```
    }
```

가져온 데이터를 화면에 출력하는 것은 다음과 같이 간단하다.

```
List<BookstoreDto> authors = bookstoreService.fetchAuthors();
authors.forEach(a -> System.out.println(a.getAuthor()
                          + ", Title: " + a.getTitle()));
```

소스코드는 깃허브[28]에서 확인할 수 있다.

항목 27: 엔터티의 일부 또는 외부 가상 속성을 통한 스프링 프로젝션 보완 방법

계속 읽기 전에 항목 25를 먼저 읽어보자.

스프링 프로젝션은 도메인 모델Domain Model의 일부거나 그렇지 않은 **virtual** 속성으로 보완될 수 있다. 일반적으로 도메인 모델의 일부가 아닌 경우 SpEL 표현식을 통해 런타임에 반영된다.

도메인 모델에서 이름이 일치하지 않고 실행 시에 반영되는 결과를 반환하는 메서드를 갖는 인터페이스 기반 스프링 프로젝션을 인터페이스 기반 열린 프로젝션interface-based open projection이라 한다.

예를 들어 다음 스프링 프로젝션은 3개의 **virtual** 속성(years, rank, books)을 포함하고 있다.

```
public interface AuthorNameAge {
```

---

28. HibernateSpringBootDtoEntityViaProjectionNoAssociation

```
    String getName();

    @Value("#{target.age}")
    String years();

    @Value("#{ T(java.lang.Math).random() * 10000 }")
    int rank();

    @Value("5")
    String books();
}
```

스프링 프로젝션에서 AuthorNameAge는 @Value와 스프링 SpEL을 사용해 도메인 모델의 추가 속성을 지정한다(이 경우 도메인 모델 age 속성은 virtual 속성인 years를 통해 노출된다). 추가적으로 @Value와 스프링 SpEL을 통해 도메인 모델에 없는 2개의 virtual 속성(rank 및 books)을 보완하고 있다.

스프링 리포지터리는 다음과 같이 매우 간단하며 주어진 나이보다 많은 저자의 name과 age를 가져오는 쿼리를 포함한다.

```
@Repository
@Transactional(readOnly = true)
public interface AuthorRepository extends JpaRepository<Author, Long> {

    @Query("SELECT a.name AS name, a.age AS age
           FROM Author a WHERE a.age >= ?1")
    List<AuthorNameAge> fetchByAge(int age);
}
```

fetchByAge()를 호출하면 다음 SQL이 실행된다.

```
SELECT
    author0_.name AS col_0_0_,
```

```
            author0_.age AS col_1_0_
    FROM author author0_
    WHERE author0_.age >= ?
```

가져온 데이터를 출력하려면 age에 대한 years(), rank(), books()를 사용한다.

```
    List<AuthorNameAge> authors = bookstoreService.fetchByAge();

    for (AuthorNameAge author : authors) {
        System.out.println("Author name: " + author.getName()
                + " | Age: " + author.years()
                + " | Rank: " + author.rank()
                + " | Books: " + author.books());
    }
```

화면에 대한 출력은 다음과 같다(저자 이름과 나이는 데이터베이스에서 가져옴).

```
    Author name: Olivia Goy | Age: 43 | Rank: 3435 | Books: 5
    Author name: Quartis Young | Age: 51 | Rank: 2371 | Books: 5
    Author name: Katy Loin | Age: 56 | Rank: 2826 | Books: 5
```

소스코드는 깃허브[29]에서 확인할 수 있다.

항목 28: *-to-One 연관관계를 포함하는 스프링 프로젝션의 효율적 로딩 방법

Author와 Book이 기존과 같이 양방향 지연 @OneToMany 연관관계를 갖는다고 가정해보자. 각 도서의 title과 저자의 name과 genre를 포함한 읽기 전용 결과

---

29. HibernateSpringBootDtoViaProjectionsAndVirutalProperties

세트를 가져오려 한다. DTO는 읽기 전용 결과 세트에 대한 완벽한 후보이며 스프링에서 DTO로 가져오는 주요 방법은 스프링 프로젝션을 사용하는 것이다.

그림 3-4와 같은 데이터 스냅숏을 사용해보자.

author

id	age	genre	name
1	23	Anthology	Mark Janel
2	43	Horror	Olivia Goy
3	51	Anthology	Quartis Young
4	34	History	Joana Nimar

book

id	isbn	title	author_id
1	001-JN	A History of Ancient Prague	4
2	002-JN	A People's History	4
3	003-JN	History Now	4
4	001-MJ	The Beatles Anthology	1
5	001-OG	Carrie	2
6	002-OG	Nightmare Of A Day	2

그림 3-4. 데이터 스냅숏

중첩된 닫힌 프로젝션 사용

도서 title은 book 테이블에서 가져오고 저자 name과 genre는 author 테이블에서 가져온다. 이는 다음과 같이 인터페이스 기반의 중첩된 스프링 닫힌 프로젝션[nested Spring closed projection]으로 작성할 수 있음을 의미한다.

```
public interface BookDto {

    String getTitle();
    AuthorDto getAuthor();

    interface AuthorDto {

        String getName();
        String getGenre();
    }
}
```

이제 필요한 것은 스프링 프로젝션을 위한 적절한 쿼리며, 가장 쉬운 방법은 다음과 같이 스프링 데이터 쿼리 빌더 메커니즘을 사용하는 것이다.

```
@Repository
@Transactional(readOnly = true)
public interface BookRepository extends JpaRepository<Book, Long> {

    List<BookDto> findBy();
}
```

구현 관점에서 보면 이 방법은 매우 빠르다. 하지만 이 방법이 효과가 있을까? 결과를 JSON 표현으로 보면 다음과 같다(REST 컨트롤러 엔드포인트에 의해 반환된다고 가정한다).

```
[
    {
        "title":"A History of Ancient Prague",
        "author":{
            "genre":"History",
            "name":"Joana Nimar"
        }
    },
    {
        "title":"A People's History",
        "author":{
            "genre":"History",
            "name":"Joana Nimar"
        }
    },
    ...
]
```

그렇다. 잘 작동한다. 그러나 효율적일까? 트리거된 SQL과 영속성 콘텍스트 내용을 확인하기 전엔 이 방식이 훌륭하다고 생각할 수 있다. 그러나 생성된 SELECT는 필요한 것보다 더 많은 데이터를 가져온다(예: 저자에 대한 id와 나이를 필요로 하지 않음).

```
SELECT
    book0_.title AS col_0_0_,
    author1_.id AS col_1_0_,
    author1_.id AS id1_0_,
    author1_.age AS age2_0_,
    author1_.genre AS genre3_0_,
    author1_.name AS name4_0_
FROM book book0_
LEFT OUTER JOIN author author1_
    ON book0_.author_id = author1_.id
```

이 쿼리가 저자의 모든 속성을 가져오는 것은 분명하다(엔터티에 속성이 많을수록 불필요한 데이터가 많아짐). 또한 영속성 콘텍스트 내용을 확인해보면 READ_ONLY 상태의 세 항목이 포함돼 있고 그중 어느 것도 하이드레이티드 상태가 아님을 알 수 있다(하이드레이티드 상태는 이 트랜잭션이 readOnly로 표기됐기 때문에 폐기됨).

영속성 콘텍스트의 내용은 다음과 같다.

```
Total number of managed entities: 3
Total number of collection entries: 3

EntityKey[com.bookstore.entity.Author#1]:
    Author{id=1, name=Mark Janel, genre=Anthology, age=23}
EntityKey[com.bookstore.entity.Author#2]:
    Author{id=2, name=Olivia Goy, genre=Horror, age=43}
EntityKey[com.bookstore.entity.Author#4]:
    Author{id=4, name=Joana Nimar, genre=History, age=34}
```

데이터베이스에서 프로젝션까지의 결과 흐름은 영속성 콘텍스트를 부분적으로 통과하며 저자는 읽기 전용 엔터티로 가져온다. 일반적으로 데이터양은 성능에 영향을 줄 수 있지만(예: 상대적으로 많은 수의 불필요한 열 또는 상대적으로 많은 수의 행) 읽기 전용 모드이기 때문에 영속성 콘텍

스트에 하이드레이티드 상태가 없으며 저자에 대한 더티 체킹도 실행되지 않는다. 그럼에도 가비지 컬렉터는 영속성 콘텍스트가 닫힌 후 여러 인스턴스를 수집해야 한다.

명시적 JPQL을 작성하면 쿼리 빌더 메커니즘을 통해 생성된 쿼리와 동일하다.

```
@Repository
@Transactional(readOnly = true)
public interface BookRepository extends JpaRepository<Book, Long> {

    @Query("SELECT b.title AS title, a AS author "
            + "FROM Book b LEFT JOIN b.author a")
    // 또는 INNER JOIN를 활용
    // @Query("SELECT b.title AS title, b.author AS author FROM Book b")
    List<BookDto> findByViaQuery();
}
```

단순 닫힌 프로젝션 사용

중첩된 스프링 프로젝션을 사용하면 성능이 저하될 수 있는데, 다음과 같이 원시 데이터를 가져오는 단순 스프링 닫힌 프로젝션^{simple Spring closed projection}을 사용하는 것은 어떨까?

```
public interface SimpleBookDto {

    String getTitle();    // book 정보
    String getName();     // author 정보
    String getGenre();    // author 정보
}
```

이번엔 쿼리 빌더 메커니즘이 도움이 되지 않고 다음과 같이 LEFT JOIN을 작성해야 한다.

```
@Repository
@Transactional(readOnly = true)
public interface BookRepository extends JpaRepository<Book, Long> {

    @Query("SELECT b.title AS title, a.name AS name, a.genre AS genre "
        + "FROM Book b LEFT JOIN b.author a")
    List<SimpleBookDto> findByViaQuerySimpleDto();
}
```

결과에 대한 JSON은 다음과 같다.

```
[
    {
        "title":"A History of Ancient Prague",
        "genre":"History",
        "name":"Joana Nimar"
    },
    {
        "title":"A People's History",
        "genre":"History",
        "name":"Joana Nimar"
    },
    ...
]
```

도서와 저자 데이터가 혼재돼 있다. 상황에 따라 이런 종류의 출력이 허용되거나(이 경우와 같이) 허용되지 않을 수 있다. 그럼 얼마나 효율적일까? 다음 트리거된 SQL을 살펴보자.

```
SELECT
    book0_.title AS col_0_0_,
    author1_.name AS col_1_0_,
```

```
        author1_.genre AS col_2_0_
    FROM book book0_
    LEFT OUTER JOIN author author1_
        ON book0_.author_id = author1_.id
```

쿼리는 예상과 같으며 요청된 칼럼만 가져온다. 더욱이 영속성 콘텍스트는 다음과 같이 비어 있다.

```
Total number of managed entities: 0
Total number of collection entries: 0
```

성능 측면에서 이 접근 방법은 중첩된 스프링 프로젝션보다 낫다. SQL은 요청된 칼럼만 가져오고 영속성 콘텍스트는 건너뛴다. 단점은 부모-자식 엔터티의 트리 구조를 유지하지 않는 데이터 표현(raw 데이터)에 있다. 어떤 경우에는 문제가 되지 않지만 다른 경우는 문제가 될 수 있다. 데이터 처리를 통해 필요에 따라 재구성(서버 또는 클라이언트 측)돼야 한다. 추가 처리가 필요하지 않으면 다음과 같이 프로젝션을 삭제하고 List<Object[]>을 반환할 수도 있다.

```
@Query("SELECT b.title AS title, a.name AS name, a.genre AS genre "
        + "FROM Book b LEFT JOIN b.author a")
List<Object[]> findByViaQueryArrayOfObjects();
```

단순 열린 프로젝션 사용

데이터 구조(부모-자식 엔터티의 트리 구조) 유지에 신경 쓰지 않는다면 단순 스프링 닫힌 프로젝션을 사용하는 것은 괜찮다. 그렇지 않으면 단순 스프링 열린 프로젝션을 활용해야 한다. 항목 27에서 열린 프로젝션을 사용하면 도메인 모델에 없으면서 런타임에 처리되는 반환을 갖는 메서드 정의가 가능하다는 점을 기억하자. 즉, 기본적으로 열린 프로젝션은 virtual 속성을 지원한다.

이번엔 다음과 같이 스프링 열린 프로젝션을 작성해보자.

```
public interface VirtualBookDto {

    String getTitle(); // book 정보

    @Value("#{@authorMapper.buildAuthorDto(target.name, target.genre)}")
    AuthorClassDto getAuthor();
}
```

강조 표시된 SpEL 표현식은 AuthorMapper 빈[bean]을 참조해 buildAuthorDto() 메서드를 호출하고 프로젝션 name과 genre를 파라미터로 전달한다. 따라서 런타임 시 저자의 name과 genre를 사용해 다음과 같은 AuthorClassDto 인스턴스를 생성한다.

```
public class AuthorClassDto {

    private String genre;
    private String name;

    // 간결함을 위해 getter/setter, equals(), hashCode() 생략
```

이 작업은 다음과 같은 AuthorMapper라는 도우미 클래스에 의해 수행된다.

```
@Component
public class AuthorMapper {

    public AuthorClassDto buildAuthorDto(String genre, String name) {
        AuthorClassDto authorClassDto = new AuthorClassDto();
        authorClassDto.setName(name);
        authorClassDto.setGenre(genre);

        return authorClassDto;
    }
```

```
    }
```

이 구현은 얼마나 효율적일까? 노력에 대한 가치가 있을까? 트리거된 SQL은 다음과 같은 JPQL로부터 생성된다.

```
@Repository
@Transactional(readOnly = true)
public interface BookRepository extends JpaRepository<Book, Long> {

    @Query("SELECT b.title AS title, a.name AS name, a.genre AS genre "
            + "FROM Book b LEFT JOIN b.author a")
    List<VirtualBookDto> findByViaQueryVirtualDto();
}
```

SQL은 다음처럼 예상과 같다.

```
SELECT
    book0_.title AS col_0_0_,
    author1_.name AS col_1_0_,
    author1_.genre AS col_2_0_
FROM book book0_
LEFT OUTER JOIN author author1_
    ON book0_.author_id = author1_.id
```

영속성 콘텍스트도 다음과 같이 변경되지 않았다.

```
Total number of managed entities: 0
Total number of collection entries: 0
```

JSON은 다음과 같이 데이터 구조를 유지한다.

```
[
    {
        "title":"A History of Ancient Prague",
        "author":{
            "genre":"Joana Nimar",
            "name":"History"
        }
    },
    {
        "title":"A People's History",
        "author":{
            "genre":"Joana Nimar",
            "name":"History"
        }
    },
    ...
]
```

이전 접근 방식보다 약간 더 많은 작업이 필요하지만 단순 스프링 열린 프로젝션 활용은 데이터 구조를 유지한다. 그러나 안타깝게도 그림 3-5에서 볼 수 있듯이 이 접근 방법은 시간 성능 경향이 더 나쁘다.

그림 3-5에 표시된 시간-성능 추이 그래프는 4가지 접근 방식에 대해 각각 5권의 도서를 갖는 100명, 500명, 1,000명 저자에 대해 일대일로 비교한 것이다. 원시 데이터를 가져오는 것이 가장 빠른 방법인 반면 열린 프로젝션을 사용하는 것이 가장 느린 것 같다.

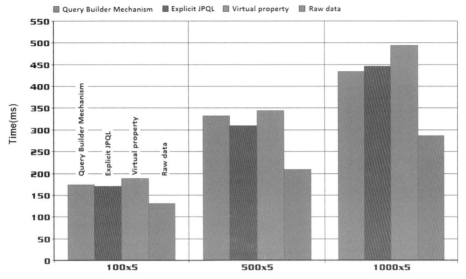

그림 3-5. DTO로 @ManyToOne 연관관계 가져오기

그림 3-5의 시간-성능 추이 그래프는 인텔[Intel] i7, 2.10Ghz 및 6GM RAM을 가진 윈도우 7 시스템에서 MySQL을 통해 얻어졌으며, 애플리케이션과 MySQL은 동일한 시스템에서 실행됐다.

전체 코드는 깃허브[30]에서 확인할 수 있다.

항목 29: 연관된 컬렉션을 포함하는 스프링 프로젝션 주의 사항

Author와 Book이 양방향 지연 @OneToMany 연관관계를 갖는다고 가정해보자. 각 저자의 name 및 genre와 함께 연관관계의 도서 title도 가져오려 한다. 저자와 도서 테이블의 부분 칼럼 집합을 포함하는 읽기 전용 결과 세트가 필요하므로 스프링 프로젝션(DTO)을 사용해보자.

그림 3-6에 나타난 데이터 스냅숏을 활용한다.

---

30. HibernateSpringBootNestedVsVirtualProjection

author					book			
id	age	genre	name		id	isbn	title	author_id
1	23	Anthology	Mark Janel		1	001-JN	A History of Ancient Prague	4
2	43	Horror	Olivia Goy		2	002-JN	A People's History	4
3	51	Anthology	Quartis Young		3	003-JN	History Now	4
4	34	History	Joana Nimar		4	001-MJ	The Beatles Anthology	1
					5	001-OG	Carrie	2
					6	002-OG	Nightmare Of A Day	2

그림 3-6. 데이터 스냅숏

중첩된 닫힌 프로젝션 사용

도서 title은 book 테이블에서 가져오고 저자 name과 genre는 author 테이블에서 가져온다. 이는 다음과 같이 인터페이스 기반 중첩된 스프링 닫힌 프로젝션으로 작성할 수 있음을 의미한다(이 방법은 단순성 때문에 매우 유혹적이다).

```
public interface AuthorDto {

    String getName();
    String getGenre();
    List<BookDto> getBooks();

    interface BookDto {
        String getTitle();
    }
}
```

도서 제목은 List<BookDto>로 매핑되기에 AuthorDto#getBooks()를 호출하면 도서 제목만을 포함하는 List<BookDto>가 반환돼야 한다.

쿼리 빌더 메커니즘 사용

구현 측면에서 프로젝션을 가져오는 가장 손쉬운 방법은 다음과 같이 쿼리 빌더 메커니즘을 활용하는 것이다.

```
@Repository
@Transactional(readOnly = true)
public interface AuthorRepository extends JpaRepository<Author, Long> {

    List<AuthorDto> findBy();
}
```

이 방법이 잘 동작할까? 결과를 JSON 표현으로 보면 다음과 같다(REST 컨트롤러 엔드포인트에 의해 조회된다고 가정해보자).

```
[
    {
        "genre":"Anthology",
        "books":[
            {
                "title":"The Beatles Anthology"
            }
        ],
        "name":"Mark Janel"
    },
    {
        "genre":"Horror",
        "books":[
            {
                "title":"Carrie"
            },
            {
                "title":"Nightmare Of A Day"
            }
        ],
        "name":"Olivia Goy"
    },
    {
        "genre":"Anthology",
```

```json
        "books":[
        ],
        "name":"Quartis Young"
    },
    {
        "genre":"History",
        "books":[
            {
                "title":"A History of Ancient Prague"
            },
            {
                "title":"A People's History"
            },
            {
                "title":"History Now"
            }
        ],
        "name":"Joana Nimar"
    }
]
```

결과는 완벽해 보인다. 스프링 프로젝션과 쿼리 빌더 메커니즘을 통해 생성된 쿼리로 읽기 전용 결과 세트를 가져왔다. 그러면 효율적일까? 하나의 SELECT 쿼리만 실행될까? 또는 영속성 콘텍스트를 우회할 수 있었을까? 그렇지 않다.

트리거된 SQL 쿼리를 확인하면 다음과 같다.

```sql
SELECT
    author0_.id AS id1_0_,
    author0_.age AS age2_0_,
    author0_.genre AS genre3_0_,
    author0_.name AS name4_0_
FROM author author0_
```

```
-- 각 author에 대해 추가적인 SELECT 존재
SELECT
    books0_.author_id AS author_i4_1_0_,
    books0_.id AS id1_1_0_,
    books0_.id AS id1_1_1_,
    books0_.author_id AS author_i4_1_1_,
    books0_.isbn AS isbn2_1_1_,
    books0_.title AS title3_1_1_
FROM book books0_
WHERE books0_.author_id = ?
```

이 방법은 5개의 SELECT문을 트리거한다. N+1 문제가 명백하다. Author와 Book 사이 연관관계
는 지연 방식이고, 스프링은 요청된 데이터를 가져오기 위해 저자와 연관된 도서를 엔터티로 가져
와야 한다. 이는 영속성 콘텍스트 내용에서도 확인된다.

영속성 콘텍스트에는 READ_ONLY이고 하이드레이티드 상태가 아닌 10개의 엔터
티(그중 4개는 컬렉션 항목)가 포함돼 있다.

영속성 콘텍스트 내용은 다음과 같다.

```
Total number of managed entities: 10
Total number of collection entries: 4

EntityKey[com.bookstore.entity.Book#1]:
    Book{id=1, title=A History of Ancient Prague, isbn=001-JN}
EntityKey[com.bookstore.entity.Book#3]:
    Book{id=3, title=History Now, isbn=003-JN}
EntityKey[com.bookstore.entity.Book#2]:
    Book{id=2, title=A People's History, isbn=002-JN}
EntityKey[com.bookstore.entity.Book#5]:
    Book{id=5, title=Carrie, isbn=001-OG}
EntityKey[com.bookstore.entity.Book#4]:
```

```
        Book{id=4, title=The Beatles Anthology, isbn=001-MJ}
EntityKey[com.bookstore.entity.Book#6]:
        Book{id=6, title=Nightmare Of A Day, isbn=002-OG}

EntityKey[com.bookstore.entity.Author#1]:
        Author{id=1, name=Mark Janel, genre=Anthology, age=23}
EntityKey[com.bookstore.entity.Author#2]:
        Author{id=2, name=Olivia Goy, genre=Horror, age=43}
EntityKey[com.bookstore.entity.Author#3]:
        Author{id=3, name=Quartis Young, genre=Anthology, age=51}
EntityKey[com.bookstore.entity.Author#4]:
        Author{id=4, name=Joana Nimar, genre=History, age=34}
```

N+1 문제 외에 영속성 컨텍스트도 바이패스되지 않는다. 따라서 이 접근 방식은 매우 좋지 않으며 지양돼야 한다.

명시적 JPQL 사용

다음과 같이 쿼리 빌더 메커니즘을 제거하고 명시적 JPQL을 사용하면 상황을 조금 완화할 수 있다.

```
@Repository
@Transactional(readOnly = true)
public interface AuthorRepository extends JpaRepository<Author, Long> {

    @Query("SELECT a.name AS name, a.genre AS genre, b AS books "
            + "FROM Author a INNER JOIN a.books b")
    List<AuthorDto> findByViaQuery();
}
```

이번엔 트리거된 하나의 SELECT만 있다. JPQL에 따라 도서의 제목뿐만 아니라 다음과 같이 전체가 로드된다.

```
SELECT
    author0_.name AS col_0_0_,
    author0_.genre AS col_1_0_,
    books1_.id AS col_2_0_,
    books1_.id AS id1_1_,
    books1_.author_id AS author_i4_1_,
    books1_.isbn AS isbn2_1_,
    books1_.title AS title3_1_
FROM author author0_
INNER JOIN book books1_
    ON author0_.id = books1_.author_id
```

더욱이 영속성 콘텍스트는 READ_ONLY 상태의 Book 타입을 갖는 6개 엔터티(컬렉션 항목 없음)를 포함하며 하이드레이티드 상태가 아니다(이번엔 영속성 콘텍스트에 더 적은 데이터가 로드된다).

영속성 콘텍스트 내용은 다음과 같다.

```
Total number of managed entities: 6
Total number of collection entries: 0

EntityKey[com.bookstore.entity.Book#3]:
    Book{id=3, title=History Now, isbn=003-JN}
EntityKey[com.bookstore.entity.Book#2]:
    Book{id=2, title=A People's History, isbn=002-JN}
EntityKey[com.bookstore.entity.Book#5]:
    Book{id=5, title=Carrie, isbn=001-OG}
EntityKey[com.bookstore.entity.Book#4]:
    Book{id=4, title=The Beatles Anthology, isbn=001-MJ}
EntityKey[com.bookstore.entity.Book#6]:
    Book{id=6, title=Nightmare Of A Day, isbn=002-OG}
EntityKey[com.bookstore.entity.Book#1]:
    Book{id=1, title=A History of Ancient Prague, isbn=001-JN}
```

게다가 데이터 구조(부모–자식 엔터티의 트리 구조)가 손실돼 다음과 같이 각 제목은 자체 List로 래핑된다.

```
[
    {
        "genre":"History",
        "books":[
            {
                "title":"A History of Ancient Prague"
            }
        ],
        "name":"Joana Nimar"
    },
    {
        "genre":"History",
        "books":[
            {
                "title":"A People's History"
            }
        ],
        "name":"Joana Nimar"
    },
    {
        "genre":"History",
        "books":[
            {
                "title":"History Now"
            }
        ],
        "name":"Joana Nimar"
    },
    {
        "genre":"Anthology",
        "books":[
```

```
            {
                "title":"The Beatles Anthology"
            }
        ],
        "name":"Mark Janel"
    },
    ...
]
```

약간의 조정으로 다음과 같이 중첩 프로젝션을 통해 List를 제거할 수 있다.

```
public interface AuthorDto {

    String getName();
    String getGenre();
    BookDto getBooks();

    interface BookDto {
        String getTitle();
    }
}
```

이 방법은 List가 생성되진 않지만 매우 혼란스럽다.

JPA JOIN FETCH 사용

항목 39에서 강조했듯 JOIN FETCH는 단일 SELECT를 사용해 부모 객체와 함께 연관된 컬렉션을 초기화할 수 있는데, 다음과 같은 쿼리로 작성된다.

```
@Repository
@Transactional(readOnly = true)
public interface AuthorRepository extends JpaRepository<Author, Long> {
```

```
    @Query("SELECT a FROM Author a JOIN FETCH a.books")
    Set<AuthorDto> findByJoinFetch();
}
```

이 예제에서는 중복 방지를 위해 List 대신 Set을 사용하고 있다. 이 경우 SQL DISTINCT 절을 추가해도 의미가 없다. ORDER BY 절(예: ORDER BY a.name ASC)을 추가하면 내부적으로 하이버네이트는 LinkedHashSet을 사용하기 때문에 데이터의 순서도 보존된다.

---

findByJoinFetch()를 호출하면 다음과 같은 SELECT가 실행된다(author와 book 사이의 INNER JOIN에 주의).

```
SELECT
    author0_.id AS id1_0_0_,
    books1_.id AS id1_1_1_,
    author0_.age AS age2_0_0_,
    author0_.genre AS genre3_0_0_,
    author0_.name AS name4_0_0_,
    books1_.author_id AS author_i4_1_1_,
    books1_.isbn AS isbn2_1_1_,
    books1_.title AS title3_1_1_,
    books1_.author_id AS author_i4_1_0__,
    books1_.id AS id1_1_0__
FROM author author0_
INNER JOIN book books1_
    ON author0_.id = books1_.author_id
```

이번엔 하나의 SELECT만 실행되는데, SQL을 보면 이름, 장르, 제목뿐만 아니라 저자와 도서 전체가 로드된다. 영속성 콘텍스트를 확인해보자(READ_ONLY이고 하이트레이티드 상태가 아닌 9개 엔터티와 3개의 컬렉션 항목을 갖는다). JOIN FETCH로 엔터티를 가져오면서 @Transactional(readOnly=true)가 지정되면 읽기 전용 엔터티가 되는 것은 놀라운 일이 아니다. 따라서 Set<AuthorDto>는 영속성 콘텍스트를 통해 해당 엔터티를 가져온다. 영속성 콘텍스트 내용은 다음과 같다.

```
Total number of managed entities: 9
Total number of collection entries: 3

EntityKey[com.bookstore.entity.Book#3]:
    Book{id=3, title=History Now, isbn=003-JN}
EntityKey[com.bookstore.entity.Book#2]:
    Book{id=2, title=A People's History, isbn=002-JN}
EntityKey[com.bookstore.entity.Book#5]:
    Book{id=5, title=Carrie, isbn=001-OG}
EntityKey[com.bookstore.entity.Book#4]:
    Book{id=4, title=The Beatles Anthology, isbn=001-MJ}
EntityKey[com.bookstore.entity.Book#6]:
    Book{id=6, title=Nightmare Of A Day, isbn=002-OG}
EntityKey[com.bookstore.entity.Book#1]:
    Book{id=1, title=A History of Ancient Prague, isbn=001-JN}

EntityKey[com.bookstore.entity.Author#1]:
    Author{id=1, name=Mark Janel, genre=Anthology, age=23}
EntityKey[com.bookstore.entity.Author#2]:
    Author{id=2, name=Olivia Goy, genre=Horror, age=43}
EntityKey[com.bookstore.entity.Author#4]:
    Author{id=4, name=Joana Nimar, genre=History, age=34}
```

이번에는 부모-자식 엔터티 트리 구조로 데이터가 보존되고 데이터를 JSON으로 가져오면 다음과 같이 중복 없는 예상 결과를 볼 수 있다.

```
[
    {
        "genre":"Anthology",
        "books":[
            {
```

```
                        "title":"The Beatles Anthology"
                }
            ],
            "name":"Mark Janel"
    },
    {
            "genre":"Horror",
            "books":[
                {
                        "title":"Carrie"
                },
                {
                        "title":"Nightmare Of A Day"
                }
            ],
            "name":"Olivia Goy"
    },
    {
            "genre":"History",
            "books":[
                {
                        "title":"A History of Ancient Prague"
                },
                {
                        "title":"A People's History"
                },
                {
                        "title":"History Now"
                }
            ],
            "name":"Joana Nimar"
    }
]
```

JOIN FETCH는 부모-자식 엔터티 트리 구조를 유지하지만 명시적 JPQL보다 더 많은 불필요한 데이터를 영속성 콘텍스트로 가져온 것을 볼 수 있다. 전체 성능에 미치는 영향 정도는 가져오는 불필요한 데이터양과 영속성 콘텍스트가 삭제된 후 객체를 정리해야 하는 가비지 컬렉터에 부담을 주는 방법에 따라 다르다.

단순 닫힌 프로젝션 사용

중첩된 스프링 프로젝션은 성능이 저하되기 쉽다. 그럼 다음과 같이 단순 스프링 닫힌 프로젝션을 사용하면 어떨까?

```java
public interface SimpleAuthorDto {

    String getName();      // author 정보
    String getGenre();     // author 정보
    String getTitle();     // book 정보
}
```

JPQL은 다음과 같다.

```java
@Repository
@Transactional(readOnly = true)
public interface AuthorRepository extends JpaRepository<Author, Long> {

    @Query("SELECT a.name AS name, a.genre AS genre, b.title AS title "
            + "FROM Author a INNER JOIN a.books b")
    List<SimpleAuthorDto> findByViaQuerySimpleDto();
}
```

이번에는 요청된 데이터만 가져오는 하나의 SQL만 존재한다.

```
SELECT
    author0_.name AS col_0_0_,
    author0_.genre AS col_1_0_,
    books1_.title AS col_2_0_
FROM author author0_
INNER JOIN book books1_
    ON author0_.id = books1_.author_id
```

영속성 콘텍스트도 바이패스되는데, 내용은 다음과 같다.

```
Total number of managed entities: 0
Total number of collection entries: 0
```

그러나 다음 JSON에서 볼 수 있듯 데이터 구조는 완전히 손실됐다(로우 데이터).

```
[
    {
        "genre":"History",
        "title":"A History of Ancient Prague",
        "name":"Joana Nimar"
    },
    {
        "genre":"History",
        "title":"A People's History",
        "name":"Joana Nimar"
    },
    {
        "genre":"History",
        "title":"History Now",
        "name":"Joana Nimar"
    },
    ...
```

```
        ]
```

이 방식은 필요한 데이터만 가져오고 영속성 콘텍스트 처리를 포함하진 않지만 데이터 표현 수준에서 중대한 문제가 있다. 어떤 경우는 문제가 되지 않지만 다른 경우엔 문제가 된다. 필요에 따라데이터 구성을 위한 별도 데이터 처리가 필요할 수 있다(서버 측 또는 클라이언트 측에서). 추가처리가 필요하지 않다면 다음과 같이 프로젝션을 없애고 List<Object[]>를 반환할 수도 있다.

```
@Query("SELECT a.name AS name, a.genre AS genre, b.title AS title "
        + "FROM Author a INNER JOIN a.books b")
List<Object[]> findByViaArrayOfObjects();
```

DTO에서 List〈Object[]〉 변환

List<Object[]>를 가져와 다음과 같이 별도 변환 처리를 통해 DTO로 변경할수 있다.

```
@Component
public class AuthorTransformer {

    public List<AuthorDto> transform(List<Object[]> rs) {

        final Map<Long, AuthorDto> authorsDtoMap = new HashMap<>();

        for (Object[] o : rs) {

            Long authorId = ((Number) o[0]).longValue();

            AuthorDto authorDto = authorsDtoMap.get(authorId);
            if (authorDto == null) {
                authorDto = new AuthorDto();
                authorDto.setId(((Number) o[0]).longValue());
                authorDto.setName((String) o[1]);
```

```
                authorDto.setGenre((String) o[2]);
            }

            BookDto bookDto = new BookDto();
            bookDto.setId(((Number) o[3]).longValue());
            bookDto.setTitle((String) o[4]);

            authorDto.addBook(bookDto);
            authorsDtoMap.putIfAbsent(authorDto.getId(), authorDto);
        }

        return new ArrayList<>(authorsDtoMap.values());
    }
}
```

AutorDto와 BookDto는 다음과 같이 정의된 간단한 POJO다.

```
public class AuthorDto implements Serializable {

    private static final long serialVersionUID = 1L;

    private Long authorId;
    private String name;
    private String genre;

    private List<BookDto> books = new ArrayList<>();

    // 간결함을 위해 constructors, getter/setter 생략
}
```

```
public class BookDto implements Serializable {

    private static final long serialVersionUID = 1L;

    private Long bookId;
    private String title;

    // 간결함을 위해 constructors, getter/setter 생략
```

```
    }
```

간단한 변환 처리를 작성하고자 실행된 쿼리는 저자와 도서의 ID도 가져온다.
실행된 쿼리는 다음과 같다.

```
@Repository
@Transactional(readOnly = true)
public interface AuthorRepository extends JpaRepository<Author, Long> {

    @Query("SELECT a.id AS authorId, a.name AS name, a.genre AS genre, "
            + "b.id AS bookId, b.title AS title FROM Author a "
            + "INNER JOIN a.books b")
        List<Object[]> findByViaArrayOfObjectsWithIds();
}
```

서비스 메서드는 쿼리를 실행하고 다음과 같이 변환 처리가 적용된다.

```
List<Object[]> authors = authorRepository.findByViaArrayOfObjectsWithIds();
List< AuthorDto> authorsDto = authorTransformer.transform(authors);
```

이번에는 요청된 데이터만 가져오는 하나의 SELECT만 있다.

```
SELECT
    author0_.id AS col_0_0_,
    author0_.name AS col_1_0_,
    author0_.genre AS col_2_0_,
    books1_.id AS col_3_0_,
    books1_.title AS col_4_0_
FROM author author0_
INNER JOIN book books1_
    ON author0_.id = books1_.author_id
```

영속성 콘텍스트는 바이패스돼 내용은 다음과 같다.

```
Total number of managed entities: 0
Total number of collection entries: 0
```

DTO의 JSON 표현은 다음과 같이 문제가 없어 보인다.

```json
[
    {
        "name":"Mark Janel",
        "genre":"Anthology",
        "books":[
            {
                "title":"The Beatles Anthology",
                "id":4
            }
        ],
        "id":1
    },
    {
        "name":"Olivia Goy",
        "genre":"Horror",
        "books":[
            {
                "title":"Carrie",
                "id":5
            },
            {
                "title":"Nightmare Of A Day",
                "id":6
            }
        ],
        "id":2
```

```
        },
        {
            "name":"Joana Nimar",
            "genre":"History",
            "books":[
                {
                    "title":"A History of Ancient Prague",
                    "id":1
                },
                {
                    "title":"A People's History",
                    "id":2
                },
                {
                    "title":"History Now",
                    "id":3
                }
            ],
            "id":4
        }
    ]
```

그림 3-7은 100명, 500명, 1,000명 저자에 대해 각각 5권의 도서를 갖고 지금까지의 6가지 접근 방식을 일대일로 비교한 것이다. 예상대로 쿼리 메커니즘과 중첩 프로젝션은 시간 성능 경향이 더 나쁘다. 명시적 JPQL과 JOIN FETCH 실행 시간은 거의 비슷하지만 JOIN FETCH는 명시적 JPQL보다 더 많은 불필요 데이터를 가져온다. 마지막으로 DTO에서 변환된 로우 프로젝션(List<Object[]> 및 List<Object[]>)의 실행 시간은 거의 같다. 따라서 필요한 데이터만 가져오면서 데이터 구조(부모-자식 엔터티 트리 구조)를 유지하기 위한 가장 손쉬운 방법은 List<Object[]>을 별도 변환 처리하는 것이다.

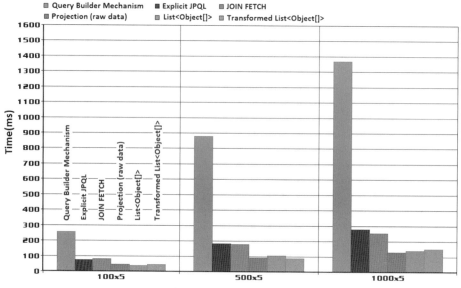

그림 3-7. 연관된 컬렉션 가져오기

그림 3-7의 시간-성능 추이 그래프는 인텔 i7, 2.10Ghz 및 6GM RAM을 가진 윈도우 7 시스템에서 MySQL을 통해 얻어졌으며, 애플리케이션과 MySQL은 동일한 시스템에서 실행됐다.

전체 코드는 깃허브[31]에서 확인할 수 있다.

항목 30: 스프링 프로젝션을 통한 모든 속성 가져오는 방법

Author 엔터티가 id, age, genre, name의 4개 속성을 갖는다고 가정해보자. 데이터 스냅숏은 그림 3-8과 같다.

---

31. HibernateSpringBootProjectionAndCollections

author

id	age	genre	name
1	23	Anthology	Mark Janel
2	43	Horror	Olivia Goy
3	51	Anthology	Quartis Young
4	34	History	Joana Nimar
5	33	History	Marin Kyrab

그림 3-8. 데이터 스냅숏

이미 인터페이스/클래스 기반 스프링 닫힌 프로젝션(예: name과 age만 가져오기)을 통해 속성의 일부만 읽기 전용 결과 세트로 가져오는 것이 매우 간단하다는 것을 알 수 있다.

그러나 때론 모든 엔터티 속성(엔터티를 미러링하는 DTO)을 포함하는 읽기 전용 결과 세트가 필요할 수 있다. 이 절에서는 읽기 전용 엔터티와 스프링 프로젝션을 기반으로 하는 여러 접근 방법을 설명하고 성능 관점에서 장단점을 확인한다.

Author의 모든 속성이 필요하므로 내장된 findAll() 메서드를 통해 결과 세트를 엔터티로 가져오는 읽기 전용 쿼리를 다음과 같이 쉽게 트리거할 수 있다.

```
List<Author> authors = authorRepository.findAll();
```

내장 findAll()에는 @Transactional(readOnly=true) 어노테이션이 지정돼 있어 영속성 콘텍스트는 읽기 전용 모드로 Author를 가져온다.

영속성 콘텍스트의 내용은 다음과 같다.

```
Total number of managed entities: 5

EntityKey[com.bookstore.entity.Author#1]:
    Author{id=1, name=Mark Janel, genre=Anthology, age=23}
EntityKey[com.bookstore.entity.Author#2]:
    Author{id=2, name=Olivia Goy, genre=Horror, age=43}
```

```
EntityKey[com.bookstore.entity.Author#3]:
    Author{id=3, name=Quartis Young, genre=Anthology, age=51}
EntityKey[com.bookstore.entity.Author#4]:
    Author{id=4, name=Joana Nimar, genre=History, age=34}
EntityKey[com.bookstore.entity.Author#5]:
    Author{id=5, name=Marin Kyrab, genre=History, age=33}

Entity name: com.bookstore.entity.Author | Status: READ_ONLY | State: null
Entity name: com.bookstore.entity.Author | Status: READ_ONLY | State: null
Entity name: com.bookstore.entity.Author | Status: READ_ONLY | State: null
Entity name: com.bookstore.entity.Author | Status: READ_ONLY | State: null
Entity name: com.bookstore.entity.Author | Status: READ_ONLY | State: null
```

읽기 전용 모드는 하이버네이트에게 하이드레이티드 상태를 제거하게 할 뿐만 아니라 자동 플러시 처리나 더티 체킹이 없다. 이 절의 마지막 부분에서 앞서 다룬 다른 방법들과 직접 비교해보자.

지금은 엔터티를 미러링하고 영속성 콘텍스트를 우회하는 DTO가 아니라 읽기 전용 엔터티라는 점에 주의하다. 읽기 전용 엔터티의 의미는 현재 또는 이후 요청의 특정 시점에 수정될 수 있다는 것이다(**항목 22** 참고). 그렇지 않으면 프로젝션(DTO)을 사용할 수 있다.

이제 스프링 프로젝션과 다양한 쿼리 유형을 확인해보자. 우선 관련 게터를 포함하는 인터페이스 기반 스프링 닫힌 프로젝션부터 시작해보자.

```java
public interface AuthorDto {

    Long getId();
    int getAge();
    String getName();
    String getGenre();
}
```

이제 다양한 쿼리 유형에 초점을 맞춰보자.

쿼리 빌더 메커니즘 사용

간단한 쿼리는 다음과 같이 작성할 수 있다.

```
@Repository
@Transactional(readOnly = true)
public interface AuthorRepository extends JpaRepository<Author, Long> {

    List<AuthorDto> findBy();
}
```

findBy()를 호출하면 다음 SELECT문이 트리거된다.

```
SELECT
    author0_.id AS col_0_0_,
    author0_.age AS col_1_0_,
    author0_.name AS col_2_0_,
    author0_.genre AS col_3_0_
FROM author author0_
```

영속성 콘텍스트는 그대로 유지되며 내용은 다음과 같다.

```
Total number of managed entities: 0
```

이 방법은 구현하기도 쉽고 매우 효율적이다. 참고로 List<AuthorDto> 대신 List<Object[]>를 반환하는 것은 영속성 콘텍스트에 데이터를 로드하기 때문에 효율적이지 않다.

JPQL 및 @Query 사용

적절하지 못한 방법은 다음과 같이 @Query와 JPQL을 사용하는 것이다.

```
@Repository
@Transactional(readOnly = true)
public interface AuthorRepository extends JpaRepository<Author, Long> {

    @Query("SELECT a FROM Author a")
    List<AuthorDto> fetchAsDto();
}
```

fetchAsDto()를 호출하면 다음 SELECT문이 실행된다.

```
SELECT
    author0_.id AS id1_0_,
    author0_.age AS age2_0_,
    author0_.genre AS genre3_0_,
    author0_.name AS name4_0_
FROM author author0_
```

이 SELECT는 이전 방법에서 트리거된 것과 정확히 동일하지만 영속성 콘텍스트
가 비어 있지 않다. READ_ONLY 상태와 null 로드 상태의 5개 항목이 포함돼 있다.
영속성 콘텍스트의 내용은 다음과 같다.

```
Total number of managed entities: 5

EntityKey[com.bookstore.entity.Author#1]:
    Author{id=1, name=Mark Janel, genre=Anthology, age=23}
EntityKey[com.bookstore.entity.Author#2]:
    Author{id=2, name=Olivia Goy, genre=Horror, age=43}
EntityKey[com.bookstore.entity.Author#3]:
```

```
        Author{id=3, name=Quartis Young, genre=Anthology, age=51}
EntityKey[com.bookstore.entity.Author#4]:
        Author{id=4, name=Joana Nimar, genre=History, age=34}
EntityKey[com.bookstore.entity.Author#5]:
        Author{id=5, name=Marin Kyrab, genre=History, age=33}
```

이번엔 데이터가 읽기 전용 엔터티 경우와 같이 영속성 콘텍스트에 로드뿐만 아니라 스프링이 AuthorDto 리스트도 생성해야 한다.

참고로 결과 세트를 List<AuthorDto> 대신 List<Object[]>로 가져와도 동일하게 동작된다.

명시적 칼럼 목록 및 @Query와 함께 JPQL 사용

다음과 같이 가져올 칼럼을 명시적으로 나열해 JPQL과 @Query를 함께 사용할 수 있다.

```
@Repository
@Transactional(readOnly = true)
public interface AuthorRepository extends JpaRepository<Author, Long> {

    @Query("SELECT a.id AS id, a.age AS age, a.name AS name,
            a.genre AS genre FROM Author a")
    List<AuthorDto> fetchAsDtoColumns();
}
```

실행된 SQL은 효율적이고 매우 명확하다.

```
SELECT
    author0_.id AS col_0_0_,
    author0_.age AS col_1_0_,
```

```
        author0_.name AS col_2_0_,
        author0_.genre AS col_3_0_
    FROM author author0_
```

아울러 영속성 콘텍스트는 그대로 유지되며 다음과 같은 내용을 갖는다.

```
    Total number of managed entities: 0
```

이 방식은 매우 효율적이다. @Query와 JPQL을 사용하는 경우 JPQL 작성 방법에 주의해야 하며, 가져올 칼럼을 명시적으로 지정하면 영속성 콘텍스트에 데이터를 로드해 발생되는 성능 저하를 제거할 수 있다.

참고로 결과 세트를 List<AuthorDto> 대신 List<Object[]>로 가져와도 동일하게 동작한다.

네이티브 쿼리와 @Query 사용

다음과 같이 @Query와 네이티브 쿼리를 사용할 수 있다.

```
    @Repository
    @Transactional(readOnly = true)
    public interface AuthorRepository extends JpaRepository<Author, Long> {

        @Query(value = "SELECT id, age, name, genre FROM author",
                nativeQuery = true)
        List<AuthorDto> fetchAsDtoNative();
    }
```

네이티브 쿼리라 트리거된 SQL은 다음과 같이 명확하다.

```
SELECT
    id,
    age,
    name,
    genre
FROM author
```

영속성 콘텍스트는 그대로 유지되며 내용은 다음과 같다.

```
Total number of managed entities: 0
```

그림 3-9에서 볼 수 있듯 이 접근 방식은 다른 방법보다 덜 효율적이다.

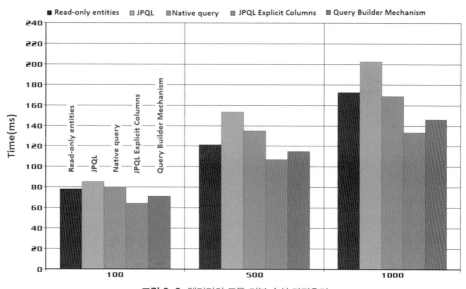

그림 3-9. 엔터티의 모든 기본 속성 가져오기

그림 3-9는 100명, 500명, 1,000명의 저자에 대해 여러 접근 방식을 일대일로
비교한 시간-성능 추이 그래픽을 보여준다. 명시적인 칼럼 목록이 있는 JPQL과

쿼리 빌더 메커니즘이 가장 빠른 방법인 것 같다.

그림 3-9의 시간-성능 추이 그래프는 인텔 i7, 2.10Ghz 및 6GM RAM을 가진 윈도우 7 시스템에서 MySQL을 통해 얻어졌으며, 애플리케이션과 MySQL은 동일한 시스템에서 실행됐다.

전체 코드는 깃허브[32]에서 확인할 수 있다.

항목 31: 생성자 표현식을 통해 DTO를 가져오는 방법

애플리케이션에 다음과 같은 Author 엔터티를 포함한다고 가정해보자. 이 엔터티는 저자 프로필을 매핑한다.

```java
@Entity
public class Author implements Serializable {

    private static final long serialVersionUID = 1L;

    @Id
    @GeneratedValue(strategy = GenerationType.IDENTITY)
    private Long id;

    private int age;
    private String name;
    private String genre;

    // 간결함을 위해 getter/setter 생략
}
```

동일한 genre를 갖는 모든 저자의 name과 age를 가져오고자 애플리케이션은 생성자와 인자를 갖는 DTO를 활용한다.

첫 번째 단계는 DTO 클래스 작성으로 구성되는데, 이 클래스에는 데이터베이

---

32. HibernateSpringBootJoinDtoAllFields

스에서 가져와야 하는 엔터티 속성을 매핑하는 인스턴스 변수, 해당 변수를 초기화하기 위한 인자가 있는 생성자, 해당 속성의 게터(세터는 필요 없음)를 포함한다. 다음 AuthorDto는 name과 age를 가져오기 위한 것이다.

```java
public class AuthorDto implements Serializable {

    private static final long serialVersionUID = 1L;

    private final String name;
    private final int age;

    public AuthorDto(String name, int age) {
        this.name = name;
        this.age = age;
    }

    public String getName() {
        return name;
    }

    public int getAge() {
        return age;
    }
}
```

두 번째 단계는 일반적인 스프링 리포지터리를 작성하는 것이다. 필요한 SQL은 스프링 데이터 쿼리 빌더 메커니즘을 통해 생성되고 결과 세트는 List<AuthorDto>에 매핑된다.

```java
@Repository
@Transactional(readOnly = true)
public interface AuthorRepository extends JpaRepository<Author, Long> {

    List<AuthorDto> findByGenre(String genre);
}
```

findByGenre()를 호출하면 다음 SQL이 트리거된다.

```
SELECT
    author0_.name AS col_0_0_,
    author0_.age AS col_1_0_
FROM
    author author0_
WHERE
    author0_.genre = ?
```

결과를 표시하는 것은 다음과 같이 매우 간단하다.

```
List<AuthorDto> authors = bookstoreService.fetchByGenre();
for (AuthorDto author : authors) {
    System.out.println("Author name: " + author.getName()
                            + " | Age: " + author.getAge());
}
```

출력의 예는 다음과 같다.

```
Author name: Mark Janel | Age: 23
Author name: Quartis Young | Age: 51
Author name: Alicia Tom | Age: 38
...
```

소스코드는 깃허브[33]에서 확인할 수 있다.

스프링 데이터 쿼리 빌더 메커니즘은 훌륭하지만 몇 가지 제한 사항이 있다. 이 메커니즘이 선호되지 않거나 간단히 적용할 수 없는 경우 JPQL도 사용할 수 있다. JPQL에서 SELECT 절 안에 생성자를 사용해 엔터티가 아닌 자바 객체

---

33. HibernateSpringBootDtoConstructor

인스턴스를 반환할 수 있는데, 이를 생성자 표현식^{Constructor Expression}이라 한다.

```
@Repository
@Transactional(readOnly = true)
public interface AuthorRepository extends JpaRepository<Author, Long> {

    @Query(value = "SELECT new com.bookstore.dto.AuthorDto(a.name, a.age)
            FROM Author a")
    List<AuthorDto> fetchAuthors();
}
```

하이버네이트 6은 다른 셀렉트(select) 표현식과 혼재된 생성자 표현식을 지원한다(HHH-9877[34]).
하이버네이트 6의 장점에 대한 자세한 내용은 부록 K를 참고하자.

---

fetchAuthors()를 호출하면 다음 SQL이 트리거된다.

```
SELECT
    author0_.name AS col_0_0_,
    author0_.age AS col_1_0_
FROM author author0_
```

결과를 표시하는 것은 다음과 같이 매우 간단하다.

```
List<AuthorDto> authors = bookstoreService.fetchAuthors();

for (AuthorDto author : authors) {
    System.out.println("Author name: " + author.getName()
                        + " | Age: " + author.getAge());
}
```

---

34. https://hibernate.atlassian.net/browse/HHH-9877

출력의 예는 다음과 같다.

```
Author name: Mark Janel | Age: 23
Author name: Olivia Goy | Age: 43
Author name: Quartis Young | Age: 51
...
```

소스코드는 깃허브[35]에서 확인할 수 있다.

(어떤 이유로든) EntityManager를 사용해야 하는 경우 다음 예제를 참고하자.

```
Query query = entityManager.createQuery(
    "SELECT new com.bookstore.dto.AuthorDto(a.name, a.age) " +
    "FROM Author a", AuthorDto.class);

List<AuthorDto> authors = query.getResultList();
```

항목 32: 생성자 표현식을 통해 DTO에서 엔터티를 가져오지 말아야 하는 이유

Author와 Book이라는 두 엔터티를 생각해보자. 이들 사이에 구체화된 연관관계는 없지만 두 엔터티 모두 genre라는 속성을 공유한다. 그림 3-10을 참고하자.

---

35. HibernateSpringBootDtoConstructorExpression

그림 3-10. 구체화된 연관관계 없음

공통 속성을 사용해 Author와 Book에 해당하는 테이블을 조인하고 DTO에서 결과를 가져오려 한다. 그리고 결과에는 Author 엔터티와 Book의 제목 속성만 포함한다.

항목 26에서 이 시나리오를 이미 해결했지만 DTO와 생성자 표현식을 통해서도 처리해보자. 그럼에도 관련 성능 저하로 인해 이 방법을 피해야 하다는 것은 명확한 사실이다.

다음과 같이 생성자 표현식과 함께 사용되는 기존 DTO 구현을 고려해보자.

```java
public class BookstoreDto implements Serializable {

    private static final long serialVersionUID = 1L;

    private final Author author;
    private final String title;

    public BookstoreDto(Author author, String title) {
        this.author = author;
        this.title = title;
    }

    public Author getAuthor() {
        return author;
    }

    public String getTitle() {
        return title;
```

```
        }
    }
```

이 DTO를 가져오는 데 사용되는 JPQL은 다음 리포지터리에 작성된다.

```
@Repository
@Transactional(readOnly = true)
public interface AuthorRepository extends JpaRepository<Author, Long> {

    @Query("SELECT new com.bookstore.dto.BookstoreDto(a, b.title)"
            + "FROM Author a JOIN Book b ON a.genre=b.genre ORDER BY a.id")
    List<BookstoreDto> fetchAll();
}
```

fetchAll() 메서드를 호출하면 하나의 SELECT로 데이터를 가져올 수 없다는 것을 확인할 수 있다. 각 저자는 추가 SELECT가 필요하기 때문에 N+1 문제가 발생한다.

```
SELECT
    author0_.id AS col_0_0_,
    book1_.title AS col_1_0_
FROM author author0_
INNER JOIN book book1_
    ON (author0_.genre = book1_.genre)
ORDER BY author0_.id

SELECT
    author0_.id AS id1_0_0_,
    author0_.age AS age2_0_0_,
    author0_.genre AS genre3_0_0_,
    author0_.name AS name4_0_0
FROM author author0_
```

```
    WHERE author0_.id = ?
```

소스코드는 깃허브[36]에서 확인할 수 있다.

이 방법은 단일 SELECT로 데이터를 가져올 수 없으며 N+1에 취약하다. 스프링 프로젝션, JPA Tuple 또는 하이버네이트 ResultTransformer를 사용하는 것이 모두 더 나은 접근 방식인데, 하나의 SELECT로 데이터를 가져올 수 있다.

하이버네이트 5.3.9.Final 버전은 여전히 동일한 방식으로 작동되지만 향후 하이버네이트 릴리스 (아마도 하이버네이트 6.0)에선 이 제한이 해결될 것으로 보인다.

항목 33: JPA Tuple을 통해 DTO를 가져오는 방법

애플리케이션에 다음과 같은 Author 엔터티를 포함한다고 가정해보자. 이 엔터티는 저자 프로필을 매핑한다.

```
@Entity
public class Author implements Serializable {

    private static final long serialVersionUID = 1L;

    @Id
    @GeneratedValue(strategy = GenerationType.IDENTITY)
    private Long id;

    private int age;
    private String name;
    private String genre;
```

---

36. HibernateSpringBootAvoidEntityInDtoViaConstructor

```
    // 간결함을 위해 getter/setter 생략
}
```

모든 저자의 name과 age만을 가져오고자 이번에는 DTO와 JPA의 `javax.persistence.Tuple`을 사용한다. 기본적으로 Tuple은 DTO 클래스가 필요하지 않으며 다음과 같은 이유로 데이터를 `Object[]`로 가져오는 것보다 더 편리한 접근 방법이다.

- Tuple은 쿼리에 의해 가져오는 속성의 별칭을 유지한다(예: AS name으로부터 name 을 유지).

- Tuple은 자동으로 값을 캐스팅한다.

- TupleElement는 자바 제네릭^{Generics}을 지원하므로 Object보다 타입 안정성이 높다.

이 3가지 항목으로 Tuple이 스칼라 프로젝션(scalar projection)[37]을 처리하는 가장 좋은 방법이 라 얘기할 수 있다. JPQL, Criteria API, 네이티브 SQL과도 함께 사용할 수 있다.

첫 번째 단계는 일반적인 스프링 리포지터리를 작성하고 자져올 데이터를 `List<Tuple>`에 매핑하는 것이다. 트리거되는 SQL은 JPQL 또는 네이티브 SQL(하이버네이트 ORM 5.2.11부터 지원)을 통해 표현한다. 다음과 같은 JPQL 기반 리포지터리를 확인해보자.

```
@Repository
@Transactional(readOnly = true)
public interface AuthorRepository extends JpaRepository<Author, Long> {
```

---

37. SELECT 절을 통해 조회하는 데이터 타입과 상관없이 여러 개를 가져오는 방법을 나타내는데. 조회되는 데이터 타입을 규정할 수 없는 특징을 갖는다. - 옮긴이

```
    @Query(value = "SELECT a.id AS id, a.name AS name,
            a.age AS age FROM Author a")
    List<Tuple> fetchAuthors();
}
```

fetchAuthors() 메서드를 호출하면 다음과 같은 SQL이 실행된다.

```
SELECT
    author0_.name AS col_0_0_,
    author0_.age AS col_1_0_
FROM author author0_
```

다음은 네이티브 SQL 기반 리포지터리다.

```
@Repository
@Transactional(readOnly = true)
public interface AuthorRepository extends JpaRepository<Author, Long> {

    @Query(value = "SELECT name, age FROM author",
            nativeQuery = true)
    List<Tuple> fetchAuthors();
}
```

fetchAuthors() 메서드를 호출하면 다음 SQL이 트리거된다.

```
SELECT
    name, age
FROM author
```

제공되는 메서드 모음을 통해 Tuple에서 매핑된 데이터를 액세스할 수 있는데, 그중 하나가 Object get(String alias)다. 여기서 alias는 특정 속성의 별칭이다. 예를 들어 가져온 이름과 나이를 다음과 같이 표시할 수 있다_(여기서는 별칭과 속성 이름이 동일하지만 반드시 그럴 필요는 없음).

```
List<Tuple> authors = bookstoreService.fetchAuthors();
for (Tuple author : authors) {
    System.out.println("Author name: " + author.get("name")
                              + " | Age: " + author.get("age"));
}
```

출력의 예는 다음과 같다.

```
Author name: Mark Janel | Age: 23
Author name: Olivia Goy | Age: 43
Author name: Quartis Young | Age: 51
...
```

값에 대한 타입을 다음과 같이 확인할 수도 있다.

```
System.out.println(author.get("name") instanceof String);
System.out.println(author.get("age") instanceof Integer);
```

JPQL을 활용한 소스코드는 깃허브[38]에서 확인할 수 있으며, 네이티브 SQL을 활

---

38. HibernateSpringBootDtoTupleAndJpql

용한 소스코드도 깃허브[39]에서 확인할 수 있다.

(어떤 이유로든) EntityManager를 사용해야 하는 경우 다음 예제를 참고하자.

```
// 네이티브 SQL 사용
Query query = entityManager.createNativeQuery(
        "SELECT name, age FROM author", Tuple.class);
List<Tuple> authors = query.getResultList();

// JPQL 사용
TypedQuery<Tuple> query = entityManager.createQuery(
        "SELECT a.name AS name, a.age AS age FROM Author a", Tuple.class);
List<Tuple> authors = query.getResultList();
```

Criteria API는 CriteriaQuery<Tuple> createTupleQuery()를 제공한다.

항목 34: @SqlResultSetMapping 및 @NamedNativeQuery를 통해 DTO를 가져오는 방법

스프링 부트 애플리케이션에서 네임드 (네이티브) 쿼리를 사용하는 데 익숙하지 않으면 항목 127을 읽을 때까지 이 절을 미루는 것이 좋다.

애플리케이션에 다음과 같은 Author 엔터티를 포함한다고 가정해보자. 이 엔터티는 저자 프로필을 매핑한다.

```
@Entity
public class Author implements Serializable {

    private static final long serialVersionUID = 1L;
```

---

39. HibernateSpringBootDtoTupleAndSql

```
    @Id
    @GeneratedValue(strategy = GenerationType.IDENTITY)
    private Long id;

    private int age;
    private String name;
    private String genre;

    // 간결함을 위해 getter/setter 생략
}
```

이 코드는 JPA @SqlResultSetMapping과 @NamedNativeQuery를 함께 사용하며 스칼라(ColumnResult), 생성자(ConstructorResult), 엔터티(EntityResult) 매핑에 대해 동작한다.

스칼라 매핑

ColumnResult를 통해 모든 칼럼을 스칼라 결과 타입에 매핑할 수 있다. 예를 들어 name 칼럼은 다음과 같이 매핑해보자.

```
@SqlResultSetMapping(
    name = "AuthorsNameMapping",
    columns = {
        @ColumnResult(name = "name")
    }
)
@NamedNativeQuery(
    name = "Author.fetchName",
    query = "SELECT name FROM author",
    resultSetMapping = "AuthorsNameMapping"
)
@Entity
public class Author implements Serializable {
    // ...
```

```
    }
```

스프링 리포지터리는 다음과 같이 @Query 어노테이션을 사용해 네이티브 쿼리임을 지정한다.

```
@Repository
@Transactional(readOnly = true)
public interface AuthorRepository extends JpaRepository<Author, Long> {

    @Query(nativeQuery = true)
    List<String> fetchName();
}
```

생성자 매핑

이번엔 모든 저자의 name과 age만을 가져와야 하는데, @SqlResultSetMapping과 @NamedNativeQuery를 사용해 DTO를 가져오고 ConstructorResult를 활용한다. 이 방법은 생성자 표현식을 사용할 수 없는 네이티브 쿼리에 특히 유용하다.

첫 번째 단계는 Author 엔터티를 @SqlResultSetMapping과 @NamedNativeQuery로 지정해 AuthorDto라는 DTO 클래스로 가져오게 한다.

```
@NamedNativeQuery(
    name = "Author.fetchNameAndAge",
    query = "SELECT name, age FROM author",
    resultSetMapping = "AuthorDtoMapping"
)
@SqlResultSetMapping(
    name = "AuthorDtoMapping",
    classes = @ConstructorResult(
        targetClass = AuthorDto.class,
```

```
        columns = {
            @ColumnResult(name = "name"),
            @ColumnResult(name = "age")
        }
    )
)
@Entity
public class Author implements Serializable {
    // ...
}
```

AuthorDto는 다음과 같이 name과 age를 매핑하는 간단한 클래스다.

```
public class AuthorDto implements Serializable {

    private static final long serialVersionUID = 1L;

    private final String name;
    private final int age;

    public AuthorDto(String name, int age) {
        this.name = name;
        this.age = age;
    }

    public String getName() {
        return name;
    }

    public int getAge() {
        return age;
    }
}
```

스프링 리포지터리는 @Query 어노테이션을 사용해 네이티브 쿼리임을 나타
낸다.

```
@Repository
@Transactional(readOnly = true)
public interface AuthorRepository extends JpaRepository<Author, Long> {

    @Query(nativeQuery = true)
    List<AuthorDto> fetchNameAndAge();
}
```

fetchNameAndAge()를 호출하면 다음과 같은 SQL(@NamedNativeQuery에서 제공된 네이티브 SQL) 이 생성된다.

```
SELECT
    name,
    age
FROM author
```

소스코드는 깃허브[40]에서 확인할 수 있다. {EntityName}.{RepositoryMethodName} 규칙이 아닌 @Query(name="...") 방식을 선호한다면 이 애플리케이션[41]을 확인 하고, orm.xml을 기반으로 하는 XML 접근 방법을 선호하면 이 애플리케이션[42] 이 적합하다.

(어떤 이유로든) EntityManager를 사용해야 하는 경우 이 애플리케이션[43]을 참고하자.

엔터티 매핑

EntityResult를 통해 하나 또는 여러 개의 엔터티를 가져올 수 있다. 전체 애플리케

---

40. HibernateSpringBootDtoSqlResultSetMappingAndNamedNativeQuery2
41. HibernateSpringBootDtoSqlResultSetMappingAndNamedNativeQuery
42. HibernateSpringBootDtoSqlResultSetMappingNamedNativeQueryOrmXml
43. HibernateSpringBootDtoViaSqlResultSetMappingEm

이션은 깃허브[44]에서 확인할 수 있다. 또는 {EntityName}.{RepositoryMethodName} 규칙이 아닌 @Query(name="...") 방식을 선호한다면 이 애플리케이션[45]을 확인 하자.

항목 35: ResultTransformer를 통해 DTO를 가져오는 방법

> 하이버네이트 결과 변환기(result transformer)는 결과 세트 커스터마이징을 위한 가장 강력한 메커니즘 중 하나로, 원하는 방식으로 결과 세트를 변환할 수 있다.

애플리케이션에 다음과 같은 Author 엔터티를 포함한다고 가정해보자. 이 엔터티는 저자 프로필을 매핑한다.

```
@Entity
public class Author implements Serializable {

    private static final long serialVersionUID = 1L;

    @Id
    @GeneratedValue(strategy = GenerationType.IDENTITY)
    private Long id;

    private int age;
    private String name;
    private String genre;

    // 간결함을 위해 getter/setter 생략
}
```

모든 저자의 name과 age만을 가져오고자 이번에는 DTO와 하이버네이트의 ResultTransformer를 사용한다. 이 인터페이스는 쿼리 결과를 애플리케이션 쿼

---

44. HibernateSpringBootDtoSqlResultSetMappingAndNamedNativeQueryEntity2
45. HibernateSpringBootDtoSqlResultSetMappingAndNamedNativeQueryEntity

리 결과 리스트로 변환하는 하이버네이트의 고유 방법이며, JPQL과 네이티브 쿼리와 함께 사용되는 매우 강력한 기능이다.

첫 번째 단계는 DTO 클래스를 정의하는 것이며, ResultTransformer는 생성자를 갖고 세터가 없거나 생성자 없이 세터를 갖는 DTO를 통해 데이터를 가져올 수 있다. 다음과 같이 생성자를 갖고 세터가 없는 DTO를 통해 name과 age를 가져오는 DTO가 필요하다.

```java
public class AuthorDtoNoSetters implements Serializable {

    private static final long serialVersionUID = 1L;

    private final String name;
    private final int age;

    public AuthorDtoNoSetters(String name, int age) {
        this.name = name;
        this.age = age;
    }

    public String getName() {
        return name;
    }

    public int getAge() {
        return age;
    }
}
```

이후 애플리케이션은 AliasToBeanConstructorResultTransformer를 사용하는데, 이와 같은 DTO 종류에 유용하다. 다음과 같이 EntityManager#createQuery()와 unwrap(org.hibernate.query.Query.class) 메서드를 통해 name과 age 속성을 가져오는 JPQL을 작성할 수 있다.

```java
@Repository
public class Dao implements AuthorDao {

    @PersistenceContext
    private EntityManager entityManager;

    @Override
    @Transactional(readOnly = true)
    public List<AuthorDtoNoSetters> fetchAuthorsNoSetters() {

        Query query = entityManager
            .createQuery("SELECT a.name as name, a.age as age FROM Author a")
            .unwrap(org.hibernate.query.Query.class)
            .setResultTransformer(
                new AliasToBeanConstructorResultTransformer(
                    AuthorDtoNoSetters.class.getConstructors()[0]
                )
            );

        List<AuthorDtoNoSetters> authors = query.getResultList();

        return authors;

    }
}
```

ResultTransformer는 세터가 있고 생성자가 없는 DTO로도 데이터를 가져올 수 있는데, 이런 DTO는 다음과 같다.

```java
public class AuthorDtoWithSetters implements Serializable {

    private static final long serialVersionUID = 1L;

    private String name;
    private int age;

    public String getName() {
        return name;
    }
```

```
    public int getAge() {
        return age;
    }

    public void setName(String name) {
        this.name = name;
    }

    public void setAge(int age) {
        this.age = age;
    }

}
```

이번에는 애플리케이션이 Transformers.aliasToBean()을 활용하며, name과 age 속성을 가져오는 쿼리는 다음과 같이 EntityManager#createQuery()와 unwrap(org.hibernate.query.Query.class) 메서드를 사용한다.

```
@Repository
public class Dao implements AuthorDao {

    @PersistenceContext
    private EntityManager entityManager;

    @Override
    @Transactional(readOnly = true)
    public List<AuthorDtoWithSetters> fetchAuthorsWithSetters() {

        Query query = entityManager
            .createQuery("SELECT a.name as name, a.age as age FROM Author a")
            .unwrap(org.hibernate.query.Query.class)
            .setResultTransformer(
                Transformers.aliasToBean(AuthorDtoWithSetters.class)
            );

        List<AuthorDtoWithSetters> authors = query.getResultList();

        return authors;
```

```
        }
    }
```

fetchAuthorsNoSetters() 또는 fetchAuthorsWithSetters()를 호출하면 다음 SQL
이 실행된다.

```
SELECT
    author0_.name AS col_0_0_,
    author0_.age AS col_1_0_
FROM author author0_
```

두 종류의 DTO 모두 게터를 갖고 있어 가져온 데이터를 참조하는 것은 매우
간단하다.

소스코드는 깃허브[46]에서 확인할 수 있다.

JPQL 외에 네이티브 쿼리도 사용할 수 있다. 이 경우 EntityManager.createQuery()와
unwrap(org.hibernate.query.Query.class) 대신 EntityManager.createNativeQuery()를 사
용하면 된다. 이에 대한 전체 예제는 깃허브[47]에서 확인할 수 있다.

하이버네이트 5.2부터 ResultTransformer는 권장되지 않지만(deprecated), 대체될 때까지(하이
버네이트 6.0에서) 사용할 수 있다(추가 자료[48] 확인). ResultTransformer는 TupleTransformer
와 ResultListTransformer로 분리되며(HHH-11104[49]), 하이버네이트 6의 장점에 대한 자세한
내용은 부록 K를 참고하자. 그리고 마이그레이션이 매우 쉽기 때문에 크게 걱정할 필요는 없다.

---

46. HibernateSpringBootDtoResultTransformerJpql
47. HibernateSpringBootDtoResultTransformer
48. https://discourse.hibernate.org/t/hibernate-resulttransformer-is-deprecated-what-to-use-instead/232
49. https://hibernate.atlassian.net/browse/HHH-11104

항목 36: 커스텀 ResultTransformer를 통해 DTO를 가져오는 방법

하이버네이트 ResultTransformer에 익숙하지 않으면 먼저 항목 35를 확인해보자.

때때로 원하는 DTO를 가져오고자 커스텀 ResultTransformer가 필요할 수 있다. 양방향 지연 @OneToMany 연관관계를 갖는 Author(id, name, genre, age, books 포함)와 Book(id, title, isbn) 엔터티를 생각해보자. 각 저자의 id, name, age를 포함해 해당 도서의 id, title을 가져오려 한다.

가장 기본적인 DTO는 다음과 같이 작성되는 클래스가 될 것이다.

```java
public class AuthorDto implements Serializable {

    private static final long serialVersionUID = 1L;

    private Long authorId;
    private String name;
    private int age;

    private List<BookDto> books = new ArrayList<>();

    // 간결함을 위해 constructor, getter/setter 등 생략
}
```

보시다시피 ID, 이름, 나이 외에도 이 DTO는 List<BookDto>를 갖고 있으며, BookDto는 다음과 같이 도서의 ID와 제목을 매핑한다.

```java
public class BookDto implements Serializable {

    private static final long serialVersionUID = 1L;

    private Long bookId;
    private String title;

    // 간결함을 위해 constructor, getter/setter 등 생략
}
```

추가적으로 다음과 같이 SQL JOIN은 원하는 결과 세트를 가져오는 데 도움이 될 수 있다.

```
@Repository
public class Dao implements AuthorDao {

    @PersistenceContext
    private EntityManager entityManager;

    @Override
    @Transactional(readOnly = true)
    public List<AuthorDto> fetchAuthorWithBook() {

        Query query = entityManager
            .createNativeQuery(
                "SELECT a.id AS author_id, a.name AS name, a.age AS age, "
                + "b.id AS book_id, b.title AS title "
                + "FROM author a JOIN book b ON a.id=b.author_id")
            .unwrap(org.hibernate.query.NativeQuery.class)
            .setResultTransformer(new AuthorBookTransformer());

        List<AuthorDto> authors = query.getResultList();

        return authors;
    }
}
```

내장된 ResultTransformer를 통해서는 결과 세트를 AuthorDto로 매핑할 수 없는데, Object[]에서 List<AuthorDto>로 변환해야 한다. 이를 위해 ResultTransformer 인터페이스를 구현하는 AuthorBookTransformer가 필요하기 때문이다. 이 인터페이스는 transformTuple()과 transformList()의 2개 메서드를 정의한다. 여기서 transformTuple()을 사용하면 쿼리 결과의 각 행을 구성하는 요소인 튜플을 변환할 수 있고, transformList() 메서드를 사용하면 쿼리 결과 전체에 대해 변환을 처리할 수 있다.

하이버네이트 5.2부터 ResultTransformer는 권장되지 않지만 대체될 때까지(하이버네이트 6.0 에서) 사용할 수 있다(추가 자료[50] 확인). 하이버네이트 6의 장점에 대한 자세한 내용은 부록 K를 참고하자.

쿼리 결과의 각 행에 필요한 변환을 처리하려면 transformTuple()을 다음과 같이 구현해야 한다.

```java
public class AuthorBookTransformer implements ResultTransformer {

    private Map<Long, AuthorDto> authorsDtoMap = new HashMap<>();

    @Override
    public Object transformTuple(Object[] os, String[] strings) {

        Long authorId = ((Number) os[0]).longValue();
        AuthorDto authorDto = authorsDtoMap.get(authorId);

        if (authorDto == null) {
            authorDto = new AuthorDto();
            authorDto.setId(((Number) os[0]).longValue());
            authorDto.setName((String) os[1]);
            authorDto.setAge((int) os[2]);
        }

        BookDto bookDto = new BookDto();
        bookDto.setId(((Number) os[3]).longValue());
        bookDto.setTitle((String) os[4]);

        authorDto.addBook(bookDto);

        authorsDtoMap.putIfAbsent(authorDto.getId(), authorDto);

        return authorDto;
    }

    @Override
```

50. https://discourse.hibernate.org/t/hibernate-resulttransformer-is-deprecated-what-to-use-instead/232

```
    public List<AuthorDto> transformList(List list) {
        return new ArrayList<>(authorsDtoMap.values());
    }
}
```

구현은 자유롭게 최적화할 수 있으며, 지금은 다음과 같이 REST 컨트롤러 엔드
포인트를 작성해보자.

```
@GetMapping("/authorWithBook")
public List<AuthorDto> fetchAuthorWithBook() {
    return bookstoreService.fetchAuthorWithBook();
}
```

localhost:8080/authorWithBook에 접근하면 다음과 같은 JSON을 반환한다.

```
[
    {
        "name":"Mark Janel",
        "age":23,
        "books":[
            {
                "title":"The Beatles Anthology",
                "id":3
            },
            {
                "title":"Anthology Of An Year",
                "id":7
            },
            {
                "title":"Anthology From A to Z",
                "id":8
            },
```

```
            {
                "title":"Past Anthology",
                "id":9
            }
        ],
        "id":1
    },
    {
        "name":"Olivia Goy",
        "age":43,
        "books":[
            {
                "title":"Carrie",
                "id":4
            },
            {
                "title":"Horror Train",
                "id":6
            }
        ],
        "id":2
    },
    {
        "name":"Joana Nimar",
        "age":34,
        "books":[
            {
                "title":"A History of Ancient Prague",
                "id":1
            },
            {
                "title":"A People's History",
                "id":2
            },
            {
```

```
                    "title":"History Today",
                    "id":5
                }
            ],
            "id":4
        }
    ]
```

전체 코드는 깃허브[51]에서 확인할 수 있다.

항목 37: @Subselect를 통해 엔터티를 쿼리에 매핑하는 방법

DTO, DTO + 추가 쿼리 또는 데이터베이스 뷰를 엔터티에 매핑하는 여러 가지 가능한 해결 방법을 평가한 후에만 @Subselect를 적용하는 것을 고려해보자.

이번 절에서는 하이버네이트의 @Subselect를 통해 엔터티를 쿼리에 매핑하는 방법을 설명한다. 다음과 같이 양방향 지연 @OneToMany 연관관계를 갖는 두 엔터티를 가정해보자.

```
@Entity
public class Author implements Serializable {

    private static final long serialVersionUID = 1L;

    @Id
    @GeneratedValue(strategy = GenerationType.IDENTITY)
    private Long id;

    private String name;
```

---

51. HibernateSpringBootDtoCustomResultTransformer

```java
    private String genre;
    private int age;

    @OneToMany(cascade = CascadeType.ALL,
                mappedBy = "author", orphanRemoval = true)
    private List<Book> books = new ArrayList<>();

    // ...
}



public class Book implements Serializable {

    private static final long serialVersionUID = 1L;

    @Id
    @GeneratedValue(strategy = GenerationType.IDENTITY)
    private Long id;

    private String title;
    private String isbn;

    @ManyToOne(fetch = FetchType.LAZY)
    @JoinColumn(name = "author_id")
    private Author author;
    // ...
}
```

Author는 여러 권의 Book을 저술한다. 아이디어는 Author의 일부 필드(예: id, name, genre)를 가져오고자 읽기 전용 쿼리를 작성하지만 getBooks()를 호출해 지연 방식으로 List<Book>을 가져올 가능성을 갖는 것이다. 알다시피 기존 방식의 DTO는 관리되지 않고 연관관계를 탐색할 수 없기 때문에 사용할 수 없디(다른 엔티에 대한 관리되는 연관관계를 지원하지 않음).

하이버네이트 @Subselect는 이 문제에 대한 해결 방법을 제공한다. @Subselect를 통해 애플리케이션은 불변immutable의 읽기 전용 엔터티를 지정된 SQL SELECT

로 매핑할 수 있다. 이 엔터티를 통해 애플리케이션은 요청 시에 연관관계를 가져올 수 있으며(연관관계를 지연 방식으로 탐색), 다음과 같은 단계를 따른다.

- **Author**에서 필요한 필드만 포함하는 새로운 엔터티를 정의한다(Book에 대한 연관관계를 포함하는 것이 매우 중요하다).
- 해당 필드에 대한 게터만 정의한다.
- 쓰기 작업을 허용하지 않고자 엔터티에 **@Immutable**을 지정한다.
- **@Synchronize**를 사용해 엔터티에 대한 보류 중인 상태 전환을 플러시한다.
- **@Subselect**를 활용해 필요한 쿼리를 작성한다(id, name, genre를 가져오고 book은 가져오지 않는 SQL 쿼리를 엔터티에 매핑).

위와 같은 단계를 코드에 반영하면 다음과 같은 엔터티가 된다.

```
@Entity
@Subselect(
    "SELECT a.id AS id, a.name AS name, a.genre AS genre FROM Author a")
@Synchronize({"author", "book"})
@Immutable
public class AuthorSummary implements Serializable {

    private static final long serialVersionUID = 1L;

    @Id
    private Long id;

    private String name;
    private String genre;

    @OneToMany(mappedBy = "author")
    private Set<Book> books = new HashSet<>();

    public Long getId() {
        return id;
    }

    public String getName() {
```

```
        return name;
    }

    public String getGenre() {
        return genre;
    }

    public Set<Book> getBooks() {
        return books;
    }
}
```

아울러 다음과 같은 **AuthorSummary**로 일반적인 스프링 리포지터리를 작성한다.

```
@Repository
public interface AuthorSummaryRepository
        extends JpaRepository<AuthorSummary, Long> {
}
```

서비스 메서드는 ID로 저자를 가져오고 저자의 장르가 주어진 장르와 같으면
명시적으로 **getBooks()**를 호출해 도서들을 가져온다.

```
@Transactional(readOnly = true)
public void fetchAuthorWithBooksById(long id, String genre) {

    AuthorSummary author = authorSummaryRepository
            .findById(id).orElseThrow();

    System.out.println("Author: " + author.getName());

    if (author.getGenre().equals(genre)) {
        // 해당 저자의 도서에 대한 지연 로딩
        Set<Book> books = author.getBooks();
        books.forEach((b) -> System.out.println("Book: "
                + b.getTitle() + "(" + b.getIsbn() + ")"));
```

```
        }
    }
```

ID가 4이고 장르가 History인 저자를 가져온다고 가정해보자. 그림 3-11은 가져온 행을 보여준다(첫 번째 SELECT는 저자 id, name, genre를 가져오고, 두 번째 SELECT는 이 저자의 도서를 가져온다).

Author

id	age	genre	name
1	23	Anthology	Mark Janel
2	43	Horror	Olivia Goy
3	51	Anthology	Quartis Young
4	34	History	Joana Nimar
5	38	Anthology	Alicia Tom
6	56	Anthology	Katy Loin

Book

id	isbn	title	author_id
1	001-JN	A History of Ancient Prague	4
2	002-JN	A People's History	4
3	001-MJ	The Beatles Anthology	1
4	001-OG	Carrie	2

그림 3-11. ID가 4이고 장르가 History인 저자 가져오기

해당 데이터를 가져오고자 생성된 SQL문은 다음과 같다(데이터베이스 테이블 이름 대신 하이버네이트는 제공된 SQL문을 FROM 절의 하위 SELECT로 사용한다).

```
SELECT
    authordto0_.id AS id1_0_,
    authordto0_.genre AS genre2_0_,
    authordto0_.name AS name3_0_
FROM (SELECT
    a.id AS id,
    a.name AS name,
    a.genre AS genre
FROM Author a) authordto0_
SELECT
    books0_.author_id AS author_i4_1_0_,
    books0_.id AS id1_1_0_,
    books0_.id AS id1_1_1_,
    books0_.author_id AS author_i4_1_1_,
    books0_.isbn AS isbn2_1_1_,
```

```
        books0_.title AS title3_1_1_
    FROM book books0_
    WHERE books0_.author_id = ?
```

소스코드는 깃허브[52]에서 확인할 수 있다.

항목 38: Blaze-Persistence 엔터티 뷰를 통해 DTO를 가져오는 방법

애플리케이션에 다음과 같은 Author 엔터티를 포함한다고 가정해보자. 이 엔터티는 저자 프로필을 매핑한다.

```
@Entity
public class Author implements Serializable {

    private static final long serialVersionUID = 1L;

    @Id
    @GeneratedValue(strategy = GenerationType.IDENTITY)
    private Long id;

    private int age;
    private String name;
    private String genre;

    // 간결함을 위해 getter/setter 생략
}
```

모든 저자의 name과 age만을 가져오고자 이번에는 애플리케이션이 Blaze-Persistence[53] 엔터티 뷰를 활용한다. Blaze-Persistence는 JPA 공급자를 위한

---

52. HibernateSpringBootSubselect
53. https://persistence.blazebit.com/

Rich Criteria API를 제공하는 오픈소스 프로젝트로, 스프링 부트와 별도로 종속성[dependency]을 추가해야 한다. 예를 들어 메이븐을 사용해 pom.xml에 다음과 같은 종속성을 추가한다.[54]

```xml
<dependency>
    <groupId>com.blazebit</groupId>
    <artifactId>blaze-persistence-integration-entity-view-spring
    </artifactId>
    <version>${blaze-persistence.version}</version>
</dependency>

<dependency>
    <groupId>com.blazebit</groupId>
    <artifactId>blaze-persistence-integration-spring-data-2.7</artifactId>
    <version>${blaze-persistence.version}</version>
</dependency>

<dependency>
    <groupId>com.blazebit</groupId>
    <artifactId>blaze-persistence-jpa-criteria-api</artifactId>
    <version>${blaze-persistence.version}</version>
</dependency>

<dependency>
    <groupId>com.blazebit</groupId>
    <artifactId>blaze-persistence-integration-hibernate-5.6</artifactId>
    <version>${blaze-persistence.version}</version>
    <scope>runtime</scope>
</dependency>

<dependency>
    <groupId>com.blazebit</groupId>
    <artifactId>blaze-persistence-jpa-criteria-impl</artifactId>
```

---

54. 원서 및 원저자 제공 깃허브 소스상에는 스프링 데이터 v2.0, 하이버네이트 v5.2, Blaze Persistence v1.3.0- alpha3가 적용돼 있으나 최신 버전으로 변경했다. 이에 따라 Blaze Persistence(v1.6.8 기준) 설정 부분도 일부 원서와 차이가 있으니 참고하자. - 옮긴이

```
        <version>${blaze-persistence.version}</version>
        <scope>runtime</scope>
    </dependency>
```

다음으로 Blaze-Persistence, CriteriaBuilderFactory, EntityViewManager를 구성하는데, 다음과 같이 일반적인 스프링 설정 클래스와 @Bean을 통해 처리한다.

```
@Configuration
@EnableEntityViews("com.bookstore")
@EnableBlazeRepositories("com.bookstore")
public class BlazeConfiguration {

    @PersistenceUnit
    private EntityManagerFactory entityManagerFactory;

    @Bean
    @Scope(ConfigurableBeanFactory.SCOPE_SINGLETON)
    @Lazy(false)
    public CriteriaBuilderFactory createCriteriaBuilderFactory() {

        CriteriaBuilderConfiguration config = Criteria.getDefault();

        return config.createCriteriaBuilderFactory(entityManagerFactory);
    }

    @Bean
    @Scope(ConfigurableBeanFactory.SCOPE_SINGLETON)
    @Lazy(false)
    public EntityViewManager createEntityViewManager(
            CriteriaBuilderFactory cbf, EntityViewConfiguration
            entityViewConfiguration) {

        return entityViewConfiguration.createEntityViewManager(cbf);
    }
}
```

모든 설정이 완료돼서 Blaze-Persistence의 장점을 활용할 수 있다. 애플리케이션은 데이터베이스로부터 저자들의 이름과 나이만을 가져와야 하는데, DTO 또는 더 정확하게는 Blaze-Persistence 방식으로 인터페이스를 통한 엔터티 뷰^{entity view}를 작성해야 한다. 여기서 핵심은 @EntityView(Author.class)로 뷰에 어노테이션을 다음과 같이 지정하는 것이다.

```
@EntityView(Author.class)
public interface AuthorView {

    String getName();
    int getAge();
}
```

다음으로 **EntityViewRepository**(Blaze-Persistence 인터페이스)를 확장해 다음과 같이 스프링 기반 리포지터리를 작성한다.

```
@Repository
@Transactional(readOnly = true)
public interface AuthorViewRepository

    extends EntityViewRepository<AuthorView, Long> {
}
```

EntityViewRepository 인터페이스는 가장 일반적으로 사용되는 리포지터리 메서드를 상속하는 기반 인터페이스다. 기본적으로 다른 스프링 데이터 리포지터리로 사용할 수 있다. 예를 들어 다음과 같이 findAll()을 호출하면 AuthorView의 모든 저자를 가져온다.

```
@Service
public class BookstoreService {
```

```
        private final AuthorViewRepository authorViewRepository;

        public BookstoreService(AuthorViewRepository authorViewRepository) {

            this.authorViewRepository = authorViewRepository;

        }

        public Iterable<AuthorView> fetchAuthors() {

            return authorViewRepository.findAll();

        }

    }
```

fetchAuthros() 메서드를 호출하면 다음과 같은 SQL이 생성된다.

```
    SELECT
        author0_.age AS col_0_0_,
        author0_.name AS col_1_0_
    FROM author author0_
```

소스코드는 깃허브[55]에서 확인할 수 있다.

항목 39: 단일 SELECT로 부모와 연관관계를 효율적으로 가져오는 방법

다음과 같은 두 엔터티인 Author와 Book이 양방향 지연 @OneToMany 연관관계를 갖고 있다고 가정한다(다른 연관관계 유형일 수도 있고 단방향일 수도 있음).

```
    @Entity
```

---

55. HibernateSpringBootDtoBlazeEntityView

```java
public class Author implements Serializable {

    private static final long serialVersionUID = 1L;

    @Id
    private Long id;

    private String name;
    private String genre;
    private int age;

    @OneToMany(cascade = CascadeType.ALL,
            mappedBy = "author", orphanRemoval = true)
    private List<Book> books = new ArrayList<>();

    // ...
}



@Entity
public class Book implements Serializable {

    private static final long serialVersionUID = 1L;

    @Id
    private Long id;

    private String title;
    private String isbn;

    @ManyToOne(fetch = FetchType.LAZY)
    @JoinColumn(name = "author_id")
    private Author author;

    //...
}
```

양방향 모두 지연 연관관계로, Author를 로딩해도 Book을 가져오지 않고 그 반
대도 마찬가지다(Book을 로드해도 Author를 가져오지 않음). 이 동작은 현재 기능 요구 사항에

따라 괜찮을 수도 있고 그렇지 않을 수도 있다.

그럼 다음과 같이 두 조회를 실행해보자.

- 도서를 포함해 이름으로 저자 가져오기
- 저자를 포함해 ISBN으로 도서 가져오기

저자와 도서 사이에 지연 연관관계가 있으면 2개의 SQL SELECT로 목적을 달성할 수 있다. SELECT로 저자를 가져오고 getBooks()를 호출하면 도서 가져오기를 위한 두 번째 SELECT가 트리거된다. 또는 SELECT에서 도서를 가져오고 getAuthor()를 호출하면 저자 가져오기를 위한 두 번째 SELECT가 실행된다. 이 처리 방식은 적어도 다음과 같은 2가지 단점을 갖고 있다.

- 하나가 아닌 2개의 SELECT가 실행된다.
- 지연 로딩(두 번째 SELECT)은 LazyInitializationException(이 예외는 애플리케이션이 하이버네이트 세션 외부에서 author.getBooks() 또는 book.getAuthor()를 호출하는 경우 발생)을 피하고자 하이버네이트 세션을 유지해야 한다.

확실히 이 경우에는 2개가 아닌 하나의 SELECT를 통해 저자와 도서를 가져오는 것이 좋다. 그러나 애플리케이션에서 해당 엔터티 정보를 수정할 계획이라면 SQL JOIN + DTO를 사용할 수 없고 하이버네이트에 의해 관리돼야 한다. 엔터티를 SQL JOIN으로 가져오는 것도 실용적인 선택은 아니다(이에 대해서는 항목 40 참고). 단순한 방법으로 엔터티 수준에서 연관관계를 LAZY에서 EAGER로 변경할 수도 있다. 이 방법은 효과가 있지만 하지 말아야 한다. 일반적인 원칙으로 LAZY 연관관계를 사용하고 JOIN FETCH(애플리케이션이 가져온 엔터티 수정 계획이 있는 경우) 또는 JOIN + DTO(가져온 데이터가 읽기 전용인 경우)를 통해 쿼리 레벨에서 연관관계를 가져와야 하며, 이 경우에는 JOIN FETCH가 올바른 선택이다.

JOIN FETCH는 JPA 기능으로 하나의 SELECT를 통해 부모 객체로 연관관계(컬렉션에 특히 유용함)를 초기화할 수 있다. 스프링 스타일로는 다음과 같이 2개의 기본적인 리포지터리와 JPQL을 통해 목적을 달성한다.

```
@Repository
@Transactional(readOnly = true)
public interface AuthorRepository extends JpaRepository<Author, Long> {

    @Query(value = "SELECT a FROM Author a JOIN FETCH a.books
                        WHERE a.name = ?1")
    Author fetchAuthorWithBooksByName(String name);
}
```

```
@Repository
@Transactional(readOnly = true)
public interface BookRepository extends JpaRepository<Book, Long> {

    @Query(value = "SELECT b FROM Book b JOIN FETCH b.author
                        WHERE b.isbn = ?1")
    Book fetchBookWithAuthorByIsbn(String isbn);
}
```

fetchAuthorWithBooksByName()을 호출하면 다음 SQL이 트리거된다(Author와 해당 `Book은 단일 SELECT에 로드됨).

```
SELECT
    author0_.id AS id1_0_0_,
    books1_.id AS id1_1_1_,
    author0_.age AS age2_0_0_,
    author0_.genre AS genre3_0_0_,
    author0_.name AS name4_0_0_,
    books1_.author_id AS author_i4_1_1_,
    books1_.isbn AS isbn2_1_1_,
    books1_.title AS title3_1_1_,
    books1_.author_id AS author_i4_1_0__,
```

```
        books1_.id AS id1_1_0__
FROM author author0_
INNER JOIN book books1_
    ON author0_.id = books1_.author_id
WHERE author0_.name = ?
```

그리고 fetchBookWithAuthorByIsbn()을 호출하면 다음 SQL이 실행된다(Book과 해당 Author는 단일 SELECT에 로드됨).

```
SELECT
    book0_.id AS id1_1_0_,
    author1_.id AS id1_0_1_,
    book0_.author_id AS author_i4_1_0_,
    book0_.isbn AS isbn2_1_0_,
    book0_.title AS title3_1_0_,
    author1_.age AS age2_0_1_,
    author1_.genre AS genre3_0_1_,
    author1_.name AS name4_0_1_
FROM book book0_
INNER JOIN author author1_
    ON book0_.author_id = author1_.id
WHERE book0_.isbn = ?
```

특히 @OneToMany와 @ManyToMany 연관관계는 엔터티 레벨에서 연관관계를 LAZY로 설정하고 쿼리 레벨에서 JOIN FETCH(애플리케이션이 가져온 엔터티를 수정할 계획인 경우) 또는 JOIN + DTO(가져온 데이터가 읽기 전용인 경우)를 통해 이 연관관계를 즉시 가져오는 것이 좋다. 즉시 가져오기 전략은 쿼리 기반으로 재정의할 수 없고 지연 가져오기 방식만 쿼리 기반에서 재정이할 수 있다.

테이블 조인은 카테시안 곱(예: 첫 번째 테이블의 각 행이 두 번째 테이블의 모든 행과 합쳐지는

CROSS JOIN) 또는 큰 결과 세트가 생성될 수 있다. 반면 FetchType.LAZY는 추가 쿼리(N+1)를 유발한다. 100명의 저자가 있고 각각 5권의 도서를 저술한 경우 카테시안 곱 쿼리는 100 x 5 = 500개의 행을 가져온다. 반면에 FetchType.LAZY를 사용하면 100개의 추가 쿼리(저자당 하나의 추가 쿼리)가 발생한다. 여러 일대다 또는 다대다 연관관계를 가져오면 복잡한 카테시안 곱 또는 많은 수의 추가 쿼리가 발생하는 것이다. 많은 수의 데이터베이스 처리보다 큰 카테시안 곱을 갖는 것이 좋다. 그럼에도 몇 개의 쿼리만으로 큰 카테시안 곱을 피할 수 있다면 해당 쿼리를 사용해야 한다.

소스코드는 깃허브[56]에서 확인할 수 있다.

항목 40: JOIN과 JOIN FETCH 결정 방법

일반적으로 JOIN과 JOIN FETCH는 애플리케이션이 지연 연관관계를 갖고 있지만 일부 데이터는 즉시 가져와야 할 때 역할을 한다. 엔터티 수준에서 FetchType.EAGER을 사용하는 것은 코드 스멜code smell이다. 그럼 다음과 같이 양방향 지연 @OneToMany 연관관계를 갖는 Author와 Book 엔터티를 생각해보자.

```
@Entity
public class Author implements Serializable {

    private static final long serialVersionUID = 1L;

    @Id
    private Long id;

    private String name;
    private String genre;
    private int age;

    @OneToMany(cascade = CascadeType.ALL,
            mappedBy = "author", orphanRemoval = true)
    private List<Book> books = new ArrayList<>();
```

---

56. HibernateSpringBootJoinFetch

```
    // ...
}


@Entity
public class Book implements Serializable {

    private static final long serialVersionUID = 1L;

    @Id
    private Long id;

    private String title;
    private String isbn;
    private int price;

    @ManyToOne(fetch = FetchType.LAZY)
    @JoinColumn(name = "author_id")
    private Author author;

    // ...
}
```

데이터 샘플은 그림 3-12와 같다.

id	age	genre	name
1	23	Anthology	Mark Janel
2	43	Horror	Olivia Goy
3	51	Anthology	Quartis Young
4	34	History	Joana Nimar
5	38	Anthology	Alicia Tom
6	56	Anthology	Katy Loin

id	isbn	price	title	author_id
1	001-JN	36	A History of Ancient Prague	4
2	002-JN	41	A People's History	4
3	001-MJ	11	The Beatles Anthology	1
4	001-OG	23	Carrie	2

그림 3-12. 데이터 스냅숏

목적은 다음과 같은 데이터를 엔터티로 가져오는 것이다.

- 주어진 가격보다 비싼 Book과 해당하는 모든 Author
- 모든 Book과 해당 Author

주어진 가격보다 비싼 저서를 저술한 모든 저자 가져오기

첫 번째 조회(주어진 가격보다 비싼 Book과 해당 모든 Author 가져오기)를 위해 스프링 리포지터리 AuthorRepository를 작성하고 다음과 같이 JOIN과 JOIN FETCH 쿼리를 추가한다.

```
@Repository
@Transactional(readOnly = true)
public interface AuthorRepository extends JpaRepository<Author, Long> {

    // INNER JOIN
    @Query(value = "SELECT a FROM Author a INNER JOIN a.books b " +
                    "WHERE b.price > ?1")
    List<Author> fetchAuthorsBooksByPriceInnerJoin(int price);

    // JOIN FETCH
    @Query(value = "SELECT a FROM Author a JOIN FETCH a.books b " +
                    "WHERE b.price > ?1")
    List<Author> fetchAuthorsBooksByPriceJoinFetch(int price);
}
```

다음과 같이 리포지터리 메서드를 호출해 가져온 데이터를 화면에 표시할 수 있다.

```
public void fetchAuthorsBooksByPriceJoinFetch() {

    List<Author> authors =
            authorRepository.fetchAuthorsBooksByPriceJoinFetch(40);

    authors.forEach((e) -> System.out.println("Author name: "
            + e.getName() + ", books: " + e.getBooks()));
}

@Transactional(readOnly = true)
public void fetchAuthorsBooksByPriceInnerJoin() {

    List<Author> authors =
```

```
            authorRepository.fetchAuthorsBooksByPriceInnerJoin(40);

    authors.forEach((e) -> System.out.println("Author name: "
        + e.getName() + ", books: " + e.getBooks()));
}
```

JOIN FETCH 동작 방법

JOIN FETCH는 JPA 기능으로 하나의 SELECT를 통해 부모 객체로 연관관계를 초기화할 수 있다. 곧 보게 되겠지만 관련된 컬렉션을 가져올 때에 유용하며, 이는 fetchAuthorsBooksByPriceJoinFetch()를 호출하면 다음과 같은 하나의 SELECT만 트리거됨을 의미한다.

```
SELECT
    author0_.id AS id1_0_0_,
    books1_.id AS id1_1_1_,
    author0_.age AS age2_0_0_,
    author0_.genre AS genre3_0_0_,
    author0_.name AS name4_0_0_,
    books1_.author_id AS author_i5_1_1_,
    books1_.isbn AS isbn2_1_1_,
    books1_.price AS price3_1_1_,
    books1_.title AS title4_1_1_,
    books1_.author_id AS author_i5_1_0__,
    books1_.id AS id1_1_0__
FROM author author0_
INNER JOIN book books1_
    ON author0_.id = books1_.author_id
WHERE books1_.price > ?
```

주어진 40달러 가격으로 데이터 샘플에 SQL을 실행하면 다음과 같은 데이터를 가져온다(저자의 이름과 도서 표시).

```
    Author name: Joana Nimar,
        books: [Book{id=2, title=A People's History, isbn=002-JN, price=41}]
```

맞는 것 같다. 데이터베이스에는 40달러보다 비싼 도서가 한 권 있는데, 저자는 Joana Nimar다.

JOIN 동작 방법

반면 JOIN은 연관된 컬렉션이 하나의 SELECT를 사용해 부모 객체로 초기화되지는 않는다. 즉, fetchAuthorsBooksByPriceInnerJoin()을 호출하면 다음과 같은 SELECT가 발생한다(SQL은 도서를 로드하지 않았음을 나타냄).

```
SELECT
    author0_.id AS id1_0_,
    author0_.age AS age2_0_,
    author0_.genre AS genre3_0_,
    author0_.name AS name4_0_
FROM author author0_
INNER JOIN book books1_
    ON author0_.id = books1_.author_id
WHERE books1_.price > ?
```

데이터 샘플이 이 SQL을 실행하면 하나의 저자(Joana Nimar)를 맞게 가져오고 getBooks()를 통해 Joana Nimar가 저술할 도서를 표시하려고 하면 다음과 같은 추가 SELECT가 실행된다.

```
SELECT
    books0_.author_id AS author_i5_1_0_,
    books0_.id AS id1_1_0_,
    books0_.id AS id1_1_1_,
```

```
        books0_.author_id AS author_i5_1_1_,
        books0_.isbn AS isbn2_1_1_,
        books0_.price AS price3_1_1_,
        books0_.title AS title4_1_1_
    FROM book books0_
    WHERE books0_.author_id = ?
```

다음과 같은 쿼리를 작성해도 도움이 되지 않는다.

```
@Query(value = "SELECT a, b FROM Author a INNER JOIN a.books b " +
               "WHERE b.price > ?1")
```

저자 이름과 가져온 도서를 표시하면 다음과 같다.

```
Author name: Joana Nimar,
    books: [
        Book{id=1, title=A History of Ancient Prague, isbn=001-JN, price=36},
        Book{id=2, title=A People's History, isbn=002-JN, price=41}
    ]
```

여기서 2가지 사항을 강조해야 하는데, 중요한 결점과 잠재적인 혼란이다.

첫째, 단점이다. JOIN이 추가 SELECT로 도서를 가져왔다는 점에 유의해야 한다. 이는 하나의 SELECT만 필요해 단일 데이터베이스 호출을 사용하는 JOIN FETCH와 비교할 때에 성능 저하가 될 수 있다.

둘째, 잠재적 혼란이다. 첫 번째 SELECT 절의 WHERE book1_.price > ? 해석에 특별한 주의를 기울여야 한다. 애플리케이션은 40달러 이상의 도서를 쓴 저자를 가져오지만 getBooks()를 호출하면 40달러 이상의 도서뿐만 아니라 해당 저자의 모든 도서를 가져온다. 이는 getBooks()가 호출될 때 WHERE 절이 존재하지 않기 때문에 정상이며, 결국 JOIN과 JOIN FETCH는 다른 결과를 가져온다.

모든 저서와 저자 가져오기

두 번째 조회(모든 Books와 해당 Author)를 위해 스프링 리포지터리 BookRepository를 다음과 같이 작성한 후 2개의 JOIN과 JOIN FETCH 쿼리를 추가한다.

```
@Repository
@Transactional(readOnly = true)
public interface BookRepository extends JpaRepository<Book, Long> {

    // 좋지 않은 INNER JOIN
    @Query(value = "SELECT b FROM Book b INNER JOIN b.author a")
    List<Book> fetchBooksAuthorsInnerJoinBad();

    // 좋은 INNER JOIN
    @Query(value = "SELECT b, a FROM Book b INNER JOIN b.author a")
    List<Book> fetchBooksAuthorsInnerJoinGood();

    // JOIN FETCH
    @Query(value = "SELECT b FROM Book b JOIN FETCH b.author a")
    List<Book> fetchBooksAuthorsJoinFetch();
}
```

다음과 같이 해당 메서드를 호출하고 가져온 데이터를 화면에 표시할 수 있다.

```
public void fetchBooksAuthorsJoinFetch() {

    List<Book> books = bookRepository.fetchBooksAuthorsJoinFetch();

    books.forEach((e) -> System.out.println("Book title: " + e.getTitle()
            + ", Isbn:" + e.getIsbn() + ", author: " + e.getAuthor()));
}
```

```
@Transactional(readOnly = true)
public void fetchBooksAuthorsInnerJoinBad() {

    List<Book> books = bookRepository.fetchBooksAuthorsInnerJoinBad();

    books.forEach((e) -> System.out.println("Book title: " + e.getTitle()
            + ", Isbn: " + e.getIsbn() + ", author: " + e.getAuthor()));
}

@Transactional(readOnly = true)
public void fetchBooksAuthorsInnerJoinGood() {

    List<Book> books = bookRepository.fetchBooksAuthorsInnerJoinGood();

    books.forEach((e) -> System.out.println("Book title: " + e.getTitle()
            + ", Isbn: " + e.getIsbn() + ", author: " + e.getAuthor()));
}
```

JOIN FETCH 동작 방법

fetchBooksAuthorsJoinFetch()를 호출하면 다음과 같이 생성된 하나의 SQL이 트리거된다(모드 저자와 도서를 단일 SELECT로 가져옴).

```
SELECT
    book0_.id AS id1_1_0_,
    author1_.id AS id1_0_1_,
    book0_.author_id AS author_i5_1_0_,
    book0_.isbn AS isbn2_1_0_,
    book0_.price AS price3_1_0_,
    book0_.title AS title4_1_0_,
    author1_.age AS age2_0_1_,
    author1_.genre AS genre3_0_1_,
    author1_.name AS name4_0_1_
FROM book book0_
INNER JOIN author author1_
```

```
        ON book0_.author_id = author1_.id
```

데이터 샘플에 대해 이 SQL을 실행하면 다음과 같이 출력된다_(도서 제목, ISBN, 저자만 표시).

```
    Book title: A History of Ancient Prague, Isbn:001-JN,
        author: Author{id=4, name=Joana Nimar, genre=History, age=34}

    Book title: A People's History, Isbn:002-JN,
        author: Author{id=4, name=Joana Nimar, genre=History, age=34}

    Book title: The Beatles Anthology, Isbn:001-MJ,
        author: Author{id=1, name=Mark Janel, genre=Anthology, age=23}

    Book title: Carrie, Isbn:001-OG,
        author: Author{id=2, name=Olivia Goy, genre=Horror, age=43}
```

모든 것이 예상대로다. 4권의 도서가 있고 각각의 저자가 표시됐다.

JOIN 동작 방법

반면 fetchBooksAuthorsInnerJoinBad()를 호출하면 다음과 같이 하나의 SQL이 생성된다_(SQL은 저자가 로드되지 않았음을 나타냄).

```
    SELECT
        book0_.id AS id1_1_,
        book0_.author_id AS author_i5_1_,
        book0_.isbn AS isbn2_1_,
        book0_.price AS price3_1_,
        book0_.title AS title4_1_
    FROM book book0_
    INNER JOIN author author1_
        ON book0_.author_id = author1_.id
```

반환된 List<Book>에는 4개의 Book이 포함돼 있고, 이 목록을 반복하면서 getAuthor()를 통해 각 도서의 저자를 가져오면 3개의 추가 SELECT문이 트리거 된다. 도서 중 2권의 저자가 동일하기 때문에 4개가 아닌 3개의 SELECT문이 호출된다. 두 도서 중 두 번째의 경우는 영속성 콘텍스트에서 저자를 가져오기 때문이다. 따라서 다음과 같은 SELECT는 서로 다른 id 값으로 3번 트리거 된다.

```
SELECT
    author0_.id AS id1_0_0_,
    author0_.age AS age2_0_0_,
    author0_.genre AS genre3_0_0_,
    author0_.name AS name4_0_0_
FROM author author0_
WHERE author0_.id = ?
```

각 도서의 제목, ISBN, 저자를 출력하면 다음과 같다.

```
Book title: A History of Ancient Prague, Isbn: 001-JN,
    author: Author{id=4, name=Joana Nimar, genre=History, age=34}

Book title: A People's History, Isbn: 002-JN,
    author: Author{id=4, name=Joana Nimar, genre=History, age=34}

Book title: The Beatles Anthology, Isbn: 001-MJ,
    author: Author{id=1, name=Mark Janel, genre=Anthology, age=23}

Book title: Carrie, Isbn: 001-OG,
    author: Author{id=2, name=Olivia Goy, genre=Horror, age=43}
```

이 경우에도 성능 저하가 명백하다. JOIN FETCH에는 하나의 SELECT가 필요하지만 JOIN에는 4개의 SELECT가 필요하다.

fetchBooksAuthorsInnerJoinGood()을 호출하는 것은 어떨까? JOIN FETCH와 정확히 동일한 쿼리와 결과가 생성된다. 가져온 연관관계가 컬렉션이 아니기 때문에 문제없다. 따라서 이 경우에는 JOIN 또는 JOIN FETCH를 사용할 수 있다.

일반적인 원칙으로 데이터를 엔터티로 가져와야 할 때 JOIN FETCH(JOIN이 아님)를 사용하고(애플리케이션이 데이터를 수정할 계획이므로) 하이버네이트는 SELECT 절로 연관관계를 포함해야 한다. 이는 관련 컬렉션을 가져올 때 특히 유용하다. 이 시나리오에서 JOIN을 사용하면 N+1 성능 저하가 발생하기 쉽다. 반면 읽기 전용 데이터를 가져올 때에는(수정 계획이 없음) JOIN FETCH 대신 JOIN + DTO를 사용하는 것이 좋다.

SELECT a FROM Author a JOIN FETCH a.books와 같은 쿼리는 올바르지만 다음과 같은 쿼리는 동작하지 않는다.

```
SELECT a.age as age FROM Author a JOIN FETCH a.books


Causes: org.hibernate.QueryException: query specified join fetching,
but the owner of the fetched association was not present in the select list


SELECT a FROM Author a JOIN FETCH a.books.title


Causes: org.hibernate.QueryException: illegal attempt to dereference
collection
[author0_.id.books] with element property reference [title]
```

소스코드는 깃허브[57]에서 확인할 수 있다.

---

57. HibernateSpringBootJoinVSJoinFetch

항목 41: 모든 왼쪽 엔터티를 가져오는 방법

그림 3-13과 같은 양방향 지연 일대다 연관관계를 갖는 잘 알고 있는 Author와 Book 엔터티를 가정해보자.

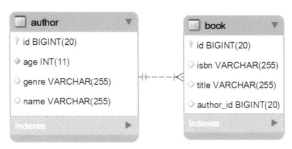

그림 3-13. @OneToMany 테이블 관계

항목 39로부터 하나의 SELECT로 엔터티와 지연 연관관계(특히 연관된 컬렉션)를 가져오는 것은 JOIN FETCH가 완벽하다는 것을 알 수 있다.

JOIN FETCH는 INNER JOIN으로 변환되기 때문에 결과 세트는 쿼리 실행문 오른쪽 참조 엔터티 또는 테이블과 일치하는 왼쪽 엔터티 또는 테이블의 행을 포함한다. LEFT JOIN을 통해서는 일반 SQL에서 실행문 왼쪽의 엔터티 또는 테이블의 모든 행을 가져올 수도 있지만 동일한 SELECT에서 연관된 컬렉션을 가져오지 않는다.

따라서 이에 대한 해결 방법은 JOIN FETCH와 LEFT JOIN의 장점을 합쳐 단점을 제거해야 하는데, 다음 리포지터리와 같이 LEFT JOIN FETCH를 통해 완벽히 구현할 수 있다.

```
@Repository
@Transactional(readOnly = true)
public interface AuthorRepository extends JpaRepository<Author, Long> {

    @Query(value = "SELECT a FROM Author a LEFT JOIN FETCH a.books")
```

```
    List<Author> fetchAuthorWithBooks();
}
```

fetchAuthorWithBooks()를 호출하면 다음과 같은 SQL이 실행된다(LEFT OUTER JOIN 처리 확인).

```
SELECT
    author0_.id AS id1_0_0_,
    books1_.id AS id1_1_1_,
    author0_.age AS age2_0_0_,
    author0_.genre AS genre3_0_0_,
    author0_.name AS name4_0_0_,
    books1_.author_id AS author_i4_1_1_,
    books1_.isbn AS isbn2_1_1_,
    books1_.title AS title3_1_1_,
    books1_.author_id AS author_i4_1_0__,
    books1_.id AS id1_1_0__
FROM author author0_
LEFT OUTER JOIN book books1_
    ON author0_.id = books1_.author_id
```

또는 BookRepository는 다음과 같다.

```
@Repository
@Transactional(readOnly = true)
public interface BookRepository extends JpaRepository<Book, Long> {

    @Query(value = "SELECT b FROM Book b LEFT JOIN FETCH b.author")

    // 또는 JOIN 사용
    // @Query(value = "SELECT b, a FROM Book b LEFT JOIN b.author a")
    List<Book> fetchBookWithAuthor();
}
```

fetchBookWithAuthor()를 호출하면 다음 SQL이 트리거된다(LEFT OUTER JOIN 처리 확인).

```
SELECT
    book0_.id AS id1_1_0_,
    author1_.id AS id1_0_1_,
    book0_.author_id AS author_i4_1_0_,
    book0_.isbn AS isbn2_1_0_,
    book0_.title AS title3_1_0_,
    author1_.age AS age2_0_1_,
    author1_.genre AS genre3_0_1_,
    author1_.name AS name4_0_1_
FROM book book0_
LEFT OUTER JOIN author author1_
    ON book0_.author_id = author1_.id
```

소스코드는 깃허브[58]에서 확인할 수 있다.

항목 42: 관련 없는 엔터티로부터 DTO를 가져오는 방법

관련 없는unrelated 엔터티는 명시적인 연관관계가 없는 엔터티다. 예를 들어 그림 3-14는 2개의 관련 없는 엔터티인 Author와 Book에 해당되는 테이블을 나타낸다.

그림 3-14. 관계가 없는 테이블

---

58. HibernateSpringBootLeftJoinFetch

그러나 두 테이블 모두 name 칼럼을 갖고 있는 점에 주목하자. 이는 저자의 name 이다. 가격이 주어진 금액과 동일한 저자의 이름과 도서 제목을 포함하는 DTO (스프링 프로젝션)를 가져와보자.

하이버네이트 5.1은 관련 없는 엔터티에 대한 명시적 조인을 도입했으며 구문과 동작은 SQL JOIN문과 유사하다. 예를 들어 다음 쿼리는 이 케이스에 유용하다.

```java
@Repository
@Transactional(readOnly = true)
public interface AuthorRepository extends JpaRepository<Author, Long> {

    @Query(value = "SELECT a.name AS name, b.title AS title "
            + "FROM Author a INNER JOIN Book b ON a.name = b.name "
            + "WHERE b.price = ?1")
    List<BookstoreDto> fetchAuthorNameBookTitleWithPrice(int price);
}
```

SQL문은 다음과 같다.

```sql
SELECT
    author0_.name AS col_0_0_,
    book1_.title AS col_1_0_
FROM author author0_
INNER JOIN book book1_
    ON (author0_.name = book1_.name)
WHERE book1_.price = ?
```

소스코드는 깃허브[59]에서 확인할 수 있다.

---

59. HibernateSpringBootDtoUnrelatedEntities

항목 43: JOIN문 작성 방법

JOIN문에 대한 간략한 개요는 다음과 같은 3가지 주요 조인 유형을 살펴봐야한다.

- INNER
- OUTER
- CROSS

INNER JOIN은 데이터가 두 테이블 모두에 있는 경우에 유용하다.

OUTER JOIN은 다음과 같다.

- **LEFT OUTER JOIN**: 왼쪽 테이블에 있는 데이터 가져오기
- **RIGHT OUTER JOIN**: 오른쪽 테이블에 있는 데이터 가져오기
- **FULL OUTER JOIN**: 두 테이블 중 하나라도 있는 데이터 가져오기(포괄적 inclusive 또는 배타적 exclusive)
- **CROSS JOIN**: 모든 데이터에 대한 모든 데이터를 가져오는데, ON 또는 WHERE 절이 없는 CROSS JOIN은 카테시안 곱을 제공한다.

쿼리(JPQL/SQL)에서 JOIN 지정은 INNER JOIN을 의미하고, LEFT/RIGHT/FULL JOIN 지정은 LEFT/RIGHT/FULL OUTER JOIN을 의미한다.

SQL JOIN문은 유명한 LazyInitializationException을 완화하는 가장 좋은 방법이다. 더욱이 읽기 전용 데이터의 경우 SQL JOIN문과 DTO(예: 스프링 프로젝션)를 결합하는 것이 여러 테이블에서 데이터를 가져오기 위한 가장 좋은 방법이다. 일반적으로 SQL JOIN문은 벤 다이어그램Venn diagram으로 표현되며(최상의 표현은 아닐지라도 이해하기가 매우 쉽다), SQL JOIN들에 대한 벤 나이어그램은 그림 3-15에 나와 있다.

```
SELECT select_list
FROM TableA A
LEFT JOIN TableB B
ON A.Key = B.Key
```

```
SELECT select_list
FROM TableA A
LEFT JOIN TableB B
ON A.Key = B.Key
WHERE B.Key IS NULL
```

```
SELECT select_list
FROM TableA A
INNER JOIN TableB
ON A.Key = B.Key
```

```
SELECT select_list
FROM TableA A
RIGHT JOIN TableB B
ON A.Key = B.Key
```

```
SELECT select_list
FROM TableA A
RIGHT JOIN TableB B
ON A.Key = B.Key
WHERE A.Key IS NULL
```

```
SELECT select_list
FROM TableA A
FULL OUTER JOIN TableB B
ON A.Key = B.Key
WHERE A.Key IS NULL
OR B.Key IS NULL
```

```
SELECT select_list
FROM TableA A
FULL OUTER JOIN TableB B
ON A.Key = B.Key
```

그림 3-15. JOIN

양방향 지연 @OneToMany 연관관계를 갖는 Author와 Book 엔터티를 사용해 저자 이름과 도서 제목을 가져오는 다음과 같은 스프링 프로젝션(DTO)을 고려해보자.

```
public interface AuthorNameBookTitle {

    String getName();
    String getTitle();
}
```

INNER JOIN

테이블 author가 테이블 A이고 테이블 book이 테이블 B라고 가정하면 JPQL을 통해 표현되는 INNER JOIN은 다음과 같이 작성된다.

```
@Query(value = "SELECT b.title AS title, a.name AS name "
        + "FROM Author a INNER JOIN a.books b")
List<AuthorNameBookTitle> findAuthorsAndBooksJpql();
```

또는 book이 테이블 A이고 author가 테이블 B라고 가정하면 다음과 같다.

```
@Query(value = "SELECT b.title AS title, a.name AS name "
        + "FROM Book b INNER JOIN b.author a")
List<AuthorNameBookTitle> findBooksAndAuthorsJpql();
```

네이티브 SQL은 다음과 같다.

```
@Query(value = "SELECT b.title AS title, a.name AS name "
        + "FROM author a INNER JOIN book b ON a.id = b.author_id",
        nativeQuery = true)
List<AuthorNameBookTitle> findAuthorsAndBooksSql();

@Query(value = "SELECT b.title AS title, a.name AS name "
        + "FROM book b INNER JOIN author a ON a.id = b.author_id",
        nativeQuery = true)
List<AuthorNameBookTitle> findBooksAndAuthorsSql();
```

WHERE 절을 추가하면 결과 세트를 필터링하는 데 도움이 된다. 예를 들어 저자 장르와 도서의 가격으로 설정된 결과를 다음과 같이 필터링해보자.

```
@Query(value = "SELECT b.title AS title, a.name AS name "
        + "FROM Author a INNER JOIN a.books b "
        + "WHERE a.genre = ?1 AND b.price < ?2")
List<AuthorNameBookTitle> findAuthorsAndBooksByGenreAndPriceJpql(
    String genre, int price);
```

네이티브 SQL은 다음과 같다.

```
@Query(value = "SELECT b.title AS title, a.name AS name "
```

```
                + "FROM book b INNER JOIN author a ON a.id = b.author_id "
                + "WHERE a.genre = ?1 AND b.price < ?2",
                nativeQuery = true)
    List<AuthorNameBookTitle> findBooksAndAuthorsByGenreAndPriceSql(
            String genre, int price);
```

전체 코드는 깃허브[60]에서 확인할 수 있다.

LEFT JOIN

테이블 author가 테이블 A이고 테이블 book이 테이블 B라고 가정하면 JPQL을 통해 표현되는 LEFT JOIN은 다음과 같이 작성한다.

```
    @Query(value = "SELECT b.title AS title, a.name AS name "
            + "FROM Author a LEFT JOIN a.books b")
    List<AuthorNameBookTitle> findAuthorsAndBooksJpql();
```

또는 book이 테이블 A이고 author가 테이블 B라고 가정하면 다음과 같다.

```
    @Query(value = "SELECT b.title AS title, a.name AS name "
            + "FROM Book b LEFT JOIN b.author a")
    List<AuthorNameBookTitle> findBooksAndAuthorsJpql();
```

네이티브 SQL은 다음과 같다.

```
    @Query(value = "SELECT b.title AS title, a.name AS name "
            + "FROM author a LEFT JOIN book b ON a.id = b.author_id",
            nativeQuery = true)
```

---

60. HibernateSpringBootDtoViaInnerJoins

```
List<AuthorNameBookTitle> findAuthorsAndBooksSql();
```

```
@Query(value = "SELECT b.title AS title, a.name AS name "
        + "FROM book b LEFT JOIN author a ON a.id = b.author_id",
        nativeQuery = true)
List<AuthorNameBookTitle> findBooksAndAuthorsSql();
```

전체 코드는 깃허브[61]에서 확인할 수 있으며, 배타적 LEFT JOIN 작성 예제[62]도
확인할 수 있다.

RIGHT JOIN

테이블 author가 테이블 A이고 테이블 book이 테이블 B라고 가정하면 JPQL을
통해 표현되는 RIGHT JOIN은 다음과 같이 작성한다.

```
@Query(value = "SELECT b.title AS title, a.name AS name "
        + "FROM Author a RIGHT JOIN a.books b")
List<AuthorNameBookTitle> findAuthorsAndBooksJpql();
```

또는 book이 테이블 A이고 author가 테이블 B라고 가정하면 다음과 같다.

```
@Query(value = "SELECT b.title AS title, a.name AS name "
        + "FROM Book b RIGHT JOIN b.author a")
List<AuthorNameBookTitle> findBooksAndAuthorsJpql();
```

네이티브 SQL은 다음과 같다.

---

61. HibernateSpringBootDtoViaLeftJoins
62. HibernateSpringBootDtoViaLeftExcludingJoins

```
@Query(value = "SELECT b.title AS title, a.name AS name "
    + "FROM author a RIGHT JOIN book b ON a.id = b.author_id",
    nativeQuery = true)
List<AuthorNameBookTitle> findAuthorsAndBooksSql();
```

```
@Query(value = "SELECT b.title AS title, a.name AS name "
    + "FROM book b RIGHT JOIN author a ON a.id = b.author_id",
    nativeQuery = true)
List<AuthorNameBookTitle> findBooksAndAuthorsSql();
```

전체 코드는 깃허브[63]에서 확인할 수 있으며, 배타적 RIGHT JOIN 작성 예제[64]도 확인할 수 있다.

CROSS JOIN

CROSS JOIN에 ON 또는 WHERE 절이 없으면 카테시안 곱 결과를 반환한다. 예를 들어 Book과 Format 엔터티를 가정해보자(Format 엔터티는 특정 도서 형식(예: paperback, PDF, kindle 등)을 나타내는 formatType 필드가 있음). 이들 엔터티 간에는 관계가 없다.

테이블 book이 테이블 A이고 테이블 format이 테이블 B라고 가정하면 JPQL을 통해 표현되는 CROSS JOIN은 다음과 같이 작성한다.

```
@Query(value = "SELECT b.title AS title, f.formatType AS formatType "
    + "FROM Book b, Format f")
List<BookTitleAndFormatType> findBooksAndFormatsJpql();
```

또는 format이 테이블 A이고 book이 테이블 B라고 가정하면 다음과 같다.

---

63. HibernateSpringBootDtoViaRightJoins
64. HibernateSpringBootDtoViaRightExcludingJoins

```
@Query(value = "SELECT b.title AS title, f.formatType AS formatType "
        + "FROM Format f, Book b")
List<BookTitleAndFormatType> findFormatsAndBooksJpql();
```

네이티브 SQL은 다음과 같다.

```
@Query(value = "SELECT b.title AS title, f.format_type AS formatType "
        + "FROM format f CROSS JOIN book b",
        nativeQuery = true)
List<BookTitleAndFormatType> findFormatsAndBooksSql();
```

```
@Query(value = "SELECT b.title AS title, f.format_type AS formatType "
        + "FROM book b CROSS JOIN format f",
        nativeQuery = true)
List<BookTitleAndFormatType> findBooksAndFormatsSql();
```

BookTitleAndFormatType은 다음과 같은 간단한 스프링 프로젝션이다.

```
public interface BookTitleAndFormatType {

    String getTitle();
    String getFormatType();
}
```

---

*-to-one 연관관계에서 implicit JOIN문에 주의해야 한다. 이런 종류의 JOIN문은 예상대로 INNER JOIN이 아닌 CROSS JOIN을 실행한다. 예를 들어 다음과 같은 JPQL을 생각해보자.

```
@Query(value = "SELECT b.title AS title, b.author.name
```

```
        AS name FROM Book b")
    List<AuthorNameBookTitle> findBooksAndAuthorsJpql();
```

이 암묵적 JOIN은 다음과 같이 INNER JOIN이 아닌 WHERE 절의 CROSS JOIN을 만든다.

```
SELECT
    book0_.title AS col_0_0_,
    author1_.name AS col_1_0_
FROM book book0_
CROSS JOIN author author1_
WHERE book0_.author_id = author1_.id
```

일반적인 원칙으로 이런 상황을 피하려면 명시적 JOIN문을 사용하는 것이 좋다. 엔터티를 가져오는 경우 JOIN FETCH(항목 39)를 사용한다. 또한 Criteria API를 통해 생성된 SQL문은 CROSS JOIN도 포함될 가능성이 있으므로 항상 확인해야 한다.

전체 코드는 깃허브[65]에서 확인할 수 있다.

FULL JOIN

MySQL은 FULL JOIN을 지원하지 않는다. 이번 절의 예제는 PostgreSQL로 테스트했다.

테이블 author가 테이블 A이고 테이블 book이 테이블 B라고 가정하면 JPQL을 통해 표현되는 포괄적 FULL JOIN은 다음과 같이 작성한다.

```
@Query(value = "SELECT b.title AS title, a.name AS name "
        + "FROM Author a FULL JOIN a.books b")
```

---

65. HibernateSpringBootDtoViaCrossJoins

```
List<AuthorNameBookTitle> findAuthorsAndBooksJpql();
```

또는 book이 테이블 A이고 author가 테이블 B라고 가정하면 다음과 같다.

```
@Query(value = "SELECT b.title AS title, a.name AS name "
       + "FROM Book b FULL JOIN b.author a")
List<AuthorNameBookTitle> findBooksAndAuthorsJpql();
```

네이티브 SQL은 다음과 같다.

```
@Query(value = "SELECT b.title AS title, a.name AS name "
       + "FROM author a FULL JOIN book b ON a.id = b.author_id",
       nativeQuery = true)
List<AuthorNameBookTitle> findAuthorsAndBooksSql();
```

```
@Query(value = "SELECT b.title AS title, a.name AS name "
       + "FROM book b FULL JOIN author a ON a.id = b.author_id",
       nativeQuery = true)
List<AuthorNameBookTitle> findBooksAndAuthorsSql();
```

전체 코드는 깃허브[66]에서 확인할 수 있으며, 배타적 FULL JOIN 작성 예제[67]도 확인할 수 있다.

MySQL에서 FULL JOIN 시뮬레이션

MySQL은 FULL JOIN을 지원하지 않지만 FULL JOIN을 시뮬레이션할 수 있는 몇 가지 방법이 있다. 가장 좋은 방법은 UNION 또는 UNION ALL을 사용하는 것이다.

---

66. HibernateSpringBootDtoViaFullJoins
67. HibernateSpringBootDtoViaFullOuterExcludingJoins

차이점은, UNION은 중복을 제거하고 UNION ALL은 중복도 반환한다는 점이다.

JPA는 UNION 절을 지원하지 않는다. 따라서 네이티브 SQL을 사용해야 하며 아이디어는 다음과 같이 두 아우터 조인의 UNION을 통해 포괄적 FULL JOIN을 시뮬레이션하는 것이다.

```
@Repository
@Transactional(readOnly = true)
public interface AuthorRepository extends JpaRepository<Author, Long> {

    @Query(value = "(SELECT b.title AS title, a.name AS name FROM author a "
        + "LEFT JOIN book b ON a.id = b.author_id) "
        + "UNION "
        + "(SELECT b.title AS title, a.name AS name FROM author a "
        + "RIGHT JOIN book b ON a.id = b.author_id "
        + "WHERE a.id IS NULL)",
        nativeQuery = true)
    List<AuthorNameBookTitle> findAuthorsAndBooksSql();
}
```

이 쿼리는 UNION을 사용하기 때문에 중복 항목이 제거된다. 그러나 중복 결과가 필요한 정당한 경우도 있다. 이때는 UNION 대신 UNION ALL을 사용하면 된다.

전체 코드는 깃허브[68]에서 확인할 수 있다.

항목 44: JOIN 페이지네이션 방법

양방향 지연 @OneToMany 연관관계로 잘 알고 있는 Author와 book 엔터티를 생각해보자. 이제 가져온 결과 세트가 읽기 전용이어야 하고 주어진 장르의 저자

---

68. HibernateSpringBootDtoViaFullJoinsMySQL

이름과 나이, 관련 도서의 ISBN과 제목만을 포함해야 한다고 가정해보자. 여기에 더해 페이지 처리로 결과 세트를 가져와야 하는데, JOIN + 프로젝션(DTO)이 좋은 방법이다. 따라서 다음과 같이 스프링 프로젝션을 작성해 시작해보자.

```java
public interface AuthorBookDto {

    String getName();      // author 정보
    int getAge();          // author 정보
    String getTitle();     // book 정보
    String getIsbn();      // book 정보
}
```

다음으로 아래와 같이 LEFT JOIN을 사용해 JPQL을 작성한다.

```java
@Repository
@Transactional(readOnly = true)
public interface AuthorRepository extends JpaRepository<Author, Long> {

    @Query(value = "SELECT a.name AS name, a.age AS age,
            b.title AS title, b.isbn AS isbn"
        + " FROM Author a LEFT JOIN a.books b WHERE a.genre = ?1")
    Page<AuthorBookDto> fetchPageOfDto(String genre, Pageable pageable);
```

fetchPageOfDto()를 호출하는 서비스 메서드는 다음과 같다.

```java
public Page<AuthorBookDto> fetchPageOfAuthorsWithBooksDtoByGenre(
                                        int page, int size) {

    Pageable pageable = PageRequest.of(page, size,
            Sort.by(Sort.Direction.ASC, "name"));
    Page<AuthorBookDto> pageOfAuthors
        = authorRepository.fetchPageOfDto("Anthology", pageable);

    return pageOfAuthors;
```

```
    }
```

생성된 SQL문은 다음과 같다.

```
SELECT
    author0_.name AS col_0_0_,
    author0_.age AS col_1_0_,
    books1_.title AS col_2_0_,
    books1_.isbn AS col_3_0_
FROM author author0_
LEFT OUTER JOIN book books1_
    ON author0_.id = books1_.author_id
WHERE author0_.genre = ?
ORDER BY author0_.name ASC LIMIT ? ?

SELECT
    COUNT(author0_.id) AS col_0_0_
FROM author author0_
LEFT OUTER JOIN book books1_
    ON author0_.id = books1_.author_id
WHERE author0_.genre = ?
```

가능한 결과 세트의 JSON 표현식은 다음과 같다.

```
{
    "content":[
        {
            "title":"The Beatles Anthology",
            "isbn":"001-MJ",
            "age":23,
            "name":"Mark Janel"
        },
```

```
        {
            "title":"Anthology From Zero To Expert",
            "isbn":"002-MJ",
            "age":23,
            "name":"Mark Janel"
        }
    ],
    "pageable":{
        "sort":{
            "sorted":true,
            "unsorted":false,
            "empty":false
        },
        "pageSize":2,
        "pageNumber":0,
        "offset":0,
        "paged":true,
        "unpaged":false
    },
    "totalElements":7,
    "totalPages":4,
    "last":false,
    "numberOfElements":2,
    "first":true,
    "sort":{
        "sorted":true,
        "unsorted":false,
        "empty":false
    },
    "number":0,
    "size":2,
    "empty":false
}
```

가공되지 않는 결과로, 때론 이걸로 충분하다. 그러나 그렇지 않은 경우 메모리 내에서 추가 처리를 통해 다른 형태로 제공될 수 있는데(예: 저자의 모든 도서를 목록 아래 그룹화), 서버 측 또는 클라이언트 측에서 처리한다.

항목 95와 항목 96에서 살펴보는 것처럼 SELECT COUNT는 SELECT 서브쿼리 또는 COUNT(*) OVER() 윈도우 함수$^{window\ function}$[69]를 사용해 단일 쿼리로 전환된다. COUNT(*) OVER()를 활용하려면 AuthorBookDto에 다음과 같은 추가 필드를 포함해 총 행수를 저장한다.

```java
public interface AuthorBookDto {
    String getName();      // author 정보
    int getAge();          // author 정보
    String getTitle();     // book 정보
    String getIsbn();      // book 정보

    @JsonIgnore
    long getTotal();
}
```

다음으로 아래와 같이 네이티브 쿼리를 호출한다.

```java
@Transactional(readOnly = true)
@Query(value = "SELECT a.name AS name, a.age AS age, b.title AS title,
        b.isbn AS isbn,"
        + " COUNT(*) OVER() AS total FROM author a LEFT JOIN book b "
        + "ON a.id = b.author_id WHERE a.genre = ?1",
        nativeQuery = true)
List<AuthorBookDto> fetchListOfDtoNative(String genre, Pageable pageable);
```

fetchListOfDtoNative()를 호출하는 서비스 메서드는 다음과 같다.

---

69. SQL에서 행과 행 사이의 관계를 나타내는 함수로 순서, 합계, 평균 등의 처리를 제공한다. – 옮긴이

```
public Page<AuthorBookDto> fetchPageOfAuthorsWithBooksDtoByGenreNative(
        int page, int size) {

    Pageable pageable = PageRequest.of(page, size,
            Sort.by(Sort.Direction.ASC, "name"));

    List<AuthorBookDto> listOfAuthors
            = authorRepository.fetchListOfDtoNative("Anthology", pageable);
    Page<AuthorBookDto> pageOfAuthors
            = new PageImpl(listOfAuthors, pageable,
            listOfAuthors.isEmpty() ? 0 : listOfAuthors.get(0).getTotal());

    return pageOfAuthors;
}
```

이번에는 다음과 같이 페이지를 가져오는 데 하나의 SQL문만 필요하다.

```
SELECT
    a.name AS name,
    a.age AS age,
    b.title AS title,
    b.isbn AS isbn,
    COUNT(*) OVER() AS total
FROM author a
LEFT JOIN book b
    ON a.id = b.author_id
WHERE a.genre = ?
ORDER BY a.name ASC LIMIT ? ?
```

신규 등록이나 삭제가 매우 드문 경우 각 페이지에 대해 SELECT COUNT를 트리거할 필요가 없는 경우도 있으며, 행수는 오랫동안 고정된 상태로 유지된다. 이런 경우 다음 2가지 접근 방법과 같이 첫 번째 페이지를 가져올 때 단일 SELECT COUNT를 트리거하고 페이지네이션에 Slice 또는 List 를 사용한다.

전체 행수가 각 페이지와 관련이 없는 경우 Page 대신 Slice 사용도 다음과 같이 가능하다.

```java
@Transactional(readOnly = true)
@Query(value = "SELECT a.name AS name, a.age AS age, b.title
        AS title, b.isbn AS isbn"
        + " FROM Author a LEFT JOIN a.books b WHERE a.genre = ?1")
Slice<AuthorBookDto> fetchSliceOfDto(String genre, Pageable pageable);
```

```java
public Slice<AuthorBookDto> fetchSliceOfAuthorsWithBooksDtoByGenre(
        int page, int size) {
    Pageable pageable = PageRequest.of(page, size,
            Sort.by(Sort.Direction.ASC, "name"));
    Slice<AuthorBookDto> sliceOfAuthors
            = authorRepository.fetchSliceOfDto("Anthology", pageable);

    return sliceOfAuthors;
}
```

여기서도 다음과 같이 하나의 SELECT가 필요하다.

```sql
SELECT
    author0_.name AS col_0_0_,
    author0_.age AS col_1_0_,
    books1_.title AS col_2_0_,
    books1_.isbn AS col_3_0_
FROM author author0_
LEFT OUTER JOIN book books1_
    ON author0_.id = books1_.author_id
WHERE author0_.genre = ?
ORDER BY author0_.name ASC LIMIT ? ?
```

물론 Page/Slice 대신 List를 사용해도 단일 SELECT문이 생성되지만 사용 가능한 페이지 메타데이터^{metadata}는 사용할 수 없다.

```
@Transactional(readOnly = true)
@Query(value = "SELECT a.name AS name, a.age
        AS age, b.title AS title, b.isbn AS isbn"
        + " FROM Author a LEFT JOIN a.books b WHERE a.genre = ?1")
List<AuthorBookDto> fetchListOfDto(String genre, Pageable pageable);

public List<AuthorBookDto> fetchListOfAuthorsWithBooksDtoByGenre(
        int page, int size) {
    Pageable pageable = PageRequest.of(page, size,
            Sort.by(Sort.Direction.ASC, "name"));
    List<AuthorBookDto> listOfAuthors
            = authorRepository.fetchListOfDto("Anthology", pageable);

    return listOfAuthors;
}
```

fetchListOfAuthorsWithBooksDtoByGenre()를 호출하면 Slice의 경우와 동일한 SELECT가 실행되지만 생성된 JSON에 페이지 메타데이터가 포함되지 않는다.

이번엔 스프링 제공 기능을 통해 정렬^{ordering}과 페이징^{paging}을 SQL 절에 추가하기 위한 Pageable을 사용해보자. 특히 페이징 처리에 있어 스프링은 다이얼렉트^{dialect}에 따라 적절한 SQL 절을 선택한다(예: MySQL의 경우 LIMIT 추가).

지금까지 저자와 연관 도서에 대한 하위 칼럼을 포함한 읽기 전용 결과 세트를 가져오는 방법을 몇 가지 살펴봤다. 페이지네이션으로 인한 해당 방법들의 주요 문제는 결과 세트가 잘리는 경향이 있다는 것이다. 따라서 저자는 도서의 하위 집합만을 가져올 수 있다. 그림 3-16은 Mark Jane이 3권의 도서를 갖고 있는데, 그중 2권은 첫 페이지에 나열되고 세 번째 도서는 두 번째 페이지에서 볼 수 있다.

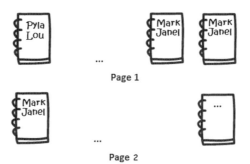

그림 3-16. 잘린 결과 세트의 페이지네이션

때때로 이는 전혀 문제가 되지 않을 수 있는데, 예를 들어 그림 3-16의 출력은 괜찮다. 그러나 결과 세트 잘림을 방지하려면 어떻게 할 수 있을까? 이것이 애플리케이션의 설계 요구 사항이라면 무엇을 할 수 있을까?

DENSE_RANK() 윈도우 함수 해결 방안

SELECT * FROM bookstoredb.author;

id	age	genre	name
1	23	Anthology	Mark Janel
2	43	Horror	Olivia Goy
3	51	Anthology	Quartis Young
4	34	History	Joana Nimar
5	41	Anthology	Pyla Lou
6	31	Anthology	Merci Umaal

SELECT * FROM bookstoredb.book;

id	isbn	title	author_id
1	001-JN	A History of Ancient Prague	4
2	002-JN	A People's History	4
3	001-MJ	The Beatles Anthology	1
4	001-OG	Carrie	2
5	001-QY	Anthology Of An Year	3
6	001-KL	Personal Anthology	5
7	001-MU	Ultimate Anthology	6
8	002-MJ	Anthology From Zero To Expert	1
9	003-MJ	Quick Anthology	1
10	002-MU	1959 Anthology	6

SELECT * FROM (SELECT *, DENSE_RANK() OVER (ORDER BY name, age) na_rank
FROM (SELECT a.name AS name, a.age AS age, b.title AS title, b.isbn AS isbn
FROM author a LEFT JOIN book b ON a.id = b.author_id WHERE a.genre = "Anthology"
ORDER BY a.name) ab) ab_r;

name	age	title	isbn	na_rank
Mark Janel	23	The Beatles Anthology	001-MJ	1
Mark Janel	23	Anthology From Zero To Expert	002-MJ	1
Mark Janel	23	Quick Anthology	003-MJ	1
Merci Umaal	31	Ultimate Anthology	001-MU	2
Merci Umaal	31	1959 Anthology	002-MU	2
Pyla Lou	41	Personal Anthology	001-KL	3
Quartis Young	51	Anthology Of An Year	001-QY	4

그림 3-17. DENSE_RANK() 적용하기

DENSE_RANK는 각 그룹 b 내에서 a의 서로 다른 값에 일련번호를 할당하는 함수다. 이를 위해 DENSE_RANK는 그림 3-17과 같이 새 칼럼(na_rank)을 추가한다.

DENSE_RANK()가 적용되면 쿼리는 다음 네이티브 쿼리에서와 같이 WHERE 절을 추가해 페이지의 저자를 간단히 가져올 수 있다.

```
@Transactional(readOnly = true)
@Query(value = "SELECT * FROM ("
    + "SELECT *, DENSE_RANK() OVER (ORDER BY name, age) na_rank FROM ("
    + "SELECT a.name AS name, a.age AS age, b.title AS title, b.isbn AS isbn "
    + "FROM author a LEFT JOIN book b ON a.id = b.author_id "
    + "WHERE a.genre = ?1 "
    + "ORDER BY a.name) ab ) ab_r "
    + "WHERE ab_r.na_rank > ?2 AND ab_r.na_rank <= ?3",
    nativeQuery = true)
List<AuthorBookDto> fetchListOfDtoNativeDenseRank(
    String genre, int start, int end);
```

일반적인 원칙으로 복잡한 쿼리는 네이티브 쿼리를 사용하자. 이렇게 하면 윈도우 함수, CTE(Common Table Expressions), PIVOT[70] 등을 활용할 수 있다. 적절한 경우에 네이티브 쿼리를 사용하면 애플리케이션 성능도 높일 수 있다. 그리고 SQL 쿼리와 실행 계획(execution plan)을 분석해 결과를 최적화하는 것을 잊지 말자.

---

fetchListOfDtoNativeDenseRank()를 호출하는 서비스 메서드는 다음과 같다.

```
public List<AuthorBookDto> fetchListOfAuthorsWithBooksDtoNativeDenseRank(
        int start, int end) {
    List<AuthorBookDto> listOfAuthors
        = authorRepository.fetchListOfDtoNativeDenseRank(
```

70. https://vladmihalcea.com/how-to-map-table-rows-to-columns-using-sql-pivot-or-case-expressions/

```
        "Anthology", start, end);

    return listOfAuthors;
}
```

예를 들어 다음과 같이 도서를 자르지 않고 도서를 갖는 처음 두 저자를 가져올
수 있다.

```
fetchListOfAuthorsWithBooksDtoNativeDenseRank(0, 2);
```

결과 세트를 다음과 같이 JSON으로 표현하면 두 저자(3권의 도서가 있는 Mark Janel과 2권의
도서가 있는 Merci Umaal)를 가져왔음을 알 수 있다.

```
[
    {
        "title":"The Beatles Anthology",
        "isbn":"001-MJ",
        "age":23,
        "name":"Mark Janel"
    },
    {
        "title":"Anthology From Zero To Expert",
        "isbn":"002-MJ",
        "age":23,
        "name":"Mark Janel"
    },
    {
        "title":"Quick Anthology",
        "isbn":"003-MJ",
        "age":23,
        "name":"Mark Janel"
    },
```

```
        {
            "title":"Ultimate Anthology",
            "isbn":"001-MU",
            "age":31,
            "name":"Merci Umaal"
        },
        {
            "title":"1959 Anthology",
            "isbn":"002-MU",
            "age":31,
            "name":"Merci Umaal"
        }
    ]
```

이는 가공되지 않는 결과로, 메모리에서 추가 처리를 통해 다른 형태로 변환할 수 있다(예: 저자의 모든 도서를 목록 아래 그룹화). 이번에는 **Pageable**이 사용되지 않고 페이지 메타데이터를 사용할 수 없지만 몇 가지 정보를 쉽게 추가할 수 있다(예: DENSE_RANK()에 의해 할당된 최댓값을 가져오는 쿼리를 조정할 수 있고, 이를 통해 총 저자 수를 얻을 수 있음). 전체 애플리케이션은 깃허브[71]에서 확인할 수 있다(각 쿼리는 BookstoreController의 REST 엔드포인트에 의해 노출된다).

항목 45: 결과 세트를 스트림하는 방법(MySQL) 및 Streamable 유틸리티의 사용 방법

이 항목에서는 결과 세트 스트리밍streaming(MySQL에서)과 **Streamable** 유틸리티 클래스의 사용에 대해 알아본다.

---

71. HibernateSpringBootJoinPagination

결과 세트 스트리밍(MySQL)

스프링 데이터 JPA 1.8은 자바 8 Stream API를 통해 결과 세트 스트리밍을 지원한다(이 기능은 JPA 2.2에서도 사용 가능[72]). 한 번의 처리로 전체 결과 세트를 가져오는 데이터베이스(예: MySQL, SQL 서버, PostgreSQL)의 경우 스트리밍으로 인해 성능이 저하될 수 있다. 특히 큰 결과 세트를 처리할 때 문제가 발생하는데, 경우에 따라(이런 사례를 식별하려면 벤치마크가 필요하다) 개발자는 다음과 같은 방법을 통해 성능 문제를 피할 수 있다.

- forward-only 결과 세트(스프링 데이터에서는 기본 처리)
- Read-only문(Transactional(ReadOnly=true) 추가)
- fetch-size 값 지정(예: 30 또는 행별로 row-by-row)
- MySQL의 경우 fetch-size를 Integer.MIN_VALUE로 설정하거나 JDBC URL에 useCursorFetch=true를 추가해 커서 기반 스트리밍을 사용하고 HINT_FETCH_SIZE 힌트를 설정하거나 매번 가져오길 원하는 행수를 size로 지정한 setFetchSize(size)를 호출

그럼에도 스트리밍의 경우 결과 세트 크기에 따라 응답 시간이 기하급수적으로 증가한다. 이런 경우 페이지네이션 또는 배치 처리 batching(배치에서의 폴 poll)는 대규모 결과 세트(벤치마크 필요)를 스트리밍하는 것보다 더 나은 성능을 발휘할 수 있다. 이때 데이터는 저장 프로시저 stored procedure로 처리할 수 있다.

일반적인 원칙으로 JDBC 결과 세트를 가능한 한 작게 유지하도록 노력해야 하고 웹 애플리케이션에서는 페이지네이션이 선호돼야 한다. JPA 2.2는 자바 1.8 Stream 메서드를 지원하지만 실행계획(execution plan)은 SQL 수준 페이지네이션을 사용할 때만큼 효율적이지 않다.

그럼 간단한 Author 엔터티를 기반으로 하는 예를 살펴보자. 리포지터리 AuthorRepository는 다음과 같이 Stream<Author>를 반환하는 streamAll() 이름

---

72. 최근 버전인 2.7에서도 사용 가능하다. – 옮긴이

의 메서드를 제공한다.

```
@Repository
public interface AuthorRepository extends JpaRepository<Author, Long> {

    @Query("SELECT a FROM Author a")
    @QueryHints(value = @QueryHint(name = HINT_FETCH_SIZE,
            value = "" + Integer.MIN_VALUE))
    Stream<Author> streamAll();
}
```

서비스 메서드는 다음과 같이 streamAll()을 호출한다.

```
@Transactional(readOnly = true)
public void streamDatabase() {

    try (Stream<Author> authorStream = authorRepository.streamAll()) {

        authorStream.forEach(System.out::println);
    }
}
```

전체 코드는 깃허브[73]에서 확인할 수 있는데, 이 애플리케이션에는 useCursorFetch=
true 사례도 포함돼 있다.

Streamable 유틸리티와 스트림 혼동하지 않기

스프링 데이터를 사용하면 Streamable(org.springframework.data.util.Streamable)
을 반환할 수 있는데, 이는 Iterable 또는 모든 컬렉션 타입(예: List, Set 등)의 대제
가 될 수 있다. Streamable에는 구성 요소에 대해 직접 필터링(filter()), 맵(map()),
플랫맵(flatMap()) 등을 허용하는 여러 메서드가 있으며, and() 메서드를 통해 하나

---

73. HibernateSpringBootStreamAndMySQL

이상의 Streamable을 연결할 수도 있다.

Author 엔터티와 Streamable을 반환하는 다음 쿼리 메서드를 생각해보자(쿼리 빌더 메커니즘을 활용하고 있지만 @Query 사용도 가능하다).

```
Streamable<Author> findByGenre(String genre);

Streamable<Author> findByAgeGreaterThan(int age);
```

또는 다음과 같이 Streamable을 스프링 프로젝션과 함께 사용할 수 있다.

```
public interface AuthorName {

    String getName();

}



Streamable<AuthorName> findBy();
```

서비스 메서드에서 위와 같은 메서드를 호출하는 것은 다음과 같이 매우 간단하다.

```
public void fetchAuthorsAsStreamable() {

    Streamable<Author> authors = authorRepository.findByGenre("Anthology");
    authors.forEach(System.out::println);

}

public void fetchAuthorsDtoAsStreamable() {

    Streamable<AuthorName> authors = authorRepository.findBy();
    authors.forEach(a -> System.out.println(a.getName()));

}
```

다음으로 Streamable API 메서드를 호출할 수 있는데, 성능 측면에서 문제가 있는 방식으로 사용되기 매우 쉽다는 점에 주의해야 한다. 데이터베이스로부터 정확히 필요한 데이터만 가져오는 쿼리(예: JPQL)를 작성하는 대신 Streamable 결과 세트를 가져오고 filter(), map(), flatMap() 등을 통해 처리하는 것은 매우 유혹적이고 편리하다. 필요한 데이터만 유지하고자 가져온 데이터 중 일부를 버리는 것으로, 필요한 것보다 많은 데이터를 가져오는 것은 상당한 성능 저하를 발생할 수 있다.

필요보다 더 많은 열을 가져와 map()을 통해 일부 삭제하지 않기

필요한 것보다 더 많은 열을 가져오면 성능 저하가 발생된다. 따라서 다음 예와 같이 Streamable을 사용하지 말아야 한다. 장르 Anthology의 저자 이름만 포함하는 읽기 전용 결과 세트가 필요하지만 이 예에선 엔터티(모든 열)를 가져오고 map() 메서드를 적용했다.

```java
// 다음처럼 하지 말아야 한다.
public void fetchAuthorsNames() {

    Streamable<String> authors = authorRepository.findByGenre("Anthology")
            .map(Author::getName);

    authors.forEach(System.out::println);
}
```

이 경우 Streamable과 스프링 프로젝션을 사용해 name 열만 가져와야 한다.

```java
Streamable<AuthorName> queryByGenre(String genre);



public void fetchAuthorsNames() {
```

```
        Streamable<AuthorName> authors =
              authorRepository.queryByGenre("Anthology");

        authors.forEach(a -> System.out.println(a.getName()));
    }
```

필요보다 더 많은 행을 가져와 filter()을 통해 일부 삭제하지 않기

필요한 것보다 더 많은 행을 가져오면 심각한 성능 저하가 발생한다. 따라서 다음 예와 같이 Streamable을 사용하지 말아야 한다. 40세 이상인 장르 Anthology의 저자만 포함하는 결과 세트가 필요하지만 장르 Anthology의 모든 저자를 가져온 다음 filter() 메서드를 통해 40세 이상만 보관한다.

```
    // 다음처럼 하지 말아야 함
    public void fetchAuthorsOlderThanAge1() {

        Streamable<Author> authors = authorRepository.findByGenre("Anthology")
              .filter(a -> a.getAge() > 40);

        authors.forEach(System.out::println);
    }
```

이 경우 데이터베이스 수준에서 데이터를 필터링하고 필요한 결과 세트만을 반환하는 적절한 JPQL(쿼리 빌더 메커니즘 또는 @Query를 통해)을 다음과 같이 작성하면 된다.

```
    Streamable<Author> findByGenreAndAgeGreaterThan(String genre, int age);



    public void fetchAuthorsOlderThanAge() {

        Streamable<Author> authors
            = authorRepository.findByGenreAndAgeGreaterThan("Anthology", 40);
```

```
        authors.forEach(System.out::println);
    }
```

and()를 통한 Streamable 결합에 주의

Streamable은 and() 메서드를 통해 쿼리 메서드 결과를 연결/결합하는 데 사용할 수 있다. 예를 들어 findByGenre()와 findByAgeGreaterThan() 쿼리 메서드를 다음과 같이 연결해보자.

```
@Transactional(readOnly = true)
public void fetchAuthorsByGenreConcatAge() {

    Streamable<Author> authors = authorRepository.findByGenre("Anthology")
            .and(authorRepository.findByAgeGreaterThan(40));

    authors.forEach(System.out::println);
}
```

이 두 Streamable을 결합하면 하나의 SQL SELECT문이 트리거된다고 가정하지 말자. 각 Streamable은 다음과 같이 별도 SQL SELECT를 생성한다.

```
SELECT
    author0_.id AS id1_0_,
    author0_.age AS age2_0_,
    author0_.genre AS genre3_0_,
    author0_.name AS name4_0_
FROM author author0_
WHERE author0_.genre = ?
SELECT
    author0_.id AS id1_0_,
    author0_.age AS age2_0_,
```

```
    author0_.genre AS genre3_0_,
    author0_.name AS name4_0_
FROM author author0_
WHERE author0_.age > ?
```

결과 Streamable은 2개의 결과 세트를 하나로 연결한다. 첫 번째 결과 세트에는 지정된 장르(Anthology)의 모든 저자가 포함되고 두 번째 결과 세트에는 지정된 연령(40)보다 많은 모든 저자가 포함된다. 그리고 최종 결과 세트에는 이 결과 세트들의 합쳐진 결과를 포함한다.

다시 말해 작가의 장르가 Anthology이고 나이가 40세 이상이면 최종 결과 세트에 2번 나타난다. 이는 다음과 같이 작성된 것과 동일하지 않다(똑같은 결과 세트를 생성하지 않음).

```
@Query("SELECT a FROM Author a WHERE a.genre = ?1 AND a.age > ?2")
Streamable<Author> fetchByGenreAndAgeGreaterThan(String genre, int age);

@Query("SELECT a FROM Author a WHERE a.genre = ?1 OR a.age > ?2")
Streamable<Author> fetchByGenreAndAgeGreaterThan(String genre, int age);
```

또는 쿼리 빌더 메커니즘으론 다음과 같다.

```
Streamable<Author> findByGenreAndAgeGreaterThan(String genre, int age);

Streamable<Author> findByGenreOrAgeGreaterThan(String genre, int age);
```

따라서 기대되는 결과와 2개 이상의 Streamable을 결합한 결과를 해석하는 방법에 주의를 기울여야 한다.

추가적으로 일반적인 규칙상 단일 SELECT를 통해 필요한 결과 세트를 얻을 수 있는 경우 Streamable을 연결하지 말아야 하는데, 추가 SELECT문은 무의미한 오버헤드를 포함하기 때문이다.

전체 애플리케이션은 깃허브[74]에서 확인할 수 있다.

커스텀 Streamable 래퍼 타입을 반환하는 방법

일반적인 전략은 쿼리 결과 세트를 매핑한 결과 컬렉션에 대한 전용 래퍼^{wrapper} 타입을 제공하는 것이다. 이렇게 하면 단일 쿼리 실행 시 API가 여러 결과를 반환할 수 있다. 컬렉션을 반환하는 쿼리 메서드를 호출한 후 해당 래퍼 클래스의 직접 인스턴스화를 통해 컬렉션을 래퍼 클래스에 전달할 수 있다. 코드가 다음 핵심 사항을 준수하는 경우라면 직접 인스턴스화하는 것을 피할 수 있다.

- 타입이 Streamble을 구현
- 타입이 생성자(다음에 사용) 또는 of(…)나 valueOf(…)라는 이름을 갖고 Streamable을 인자로 받는 정적 팩토리^{factory} 메서드를 제공

Book 엔터티를 가정하는데, id, price, title과 같은 영속 필드를 갖는다. BookRepository는 다음과 같은 하나의 쿼리 메서드를 포함하고 있다.

```
Books findBy();
```

findBy() 메서드의 반환 타입에 주목하자. Streamable을 반환하지 않는다. 커스텀 Streamable 래퍼 타입을 나타내는 클래스를 반환한다. Books 클래스는 위 2개의 조건을 따라 다음과 같이 작성됐다.

```
public class Books implements Streamable<Book> {
    private final Streamable<Book> streamable;
```

---

74. HibernateSpringBootStreamable

```
public Books(Streamable<Book> streamable) {

    this.streamable = streamable;
}

public Map<Boolean, List<Book>> partitionByPrice(int price) {

    return streamable.stream()
        .collect(Collectors.partitioningBy((Book a) ->
        a.getPrice() >= price));
}

public int sumPrices() {

    return streamable.stream()
            .map(Book::getPrice)
            .reduce(0, (b1, b2) -> b1 + b2);
}

public List<BookDto> toBookDto() {

    return streamable
            .map(b -> new BookDto(b.getPrice(), b.getTitle()))
            .toList();
}

@Override
public Iterator<Book> iterator() {

    return streamable.iterator();
}
}
```

보시다시피 이 클래스는 전달된 Streamable을 조작해 다른 결과를 반환하는 3
개 메서드인 partitionByPrice(), sumPrices(), toBookDto()를 제공하며, 서비스
메서드는 이 Books 클래스를 다음과 같이 활용할 수 있다.

```
@Transactional
```

```java
public List<BookDto> updateBookPrice() {

    Books books = bookRepository.findBy();

    int sumPricesBefore = books.sumPrices();
    System.out.println("Total prices before update: " + sumPricesBefore);

    Map<Boolean, List<Book>> booksMap = books.partitionByPrice(25);

    booksMap.get(Boolean.TRUE).forEach(
        a -> a.setPrice(a.getPrice() + 3));

    booksMap.get(Boolean.FALSE).forEach(
        a -> a.setPrice(a.getPrice() + 5));

    int sumPricesAfter = books.sumPrices();
    System.out.println("Total prices after update: " + sumPricesAfter);

    return books.toBookDto();
}
```

이게 전부이고 전체 애플리케이션은 깃허브[75]에서 확인할 수 있다.

---

75. HibernateSpringBootWrapperTypeStreamable

배치 처리

항목 46: 스프링 부트 스타일 배치 등록 방법

배치 처리는 INSERT, UPDATE, DELTE문을 그룹화할 수 있는 메커니즘으로서 결과적으로 데이터베이스/네트워크 호출 횟수를 크게 줄이는데, 일반적으로 호출 횟수가 적을수록 성능이 향상된다.

배치 처리는 데이터베이스에서 등록, 수정 또는 삭제로 나타나는 많은 개별 데이터베이스/네트워크 호출로 발생하는 성능 저하를 방지하는 데 완벽한 해결 방법이 된다. 예를 들어 배치 처리 없이 1,000개의 등록 처리는 1,000번의 개별 호출이 필요하지만 배치 처리를 사용해 30개의 일괄 처리를 사용하면 34번의 개별 호출만 발생한다. 등록이 많을수록 배치 처리가 더 유용하다.

배치 처리 활성화 및 JDBC URL 설정

스프링 부트 + 하이버네이트 + (이 예에서의 MySQL) 애플리케이션에서 배치 등록 지원을 활성화하려면 다음에 다룰 application.properties에 대한 여러 설정부터 시작한다.

배치 크기 설정

배치 크기^{batch size}는 spring.jpa.properties.hibernate.jdbc.batch_size 속성으로 설정한다. 권장 값은 5에서 30 사이이며, 기본값은 dialect.DEFAULT_BATCH_SIZE를 통해 가져온다. 배치 크기를 30으로 설정하는 방법은 다음과 같다.

```
spring.jpa.properties.hibernate.jdbc.batch_size=30
```

hibernate.jdbc.batch_size와 hibernate.jdbc.fetch_size를 혼동하지 말자. 후자는 **항목 45**에서 설명한 것 같이 JDBC Statement.setFetchSize()를 설정하는 데 사용된다. 일반적인 규칙으로 hibernate.jdbc.fetch_size는 (전체 결과 세트를 탐색하는) 하이버네이트와 한 번의 데이터베이스 호출로 전체 결과 세트를 가져오는 데이터베이스에는 적합하지 않다. 따라서 MySQL 또는 PostgreSQL을 사용할 때에는 피해야 하는데, 여러 번의 데이터베이스 호출로 결과 세트 가져오기를 지원하는 데이터베이스(예: 오라클)에선 유용하다.

MySQL 배치 최적화

MySQL의 배치 처리 성능을 최적화하는 데 사용할 수 있는 몇 가지 속성이 있다. 먼저 JDBC URL 최적화 플래그 속성인 rewriteBatchedStatements가 있다 (PostgreSQL에서는 항목 55과 함께 사용). 이 속성이 활성화되면 SQL문이 하나의 문자열 버퍼^{string buffer}로 재작성되고 데이터베이스에 대한 하나의 요청으로 전송된다. 그렇지 않으면 배치 처리된 문(예: INSERT)은 다음과 같게 된다.

```
insert into author (age, genre, name, id) values (828, 'Genre_810',
'Name_810', 810)
insert into author (age, genre, name, id) values (829, 'Genre_811',
'Name_811', 811)
...
```

이 설정이 사용되면 SQL문은 다음과 같이 재작성된다.

```
insert into author (age, genre, name, id) values (828, 'Genre_810',
'Name_810', 810),(829, 'Genre_811', 'Name_811', 811),...
```

또 다른 JDBC URL 최적화 플래그 속성은 cachePrepStmts인데, 캐싱을 활성화하고 preStmtCacheSize, preStmtCacheSqlLimit 등과 함께 작동된다. 이 설정이 없으면 캐시는 비활성화된다.

마지막으로 JDBC URL 최적화 플래그 속성인 useServerPrepStmts를 사용해 서버 측 프리페어드 스테이트먼트^{prepared statement}를 활성화할 수 있다(성능이 크게 향상될 수 있음).

MySQL은 클라이언트(기본적으로 활성화됨)와 서버(기본적으로 비활성화됨) 프리페어드 스테이트먼트를 지원한다.

클라이언트 프리페어드 스테이트먼트를 사용하면 SQL문 실행을 위해 서버로 전송되기 전에 클라이언트 측에서 준비(prepared)되는데, 위치 지정자(placeholder)를 실제 리터럴(literals) 값으로 대체해 SQL문을 준비한다. 각 실행에서 클라이언트는 COM_QUERY 명령을 통해 실행할 준비가 된 완전한 SQL문을 전송한다.

useServerPrepStmts=true를 설정하면 서버 프리페어드 스테이트먼트가 활성화되는데, 이번엔 SQL 쿼리문이 COM_STMT_PREPARE 명령을 통해 클라이언트에서 서버로 한 번만 전송된다. 서버는 쿼리를 준비하고 결과(예: 위치 지정자)를 클라이언트에 보낸다. 이후 각 실행에서 클라이언트는 COM_STMT_EXECUTE 명령으로 위치 지정자 대신 사용할 리터럴 값만 서버로 전송한다. 이 시점에 실제 SQL이 실행된다.

대부분의 커넥션 풀(예: 아파치 DBCP, Vibur, C3P0)은 커넥션 전체에서 프리페어드 스테이트먼트를 캐시한다. 즉, 동일한 명령문 문자열의 연속 호출은 동일한 PreparedStatement 인스턴스를 사용한다. 따라서 서버 측에서 동일한 문자열을 준비하지 않도록 동일한 PreparedStatement가 커넥션(사용되고 풀로 반환되는 커넥션) 전체에서 사용된다. 일부 커넥션 풀은 커넥션 풀 수준에서 프리페어드 스테이트먼트 캐시를 지원하지 않으며 JDBC 드라이버 캐싱 기능(예: HikariCP[1])을 선호한다.

---

1. https://github.com/brettwooldridge/HikariCP#statement-cache

MySQL 드라이버는 기본적으로 비활성화되는 클라이언트 측 명령문 캐시를 제공하는데, JDBC 옵션인 cachePrepStmts=true를 통해 활성화할 수 있다. 활성화되면 MySQL은 클라이언트와 서버 프리페어드 스테이트먼트에 캐시를 제공한다. 다음 쿼리로 현재 캐싱 상태의 스냅숏을 얻을 수 있다.

```
SHOW GLOBAL STATUS LIKE '%stmt%';
```

그러면 다음과 같은 테이블을 표시한다.

Variable_name	Value
com_stmt_execute	...
com_stmt_prepare	...
prepared_stmt_count	...
...	...

이전 MySQL 버전은 재작성과 서버 측 프리페이드 스테이트먼트를 동시에 활성화할 수 없었으며, 여전히 유효한지를 확인하려면 사용 중인 Connector/J의 참고 사항을 확인해야 한다.

지금까지의 설정을 적용하면 다음과 같은 JDBC URL을 갖는다.

```
jdbc:mysql://localhost:3306/bookstoredb?
cachePreStmts=true
&useServerPrepStmts=true
&rewriteBatchedStatements=true
```

다른 종류의 RDBMS의 경우 MySQL에 한정된 설정을 제거/교체해야 한다.

일반적인 규칙으로 2차 캐시가 필요하지 않은 경우 spring.jpa.properties.hibernate.cache.use_second_level_cache=false를 통해 비활성화됐는지 확인한다.

배치 등록을 위한 엔터티 준비

다음으로 배치 처리 등록과 관련된 엔터티를 준비한다. 하이버네이트 IDENTITY 생성자 배치 등록을 비활성화하기 때문에 할당된 생성자^{assigned generator}를 설정하는데, 이에 대한 Author 엔터티는 다음과 같다.

```java
@Entity
public class Author implements Serializable {

    private static final long serialVersionUID = 1L;

    @Id
    private Long id;

    private String name;
    private String genre;
    private int age;
    // 간결함을 위해 getter/setter 생략
}
```

다음을 추가하면 안 된다.

```java
@GeneratedValue(strategy = GenerationType.IDENTITY)
```

하이버네이트 IDENTITY 생성자(예: MySQL AUTO_INCREMENT 및 PostgreSQL (BIG)SERIAL) 의 경우 하이버네이트는 INSERT에 대해서만 JDBC 배치 처리를 비활성화한다(대안으로 개발자는 이 경우에도 배치 처리를 지원하는 jOOQ[2]를 활용할 수 있다).

반면 GenerationType.AUTO와 UUID는 등록 배치 처리에 사용할 수 있다.

---

2. 플루언트 API를 통해 타입에 안정적인 SQL 쿼리를 기반으로 자바 코드를 생성하는 일종의 가벼운 라이브러리다. – 옮긴이

```
@Entity
public class Author implements Serializable {

    @Id
    @GeneratedValue(strategy = GenerationType.AUTO)
    private UUID id;

    // ...
}
```

그럼에도 기본적으로 UUID 식별자는 피해야 한다. 자세한 사항은 **항목 74**의 'UUID (Universally Unique Identifier)은 어떨까?' 절에서 확인할 수 있다.

내장 saveAll(Iterable⟨S⟩ entities) 단점 확인 및 방지

스프링은 내장 saveAll(Iterable<S> entities) 메서드를 제공하는데, 상대적으로 작은 Iterable을 저장하는 데 매우 편리하지만 배치 처리, 특히 많은 양의 엔터티를 처리할 때에는 다음과 같은 몇 가지 측면을 알고 있어야 한다.

- **개발자는 현재 트랜잭션에서 영속성 콘텍스트 플러시 및 클리어를 제어할 수 없음**: saveAll(Iterable<S> entities) 메서드는 트랜잭션이 커밋되기 전에 단일 플러시를 발생시키며, 이로 인해 JDBC 배치를 준비하는 동안 엔터티는 현재 영속성 콘텍스트에 누적된다. 상당한 수의 엔터티(큰 Iterable)의 경우 영속성 콘텍스트를 '압도'해 성능 저하(예: 플러시가 느려짐) 또는 메모리 관련 오류가 유발될 수 있다. 해결책은 데이터를 청크^{chunk}하고 크기가 배치 크기와 동일한 Iterable로 saveAll()을 호출하는 것이다. 이런 방식으로 각 Iterable은 별도 트랜잭션과 영속성 콘텍스트에서 실행된다. 영속성 콘텍스트를 압도할 위험이 없으며 장애가 발생한 경우 롤백이 이전 커밋에 영향을 미치지 않는다. 더욱이 MVCC$^{Multi-Version Concurrency Control}$[3]

---

3. https://vladmihalcea.com/how-does-mvcc-multi-version-concurrency-control-work/

에 유리하지 않고 확장성에 영향을 미치는 장기 실행 트랜잭션을 방지한다. 그러나 플러시-클리어 주기에서 영속성 콘텍스트를 재사용하고 시작-커밋 주기에서 동일한 트랜잭션을 재사용하는 것이 더 나을 수 있다(이 내용은 다음 절에서 확인한다).

- **개발자는 merge() 대신 persist()를 사용할 수 없음:** 내부적으로 saveAll (Iterable<S> entities) 메서드는 EntityManager#merge()를 호출하는 내장 save(S s) 메서드를 호출한다. 이는 INSERT가 트리거되기 전에 JPA 영속성 공급자가 SELECT를 실행하는 것을 의미하는데, SELECT가 많을수록 성능 저하가 더 커진다. 트리거되는 각 SELECT는 등록과 동일한 기본 키를 가진 레코드가 데이터베이스에 이미 포함돼 있지 않은지 확인하는 데 필요하다(이 경우 하이버네이트는 INSERT 대신 UPDATE를 호출한다). merge() 대신 persist()를 호출하면 INSERT만 트리거된다. 아울러 엔터티에 @Version 속성을 추가하면 배치 처리 전에 추가적인 SELECT 실행을 방지할 수 있다.

- **saveAll() 메서드는 영속된 엔터티를 포함하는 List<S>를 반환함:** 각 Iterable 에 대해 saveAll()은 영속된 엔터티를 추가한 리스트를 생성한다. 리스트가 필요하지 않으면 의미 없이 생성되는 것이다. 예를 들어 배치 처리 크기가 30인 항목 1,000개를 일괄 처리하면 34개의 리스트가 생성되는데, 리스트 객체가 필요하지 않은 경우 가비지 컬렉터에 의미 없는 작업만 추가하게 된다.

saveAll(Iterable<S> entities)를 통한 배치 등록 예는 깃허브[4]에서 확인할 수 있다. 다음으로 더 많은 제어 기능을 제공하는 방법을 알아보자.

올바른 방법의 커스텀 구현

배치 처리의 커스텀 구현을 사용하면 프로세스를 제어하고 조정할 수 있다. 여러 최적화를 활용하는 saveInBatch(Iterable<S> entities) 메서드를 클라이

---

4. HibernateSpringBootBatchInsertsJpaRepository

언트에 제공하는데, 이 커스텀 구현은 EntityManager를 활용하며 다음과 같은 몇 가지 주요 목적을 갖는다.

- 각 배치 처리 후 데이터베이스 트랜잭션 커밋
- merge() 대신 persist() 사용
- 추가 발생 SELECT를 피하고자 엔터티에 @Version이 필요치 않음
- 영속된 엔터티에 대한 List를 반환하지 않음
- saveInBatch(Iterable<S>) 이름의 메서드를 통해 스프링 스타일 배치 처리 제공

계속하기 전에 배치 등록에 대한 모범 사례를 먼저 확인해보자.

권장 배치 크기는 5에서 30 사이다.

각 배치마다 데이터베이스 트랜잭션을 커밋해야 한다(이는 현재 배치를 데이터베이스로 플러시한다). 이렇게 하면 장기 실행 트랜잭션(MVCC에 유리하지 않고 확장성에 영향을 미침)을 피할 수 있으며, 장애가 발생한 경우 롤백이 이전 커밋에 영향을 미치지 않는다. 새 배치를 시작하기 전에 트랜잭션을 다시 시작하고 엔터티 관리자를 지워야 하는데, 느린 플러시로 인한 성능 저하를 유발하는 영속된 엔터티 누적과 발생 가능한 메모리 오류를 방지한다. 시작-커밋 주기에서 트랜잭션을 재사용하고 플러시-클리어 주기에서 엔터티 관리자를 재사용한다.

그럼에도 마지막에만 트랜잭션을 커밋하기로 결정한 경우 트랜잭션 내부에서 각 배치 처리 후 레코드를 명시적으로 플러시하고 지워야 한다. 이 방식으로 영속성 콘텍스트는 일부 메모리를 해제하고 메모리 고갈과 느린 플러시를 방지한다. 장기 실행 트랜잭션에 대해 주의 깊게 살펴보자.

BatchRepository 계약 작성

구현은 필요한 메서드를 갖는 비리포지터리[non-repository] 인터페이스로 시작하는데, 이 인터페이스는 @NoRepositoryBean 어노테이션이 다음과 같이 지정된다.

```
@NoRepositoryBean
```

```
public interface BatchRepository<T, ID extends Serializable>
                                extends JpaRepository<T, ID> {

    <S extends T> void saveInBatch(Iterable<S> entites);
}
```

BatchRepository 구현 작성

다음으로 SimpleJpaRepository 리포지터리 기반 클래스^{base class}를 확장한 Batch Repository를 구현한다. SimpleJpaRepository를 확장함으로써 필요한 메서드를 추가해 기본 리포지터리를 커스터마이징할 수 있다. 주로 영속성 기술에 특화된^{technology-specific} 리포지터리 기반 클래스를 확장하고 이 확장을 리포지터리 프록시에 대한 커스텀 기반 클래스로 사용한다. 스프링이 잠재적으로 오래 실행되는 트랜잭션 시작을 허용하지 않고자 트랜잭션 전파를 NEVER로 설정한 점에도 유의하자(스프링 트랜잭션 전파에 대한 간단한 가이드는 부록 G를 참고하자).

```
@Transactional(propagation = Propagation.NEVER)
public class BatchRepositoryImpl<T, ID extends Serializable>
        extends SimpleJpaRepository<T, ID> implements BatchRepository<T, ID> {

    // ...
    @Override
    public <S extends T> void saveInBatch(Iterable<S> entities) {

        // ...
        BatchExecutor batchExecutor
                = SpringContext.getBean(BatchExecutor.class);
        batchExecutor.saveInBatch(entities);
    }
    // ...

}
```

이 확장은 배치 등록 구현을 스프링 스타일로 제공하는 데 도움이 된다. 실제 배치 처리는 BatchExecutor라는 스프링 컴포넌트에서 이뤄진다. 전체 코드는 깃 허브[5]에서 확인할 수 있으며, 다음과 같은 메서드(BatchExecutor.saveInBatch())는 구현 내용을 보여준다(EntityManagerFactory에서 EntityManager를 가져오고 트랜잭션 시작-커밋 주기를 제어한다).

```
@Component
public class BatchExecutor<T> {

    private static final Logger logger =
            Logger.getLogger(BatchExecutor.class.getName());

    @Value("${spring.jpa.properties.hibernate.jdbc.batch_size}")
    private int batchSize;

    private final EntityManagerFactory entityManagerFactory;

    public BatchExecutor(EntityManagerFactory entityManagerFactory) {

        this.entityManagerFactory = entityManagerFactory;
    }

    public <S extends T> void saveInBatch(Iterable<S> entities) {

        // ...

        EntityManager entityManager =
                entityManagerFactory.createEntityManager();
        EntityTransaction entityTransaction =
                entityManager.getTransaction();

        try {
            entityTransaction.begin();

            int i = 0;
            for (S entity : entities) {
                if (i % batchSize == 0 && i > 0) {
                    logger.log(Level.INFO,
                            "Flushing the EntityManager containing {0}
```

---

5. HibernateSpringBootBatchInsertsSpringStyleBatchPerTransaction

```
                    entities ...", batchSize);

                entityTransaction.commit();
                entityTransaction.begin();

                entityManager.clear();
            }

            entityManager.persist(entity);
            i++;
        }

        logger.log(Level.INFO, "Flushing the remaining entities ...");

        entityTransaction.commit();
    } catch (RuntimeException e) {
        if (entityTransaction.isActive()) {
            entityTransaction.rollback();
        }

        throw e;
    } finally {
        entityManager.close();
    }
  }
}
```

BatchRepositoryImpl 기반 클래스 설정

다음으로 커스텀된 리포지터리 기반 클래스를 사용하도록 스프링에 설정한다.
자바 설정^{configuration}으로 다음과 같이 repsitoryBaseClass 속성을 통해 처리한다.

```
@SpringBootApplication
@EnableJpaRepositories(repositoryBaseClass = BatchRepositoryImpl.class)
public class MainApplication {
```

```
        // ...
    }
```

테스트 확인

스프링 부트 스타일로 이 구현 사용을 고려해보자. 먼저 Author 엔터티에 대해 다음과 같은 일반적인 리포지터리를 정의한다(이번에는 BatchRepository 확장).

```
@Repository
public interface AuthorRepository extends BatchRepository<Author, Long> {
}
```

다음으로 리포지터리를 서비스에 인젝션하고 다음과 같이 saveInBatch()를 호출한다.

```
public void batchAuthors() {

    List<Author> authors = new ArrayList<>();

    for (int i = 0; i < 1000; i++) {

        Author author = new Author();

        author.setId((long) i + 1);
        author.setName("Name_" + i);
        author.setGenre("Genre_" + i);
        author.setAge(18 + i);

        authors.add(author);
    }

    authorRepository.saveInBatch(authors);
}
```

예시 출력은 1,000명의 저자가 34개의 배치와 34개의 플러시로 처리됐음을 확인할 수 있으며(플러시 작동 방식에 대한 재확인 필요한 경우 부록 H 참고) 그림 4-1을 참고하자.

```
519998 nanoseconds spent acquiring 1 JDBC connections;
0 nanoseconds spent releasing 0 JDBC connections;
19727668 nanoseconds spent preparing 34 JDBC statements;
0 nanoseconds spent executing 0 JDBC statements;
8624954427 nanoseconds spent executing 34 JDBC batches;
0 nanoseconds spent performing 0 L2C puts;
0 nanoseconds spent performing 0 L2C hits;
0 nanoseconds spent performing 0 L2C misses;
9428708483 nanoseconds spent executing 34 flushes (flushing a total of 1000 entities and 0 collections);
0 nanoseconds spent executing 0 partial-flushes (flushing a total of 0 entities and 0 collections)
```

그림 4-1. 배치 등록 처리

일반적인 규칙으로 애플리케이션(데이터 액세스 레이어)이 실제로 배치 처리를 사용하고 예상과 같은지 항상 확인하자. 배치 처리는 자동으로 비활성화되거나 올바르게 최적화되지 않을 수 있기에 제대로 작동한다고 가정하지 말아야 한다. 배치 크기를 기록하고 실행된 명령문의 수를 확인하는 도구(예: DataSource-Proxy, **항목 83** 참고)를 사용하는 것이 좋다.

소스코드는 깃허브[6]에서 확인할 수 있다. 배치 처리 프로세스가 끝날 때 커밋하고 싶지만 여전히 각 배치 처리 후 플러시와 클리어를 활용하려면 이 코드[7]를 확인해보자.

아울러 다음과 같은 방식도 사용할 수 있다.

- EntityManager와 DAO 레이어를 활용한 배치 등록[8]
- JpaContext와 EntityManager를 활용한 배치 등록[9]

---

6. HibernateSpringBootBatchInsertsEntityManagerViaJpaContext
7. HibernateSpringBootBatchInsertsSpringStyleBatchPerTransaction
8. HibernateSpringBootBatchInsertsSpringStyleBatch
9. HibernateSpringBootBatchInsertsEntityManager

항목 47: 부모-자식 관계 배치 등록 최적화 방법

배치 등록에 익숙해지려면 먼저 항목 46을 읽어보자. Author와 Book 엔터티 간 @OneToMany 연관관계를 생각해보자. 전이 등록^{cascading persist}(또는 모든 처리) 덕분에 저자를 저장하면 도서도 함께 저장된다. 저자와 도서의 수가 상당히 많은 경우 배치 등록 기술을 통해 성능을 향상시킬 수 있다.

기본적인 방법으로 각 저자와 저자별 도서는 배치로 처리된다. 예를 들어 40명의 저자가 있고 각각 5권의 도서를 저술했다고 가정해보자. 데이터를 데이터베이스에 등록하려면 240개의 등록(저자 40명과 도서 200권)이 필요하다. 배치 처리가 15로 등록을 배치 처리하면 17개의 JDBC 배치가 생성된다. 왜 17일까? 곧 답을 확인할 수 있다.

등록 순서 지정^{Ordering the inserts} 없이는 다음 SQL문들은 이 순서로 그룹화된다(강조 표시된 등록은 각 저자를 시각적으로 구분하기 위함).

```
insert into author (age, genre, name, id) values (?, ?, ?, ?)
insert into book (author_id, isbn, title, id) values (?, ?, ?, ?)
-- 4 more

insert into author (age, genre, name, id) values (?, ?, ?, ?)
insert into book (author_id, isbn, title, id) values (?, ?, ?, ?)
-- 4 more

...
```

즉, author 테이블에 대한 등록이 있고 book 테이블에 대한 5개의 등록이 이어진다. 저자가 40명이므로 이 작업은 40번 반복된다. 최종적으로 통계는 그림 4-2와 같이 80개의 JDBC 배치를 보여준다.

```
471614 nanoseconds spent acquiring 1 JDBC connections;
0 nanoseconds spent releasing 0 JDBC connections;
25202794 nanoseconds spent preparing 80 JDBC statements;
0 nanoseconds spent executing 0 JDBC statements;
3065506548 nanoseconds spent executing 80 JDBC batches;
0 nanoseconds spent performing 0 L2C puts;
0 nanoseconds spent performing 0 L2C hits;
0 nanoseconds spent performing 0 L2C misses;
3238487470 nanoseconds spent executing 3 flushes (flushing a total of 240 entities and 40 collections);
0 nanoseconds spent executing 0 partial-flushes (flushing a total of 0 entities and 0 collections)
```

그림 4–2. 등록 순서 지정 없는 배치 등록(연관관계 포함)

왜 JDBC 배치가 80개일까? 답은 배치 처리가 작동하는 방식에 있다. 좀 더 정확하게는 JDBC 배치 처리는 하나의 테이블을 대상으로 할 수 있다. 다른 테이블이 대상이 되면 현재 배치가 종료되고 새 배치가 생성된다. 이 경우는 author 테이블을 대상으로 배치 처리가 생성되고 book 테이블이 대상이 되면 다른 배치 처리가 생성되는 것이다. 첫 번째 배치 처리는 하나의 등록만 그룹화하고 두 번째 배치 처리가 5개의 등록으로 그룹화된다. 따라서 40 x 2 배치가 생성됐다.

배치 순서 지정

이 문제에 대한 해결 방법은 등록 순서 지정을 사용하는 것인데, 다음과 같은 설정을 application.properties에 추가해 처리한다.

```
spring.jpa.properties.hibernate.order_inserts=true
```

이번에 등록은 다음과 같은 순서로 처리된다.

```
insert into author (age, genre, name, id) values (?, ?, ?, ?)
-- 14 more

insert into book (author_id, isbn, title, id) values (?, ?, ?, ?)
-- 74 more (15 x 5)
...
```

첫 번째 배치는 author 테이블 대상으로 15개의 등록을 그룹화한다. 다음 5개의 배치는 각각 book 테이블을 대상으로 15개의 등록을 그룹화한다. 그래서 지금까지 6개의 배치가 생성된다. 또 다른 6개는 15명의 저자로 구성된 다음 그룹을 처리한다. 그래서 12개의 배치가 된다. 마지막 10명 저자가 새 배치로 그룹화돼 지금까지 총 13개 배치가 생성된다. 마지막 10명의 저자가 50권의 도서를 썼기에 그 결과로 4개 묶음이 추가된다. 최종적으로 전체는 그림 4-3과 같이 17개의 JDBC 배치가 된다.

```
460863 nanoseconds spent acquiring 1 JDBC connections;
0 nanoseconds spent releasing 0 JDBC connections;
18206769 nanoseconds spent preparing 6 JDBC statements;
0 nanoseconds spent executing 0 JDBC statements;
761763240 nanoseconds spent executing 17 JDBC batches;
0 nanoseconds spent performing 0 L2C puts;
0 nanoseconds spent performing 0 L2C hits;
0 nanoseconds spent performing 0 L2C misses;
870081646 nanoseconds spent executing 3 flushes (flushing a total of 240 entities and 40 collections);
0 nanoseconds spent executing 0 partial-flushes (flushing a total of 0 entities and 0 collections)
```

그림 4-3. 등록 순서가 있는 배치 등록(연관관계 포함)

그림 4-4에 표시된 시간-성능 추이 그래프는 등록 순서 지정이 상당한 이점을 가져온다는 점을 보여준다. 여기서는 도서 수를 5로 유지하면서 저자 수를 5명에서 500명까지 늘렸다.

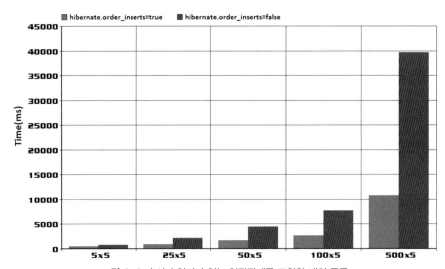

그림 4-4. 순서가 있거나 없는 연관관계를 포함한 배치 등록

시간-성능 추이 그래프는 인텔 i7, 2.10Ghz 및 6GB RAM을 가진 윈도우 7 시스템에서 MySQL로 얻은 것이며, 애플리케이션과 MySQL은 동일한 시스템에서 실행됐다.

소스코드는 깃허브[10]에서 확인할 있다. 또는 단일 트랜잭션으로 배치 처리를 실행하려면 다른 깃허브[11] 애플리케이션을 확인해보자.

항목 48: 세션 수준에서 배치 크기 제어 방법

애플리케이션 수준에서 배치 크기를 설정하는 것은 spring.jpa.properties. hibernate.jdbc.batch_size를 통해 application.properties로 처리한다. 이는 모든 하이버네이트 세션에 동일한 배치 크기가 사용되는 것이다. 그러나 하이버네이트 5.2부터 세션 수준에서 배치 크기를 설정할 수 있다. 이를 통해 배치 크기가 다른 하이버네이트 세션을 가질 수 있다.

Session.setJdbcBatchSize() 메서드를 사용해 세션 수준에서 배치 크기를 설정한다. 스프링 부트에서 세션에 액세스하려면 EntityManager#unwrap()을 통해 현재 EntityManager에서 가져와야 한다.

다음과 같은 코드 조각은 배치 등록 처리상 세션 수준으로 배치 처리 크기를 설정하는 모든 부분을 보여준다.

```
private static final int BATCH_SIZE = 30;

@PersistenceContext
private EntityManager entityManager;

@Override
public <S extends T> void saveInBatch(Iterable<S> entities) {
```

---

10. HibernateSpringBootBatchInsertOrderBatchPerTransaction
11. HibernateSpringBootBatchInsertOrder

```
// ...
int i = 0;

Session session = entityManager.unwrap(Session.class);
session.setJdbcBatchSize(BATCH_SIZE);

for (S entity : entities) {
    // ...
    if (i % session.getJdbcBatchSize() == 0 && i > 0) {
        // ...
    }
}
// ...
```

소스코드는 깃허브[12]에서 확인할 수 있다. 또는 단일 트랜잭션으로 배치 처리를
실행하려면 다른 깃허브[13] 애플리케이션을 확인하자.

항목 49: 포크/조인 JDBC 배치 처리 방법

대부분 데이터베이스는 수백만 개의 레코드에 대해 bulk 등록 처리를 지원한다. 애플리케이션 수
준에서 배치/대량 처리 사용을 결정하기 전에 데이터베이스 벤더가 제공하는 옵션을 확인하는 것
이 좋다. 예를 들어 MySQL은 CSV/TSV[14] 파일을 빠른 속도로 테이블에 직접 등록하는 고도로
최적화된 기능인 LOAD DATA INFILE을 제공한다.

이전 항목들에서 배치 처리를 통해 엔터티를 관리하는 여러 측면을 다뤘다.
그러나 엔터티가 필요하지 않고 JDBC 일반 배치를 사용해야 하는 경우도 있다.

---

12. HibernateSpringBootBatchInsertsViaSessionPerTransaction
13. HibernateSpringBootBatchInsertsViaSession
14. 일반적으로 comma-separated values인 csv 파일은 많이 사용되지만 tab-separated values인 tsv도 종종 사용된다.
　 ― 옮긴이

예를 들어 JSON 형식의 도시 주차장 정보를 포함하는 파일(citylogs.json)이 있다고 가정해보자. 다음 유형의 INSERT문을 통해 이 파일을 데이터베이스 테이블(lots)로 전송해야 한다(위치 지정자는 파일로부터의 라인 정보).

```
INSERT INTO lots (lot) VALUES (?)
```

스프링 부트에서 JDBC 배치 처리는 JdbcTemplate을 통해 쉽게 수행할 수 있는데, 좀 더 정확히는 JdbcTemplate.batchUpdate() 메서드를 통해서다. 이 메서드의 특징은 String을 통해 첫 번째 인자로 전달된 PreparedStatement의 리터럴 값을 설정하는 데 편리한 BatchPreparedStatementSetter의 인스턴스를 두 번째 인자로 사용한다. 기본적으로 batchUpdate()는 배치 업데이트와 값들을 설정하기 위한 BatchPreparedStatementSetter를 사용해 하나의 PreparedStatement로 여러 업데이트문을 실행한다.

다음 컴포넌트는 batchUpdate()를 사용한 JDBC 배치 처리 구현을 보여준다.

```java
@Component
public class JoiningComponent {

    private static final String SQL_INSERT
            = "INSERT INTO lots (lot) VALUES (?)";

    private final JdbcTemplate jdbcTemplate;

    public JoiningComponent(JdbcTemplate jdbcTemplate) {
        this.jdbcTemplate = jdbcTemplate;
    }

    @Transactional(propagation = Propagation.REQUIRES_NEW)
    public void executeBatch(List<String> jsonList) {

        jdbcTemplate.batchUpdate(SQL_INSERT,
                new BatchPreparedStatementSetter() {
```

```
        @Override
        public void setValues(PreparedStatement pStmt, int i)
                throws SQLException {
            String jsonLine = jsonList.get(i);
            pStmt.setString(1, jsonLine);
        }

        @Override
        public int getBatchSize() {

            return jsonList.size();
        }
    });
    }
}
```

처리는 executeBatch() 메서드에서 수행되는데, 수신된 jsonList는 반복되면서 각 항목별로 PreparedStatement가 할당되고(setValues()에서) 업데이트가 실행된다.

이 구현은 jsonList가 매우 크지 않은 한 잘 동작하는데, citylogs.json 파일에 200,000개 이상의 라인이 있다면 200,000개 이상의 항목을 반복하고 200,000개 이상의 업데이트를 실행하려면 긴 트랜잭션이 필요하다. 배치 크기가 30이어도 실행될 배치가 6,600개 이상이 된다. 배치가 지원되더라도 6,600개 이상의 배치는 순차적으로 실행하려면 상당한 시간이 소요된다.

포크/조인 배치 처리

이와 같은 시나리오에선 배치 처리를 순차적으로 수행하는 대신 동시에 실행하는 것이 좋다. 자바에는 Executors, 포크/조인fork/join 프레임워크, CompletableFuture 등과 같은 사용 가능한 여러 방법이 있으며, 포크/조인 프레임워크를 사용해보자.

포크/조인 프레임워크를 분석하는 것은 이 책의 범위를 벗어나지만 이 절에서 몇 가지 측면을 빠르게 확인해보자.

- 포크/조인 프레임워크는 큰 작업(일반적으로 '큰'은 많은 양의 데이터를 의미)을 수행하기 위한 것으로 병렬parallel로 수행할 수 있는 더 작은 작업(하위 작업)의 재귀적 분할(포크)을 위한 것이다. 최종적으로 모든 하위 작업이 완료된 후 해당 결과가 하나의 결과로 결합(조인)된다.
- API 용어로 포크/조인은 `java.util.concurrent.ForkJoinPool`을 통해 생성될 수 있다.
- `ForkJoinPool` 객체는 작업들을 다루는데, 그 안에서 실행되는 기본 타입은 `ForkJoinTask<V>`다. 작업에는 3가지 유형이 있지만 `void`를 반환하는 작업에 대한 `RecursiveAction`이 중요하다.
- 작업 처리 로직은 `compute()`라는 `abstract` 메서드에서 수행된다.
- `ForkJoinPool`에 작업을 등록하는 것은 여러 메서드를 통해 가능하지만 `invokeAll()`이 중요하다. 이 메서드는 여러 작업 묶음(예: 컬렉션)을 포크하는 데 사용된다.
- 일반적으로 사용 가능한 프로세서(코어)의 수는 포크/조인 병렬 처리 수준parallelism level을 제시한다.

이와 같은 사항을 기반으로, 포크/조인 프레임워크를 사용하면 최대 30개 항목의 하위 작업으로 200,000개 이상 항목의 리스트를 포크할 수 있다(30은 배치 크기며 application.properties의 구성 설정으로 표현됨). 다음으로 `JoiningComponent.executeBatch()` 메서드는 각 하위 작업(배치)을 실행한다.

```
@Component
@Scope("prototype")
public class ForkingComponent extends RecursiveAction {

    @Value("${jdbc.batch.size}")
    private int batchSize;

    @Autowired
    private JoiningComponent joiningComponent;
```

```java
@Autowired
private ApplicationContext applicationContext;

private final List<String> jsonList;

public ForkingComponent(List<String> jsonList) {
    this.jsonList = jsonList;
}

@Override
public void compute() {
    if (jsonList.size() > batchSize) {
        ForkJoinTask.invokeAll(createSubtasks());
    } else {
        joiningComponent.executeBatch(jsonList);
    }
}

private List<ForkingComponent> createSubtasks() {

    List<ForkingComponent> subtasks = new ArrayList<>();

    int size = jsonList.size();

    List<String> jsonListOne = jsonList.subList(0, (size + 1) / 2);
    List<String> jsonListTwo = jsonList.subList((size + 1) / 2, size);

    subtasks.add(applicationContext.getBean(
        ForkingComponent.class, new ArrayList<>(jsonListOne)));
    subtasks.add(applicationContext.getBean(
        ForkingComponent.class, new ArrayList<>(jsonListTwo)));

    return subtasks;
    }
}
```

마지막으로 ForkJoinPool을 통해 다음과 같이 모든 작업을 시작한다.

```java
public static final int NUMBER_OF_CORES =
```

```
                Runtime.getRuntime().availableProcessors();
    public static final ForkJoinPool forkJoinPool =
            new ForkJoinPool(NUMBER_OF_CORES);

    // ...
    // 파일로부터 200,000 이상 라인을 가져옴
    List<String> allLines = Files.readAllLines(Path.of(fileName));

    // ...
    private void forkjoin(List<String> lines) {
        ForkingComponent forkingComponent
                = applicationContext.getBean(ForkingComponent.class, lines);
        forkJoinPool.invoke(forkingComponent);
    }
```

각 배치는 자체 트랜잭션/커넥션으로 실행되므로 포크/조인 스레드thread 간 경합contention을 피하고자 커넥션 풀(예: HikariCP)이 필요한 만큼의 커넥션을 제공할 수 있는지 확인해야 한다. 일반적으로 프로세서(코어) 수는 포크/조인 병렬 처리 수준을 결정한다(정해진 규칙이 아니므로 벤치마킹이 필요하다). 따라서 커넥션 수는 배치를 실행할 포크/조인 스레드 수와 같거나 그 이상이어야 한다. 예를 들어 8개의 코어가 있다면 유휴idle 포크/조인 스레드를 방지하려면 커넥션 풀은 8개 이상을 제공해야 하며, HikariCP의 경우 다음과 같이 10개의 커넥션을 설정[15]할 수 있다.

```
    spring.datasource.hikari.maximumPoolSize=10
    spring.datasource.hikari.minimumIdle=10
```

그림 4-5는 각각 1개 스레드, 4개 스레드, 8개 스레드와 30개의 배치 크기를 사용해 1,000개, 10,000개, 25,000개 항목을 배치 처리할 때 시간-성능 추이를 보여준다. 동시 배치 처리를 사용하면 프로세스 속도를 크게 높일 수 있다는 것은 분명하다. 물론 특정 작업의 경우 스레드 수, 커넥션 수, 배치 크기, 하위 작업

---

15. 별도 설정이 없으면 버전에 따라 달라질 수 있지만 기본값으로 10이 적용된다. - 옮긴이

크기 등에 대한 최상의 값을 조정하고 찾는 것으로 더욱 최적화될 수 있다.

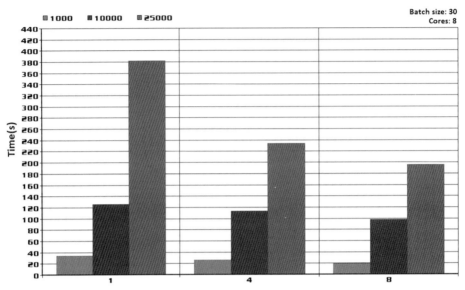

그림 4-5. 포크/조인 및 JDBC 배치 등록

그림 4-5에 표시된 시간-성능 추이 그래프는 인텔 i7, 2.10Ghz 및 6GB RAM을 가진 윈도우 7 시스템에서 MySQL로 얻은 것이며, 애플리케이션과 MySQL은 동일한 시스템에서 실행했다.

전체 애플리케이션은 깃허브[16]에서 확인할 수 있다.

복잡한 배치 처리 시나리오에 대해서는 전용 도구를 사용하는 것이 좋다. 예를 들어 스프링 배치[17] 프로젝트는 적절한 선택이 된다.

---

16. HibernateSpringBootBatchJsonFileForkJoin
17. https://spring.io/projects/spring-batch

항목 50: CompletableFuture를 통한 엔터티 배치 처리

이번 항목은 '올바른 방법의 커스텀 구현'이라는 절 제목을 포함하는 항목 46의 코드를 기반으로 사용하므로 이 항목을 읽기 전에 해당 내용을 먼저 확인하는 것이 좋다.

엔터티 배치 프로세스 속도를 높여야 하는 경우 항목 46과 같이 배치 처리를 순차적으로 수행하는 대신 동시에 실행하는 것을 고려할 수 있다. 자바에는 Executors, 포크/조인 프레임워크, CompletableFuture 등과 같은 방법이 있다. 항목 49에서 했던 것처럼 포크/조인 프레임워크를 쉽게 도입할 수 있지만 이번에는 다른 방법으로 CompletableFuture API를 사용해보자.

CompletableFuture API를 상세히 분석하는 것은 이 책의 범위를 벗어나지만 다음과 같은 내용을 빠르게 짚어보자.

- CompletableFuture는 Future API의 개선 사항으로 JDK 8에 추가됐다.
- CompletableFuture는 상당한 수의 메서드로 구체화된 견고한 비동기 API와 함께 제공된다.
- 여러 메서드 중에 CompletableFuture.allOf()가 중요한데, 이 메서드는 여러 작업을 비동기적으로 실행하고 완료될 때까지 대기한다. 여러 작업은 등록 배치가 된다.
- 중요한 또 다른 메서드는 CompletableFuture.runAsync()다. 이 메서드는 작업을 비동기적으로 실행하며 결과를 반환하지 않는다. 이 경우 작업은 단일 배치를 실행하는 트랜잭션이다. 결과 반환이 필요한 경우에는 간단히 supplyAsync() 메서드를 적용하면 된다.

항목 49에서 시작-커밋 주기에 동일한 트랜잭션을 재사용하는 BatchExecutor를 생성했던 것을 기억해보자. 이번에는 동시 배치 처리가 필요하므로 하나의 트랜잭션으로는 충분하지 않다. 즉, 배치당 하나의 트랜잭션/커넥션이 필요한데, TransactionTemplate으로 구성할 수 있다. 보완된 BatchExecutor는 다음과 같다.

```java
@Component
public class BatchExecutor<T> {

    private static final Logger logger =
            Logger.getLogger(BatchExecutor.class.getName());

    @Value("${spring.jpa.properties.hibernate.jdbc.batch_size}")
    private int batchSize;

    private final TransactionTemplate txTemplate;
    private final EntityManager entityManager;

    private static final ExecutorService executor =
            Executors.newFixedThreadPool(
        Runtime.getRuntime().availableProcessors() - 1);

    public BatchExecutor(TransactionTemplate txTemplate,
                            EntityManager entityManager) {
        this.txTemplate = txTemplate;
        this.entityManager = entityManager;
    }

    public <S extends T> void saveInBatch(List<S> entities)
            throws InterruptedException, ExecutionException {

        txTemplate.setPropagationBehavior(
            TransactionDefinition.PROPAGATION_REQUIRES_NEW);

        final AtomicInteger count = new AtomicInteger();
        CompletableFuture[] futures = entities.stream()
            .collect(Collectors.groupingBy(
                c -> count.getAndIncrement() / batchSize))
            .values()
            .stream()
            .map(this::executeBatch)
            .toArray(CompletableFuture[]::new);

        CompletableFuture<Void> run = CompletableFuture.allOf(futures);

        run.get();
    }
```

```
public <S extends T> CompletableFuture<Void>
        executeBatch(List<S> list) {

    return CompletableFuture.runAsync(() -> {
        txTemplate.execute(new TransactionCallbackWithoutResult() {

            @Override
            protected void doInTransactionWithoutResult(
                                    TransactionStatus status) {

                for (S entity : list) {
                    entityManager.persist(entity);
                }
            }
        });
    }, executor);
}
```

배치 크기를 사용해 초기 리스트를 CompletableFuture 배열로 묶는데^{chunk}, 여기에 사용된 기술은 매우 느리지만 작성하기는 상당히 쉽다. 또는 깃허브의 다른 애플리케이션[18]에서 볼 수 있듯이 다양한 방법을 사용할 수 있다.

아울러 커스텀 ExecutorService를 사용하고 있는 점에 유의하자. 이는 병렬 처리 수준을 제어하는 데 유용하지만 건너뛸 수 있으며, 이 경우 전역^{global} ForkJoinPool.commonPool()에서 가져온 스레드로 비동기 작업이 실행된다. 마지막으로 HikariCP 커넥션 풀은 다음과 같이 10개의 커넥션으로 설정된다(이렇게 하면 배치 처리에 사용되는 8개 스레드를 쉽게 수용할 수 있다).

```
spring.datasource.hikari.maximumPoolSize=10
spring.datasource.hikari.minimumIdle=10
```

---

18. ChunkList

그림 4-6은 각각 1개 스레드, 4개 스레드, 8개 스레드와 30개의 배치 크기를 사용해 1,000개, 5,000개, 10,000개 엔터티를 배치 처리할 때 시간-성능 추이를 보여준다. 동시 배치 처리를 사용하면 프로세스 속도를 크게 높일 수 있다는 것은 분명하다. 물론 특정 작업의 경우 스레드 수, 커넥션 수, 배치 크기, 하위 작업 크기 등에 대한 최상의 값을 조정하고 찾음으로써 더욱 최적화할 수 있다.

그림 4-6에 표시된 시간-성능 추이 그래프는 인텔 i7, 2.10Ghz 및 6GB RAM을 가진 윈도우 7 시스템에서 MySQL로 얻은 것이며, 애플리케이션과 MySQL은 동일한 시스템에서 실행됐다.

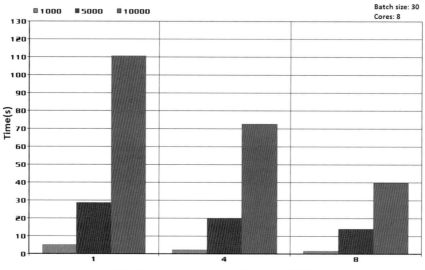

그림 4-6. CompletableFuture 및 JDBC 배치 등록

전체 애플리케이션은 깃허브[19]에서 확인할 수 있다.

복잡한 배치 처리 시나리오에 대해서는 전용 도구를 사용하는 것이 좋다. 예를 들어 스프링 배치[20] 프로젝트는 적절한 선택이 된다.

---

19. HibernateSpringBootBatchInsertsCompletableFuture
20. https://spring.io/projects/spring-batch

항목 51: 배치 업데이트에 대한 효율적인 처리 방법

배치 업데이트는 설정 처리가 수반되며, 먼저 항목 46에서와 같이 MySQL용 JDBC URL이 필요하다.

```
jdbc:mysql://localhost:3306/bookstoredb?
cachePreStmts=true
&useServerPrepStmts=true
&rewriteBatchedStatements=true
```

다른 RDBMS의 경우에는 MySQL 관련 설정을 제거하고, `spring.jpa.properties.hibernates.jdbc.batch_size`를 통해 배치 크기를 설정한다. 그다음으로 고려해야 할 2가지 주요 사항이 있다.

버전이 지정된 엔터티

업데이트돼야 할 엔터티에 버전이 지정된 경우(업데이트 손실 방지를 위해 @Version 어노테이션이 지정된 속성을 포함) 다음과 같은 설정이 구성돼 있는지 확인한다.

```
spring.jpa.properties.hibernate.jdbc.batch_versioned_data=true
```

하이버네이트 5 이전에는 spring.jpa.properties.hibernate.jdbc.batch_versioned_ data 가 명시적으로 설정돼야 하지만 하이버네이트 5부터는 기본적으로 활성화된다.

부모-자식 관계의 배치 업데이트

업데이트가 전체/영속 전이와 함께 부모-자식 관계에 영향이 미치는 경우 다음 설정을 통해 업데이트 순서화order the updates하는 것이 좋다.

```
spring.jpa.properties.hibernate.order_updates=true
```

업데이트를 순서화하지 않으면 애플리케이션에서 항목 47에 설명된 문제가 발생하기 쉽다. 다시 한 번 정리하면 JDBC 배치는 하나의 테이블만 대상으로 할 수 있으며, 다른 테이블을 대상으로 하면 현재 배치가 종료되고 새 배치가 생성된다.

이 책과 함께 제공되는 소스코드에는 2가지 애플리케이션이 포함돼 있다. 하나는 연관관계를 포함하지 않는 업데이트를 배치 처리하는 데 유용하고(깃허브[21] 확인) 다른 하나는 연관관계를 포함한다(깃허브[22] 확인). 두 애플리케이션 모두 이미 잘 알고 있는 Author와 Book 엔터티를 사용한다.

벌크 업데이트

벌크[Bulk] 작업(삭제 및 업데이트)은 레코드 세트를 수정하는 데에도 유용하다. 벌크 작업은 빠르지만 다음 같은 3가지 주요 단점을 갖고 있다.

- 벌크 업데이트(및 삭제)는 영속성 콘텍스트를 유효하지 않은[outdated] 상태로 남길 수 있다(업데이트/삭제 전에 영속성 콘텍스트를 플러시한 다음 업데이트/삭제 후에 클로즈/클리어함으로써 플러시되지 않았거나 유효하지 않은 엔터티로 인해 발생할 수 있는 문제를 방지하는 것은 사용자의 책임이다).

- 벌크 업데이트(및 삭제)는 자동 낙관적 잠금의 이점을 얻지 못한다(예: @Version 은 무시된다). 따라서 업데이트 손실[lost updates]이 방지되지 않는다. 그럼에도 다른 쿼리는 낙관적 잠금 메커니즘의 이점을 누릴 수 있다. 따라서 명시적으로 버전을 증가시켜(있는 경우) 업데이트를 처리하는 것이 좋다.

- 벌크 삭제는 전이되는 삭제(CascadeType.REMOVE) 또는 orphanRemoval의 장점을 이용할 수 없다.

---

21. HibernateSpringBootBatchUpdateOrderSingleEntity
22. HibernateSpringBootBatchUpdateOrder

Author와 Book이 양방향 지연 @OneToMany 연관관계를 갖는다고 생각해보자. Author의 영속성 필드는 id, name, genre, age, version, books이고, Book의 영속성 필드는 id, title, isbn, version, author다. 이제 업데이트를 해보자.

나이를 1씩 증가시켜 모든 저자를 업데이트하고 isbn을 None으로 지정해 도서들을 업데이트한다. 이와 같은 업데이트를 수행하고자 영속성 콘텍스트에 저자와 도서를 로드할 필요가 없다. 단지 다음과 같이 2개의 벌크 작업을 실행하면 된다(쿼리가 version을 명시적으로 증가시키는 방법 확인).

```
// AuthorRepository에 다음 쿼리 추가
@Transactional
@Modifying(flushAutomatically = true, clearAutomatically = true)
@Query(value = "UPDATE Author a SET a.age = a.age + 1,
                a.version = a.version + 1")
int updateInBulk();
```

```
// BookRepository에 다음 쿼리 추가
@Transactional
@Modifying(flushAutomatically = true, clearAutomatically = true)
@Query(value = "UPDATE Book b SET b.isbn='None', b.version=b.version + 1")
int updateInBulk();
```

그리고 서비스 메서드는 다음과 같이 업데이트를 호출한다.

```
@Transactional
public void updateAuthorsAndBooks() {

    authorRepository.updateInBulk();
    bookRepository.updateInBulk();
}
```

생성된 SQL문은 다음과 같다.

```
UPDATE author
SET age = age + 1,
    version = version + 1

UPDATE book
SET isbn = 'None',
    version = version + 1
```

벌크 작업은 엔터티에도 사용할 수 있다. 영속성 콘텍스트에 40세 이상의 모든 저자에 대한 Author와 연관관계를 갖는 Book을 가정해보자. 이번에는 벌크 작업이 다음과 같이 작성된다.

```
// AuthorRepository에 다음 쿼리 추가
@Transactional
@Modifying(flushAutomatically = true, clearAutomatically = true)
@Query(value = "UPDATE Author a SET a.age = a.age + 1,
                a.version = a.version + 1 " + "WHERE a IN ?1")
int updateInBulk(List<Author> authors);
```

```
// BookRepository에 다음 쿼리 추가
@Transactional
@Modifying(flushAutomatically = true, clearAutomatically = true)
@Query(value = "UPDATE Book b SET b.isbn='None',
                b.version = b.version + 1 " + "WHERE b.author IN ?1")
int updateInBulk(List<Author> authors);
```

서비스 메서드는 다음과 같은 업데이트를 호출한다.

```
@Transactional
public void updateAuthorsGtAgeAndBooks() {

    List<Author> authors = authorRepository.findGtGivenAge(40);

    authorRepository.updateInBulk(authors);
    bookRepository.updateInBulk(authors);
}
```

생성된 SQL문은 다음과 같다.

```
UPDATE author
SET age = age + 1,
    version = version + 1
WHERE id IN (?, ?, ?, ..., ?)
UPDATE book
SET isbn = 'None',
    version = version + 1
WHERE author_id IN (?, ?, ..., ?)
```

전체 애플리케이션은 깃허브[23]에서 확인할 수 있다.

항목 52: 효율적으로 배치 삭제하는 방법(연관관계 없이)

MySQL에 대한 배치 삭제는 항목 46에서 설명된 것 같이 다음과 같은 JDBC URL
이 필요하다.

```
jdbc:mysql://localhost:3306/bookstoredb?
cachePreStmts=true
```

---

23. HibernateSpringBootBulkUpdates

```
&useServerPrepStmts=true
&rewriteBatchedStatements=true
```

다른 RDBMS의 경우에는 MySQL 관련 설정을 제거하면 된다.

spring.jpa.properties.hibernates.jdbc.batch_size(예: 30)를 통해 배치 크기를 설정하고, 버전을 갖는 엔터티의 경우 spring.jpa.properties.hibernate.jdbc.batch_versioned_data를 true로 지정한다.

여러 가지 방법으로 배치 삭제를 효과적으로 수행할 수 있다. 가장 적합한 방법을 결정하려면 배치 처리가 연관관계에 영향을 미치고 얼마나 많은 데이터가 삭제되는지가 중요하다. 이번 절에서는 연관관계에 영향을 주지 않는 배치 삭제를 다룬다.

그림 4-7과 같은 Author 엔터티를 생각해보자.

그림 4-7. Author 엔터티 테이블

스프링 부트는 레코드를 삭제하는 데 사용되는 여러 메서드를 제공한다. 그럼 100명의 저자를 삭제하는 데 각 메서드를 활용해보자. 먼저 벌크 작업을 트리거하는 두 메서드인 deleteAllInBatch()와 deleteInBatch(Iterable<T> entities)부터 확인해보자.

일반적으로 벌크 작업은 배치 처리보다 빠르고 인덱스를 활용할 수 있지만 전이 메커니즘(예: cascadeType.ALL 무시) 또는 자동 애플리케이션 수준 낙관적 잠금 메커니즘(예: @Version 무시) 의 장점을 얻지 못한다. 아울러 엔터티에 대한 수정 사항은 영속성 콘텍스트에 자동으로 반영되지 않는다.

deleteAllInBatch() 내장 메서드를 통한 삭제

일반적인 스프링 리포지터리(AuthorRepository)를 통해 서비스 메서드에서 내장된 deleteAllInBatch() 메서드를 다음과 같이 어렵지 않게 호출할 수도 있다.

```
public void deleteAuthorsViaDeleteAllInBatch() {
    authorRepository.deleteAllInBatch();
}
```

이 경우 deleteAllInBatch()에 의해 생성된 SQL문은 다음과 같다.

```
DELETE FROM author
```

DataSource-Proxy(이 라이브러리는 항목 83에서 소개한다) 콘텍스트에 이 SQL을 추가하면 다음 과 같은 결과를 확인할 수 있다.

```
Name:DATA_SOURCE_PROXY, Connection:6, Time:21, Success:True
Type:Prepared, Batch:False, QuerySize:1, BatchSize:0
Query:["delete from author"]
Params:[()]
```

배치 처리가 사용되지 않고 author 테이블의 모든 레코드가 삭제됐다.

배치 처리가 사용되진 않았지만 이 방법은 데이터베이스에서 모든 레코드를 삭제하는 매우 효율적인 방법이고, 한 번의 데이터베이스 호출만 필요하다. 그럼에도 deleteAllInBatch()는 자동 애플리케이션 수준 낙관적 잠금 메커니즘(이 메커니즘이 업데이트 손실을 방지하고자 활성화된 경우(예: @Version을 통해))의 이점을 얻지 못하고 벌크 작업을 트리거하는 쿼리의 executeUpdate()에 의존한다. 즉, 배치 처리보다 빠르지만 하이버네이트는 어떤 엔터티가 제거됐는지 알지 못하고 영속성 콘텍스트는 자동으로 업데이트/동기화되지 않는다. 유효하지 않은 영속성 콘텍스트를 방지하고자 삭제 전에 플러시 작업을 호출하고 삭제 후에 영속성 콘텍스트를 폐기(클리어 또는 클로즈)하는 것을 선택해야 한다. 여기 예제인 deleteAuthorsViaDeleteAllInBatch()는 명시적 플러시나 클리어를 요구하지 않는다. 삭제 전에 플러시할 것이 없고 삭제 후에는 영속성 콘텍스트가 자동으로 클로즈되기 때문이다.

deleteInBatch(Iterable⟨T⟩ entities) 내장 메서드를 통한 삭제

deleteInBatch(Iterable<T> entities) 메서드도 벌크 삭제를 트리거할 수 있으며, 다음과 같이 일반적인 스프링 리포지터리(AuthorRepository)를 통해 서비스 메서드에서 내장된 deleteInBatch(Iterable<T> entities) 메서드를 쉽게 호출할 수 있다(60세 미만의 모든 저자 삭제).

```
@Transactional
public void deleteAuthorsViaDeleteInBatch() {

    List<Author> authors = authorRepository.findByAgeLessThan(60);

    authorRepository.deleteInBatch(authors);
}
```

deleteInBatch(Iterable<T> entities)에 의해 생성된 SQL문은 다음과 같다.

```
DELETE FROM author
WHERE id = ?
    OR id = ?
```

```
        OR id = ?
        OR id = ?
        OR id = ?
        OR id = ?
        ...
```

이 SQL을 DataSource-Proxy 콘텍스트에 추가하면 다음과 같은 출력을 확인할 수 있다.

```
Name:DATA_SOURCE_PROXY, Connection:6, Time:27, Success:True
Type:Prepared, Batch:False, QuerySize:1, BatchSize:0
Query:["delete from author where id=? or id=? or id=? ...]
Params:[(1,12,23, ...)]
```

배치 처리가 사용되지 않았고 스프링 부트는 OR 연산자를 사용해 WHERE 절 아래에 해당되는 id들을 단순히 연결한다.

deleteAllInBatch()와 마찬가지로 이 메서드는 쿼리의 executeUpdate()를 통해 벌크 작업을 트리거한다.

모든 레코드 삭제를 위해 deleteInBatch(Iterable<T> entities) 대신 deleteAllInBatch()를 활용하자. 이 방법으로 지정된 필터링 기준(criteria)을 충족하는 레코드 세트를 삭제하는 경우 자동 애플리케이션 수준 낙관적 잠금 메커니즘(업데이트 손실 방지)의 이점을 얻을 수 없다. 또한 이 접근 방식은 매우 빠르지만 생성된 DELETE문이 허용되는 최대 크기/길이를 초과하는 경우(예: StackOverflowError 발생) 문제가 발생하기 쉽다는 점도 염두에 둬야 한다. 일반적으로 허용되는 최대 크기는 넉넉하지만 배치 처리를 사용하고 있기에 삭제할 데이터의 양도 많을 수 있다.

deleteAllInBatch() 사용의 경우도 삭제하기 전에 플러시되지 않은 엔터티를 플러시해야 하는지, 삭제 후에는 영속성 콘텍스트를 폐기(클로즈 또는 클리어)할지 여부도 결정해야 한다. 예를 들어 deleteAuthorsViaDeleteInBatch()는 명시적인 플러시 또는 클리어가 필요하지 않다. 삭제 전에 플러시할 것이 없으며 삭제 후에는 영속성 콘텍스트가 자동으로 닫히기 때문이다.

생성된 쿼리의 길이와 관련된 문제가 있는 경우 몇 가지 대안을 생각할 수 있다. 예를 들어 IN 연산자를 사용해 여기에 표시된 대로 자체 벌크 작업을 다음과 같이 작성할 수 있다(IN(?, ..., ?) 유형의 쿼리가 실행됨).

```
@Transactional
@Modifying(flushAutomatically = true, clearAutomatically = true)
@Query("DELETE FROM Author a WHERE a IN ?1")
int deleteInBulk(List<Author> authors);
```

일부 RDBMS(예: SQL 서버)는 내부적으로 IN을 OR로 변환하지만 다른 RDBMS(예: MySQL)는 그렇지 않다. 성능 면에서 IN과 OR는 매우 유사하지만 특정 RDBMS에 대해서는 벤치마킹하는 것이 좋다(예: MySQL에서는 IN이 OR보다 성능이 우수해야 함). 더욱이 MySQL 8에서는 IN을 사용해 문제없이 500,000개를 삭제하는 반면 OR는 10,000개를 삭제할 때 StackOverflowError가 발생한다.

또 다른 대안은 deleteInBatch(Iterable<T> entities)를 적용하고자 가져온 결과 세트를 청크하는 것이다. 예를 들어 다음과 같은 방식으로 함수 프로그래밍 functional-programming 스타일을 통해 쉽게 달성할 수 있다(청크 프로세스를 최적화해야 하는 경우 예제 애플리케이션[24]을 참고하자).

```
@Transactional
public void deleteAuthorsViaDeleteInBatch() {

    List<Author> authors = authorRepository.findByAgeLessThan(60);

    final AtomicInteger count = new AtomicInteger();
    Collection<List<Author>> chunks = authors.parallelStream()
        .collect(Collectors.groupingBy(c -> count.getAndIncrement() / size))
        .values();

    chunks.forEach(authorRepository::deleteInBatch);
```

---

24. ChunkList

```
    }
```

분명 이 방식의 단점은 메모리에 데이터가 중복된다는 것이며, 자동 낙관적 잠금 메커니즘의 이점도 없다(업데이트 손실을 방지하지 못함). 그러나 청크 데이터는 포크/조인, CompletableFuture 또는 기타 특정 API를 통해 삭제의 병렬화^{parallelization}를 활용할 수 있다. 트랜잭션당 데이터 청크를 전달하면서 동시에 여러 트랜잭션을 실행할 수 있다. 예를 들어 항목 49에서 배치 삽입을 병렬화하는 방법을 확인해 봤다.

또는 결과 세트를 청크로 가져오고 가져온 각 청크에 대해 deleteInBatch (Iterable<T> entities)를 호출할 수 있는데, 이 경우 청크당 추가 SELECT가 발생하고 업데이트 손실 방지가 없다는 단점이 있다.

deleteAll() 내장 메서드를 통한 삭제

다음과 같이 기본 제공되는 deleteAll(Iterable<? extends T> entities) 메서드를 일반적인 스프링 리포지터리(AuthorRepository)를 통해 서비스 메서드에서 쉽게 호출할 수 있다(60세 미만의 모든 저자 삭제).

```
@Transactional
public void deleteAuthorsViaDeleteAll() {

    List<Author> authors = authorRepository.findByAgeLessThan(60);

    authorRepository.deleteAll(authors);
}
```

이번 deleteAll(Iterable<? extends T> entities)에 의해 생성된 SQL문은 다음과 같다.

```
DELETE FROM author
WHERE id = ?
    AND version = ?
```

DataSource-Proxy 콘텍스트에서 이 SQL이 추가되면(이 라이브러리는 항목 83에서 소개한다) 다음과 같은 출력이 표시된다(강조된 부분 확인).

```
Name:DATA_SOURCE_PROXY, Connection:6, Time:1116, Success:True
Type:Prepared, Batch:True, QuerySize:1, BatchSize:30
Query:["delete from author where id=? and version=?"]
Params:[(2,0),(3,0),(6,0),(11,0),(13,0),(15,0),(17,0) ...]
```

최종적으로 배치 처리가 예상대로 사용됐다. 자동 낙관적 잠금 메커니즘의 이점과 함께 업데이트 손실도 방지된다.

내부적으로 deleteAll(Iterable<? extends T> entities)와 delete(T entity)는 EntityManager. remove()를 사용한다. 따라서 영속성 콘텍스트가 그에 따라 업데이트된다. 다시 말해 하이버네이트는 각 엔터티의 수명주기 상태를 managed에서 removed로 전환한다.

인수 없이 deleteAll()을 호출함으로써 배치 처리를 통해 모든 레코드를 삭제할 수 있는데, 내부적으로 이 메서드는 findAll()을 호출한다.

---

delete(T entity) 내장 메서드를 통한 삭제

내부적으로 deleteAll(Iterable<? extends T> entities) 메서드는 내장된 delete (T entity) 메서드를 사용한다. 인수가 없는 deleteAll() 메서드도 findAll()을 호출하고 결과 세트를 반복하면서 각 요소에 대해 delete(T entity)를 호출한

다. 또 다른 deleteAll(Iterable<? extends T> entities)도 엔터티를 반복하고 각 요소에 대해 delete(T entity)를 호출한다.

다음과 같이 스프링 리포지터리(AuthorRepository)를 통해 서비스 메서드에서 내장된 delete(T entity) 메서드를 쉽게 호출할 수 있다(60세 미만의 모든 저자 삭제).

```
@Transactional
public void deleteAuthorsViaDelete() {

    List<Author> authors = authorRepository.findByAgeLessThan(60);

    authors.forEach(authorRepository::delete);
}
```

이번에는 delete(T entity)에 의해 생성된 SQL문은 다음과 같다.

```
DELETE FROM author
WHERE id = ? AND version = ?
```

DataSource-Proxy 콘텍스트에서 이 SQL이 추가되면(이 라이브러리는 항목 83에서 소개한다) 다음과 같은 출력이 표시된다(강조된 부분 확인).

```
Name:DATA_SOURCE_PROXY, Connection:6, Time:1116, Success:True
Type:Prepared, Batch:True, QuerySize:1, BatchSize:30
Query:["delete from author where id=? and version=?"]
Params:[(2,0),(3,0),(6,0),(11,0),(13,0),(15,0),(17,0) ...]
```

예상대로 출력은 deleteAll(Iterable<? extends T> entities)를 사용하는 것과 유사하다.

결론적으로 deleteAllInBatch()와 deleteInBatch(Iterable<T> entities)를 배치 삭제로 사용하지 않아야 하며, 이 경우 배치 처리를 활성화하기 위한 별도 설정을 할 필요가 없다. 이 메서드들은 자동 낙관적 잠금 메커니즘(업데이트 손실을 방지하고자 @Version을 통해 활성화한 경우)의 이점이 없는 벌크 작업을 트리거하고 영속성 콘텍스트가 데이터베이스와 동기화되지 않는다. 플러시되지 않았거나 유효하지 않은 엔터티로 인해 발생하는 문제를 방지하려면 삭제하기 전에 영속성 콘텍스트를 플러시하고 삭제 후 클리어 또는 클로즈해야 한다. 개발자가 deleteAll()나 deleteAll(Iterable<? extends T> entities) 메서드 또는 delete(T entity)를 사용하는 경우 배처 처리가 사용된다. 모든 레코드를 삭제해야 하는 한 가장 좋은 방법은 deleteAllInBatch()를 사용하는 것이다. deleteInBatch(Iterable<T> entities)와 deleteAll(), deleteAll(Iterable<? extends T> entities)/delete(T entity) 사이의 결정은 지금까지의 모든 고려 사항을 기반으로 이뤄져야 한다.

소스코드는 깃허브[25]에서 확인할 수 있다.

항목 53: 효율적으로 배치 삭제하는 방법(연관관계와 함께)

MySQL에 대한 배치 삭제는 항목 46에서 설명한 것처럼 다음과 같은 JDBC URL이 필요하다.

```
jdbc:mysql://localhost:3306/bookstoredb?
cachePreStmts=true
&useServerPrepStmts=true
&rewriteBatchedStatements=true
```

다른 RDBMS의 경우에는 MySQL 관련 설정을 제거하면 된다.

spring.jpa.properties.hibernates.jdbc.batch_size(예: 30)를 통해 배치 크기를 설정하고, 버전을 갖는 엔터티의 경우 spring.jpa.properties.hibernate.jdbc.

---

25. HibernateSpringBootBatchDeleteSingleEntity

batch_versioned_data를 true로 지정한다.

그림 4-8과 같이 지연 양방향 @OneToMany 연관관계를 갖는 Author와 Book 엔터티를 생각해보자.

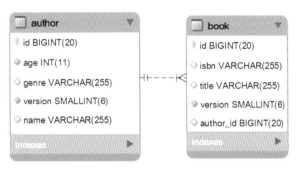

그림 4-8. @OneToMany 테이블 관계

저자를 삭제하면 연관된 도서도 함께 삭제돼야 한다. 예를 들어 모든 저자를 삭제하면 모든 도서도 자동으로 삭제된다.

orphanRemoval=true 사용

기본적으로 orphanRemoval은 false로 설정된다. 부모 엔터티에서 더 이상 참조되지 않는 자식 엔터티를 제거하도록 JPA 영속성 공급자에게 지시하고자 활성화할 수 있다.

---

orphanRemoval을 CascadeType.REMOVE와 혼동하지 말자. 2개는 동일하지 않다. orphanRemoval은 연관관계가 해제된 엔터티 인스턴스를 자동으로 제거하는 역할을 하지만 연관관계 해제가 삭제 작업은 아니기 때문에 CascadeType.REMOVE는 아무 동작을 하지 않는다.

중요한 Author 코드는 다음과 같다.

```
@OneToMany(cascade = CascadeType.ALL,
```

```
                    mappedBy = "author", orphanRemoval = true)
        private List<Book> books = new ArrayList<>();
```

다음으로 스프링 부트 삭제 기능을 살펴보자.

deleteAllInBatch() 내장 메서드를 통한 삭제

일반적인 스프링 리포지터리(AuthorRepository)를 통해 서비스 메서드에서 내장된
deleteAllInBatch() 메서드를 다음과 같이 어렵지 않게 호출할 수도 있다.

```
@Transactional
public void deleteAuthorsAndBooksViaDeleteAllInBatch() {

    authorRepository.deleteAllInBatch();
}
```

이 경우 deleteAllInBatch()에 의해 생성된 SQL문은 다음과 같다.

```
DELETE FROM author
```

DataSource-Proxy(이 라이브러리는 항목 83에서 소개한다) 콘텍스트에 이 SQL을 추가하면 다음
과 같은 결과를 확인할 수 있다.

```
Name:DATA_SOURCE_PROXY, Connection:6, Time:21, Success:True
Type:Prepared, Batch:False, QuerySize:1, BatchSize:0
Query:["delete from author"]
Params:[()]
```

배치 처리는 사용되지 않으며 자동 낙관적 잠금 메커니즘(업데이트 손실 방지)의 이점을

얻지 못하지만 author 테이블의 모든 레코드가 삭제된다. 그러나 book 테이블의 레코드는 삭제되지 않는다. 이는 예상처럼 deleteAllInBatch()가 orphanRemoval 또는 전이를 사용하지 않기 때문이다. 쿼리의 executeUpdate()를 통해 벌크 삭제를 트리거하고 영속성 콘텍스트는 데이터베이스와 동기화되지 않는다. 모든 도서를 삭제하는 데 사용하는 유일한 방법은 다음과 같이 명시적으로 호출하는 것이다.

```java
@Transactional
public void deleteAuthorsAndBooksViaDeleteAllInBatch() {

    authorRepository.deleteAllInBatch();
    bookRepository.deleteAllInBatch();
}
```

배치 처리와 업데이트 손실 방지 메커니즘이 사용되진 않고 또한 영속성 콘텍스트가 데이터베이스와 동기화되진 않지만 이 방법은 데이터베이스에서 모든 레코드를 삭제하는 매우 효율적인 방법이다. 플러시되지 않거나 유효하지 않은 엔티티에 의해 발생되는 문제를 피하려면 영속성 콘텍스트를 플러시하고(삭제 전에) 클로즈 및 클리어(삭제 후에)를 직접 처리해야 한다.

---

deleteInBatch(Iterable⟨T⟩ entities) 내장 메서드를 통한 삭제

deleteInBatch(Iterable<T> entities) 메서드도 벌크 삭제를 트리거할 수 있으며, 다음과 같이 일반적인 스프링 리포지터리(AuthorRepository)를 통해 서비스 메서드에서 내장된 deleteInBatch(Iterable<T> entities) 메서드를 쉽게 호출할 수 있다(60세 미만의 모든 저자와 해당 도서 삭제).

```java
@Transactional
public void deleteAuthorsAndBooksViaDeleteInBatch() {
```

```
    List<Author> authors = authorRepository.fetchAuthorsAndBooks(60);

    authorRepository.deleteInBatch(authors);
}
```

이번에 deleteInBatch(Iterable<T> entities)에 의해 생성된 SQL문은 다음과 같다.

```
DELETE FROM author
WHERE id = ?
    OR id = ?
    OR id = ?
    OR id = ?
    OR id = ?
    OR id = ?
    ...
```

이 SQL을 DataSource-Proxy 콘텍스트에 추가하면 다음과 같은 출력을 확인할 수 있다.

```
Name:DATA_SOURCE_PROXY, Connection:6, Time:27, Success:True
Type:Prepared, Batch:False, QuerySize:1, BatchSize:0
Query:["delete from author where id=? or id=? or id=? ...]
Params:[(1,12,23, ...)]
```

다시 배치 처리나 업데이트 손실 방지 메커니즘은 사용되지 않고 60세 미만인 모든 저자가 삭제됐다. 그러나 book 테이블의 연관관계를 갖는 레코드는 삭제되지 않는데, deleteInBatch(Iterable<T> entities)가 orphanRemoval 또는 전이의 이점을 활용하지 않기 때문이다. 단지 쿼리의 executeUpdate()를 통해 벌크 삭제를 트리거하고 영속성 콘텍스트는 데이터베이스와 동기화되지 않는다. 모든 도서를 삭제하는 데 사용하는 유일한 방법은 다음과 같이 명시적으로 호출하는 것이다.

```
@Transactional
public void deleteAuthorsAndBooksViaDeleteInBatch() {

    List<Author> authors = authorRepository.fetchAuthorsAndBooks(60);

    authorRepository.deleteInBatch(authors);
    authors.forEach(a -> bookRepository.deleteInBatch(a.getBooks()));
}
```

이번엔 삭제된 각 저자에 대해 연관된 도서를 삭제하기 위한 별도의 DELETE가 생긴다. 이것은 N+1 문제이며, 더 많은 N이 추가될수록 효율성이 떨어진다. 결국 모든 저자의 도서를 단일 리스트로 결합하고 이 리스트를 deleteInBatch (Iterable<T> entities)에 전달해 N+1 문제를 해결할 수 있다.

```
DELETE FROM book
WHERE id = ?
    OR id = ?
    OR id = ?
    OR id = ?
    OR id = ?
```

아울러 이 방식은 생성된 DELETE문이 허용되는 최대 크기를 초과하는 경우 문제를 일으킬 수 있다는 점에 주의해야 한다. 이에 대한 자세한 내용은 항목 52를 참고하자.

deleteAll(Iterable⟨? extends T⟩ entities)와 delete(T entity) 내장 메서드를 통한 삭제

다음과 같이 기본 제공되는 deleteAll(Iterable<? extends T> entities) 메서드를 일반적인 스프링 리포지터리(AuthorRepository)를 통해 서비스 메서드에서 쉽게 호출할 수 있다(60세 미만의 모든 저자와 해당 도서 삭제).

```java
@Transactional
public void deleteAuthorsAndBooksViaDeleteAll() {

    List<Author> authors = authorRepository.fetchAuthorsAndBooks(60);

    authorRepository.deleteAll(authors);
}
```

동일한 작업을 다음과 같이 delete(T entity)를 통해 처리할 수 있다.

```java
@Transactional
public void deleteAuthorsAndBooksViaDeleteAllWithDelete() {

    List<Author> authors = authorRepository.fetchAuthorsAndBooks(60);

    authors.forEach(authorRepository::delete);
}
```

이 2가지 방법 모두 다음과 같은 동일한 SQL문으로 생성한다(쿼리의 version을 통해 작동 중인 낙관적 잠금 메커니즘에 주목).

```sql
DELETE FROM book
WHERE id = ?
    AND version = ?
-- 각 저자가 5권의 도서를 갖고 있기에 4번의 추가 DELETE가 있음
```

```
DELETE FROM author
WHERE id = ?
    AND version = ?
```

이와 같은 SQL문은 삭제해야 하는 각 저자에 대해 반복된다. DataSource-Proxy 콘텍스트에서 이 SQL을 추가하면 다음과 같은 출력이 표시된다(강조된 부분을 확인하고 삭제된 각 저자에 대해 2개의 배치가 있음을 확인하자).

```
Name:DATA_SOURCE_PROXY, Connection:6, Time:270, Success:True
Type:Prepared, Batch:True, QuerySize:1, BatchSize:5
Query:["delete from book where id=? and version=?"]
Params:[(1,0),(2,0),(3,0),(4,0),(5,0)]

Name:DATA_SOURCE_PROXY, Connection:6, Time:41, Success:True
Type:Prepared, Batch:True, QuerySize:1, BatchSize:1
Query:["delete from author where id=? and version=?"]
Params:[(1,0)]
```

최종적으로 배치 처리가 사용됐고 최적화되진 않았다. 배처 처리는 CascadeType. REMOVE를 포함하는 CascadeType.ALL 때문에 사용되지만 managed에서 removed로 각 도서의 상태 전환을 보장하고자 Book마다 DELETE문이 존재한다. 그러나 배치 처리는 이런 DELETE문을 배치로 그룹화한다.

그럼에도 문제는 배치 수로 나타난다. DELETE문은 정렬되지 않으며 이로 인해 이 작업에 필요한 것보다 더 많은 배치가 발생한다. 배치는 하나의 테이블만 대상으로 할 수 있음을 기억하자. 즉 book과 author 테이블을 번갈아 대상으로 지정하면 각각 5권의 도서를 갖는 10명의 저자를 삭제하고자 10 x 2 배치가 필요하다. 각 저자가 각자의 배치에서 삭제되고 그의 도서 5권이 다른 배치에서 삭제되기 때문에 20개의 배치가 필요한 것인데, 다음과 같은 방식으로 배치 수를 최적화할 수 있다.

먼저 코드를 살펴보자.

```
@Transactional
public void deleteAuthorsAndBooksViaDelete() {

    List<Author> authors = authorRepository.fetchAuthorsAndBooks(60);

    authors.forEach(Author::removeBooks);
    authorRepository.flush();

    // 또는 authorRepository.deleteAll(authors);
    authors.forEach(authorRepository::delete);
}
```

굵은 부분을 확인하자. 이 코드는 다음과 같이 도우미 메서드 removeBooks()를
통해 해당 저자로부터 모든 도서를 분리한다(이 메서드는 Author에 있음).

```
public void removeBooks() {
    Iterator<Book> iterator = this.books.iterator();
    while (iterator.hasNext()) {
        Book book = iterator.next();

        book.setAuthor(null);
        iterator.remove();
    }
}
```

다음으로 코드는 영속성 콘텍스트를 명시적으로(수동으로) 플러시한다. orphanRemoval
=true가 등장할 차례다. 이 설정 덕분에 연관관계가 해제된 모든 도서가 삭제된
다. 생성된 DELETE문은 배치로 처리된다(orphanRemoval이 false로 설정된 경우 삭제 대신 여러 업데이트
가 실행된다). 마지막으로 이 코드는 deleteAll(Iterable<? extends T> entities) 또
는 delete(T entity) 메서드를 통해 모든 저자를 삭제한다. 모든 도서가 분리됐
기 때문에 저자 삭제는 역시 배치 처리를 활용한다.

이번에는 이전 방식에 비해 배치 수가 상당히 적다. 10명의 저자와 관련 도서를 삭제할 때 20개의 배치가 필요했음을 상기하자. 이 방식을 사용하면 배치가 3개만 생성된다.

연관관계를 갖는 모든 도서를 삭제하는 배치가 먼저 실행된다(각 저자가 5권의 도서를 갖고 있으므로 삭제할 10명의 저자 x 5개의 도서 레코드가 있음).

```
Name:DATA_SOURCE_PROXY, Connection:6, Time:1071, Success:True
Type:Prepared, Batch:True, QuerySize:1, BatchSize:30
Query:["delete from book where id=? and version=?"]
Params:[(1,0),(2,0),(3,0),(4,0),(5,0),(6,0),(7,0),(8,0), ... ,(30,0)]

Name:DATA_SOURCE_PROXY, Connection:6, Time:602, Success:True
Type:Prepared, Batch:True, QuerySize:1, BatchSize:20
Query:["delete from book where id=? and version=?"]
Params:[(31,0),(32,0),(33,0),(34,0),(35,0),(36,0), ... ,(50,0)]
```

다음으로 10명의 저자를 삭제하는 배치가 실행된다.

```
Name:DATA_SOURCE_PROXY, Connection:6, Time:432, Success:True
Type:Prepared, Batch:True, QuerySize:1, BatchSize:10
Query:["delete from author where id=? and version=?"]
Params:[(1,0),(2,0),(3,0),(4,0),(5,0),(6,0),(7,0),(8,0),(9,0),(10,0)]
```

소스코드는 깃허브[26]에서 확인할 수 있다.

SQL, ON DELETE CASCADE 사용

ON DELETE CASCADE는 SQL 전이 삭제에 대한 SQL 지시자directive다.

ON DELETE CASCADE는 부모 행이 삭제될 때 데이터베이스에서 자식 행을 삭제하

---

26. HibernateSpringBootBatchDeleteOrphanRemoval

는 데이터베이스상 처리이며 다음과 같이 하이버네이트 @OnDelete 어노테이션을 통해 해당 지시문을 추가할 수 있다.

```
@OneToMany(cascade = {CascadeType.PERSIST, CascadeType.MERGE},
        mappedBy = "author", orphanRemoval = false)
@OnDelete(action = OnDeleteAction.CASCADE)
private List<Book> books = new ArrayList<>();
```

이번의 경우 전이(CascadeType) 효과가 PERSIST와 MERGE로 제한된다. 추가적으로 orphanRemoval이 false로 설정됐다(또는 false가 기본값이므로 해당 설정 제거). 이 방법은 데이터베이스 자동 처리에 의존하므로 영속성 콘텍스트가 그에 따라 동기화되지 않음을 의미한다. 그럼 각각의 기본 제공 삭제 메커니즘을 통해 어떤 일이 발생하는지 살펴보자.

@OnDelete가 있으면 author 테이블은 다음과 같이 변경된다.

```
ALTER TABLE book
    ADD CONSTRAINT fkklnrv3weler2ftkweewlky958
    FOREIGN KEY (author_id) REFERENCES author (id)
    ON DELETE CASCADE
```

MySQL에서는 다음과 같이 spring.jpa.properties.hibernate.dialect가 InnoDB 엔진을 사용하도록 설정돼 있으면 ON DELETE CASCADE가 적용된다.

```
spring.jpa.properties.hibernate.dialect=
        org.hibernate.dialect.MySQL5InnoDBDialect
```

또는 MySQL 8의 경우는 다음과 같다.

```
org.hibernate.dialect.MySQL8Dialect
```

deleteAllInBatch() 내장 메서드를 통한 삭제

일반적인 스프링 리포지터리(AuthorRepository)를 통해 서비스 메서드에서 내장된
deleteAllInBatch() 메서드를 다음과 같이 어렵지 않게 호출할 수도 있다.

```
@Transactional
public void deleteAuthorsAndBooksViaDeleteAllInBatch() {

    authorRepository.deleteAllInBatch();
}
```

이 경우 deleteAllInBatch()에 의해 생성된 SQL문은 다음과 같다.

```
DELETE FROM author
```

DataSource-Proxy 콘텍스트에 이 SQL을 추가하면 다음과 같은 결과를 확인할
수 있다.

```
Name:DATA_SOURCE_PROXY, Connection:6, Time:21, Success:True
Type:Prepared, Batch:False, QuerySize:1, BatchSize:0
Query:["delete from author"]
Params:[()]
```

배치 처리가 사용되지 않았고 업데이트 손실이 방지되진 않았지만 생성된 벌크
작업은 데이터베이스 전이 삭제를 트리거한다. 따라서 book 테이블의 행들은
삭제된다. 이 방법은 author와 book 테이블의 모든 행을 삭제할 때 매우 효율적
이다.

deleteInBatch(Iterable⟨T⟩ entities) 내장 메서드를 통한 삭제

다음과 같이 일반적인 스프링 리포지터리(AuthorRepository)를 통해 서비스 메서드에서 내장된 deleteInBatch(Iterable<T> entities) 메서드를 쉽게 호출할 수 있다(60세 미만의 모든 저자와 해당 도서 삭제).

```
@Transactional
public void deleteAuthorsAndBooksViaDeleteInBatch() {

    List<Author> authors = authorRepository.fetchAuthorsAndBooks(60);

    authorRepository.deleteInBatch(authors);
}
```

이번 deleteInBatch(Iterable<T> entities)에 의해 생성된 SQL문은 다음과 같다.

```
DELETE FROM author
WHERE id = ?
    OR id = ?
    OR id = ?
    OR id = ?
    OR id = ?
    OR id = ?
    ...
```

이 SQL을 DataSource-Proxy 콘텍스트에 추가하면 다음과 같은 출력을 확인할 수 있다.

```
Name:DATA_SOURCE_PROXY, Connection:6, Time:27, Success:True
Type:Prepared, Batch:False, QuerySize:1, BatchSize:0
Query:["delete from author where id=? or id=? or id=? ...]
Params:[(1,12,23, ...)]
```

배치 처리나 업데이트 손실 방지 메커니즘은 사용되지 않았지만 생성된 벌크 작업은 데이터베이스 전이 삭제를 트리거한다. 또한 book 테이블에서 연관관계의 행들도 역시 삭제되며 매우 효율적인 방법이다. 다만 주의를 기울여야 하는한 가지 사항은 허용되는 쿼리의 최대 크기를 초과하는 DELETE문자열을 피하는것이다.

deleteAll(Iterable⟨? extends T⟩ entities)와 delete(T entity) 내장 메서드를 통한 삭제

다음과 같이 기본 제공되는 deleteAll(Iterable<? extends T> entities) 메서드를 일반적인 스프링 리포지터리(AuthorRepository)를 통해 서비스 메서드에서 쉽게호출할 수 있다(60세 미만의 모든 저자와 연관관계 도서 삭제).

```
@Transactional
public void deleteAuthorsAndBooksViaDeleteAll() {

    List<Author> authors = authorRepository.fetchAuthorsAndBooks(60);
    authorRepository.deleteAll(authors);
}
```

동일한 작업을 다음과 같이 delete(T entity)를 통해 처리할 수 있다.

```
@Transactional
public void deleteAuthorsAndBooksViaDeleteAllWithDelete() {

    List<Author> authors = authorRepository.fetchAuthorsAndBooks(60);

    authors.forEach(authorRepository::delete);
}
```

이 2가지 방법 모두 다음과 같은 동일한 SQL문으로 트리거된다.

```
DELETE FROM author
WHERE id = ?
    AND version = ?
-- 이 DELETE는 삭제해야 하는 각 저자에 대해 생성됨
```

이와 같은 SQL문은 삭제해야 하는 각 저자에 대해 반복된다. DataSource-Proxy 콘텍스트에서 이 SQL을 추가하면 다음과 같은 출력이 표시된다(강조된 부분을 확인하자).

```
Name:DATA_SOURCE_PROXY, Connection:6, Time:35, Success:True
Type:Prepared, Batch:True, QuerySize:1, BatchSize:6
Query:["delete from book author id=? and version=?"]
Params:[(5,0),(6,0),(7,0),(8,0),(9,0),(10,0)]
```

배치 처리가 사용됐고 낙관적 잠금 메커니즘을 통해 Author에 대한 업데이트 손실이 방지됐다. 더욱이 저자를 삭제하면 데이터베이스 전이 삭제가 트리거되고 book 테이블의 연관관계 행도 삭제된다. 그리고 이번에는 엔터티 상태 전이와 데이터베이스 자동 처리가 함께 동작해, 영속성 콘텍스트가 부분적으로나마 동기화됐다. 다시 말하면 매우 효율적이다.

소스코드는 깃허브[27]에서 확인할 수 있다.

항목 54: 배치로 연관관계 가져오는 방법

항목 39에서는 JOIN FETCH를 통해 동일 쿼리에서 부모와 함께 연관관계(특히 컬렉션)를 가져오는 방법을 설명하고 있다. 또한 항목 7에서는 N+1 문제를 피하고 지연 로딩 문제를 해결하는 데 유용한 JPA 2.1 @NamedEntityGraph의 강력한 기능을 설명하고, 항목 43은 SQL JOIN을 통해 연관관계를 가져오는 방법을 다룬다.

---

27. HibernateSpringBootBatchDeleteCascadeDelete

하이버네이트는 추가적으로 자체 @BatchSize 어노테이션을 통해 배치로 연관 관계를 가져올 수 있게 해준다. 그러나 @BatchSize를 고려하기 전에 앞에서 언급한 방법들을 먼저 검토하는 것이 좋다. 공구 박스에 여러 접근 방법이 있으면 현명하게 결정하는 데 도움이 된다.

이제 @BatchSize에 대해 알아보고 예제를 통해 학습해보자. 그럼 양방향 지연 @OneToMany 연관관계를 갖는 Author와 Book 엔터티를 생각해보자. 그림 4-9는 쿼리 결과 세트를 추적하고 쉽게 이해하는 데 유용한 데이터 스냅숏이다.

author

id	age	genre	name
1	23	Anthology	Mark Janel
2	43	Horror	Olivia Goy
3	51	Anthology	Quartis Young
4	34	History	Joana Nimar
5	38	Anthology	Alicia Tom
6	56	Anthology	Katy Loin
7	23	Anthology	Wuth Troll

book

id	isbn	title	author_id
1	001-JN	A History of Ancient Prague	4
2	002-JN	A People's History	4
3	003-JN	History Day	4
4	001-MJ	The Beatles Anthology	1
5	001-OG	Carrie	2
6	002-OG	House Of Pain	2
7	001-WT	Anthology 2000	5

그림 **4-9.** 데이터 스냅숏

컬렉션 수준에서의 @BatchSize

다음과 같은 Author 엔터티 소스코드를 확인해보자.

```java
@Entity
public class Author implements Serializable {

    // ...
    @OneToMany(cascade = CascadeType.ALL,
               mappedBy = "author", orphanRemoval = true)

    @BatchSize(size = 3)
    private List<Book> books = new ArrayList<>();

    // ...
}
```

도서에 대한 연관관계는 @BatchSize(size = 3) 어노테이션이 지정됐다. 이는 하이버네이트가 하나의 배치 처리로 최대 3개의 Author 엔터티에 대한 books 컬렉션을 초기화해야 함을 의미한다.[28] SQL문들을 확인하기 전에 컬렉션 수준에서 @BatchSize를 사용하는 다음과 같은 서비스 메서드를 생각해보자.

```java
@Transactional(readOnly = true)
public void displayAuthorsAndBooks() {

    List<Author> authors = authorRepository.findAll();

    for (Author author : authors) {
        System.out.println("Author: " + author.getName());
        System.out.println("No of books: "
                + author.getBooks().size() + ", " + author.getBooks());
    }
}
```

이 메서드는 SELECT 쿼리를 통해 모든 Author 엔터티를 가져오고, 다음으로 첫 Author에 대해 getBooks() 메서드를 호출하면 이전 SELECT 쿼리에서 반환된 처음 3개 Author 엔터티 컬렉션을 초기화하는 또 다른 SELECT 쿼리가 호출된다. 이는 컬렉션 수준에서의 @BatchSize 효과다.

따라서 첫 번째 SELECT는 모든 Author를 다음과 같이 가져온다.

```sql
SELECT
    author0_.id AS id1_0_,
    author0_.age AS age2_0_,
    author0_.genre AS genre3_0_,
    author0_.name AS name4_0_
FROM author author0_
```

---

28. 아래에 잘 설명돼 있지만 헷갈릴 수 있어 먼저 설명하자면 3개의 Book 엔터티를 배치로 가져오는 것이 아닌 3개의 List<Book> 자체를 배치 단위로 가져오는 것이다. – 옮긴이

첫 번째 Author에 대해 getBooks()를 호출하면 다음과 같은 SELECT가 호출된다.

```
SELECT
    books0_.author_id AS author_i4_1_1_,
    books0_.id AS id1_1_1_,
    books0_.id AS id1_1_0_,
    books0_.author_id AS author_i4_1_0_,
    books0_.isbn AS isbn2_1_0_,
    books0_.title AS title3_1_0_
FROM book books0_
WHERE books0_.author_id IN (?, ?, ?)
```

하이버네이트는 세 엔터티 저자의 식별자를 효율적으로 참조하기 위해 IN 절을 사용하고(이는 배치 크기임) 출력은 다음과 같다.

```
Author: Mark Janel
No of books: 1, [Book{id=4, title=The Beatles Anthology, isbn=001-MJ}]

Author: Olivia Goy
No of books: 2, [Book{id=5, title=Carrie, isbn=001-OG}, Book{id=6,
title=House Of Pain, isbn=002-OG}]

Author: Quartis Young
No of books: 0, []
```

네 번째 저자인 Joana Nimar에 대해 Book에 대한 다음 Book 배치에 대한 새로운 SELECT가 필요하며, 이 SELECT에 대한 결과 세트는 다음과 같다.

```
Author: Joana Nimar
No of books: 3, [Book{id=1, title=A History of Ancient Prague, isbn=001-JN},
Book{id=2, title=A People's History, isbn=002-JN}, Book{id=3, title=History
Day, isbn=003-JN}]
```

```
Author: Alicia Tom
No of books: 1, [Book{id=7, title=Anthology 2000, isbn=001-WT}]

Author: Katy Loin
No of books: 0, []
```

마지막 저자인 Wuth Troll에 대해서도 새로운 SELECT가 필요하다. 다른 Book 배치를 채울 데이터가 없기 때문에 IN 절이 다음과 같이 필요하지 않는다.

```
SELECT
    books0_.author_id AS author_i4_1_1_,
    books0_.id AS id1_1_1_,
    books0_.id AS id1_1_0_,
    books0_.author_id AS author_i4_1_0_,
    books0_.isbn AS isbn2_1_0_,
    books0_.title AS title3_1_0_
FROM book books0_
WHERE books0_.author_id = ?
```

출력은 다음과 같다.

```
No of books: 0, []
```

컬렉션 수준에서 @BatchSize가 동작하는 방식을 잘못 해석하지 않아야 한다. 컬렉션 수준에서 크기가 n인 @BatchSize가 컬렉션의 n개 항목(예: 도서)을 로드한다고 결론을 내리면 안 된다. 이는 n개의 컬렉션을 로드하는 것으로, 하이버네이트는 컬렉션을 자를 수 없다(이에 대해서는 JOIN FETCH에 대한 페이지네이션을 논의하는 **항목 97**에서 다룬다).

클래스/엔터티 수준에서의 @BatchSize

다음과 같은 Author 엔터티 소스코드를 확인해보자.

```
@Entity
@BatchSize(size = 3)
public class Author implements Serializable {

    // ...
    @OneToMany(cascade = CascadeType.ALL,
                mappedBy = "author", orphanRemoval = true)
    private List<Book> books = new ArrayList<>();

    // ...
}
```

Author 엔터티에 @BatchSize(size = 3) 어노테이션이 지정됐다. 이는 하이버네이트가 도서를 가져올 때 최대 3명의 참조되는 author로 초기화한다는 것을 의미한다. 다시 말해 모든 도서를 반복하면서 @BatchSize 없는 각각에 대해 getAuthor()를 호출하면 하이버네이트는 프록시된 소유자를 찾고자 4개의 SELECT문을 실행한다(7권의 도서가 있지만 일부 도서의 저자가 같기 때문에 특정 SELECT문은 데이터베이스 대신 영속성 콘텍스트로 사용한다). Author 엔터티 수준에서 @BatchSize가 있는 상태에서 동일한 작업을 수행하면 2개의 SELECT문만 생성된다.

SQL문을 확인하기 전에 엔터티 수준에서 @BatchSize를 활용하는 다음과 같은 서비스 메서드를 생각해보자.

```
@Transactional(readOnly = true)
public void displayBooksAndAuthors() {

    List<Book> books = bookRepository.findAll();

    for (Book book : books) {
        System.out.println("Book: " + book.getTitle());
```

```
        System.out.println("Author: " + book.getAuthor());
    }
}
```

이 메서드는 SELECT 쿼리를 통해 모든 Book 엔터티를 가져온다. 다음으로 첫 번째 Book 엔터티의 getAuthor() 메서드를 호출하면 이전 SELECT 쿼리에서 반환된 처음 3개의 Book 엔터티의 연관관계를 초기화하고 다른 SELECT 쿼리가 트리거된다. 이는 엔터티 수준에서의 @BatchSize 효과다.

첫 번째 SELECT는 다음과 같이 모든 Book을 가져온다.

```
SELECT
    book0_.id AS id1_1_,
    book0_.author_id AS author_i4_1_,
    book0_.isbn AS isbn2_1_,
    book0_.title AS title3_1_
FROM book book0_
```

다음으로 첫 번째 Book에 대해 getAuthor()를 호출하면 다음과 같은 SELECT가 생성된다.

```
SELECT
    author0_.id AS id1_0_0_,
    author0_.age AS age2_0_0_,
    author0_.genre AS genre3_0_0_,
    author0_.name AS name4_0_0_
FROM author author0_
WHERE author0_.id IN (?, ?, ?)
```

하이버네이트는 세 엔터티 저자(배치 크기임)의 식별자를 효율적으로 참조하고자 IN

절을 사용하고 출력은 다음과 같다.

```
Book: A History of Ancient Prague
Author: Author{id=4, name=Joana Nimar, genre=History, age=34}
Book: A People's History
Author: Author{id=4, name=Joana Nimar, genre=History, age=34}
Book: History Day
Author: Author{id=4, name=Joana Nimar, genre=History, age=34}

Book: The Beatles Anthology
Author: Author{id=1, name=Mark Janel, genre=Anthology, age=23}

Book: Carrie
Author: Author{id=2, name=Olivia Goy, genre=Horror, age=43}
Book: House Of Pain
Author: Author{id=2, name=Olivia Goy, genre=Horror, age=43}
```

다음 도서인 Anthology 2000 차례가 되면 다음 Author 배치를 위한 새로운 SELECT가 필요한데, 다른 Author 배치를 채울 데이터가 없기 때문에 IN 절이 필요하지 않다.

```
SELECT
    author0_.id AS id1_0_0_,
    author0_.age AS age2_0_0_,
    author0_.genre AS genre3_0_0_,
    author0_.name AS name4_0_0_
FROM author author0_
WHERE author0_.id = ?
```

출력은 다음과 같다.

```
Book: Anthology 2000
```

```
Author: Author{id=5, name=Alicia Tom, genre=Anthology, age=38}
```

일반적으로 n 크기의 컬렉션 수준 @BatchSize 사용은 한 번에 최대 n개 지연 컬렉션이 초기화된다. 반면 n 크기의 엔터티 수준에서 @BatchSize를 사용하면 한 번에 최대 n개의 지연 엔터티 프록시가 초기화된다.

분명히 관련 엔터티를 배치로 로드하는 것이 하나씩 로드하는 것보다 낫다(이렇게 하면 잠재적 N+1 문제를 피할 수 있다). 그럼에도 @BatchSize를 사용하기 전에 개별 사례에서 SQL JOIN, JPA JOIN FETCH 또는 엔터티 그래프 사용에 대해 먼저 논의하자.

전체 애플리케이션은 깃허브[29]에서 확인할 수 있다.

항목 55: 배치 등록에서 PostgreSQL (BIG)SERIAL을 피해야 하는 이유

PostgreSQL에서 GeneralType.IDENTITY를 사용하면 하이버네이트 등록 배치 처리가 비활성화된다. (BIG)SERIAL은 MySQL의 AUTO_INCREMENT와 '거의' 유사하게 작동하기에 등록 배치 처리를 사용할 때 다음과 같은 방법은 피해야 한다.

```
@Entity
public class Author implements Serializable {

    @Id
    @GeneratedValue(strategy = GenerationType.IDENTITY)
    private Long id;
```

---

29. HibernateSpringBootLoadBatchAssociation

```
    // ...
}
```

PostgreSQL의 (BIG)SERIAL은 식별자 칼럼을 에뮬레이트하기 위한 문법 설탕(syntactic sugar)
표현식이며, 내부적으로 PostgreSQL은 데이터베이스 시퀀스를 사용한다.

이 문제에 대한 한 가지 해결책은 GenerationType.AUTO를 사용하는 것이다.
PostgreSQL에서 GenerationType.AUTO 설정은 SEQUENCE 생성기를 사용하기 때문
에 배치 등록은 예상대로 작동한다. 다음과 같은 코드는 잘 작동한다.

```
@Entity
public class Author implements Serializable {

    @Id
    @GeneratedValue(strategy = GenerationType.AUTO)

    private Long id;

    // ...
}
```

식별자 가져오기 프로세스 최적화

이번에는 배치 등록 메커니즘이 잘 동작하지만 각 등록에 대해 하이버네이트는
별도의 데이터베이스 호출로 식별자를 가져와야 한다. 단일 배치에 30개의 등
록이 있는 경우 다음 예제와 같이 30개의 식별자를 가져오고자 30번의 데이터
베이스 호출이 필요하다.

```
select nextval ('hibernate_sequence')
select nextval ('hibernate_sequence')
```

```
-- 28번 추가 반복

...

insert into author (age, genre, name, id) values (?, ?, ?, ?)
insert into author (age, genre, name, id) values (?, ?, ?, ?)

...
```

보통 배치 등록은 건수가 상당히 많을 때(예: 10,000개 등록) 사용된다. 10,000개 등록에 대해 10,000개의 추가 데이터베이스 호출이 있다면 이는 성능 저하를 나타낸다. 메모리 내의 식별자를 생성하는 hi/lo 알고리듬을 통해 이런 성능 저하를 제거할 수 있으며(항목 66), 더 좋은 것은 pooled 또는 pooled-lo 알고리듬이다(항목 67). hi/lo 알고리듬은 다음과 같이 사용한다.

```
@Entity
public class Author implements Serializable {

    @Id
    @GeneratedValue(
        strategy = GenerationType.SEQUENCE,
        generator = "hilo"
    )

    @GenericGenerator(
        name = "hilo",
        strategy = "org.hibernate.id.enhanced.SequenceStyleGenerator",
        parameters = {

            @Parameter(name = "sequence_name", value = "hilo_sequence"),
            @Parameter(name = "initial_value", value = "1"),
            @Parameter(name = "increment_size", value = "1000"),
            @Parameter(name = "optimizer", value = "hilo")
        }
    )
```

```
    private Long id;

    // ...
}
```

이번에 1,000 증가는 hi/lo가 1,000개의 메모리 내 식별자를 생성할 수 있음을 의미한다. 따라서 10,000개 등록에 대해 식별자를 가져오는 데 필요한 데이터베이스 호출은 10번뿐이다. 당연히 increment_size를 조정해 이를 더 최적화할 수 있다.

reWriteBatchedInserts를 통한 배치 최적화

항목 46에서 MySQL에 대한 reWriteBatchedInserts[30] 최적화를 소개했으며 이 최적화를 PostgreSQL에도 사용할 수 있다고 설명했다. 이 속성이 활성화되면 SQL문이 하나의 문자열 버퍼로 재작성되고 데이터베이스에 대한 하나의 요청으로 전송된다.

HikariCP를 사용하는 스프링 부트 애플리케이션에선 다음과 같이 application.properties의 reWriteBatchedInserts를 설정한다.

```
spring.datasource.hikari.data-source-properties.reWriteBatchedInserts=true
```

해당 설정은 다음과 같이 프로그래밍 방식으로도 처리할 수 있다.

```
PGSimpleDataSource ds = ...;
ds.setReWriteBatchedInserts(true);
```

전체 애플리케이션은 깃허브[31]에서 확인할 수 있다.

---

30. 실제 MySQL에서는 rewriteBatchedStatements이며 JDBC URL상에 인자로 설정됐다. - 옮긴이
31. HibernateSpringBootBatchingAndSerial

## 5장

컬렉션

항목 56: @ElementCollection 컬렉션 JOIN FETCH 방법

Basic 타입(예: String) 또는 Embeddable 타입에 대한 단방향 일대다 연관관계를 정의할 때 JPA는 @ElementCollection 형식의 간단한 방법을 제공한다. 이 타입은 @CollectionTable을 통해 커스텀될 수 있는 별도 테이블로 매핑된다. 그림 5-1과 같이 온라인 북스토어 장바구니가 ShoppingCart 엔터티로 매핑되고 등록 가능한 도서는 @ElementCollection을 통해 매핑된다고 생각해보자.

그림 5-1. @ElementCollection 테이블 관계

관련 부분은 다음과 같은 @ElementCollection 매핑이다.

```
@Entity
public class ShoppingCart implements Serializable {

    // ...
    @ElementCollection(fetch = FetchType.LAZY)  // 기본값 : lazy
    @CollectionTable(name = "shopping_cart_books",
            joinColumns = @JoinColumn(name = "shopping_cart_id"))
    private List<Book> books = new ArrayList<>();

    // ...
}
```

기본적으로 도서는 지연 로딩된다. 경우에 따라 특정 기능 요구 사항을 모델링 하려면 프로그램이 book 속성을 즉시 가져와야 할 수도 있는데, 분명한 것은 엔터티 수준에서 FetchType.EAGER로 전환하는 것은 피해야 한다는 것이다.

해결 방법은 연관관계와 같은 방식으로 @ElementCollection에 사용할 수 있는 JOIN FETCH다. 즉, 다음 두 JPQL 쿼리는 JOIN FETCH를 사용해 ShoppingCart를 가져오는 같은 SELECT에서 book을 가져온다.

```
@Repository
public interface ShoppingCartRepository
        extends JpaRepository<ShoppingCart, Long> {

    @Query(value = "SELECT p FROM ShoppingCart p JOIN FETCH p.books")
    ShoppingCart fetchShoppingCart();

    @Query(value = "SELECT p FROM ShoppingCart p
                    JOIN FETCH p.books b WHERE b.price > ?1")
    ShoppingCart fetchShoppingCartByPrice(int price);
}
```

fetchShoppingCart()는 다음과 같은 SQL을 생성한다.

```
SELECT
    shoppingca0_.id AS id1_1_,
    shoppingca0_.owner AS owner2_1_,
    books1_.shopping_cart_id AS shopping1_0_0__,
    books1_.genre AS genre2_0_0__,
    books1_.isbn AS isbn3_0_0__,
    books1_.price AS price4_0_0__,
    books1_.title AS title5_0_0__
FROM shopping_cart shoppingca0_
INNER JOIN shopping_cart_books books1_
    ON shoppingca0_.id = books1_.shopping_cart_id
```

fetchShoppingCartByPrice()는 다음과 같은 SQL문을 트리거한다.

```
SELECT
    shoppingca0_.id AS id1_1_,
    shoppingca0_.owner AS owner2_1_,
    books1_.shopping_cart_id AS shopping1_0_0__,
    books1_.genre AS genre2_0_0__,
    books1_.isbn AS isbn3_0_0__,
    books1_.price AS price4_0_0__,
    books1_.title AS title5_0_0__
FROM shopping_cart shoppingca0_
INNER JOIN shopping_cart_books books1_
    ON shoppingca0_.id = books1_.shopping_cart_id
WHERE books1_.price > ?
```

소스코드는 깃허브[1]에서 확인할 수 있다.

---

1. HibernateSpringBootElementCollectionJoinFetch

항목 57: @ElementCollection에 대한 DTO 방법

이번 항목은 온라인 북스토어 장바구니가 ShoppingCart 엔터티로 매핑되고 함께 포함된 Book은 @ElementCollection을 통해 매핑된다고 그림 5-2와 같이 가정해보자.

그림 5-2. @ElementCollection 테이블 관계

관련 부분은 다음과 같은 @ElementCollection 매핑이다.

```java
@Entity
public class ShoppingCart implements Serializable {

    // ...
    @ElementCollection(fetch = FetchType.LAZY)  // 기본값 : lazy
    @CollectionTable(name = "shopping_cart_books",
            joinColumns = @JoinColumn(name = "shopping_cart_id"))
    private List<Book> books = new ArrayList<>();

    // ...
}
```

다음 목표는 shopping_cart의 owner와 shopping_cart_books(컬렉션 테이블)의 title과 price를 포함하는 읽기 전용 데이터의 결과 세트를 가져오는 것이다. 읽기 전용 데이터이므로 JOIN과 DTO를 사용하며, @ElementCollection에 대해 JOIN과 스프링 프로젝션이 잘 동작하기에 해결 방법은 다음과 같은 프로젝션을 사용하는 것이다.

```java
public interface ShoppingCartDto {

    String getOwner();
    String getTitle();
    int getPrice();
}
```

프로젝션은 다음과 같은 리포지터리에서 사용된다.

```java
@Repository
public interface ShoppingCartRepository
        extends JpaRepository<ShoppingCart, Long> {

    @Query(value = "SELECT a.owner AS owner, b.title AS title,
                    b.price AS price FROM ShoppingCart a JOIN a.books b")
    List<ShoppingCartDto> fetchShoppingCart();

    @Query(value = "SELECT a.owner AS owner, b.title AS title,
                    b.price AS price FROM ShoppingCart a JOIN a.books b
                    WHERE b.price > ?1")
    List<ShoppingCartDto> fetchShoppingCartByPrice(int price);
}
```

fetchShoppingCart()를 호출하면 다음과 같은 SQL이 생성된다(owner, title, price만 선택된다).

```sql
SELECT
    shoppingca0_.owner AS col_0_0_,
    books1_.title AS col_1_0_,
    books1_.price AS col_2_0_
FROM shopping_cart shoppingca0_
INNER JOIN shopping_cart_books books1_
    ON shoppingca0_.id = books1_.shopping_cart_id
```

fetchShoppingCartByPrice()를 호출하면 다음과 같은 SQL문이 트리거된다.

```
SELECT
    shoppingca0_.owner AS col_0_0_,
    books1_.title AS col_1_0_,
    books1_.price AS col_2_0_
FROM shopping_cart shoppingca0_
INNER JOIN shopping_cart_books books1_
    ON shoppingca0_.id = books1_.shopping_cart_id
WHERE books1_.price > ?
```

@ElementCollection은 엔터티 연관관계로 생각될 수 있지만 그렇지 않다. 다음 항목에서 볼 수 있듯 주로 @ElementCollection은 단방향 @OneToMany(**항목 2**)로 작동한다. 따라서 동일한 성능 저하를 갖는데, 모범적인 사례는 기본 타입(정수 또는 문자열)과 포함 가능한 타입(embeddable types)에는 @ElementCollection을 사용하고 엔터티 클래스에는 사용하지 않는 것이 좋다.

소스코드는 깃허브[2]에서 확인할 수 있다.

항목 58: @ElementCollection과 @OrderColumn을 함께 사용해야 하는 이유와 시기

이번 항목에서는 다음 코드와 같이 북스토어 장바구니가 ShoppingCart 엔터티와 @ElementCollection의 포함 가능한 Book을 통해 매핑된다고 가정해보자.

```
@Entity
public class ShoppingCart implements Serializable {

    // ...
```

---

2. HibernateSpringBootDtoElementCollection

```
@Id
@GeneratedValue(strategy = GenerationType.IDENTITY)
private Long id;

private String owner;

@ElementCollection
@CollectionTable(name = "shopping_cart_books",
                 joinColumns = @JoinColumn(name = "shopping_cart_id"))
@Column(name="title")
private List<String> books = new ArrayList<>();

// 간결함을 위해 getter/setter 생략
}
```

엔터티는 2개 테이블(shopping_cart와 shopping_cart_books)을 통해 매핑된다. 그림 5-3은 데이터 스냅숏을 나타낸다(기본 데이터로 3권의 도서가 담긴 하나의 장바구니가 존재한다).

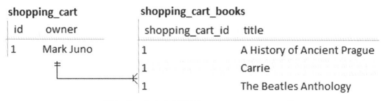

그림 5-3. 데이터 스냅숏(@ElementCollection)

엔터티에 대한 리포지터리는 소유자 이름으로 ShoppingCart를 가져오는 다음과 같은 쿼리가 포함된다.

```
@Repository
@Transactional(readOnly=true)
public interface ShoppingCartRepository
        extends JpaRepository<ShoppingCart, Long> {

    ShoppingCart findByOwner(String owner);
}
```

추가적으로 애플리케이션은 여러 쿼리(3개의 INSERT 및 3개의 DELETE)를 실행해 다음을 처리한다.

- 현재 장바구니 시작 부분에 도서 1권 추가
- 현재 장바구니 끝부분에 도서 1권 추가
- 현재 장바구니 중간에 도서 1권 추가
- 장바구니로부터 첫 번째 도서 삭제
- 장바구니로부터 마지막 도서 삭제
- 장바구니로부터 중간 도서 삭제

다음 각 시나리오는 그림 5-3의 데이터 스냅숏으로부터 시작한다.

현재 장바구니에 새 도서를 추가하고자(도서 INSERT) 하이버네이트는 shopping_cart_books에서 모든 것을 삭제한 다음 새 도서를 포함해 다시 등록한다. 예를 들어 다음 메서드는 book의 시작 부분에 새 도서를 추가한다.

```
@Transactional
public void addToTheBeginning() {

    ShoppingCart cart = shoppingCartRepository.findByOwner("Mark Juno");

    cart.getBooks().add(0, "Modern history");
}
```

이 메서드를 호출하면 다음과 같은 SQL문이 생성되는데, 먼저 모든 도서를 삭제한 후 새 도서를 포함해 다시 등록한다.

```
DELETE FROM shopping_cart_books
WHERE shopping_cart_id = ?
Binding: [1]

INSERT INTO shopping_cart_books (shopping_cart_id, title)
```

```
    VALUES (?, ?)
Binding: [1, Modern history]

INSERT INTO shopping_cart_books (shopping_cart_id, title)
    VALUES (?, ?)
Binding: [1, A History of Ancient Prague]

INSERT INTO shopping_cart_books (shopping_cart_id, title)
    VALUES (?, ?)
Binding: [1, Carrie]

INSERT INTO shopping_cart_books (shopping_cart_id, title)
    VALUES (?, ?)
Binding: [1, The Beatles Anthology]
```

각 INSERT는 엔터티의 @CollectionTable에서 모든 레코드를 삭제한 다음 재등록한다.

마찬가지로 다음과 같은 끝 또는 중간에 도서를 등록하려 해도 이전과 같은
여러 SQL문이 생성된다.

```
@Transactional
public void addToTheEnd() {

    ShoppingCart cart = shoppingCartRepository.findByOwner("Mark Juno");

    cart.getBooks().add("The last day");
}

@Transactional
public void addInTheMiddle() {

    ShoppingCart cart = shoppingCartRepository.findByOwner("Mark Juno");

    cart.getBooks().add(cart.getBooks().size() / 2, "Middle man");
}
```

도서를 book에서 삭제하는 것도 효율적이지 않다. INSERT의 경우와 같이 삭제할 때마다 shopping_cart_books에서 모든 항목을 삭제한 다음 모든 값을 다시 등록하기 때문이다. 예를 들어 다음 메서드는 첫 번째 도서를 삭제한다.

```
@Transactional
public void removeFirst() {

    ShoppingCart cart = shoppingCartRepository.findByOwner("Mark Juno");

    cart.getBooks().remove(0);
}
```

이 메서드를 호출하면 다음과 같은 SQL문이 생성된다. 먼저 모든 도서가 삭제되고 다음으로 삭제된 도서를 제외하고 모든 도서를 다시 등록한다.

```
DELETE FROM shopping_cart_books
WHERE shopping_cart_id = ?
Binding: [1]

INSERT INTO shopping_cart_books (shopping_cart_id, title)
    VALUES (?, ?)
Binding: [1, Carrie]

INSERT INTO shopping_cart_books (shopping_cart_id, title)
    VALUES (?, ?)
Binding: [1, The Beatles Anthology]
```

각 DELETE는 엔터티의 @CollectionTable에서 모든 레코드를 삭제한 다음 다시 등록해야 한다.

마찬가지로 도서의 끝과 중간에서 다음과 같은 처리를 하면 이전과 같은 여러 SQL문이 생성된다.

```
@Transactional
public void removeLast() {

    ShoppingCart cart = shoppingCartRepository.findByOwner("Mark Juno");

    cart.getBooks().remove(cart.getBooks().size() - 1);
}

@Transactional
public void removeMiddle() {

    ShoppingCart cart = shoppingCartRepository.findByOwner("Mark Juno");

    cart.getBooks().remove(cart.getBooks().size() / 2);
}
```

자주 업데이트되는 컬렉션은 명백한 성능 저하를 가져온다. 명시적인 일대다 연관관계를 사용하는 것이 좋은 선택이다. 반면 업데이트가 거의 필요하지 않거나 전혀 필요하지 않은 컬렉션은 외래 키 측을 나타내지 않기 때문에 @ElementCollection의 좋은 후보가 된다.

소스코드는 깃허브[3]에서 확인할 수 있다.

@OrderColumn을 통한 @ElementCollection 최적화

@OrderColumn은 모든 컬렉션 매핑에서 List 순서를 지정하는 데 사용할 수 있다. @ElementCollection에 @OrderColumn을 추가하는 것은 INSERT와 DELETE에 반영되는 최적화 방법인데, 관련된 코드는 다음과 같이 수정된다.

```
@Entity
public class ShoppingCart implements Serializable {

    // ...
```

---

3. HibernateSpringBootElementCollectionNoOrderColumn

```
@ElementCollection
@OrderColumn(name = "index_no")
@CollectionTable(name = "shopping_cart_books",
                 joinColumns = @JoinColumn(name = "shopping_cart_id"))
@Column(name="title")
private List<String> books = new ArrayList<>();

// ...
}
```

@OrderColumn이 지정되면 그림 5-4와 같이 shopping_cart_books 테이블에 새 칼럼(index_no)이 반영된다.

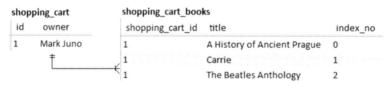

그림 5-4. 데이터 스냅숏(@ElementCollection 및 @OrderColumn)

따라서 각 행을 고유하게 식별하기 위해 대상 테이블에서 @OrderColumn을 새 열로 매핑한다. 이제 @OrderColumn이 @ElementCollection을 어떻게 최적화하는지 살펴보자. 다음 각 시나리오는 그림 5-4에 표시된 데이터 스냅숏에서 시작된다.

현재 바구니 시작 부분에 도서 추가

현재 바구니 시작 부분에 1권의 도서(Modern History)를 추가하면 다음 SQL문이 트리거된다(각 SQL문 아래에는 바인딩 파라미터 목록이 있음).

```
UPDATE shopping_cart_books
SET title = ?
```

452

```
WHERE shopping_cart_id = ?
AND index_no = ?
Binding: [Modern History, 1, 0]

UPDATE shopping_cart_books
SET title = ?
WHERE shopping_cart_id = ?
AND index_no = ?
Binding: [A History of Ancient Prague, 1, 1]

UPDATE shopping_cart_books
SET title = ?
WHERE shopping_cart_id = ?
AND index_no = ?
Binding: [Carrie, 1, 2]

INSERT INTO shopping_cart_books (shopping_cart_id, index_no, title)
    VALUES (?, ?, ?)
Binding: [1, 3, The Beatles Anthology]
```

새 도서를 book의 시작 부분(인덱스 0)에 추가하면 기존 도서들이 한 위치 뒤로 밀려난다. 이 처리는 메모리에서 발생되며 일련의 UPDATE문을 통해 데이터베이스로 플러시되고, 기존 각 행마다 UPDATE문을 갖는다. 최종적으로 업데이트가 완료된 후 INSERT문을 통해 마지막 도서가 재등록된다. 그림 5-5는 Modern History 도서 등록 전(왼쪽)과 등록 후(오른쪽)의 shopping_cart_books 테이블을 보여준다.

shopping_cart_id	title	index_no
1	A History of Ancient Prague	0
1	Carrie	1
1	The Beatles Anthology	2

before insert

shopping_cart_id	title	index_no
1	Modern History	0
1	A History of Ancient Prague	1
1	Carrie	2
1	The Beatles Anthology	3

after insert

그림 5-5. 시작 부분 등록(@ElementCollection 및 @OrderColumn)

현재 바구니 끝부분에 도서 추가

현재 바구니 끝에 1권의 도서(The Last Day)를 추가하면 다음 SQL문이 트리거된다.

```
INSERT INTO shopping_cart_books (shopping_cart_id, index_no, title)
    VALUES (?, ?, ?)
Binding: [1, 3, The Last Day]
```

컬렉션 끝에 추가해도 순서에는 영향을 미치지 않기 때문에 단일 **INSERT**로 처리된다. **@OrderColumn**이 없는 경우보다 훨씬 낫다.

현재 바구니 중간에 도서 추가

현재 바구니 중간에 1권의 도서(Middle Man)를 추가하면 다음 SQL문이 생성된다.

```
UPDATE shopping_cart_books
SET title = ?
WHERE shopping_cart_id = ?
AND index_no = ?
Binding: [Middle Man, 1, 1]

UPDATE shopping_cart_books
SET title = ?
```

```
WHERE shopping_cart_id = ?
AND index_no = ?
Binding: [Carrie, 1, 2]

INSERT INTO shopping_cart_books (shopping_cart_id, index_no, title)
    VALUES (?, ?, ?)
Binding: [1, 3, The Beatles Anthology]
```

새 도서를 book 중간에 추가하면 컬렉션 중간과 끝 사이에 있는 기존 모든 도서가 한 위치 뒤로 밀려난다. 이 처리는 메모리에서 발생되며 일련의 UPDATE문을 통해 데이터베이스로 플러시되고 기존 각 행마다 UPDATE문을 갖는다. 최종적으로 마지막 도서는 INSERT문을 통해 재등록된다. 그림 5-6은 Middle Man 도서 등록 전(왼쪽)과 등록 후(오른쪽)의 shopping_cart_books 테이블을 보여준다.

shopping_cart_id	title	index_no
1	A History of Ancient Prague	0
1	Carrie	1
1	The Beatles Anthology	2

before insert

shopping_cart_id	title	index_no
1	A History of Ancient Prague	0
1	Middle Man	1
1	Carrie	2
1	The Beatles Anthology	3

after insert

그림 5-6. 중간 등록(@ElementCollection 및 @OrderColumn)

@OrderColumn이 없으면 애플리케이션은 5개의 SQL문(DELETE 1개 및 INSERT 4개)을 실행하지만 @OrderColumn을 사용하면 3개의 SQL문(UPDATE 2개 및 INSERT 1개)을 트리거한다.

현재 바구니에서 첫 번째 도서 삭제

현재 바구니에서 첫 번째 도서(A History of Ancient Prague)를 삭제하면 다음 SQL문이 트리거된다.

```
DELETE FROM shopping_cart_books
```

```
WHERE shopping_cart_id = ?
AND index_no = ?
Binding: [1, 2]

UPDATE shopping_cart_books
SET title = ?
WHERE shopping_cart_id = ?
AND index_no = ?
Binding: [The Beatles Anthology, 1, 1]

UPDATE shopping_cart_books
SET title = ?
WHERE shopping_cart_id = ?
AND index_no = ?
Binding: [Carrie, 1, 0]
```

첫 번째 도서(인덱스 0)를 book에서 삭제하면 기존의 모든 도서가 한 위치 앞으로 이동한다. 이 처리는 메모리에서 발생되며 DELETE문을 통해 마지막 행을 삭제한 후 트리거된 일련의 UPDATE문으로 데이터베이스에 플러시된다. 그림 5-7은 A History of Ancient Prague 도서의 삭제 전(왼쪽)과 삭제 후(오른쪽)의 shopping_cart_books 테이블을 보여준다.

shopping_cart_id	title	index_no
1	A History of Ancient Prague	0
1	Carrie	1
1	The Beatles Anthology	2

before remove

shopping_cart_id	title	index_no
1	Carrie	0
1	The Beatles Anthology	1

after remove

그림 5-7. 첫 번째 도서 삭제(@ElementCollection 및 @OrderColumn)

@OrderColumn이 없으면 애플리케이션은 3개의 SQL문(DELETE 1개 및 INSERT 2개)을 실행하고 @OrderColumn을 사용해도 3개의 SQL문(DELETE 1개 및 UPDATE 2개)을 트리거한다.

현재 바구니에서 마지막 도서 삭제

현재 바구니에서 마지막 도서(The Beatles Anthology)를 삭제하면 다음 SQL문이 트리거된다.

```
DELETE FROM shopping_cart_books
WHERE shopping_cart_id = ?
    AND index_no = ?
Binding: [1, 2]
```

컬렉션의 끝에서 도서를 제거해도 순서에 영향을 미치지 않는다. 따라서 단일 DELETE가 처리되는데, @OrderColumn이 없는 경우보다 훨씬 낫다.

@OrderColumn이 없으면 애플리케이션은 3개의 SQL문(DELETE 1개 및 INSERT 2개)을 실행하지만 @OrderColumn을 사용하면 하나의 DELETE문만 트리거한다.

현재 바구니에서 중간 도서 삭제

현재 바구니 중간에 한 권의 도서(Carrie)를 삭제하면 다음 SQL문이 생성된다.

```
DELETE FROM shopping_cart_books
WHERE shopping_cart_id = ?
AND index_no = ?
Binding: [1, 2]

UPDATE shopping_cart_books
SET title = ?
WHERE shopping_cart_id = ?
AND index_no = ?
Binding: [The Beatles Anthology, 1, 1]
```

중간 book에서 도서를 삭제하면 중간과 끝 사이에 있는 기존 도서가 한 위치 앞당겨진다. 이 처리는 메모리에서 발생되며 DELETE와 일련의 UPDATE문을 통해 데이터베이스로 플러시된다. 먼저 중간 행이 삭제되고 다음으로 테이블의 끝과 중간 사이에 있는 각 행이 업데이트된다. 그림 5-8은 Carrie 도서 삭제 전(왼쪽)과 삭제 후(오른쪽)의 shopping_cart_books 테이블을 보여준다.

shopping_cart_id	title	index_no
1	A History of Ancient Prague	0
1	Carrie	1
1	The Beatles Anthology	2

before remove

shopping_cart_id	title	index_no
1	A History of Ancient Prague	0
1	The Beatles Anthology	1

after remove

그림 5-8. 중간으로부터 삭제(@ElementCollection 및 @OrderColumn)

@OrderColumn이 없으면 애플리케이션은 3개의 SQL문(DELETE 1개 및 INSERT 2개)을 실행하지만 @OrderColumn을 사용하면 2개의 SQL문(DELETE 1개 및 UPDATE 1개)을 트리거한다.

최종적인 결론은 @OrderColumn이 컬렉션 끝부분에서 작업을 수행할 때(예: 컬렉션 끝에서 추가/삭제) 일부 성능 저하를 완화할 수 있다는 것이다. 추가/삭제 항목 앞에 있는 모든 요소는 그대로 유지되므로 애플리케이션이 컬렉션 끝부분에 가까운 행에 영향을 미치는 경우 성능 저하는 무시될 수 있다.

일반적인 규칙으로 엘리먼트 컬렉션은 데이터 변경이 거의 없고 새 엔터티를 추가하는 것이 외래 키 측 매핑의 유일한 목적인 경우 적절한 선택이다. 그렇지 않으면 일대다 연관관계가 더 나은 선택이 된다.

단방향 @OneToMany 및 @ManyToMany와 양방향 @ManyToMany는 @ElementCollection과 같은 범주에 속한다.

소스코드는 깃허브[4]에서 확인할 수 있다.

---

4. HibernateSpringBootElementCollectionWithOrderColumn

항목 59: 엔터티 컬렉션 병합 방법

이번 항목은 엔터티 컬렉션을 병합^{merge}하는 한 가지 좋은 방법을 설명한다.

우선 Author와 Book이 양방향 지연 @OneToMany 연관관계를 갖고 있다고 가정해 보자. 도메인 모델은 그림 5-9와 같다.

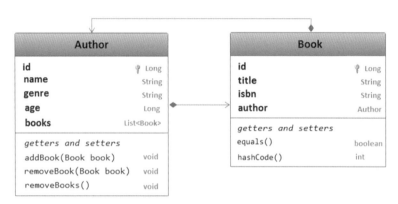

그림 5-9. 양방향 @OneToMany 관계

코드에서 Author 클래스는 다음과 같다.

```
@Entity
public class Author implements Serializable {

    private static final long serialVersionUID = 1L;

    @Id
    @GeneratedValue(strategy = GenerationType.IDENTITY)
    private Long id;

    private String name;
    private String genre;
    private int age;

    @OneToMany(cascade = CascadeType.ALL,
                mappedBy = "author", orphanRemoval = true)
    private List<Book> books = new ArrayList<>();
```

```java
    public void addBook(Book book) {

        this.books.add(book);

        book.setAuthor(this);

    }

    public void removeBook(Book book) {

        book.setAuthor(null);

        this.books.remove(book);

    }

    public void removeBooks() {

        // ...

    }

    // 간결함을 위해 getter/setter 생략

}
```

Book 엔터티는 다음과 같다.

```java
@Entity
public class Book implements Serializable {

    private static final long serialVersionUID = 1L;

    @Id
    @GeneratedValue(strategy = GenerationType.IDENTITY)
    private Long id;

    private String title;
    private String isbn;

    @ManyToOne(fetch = FetchType.LAZY)
    @JoinColumn(name = "author_id")
    private Author author;

    // 간결함을 위해 getter/setter 생략
```

```java
    @Override
    public boolean equals(Object obj) {

        if (obj == null) {
            return false;
        }
        if (this == obj) {
            return true;
        }
        if (getClass() != obj.getClass()) {
            return false;
        }

        return id != null && id.equals(((Book) obj).id);
    }

    @Override
    public int hashCode() {

        return 2021;
    }

    @Override
    public String toString() {

        return "Book{" + "id=" + id + ", title=" + title + ", \
                isbn=" + isbn + '}';
    }
}
```

데이터베이스는 그림 5-10과 같이 엔터티로 채워져 있다.

author

id	age	genre	name
1	23	Anthology	Mark Janel
2	34	History	Joana Nimar

book

id	isbn	title	author_id
1	001-JN	A History of Ancient Prague	2
2	002-JN	A People's History	2
3	001-MJ	The Beatles Anthology	1
4	007-JN	Carrie	2

그림 5-10. 데이터 스냅숏(병합 전)

이제 지정된 Author 레코드(예: Joana Nimar)와 연관된 Book 엔터티 목록을 가져오자. Author와 연관된 Book을 가져오는 작업은 다음과 같이 JOIN을 통해 쉽게 처리할 수 있다.

```
@Repository
public interface BookRepository extends JpaRepository<Book, Long> {

    @Query(value = "SELECT b FROM Book b JOIN b.author a WHERE a.name = ?1")
            List<Book> booksOfAuthor(String name);
}
```

booksOfAuthor("Joana Nimar")를 호출하면 다음과 같은 SELECT가 트리거된다.

```
SELECT
    book0_.id AS id1_1_,
    book0_.author_id AS author_i4_1_,
    book0_.isbn AS isbn2_1_,
    book0_.title AS title3_1_
FROM book book0_
INNER JOIN author author1_
    ON book0_.author_id = author1_.id
WHERE author1_.name = ?
```

SELECT에 의해 반환된 List<Book>에는 3권의 도서가 포함돼 있다.

이 시점에서 List<Book>은 detached 상태다. 따라서 detachedBooks라는 변수에 다음과 같은 데이터를 보관해보자.

```
Book{id=1, title=A History of Ancient Prague, isbn=001-JN}
Book{id=2, title=A People's History, isbn=002-JN}
Book{id=4, title=Carrie, isbn=007-JN}
```

다음으로 이 컬렉션에 대해 다음과 같은 수정을 처리해보자(컬렉션이 detached 상태이므로 수정 사항이 자동으로 데이터베이스에 반영되지 않음).

- A History of Ancient Prague에서 A History of Ancient Rome로 첫 번째 도서 제목 업데이트

```
detachedBooks.get(0).setTitle("A History of Ancient Rome");
```

- 두 번째 도서 삭제

```
detachedBooks.remove(1);
```

- 새로운 도서 추가(History In 100 Minutes)

```
Book book = new Book();
book.setTitle("History In 100 Minutes");
book.setIsbn("005-JN");
detachedBooks.add(book);
```

수정 후 detachedBooks 컬렉션을 표시하면 다음과 같은 내용이 표시된다(null id가 있는 마지막 새 도서를 확인).

```
Book{id=1, title=A History of Ancient Rome, isbn=001-JN}
Book{id=4, title=Carrie, isbn=007-JN}
Book{id=null, title=History In 100 Minutes, isbn=005-JN}
```

Detached 컬렉션 병합

이 항목의 마지막 단계는 가능한 한 최소 데이터베이스 처리 횟수를 사용해

분리된 컬렉션을 병합하는 것이다. 우선 개발자는 Author와 연관된 Book을 가져와야 한다. 이는 다음과 같이 JOIN FETCH를 통해 쉽게 가능하다.

```
@Repository
public interface AuthorRepository extends JpaRepository<Author, Long> {

    @Query(value="SELECT a FROM Author a JOIN FETCH a.books WHERE a.name = ?1")
    Author authorAndBooks(String name);
}
```

authorAndBooks()를 호출하면 다음과 같은 SELECT가 생성된다(저자 및 연관된 도서를 데이터베이스에서 가져온다).

```
SELECT
    author0_.id AS id1_0_0_,
    books1_.id AS id1_1_1_,
    author0_.age AS age2_0_0_,
    author0_.genre AS genre3_0_0_,
    author0_.name AS name4_0_0_,
    books1_.author_id AS author_i4_1_1_,
    books1_.isbn AS isbn2_1_1_,
    books1_.title AS title3_1_1_,
    books1_.author_id AS author_i4_1_0__,
    books1_.id AS id1_1_0__
FROM author author0_
INNER JOIN book books1_
    ON author0_.id = books1_.author_id
WHERE author0_.name = ?
```

반환된 Author는 author라는 변수에 보관된다고 가정하자.

다음으로 detachedBooks를 author에 설정해보자. 먼저 좋지 않은 방식을 빠르게 검토해 제외해보자.

Managed와 detached 엔터티를 합치는 것은 오류 발생을 유발하는 잘못된 조합이다. 따라서 author.setBooks(detachedBooks)로 작업을 시도하면 작동하지 않는다. 반면 저자를 분리하고 detachedBooks를 설정한 다음 저자를 병합하면 제대로 작동하지만 병합 프로세스에서 추가 SELECT 쿼리가 생성된다. 이 추가 SELECT는 수동 병합을 사용해 피할 수 있다.

수동 병합에는 다음과 같은 3단계가 필요하다.

- 추가되는 컬렉션(detachedBooks)에서 더 이상 존재하지 않는 기존 데이터베이스 행을 제거한다. 첫째, detachedBooks에 없는 author의 도서를 필터링한다. 둘째, detachedBooks에서 찾을 수 없는 모든 author의 도서는 다음과 같이 제거해야 한다.

```
List<Book> booksToRemove = author.getBooks().stream()
    .filter(b -> !detachedBooks.contains(b))
    .collect(Collectors.toList());

booksToRemove.forEach(b -> author.removeBook(b));
```

- 추가되는 컬렉션(detachedBooks)에 존재하는 기존 데이터베이스 행을 업데이트한다. 첫째, 새 도서(newBooks)를 필터링한다. 이 도서들은 detachedBooks에 있지만 author의 도서에는 없는 것들이다. 둘째, detachedBooks를 필터링해 detachedBooks에는 있지만 newBooks에는 없는 도서를 가져온다. 이 도서들은 다음과 같이 업데이트해야 한다.

```
List<Book> newBooks = detachedBooks.stream()
    .filter(b -> !author.getBooks().contains(b))
    .collect(Collectors.toList());

detachedBooks.stream()
    .filter(b -> !newBooks.contains(b))
```

```
        .forEach((b) -> {
            b.setAuthor(author);
            Book mergedBook = bookRepository.save(b);
            author.getBooks().set(
                author.getBooks().indexOf(mergedBook), mergedBook);
        });
```

- 마지막으로 다음과 같이 현재 결과 세트(newBooks)에 존재하지 않는 추가되는 컬렉션의 행들을 등록한다.

```
    newBooks.forEach(b -> author.addBook(b));
```

서비스 메서드로 이 3단계를 함께 결합하면 다음과 같다.

```
@Transactional
public void updateBooksOfAuthor(String name, List<Book> detachedBooks) {

    Author author = authorRepository.authorAndBooks(name);

    // 추가되는 컬렉션(detachedBooks)에 더 이상 존재하지 않는
    // 기존 데이터베이스 행들을 제거
    List<Book> booksToRemove = author.getBooks().stream()
        .filter(b -> !detachedBooks.contains(b))
        .collect(Collectors.toList());
    booksToRemove .forEach(b -> author.removeBook(b));

    // 추가되는 컬렉션(detachedBooks)에 존재하는
    // 기존 데이터베이스 행들을 업데이트
    List<Book> newBooks = detachedBooks.stream()
        .filter(b -> !author.getBooks().contains(b))
        .collect(Collectors.toList());

    detachedBooks.stream()
        .filter(b -> !newBooks.contains(b))
```

```
            .forEach((b) -> {
                b.setAuthor(author);
                Book mergedBook = bookRepository.save(b);
                author.getBooks().set(
                    author.getBooks().indexOf(mergedBook), mergedBook);
        });

        // 현재 데이터베이스 스냅숏에 존재하지 않는, 추가되는 컬렉션 행들 등록
        newBooks.forEach(b -> author.addBook(b));
    }
```

테스트 확인

updateBooksOfAuthor()는 다음과 같이 호출한다.

```
bookstoreService.updateBooksOfAuthor("Joana Nimar", detachedBooks);
```

저자와 연관관계 도서를 가져오는 SELECT를 제외한, 생성되는 SQL문은 다음과 같다.

```
INSERT INTO book (author_id, isbn, title)
    VALUES (?, ?, ?)
Binding: [2, 005-JN, History In 100 Minutes]

UPDATE book
SET author_id = ?,
    isbn = ?,
    title = ?
WHERE id = ?
Binding: [2, 001-JN, A History of Ancient Rome, 1]

DELETE FROM book
WHERE id = ?
```

```
Binding: [2]
```

그림 5-11은 데이터의 현재 스냅숏을 보여준다.

author					book			
id	age	genre	name		id	isbn	title	author_id
1	23	Anthology	Mark Janel		1	001-JN	A History of Ancient Rome	2
2	34	History	Joana Nimar		3	001-MJ	The Beatles Anthology	1
					4	007-JN	Carrie	2
					5	005-JN	History In 100 Minutes	2

그림 5-11. 데이터 스냅숏(병합 후)

끝났다. 전체 코드는 깃허브[5]에서 확인할 수 있다.

이 경우를 특이한 경우corner-case로 생각할 수 있다. 자식 엔터티 컬렉션을 가져오고 연관된 부모와 독립적으로 작업하는 것은 일반적인 작업은 아니다. 부모 엔터티와 연관된 자식 엔터티 컬렉션을 가져오고 detached 상태에서 컬렉션을 수정하고, 부모 엔터티를 병합하는 것이 더 일반적이다. 이런 경우 CascadeType.ALL이 사용되며 결과 SQL문은 예상과 정확히 일치한다.

---

5. HibernateSpringBootMergeCollections

## 6장

커넥션과 트랜잭션

항목 60: 실제 필요 시점까지 커넥션 획득 지연 방법

하이버네이트 5.2.10부터 데이터베이스 커넥션 획득^{acquisition}을 실제 필요할 때까지 지연시킬 수 있다.

스프링 트랜잭션 전파에 대한 빠른 가이드는 부록 G를 참고하자. Resource-local[1](단일 데이터소스^{datasource})의 경우 하이버네이트는 트랜잭션이 시작된 직후 바로 JDBC 트랜잭션의 데이터베이스 커넥션을 획득한다(예: 스프링에서 @Transactional로 어노테이션이 지정된 메서드는 호출 직후 데이터베이스 커넥션을 획득한다).

Resource-local에서는 하이버네이트가 JDBC Connection 자동 커밋(auto-commit) 상태를 확인해야 하므로 데이터베이스 커넥션을 즉시 획득한다. 자동 커밋이 true라면 하이버네이트는 이를 비활성화한다.

실제로 데이터베이스 커넥션은 현재 트랜잭션의 첫 번째 JDBC 구문이 실행될 때까지 애플리케이션에 쓸모가 없다. 이 시간 동안 사용되지 않는 데이터베이스 커넥션을 유지하면 첫 JDBC 구문 이전에 많은 또는 시간 소모적인 작업이

---

1. 트랜잭션 타입 종류로, JPA가 직접 트랜잭션을 관리하는 리소스 로컬과 분산 트랜잭션을 지원하는 JTA(Java Transaction API) 방식이 있다. — 옮긴이

있는 경우 큰 영향을 미치는 성능 저하가 발생할 수 있다.

이 성능 저하를 방지하고자 하이버네이트에게 자동 커밋이 비활성화됐다고 알릴 수 있으므로 확인 작업이 필요치 않게 된다. 이에 대해서는 다음 2단계를 따른다.

- 자동 커밋을 끈다. 예를 들어 커넥션 풀의 setAutoCommit(boolean commit) 타입 메서드를 확인하고 이를 false로 설정한다(예: HikariConfiguration#setAutoCommit (false)).
- 하이버네이트 속성인 hibernate.connection.provider_disables_autocommit 을 true로 설정한다.

기본적으로 스프링 부트는 HikariCP를 사용하며 application.properties의 spring.datasource.hikari.auto-commit 속성을 통해 자동 커밋을 끌 수 있다. 따라서 다음과 같은 2개 설정을 application.properties에 추가한다.

```
spring.datasource.hikari.auto-commit=false
spring.jpa.properties.hibernate.connection.provider_disables_
autocommit=true
```

일반적인 규칙으로 resource-local JPA 트랜잭션의 경우 커넥션 풀(예: HikariCP)을 구성해 자동 커밋을 비활성화하고 hibernate.connection.provider_disables_autocommit을 true로 설정하는 것이 좋다. 따라서 모든 resource-local을 사용하는 애플리케이션에서 해당 설정을 사용하자.

이때 hibernate.connection.provider_disables_autocommit을 true로 설정하고 자동 커밋 모드를 비활성화하는 것을 잊지 말자. 하이버네이트는 자동 커밋 모드를 비활성화하지 않는다. 이는 모든 SQL문이 자동 커밋 상태로 실행돼 작업 단위 트랜잭션을 사용할 수 없음을 의미한다.

커넥션 획득이 어떻게 지연되는지 확인하려면 HikariCP 커넥션 풀에서 커넥션을 획득할 때 주요 타임슬롯 격리를 위한 다음과 같은 메서드를 고려해보자. 진행 상황을 설명하는 메서드의 주석을 확인하자.

```java
@Transactional
public void doTimeConsumingTask() throws InterruptedException {

    System.out.println("Waiting for a time-consuming task " +
            "that doesn't need a database connection ...");

    // 30초마다 발생하는 HikariCP 로깅 상태를 캡처하고자
    // 40초의 sleep를 사용하며,
    // 커넥션이 오픈됐는지(커넥션 풀로부터 획득됐는지) 여부를 표시함
    Thread.sleep(40_000);

    System.out.println("Done, now query the database ...");
    System.out.println("The database connection should be acquired now ...");

    Author author = authorRepository.findById(1L).get();

    // 이 시점에 커넥션은 열려 있어야 함
    Thread.sleep(40_000);

    author.setAge(44);
}
```

커넥션 획득에 대한 지연 없이 이 메서드를 호출하면 그림 6-1과 같은 출력이 표시된다(커넥션은 즉시 획득되고 첫 번째 SQL이 트리거될 때까지 오픈 상태로 유지된다).

```
Waiting for a time-consuming task that doesn't need a database connection
HikariPool-1 - Pool stats (total=10, active=1, idle= 9 , waiting=0)
Done, now query the database ...                    이 시점에 필요하지 않더라도 커넥션이 획득됨
The database connection should be acquired now ...
SELECT
   author0_.id AS id1_0_0_,
   author0_.age AS age2_0_0_,                        이 시점에 데이터베이스 커넥션이 사용됨(지금까지 커넥션이
   author0_.genre AS genre3_0_0_,                    아무것도 하지 않고 오픈돼 있음)
   author0_.name AS name4_0_0_
FROM author author0_
WHERE author0_.id = ?
UPDATE author
SET age = ?,
    genre = ?,
    name = ?                                         커넥션 풀로 다시 커넥션이 해제됨
WHERE id = ?
HikariPool-1 - Pool stats (total=10, active=0, idle=10, waiting=0)
```

그림 6-1. 즉시 커넥션 획득

커넥션 획득 지연이 활성화된 상태로 동일한 메서드를 호출하면 첫 번째 SQL이 트리거되기 직전에 커넥션이 획득됨을 알 수 있다. 그러는 동안 이 커넥션은 그림 6-2와 같이 다른 스레드에서 사용될 수도 있다.

```
Waiting for a time-consuming task that doesn't need a database connection
HikariPool-1 - Pool stats (total=10, active=0, idle=10, waiting=0)
Done, now query the database ...                    @Transactional 메서드 안에 있지만 지금까지
The database connection should be acquired now ...  커넥션은 가져오지 않았음
SELECT
   author0_.id AS id1_0_0_,
   author0_.age AS age2_0_0_,
   author0_.genre AS genre3_0_0_,
   author0_.name AS name4_0_0_                       시간 소요가 많은 작업이 완료되면 커넥션 풀에서
FROM author author0_                                 데이터베이스 커넥션을 가져옴
WHERE author0_.id = ?                                (total=10, active=1, idle=9, waiting=0)
UPDATE author
SET age = ?,
    genre = ?,
    name = ?
WHERE id = ?                                         커넥션 풀로 다시 커넥션이 해제됨

HikariPool-1 - Pool stats (total=10, active=0, idle=10, waiting=0)
```

그림 6-2. 지연 커넥션 획득

소스코드는 깃허브[2]에서 확인할 수 있다.

---

2. HibernateSpringBootDelayConnection

항목 61: @Transactional(readOnly=true)의 실제 작동 방식

Author 엔터티가 id, age, name, genre 필드를 갖고 있다고 생각해보자. 그리고 일반적인 AuthorRepository와 BookstoreService를 통해 다음과 같이 genre로 첫 번째 Author를 신속히 로딩할 수 있다.

```
@Repository
public interface AuthorRepository extends JpaRepository<Author, Long> {

    Author findFirstByGenre(String genre);
}


public void fetchAuthor() {

    Author author = authorRepository.findFirstByGenre("Anthology");
}
```

그런데 여기에 뭔가 누락된 것이 있을까? 맞다. 트랜잭션 콘텍스트^{transactional-context} 가 없다. findFirstByGenre() 메서드는 트랜잭션 콘텍스트로 지정돼야 하며, 따라서 @Transactional 적용을 고려해야 한다.

@Transactional을 통해 데이터베이스 트랜잭션 경계를 명시적으로 구분하고 전체 트랜잭션 기간 동안 하나의 데이터베이스 커넥션을 사용해야 한다. 즉, 모든 SQL문이 하나의 격리 커넥션을 사용하고 모두 동일한 영속성 콘텍스트 범위에서 실행돼야 한다.

일반적으로 JPA는 읽기 연산에 트랜잭션을 요구하지 않지만(쓰기 연산에 대해선 의미 파악이 기능한 예외를 발생시킨다), 이는 다음을 의미한다.

- 자동 커밋 모드가 데이터 액세스 동작을 제어하도록 허용한다(이 동작은 JDBC 드라이버, 데이터베이스, 커넥션 풀 및 설정에 따라 다를 수 있다).

- 일반적으로 auto-commit이 true로 설정되면 각 SQL문은 분리된 물리적 데이터베이스 트랜잭션으로 실행돼야 하는데, 각 명령문마다 다른 커넥션을 의미할 수 있다(예: connection-per-thread를 지원하지 않는 환경에서 2개의 SELECT문이 있는 메서드는 2개의 물리적 데이터베이스 트랜잭션과 2개의 개별 데이터베이스 커넥션이 필요하다). 각 SQL문은 실행 즉시 자동으로 커밋된다.
- 트랜잭션 격리 수준을 명시적으로 설정하면 예기치 않은 동작이 발생할 수 있다.
- auto-commit을 true로 설정하는 것은 단일 읽기 전용 SQL문을 실행하는 경우에만 의미가 있지만(위에서 수행한 것처럼) 큰 이점을 가져오진 않는다. 따라서 이 경우에도 명시적(선언적) 트랜잭션에 의존하는 것이 좋다.

일반적인 규칙으로 읽기 전용 명령문(예: SELECT)에 대해서도 명시적(선언적) 트랜잭션을 사용해 적절한 트랜잭션 콘텍스트를 정의한다. 비트랜잭션 콘텍스트(non-transactional-context)는 물리적 데이터베이스 트랜잭션이 없는 콘텍스트가 아니라 명시적 트랜잭션 경계가 없는 콘텍스트를 나타낸다. 모든 데이터베이스 실행문은 물리적 데이터베이스 트랜잭션 콘텍스트에서 실행되며, 명시적 트랜잭션 경계(트랜잭션 콘텍스트, begin/commit/rollback)를 생략하면 성능에 영향을 미치는 적어도 다음과 같은 단점이 애플리케이션에 노출된다.

- 기본적으로 하이버네이트는 자동 커밋 모드를 끄고(autocommit=false) JDBC 트랜잭션을 시작한다. SQL문이 이 JDBC 트랜잭션 내에서 실행되고 이후 하이버네이트는 커넥션을 닫는다. 그러나 트랜잭션은 닫지 않는데, 이는 커밋되지 않은 상태로 남는 것이며(보류 상태 (pending state)로 남아 있음), 데이터베이스 벤더 또는 커넥션 풀이 조치를 취하게 한다 (JDBC 규격은 보류 중인 트랜잭션에 대해 특정 동작을 지정하지 않는다. 예를 들어 오라클은 커밋하는 반면 MySQL은 롤백한다). 일반적인 규칙으로 트랜잭션을 커밋하거나 롤백으로 트랜잭션을 종료해야 하기 때문에 이와 같은 위험을 감수해서는 안 된다.
- 소규모 트랜잭션이 많은 경우(동시 요청이 많은 애플리케이션에서 매우 일반적임) 모든 SQL문에 대해 물리적 데이터베이스 트랜잭션을 시작하고 종료하면 성능 오버헤드가 발생한다.
- 비트랜잭션 콘텍스트에서 실행되는 메서드는 개발자에 의해 데이터 쓰기 처리로 변경되기 쉽다. 트랜잭션 콘텍스트를 갖는 클래스/메서드 수준에서 @Transactional(readOnly= true)를 통해 이 메서드에 쓰기 처리를 추가하면 안 된다는 것을 팀 구성원에게 알리는 플래그 역할을 한다.

- 데이터 액세스 레이어에 대한 스프링 최적화 이점을 누릴 수 없다(예: 플러시 모드가 MANUAL로 설정돼 더티 체킹이 생략됨)
- 읽기 전용 트랜잭션에 대한 데이터베이스 최적화 이점을 누릴 수 없다.
- 기본 설정으로 @Transactional(readOnly=true) 어노테이션이 지정된 읽기 전용 스프링 내장 쿼리 메서드를 따를 수 없다.
- 하이버네이트 5.2.10부터 커넥션 획득을 지연시킬 수 있으며(**항목 60**) 이를 위해 자동 커밋을 비활성화해야 한다.
- 읽기 전용 SQL문에 대한 ACID[3]이 지원되지 않는다.

이와 같은 단점(완전한 목록은 아님)을 알고 있으면 비트랜잭션 콘텍스트와 읽기 전용 명령문에 대한 일반적인 데이터베이스 ACID 트랜잭션 사이에서 현명한 결정을 하는 데 도움이 된다.

그럼 @Transactional을 추가할 때 readOnly를 false(기본값)로 해야 할까? 아니면 true로 설정해야 할까? 이 설정에 따라 엔터티는 읽기-쓰기read-write 모드 또는 읽기-전용read-only 모드가 된다. 읽기-쓰기와 읽기-전용 모드 사이의 명백한 차이점 외에도 하이버네이트 내에서 또 다른 주요 차이점이 발생한다. 영속성 콘텍스트에서 엔터티를 로드하는 것은 하이드레이티드 상태hydrated state 또는 로드된 상태loaded state라고 하는 방법을 통해 하이버네이트에 의해 수행된다. 이 하이드레이션hydration은 가져온 데이터베이스 결과 세트를 Object[]로 구체화하는 프로세스이고, 엔터티는 영속성 콘텍스트에서 구체화된다. 다음에 발생되는 사항은 읽기 모드에 따라 다음과 같이 다르다.

- **읽기-쓰기 모드**: 이 모드에서는 영속성 콘텍스트에서 엔터티와 하이드레이티드 상태 모두 사용할 수 있다. 영속성 콘텍스트 수명 동안(영속성 콘텍스트가 닫힐 때까지) 또는 엔터티가 분리될 때까지 사용할 수 있다. 하이드레이티드 상태는 더티 체킹 메커니즘, 버전 없는 낙관적 잠금Versionless Optimistic Locking 메커니즘, 2차 캐시에 필요하다. 더티 체킹 메커니즘은 플러시 시점에 하이드레이티드 상태를 활용한다(플러시 작동 방식에 대한 재학습이 필요한 경우 부록 H를 참고하

---

3. Atomicity(원자성), Consistency(일관성), Isolation(독립성), Durability(지속성)으로, 트랜잭션의 특성을 나타낸다. – 옮긴이

재). 단순히 현재 엔터티 상태를 해당 하이드레이티드 상태와 비교하고 동일하지 않으면 하이버네이트는 적절한 UPDATE문을 트리거한다. 버전 없는 낙관적 잠금 메커니즘도 하이드레이티드 상태를 활용해 필터링을 위한 WHERE 절을 구성하고, 2차 캐시는 분리된 하이드레이티드 상태를 활용해 캐시 항목을 표현한다. 읽기-쓰기 모드에서는 엔터티가 MANAGED 상태를 갖는다.

- **읽기-전용 모드:** 이 모드에서는 하이드레이티드 상태가 메모리에서 제거되고 엔터티만 영속성 콘텍스트에 유지된다(이는 읽기-전용 엔터티임). 분명히 이는 자동 더티 체킹이나 버전 없는 낙관적 잠금 메커니즘이 비활성화됨을 의미한다. 읽기-전용 모드에서 엔터티는 READ_ONLY 상태이며, 스프링 부트가 플러시 모드를 MANUAL로 설정하기 때문에 자동 플러시는 없다.

읽기-전용 모드는 스프링 버전이 5.1 이상이고 @Transactional(readOnly=true)를 사용한 경우만 동작한다. 또는 @QueryHint, Session.setDefaultReadOnly(true), org.hibernate. readOnly JPA 쿼리 힌트를 다음과 같이 지정한 경우에도 해당된다.

```
// 리포지터리 쿼리 수준에서의 @QueryHint
@QueryHints(value = {

    @QueryHint(
        name = org.hibernate.jpa.QueryHints.HINT_READONLY,
        value = "true")
})

// setDefaultReadOnly
Session session = entityManager.unwrap(Session.class);
session.setDefaultReadOnly(true);

// JPA 힌트
List<Foo> foo = entityManager.createQuery("select f from Foo f",
    Foo.class)
```

```
.setHint(QueryHints.HINT_READONLY, true)
.getResultList();
```

5.1 이전 버전의 스프링은 읽기-전용 모드를 하이버네이트로 전파하지 않는다. 따라서 하이드레이티드 상태는 영속성 콘텍스트 메모리에 남아 있게 된다. 스프링이 FlushType.MANUAL만 설정하므로 자동 플러시 처리가 없어 자동 더치 체킹 메커니즘이 조치를 취하지 않으며, 하이드레이티드 상태를 메모리에 유지하는 성능 저하가 발생된다(가비지 컬렉터가 이 데이터를 수집해야 함). 이는 최소한 스프링 5.1로 업그레이드해야 하는 명확한 이유가 된다.

다음으로 2가지 읽기 모드를 모두 시도해 영속성 콘텍스트가 어떻게 되는지 살펴보자. 다음 코드는 스프링 프레임워크 5.1.x가 필요한 스프링 부트 2.1.4로 실행됐다. 영속성 콘텍스트를 검사하고자 다음 도우미 메서드가 사용된다(이 메서드는 현재 영속성 콘텍스트를 org.hibernate.engine.spi.PersistenceContext 인스턴스로 반환한다).

```
private org.hibernate.engine.spi.PersistenceContext
        getPersistenceContext() {

    SharedSessionContractImplementor sharedSession = entityManager.unwrap(
        SharedSessionContractImplementor.class
    );

    return sharedSession.getPersistenceContext();
}
```

PersistenceContext를 사용하면 API를 통해 영속성 콘텍스트의 내용을 확인할 수 있다. 예를 들어 다음과 같은 정보가 표시된다.

- 현재 단계(영속성 콘텍스트를 확인할 때 타임슬롯을 표시하는 문자열)
- toString()을 통한 로드된 엔터티
- 영속성 콘텍스트가 읽기-전용이 아닌 엔터티만을 포함하는지 여부

- 엔터티 상태(org.hibernate.engine.spi.Status)
- 엔터티의 하이드레이티드/로드 상태

그럼 이 정보를 도우미 메서드로 다음과 같이 그룹화해보자.

```java
private void displayInformation(String phase, Author author) {

    System.out.println("Phase:" + phase);
    System.out.println("Entity: " + author);

    org.hibernate.engine.spi.PersistenceContext persistenceContext =
            getPersistenceContext();
    System.out.println("Has only non read entities : " +
            persistenceContext.hasNonReadOnlyEntities());

    EntityEntry entityEntry = persistenceContext.getEntry(author);
    Object[] loadedState = entityEntry.getLoadedState();
    Status status = entityEntry.getStatus();

    System.out.println("Entity entry : " + entityEntry);
    System.out.println("Status:" + status);
    System.out.println("Loaded state: " + Arrays.toString(loadedState));
}
```

다음으로 readOnly를 false로 설정하고 다음과 같은 서비스 메서드를 실행한다

(다음 예제에서는 테스트를 위해 강제로 플러시하지만 수동 플러시는 코드 스멜이므로 피해야 한다).

```java
@Transactional
public void fetchAuthorReadWriteMode() {

    Author author = authorRepository.findFirstByGenre("Anthology");

    displayInformation("After Fetch", author);

    author.setAge(40);

    displayInformation("After Update Entity", author);
```

```
    // 강제 플러시 - 수동 플러시는 코드 스멜이므로 피해야 함
    // 이 경우에는 기본적으로 트랜잭션 커밋 전에 플러시가 발생함
    authorRepository.flush();

    displayInformation("After Flush", author);
}
```

fetchAuthorReadWriteMode()를 호출하면 SELECT와 UPATE문이 생성되며, 출력은
다음과 같다.

```
----------------------------------------
Phase:After Fetch
Entity: Author{id=1, age=23, name=Mark Janel, genre=Anthology}
----------------------------------------
Has only non read entities : true
Entity entry : EntityEntry[com.bookstore.entity.Author#1](MANAGED)
Status:MANAGED
Loaded state: [23, Anthology, Mark Janel]

----------------------------------------
Phase:After Update Entity
Entity: Author{id=1, age=40, name=Mark Janel, genre=Anthology}
----------------------------------------
Has only non read entities : true
Entity entry : EntityEntry[com.bookstore.entity.Author#1](MANAGED)
Status:MANAGED
Loaded state: [23, Anthology, Mark Janel]
Hibernate: update author set age=?, genre=?, name=? where id=?

----------------------------------------
Phase:After Flush[4]
Entity: Author{id=1, age=40, name=Mark Janel, genre=Anthology}
----------------------------------------
```

---

4. 테스트를 위해 이 플러시는 수동으로 강제 수행된 것이며, 기본적으로 플러시는 트랜잭션 커밋 전에 발생한다.

```
Has only non read entities : true
Entity entry : EntityEntry[com.bookstore.entity.Author#1](MANAGED)
Status:MANAGED
Loaded state: [40, Anthology, Mark Janel]
```

출력의 해석은 간단하다. 하이드레이티드/로드된 상태는 영속성 콘텍스트에 보관되며 더티 체킹 메커니즘은 플러시 시간에 이를 사용해 저자를 업데이트한다 (UPDATE를 생성한다). 가져온 엔터티 상태는 MANAGED다. 다음으로 readOnly를 true로 지정해 다음과 같은 서비스 메서드를 실행해보자.

```
@Transactional(readOnly = true)
public void fetchAuthorReadOnlyMode() {

    // ...
}
```

fetchAuthorReadOnlyMode()를 호출하면 하나의 SELECT문이 트리거되며 출력은 다음과 같다.

```
--------------------------------------
Phase:After Fetch
Entity: Author{id=1, age=23, name=Mark Janel, genre=Anthology}
--------------------------------------
Has only non read entities : false
Entity entry : EntityEntry[com.bookstore.entity.Author#1](READ_ONLY)
Status:READ_ONLY
Loaded state: null

--------------------------------------
Phase:After Update Entity
Entity: Author{id=1, age=40, name=Mark Janel, genre=Anthology}
--------------------------------------
```

```
Has only non read entities : false
Entity entry : EntityEntry[com.bookstore.entity.Author#1](READ_ONLY)
Status:READ_ONLY
Loaded state: null

-------------------------------------
Phase:After Flush[5]
Entity: Author{id=1, age=40, name=Mark Janel, genre=Anthology}
-------------------------------------
Has only non read entities : false
Entity entry : EntityEntry[com.bookstore.entity.Author#1](READ_ONLY)
Status:READ_ONLY
Loaded state: null
```

이번엔 Author 엔터티를 가져온 후 하이드레이티드/로드된 상태가 즉시 삭제된 다(null임). 가져온 엔터티는 READ_ONLY 상태며 자동 플러시가 비활성화돼 있다. 명시적으로 flush()를 호출해 강제로 플러시하더라도 더티 체킹 메커니즘은 비활성화돼 있어 사용되지 않는다(UPDATE가 트리거되지 않음).

읽기 전용 데이터에 대한 readOnly=true 설정은 하이드레이티드/로드된 상태가 폐기되기 때문에 좋은 성능 최적화가 된다. 이를 통해 스프링은 데이터 액세스 레이어 작업을 최적화할 수 있다. 그럼에도 데이터 수정 계획이 없다면 DTO(스프링 프로젝션)를 통해 읽기 전용 데이터로 가져오는 것이 더 나은 방법이다.

다음과 같은 스프링 프로젝션을 생각해보자.

```
public interface AuthorDto {

    String getName();

    int getAge();
```

---

5. 기본적으로 readOnly=true인 경우 플러시가 없으며, 이 플러시는 테스트를 위해 수동으로 강제 실행된 것이다.

```
    }
```

쿼리는 다음과 같다.

```
@Repository
public interface AuthorRepository extends JpaRepository<Author, Long> {

    AuthorDto findTopByGenre(String genre);
}
```

findTopByGenre()를 호출하고 영속성 콘텍스트를 확인하면 영속성 콘텍스트가
비어 있음을 알 수 있다.

```
@Transactional
public void fetchAuthorDtoReadWriteMode() {

    AuthorDto authorDto = authorRepository.findTopByGenre("Anthology");

    org.hibernate.engine.spi.PersistenceContext persistenceContext =
            getPersistenceContext();

    System.out.println("No of managed entities : " +
            persistenceContext.getNumberOfManagedEntities());
}

@Transactional(readOnly = true)
public void fetchAuthorDtoReadOnlyMode() {

    AuthorDto authorDto = authorRepository.findTopByGenre("Anthology");

    org.hibernate.engine.spi.PersistenceContext persistenceContext =
            getPersistenceContext();
    System.out.println("No of managed entities : " +
            persistenceContext.getNumberOfManagedEntities());
}
```

두 서비스 메서드 모두 다음과 같은 동일한 결과를 반환한다.

```
No of managed entities : 0
```

전체 애플리케이션은 깃허브[6]에서 확인할 수 있다. 추가로 다른 애플리케이션[7]에서 트랜잭션 ID를 얻을 수 있다(MySQL에서는 읽기-쓰기 트랜잭션만 ID를 얻는다).

항목 62: 스프링이 @Transactional을 무시하는 이유

다음과 같은 간단한 서비스를 생각해보자.

```java
@Service
public class BookstoreService {

    private static final Logger log =
            Logger.getLogger(BookstoreService.class.getName());

    private final AuthorRepository authorRepository;

    public BookstoreService(AuthorRepository authorRepository) {
        this.authorRepository = authorRepository;
    }

    public void mainAuthor() {
        Author author = new Author();
        persistAuthor(author);
        notifyAuthor(author);
    }

    @Transactional(propagation = Propagation.REQUIRES_NEW)
    private long persistAuthor(Author author) {
        authorRepository.save(author);
```

---

6. HibernateSpringBootTransactionalReadOnlyMeaning
7. HibernateSpringBootTransactionId

```
        return authorRepository.count();
    }

    private void notifyAuthor(Author author) {
        log.info(() -> "Saving author: " + author);
    }
}
```

mainAuthor() 메서드를 호출하면 새 저자를 생성하고 저장(persistAuthor()를 통해)한 후에 생성됐음을 알린다(notifyAuthor()를 통해). 코드에서 볼 수 있듯 persistAuthor() 메서드는 @Transactional로 어노테이션이 지정됐으며 새 트랜잭션(REQUIRES_NEW)이 요구된다. 따라서 persistAuthor()가 호출되면 스프링 부트는 새 트랜잭션을 시작하고 그 안에서 save()와 count() 쿼리 메서드를 실행한다. 이 가정을 확인하고자 다음과 같이 트랜잭션 세부 정보를 기록해보자(application.properties 추가).

```
logging.level.ROOT=INFO
logging.level.org.springframework.orm.jpa=DEBUG
logging.level.org.springframework.transaction=DEBUG

# 하이버네이트 관련
logging.level.org.hibernate.engine.transaction.internal.
TransactionImpl=DEBUG
```

코드를 실행하면 다음과 같은 관련 라인들이 출력된다.

```
Creating new transaction with name [org.springframework.data.
jpa.repository.support.SimpleJpaRepository.save]: PROPAGATION_
REQUIRED,ISOLATION_DEFAULT
Opened new EntityManager [SessionImpl(343534938<open>)] for JPA transaction

insert into author (age, genre, name) values (?, ?, ?)

Initiating transaction commit
```

```
Committing JPA transaction on EntityManager [SessionImpl(343534938<open>)]
Closing JPA EntityManager [SessionImpl(343534938<open>)] after transaction

Creating new transaction with name [org.springframework.data.
jpa.repository.support.SimpleJpaRepository.count]: PROPAGATION_
REQUIRED,ISOLATION_DEFAULT,readOnly
Opened new EntityManager [SessionImpl(940130302<open>)] for JPA transaction

select count(*) as col_0_0_ from author author0_

Initiating transaction commit
Committing JPA transaction on EntityManager [SessionImpl(940130302<open>)]
Closing JPA EntityManager [SessionImpl(940130302<open>)] after transaction
```

작업 묶음으로 persistAuthor() 메서드를 실행하는 트랜잭션은 없고 save()와 count() 메서드는 별도 트랜잭션에서 실행된다. @Transactional이 무시된 이유는 무엇일까?

@Transactional이 무시된 이유는 무엇일까? 2가지 주요 이유가 있다.

- @Transactional이 private, protected, package-protected 메서드에 추가됐다.
- @Transactional이 호출된 동일한 클래스에 정의된 메서드에 추가됐다.

일반적인 규칙으로 @Transactional은 public 메서드에서만 작동하며 해당 메서드는 호출되는 위치와 다른 클래스에 추가해야 한다.

이 팁에 따라 persistAuthor() 메서드를 다음과 같이 도우미 서비스로 이동하고 public으로 지정해야 한다.

```
@Service
public class HelperService {

    private final AuthorRepository authorRepository;
```

```java
    public HelperService(AuthorRepository authorRepository) {
        this.authorRepository = authorRepository;
    }

    @Transactional(propagation = Propagation.REQUIRES_NEW)
    public long persistAuthor(Author author) {
        authorRepository.save(author);
        return authorRepository.count();
    }
}
```

다음과 같이 BookstoreService에서 이를 호출한다.

```java
@Service
public class BookstoreService {

    private static final Logger log =
            Logger.getLogger(BookstoreService.class.getName());

    private final HelperService helperService;

    public BookstoreService(HelperService helperService) {
        this.helperService = helperService;
    }

    public void mainAuthor() {
        Author author = new Author();
        helperService.persistAuthor(author);
        notifyAuthor(author);
    }

    private void notifyAuthor(Author author) {
        log.info(() -> "Saving author: " + author);
    }
}
```

이번에는 코드를 실행하면 다음과 같은 관련 정보들이 출력된다.

```
Creating new transaction with name [com.bookstore.service.HelperService.
persistAuthor]: PROPAGATION_REQUIRES_NEW,ISOLATION_DEFAULT
Opened new EntityManager [SessionImpl(1973372401<open>)] for JPA transaction

Participating in existing transaction
insert into author (age, genre, name) values (?, ?, ?)

Participating in existing transaction
select count(*) as col_0_0_ from author author0_

Initiating transaction commit
Committing JPA transaction on EntityManager [SessionImpl(1973372401<open>)]
Closing JPA EntityManager [SessionImpl(1973372401<open>)] after transaction
```

최종적으로 모든 것이 예상대로 작동한다. @Transactional은 무시되지 않았으며, 전체 애플리케이션은 깃허브[8]에서 확인할 수 있다.

항목 63: 트랜잭션 타임아웃 설정 및 롤백이 예상대로 작동하는지 확인하는 방법

스프링은 트랜잭션 타임아웃을 명시적으로 설정하기 위한 여러 방법을 지원한다. 가장 널리 사용되는 방법은 다음과 같은 간단한 서비스 메서드에서와 같이 @Transactional 어노테이션의 타임아웃 요소를 사용하는 것이다.

```
@Transactional(timeout = 10)
public void newAuthor() {

    Author author = new Author();
    author.setAge(23);
    author.setGenre("Anthology");
```

---

8. HibernateSpringBootWhyTransactionalIsIgnored

```
        author.setName("Mark Janel");

        authorRepository.saveAndFlush(author);

        System.out.println("The end!");

    }
```

이 메서드에서 트랜잭션 타임아웃은 10초로 설정됐다. 분명 이 간단한 등록은 트랜잭션 만료^{expiration}를 유발하는 정도의 오래 시간이 걸리지 않는다. 그렇다면 작동 여부를 어떻게 알 수 있을까? 단순한 시도는 트랜잭션 타임아웃보다 큰 값으로 Thread.sleep()을 슬쩍 넣는 것이다.

```
@Transactional(timeout = 10)
public void newAuthor() throws InterruptedException {

    Author author = new Author();
    author.setAge(23);
    author.setGenre("Anthology");
    author.setName("Mark Janel");
    authorRepository.saveAndFlush(author);

    Thread.sleep(15_000); // 15초

    System.out.println("The end!");
}
```

현재 스레드가 트랜잭션 커밋을 15초 동안 지연하고 트랜잭션이 10초 후에 타임아웃이 되기에 관련 예외 발생과 트랜잭션 롤백이 나타날 것으로 예상할 수 있다. 그러나 예상대로 작동하지 않는다. 대신 트랜잭션은 15초 후에 커밋된다.

다른 시도는 2개의 동시 트랜잭션를 사용하는 것으로, 트랜잭션 A는 트랜잭션 B가 타임아웃될 정도로 오랫동안 배타적 잠금을 유지하는 것이다. 이 방법도 가능하지만 더 간단한 방법이 있다.

RDBMS에 고유한 SQL SLEEP 기능을 사용하는 트랜잭션 서비스 메서드에 SQL

쿼리를 넣기만 하면 된다. 대부분의 RDBMS에는 **SLEEP** 기능이 있다. 예를 들어 MySQL은 **SLEEP(n)**을 사용하고 PostgreSQL은 **PG_SLEEP(n)**을 사용한다.

SLEEP 함수는 지정된 시간_{(SLEEP() 및 PG_SLEEP() 기간은 초 단위임)} 동안 현재 명령문을 일시 중지해 트랜잭션을 일시적으로 멈춘다. 트랜잭션 타임아웃보다 긴 시간 동안 트랜잭션을 일시 중지하면 트랜잭션이 만료되고 롤백돼야 한다.

다음과 같은 리포지터리는 타임아웃이 10초로 설정돼 있는 동안 현재 트랜잭션을 15초 동안 지연시키는 **SLEEP()** 기반 쿼리를 정의하고 있다.

```java
@Repository
public interface AuthorRepository extends JpaRepository<Author, Long> {

    @Query(value = "SELECT SLEEP(15)", nativeQuery = true)
    void sleepQuery();
}
```

따라서 트랜잭션에 이 쿼리를 추가하면 지정된 시간 동안 트랜잭션이 지연돼야 한다.

```java
@Transactional(timeout = 10)
public void newAuthor() {

    Author author = new Author();
    author.setAge(23);
    author.setGenre("Anthology");
    author.setName("Mark Janel");
    authorRepository.saveAndFlush(author);

    authorRepository.sleepQuery();

    System.out.println("The end!");
}
```

newAuthor()를 호출하면 10초 동안 실행되고 다음과 같은 타임아웃 관련 예외가 발생한다.

```
org.springframework.dao.QueryTimeoutException
Caused by: org.hibernate.QueryTimeoutException
```

트랜잭션 및 쿼리 타임아웃 설정

@Transactional의 timeout 항목 지정은 메서드 또는 클래스 수준에서 트랜잭션 타임아웃을 설정하는 매우 편리한 방법이다. 또는 다음과 같이 application.properties의 spring.transaction.default-timeout 속성을 통해 전역 타임아웃을 명시적으로 설정할 수 있다(@Transactional 어노테이션의 timeout 항목은 전역 설정보다 우선한다).

```
spring.transaction.default-timeout=10
```

쿼리 수준에서는 다음과 같은 2가지 힌트를 통해 타임아웃을 설정할 수도 있다.

- org.hibernate.query.Query의 setTimeout()과 동일한 org.hibernate.timeout 하이버네이트 힌트를 통해(타임아웃은 초 단위로 지정됨)

```
@QueryHints({
    @QueryHint(name = "org.hibernate.timeout", value = "10")
})
@Query(value = "SELECT SLEEP(15)", nativeQuery = true)
void sleepQuery();
```

- org.hibernate.query.Query의 setTimeout()과 동일한 javax.persistence.query.timeout JPA 힌트를 통해(타임아웃은 밀리초 단위로 지정됨)

```
@QueryHints({
    @QueryHint(name = "javax.persistence.query.timeout",
                value = "10000
})
@Query(value = "SELECT SLEEP(15)", nativeQuery = true)
void sleepQuery();
```

마지막으로 `TransactionTemplate`을 사용하는 경우 `TransactionTemplate.setTimeout(int n)`을 통해 타임아웃을 초 단위로 설정한다.

트랜잭션이 롤백됐는지 확인

트랜잭션이 시간 초과되면 롤백해야 하며, 특정 도구를 통해 데이터베이스 레벨에서 또는 애플리케이션 로그로 이를 확인할 수 있다. 먼저 다음과 같이 `application.properties`에 트랜잭션 로깅을 활성화해보자.

```
logging.level.ROOT=INFO
logging.level.org.springframework.orm.jpa=DEBUG
logging.level.org.springframework.transaction=DEBUG
```

이제 만료된 트랜잭션은 다음과 같이 기록된다.

```
Creating new transaction with name ...
Opened new EntityManager [SessionImpl(1559444773<open>)] for JPA
transaction
...
At this point the transaction times out !!!
...
Statement cancelled due to timeout or client request
Initiating transaction rollback
```

```
Rolling back JPA transaction on EntityManager
[SessionImpl(1559444773<open>)]
Closing JPA EntityManager [SessionImpl(1559444773<open>)] after transaction
```

전체 애플리케이션은 깃허브[9]에서 확인할 수 있다.

항목 64: 리포지터리 인터페이스에서 @Transactional을 사용하는 이유와 방법

데이터 액세스 레이어에서 트랜잭션을 처리하는 방법은 매우 빠른 애플리케이션과 거의 작동하지 않는 애플리케이션을 구분하는 주요 요소 중 하나다.

일반적으로 데이터베이스 속도는 초당 트랜잭션 수로 표현되는 트랜잭션 처리량transaction throughput으로 주어진다. 이는 데이터베이스가 장기 실행 트랜잭션보다 많은 짧은 트랜잭션을 수용하도록 구축됨을 의미한다. 짧은 트랜잭션을 처리하고자 데이터 액세스 레이어 성능을 끌어 올리려면 이 항목에 제시되는 기술을 적용해보자.

쿼리 메서드(읽기-전용 및 읽기-쓰기 쿼리 메서드)를 정의하는 첫 번째 단계로 도메인 클래스별 리포지터리 인터페이스를 정의한다. 인터페이스는 Repository를 확장하고 도메인 클래스와 ID 타입을 지정한다. 일반적으로는 CrudRepository, JpaRepository 또는 PagingAndSortingRepository를 확장한다. 다음으로 이 커스텀 인터페이스에 쿼리 메서드를 작성한다.

예를 들어 다음과 같은 Author 엔터티와 이에 대한 간단한 리포지터리 인터페이스를 생각해보자.

---

9. HibernateSpringBootTransactionTimeout

```
@Repository
public interface AuthorRepository extends JpaRepository<Author, Long> {
}
```

개발자에게 서비스(@Service)에서만 @Transactional을 사용하고 리포지터리 인터페이스에 추가하지 말라고 조언하는 경우가 있다. 그러나 프로덕션 수준의 성능 측면에서 따라야 할 좋은 조언일까? 아니면 더 유연하게 인터페이스 리포지터리에서도 @Transactional을 사용하는 것을 고려해야 할까? 심지어 일부는 @Transactional을 서비스 클래스 수준에서만 추가하거나 심지어 컨트롤러 클래스 수준에서 추가하도록 권장하기도 한다. 이는 장기 실행 트랜잭션의 성능 저하를 고려하지 않거나 소규모 애플리케이션을 대상으로 하는 것이 분명하다. 물론 이 조언을 따르면 개발 곡선의 속도가 빨라지고 대부분 개발자 수준에서 편안한 개발 환경을 빠르게 만들 수 있다.

이와 같은 트랜잭션이 어떻게 작동하는지 살펴보고 @Transactional 어노테이션 지정 위치에 따라 관련된 성능 저하를 다룰 것이다. 그럼 질문과 같은 잘못된 믿음부터 시작해보자.

인터페이스 리포지터리의 쿼리 메서드는 기본적으로 트랜잭션 콘텍스트에서 실행되는가?

간단히 말해 비트랜잭션 콘텍스트non-transactional-context는 물리적 데이터베이스 트랜잭션이 없는 콘텍스트가 아니라 명시적인 트랜잭션 경계가 없는 콘텍스트를 의미한다. 모든 데이터베이스 명령문은 물리적 데이터베이스 트랜잭션의 콘텍스트에서 실행된다. 명시적 트랜잭션 경계를 생략하면 애플리케이션이 항목 61에 자세히 설명된 여러 가지 성능 저하에 노출된다. 간단히 정리하면 읽기 전용 쿼리에도 명시적 트랜잭션을 사용하는 것이 좋다.

이제 AuthorRepository에 다음과 같이 JPQL SELECT를 작성해 이번 절의 제목에 대한 답을 알아보자.

```
@Query("SELECT a FROM Author a WHERE a.name = ?1")
Author fetchByName(String name);
```

다음으로 서비스 메서드는 이 쿼리 메서드를 호출하는데, 명시적으로 트랜잭션 콘텍스트를 선언하지 않는다. 이는 스프링이 트랜잭션 콘텍스트를 제공하는지 확인하고자 의도된 것이다(실제로도 개발자는 @Transactional(readOnly = true)를 추가하는 것을 자주 잊는다).

```
public void callFetchByNameMethod() {
    Author author = authorRepository.fetchByName("Joana Nimar");
    System.out.println(author);
}
```

애플리케이션 로그(항목 85)에서 트랜잭션 흐름을 간단히 검사하면 사용 가능한 트랜잭션 콘텍스트가 없다는 것을 알 수 있고, 따라서 스프링이 기본 트랜잭션 콘텍스트를 제공하지 않는 점을 확인할 수 있다. 더욱이 다음과 같은 메시지를 통해 이와 같은 동작을 나타낸다.

```
Don't need to create transaction for [...fetchByName]: This method isn't
transactional.
```

그러면 스프링 데이터 쿼리 빌더 메커니즘을 통해 생성된 쿼리는 어떨까? AuthorRepository의 다음 쿼리 방법을 가정하자.

```
Author findByName(String name);
```

적절한 서비스 메서드를 다음과 같이 호출해보자.

```
public void callFindByNameMethod() {

    Author author = authorRepository.findByName("Joana Nimar");
    System.out.println(author);
}
```

다시 애플리케이션 로그를 검사하면 기본 트랜잭션 콘텍스트가 없음을 알 수 있다.

마지막으로 AuthorRepository에 데이터를 수정하는 다음과 같은 쿼리 메서드를 추가해보자.

```
@Modifying
@Query("DELETE FROM Author a WHERE a.genre <> ?1")
int deleteByNeGenre(String genre);
```

그리고 서비스 메서드는 다음과 같다.

```
public void callDeleteByNeGenreMethod() {

    int result = authorRepository.deleteByNeGenre("Anthology");
    System.out.println(result);
}
```

이번에는 애플리케이션 로그를 검사할 필요가 없다. 서비스 메서드가 다음과 같이 의미 있는 예외를 발생시키기 때문이다.

```
Caused by: org.springframework.dao.InvalidDataAccessApiUsageException:
Executing an update/delete query;
nested exception is javax.persistence.TransactionRequiredException:
Executing an update/delete query
```

```
Caused by: javax.persistence.TransactionRequiredException:
Executing an update/delete query
```

결론적으로 스프링은 사용자 정의 쿼리 메서드에 대해 기본 트랜잭션 콘텍스트를 제공하지 않는다. 반면 내장 쿼리 메서드(예: save(), findById(), delete() 등)에는 이 문제가 없다. 이들은 확장된 내장 리포지터리 인터페이스(예: JpaRepository)를 상속하며 기본 트랜잭션 콘텍스트와 함께 제공된다.

내장된 findById()를 다음과 같이 간단히 호출해 결과를 살펴보자.

```
public void callFindByIdMethod() {
    Author author = authorRepository.findById(1L).orElseThrow();
    System.out.println(author);
}
```

애플리케이션 로그를 확인하면 다음과 같이 스프링이 자동으로 트랜잭션 콘텍스트를 제공하는 것을 확인할 수 있다.

```
Creating new transaction with name [...SimpleJpaRepository.findById]:
PROPAGATION_REQUIRED,ISOLATION_DEFAULT,readOnly

Opened new EntityManager [SessionImpl(854671988<open>)] for JPA transaction

Begin

Exposing JPA transaction as JDBC
[...HibernateJpaDialect$HibernateConnectionHandle@280099a0]

select author0_.id as id1_0_0_, author0_.age as age2_0_0_, author0_.genre
as genre3_0_0_, author0_.name as name4_0_0_ from author author0_
where author0_.id=?
```

```
Initiating transaction commit
Committing JPA transaction on EntityManager [SessionImpl(854671988<open>)]

committing

Closing JPA EntityManager [SessionImpl(854671988<open>)] after transaction
```

이 예제는 SELECT문을 트리거한다. 이제 setGenre()를 통해 선택한 저자를 업데이트해보자.

```
public void callFindByIdMethodAndUpdate() {

    Author author = authorRepository.findById(1L).orElseThrow();

    author.setGenre("History");

    authorRepository.save(author);

}
```

이번 애플리케이션 로그는 코드가 findById()로 트리거된 SELECT와 save()로 트리거된 SELECT 및 UPDATE를 처리하고자 2개의 개별 물리적 트랜잭션(2개의 데이터베이스 처리)이 필요함을 보여준다. findById()에서 사용하는 영속성 콘텍스트는 이 메서드 실행 후 닫히기 때문에 save() 메서드에는 또 다른 영속성 콘텍스트가 필요하다. 그리고 저자를 업데이트하고자 하이버네이트는 분리된 author를 병합해야 하며, 기본적으로 이전 SELECT로 영속성 콘텍스트에서 작성자를 먼저 로드한다. 분명히 동시 트랜잭션이 관련 데이터에 대한 수정을 수행하는 경우 두 SELECT문은 서로 다른 결과 세트를 반환할 수 있지만 이는 업데이트 손실을 방지하기 위한 버전 기반 낙관적 잠금Versioned Optimistic Locking을 통해 제거될 수 있다. 그럼 애플리케이션 로그를 살펴보자.

```
Creating new transaction with name [...SimpleJpaRepository.findById]:
PROPAGATION_REQUIRED,ISOLATION_DEFAULT,readOnly
```

```
Opened new EntityManager [SessionImpl(1403088342<open>)] for JPA transaction

begin

Exposing JPA transaction as JDBC
[...HibernateJpaDialect$HibernateConnectionHandle@51fa09c7]

select author0_.id as id1_0_0_, author0_.age as age2_0_0_, author0_.genre as
genre3_0_0_, author0_.name as name4_0_0_ from author author0_where
author0_.id=?

Initiating transaction commit
Committing JPA transaction on EntityManager [SessionImpl(1403088342<open>)]

committing

Closing JPA EntityManager [SessionImpl(1403088342<open>)] after transaction

Creating new transaction with name [...SimpleJpaRepository.save]:
PROPAGATION_REQUIRED,ISOLATION_DEFAULT

Opened new EntityManager [SessionImpl(94617220<open>)] for JPA transaction

begin

Exposing JPA transaction as JDBC
[...HibernateJpaDialect$HibernateConnectionHandle@4850d66b]

select author0_.id as id1_0_0_, author0_.age as age2_0_0_, author0_.genre as
genre3_0_0_, author0_.name as name4_0_0_ from author author0_where
author0_.id=?

Committing JPA transaction on EntityManager [SessionImpl(94617220<open>)]

committing

update author set age=?, genre=?, name=? where id=?

Closing JPA EntityManager [SessionImpl(94617220<open>)] after transaction
```

정리하면 스프링은 findById()와 save() 메서드에 대해 트랜잭션 콘텍스트를
자동으로 제공하지만 callFindByIdMethodAndUpdate() 서비스 메서드에는 트랜
잭션 콘텍스트를 제공하지 않는다. 이에 대한 단점 중에는 서비스 메서드가

ACID 특성을 작업 묶음 단위로 활용하지 않고 2개의 물리적 트랜잭션과 데이터 베이스 처리가 필요하며, 2개가 아닌 3개의 SQL문을 트리거한다는 것이다.

대부분의 경우 트리거된 SQL문이 ACID 특성이 있는 트랜잭션에서 작업 단위로 실행된다는 가정하에 쿼리 메서드 호출을 포함하는 서비스 메서드를 구현한다. 그러나 분명히 이 가정은 위 사례에는 유효하지 않다.

다음과 같이 동일한 서비스 메서드에서 fetchByName()과 deleteByNeGenre()를 호출하는 것은 어떨까?

```
public void callFetchByNameAndDeleteByNeGenreMethods() {

    Author author = authorRepository.fetchByName("Joana Nimar");
    authorRepository.deleteByNeGenre(author.getGenre());
}
```

AuthorRepository는 쿼리 메서드에 대해 트랜잭션 콘텍스트를 제공하지 않기 때문에 deleteByNeGenre()는 javax.persistence.TransactionRequiredException 예외를 발생시킨다. 즉, 이번에는 비트랜잭션 콘텍스트 상에서 코드가 자동으로 실행되지 않는다.

그럼 해야 할 일은 서비스 메서드 수준에서 @Transactional을 추가하는 것 뿐인가?

명시적 트랜잭션 콘텍스트를 제공하고자 서비스 메서드 수준에서 @Transactional 을 추가할 수 있다. 이 방법으로 트랜잭션 콘텍스트 경계 안에서 실행되는 SQL문은 ACID 특성을 작업 묶음 단위로 활용한다. 예를 들어 다음과 같이 @Transactional을 callFetchByNameMethod()에 추가해보자.

```
@Transactional(readOnly = true)
```

```
public void callFetchByNameMethod() {

    Author author = authorRepository.fetchByName("Joana Nimar");
    System.out.println(author);
}
```

이번에는 애플리케이션 로그상에서 트랜잭션 콘텍스트를 확인할 수 있다.

Creating new transaction with name [...**BookstoreService.**
callFetchByNameMethod]: PROPAGATION_REQUIRED,ISOLATION_DEFAULT,readOnly

Opened new EntityManager [SessionImpl(2012237082<open>)] for JPA transaction

begin

Exposing JPA transaction as JDBC
[...HibernateJpaDialect$HibernateConnectionHandle@7d3815f7]

select author0_.id as id1_0_, author0_.age as age2_0_, author0_.genre as
genre3_0_, author0_.name as name4_0_ from author author0_ where
author0_.name=?
Author{id=4, age=34, name=Joana Nimar, genre=History}

Initiating transaction commit

Committing JPA transaction on EntityManager [SessionImpl(2012237082<open>)]

committing

Closing JPA EntityManager [SessionImpl(2012237082<open>)] after transaction

좋다. 이제 트랜잭션 콘텍스트 보호 아래 여러 논리적 SQL문을 합쳐 작업 묶음 단위를 정의하고 ACID 특성을 활용할 수 있다. 예를 들어 다음과 같이 callFindByIdMethodAndUpdate()를 다시 작성할 수 있다.

@Transactional

```
public void callFindByIdMethodAndUpdate() {

    Author author = authorRepository.findById(1L).orElseThrow();

    author.setGenre("History");

}
```

이번에는 단일 트랜잭션(한 번의 데이터베이스 처리), 2개의 SQL문(SELECT 및 UPDATE)이 있으며,
명시적으로 save()를 호출할 필요도 없다(항목 107 참고).

callFindByIdMethodAndUpdate()는 ACID 특성도 활용하며, 로그는 다음과 같다.

Creating new transaction with name [...**BookstoreService.**
callFindByIdMethodAndUpdate]: PROPAGATION_REQUIRED,ISOLATION_DEFAULT

Opened new EntityManager [SessionImpl(1115708094<open>)] for JPA transaction

begin

Exposing JPA transaction as JDBC
[...HibernateJpaDialect$HibernateConnectionHandle@78ea700f]

Found thread-bound EntityManager [SessionImpl(1115708094<open>)] for JPA
transaction

Participating in existing transaction

select author0_.id as id1_0_0_, author0_.age as age2_0_0_, author0_.genre
as genre3_0_0_, author0_.name as name4_0_0_ from author author0_ where
author0_.id=?

Initiating transaction commit

Committing JPA transaction on EntityManager [SessionImpl(1115708094<open>)]

committing

update author set age=?, genre=?, name=? where id=?

Closing JPA EntityManager [SessionImpl(1115708094<open>)] after transaction

마지막으로 명시적 트랜잭션 콘텍스트에서 다음과 같은 callFetchByNameAndDeleteByNeGenreethods() 메서드를 호출해보자.

```
@Transactional
public void callFetchByNameAndDeleteByNeGenreMethods() {

    Author author = authorRepository.fetchByName("Joana Nimar");
    authorRepository.deleteByNeGenre(author.getGenre());

    if (new Random().nextBoolean()) {
        throw new RuntimeException("Some DAO exception occurred!");
    }
}
```

이제 트리거된 SELECT(fetchByName()을 통해)와 DELETE(deleteByNeGenre()를 통해) 이후에 트랜잭션 롤백을 유발하는 임의의 예외를 가상으로 만든다. 이 처리는 트랜잭션의 원자성을 확인하기 위한 것으로, 예외가 발생하면 애플리케이션 로그에 다음과 같이 나타난다.

```
Creating new transaction with name [...BookstoreService.callFetchBy
NameAndDeleteByNeGenreMethods]: PROPAGATION_REQUIRED,ISOLATION_DEFAULT

Opened new EntityManager [SessionImpl(654609843<open>)] for JPA transaction

begin

Exposing JPA transaction as JDBC
[...HibernateJpaDialect$HibernateConnectionHandle@7f94541b]

select author0_.id as id1_0_, author0_.age as age2_0_, author0_.genre as
genre3_0_, author0_.name as name4_0_ from author author0_ where
author0_.name=?

delete from author where genre<>?

Initiating transaction rollback
```

```
Rolling back JPA transaction on EntityManager [SessionImpl(654609843<open>)]
rolling back
Closing JPA EntityManager [SessionImpl(654609843<open>)] after transaction
Caused by: java.lang.RuntimeException: Some DAO exception occurred!
```

좋다. 서비스 메서드에 @Transactional을 추가하면 모든 문제가 해결되는 것 같다. 이 해결 방법은 서비스 메서드에 대한 트랜잭션 콘텍스트를 활용할 수 있고 ACID 특성의 장점을 이용한다.

그럼 일반적 해당 방법으로 항상 충분한가?

이 질문에 답하고자 다음 서비스 메서드를 다뤄보자.

```
@Transactional(readOnly = true)
public void longRunningServiceMethod() throws InterruptedException {

    System.out.println("Service-method start ...");
    System.out.println("Sleeping before triggering SQL
                    to simulate a long running code ...");
    Thread.sleep(40_000);

    Author author = authorRepository.fetchByName("Joana Nimar");
    System.out.println(author);

    System.out.println("Service-method done ...");
}
```

네스트를 복석으로 40초의 매우 긴 지연을 사용하다. 장기 실행 대 단기 실행 트랜잭션에 대해 이야기할 때는 밀리초 단위로 논의해야 한다. 예를 들어 그림 6-3은 5개의 장기 실행 트랜잭션을 보여준다.

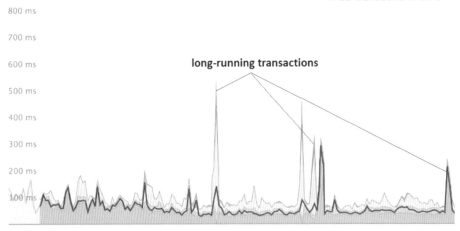

그림 6-3. 웹 트랜잭션에 대한 타임 샘플

서비스 메서드 끝에서 fetchByName() 쿼리 메서드를 호출하기 때문에 트랜잭션 콘텍스트 경계를 명시적으로 정의하고자 서비스 메서드에 @Transactional (readOnly = true) 어노테이션이 추가된다. 애플리케이션 로그를 확인해보자.

```
Creating new transaction with name [...BookstoreService.
longRunningServiceMethod]: PROPAGATION_REQUIRED,ISOLATION_DEFAULT,readOnly

Opened new EntityManager [SessionImpl(1884806106<open>)] for JPA transaction

begin

Exposing JPA transaction as JDBC
[...HibernateJpaDialect$HibernateConnectionHandle@63ad5fe7]

Service-method start ...
Sleeping before triggering SQL to simulate a long running code ...

HikariPool-1 - Pool stats (total=10, active=1, idle=9, waiting=0)

select author0_.id as id1_0_, author0_.age as age2_0_, author0_.genre as
genre3_0_, author0_.name as name4_0_ from author author0_ where
author0_.name=?
Author{id=4, age=34, name=Joana Nimar, genre=History}
```

```
Service-method done ...

Initiating transaction commit

Committing JPA transaction on EntityManager [SessionImpl(1884806106<open>)]

committing

Closing JPA EntityManager [SessionImpl(1884806106<open>)] after transaction

HikariPool-1 - Pool stats (total=10, active=0, idle=10, waiting=0)
```

그럼 여기서 무슨 일이 일어나고 있는가? 스프링은 longRunningServiceMethod()
메서드 코드를 실행하기 전에 트랜잭션을 시작하고 즉시 데이터베이스 커넥션
을 획득한다. 데이터베이스 커넥션은 즉시 열리고 사용될 준비가 되지만 바로
사용하지 않고 그냥 오픈된 상태로 둔다. 데이터베이스 커넥션과의 첫 번째
상호작용인 fetchByName()을 호출하기 전에 다른 작업(Thread.sleep()를 통해 시뮬레이션됨)
을 실행한다. 그러는 동안 데이터베이스 커넥션은 열려 있고 트랜잭션에 연결
돼 있다(HikariCP 로그, active=1 확인). 마지막으로 트랜잭션이 커밋되고 데이터베이스
커넥션이 다시 커넥션 풀로 해제된다. 이 시나리오는 확장성에 영향을 줄 수
있고 MVCC^{Multi-Version Concurrency Control}에 유리하지 않은 장기 실행 트랜잭션을 나타
낸다. 이 문제의 주된 이유는 @Transactional이 서비스 메서드에 지정됐기 때문
이다. 하지만 이 @Transactional을 제거하면 fetchByName()이 트랜잭션 콘텍스
트 외부에서 실행된다.

알았다. 리포지터리 인터페이스로 @Transactional을 이동하자

해결 방법은 다음과 같이 @Transactional을 리포지터리 인터페이스로 이동하는
것으로 구성된다.

```
@Repository
```

```
@Transactional(readOnly = true)
public interface AuthorRepository extends JpaRepository<Author, Long> {

    @Query("SELECT a FROM Author a WHERE a.name = ?1")
    Author fetchByName(String name);
}
```

또는 다음과 같다(물론 이 방식의 단점은 더 많은 읽기 전용 쿼리 메서드가 있는 경우 @Transactional(readOnly = true) 어노테이션을 반복해야 한다는 사실이다).

```
@Repository
public interface AuthorRepository extends JpaRepository<Author, Long> {

    @Transactional(readOnly = true)
    @Query("SELECT a FROM Author a WHERE a.name = ?1")
    Author fetchByName(String name);
}
```

서비스 메서드는 다음과 같이 @Transactional을 포함하지 않는다.

```
public void longRunningServiceMethod() {

    // 변경 없음
}
```

이번에는 애플리케이션 로그상에 예상된 결과가 나타난다.

```
Service-method start ...
Sleeping before triggering SQL to simulate a long running code ...
HikariPool-1 - Pool stats (total=10, active=0, idle=10, waiting=0)
Creating new transaction with name [...SimpleJpaRepository.fetchByName]:
```

```
PROPAGATION_REQUIRED,ISOLATION_DEFAULT,readOnly

Opened new EntityManager [SessionImpl(508317658<open>)] for JPA transaction

begin

Exposing JPA transaction as JDBC
[...HibernateJpaDialect$HibernateConnectionHandle@3ba1f56e]

select author0_.id as id1_0_, author0_.age as age2_0_, author0_.genre as
genre3_0_, author0_.name as name4_0_ from author author0_ where
author0_.name=?

Initiating transaction commit

Committing JPA transaction on EntityManager [SessionImpl(508317658<open>)]

committing

Closing JPA EntityManager [SessionImpl(508317658<open>)] after transaction

Author{id=4, age=34, name=Joana Nimar, genre=History}

Service-method done ...
```

이번에는 트랜잭션이 쿼리 메서드를 통해 트리거된 SQL SELECT문만 감싸고 있다. 이는 짧은 트랜잭션이 되기 때문에 좋은 방법임이 분명한다.

그러나 서비스 메서드에서 더 많은 쿼리 메서드를 호출하려면 어떻게 해야 할까? ACID를 잃게 될까?

이전 시나리오는 longRunningServiceMethod() 서비스 메서드에서 하나의 쿼리 메서드만을 호출했기 때문에 예상대로 실행된다. 그러나 논리적 트랜잭션을 정의하는 여러 SQL문을 생성하는 여러 쿼리 메서드를 호출해야 할 가능성은 높다. 예를 들어 이름으로 저자를 가져온 후(fetchByName()) 저자와 다른 장르를 가진 모든 저자를 삭제(deleteByNeGenre())할 수 있다. @Transactional 어노테이션이 없는 서비스 메서드에서 이 두 쿼리 메서드를 호출하면 이 작업 묶음 단위에 대한

ACID 특성이 손실된다. 따라서 서비스 메서드에도 @Transactional을 추가해야
한다.

먼저 AuthorRepository 리포지터리 인터페이스를 구성하는 가장 좋은 방법을
살펴보자. 올리버 드롯봄^{Oliver Drotbohm}의 다음 조언을 따라야 한다.

> 따라서 쿼리 메서드에 대해서도 @Transactional(readOnly = true)를 사용하는 것이 좋
> 은데, 해당 어노테이션을 리포지터리 인터페이스 자체에 추가하는 것으로 어렵지 않게
> 처리할 수 있습니다. 아무 설정도 없는 @Transactional을 조작하는 메서드에 추가하거
> 나 해당 인터페이스에 다시 지정하는 것을 확실히 해야 합니다.

추가로 올리버는 다음과 같은 질문을 받았다. "요컨대 쿼리 추가/편집/삭제에
는 @Transactional을 사용해야 하고 SELECT 쿼리의 모든 DAO 메서드는
@Transactional(readOnly = true)를 사용해야 합니까?" 올리버는 다음과 같이
대답한다.

> 맞습니다. 가장 쉬운 방법은 인터페이스에 @Transactional(readOnly = true)를 사용하
> 고(대부분 finder 메서드를 포함하므로) 각 수정 쿼리 메서드에 대해서는 이 설정을 일반
> @Transactional로 재정의하는 것입니다. 이는 실제로 SimpleJpaRepository에서 수행되
> 는 방식입니다.

따라서 다음과 같이 처리해야 한다.

```
@Repository
@Transactional(readOnly = true)
public interface AuthorRepository extends JpaRepository<Author, Long> {

    @Query("SELECT a FROM Author a WHERE a.name = ?1")
    Author fetchByName(String name);

    @Transactional
    @Modifying
    @Query("DELETE FROM Author a WHERE a.genre <> ?1")
```

```
    int deleteByNeGenre(String genre);
}
```

즉, @Transactional(readOnly = true)로 리포지터리 인터페이스에 어노테이션을 지정해 모든 쿼리 메서드가 읽기 전용 트랜잭션 콘텍스트에서 실행되게 한다. 추가적으로 데이터를 수정할 수 있는 쿼리 메서드의 경우 readOnly 플래그 없는 @Transactional을 추가해 데이터 수정을 허용하는 트랜잭션 콘텍스트로 전환한다. 주로 여기서 수행하는 처리는 스프링 데이터가 내장된 쿼리 메서드에 대해 내부적으로 수행하는 방식과 같다.

다음으로 서비스 메서드는 다음과 같이 SELECT와 UPDATE를 트리거하기 때문에 @Transactional로 어노테이션을 지정한다.

```
@Transactional
public void longRunningServiceMethod() throws InterruptedException {

    System.out.println("Service-method start ...");
    System.out.println("Sleeping before triggering SQL
                    to simulate a long running code ...");
    Thread.sleep(40_000);

    Author author = authorRepository.fetchByName("Joana Nimar");
    authorRepository.deleteByNeGenre(author.getGenre());

    System.out.println("Service-method done ...");
}
```

이제 애플리케이션 로그를 확인해보자.

```
Creating new transaction with name [...BookstoreService.
longRunningServiceMethod]: PROPAGATION_REQUIRED,ISOLATION_DEFAULT
```

Opened new EntityManager [SessionImpl(138303640<open>)] for JPA transaction

begin

Exposing JPA transaction as JDBC
[...HibernateJpaDialect$HibernateConnectionHandle@7c4a03a]

Service-method start ...
Sleeping before triggering SQL to simulate a long running code ...

HikariPool-1 - Pool stats (total=10, **active=1**, idle=9, waiting=0)

**Found thread-bound EntityManager [SessionImpl(138303640<open>)] for JPA
transaction**
Participating in existing transaction

**select author0_.id as id1_0_, author0_.age as age2_0_, author0_.genre as
genre3_0_, author0_.name as name4_0_ from author author0_ where
author0_.name=?**

**Found thread-bound EntityManager [SessionImpl(138303640<open>)] for JPA
transaction**
Participating in existing transaction

delete from author where genre<>?

Service-method done ...

Initiating transaction commit

Committing JPA transaction on EntityManager [SessionImpl(138303640<open>)]

committing

Closing JPA EntityManager [SessionImpl(138303640<open>)] after transaction

HikariPool-1 - Pool stats (total=10, active=0, idle=10, waiting=0)

다음과 같이 출력에서 강조 표시된 부분을 확인한다.

**Found thread-bound EntityManager [SessionImpl(138303640<open>)] for JPA
transaction**

Participating in existing transaction

이번에는 호출된 각 쿼리 메서드(fetchByName()과 deleteByNeGenre())가 longRunning
ServiceMethod() 서비스 메서드를 호출할 때 열린 기존 트랜잭션에 참여한다.
따라서 리포지터리 인터페이스의 @Transactional 어노테이션이 새 트랜잭션을
시작하거나 새 데이터베이스 커넥션을 사용할 것이라 혼동하지 말자. 스프링은
기존 트랜잭션에 참여하도록 호출된 쿼리 메서드를 자동으로 호출하는데, 모든
것이 기적같이 이뤄진다. 이때 스프링은 부록 G에 자세히 설명된 트랜잭션 전
파 메커니즘을 활용한다. 좀 더 정확히는 기본 모드에서 스프링은 기본 트랜잭
션 전파 메커니즘인 Propagation.REQUIRED 전파 규칙을 적용한다. 물론 다른
트랜잭션 전파 메커니즘을 명시적으로 설정한 경우(부록 G 참고) 해당 콘텍스트에서
트랜잭션 흐름을 확인해야 한다.

그럼 다시 장기 실행 트랜잭션을 생각해보자. 우선 이런 경우 코드를 리팩터링
refactor하고 구현을 재설계해 더 짧은 트랜잭션을 얻어야 한다. 또는 하이버네이
트 5.2.10 이상을 사용한다면 데이터베이스 커넥션 획득을 지연시킬 수 있다.
항목 60에서 다음과 같은 2가지 설정을 통해 커넥션 획득을 지연시킬 수 있다(항
상 resource-local(단일 데이터 소스에 한정)에서는 이 설정을 사용하는 것이 좋다).

```
spring.datasource.hikari.auto-commit=false
spring.jpa.properties.hibernate.connection.provider_disables_
autocommit=true
```

이제 다음과 같이 첫 번째 SQL문이 실행될 때까지 데이터베이스 커넥션 획득이
지연된다.

```
Creating new transaction with name [...BookstoreService.
```

longRunningServiceMethod]: PROPAGATION_REQUIRED,ISOLATION_DEFAULT

Opened new EntityManager [SessionImpl(138303640<open>)] for JPA transaction

begin

Exposing JPA transaction as JDBC
[...HibernateJpaDialect$HibernateConnectionHandle@7c4a03a]

Service-method start ...
Sleeping before triggering SQL to simulate a long running code ...

HikariPool-1 - Pool stats (total=10, active=0, idle=10, waiting=0)

Found thread-bound EntityManager [SessionImpl(138303640<open>)] for JPA
transaction
Participating in existing transaction

select author0_.id as id1_0_, author0_.age as age2_0_, author0_.genre as
genre3_0_, author0_.name as name4_0_ from author author0_ where
author0_.name=?

Found thread-bound EntityManager [SessionImpl(138303640<open>)] for JPA
transaction
Participating in existing transaction

delete from author where genre<>?

Service-method done ...

Initiating transaction commit

Committing JPA transaction on EntityManager [SessionImpl(138303640<open>)]

committing

Closing JPA EntityManager [SessionImpl(138303640<open>)] after transaction

HikariPool-1 - Pool stats (total=10, active=0, idle=10, waiting=0)

첫 번째 쿼리 메서드가 호출될 때까지 HikariCP는 0개의 활성 커넥션을 보고한
다. 따라서 시간이 많이 걸리는 작업(Thread.sleep()을 통해 시뮬레이션됨)은 데이터베이스
커넥션을 열어 두지 않고 실행된다. 그럼에도 커넥션이 획득된 후 서비스 메서

드 실행이 끝날 때까지(트랜잭션이 완료될 때까지) 열린 상태로 유지되는데, 이는 장기 실행 작업을 피하고자 서비스 메서드 설계에 각별한 주의를 기울여야 하는 강력한 이유다.

일반적인 규칙으로, 쿼리 메서드 호출로 데이터베이스와 상호작용하지 않는 무거운 비즈니스 로직을 중간에 처리하는 트랜잭션을 사용하지 않도록 노력해야 한다. 이로 인해 시간이 많이 걸리고 이해, 디버깅, 리팩토링, 리뷰가 어려운 장기 실행 트랜잭션과 복잡한 서비스 메서드가 될 수 있다. 대부분은 더 나은 해결 방법이 있고 시간을 들여 찾아봐야 한다.

장기 실행 메서드에 대한 사례를 다루는 전체 코드는 깃허브[10]에서 확인할 수 있다.

그럼 커넥션 획득을 지연하면 리포지터리 인터페이스에 @Transactional 을 사용하지 않아도 되는가?

가능하면 하이버네이트 5.2.10 이상으로 업그레이드하고 항목 60 설정을 통해 커넥션 획득을 지연시키자. 그런 다음 대부분의 경우 리포지터리 인터페이스가 아닌 서비스 수준에서만 @Transactional을 사용할 수 있다. 그러나 이는 읽기 전용 데이터베이스 작업(항목 61)을 하는 서비스 메서드에 @Transactional(readOnly= true) 추가를 꾸준히 잊어버리는 경향이 있음을 의미한다. 이제 리포지터리 인터페이스에도 @Transactional을 추가해 더 짧은 트랜잭션을 생성하는 2가지 사례를 살펴보자.

사례 1

BookstoreService에서 다음 리포지터리와 2가지 서비스 메서드를 생각해보자.

---

10. HibernateSpringBootTransactionalInRepository

```
@Repository
public interface AuthorRepository extends JpaRepository<Author, Long> {

    @Query("SELECT a FROM Author a WHERE a.name = ?1")
    Author fetchByName(String name);
}

@Service
public class BookstoreService {

    // ...

    public void displayAuthor() {
        Author author = fetchAuthor();
        System.out.println(author);
    }

    @Transactional(readOnly = true)
    public Author fetchAuthor() {
        return authorRepository.fetchByName("Joana Nimar");
    }
}
```

이 코드는 항목 62 사례에 속한다. 즉, @Transactional이 동일한 클래스에서 호출되는 메서드에 추가도 있고 스프링은 이를 무시한다. 그러나 모범 사례를 따르면 다음과 같이 리포지터리 인터페이스에 @Transactional(readOnly=true)를 선언하면 모든 것이 완벽하게 작동한다.

```
@Repository
@Transactional(readOnly = true)
public interface AuthorRepository extends JpaRepository<Author, Long> {

    @Query("SELECT a FROM Author a WHERE a.name = ?1")
    Author fetchByName(String name);
}
```

```
@Service
public class BookstoreService {

    // ...

    public void displayAuthor() {
        Author author = fetchAuthor();
        System.out.println(author);
    }

    public Author fetchAuthor() {
        return authorRepository.fetchByName("Joana Nimar");
    }
}
```

또는 항목 62에서와 같이 2개 서비스를 사용할 수 있다.

사례 2

BookstoreService에서 다음과 같은 리포지터리와 서비스 메서드를 고려해보자.

```
@Service
public class BookstoreService {

    // ...

    @Transactional(readOnly = true)
    public Royalty computeRoyalties() {

        Author author = authorRepository.fetchByName("Joana Nimar");

        // royalties 계산은
        // 다른 서비스(예: revenue 및 financial 서비스)를 사용하는 느린 작업임

        return royalties;
    }
}
```

이 경우에는 커넥션 획득을 지연해도 큰 이점이 없다. 즉시 fetchByName()을 호출하며, 이로 인해 데이터베이스 커넥션은 즉시 획득된다. 그러나 fetchByName() 쿼리 메서드를 실행한 후 로열티^{royalties}가 계산될 때까지 데이터베이스 커넥션이 열린 상태로 유지된다.

그러면 다음과 같이 AuthorRepository를 사용한다고 생각해보자.

```java
@Repository
@Transactional(readOnly = true)
public interface AuthorRepository extends JpaRepository<Author, Long> {

    @Query("SELECT a FROM Author a WHERE a.name = ?1")
    Author fetchByName(String name);
}
```

그러면 다음과 같이 @Transactional(readOnly = true)로 서비스 메서드에 어노테이션을 지정할 필요가 없으며 트랜잭션은 fetchByName()의 실행 부분만 캡슐화하고 로열티는 트랜잭션 외부에서 계산된다.

```java
@Service
public class BookstoreService {

    // ...

    public Royalty computeRoyalties() {

        Author author = authorRepository.fetchByName("Joana Nimar");

        // royalties 계산은
        // 다른 서비스(예: revenue 및 financial 서비스)를 사용하는 느린 작업임

        return royalties;
    }
}
```

다른 방법으로 다음과 같이 **computeRoyalties()**를 2개 메서드로 분할할 수도 있다.

```
@Repository
public interface AuthorRepository extends JpaRepository<Author, Long> {

    @Query("SELECT a FROM Author a WHERE a.name = ?1")
    Author fetchByName(String name);
}

@Service
public class BookstoreServiceWith2Methods {

    // ...

    public Royalty computeRoyalties() {

        Author author = fetchAuthorByName("Joana Nimar");

        // royalties 계산은
        // 다른 서비스(예: revenue 및 financial 서비스)를 사용하는 느린 작업임

        return royalties;
    }

    @Transactional(readOnly = true)
    public Author fetchAuthorByName(String name) {

        return authorRepository.fetchByName(name);
    }
}
```

그러면 다시 사례 1로 돌아가 보자.

간단하고 일반적인 3가지 시나리오

잘못되기 쉬운 간단하고도 일반적인 3가지 시나리오를 다뤄보자.

데이터베이스와 상호작용하지 않는 코드에서 발생한 예외로 인한 서비스 메서드 롤백

다음과 같은 서비스 메서드를 생각해보자.

```
public void foo() {

    // DML문(예: save())을 트리거하는 쿼리 메서드를 호출하고,
    // 데이터베이스와 상호작용하지 않지만
    // RuntimeException이 발생하기 쉬운 작업 수행
}
```

이 서비스 메서드에 @Transactional 어노테이션을 달아야 할까? 데이터베이스와 상호작용하지 않는 강조된 코드 부분에서 RuntimeException으로 실패되면 현재 트랜잭션을 롤백해야 한다. 첫 번째 유혹은 이 서비스 메서드에 @Transactional 어노테이션을 지정하는 것이다. 이런 시나리오는 @Transactional(rollbackFor = Exception.class)를 사용하는 checked 예외[11]에 대해서도 일반적으로 사용된다.

그러나 @Transactional을 서비스 메서드에 추가하기로 결정하기 전에 다시 한 번 생각해보는 것이 좋다. 다른 해결책이 있을지도 모른다. 예를 들어 동작에 영향을 주지 않고 작업 순서만 다음과 같이 변경할 수 있다.

```
public void foo() {

    // 데이터베이스와 상호작용하지 않지만
    // RuntimeException이 발생하기 쉬운 작업 수행

    // DML문(예: save())을 트리거하는 쿼리 메서드를 호출
}
```

---

11. Checked 예외는 RuntimeException이 아닌 다른 예외를 상위로 갖는 예외이고, RuntimeException으로부터 파생된 예외를 Unchecked 예외라고 한다. Checked 예외는 소스상에 반드시 try...catch 또는 메서드 선언상에 throws로 명시적인 처리를 해야 하는 반면 Unchecked 예외는 그렇지 않다. 일반적인 롤백은 Unchecked 예외인 경우만 처리되기 때문에 Checked 예외에 대해 롤백을 하려면 본문과 같이 rollbackFor = Exception.class를 지정해야 한다. — 옮긴이

이제 이 서비스 메서드에는 @Transactional 어노테이션을 지정할 필요가 없다. 데이터베이스와 상호작용하지 않는 작업에서 RuntimeException이 발생해도 save()는 호출되지 않으므로 데이터베이스 호출을 하지 않는다.

더욱이 이런 작업에 시간이 많이 걸리는 경우 save() 메서드에 대해 열린 트랜잭션 기간에 영향을 주지 않는다. 최악의 시나리오에서는 작업 순서를 변경할 수 없으며 작업은 시간이 많이 소요되는 것이다. 설상가상으로 애플리케이션에서 많이 호출되는 메서드일 수 있다. 이런 상황에서는 서비스 메서드가 장기 실행 트랜잭션을 발생시키는데, 서비스 메서드에 @Transactional 어노테이션을 추가하지 않도록 해결 방법을 재설계해야 한다(예: 예외를 명시적으로 캐치하고 명시적 DML 문을 통해 수동 롤백을 제공하거나 서비스 메서드를 여러 서비스 메서드로 리팩터링해 장기 실행을 완화한다).

전이와 @Transactional

양방향 지연 연관관계를 갖는 Foo와 Buzz를 생각해보자. Foo를 저장하면 영속 처리가 연관된 Buzz로 전이된다. 그리고 서비스 메서드는 다음과 같게 된다.

```
public void fooAndBuzz() {

    Foo foo = new Foo();

    Buzz buzz1 = new Buzz();
    Buzz buzz2 = new Buzz();

    foo.addBuzz(buzz1);
    foo.addBuzz(buzz2);

    fooRepository.save(foo);
}
```

단지 한 번의 save()를 호출하지만 3개의 INSERT문이 생성된다. 그렇다면 ACID 특성을 제공하고자 이 메서드에 @Transactional 어노테이션을 지정해야 할까? 대답은 "아니요"다. Foo와 연관된 Buzz 인스턴스를 저장하고자 트리거된 INSERT

문이 CascadeType.ALL/PERSIST를 통한 전이 효과이기에 @Transactional로 이 서비스 메서드에 지정할 필요가 없다. 3개의 INSERT문은 모두 동일한 트랜잭션 콘텍스트에서 실행되며, INSERT문 중 하나라도 실패하면 트랜잭션은 자동으로 롤백된다.

조회 〉 수정 〉 저장 및 중간의 장기 실행 작업

이전의 callFindByIdMethodAndUpdate()를 기억하는가?

```
public void callFindByIdMethodAndUpdate() {

    Author author = authorRepository.findById(1L).orElseThrow();
    author.setGenre("History");

    authorRepository.save(author);
}
```

이 메서드를 다음과 같이 추상화해보자.

```
public void callSelectModifyAndSave () {

    Foo foo = fooRepository.findBy...(...);
    foo.setFooProperty(...);

    fooRepository.save(foo);
}
```

이전에 트랜잭션 경계를 구분하고자 @Transactional로 이런 종류 메서드에 어노테이션을 지정했다. 여러 이점 중에 3개(SELECT, SELECT, UPDATE) 대신 2개의 SQL문(SELECT 및 UPDATE)이 있는 것, 데이터베이스 호출을 줄일 수 있는 것, 다음과 같이 명시적으로 save()를 호출할 필요가 없다는 것을 이야기했다.

```
@Transactional
public void callSelectModifyAndSave () {

    Foo foo = fooRepository.findBy...(...);
    foo.setFooProperty(...);
}
```

그러면 이 방법은 다음과 같은 경우에도 유용할까?

```
@Transactional
public void callSelectModifyAndSave() {

    Foo foo = fooRepository.findBy...(...);

    // foo 데이터를 사용하는 장기 실행 작업

    foo.setFooProperty(...);
}
```

SELECT와 UPDATE 사이에 장기 실행 작업을 슬쩍 넣으면 장기 실행 트랜잭션이 발생한다. 예를 들어 도서를 선택하고 선택한 데이터를 사용해 도서의 PDF 버전을 생성하고(이는 장기 실행 작업임) 도서의 사용 가능한 형식을 업데이트해야 하는 경우다. 이런 처리를 수행하기로 결정하면(매우 일반적인 경우) 트랜잭션에 장기 실행 작업도 포함되기에 장기 실행 트랜잭션이 된다.

이런 경우 다음과 같이 @Transactional을 제거하고 장기 실행 작업과 추가 SELECT로 구분된 2개의 짧은 트랜잭션을 갖는 것이 좋다.

```
public void callSelectModifyAndSave() {

    Foo foo = fooRepository.findBy...(...);

    // foo 데이터를 사용하는 장기 실행 작업

    foo.setFooProperty(...);
```

```
        fooRepository.save(foo);
    }
```

일반적으로 여기서와 같이 장기 실행 작업과 관련된 경우 조회된 데이터가 SELECT와 UPDATE 사이의 다른 트랜잭션(업데이트 손실)에 의해 수정될 수 있음을 고려해야 한다. 이는 장기 실행 트랜잭션 또는 장기 실행 작업에서 분리된 2개의 짧은 트랜잭션, 두 경우 모두에서 발생할 수 있다. 두 경우 모두 버전 기반 낙관적 잠금 또는 재시도^{retry} 메커니즘(항목 131)에 의존할 수 있다. 이 메서드는 @Transactional 어노테이션이 없기 때문에 다음과 같이 @Retry를 적용한다 (@Retry는 @Transactional 어노테이션이 달린 메서드에 적용하면 안 된다는 점에 유의해야 하는데, 자세한 내용은 항목 131에서 설명한다).

```
@Retry(times = 10, on = OptimisticLockingFailureException.class)
public void callSelectModifyAndSave() {

    Foo foo = fooRepository.findBy...(...);

    // foo 데이터를 사용하는 장기 실행 작업

    foo.setFooProperty(...);
    fooRepository.save(foo);
}
```

끝이다. 이 방법은 하나의 장기 실행 트랜잭션보다 훨씬 낫다.

주요 성능 저하, 특히 장기 실행 트랜잭션을 완화하는 최적의 ACID 기반 트랜잭션 콘텍스트를 얻으려면 다음과 같은 지침을 따르는 것이 좋다.

리포지터리 인터페이스 준비 사항:

- 리포지터리 인터페이스에 @Transactional(readOnly=true) 어노테이션을 지정한다.
- 데이터를 수정하고 DML을 생성하는(예: INSERT, UPDATE, DELETE) 쿼리 메서드에 대해

@Transactional(readOnly=true)를 @Transactional로 오버라이드한다.

데이터베이스 커넥션 획득 지연:

- 하이버네이트 5.2.10 이상의 경우 실제로 필요할 때까지 데이터베이스 커넥션 획득을 지연하자(**항목 60** 참고).

각 서비스 메서드 검토:

- 각 서비스 메서드를 검토해 @Transactional로 어노테이션을 지정해야 하는지 여부를 결정한다.
- @Transactional 어노테이션을 서비스 메서드에 지정하기로 결정한 경우 적절한 @Transactional을 추가한다. 읽기 전용 쿼리 메서드만 호출하는 경우 @Transactional (readOnly=true)를 추가하고 데이터를 수정할 수 있는 쿼리 메서드를 하나 이상 호출하는 경우 @Transactional을 추가해야 한다.

트랜잭션 지속기간 측정 및 모니터링:

- 현재 트랜잭션 전파 메커니즘(부록 G) 맥락에서 트랜잭션 지속기간과 동작을 검토하고 짧고 빠른 트랜잭션 유지를 위해 노력해야 한다.
- 데이터베이스 커넥션을 획득하면 트랜잭션이 완료될 때까지 열린 상태로 유지된다. 따라서 장기 실행 트랜잭션을 방지하도록 처리 방법을 설계하자.
- 컨트롤러 클래스 수준 또는 서비스 클래스 수준에서 @Transactional을 추가하지 말자. 이는 장기 실행 또는 불필요한 트랜잭션이 될 수 있다(이런 클래스는 트랜잭션 콘텍스트를 오픈하는 경향이 있으며 데이터베이스와 상호작용할 필요가 없는 메서드에 대해서도 데이터베이스 커넥션을 획득한다). 예를 들어 개발자는 데이터베이스와 상호작용하지 않는 비즈니스 로직을 포함하는 public 메서드를 추가할 수 있다. 이런 경우 데이터베이스 커넥션 획득을 지연하면 스프링 부트는 똑같이 트랜잭션 콘텍스트를 준비하지만 데이터베이스 커넥션을 바로 획득하지 않는다. 반면 데이터베이스 커넥션 획득 지연을 사용하지 않는 경우 스프링 부트는 트랜잭션 콘텍스트를 준비하고 이에 대한 데이터베이스 커넥션도 즉시 획득한다.

## 7장

식별자

항목 65: MySQL에서 하이버네이트 5 AUTO 생성자 타입을 피해야 하는 이유

식별자^{identifiers}를 생성하고자 하이버네이트 5의 AUTO 생성자 타입을 활용하는 다음과 같은 Author 엔터티를 생각해보자.

```
@Entity
public class AuthorBad implements Serializable {

    private static final long serialVersionUID = 1L;

    @Id
    @GeneratedValue(strategy = GenerationType.AUTO)
    // 또는
    //@GeneratedValue
    private Long id;
    // ...
}
```

MySQL과 하이버네이트 5에서 GenerationType.AUTO 생성자 타입은 TABLE 생성자를 사용하고, 이로 인해 상당한 성능 저하가 발생한다. TABLE 생성자 타입은

확장성이 없으며 단일 데이터베이스 커넥션에서도 IDENTITY와 SEQUENCE(MySQL에
서 지원되지 않음) 생성자 타입보다 훨씬 느리다.

예를 들어 신규 AuthorBad를 저장하면 다음과 같은 3개의 SQL문이 생성된다.

```
SELECT
    next_val AS id_val
FROM hibernate_sequence
FOR UPDATE

UPDATE hibernate_sequence
SET next_val = ?
WHERE next_val = ?

INSERT INTO author_bad (age, genre, name, id)
    VALUES (?, ?, ?, ?)
```

일반적인 규칙으로 항상 TABLE 생성자를 사용하지 말아야 한다.

분명히 하나의 INSERT문을 통해 새 저자를 저장하는 것이 좋다. 이 목표를 달성
하려면 IDENTITY 또는 native 생성자 타입을 사용하자. IDENTITY 생성자 타입은
다음과 같이 사용한다.

```
@Entity
public class AuthorGood implements Serializable {

    private static final long serialVersionUID = 1L;

    @Id
    @GeneratedValue(strategy = GenerationType.IDENTITY)
    private Long id;
    // ...
}
```

다음과 같이 native 생성자 타입을 적용할 수 있다.

```
@Entity
public class AuthorGood implements Serializable {

    private static final long serialVersionUID = 1L;

    @Id
    @GeneratedValue(strategy=GenerationType.AUTO, generator="native")
    @GenericGenerator(name="native", strategy="native")
    private Long id;
    // ...
}
```

이 경우 AuthorGood을 저장하면 다음 INSERT가 생성된다.

```
INSERT INTO author_good (age, genre, name)
    VALUES (?, ?, ?)
```

소스코드는 깃허브[1]에서 확인할 수 있다.

항목 66: hi/lo 알고리듬을 통한 시퀀스 식별자 생성 최적화 방법

이번 항목은 SEQUENCE 생성자를 지원하는 PostgreSQL을 사용한다. MySQL은 대안으로 TABLE 방식을 제공하지만 사용하지 말아야 한다. 이에 대해서는 항목 65를 참고하자.

지원이 되면 데이터베이스 시퀀스는 식별자를 생성하는 적절한 방법(JPA 및 하이버네이트 ORM에서)이다. SEQUENCE 생성자는 배치 처리를 지원하고 별도 테이블이 없으며, 데이터베이스 시퀀

---

1. HibernateSpringBootAutoGeneratorType

스 사전 할당(pre-allocation)을 활용할 수 있거나 증분 스텝(incremental step)을 지원한다.

비생산적 TABLE 식별자 방식의 생성자 사용을 피해야 한다는 것을 잊지 말자(자세한 내용은 **항목 65** 참고).

기본적으로 SEQUENCE 생성자는 SELECT문을 통해 각각 새 시퀀스 값을 데이터베이스로부터 생성한다. 다음과 같은 Author 엔터티를 가정해보자.

```
@Entity
public class Author implements Serializable {
    // ...
    @Id
    @GeneratedValue(strategy = GenerationType.SEQUENCE)
    private Long id;
    // ...
}
```

저장되는 각 Author는 다음 SELECT로 처리되는 데이터베이스 호출을 통해 가져온 식별자(현재 시퀀스 값)가 필요하다.

```
SELECT
    nextval('hibernate_sequence')
```

캐시된 시퀀스 또는 사전 할당된 시퀀스를 활용하는 것은 도움이 되지 않는다. 캐시된 시퀀스의 경우 애플리케이션은 여전히 모든 새 시퀀스 값을 위해 데이터베이스 처리가 필요하다. 다른 방법인 데이터베이스 시퀀스 사전 할당에도 여전히 상당한 데이터베이스 처리가 필요하다.

이런 사항은 하이버네이트 고유 hi/lo 알고리듬을 통해 최적화될 수 있다(특히 등록이 많은 경우). 이 알고리듬은 메모리 내에 식별자 값을 계산할 수 있는 하이버네이트 내장 최적화 기능의 일부이며, 따라서 hi/lo를 사용하면 데이터베이스 처

리 횟수를 줄일 수 있고 결과적으로 애플리케이션 성능이 향상된다.

이 알고리듬은 시퀀스 도메인을 동기식 hi 그룹으로 분할하는데, hi 값은 데이터베이스 시퀀스(또는 테이블 생성자)에서 가져오며 초깃값은 구성 가능하다(initial_value). 기본적으로 하나의 데이터베이스 호출로 hi/lo 알고리듬은 데이터베이스에서 새 hi 값을 가져오고, 이를 사용해 lo 항목 개수를 나타내는 구성 가능한 증가분(increment_size) 개수만큼의 식별자를 생성한다. lo가 이 범위에 있는 동안 새 hi를 가져오는 데이터베이스 호출은 필요하지 않으며 메모리 내에 생성된 식별자를 안전하게 사용할 수 있게 된다. 모든 lo 값이 사용되면 새 데이터베이스 호출을 통해 다른 새로운 hi 값을 가져온다.

코드로는 다음과 같이 Author 엔터티에 대해 hi/lo 알고리듬을 사용한다.

```java
@Entity
public class Author implements Serializable {

    private static final long serialVersionUID = 1L;

    @Id
    @GeneratedValue(strategy = GenerationType.SEQUENCE, generator = "hilo")
    @GenericGenerator(name = "hilo",
            strategy = "org.hibernate.id.enhanced.SequenceStyleGenerator",
            parameters = {
                @Parameter(name = "sequence_name", value = "hilo_sequence"),
                @Parameter(name = "initial_value", value = "1"),
                @Parameter(name = "increment_size", value = "100"),
                @Parameter(name = "optimizer", value = "hilo")
            }
    )
    private Long id;
    // ...
}
```

hi/lo 알고리듬은 다음과 같은 파라미터가 필요하다.

- **sequence_name**: 데이터베이스 시퀀스의 이름(예: hilo_sequence)이며, 다음과 같은 명령문을 통해 생성된다.

```
CREATE
    sequence hilo_sequence start 1 increment 1
```

- **initial_value**: 첫 번째 시퀀스 값 또는 첫 번째 hi(예: 1) 값이다.
- **increment_size**: 다음 hi(예: 100)를 가져오기 전에 메모리에서 계산될 식별자 수(lo 항목 수)다.
- **optimizer**: 하이버네이트 내장 옵티마이저optimizer 이름이다(이 경우 hilo).

메모리에서 식별자를 생성하고자 hi/lo 알고리듬은 다음과 같은 공식을 사용해 유효한 값 범위를 계산한다.

```
[increment_size x (hi - 1) + 1, increment_size x hi]
```

예를 들어 위와 같은 설정에 의해 메모리 내에서 생성된 식별자의 범위는 다음과 같다.

- hi=1에 대해, 범위는 [1, 100]
- hi=2에 대해, 범위는 [101, 200]
- hi=3에 대해, 범위는 [201, 300]
- ...

lo 값의 범위는 [0, increment_size]이며, 식별자는 (hi - 1) * increment_size + 1에서 시작한다.

그림 7-1은 네드Ned와 조Jo에 대해 hi/lo가 작동하는 방식을 그래픽 단계별로 보여준다(hi의 initial_value는 10이고 increment_size는 2).

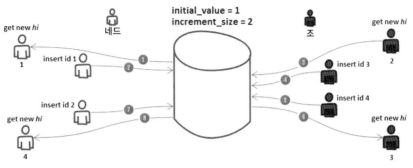

그림 7-1. hi/lo 알고리듬

1. 네드는 트랜잭션을 시작하고 데이터베이스에서 새 hi를 가져오는데, 값은 1을 얻는다.

2. 네드는 2개의 메모리 내에 생성된 식별자(1과 2)를 갖고 있다. 값이 1인 식별자를 사용해 행을 등록한다.

3. 조는 트랜잭션을 시작하고 데이터베이스에서 새 hi를 가져온다. 그녀는 값 2를 얻는다.

4. 조는 2개의 메모리 내에 생성된 식별자(3과 4)를 갖고 있다. 값이 3인 식별자를 사용해 행을 등록한다.

5. 조는 값이 4인 메모리 내에 식별자를 갖는 등록을 하나 더 생성한다.

6. 조는 더 이상 메모리 내에서 생성된 식별자를 갖고 있지 않다. 따라서 프로그램은 새 hi를 가져와야 한다. 이번에 그녀는 데이터베이스에서 값 3을 가져온다. 이 새로운 hi를 기반으로 조는 값 5와 6을 가진 식별자를 메모리 내에서 생성할 수 있다.

7. 네드는 값이 2인 메모리 내에 생성된 식별자를 사용해 새 행을 등록한다.

8. 네드는 더 이상 메모리 내에 생성된 식별자가 없다. 따라서 프로그램은 새 hi를 가져와야 한다. 이번에 그는 데이터베이스에서 값 4를 가져오고, 이 hi를 기반으로 네드는 값 7과 8을 갖는 식별자를 메모리 내에서 생성할 수 있다.

hi/lo 알고리듬을 테스트하는 간단한 방법은 빠른 배치 처리 프로세스를 사용하는 것이다. 1,000개의 **Author** 인스턴스(author 테이블에)를 일괄적으로 등록해보자. 다음과 같은 서비스 메서드는 saveAll() 내장 메서드를 통해 배치 크기가 30인 1,000개의 등록을 배치 처리한다(예제에서는 saveAll()을 사용하고 있지만 프로덕션에는 적합하지 않다. 자세한 내용은 항목 46 참고).

```
public void batch1000Authors() {

    List<Author> authors = new ArrayList<>();

    for (int i = 1; i <= 1000; i++) {
        Author author = new Author();
        author.setName("Author_" + i);

        authors.add(author);
    }

    authorRepository.saveAll(authors);
}
```

hi/lo 알고리듬 덕분에 10개의 데이터베이스 호출만 사용해 1,000개의 식별자가 모두 생성된다. 이 코드는 10개의 hi만 가져오고 각 hi에 대해 메모리에 100개의 식별자를 생성한다. 이는 1,000개의 데이터베이스 호출보다 훨씬 낫다. 새로운 hi를 가져오기 위한 각 호출은 다음과 같다.

```
SELECT
    nextval('hilo_sequence')
```

전체 애플리케이션은 깃허브[2]에서 확인할 수 있다.

HibernateSpringBootHiLo

외부 시스템 처리

hi 값은 데이터베이스에서 제공된다. 동시 트랜잭션은 고유한 hi 값을 받기 때문에 유일성^{uniqueness}에 대해 걱정할 필요 없다. 2개의 연속 트랜잭션은 2개의 연속 hi 값을 받기 때문이다.

그럼 이제 author 테이블에 행을 등록하려는 애플리케이션의 외부 시스템과 관련된 시나리오를 생각해보자. 이 시스템은 hi/lo 알고리듬을 사용하지 않는다.

먼저 애플리케이션은 새로운 hi(예: 1)를 가져오고 이를 사용해 100개의 메모리 내에 식별자를 생성한다. 생성된 메모리 내에 식별자 1, 2, 3을 사용해 3명의 Author를 다음과 같이 등록한다.

```
@Transactional
public void save3Authors() {

    for (int i = 1; i <= 3; i++) {
        Author author = new Author();
        author.setName("Author_" + i);

        authorRepository.save(author); // 1, 2, 3 식별자 사용
    }
}
```

다음으로 외부 시스템은 author 테이블에 행을 등록하려고 시도한다. 이 동작을 시뮬레이션하는 것은 다음과 같이 기본적인 INSERT를 통해 쉽게 처리할 수 있다.

```
@Repository
public interface AuthorRepository extends JpaRepository<Author, Long> {

    @Modifying
    @Query(value = "INSERT INTO author (id, name)
```

```
                    VALUES (NEXTVAL('hilo_sequence'), ?1)",
        nativeQuery = true)
        void saveNative(String name);
    }
```

다음 시퀀스 값을 가져오고자 NEXTVAL('hilo_sequence')를 실행하면 2가 반환된다. 그러나 애플리케이션은 이미 이 식별자를 사용해 Author를 등록했다. 따라서 외부 시스템은 다음 오류와 함께 실패한다.

```
ERROR: duplicate key value violates unique constraint "author_pkey"
Detail: Key (id)=(2) already exists.
```

제시된 시나리오처럼 작동하는 외부 시스템이 있는 경우 hi/lo 알고리듬은 적절한 선택이 아니다. 데이터베이스 시퀀스는 메모리에서 생성된 가장 높은 식별자를 인식하지 못하기 때문에 이미 식별자로 사용됐을 수 있는 시퀀스 값을 반환한다. 이로 인해 중복 식별자 오류가 발생하는데, 이런 종류의 문제를 방지하기 위한 다음과 같은 2가지 선택 사항이 있다.

- 외부 시스템도 hi/lo 존재를 인식하고 그에 따른 적절한 처리를 한다.
- 다른 하이버네이트 전용 옵티마이저를 사용한다(**항목 67** 참고).

전체 애플리케이션은 깃허브[3]에서 확인할 수 있다.

항목 67: Pooled(-lo) 알고리듬을 통한 시퀀스 식별자 생성 최적화 방법

hi/lo 알고리듬에 익숙하지 않다면 이 항목보다 먼저 항목 66을 읽어보자.

---

3. HibernateSpringBootHiLoIssue

Pooled 또는 pooled-lo 알고리듬은 항목 66에 제시된 문제 방지를 위한 다른 전략을 가진 hi/lo 알고리듬이다. 간단히 다시 정리해보면 기존 hi/lo 알고리듬은 외부 시스템이 hi/lo 존재 또는 동작을 인식하지 못하고 관련 테이블에 행을 등록하려고 하면 중복 식별자 오류를 유발할 수 있다.

Pooled 알고리듬

Author 엔터티에 대해 pooled 알고리듬은 다음과 같이 설정된다.

```java
@Entity
public class Author implements Serializable {

    private static final long serialVersionUID = 1L;

    @Id
    @GeneratedValue(strategy = GenerationType.SEQUENCE,
                    generator = "hilopooled")
    @GenericGenerator(name = "hilopooled",
            strategy = "org.hibernate.id.enhanced.SequenceStyleGenerator",
        parameters = {
            @Parameter(name = "sequence_name", value = "hilo_sequence"),
            @Parameter(name = "initial_value", value = "1"),
            @Parameter(name = "increment_size", value = "100"),
            @Parameter(name = "optimizer", value = "pooled")
        }
    )
    private Long id;
    // ...
}
```

Pooled 내장 옵티마이저를 사용하도록 하이버네이트에 지시하는 optimizer 파라미터 값에 주목하자. 이 알고리듬을 사용하면 hilo_sequence에 대해 다음과 같은 CREATE문이 생성된다.

```
CREATE
  sequence hilo_sequence start 1 increment 100
```

여기서 `increment 100` 부분(또는 일반적으로 `increment increment_size` 부분)에 주목하자.

Pooled 알고리듬은 데이터베이스에서 현재 시퀀스 값을 상위 경계 식별자[top boundary identifier]로 가져온다. 현재 시퀀스 값은 이전 시퀀스 값에 `increment_size`를 더한 값으로 계산되는데, 이런 방식으로 애플리케이션은 이전 상위 경계를 제외한[exclusive] 값(최하위 경계[lowest boundary]라고도 함)과 현재 상위 경계를 포함한[inclusive] 값 사이로 생성되는 메모리 내 식별자를 사용한다.

이를 그래픽으로 표현해보자. 그림 7-2는 네드와 조(hi의 initial_value는 1, increment_size는 2)에 대해 pooled가 어떻게 작동하는지 단계별로 보여준다.

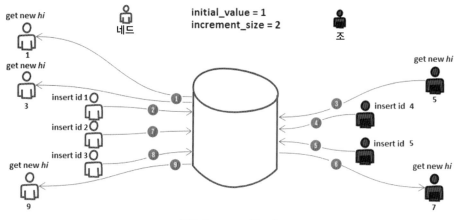

그림 7-2. Pooled 알고리듬

1. 네드는 트랜잭션을 시작하고 데이터베이스에서 새 hi 값인 1(이 값은 initial_value임)을 가져온다. 상위 경계 식별자를 결정하고자 새 hi를 자동으로 가져오는데, 값은 3이다(initial_value + increment_size). 이번 경우만 메모리 내에서 생성된 식별자의 수가 `increment_size + 1`이 된다.

2. Pooled는 가져온 hi를 최상위 경계 식별자로 사용하므로 네드는 3개의

메모리 내 생성 식별자(1, 2, 3)를 갖고 값이 1인 식별자를 사용해 행을 등록한다.

3. 조는 트랜잭션을 시작하고 데이터베이스에서 새 hi를 가져오고 값 5를 얻는다.

4. 조는 2개의 메모리 내 생성 식별자(4, 5)를 갖고 있고 값이 4인 식별자를 사용해 행을 등록한다.

5. 조는 메모리 내 식별자 값 5를 사용해 등록을 한 번 더 트리거한다.

6. 조는 더 이상 메모리 내에서 생성된 식별자가 없다. 따라서 그녀는 새로운 hi를 가져와야 하는데, 이번에는 데이터베이스에서 값 7을 가져온다. 이 hi를 기반으로 조는 값 6과 7을 가진 메모리 내 식별자를 생성할 수 있다.

7. 네드는 값이 2인 메모리 내 생성 식별자를 사용해 새 행을 동록한다.

8. 네드는 값이 3인 메모리 내 생성 식별자를 사용해 새 행을 등록한다.

9. 네드는 더 이상 메모리 내에서 생성된 식별자가 없기 때문에 새로운 hi를 가져와야 한다. 이번에 그는 데이터베이스에서 값 9를 가져오고, 이 hi를 기반으로 네드는 값 8과 9를 가진 메모리 내 식별자를 생성할 수 있다.

외부 시스템 처리

그럼 이제 항목 66의 '외부 시스템 처리' 절을 다시 살펴보자. 해당 initial_value 는 1이고 increment_size는 100임을 상기하자.

먼저 애플리케이션이 새 hi(예: 101)를 가져오고, 다음으로 애플리케이션은 생성된 메모리 내 식별자 1, 2, 3을 사용해 3명의 Author를 등록한다.

그 후에 외부 시스템은 author 테이블에 행을 등록하려고 시도하는데, 이 작업은 다음 시퀀스 값을 가져오고자 NEXTVAL('hilo_sequence')를 활용하는 순수 INSERT에 의해 시뮬레이션된다. 그리고 다음 시퀀스 값을 가져오고자 NEXTVAL ('hilo_sequence')을 실행하면 201이 반환되고, 이번에는 외부 시스템이 식별자가 201인 행을 성공적으로 등록한다. 애플리케이션이 계속해서 더 많은 행을 삽입한다면(외부 시스템은 삽입하지 않음) 어느 시점에 새로운 hi인 301을 가져올 것이다. 이 hi는 새로운 상위 경계 식별자가 되는 반면 제외적인 하위 경계 식별자^{lower boundary identifier}는 301 - 100 = 201이 된다. 따라서 다음 행 식별자는 202다.

Pooled 알고리듬 덕분에 외부 시스템이 애플리케이션과 함께 문제없이 공존할 수 있는 것 같다.

기존 hi/lo 알고리듬과 달리 하이버네이트 pooled 알고리듬은 테이블과 상호작용하는 외부 시스템에 문제를 일으키지 않는다. 즉, 외부 시스템은 pooled 알고리듬에 의존해 테이블에 행을 동시에 등록할 수 있다. 그러나 이전 버전의 하이버네이트는 최하위 경계를 식별자로 사용하는 외부 시스템으로부터의 INSERT문 호출에 의해 예외가 발생될 수 있다. 이는 해당 문제를 해결한 하이버네이트의 최신 버전(예: 하이버네이트 5.x)으로 업데이트해야 하는 좋은 이유가 되며, 걱정 없이 pooled 알고리듬을 활용할 수 있게 된다.

전체 애플리케이션은 깃허브[4]에서 확인할 수 있다.

Pooled-Lo 알고리듬

Author 엔터티에 대한 pooled-lo 알고리듬은 다음과 같이 설정된다.

```
@Entity
public class Author implements Serializable {

    private static final long serialVersionUID = 1L;

    @Id
    @GeneratedValue(strategy = GenerationType.SEQUENCE,
            generator = "hilopooledlo")
```

---

4. HibernateSpringBootPooled

```
@GenericGenerator(name = "hilopooledlo",
        strategy = "org.hibernate.id.enhanced.SequenceStyleGenerator",
    parameters = {
        @Parameter(name = "sequence_name", value = "hilo_sequence"),
        @Parameter(name = "initial_value", value = "1"),
        @Parameter(name = "increment_size", value = "100"),
        @Parameter(name = "optimizer", value = "pooled-lo")
    }
)
private Long id;
// ...
}
```

Pooled-lo 내장 옵티마이저를 사용하도록 하이버네이트에 지시하는 optimizer 파라미터 값에 주목하자. 이 알고리듬을 사용하면 hilo_sequence에 대해 다음 과 같은 CREATE문이 생성된다(pooled 알고리듬과 동일한 명령문).

CREATE
```
sequence hilo_sequence start 1 increment 100
```

여기서 increment 100 부분(또는 일반적으로 increment increment_size 부분)에 주목하자.

Pooled-lo는 pooled와 유사한 hi/lo의 최적화로, 이번에는 알고리듬 전략이 데 이터베이스에서 현재 시퀀스 값을 가져와 메모리 내에 포함적인 최하위 경계 식별자로 사용한다. 메모리 내에서 생성된 식별자 수는 increment_size와 같다.

이를 그래픽으로 표현해보자. 그림 7-3은 네드와 조(hi의 initial_value는 1, increment_size 는 2)에 대해 pooled-lo가 어떻게 작동하는지 단계별로 보여준다.

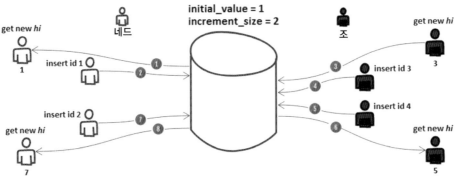

그림 7-3. Pooled-lo 알고리듬

1. 네드는 트랜잭션을 시작하고 데이터베이스에서 새 hi 값인 1을 가져 온다.

2. 네드는 2개의 메모리 내 생성 식별자(1, 2)를 갖고 값이 1인 식별자를 사용해 행을 등록한다.

3. 조는 트랜잭션을 시작하고 데이터베이스에서 새 hi를 가져오고 값 3을 얻는다.

4. 조는 2개의 메모리 내 생성 식별자(3, 4)를 갖고 있고 값이 3인 식별자를 사용해 행을 등록한다.

5. 조는 메모리 내 식별자 값 4를 사용해 등록을 한 번 더 트리거한다.

6. 조는 더 이상 메모리 내에서 생성된 식별자가 없다. 따라서 새로운 hi를 가져와야 한다. 이번에는 데이터베이스에서 값 5를 가져온다. 이 hi를 기반으로 조는 값 5와 6을 가진 메모리 내 식별자를 생성할 수 있다.

7. 네드는 값이 2인 메모리 내 생성 식별자를 사용해 새 행을 등록한다.

8. 네드는 더 이상 메모리 내에서 생성된 식별자가 없기 때문에 새로운 hi를 가져와야 한다. 이번에 그는 데이터베이스에서 값 7을 가져오고, 이 hi를 기반으로 네드는 값 7과 8을 가진 메모리 내 식별자를 생성할 수 있다.

외부 시스템 처리

그럼 다시 항목 66의 '외부 시스템 처리' 절을 살펴보자. 해당 initial_value는 1이고 increment_size는 100임을 상기하자.

먼저 애플리케이션이 새 hi(예: 1)를 가져오고 다음으로 애플리케이션은 생성된 메모리 내 식별자 1, 2, 3을 사용해 3명의 Author를 등록한다.

그 후에 외부 시스템은 author 테이블에 행을 등록하려고 시도하는데, 이 작업은 다음 시퀀스 값을 가져오고자 NEXTVAL('hilo_sequence')를 활용하는 순수 INSERT에 의해 시뮬레이션된다. 그리고 다음 시퀀스 값을 가져오고자 NEXTVAL('hilo_sequence')를 실행하면 101이 반환되고, 이번에는 외부 시스템이 식별자가 101인 행을 성공적으로 등록한다. 애플리케이션이 계속해서 더 많은 행을 삽입한다면(외부 시스템은 삽입하지 않음) 어느 시점에 새로운 hi인 201을 가져올 것이다. 이 hi는 새로운 포함적인 하위 경계 식별자가 된다.

역시 pooled-lo 알고리듬 덕분에 외부 시스템이 애플리케이션과 함께 문제없이 공존할 수 있는 것 같다.

전체 애플리케이션은 깃허브[5]에서 확인할 수 있다.

항목 68: equals() 및 hashCode()를 올바로 오버라이드하는 방법

엔터티의 equals()와 hashCode()를 오버라이드(override)하는 것은 POJO(Plain Old Java Objects)와 자바 빈즈(Beans)의 경우와 같지 않기 때문에 세심한 주의가 필요하다. 고려해야 할 중요 문장은, 하이버네이트는 엔터티 모든 상태 전환(transient(new), managed(persistent), detached 및 removed)에서 농일(equal)해야 함을 요구한다는 것이다. 하이버네이트 엔터티 상태 전환에 대해 빠른 정리가 필요한 경우 부록 A를 읽어보자.

---

5. HibernateSpringBootPooledLo

엔터티의 변경 사항을 감지하고자 하이버네이트는 더티 체킹이라는 내부 메커니즘을 사용한다. 이 메커니즘은 equals()와 hashCode()를 사용하지 않지만 하이버네이트 문서에 따라 엔터티가 Set에 저장되거나 새로운 영속성 콘텍스트에 재연결^{reattach}되면 개발자는 equals()와 hashCode()를 오버라이드해야 한다. 게다가 도우미 메서드를 통해 양방향 연관관계를 동기화하기 위해서도 equals()와 hashCode()를 역시 오버라이드해야 한다. 그리고 equals() 및 hashCode() 오버라이드와 관련된 3가지 시나리오가 있다.

equals()와 hashCode()를 오버라이드해 모든 상태 전환에서 엔터티 동등성^{equality}에 대한 일관성 유지 방법을 확인하려면 개발자는 여러 시나리오를 테스트해야 한다.

단위 테스트 구성

새 엔터티 인스턴스(transient 상태)를 만들고 Set에 추가하는 것부터 시작해보자. 단위 테스트의 목적은 다른 상태로의 전환에 대해 Set에서 transient 엔터티의 일관성을 확인하는 것이다. 다음과 같은 단위 테스트처럼 Set에 저장된 Book 엔터티의 transient 인스턴스를 생각해보자(Set의 내용은 테스트 중에 변경되지 않음).

```
private static final Book book = new Book();
private static final Set<Book> books = new HashSet<>();

@BeforeClass
public static void setUp() {

    book.setTitle("Modern History");
    book.setIsbn("001-100-000-111");

    books.add(book);
}
```

아직 저장되지 않은 book과 Set 사이의 동등성에 대한 일관성을 확인하는 것으로 시작해보자.

```
@Test
public void A_givenBookInSetWhenContainsThenTrue() throws Exception {

    assertTrue(books.contains(book));
}
```

다음으로 book은 transient에서 managed 상태로 전환된다. 첫 번째 어설션^{assertion} 포인트에서 book의 상태는 transient다. 데이터베이스 생성 식별자에 대해서 book의 id는 null이어야 하고, 직접 지정되는 식별자에 대해서는 null이 아니어야 한다. 따라서 경우에 따라 테스트는 assertNull() 또는 asssertNotNull()을 사용한다. book 엔터티(managed 상태)를 저장한 후 테스트는 book의 식별자가 null이 아니고 Set에 book이 포함돼 있는지 확인한다.

```
@Test
public void B_givenBookWhenPersistThenSuccess() throws Exception {

    assertNull(book.getId());
    // 할당되는 식별자인 경우 assertNotNull(book.getId());

    entityManager.persistAndFlush(book);
    assertNotNull(book.getId());

    assertTrue(books.contains(book));
}
```

다음 테스트에서는 분리된 book의 새 제목을 설정하고, book 엔터티는 머지된다 (즉, 하이버네이트는 영속성 콘텍스트에서 데이터베이스의 최신 데이터를 포함하는 엔터티를 로드하고 book 엔터티를 미러링하도록 업데이트한다). 어설션 포인트에서 테스트는 반환된(managed) mergedBook 엔터티와 Set 내용 간의 동등 일관성을 확인한다.

```
    @Test
    public void C_givenBookWhenMergeThenSuccess() throws Exception {

        book.setTitle("New Modern History");
        Book mergedBook = entityManager.merge(book);
        entityManager.flush();

        assertTrue(books.contains(mergedBook));
    }
```

다음으로 foundBook 엔터티는 EntityManager#find(Book.class, book.getId())를 통해 로드된다. 어설션 지점에서 테스트는 foundBook(managed 엔터티)과 Set 내용 간의 일관성을 확인한다.

```
    @Test
    public void D_givenBookWhenFindThenSuccess() throws Exception {

        Book foundBook = entityManager.find(Book.class, book.getId());
        entityManager.flush();

        assertTrue(books.contains(foundBook));
    }
```

다음으로 foundBook 엔터티는 EntityManager#find(Book.class, book.getId())를 통해 가져온다. 그런 다음 detach() 메서드를 통해 명시적으로 분리하고, 마지막으로 테스트는 이 분리된 엔터티와 Set 내용 간의 동등성에 대한 일관성을 확인한다.

```
    @Test
    public void E_givenBookWhenFindAndDetachThenSuccess() throws Exception {

        Book foundBook = entityManager.find(Book.class, book.getId());
        entityManager.detach(foundBook);
```

```
        assertTrue(books.contains(foundBook));
    }
```

마지막 테스트에서 foundBook 엔터티는 EntityManager#find(Book.class, book.getId())를 통해 가져온다. 그런 다음 이 엔터티를 EntityManager#remove() 메서드를 통해 삭제하고 테스트는 제거된 엔터티와 Set 내용 간의 동등 일관성을 확인한다. 최종적으로 엔터티가 Set에서 제거되고 다시 어설션된다.

```
@Test
public void F_givenBookWhenFindAndRemoveThenSuccess() throws Exception {

    Book foundBook = entityManager.find(Book.class, book.getId());
    entityManager.remove(foundBook);
    entityManager.flush();

    assertTrue(books.contains(foundBook));

    books.remove(foundBook);

    assertFalse(books.contains(foundBook));
}
```

지금까지는 아무 문제없다. 이제 equals()와 hashCode()를 다른 방식으로 오버라이드하고 어떤 접근 방식이 테스트를 통과하는지 살펴보자.

equals() 및 hashCode() 오버라이딩을 위한 최적의 접근 방법

테스트를 통과하는 엔터티는 모든 상태 전환(transient, attached, detached, removed)에서 자기 자신과 동능한 엔터티다.

업무 키 사용

업무 키(business key)는 고유한 값을 갖는 엔터티 필드며, null이 허용되거나 업데이트할 수 없다. 즉, 엔터티가 생성될 때 할당되고 변경되지 않는 상태로 유지된다(예: SSN, ISBN, CNP 등). 예를 들어 다음 엔터티에는 업무 키로 *isbn* 필드를 갖는다.

```java
@Entity
public class BusinessKeyBook implements Serializable {

    private static final long serialVersionUID = 1L;

    @Id
    @GeneratedValue(strategy = GenerationType.IDENTITY)
    private Long id;

    private String title;

    @Column(nullable = false, unique = true, updatable = false, length = 50)
    private String isbn;

    // 간결함을 위해 getter/setter 생략
}
```

여기서 isbn은 엔터티를 생성하는 순간부터 알 수 있기에 다음과 같이 equals()와 hashCode()에서 사용할 수 있다.

```java
@Override
public boolean equals(Object obj) {

    if (obj == null) {
        return false;
    }

    if (this == obj) {
        return true;
    }

    if (getClass() != obj.getClass()) {
        return false;
    }
```

```
        BusinessKeyBook other = (BusinessKeyBook) obj;
        return Objects.equals(isbn, other.getIsbn());
    }

    @Override
    public int hashCode() {
        return Objects.hash(isbn);
    }
```

업무 키 동등성은 테스트를 통과하며, equals()와 hashCode()를 오버라이드하기 위한 최선의
선택이다. 그러나 업무 키가 없는 엔터티들이 있고, 이런 경우 다른 접근 방법을 고려해야 한다.

@NaturalId 사용

@NaturalId로 업무 키에 어노테이션을 지정하면 이 필드가 엔터티의 자연 식별
자natural identifier로 변환된다(기본적으로 자연 식별자는 변경할 수 없음). 도서의 isbn 번호는 일반적
으로 자연 식별자이며, 엔터티의 식별자로 대체되진 않는다. 엔터티 식별자는
테이블과 인덱스 페이지에 대한 메모리 사용이 효율적이지 않은 경우에 적절한
대체 키surrogate key가 될 수 있으며, 통상적으로 엔터티를 가져오는 데 사용할 수
있다. 아울러 하이버네이트 API를 사용하면 전용 메서드를 통해 연관된 자연키
로 엔터티를 가져올 수 있게 된다. 항목 69에서 이 주제를 자세히 분석한다.

```
    @Entity
    public class NaturalIdBook implements Serializable {

        private static final long serialVersionUID = 1L;

        @Id
        @GeneratedValue(strategy = GenerationType.IDENTITY)
        private Long id;
```

```
    private String title;

    @NaturalId
    @Column(nullable = false, updatable = false, unique = true, length = 50)
    private String isbn;

    // 간결함을 위해 getter/setter 생략
}
```

여기서도 isbn은 엔터티를 생성하는 순간부터 알 수 있기에 다음과 같이 equals()와 hashCode()에서 사용할 수 있다.

```
@Override
public boolean equals(Object obj) {

    if (obj == null) {
        return false;
    }

    if (this == obj) {
        return true;
    }

    if (getClass() != obj.getClass()) {
        return false;
    }

    NaturalIdBook other = (NaturalIdBook) obj;
    return Objects.equals(isbn, other.getIsbn());
}

@Override
public int hashCode() {
    return Objects.hash(isbn);
}
```

직접 할당된 식별자

엔터티 식별자를 직접 할당하는 경우 엔터티는 다음과 같다.

```
@Entity
public class IdManBook implements Serializable {

    private static final long serialVersionUID = 1L;

    @Id
    private Long id;

    private String title;
    private String isbn;

    // 간결함을 위해 getter/setter 생략
}
```

이 엔터티를 생성하는 동안 코드는 식별자를 명시적으로 설정하고자 setId()를 호출해야 한다. 따라서 엔터티 식별자는 처음부터 알려져 있으며, 엔터티 식별자를 사용해 다음과 같이 equals()와 hashCode()를 오버라이드할 수 있음을 의미한다.

```
@Override
public boolean equals(Object obj) {
    if (obj == null) {
        return false;
    }
```

```
        if (this == obj) {
            return true;
        }

        if (getClass() != obj.getClass()) {
            return false;
        }

        IdManBook other = (IdManBook) obj;
        return Objects.equals(id, other.getId());
    }

    @Override
    public int hashCode() {
        return Objects.hash(id);
    }
}
```

직접적으로 할당된 식별자의 동등성은 테스트를 통과한다. 자동 증가(auto-incremented)하는 엔터티 식별자를 사용할 필요가 없을 때 equals()와 hashCode()를 오버라이드하는 데 적합하다.

데이터베이스 생성 식별자

자동 증가 엔터티 식별자는 일반적으로 가장 많이 사용되며, transient 엔터티의 엔터티 식별자는 데이터베이스 호출 후에만 알 수 있다. 즉, 일반적인 엔터티는 다음과 같이 IDENTITY 생성기를 활용한다.

```
@Entity
public class IdGenBook implements Serializable {
    private static final long serialVersionUID = 1L;

    @Id
    @GeneratedValue(strategy = GenerationType.IDENTITY)
```

```
    private Long id;

    private String title;
    private String isbn;

    // 간결함을 위해 getter/setter 생략
}
```

여기서 equals()와 hashCode()를 오버라이드하고자 생성되는 엔터티 식별자를
사용하는 것은 약간 까다롭고, 올바른 구현은 다음과 같다.

```
@Override
public boolean equals(Object obj) {

    if (obj == null) {
        return false;
    }

    if (this == obj) {
        return true;
    }

    if (getClass() != obj.getClass()) {
        return false;
    }

    IdGenBook other = (IdGenBook) obj;
    return id != null && id.equals(other.getId());
}

@Override
public int hashCode() {
    return 2021;
}
```

이 구현에서 두 부분의 중요한 라인이 있다. 두 부분 전부 transient 객체에
null인 ID를 가질 수 있고, 등록 후 managed가 되면 유효한(null이 아닌) ID를 갖는다

는 사실과 관련돼 있다. 이는 동일한 객체가 다른 ID를 가질 수 있음을 의미한다. 따라서 ID(예: Objects.hash(getId()))를 기반으로 하는 hashCode()는 2개의 다른 값을 반환한다(즉, 이 객체는 상태 전환에 따라 자신과 동등하지 않을 수 있으며, Set에서 찾지 못할 수 있다). 이를 해결하는 방법은 hashCode()에서 상수를 반환하는 것이다.

```
return 2021;
```

옮긴이 메모

2021 숫자는 크게 의미가 없고 반드시 상수일 필요도 없다. 다음과 같이 객체가 아닌 클래스에 대한 hashCode()를 활용할 수도 있다.

```
@Override
public int hashCode() {
    return getClass().hashCode();
}
```

다음으로 동등성 확인은 다음과 같이 수행돼야 한다.

```
return id != null && id.equals(other.getId());
```

현재 객체 ID가 null이면 equals()는 false를 반환하는데, equals()가 실행되면 관련된 객체가 동일한 객체의 참조가 아님을 의미한다. 즉, 2개의 transient 객체 또는 하나는 transient와 transient가 아닌 객체는 같을 수 없게 된다. 현재 객체 ID가 null이 아니고 다른 객체 ID와 동일한 경우에만 두 객체가 동등한 것으로 간주됨을 의미한다. 이는 hashCode()가 상수를 반환하기 때문에 가능하다. 따라서 null ID의 경우 Object 참조 동등성에 의존한다.

hashCode()에서 상수 값을 반환하는 것은 여기서 언급된 하이버네이트 요구 사항을 충족하는 데 도움이 되지만 모든 객체가 동일한 해시 버킷(hash bucket)에 놓이기 때문에 매우 큰 Set(또는 Map)의 경우 성능에 영향을 미칠 수 있다. 그럼에도 거대한 Set와 하이버네이트를 함께 사용하는 것은 해당 문제를 넘어서는 성능 저하가 발생되기 때문에 hashCode()에서 상수 값을 반환하는 것은 크게 문제가 되지 않는다. 일반적인 규칙으로 작은 결과 세트를 사용해 과다한 성능 저하를 피하는 것이 좋다.

이 구현은 테스트를 통과하며, 데이터베이스 생성 식별자를 기반으로 equals()와 hashCode()를 오버라이드하는 권장되는 방법이다.

피해야 할 equals() 및 hashCode() 오버라이딩 방법

테스트를 통과하지 못하는 엔터티는 모든 상태 전환(transient, attached, detached, removed)에서 자기 자신과 동등하지 않은 엔터티다.

기본 구현(JVM)

기본 equals()와 hashCode()를 사용한다는 것은 그중 어느 것도 명시적으로 오버라이딩하지 않음을 의미한다.

```java
@Entity
public class DefaultBook implements Serializable {

    private static final long serialVersionUID = 1L;

    @Id
    @GeneratedValue(strategy = GenerationType.IDENTITY)
    private Long id;

    private String title;
    private String isbn;
```

```
        // 간결함을 위해 getter/setter 생략
        // 명시적 equals() 및 hashCode() 없음
    }
```

이 메서드들이 오버라이드되지 않으면 자바는 기본 구현을 사용하는데, 불행해도 기본 구현은 실제로 두 객체의 값이 동일한지 확인하는 목적으로 제공되지 않는다. 기본적으로 equals()는 두 객체가 동일한 메모리 주소(동일한 객체 참조)를 갖는 경우만 동등한 것으로 간주하고, hashCode()도 객체 메모리 주소의 정수 표현을 반환한다. 이는 ID 해시 코드^{identity hash code}로 알려진 기본 기능이다.

이런 조건에서 equals()와 hashCode()의 기본 구현은 java.lang.AssertionError로 C_givenBookWhenMergeThenSuccess(), D_givenBookWhenFindThenSuccess(), E_givenBookWhenFindAndDetachThenSuccess(), F_givenBookWhenFindAndRemoveThenSuccess() 테스트들이 실패한다. 이는 테스트 C, D, E, F가 book과 다른 주소를 갖는 mergedBook과 foundBook 객체 간의 동등성을 확인하기 때문이다.

기본 equals()와 hashCode()를 활용하는 것은 잘못된 결정이다.

데이터베이스 생성 식별자

데이터베이스 생성 식별자는 보통 다음과 같은 IDENTITY 생성자를 통해 사용된다.

```
@Entity
public class IdBook implements Serializable {

    private static final long serialVersionUID = 1L;

    @Id
```

```
    @GeneratedValue(strategy = GenerationType.IDENTITY)
    private Long id;

    private String title;
    private String isbn;

    // 간결함을 위해 getter/setter 생략
}
```

다음과 같이 데이터베이스 생성 식별자를 기반으로 equals()와 hashCode()를
오버라이드할 수 있다.

```
@Override
public boolean equals(Object obj) {

    if (obj == null) {
        return false;
    }

    if (this == obj) {
        return true;
    }

    if (getClass() != obj.getClass()) {
        return false;
    }

    final IdBook other = (IdBook) obj;
    if (!Objects.equals(this.id, other.id)) {
        return false;
    }

    return true;
}

@Override
public int hashCode() {
```

```
        int hash = 3;
        hash = 89 * hash + Objects.hashCode(this.id);

        return hash;
    }
```

A_givenBookInSetWhenContainsThenTrue()만이 테스트를 통과한다. 나머지는
java.lang.AssertionError와 함께 실패하는데, 이는 테스트 B, C, D, E, F가 null
이 아닌 ID를 갖는 객체 사이 그리고 ID가 null인 Set에 저장된 book 간의 동등
성을 확인하기 때문에 발생한다.

데이터베이스 생성 식별자를 활용해 equals()와 hashCode()를 오버라이드하는 것은 피해야 한다.

Lombok @EqualsAndHashCode

최근 Lombok이 인기가 많아 엔터티에도 많이 사용된다. 엔터티에서 가장 자주
사용되는 Lombok 어노테이션 중 하나는 @EqualsAndHashCode다. 이 어노테이션
은 Lombok 문서에 설명된 방식으로 equals()와 hashCode()를 생성한다. 그러
나 생성된 equals()와 hashCode()는 엔터티에 적합할까? 일반적으로 다음과 같
은 코드를 프로덕션 수준에서 볼 수 있다.

```
@Entity
@EqualsAndHashCode
public class LombokDefaultBook implements Serializable {

    private static final long serialVersionUID = 1L;

    @Id
    @GeneratedValue(strategy = GenerationType.IDENTITY)
    private Long id;
```

```
        private String title;
        private String isbn;

        // 간결함을 위해 getter/setter 생략
    }
```

Lombok은 다음과 같은 코드를 생성한다.

```
    public boolean equals(final Object o) {
        if (o == this) {
            return true;
        }

        if (!(o instanceof LombokDefaultBook)) {
            return false;
        }

        LombokDefaultBook other = (LombokDefaultBook)o;
        if (!other.canEqual(this)) {
            return false;
        }

        Object this$id = getId();
        Object other$id = other.getId();
        if (this$id == null ? other$id != null : !this$id.equals(other$id)) {
            return false;
        }

        Object this$title = getTitle();
        Object other$title = other.getTitle();
        if (this$title == null ? other$title != null :
                !this$title.equals(other$title)) {
            return false;
        }

        Object this$isbn = getIsbn();
```

```
        Object other$isbn = other.getIsbn();
        return this$isbn == null ? other$isbn == null :
                this$isbn.equals(other$isbn);
    }

    protected boolean canEqual(final Object other) {
        return other instanceof LombokDefaultBook;
    }

    public int hashCode() {
        int PRIME = 59;
        int result = 1;
        Object $id = this.getId();
        result = result * 59 + ($id == null ? 43 : $id.hashCode());
        Object $title = this.getTitle();
        result = result * 59 + ($title == null ? 43 : $title.hashCode());
        Object $isbn = this.getIsbn();
        result = result * 59 + ($isbn == null ? 43 : $isbn.hashCode());

        return result;
    }
```

기본적으로 Lombok은 모든 필드를 사용해 equals()와 hashCode()를 생성한다. 분명 이 방식은 동등성에 대한 일관성에 적합하지 않고 테스트를 실행하면 이 구현은 A_givenBookInSetWhenContainsThenTrue() 테스트만 통과한다.

기본 Lombok @EqualsAndHashCode를 활용해 equals()와 hashCode()를 오버라이드하는 것은 잘못된 결정이다. 또 다른 일반적인 시나리오는 title 및 isbn과 같은 필드를 제외하는 @EqualsAndHashCode(exclude = {"title", "isbn"})을 활용하는 것이다. 이는 수동으로 할당된 식별자의 경우는 유용할 수 있지만 데이터베이스 생성 식별자의 경우에는 도움이 되지 않는다.

일부 Lombok 어노테이션은 다른 Lombok 어노테이션에 대한 단축 설정(shortcut)이다. 엔터티의

경우 @ToString, @EqualsAndHashCode, 모든 필드의 @Getter, 모든 final이 아닌 필드의 @Setter, @RequiredArgsConstructor에 대한 단축 설정인 @Data도 사용하지 말아야 한다. 이 항목에서와 같이 @Getter와 @Setter 메서드만 사용하고 equals(), hashCode(), toString() 메서드는 따로 구현해야 한다.

이상이다. 소스코드는 깃허브[6]에서 확인할 수 있다.

항목 69: 스프링 스타일로 하이버네이트 @NaturalId를 사용하는 방법

하이버네이트 ORM은 @NaturalId 어노테이션을 통해 업무 키를 자연 ID로 선언하는 것을 지원한다. 이 기능은 하이버네이트에만 해당되지만 스프링 스타일에서도 사용되게 변경할 수 있다.

업무 키는 고유해야 하며(예: 도서 ISBN, 사람의 SSN, CNP 등) 엔터티는 식별자(예: 자동 생성 식별자)와 하나 이상의 자연 ID를 동시에 가질 수 있다.

엔터티에 하나의 @NaturalId만 있는 경우 개발자는 Session.bySimpleNaturalId() 메서드(및 변형 메서드)를 통해 조회할 수 있고, 둘 이상 있는 경우(엔터티는 복합 자연 ID를 가짐) 개발자는 Session.byNaturalId() 메서드(및 변형 메서드)를 통해 조회할 수 있다.

자연 ID는 가변[mutable]이거나 불변[immutable](기본값)일 수 있는데, @NaturalId(mutable = true)를 작성해 가변과 불변 사이를 전환할 수 있다. @NaturalId로 표시된 필드는 @Column으로도 표시하는 것이 좋으며, 대체로 다음과 같다.

- 불변 자연 ID

```
@Column(nullable = false, updatable = false, unique = true)
```

---

6. HibernateSpringBootLombokEqualsAndHashCode

- 가변 자연 ID

```
@Column(nullable = false, updatable = true, unique = true)
```

아울러 equals()와 hashCode()는 자연 ID를 중심으로 구현돼야 한다.

자연 ID는 **항목 70**에서 설명한 대로 2차 캐시에 캐시될 수 있는데, 이는 웹 애플리케이션에서 매우 유용할 수 있다. 특히 자연 ID는 북마크 가능한 URL의 일부로 완벽하게 맞는다(예: isbn은 자연 ID이며 http://bookstore.com/books?isbn=001 요청에서의 쿼리 파라미터). 따라서 클라이언트가 보낸 정보를 기반으로 데이터를 가져올 수 있다.

앞선 설명을 기반으로 다음과 같은 Book 엔터티는 isbn이라는 자연 ID를 포함한다.

```
@Entity
public class Book implements Serializable {

    private static final long serialVersionUID = 1L;

    @Id
    @GeneratedValue(strategy = GenerationType.IDENTITY)
    private Long id;

    private String title;
    private int price;

    @NaturalId(mutable = false)
    @Column(nullable = false, updatable = false, unique = true, length = 50)
    private String isbn;

    // 간결함을 위해 getter/setter 생략

    @Override
    public boolean equals(Object o) {
```

```
        if (o == null) {
            return false;
        }

        if (this == o) {
            return true;
        }

        if (getClass() != o.getClass()) {
            return false;
        }

        Book other = (Book) o;
        return Objects.equals(isbn, other.getIsbn());
    }

    @Override
    public int hashCode() {
        return Objects.hash(isbn);
    }

    @Override
    public String toString() {
        return "Book{" + "id=" + id + ", title=" + title
                + ", isbn=" + isbn + ", price=" + price + '}';
    }
}
```

스프링 스타일에서 자연 ID로 Book 조회는 NaturalRepository라는 이름의 인터페이스 정의로부터 시작한다. 이는 findBySimpleNaturalId()와 findByNaturalId() 라는 2개의 메서드를 추가해 기본 제공 JpaRepository 리포지터리를 세부 설정하는 데 필요하다.

```
@NoRepositoryBean
public interface NaturalRepository<T, ID extends Serializable> extends
```

```
    JpaRepository<T, ID> {

    // @NaturalId 어노테이션을 갖는 단일 필드인 경우 이 메서드 사용
    Optional<T> findBySimpleNaturalId(ID naturalId);

    // @NaturalId 어노테이션을 갖는 필드가 2개 이상인 경우 이 메서드 사용
    Optional<T> findByNaturalId(Map<String, Object> naturalIds);

}
```

다음으로 SimpleJpaRepository 클래스를 확장하고 NaturalRepository를 구현한다. 이렇게 하면 메서드를 추가해 기본 리포지터리를 커스터마이징할 수 있다. 즉, 영속성에 대한 기술에 특화된technology-specific 리포지터리를 확장하고 이 확장을 리포지터리 프록시의 커스텀 기반 클래스로 사용할 수 있게 된다.

```
@Transactional(readOnly = true)
public class NaturalRepositoryImpl<T, ID extends Serializable> extends
        SimpleJpaRepository<T, ID> implements NaturalRepository<T, ID> {

    private final EntityManager entityManager;

    public NaturalRepositoryImpl(JpaEntityInformation entityInformation,
            EntityManager entityManager) {

        super(entityInformation, entityManager);

        this.entityManager = entityManager;
    }

    @Override
    public Optional<T> findBySimpleNaturalId(ID naturalId) {

        Optional<T> entity = entityManager.unwrap(Session.class)
                .bySimpleNaturalId(this.getDomainClass())
                .loadOptional(naturalId);

        return entity;
    }
```

```java
    @Override
    public Optional<T> findByNaturalId(Map<String, Object> naturalIds) {

        NaturalIdLoadAccess<T> loadAccess
                = entityManager.unwrap(Session.class)
                    .byNaturalId(this.getDomainClass());
        naturalIds.forEach(loadAccess::using);

        return loadAccess.loadOptional();
    }
}
```

다음으로 기반 클래스 대신 이 커스텀 리포지터리 기반 클래스를 사용하도록
스프링에 설정해야 한다. 이는 다음과 같이 @EnableJpaRepositories 어노테이
션의 repositoryBaseClass 속성을 통해 쉽게 처리할 수 있다.

```java
@SpringBootApplication
@EnableJpaRepositories(repositoryBaseClass = NaturalRepositoryImpl.class)
public class MainApplication {
    // ...
}
```

테스트 확인

이제 이전 구현을 기반으로 스프링 스타일 @NaturalId를 사용해보자. 먼저 Book
엔터티에 대한 일반적인 스프링 리포지터리를 정의한다. 이번에는 다음과 같이
NaturalRepository를 확장한다.

```java
@Repository
public interface BookRepository<T, ID>
        extends NaturalRepository<Book, Long> {
```

```
    }
```

다음으로 2개의 도서(2개의 Book 인스턴스)를 저장한다. 하나는 isbn이 001-AR이고 다른 하나는 isbn이 002-RH다. 이 경우 isbn이 자연 ID이므로 다음과 같이 첫 번째 Book을 가져올 수 있다.

```
Optional<Book> foundArBook =
        bookRepository.findBySimpleNaturalId("001-AR");
```

내부적으로 트리거된 SQL문은 다음과 같다.

```
SELECT
    book_.id AS id1_0_
FROM book book_
WHERE book_.isbn = ?

SELECT
    book0_.id AS id1_0_0_,
    book0_.isbn AS isbn2_0_0_,
    book0_.price AS price3_0_0_,
    book0_.title AS title4_0_0_
FROM book book0_
WHERE book0_.id = ?
```

쿼리가 2개인가? 그렇다. 제대로 봤다. 지정된 자연 ID에 해당되는 엔터티 식별자를 가져오고자 첫 번째 SELECT가 생성된다. 두 번째 SELECT는 첫 번째 SELECT를 통해 가져온 식별자로 엔터티를 가져오도록 트리거된다. 주로 이 동작은 엔터티가 영속성 콘텍스트에서 해당 식별자로 저장되는 방식에 따라 결정된다.

분명 2개의 SELECT문을 트리거하는 것은 잠재적인 성능 저하로 해석될 수 있다. 그럼에도 엔터티가 현재 영속성 콘텍스트에 있는 경우(이미 로드된 경우) 이 두 명령문은 트리거되지 않는다. 또한 **항목 70**에서 설명된 대로 2차 캐시를 사용해 엔터티 식별자 검색을 최적화할 수 있다.

복합 자연 ID

여러 필드에 @NaturalId 어노테이션이 추가되면 복합 자연 ID를 갖는데, 복합 자연 ID는 모든 항목을 지정해 조회 작업을 수행할 수 있다. 그렇지 않으면 Entity[...] defines its natural-id with n properties but only k were specified 유형의 예외가 발생한다.

예를 들어 Book 엔터티에 다른 자연 ID로 sku 필드가 있다고 가정해보자. 즉, isbn과 sku는 복합 자연 ID를 나타낸다.

```
@Entity
public class Book implements Serializable {

    private static final long serialVersionUID = 1L;

    @Id
    @GeneratedValue(strategy = GenerationType.IDENTITY)
    private Long id;

    private String title;
    private int price;

    @NaturalId(mutable = false)
    @Column(nullable = false, updatable = false, unique = true, length = 50)
    private String isbn;

    @NaturalId(mutable = false)
    @Column(nullable = false, updatable = false, unique = true)
    private Long sku;

    // 간결함을 위해 getter/setter 생략
```

```java
    @Override
    public boolean equals(Object o) {

        if (o == null) {
            return false;
        }

        if (this == o) {
            return true;
        }

        if (getClass() != o.getClass()) {
            return false;
        }

        Book other = (Book) o;
        return Objects.equals(isbn, other.getIsbn())
                && Objects.equals(sku, other.getSku());
    }

    @Override
    public int hashCode() {
        return Objects.hash(isbn, sku);
    }

    @Override
    public String toString() {
        return "Book{" + "id=" + id + ", title=" + title
                + ", isbn=" + isbn + ", price=" + price + ", sku=" + sku + '}';
    }
}
```

그럼 isbn이 001-AR이고 sku가 1로 식별되는 Book이 있다고 가정해보자. 이 경우 다음과 같이 findByNaturalId()를 통해 이 Book을 찾을 수 있다.

```java
Map<String, Object> ids = new HashMap<>();
ids.put("sku", 1L);
```

```
    ids.put("isbn", "001-AR");

    Optional<Book> foundArBook = bookRepository.findByNaturalId(ids);
```

내부적으로 생성되는 SQL문은 다음과 같다.

```
SELECT
    book_.id AS id1_0_
FROM book book_
WHERE book_.isbn = ? AND book_.sku = ?

SELECT
    book0_.id AS id1_0_0_,
    book0_.isbn AS isbn2_0_0_,
    book0_.price AS price3_0_0_,
    book0_.sku AS sku4_0_0_,
    book0_.title AS title5_0_0_
FROM book book0_
WHERE book0_.id = ?
```

전체 코드는 깃허브[7]에서 확인할 수 있다.

항목 70: 하이버네이트 @NaturalId 사용 및 엔터티 식별자 조회 생략 방법

이 항목을 보기 전에 항목 69를 먼저 확인하자. 항목 69에 제시된 Book 엔터티에 대해 잘 알고 있다고 간주한다.

자연 ID로 엔터티를 가져오려면 2개의 SELECT문이 필요하다. 하나의 SELECT는 주어진 자연 ID와 연관된 엔터티 식별자를 가져오고, 하나의 SELECT는 이 식별

---

7. HibernateSpringBootNaturalIdImpl

자로 엔터티를 가져온다. 두 번째 SELECT문에는 특별한 것이 없고 개발자가 findById()를 호출할 때도 트리거된다. 주어진 식별자와 관련된 엔터티가 영속성 콘텍스트 또는 2차 캐시에 없으면 SELECT는 데이터베이스에서 이를 가져온다. 그러나 첫 번째 SELECT는 자연 ID로 가져온 항목에만 적용되며 엔터티 식별자를 알 수 없을 때마다 이 SELECT가 실행되는 것은 성능 저하를 가져온다.

하이버네이트는 이에 대한 해결 방법을 제공하는데, 해결책은 @NaturalIdCache다. 이 어노테이션은 지정된 엔터티와 연관된 자연 ID 값이 2차 캐시에 캐시돼야 함을 설정하고자 엔터티 레벨에 사용된다(지정된 영역region이 없으면 {entity-name}##NaturalId가 사용됨). @NaturalIdCache 외에 @Cache로 어노테이션을 지정할 수 있다(동시에 두 어노테이션을 포함해야 하는 것은 아니다). 이렇게 하면 엔터티 자체도 캐시된다. 그럼에도 @Cache를 사용하는 경우 캐시 전략 선택에 있어 다음과 같은 주의 사항을 알고 있는 것이 중요하다.

READ_ONLY 캐싱 전략은 변경 불가능한 엔터티에만 적용되는 옵션이다. TRANSACTIONAL 캐싱 전략은 JTA 환경에만 가능하며 동기식 캐싱 메커니즘으로 인해 성능이 저하된다. NONSTRICT_READ_WRITE 캐싱 전략은 read-through 데이터 조회 전략을 활용하는데, 데이터를 2차 캐시로 가져오려면 첫 번째 SELECT가 여전히 필요하다. 마지막으로 READ_WRITE 캐싱 전략은 여기서의 목적을 달성하는 비동기식 write-through 캐시 동시성 전략이다. 자세한 내용은 부록 G에서 확인할 수 있다.

저장 시점에 엔터티 식별자를 알고 있는 경우(예: 직접 할당한 ID, SEQUENCE 및 TABLE 생성자 등을 사용하는 경우) 자연 ID와 별도로 엔터티 자체도 write-through를 통해 캐시된다. 따라서 이 엔터티를 가져오면 데이터베이스를 호출하지 않는다(SQL문이 필요하지 않음). 반면 저장 시점에 엔터티 식별자를 알 수 없다면 엔터티 자체는 write-through를 통해 캐시되지 않는다. IDENTITY 생성자(또는 native 생성자 유형)를 사용하면 지정된 자연 ID와 데이터베이스로부터 반환된 순수 생성된 식별자 값만 캐시된다. 즉, 로딩 시에 이 자연 ID와 연관된 엔터티 식별자를 2차 캐시에서 가져오는 것이다. 그리고 해당 엔터티는 SELECT문을 통해 데이터베이스에서 가져와 read-through 데이터 조회 전략을 통해 2차 캐시에 저장된다. 후속 조회는 데이터베이스를 호출하지 않는다. 아

울러 데이터베이스 생성 ID를 갖는 엔터티를 등록 시 2차 캐시에 저장하는 것은 HHH-7964[8]에 우선순위가 높은 이슈로 공개돼 있다.

@NaturalIdCache 단독으로 사용

Book 엔터티에 @NaturalIdCache만 추가하면 다음 코드와 같다.

```java
@Entity
@NaturalIdCache
public class Book implements Serializable {

    private static final long serialVersionUID = 1L;

    @Id
    @GeneratedValue(strategy = GenerationType.IDENTITY)
    private Long id;

    private String title;
    private int price;

    @NaturalId(mutable = false)
    @Column(nullable = false, updatable = false, unique = true, length = 50)
    private String isbn;

    // 간결함을 위해 코드 생략
}
```

Book이 데이터베이스 생성 ID 1과 isbn 001-AR로 데이터베이스에 저장된다고 생각해보자. 로그 출력에는 현재 트랜잭션에 다음과 같은 일련의 관련 처리가 표시된다.

```
begin
```

---

8. https://hibernate.atlassian.net/browse/HHH-7964

```
Executing identity-insert immediately
insert into book (isbn, price, title) values (?, ?, ?)
Natively generated identity: 1
committing
```

다음과 같이 자연 ID로 엔터티를 가져올 수 있다(처음의 경우).

```
Optional<Book> foundArBook
        = bookRepository.findBySimpleNaturalId("001-AR");
```

자연 ID는 2차 캐시에서 가져오며 관련 로그는 다음과 같다.

```
begin
    Getting cached data from region [`Book##NaturalId` (AccessType[read-
        write])] by key [com.bookstore.entity.Book##NaturalId[001-AR]]
    Cache hit : region = `Book##NaturalId`, key =
        `com.bookstore.entity.Book##NaturalId[001-AR]`
    ...
```

Book 자체는 2차 캐시에 캐시되지 않았기에 데이터베이스에서 다음과 같이 가
져온다.

```
    ...
    select book0_.id as id1_0_0_, book0_.isbn as isbn2_0_0_, book0_.price as
        price3_0_0_, book0_.title as title4_0_0_ from book book0_ where
        book0_.id=?
    Done materializing entity [com.bookstore.entity.Book#1]
committing
```

@NaturalIdCache 및 @Cache 사용

@NaturalIdCache와 @Cache를 Book 엔터티에 추가하면 다음 코드와 같다.

```
@Entity
@NaturalIdCache
@Cache(usage = CacheConcurrencyStrategy.READ_WRITE, region = "Book")
public class Book implements Serializable {

    private static final long serialVersionUID = 1L;

    @Id
    @GeneratedValue(strategy = GenerationType.IDENTITY)
    private Long id;

    private String title;
    private int price;

    @NaturalId(mutable = false)
    @Column(nullable = false, updatable = false, unique = true, length = 50)
    private String isbn;

    // 간결함을 위해 코드 생략
}
```

Book이 데이터베이스 생성 ID 1과 isbn 001-AR로 데이터베이스에 저장된디고 생각해보자. 로그 출력에는 현재 트랜잭션에 다음과 같은 일련의 관련 처리가 표시된다.

```
begin
    Executing identity-insert immediately
    insert into book (isbn, price, title) values (?, ?, ?)
    Natively generated identity: 1
committing
```

다음과 같이 자연 ID로 엔터티를 가져올 수 있다(처음의 경우).

```
Optional<Book> foundArBook
        = bookRepository.findBySimpleNaturalId("001-AR");
```

자연 ID는 2차 캐시에서 가져오며 관련 로그는 다음과 같다.

```
begin
    Getting cached data from region [`Book##NaturalId` (AccessType[read-
        write])] by key [com.bookstore.entity.Book##NaturalId[001-AR]]
    Cache hit : region = `Book##NaturalId`, key =
        `com.bookstore.entity.Book##NaturalId[001-AR]`
    ...
```

다음으로 JPA 영속성 공급자는 Book 엔터티를 가져오려고 시도하지만 아직 2차 캐시에 캐시돼 있지 않다(HHH-7964[9]를 기억하자). 로그 출력은 다음과 같이 명확하다.

```
    ...
    Getting cached data from region [`Book` (AccessType[read-write])]
        by key [com.bookstore.entity.Book#1]
    Cache miss : region = `Book`, key = `com.bookstore.entity.Book#1`
    ...
```

---

9. https://hibernate.atlassian.net/browse/HHH-7964

Book이 2차 캐시에 없기 때문에 데이터베이스에서 Book을 로드해야 한다.

```
...
select book0_.id as id1_0_0_, book0_.isbn as isbn2_0_0_, book0_.price as
    price3_0_0_, book0_.title as title4_0_0_ from book book0_
    where book0_.id=?
...
```

이번에는 Book이 read-through를 통해 캐시되고 다음 로그와 관련 있다.

```
...
Adding entity to second-level cache: [com.bookstore.entity.Book#1]
Caching data from load [region=`Book` (AccessType[read-write])] :
    key[com.bookstore.entity.Book#1] ->
    value[CacheEntry(com.bookstore.entity.Book)]
Done entity load : com.bookstore.entity.Book#1
committing
```

이어지는 조회는 데이터베이스를 호출하지 않으며 자연 ID와 엔터티 모두 2차 캐시에 존재한다.

@NaturalIdCache를 사용하면 자연 ID는 2차 캐시에 캐시된다. 따라서 주어진 자연 ID와 연관된 엔터티의 알 수 없는 식별자를 가져오는 데 필요한 SELECT는 제거된다. READ_WRITE 전략과 함께 @Cache를 추가하면 다음과 같은 2가지 동작이 처리된다.

- IDENTITY(또는 native 생성자 타입)의 경우 엔터티는 read-through를 통해 캐시된다 (HHH-7964를 기억하자).
- 직접 할당된 ID, SEQUENCE 및 TABLE 생성자 등의 경우 엔터티는 write-through를 통해 캐시되며, 이는 분명 선호되는 방법이다.

데이터베이스 시퀀스는 JPA와 하이버네이트 ORM을 사용할 때 가장 좋은 식별자 생성자지만 모든 데이터베이스가 이를 지원하는 것은 아니다(예: PostgreSQL, 오라클, SQL 서버 2012, DB2,

HSQLDB와 같은 데이터베이스는 시퀀스를 지원하지만 MySQL은 지원하지 않음). 대안으로 MySQL의 경우 TABLE 생성자나 write-through보다 IDENTITY 생성자와 read-through을 활용하는 것이 좋다.

전체 코드는 깃허브[10]에서 확인할 수 있다. 이 코드는 MySQL을 사용한다.

항목 71: @NaturalId 칼럼 참조 연관관계 정의 방법

하이버네이트 @NaturalId와 이를 스프링 부트에서 사용하는 방법에 익숙하지 않으면 항목 69와 70을 참고하자.

자연 ID로 email 필드를 사용해 정의하는 다음과 같은 Author 엔터티를 고려해 보자.

```java
@Entity
public class Author implements Serializable {

    private static final long serialVersionUID = 1L;

    @Id
    @GeneratedValue(strategy = GenerationType.IDENTITY)
    private Long id;

    private int age;
    private String name;
    private String genre;

    @NaturalId(mutable = false)
    @Column(nullable = false, updatable = false, unique = true, length = 50)
    private String email;

    // ...
}
```

---

10. HibernateSpringBootNaturalIdCache

이제 Book 엔터티가 Author의 기본키를 참조하지 않는 연관관계를 정의해야 한다고 생각해보자. 좀 더 정확하게는, 이 연관관계는 email 자연 ID를 참조한다. 이를 위해 @JoinColumn과 referencedColumnName 항목을 사용할 수 있는데, 이 항목의 값은 외래키로 사용해야 하는 데이터베이스의 칼럼 이름이다.

```
@Entity
public class Book implements Serializable {

    private static final long serialVersionUID = 1L;

    @Id
    @GeneratedValue(strategy = GenerationType.IDENTITY)
    private Long id;

    private String title;
    private String isbn;

    @ManyToOne(fetch = FetchType.LAZY)
    @JoinColumn(referencedColumnName = "email")
    private Author author;

    // ...
}
```

일반적으로 연관관계는 해당 칼럼이 고유한 값을 포함하는 경우 모든 칼럼(자연 ID 칼럼뿐만 아니라)을 참조할 수 있다.

테스트 확인

그림 7-4와 같은 네이터 스냅숏을 가정해보자.

author

id	age	email	genre	name
1	38	alicia.tom@gmail.com	Anthology	Alicia Tom
2	34	joana.nimar@gmail.com	History	Joana Nimar

book

id	isbn	title	author_email
1	AT-001	Anthology of a day	alicia.tom@gmail.com
2	AT-002	Anthology gaps	alicia.tom@gmail.com
3	JN-001	History of Prague	joana.nimar@gmail.com

그림 7-4. 데이터 스냅숏

외래키이며 author.email 칼럼을 참조하는 book.author_email 칼럼에 주목하
자. 다음과 같은 서비스 메서드로 제목별 도서를 가져오고 getAuthor()를 호출
해 저자를 지연 방식으로 가져온다.

```
@Transactional(readOnly = true)
public void fetchBookWithAuthor() {

    Book book = bookRepository.findByTitle("Anthology gaps");
    Author author = book.getAuthor();

    System.out.println(book);
    System.out.println(author);
}
```

저자를 가져오고자 트리거되는 SELECT는 다음과 같다.

```
SELECT
    author0_.id AS id1_0_0_,
    author0_.age AS age2_0_0_,
    author0_.email AS email3_0_0_,
    author0_.genre AS genre4_0_0_,
    author0_.name AS name5_0_0_
FROM author author0_
WHERE author0_.email = ?
```

전체 코드는 깃허브[11]에서 확인할 수 있다.

항목 72: 자동 생성 키를 얻는 방법

키 생성을 데이터베이스 시스템에 위임하는 다음과 같은 Author 엔터티를 생각해보자.

```java
@Entity
public class Author implements Serializable {

    private static final long serialVersionUID = 1L;

    @Id
    @GeneratedValue(strategy = GenerationType.IDENTITY)
    private Long id;

    private int age;
    private String name;
    private String genre;

    // ...
}
```

이제 getId(), JdbcTemplate, SimpleJdbcInsert를 통해 데이터베이스 생성 기본 키를 가져오는 방법을 살펴보자.

getId()를 통한 자동 생성 키 가져오기

JPA 스타일에서는 다음 예제와 같이 getId()를 통해 자동 생성 키를 조회할 수 있다.

---

11. HibernateSpringBootReferenceNaturalId

```
public void insertAuthorGetAutoGeneratedKeyViaGetId() {

    Author author = new Author();

    author.setAge(38);
    author.setName("Alicia Tom");
    author.setGenre("Anthology");

    authorRepository.save(author);

    long pk = author.getId();
    System.out.println("Auto generated key: " + pk);
}
```

JdbcTemplate을 통한 자동 생성 키 가져오기

JdbcTemplate을 사용해 update() 메서드로 자동 생성된 키를 조회할 수 있으며, 이 메서드는 여러 형태가 제공되지만 여기에서 필요한 시그니처^{signature}는 다음과 같다.

```
public int update(PreparedStatementCreator psc,
        KeyHolder generatedKeyHolder) throws DataAccessException
```

PreparedStatementCreator는 java.sql.Connection 인스턴스를 취하고 java.sql.PreparedStatement 객체를 반환하는 함수형 인터페이스^{functional interface}[12]다. KeyHolder 객체는 update() 메서드로 반환된 자동 생성 키를 포함하고 있으며, 코드는 다음과 같다.

```
@Repository
```

---

12. 하나의 추상 메서드만을 갖는 인터페이스로 보통 @FunctionalInterface 어노테이션을 지정해 함수형 인터페이스임을 나타낸다. — 옮긴이

```java
public class JdbcTemplateDao implements AuthorDao {

    private static final String SQL_INSERT
            = "INSERT INTO author (age, name, genre) VALUES (?, ?, ?);";

    private final JdbcTemplate jdbcTemplate;

    public JdbcTemplateDao(JdbcTemplate jdbcTemplate) {
        this.jdbcTemplate = jdbcTemplate;
    }

    @Override
    @Transactional
    public long insertAuthor(int age, String name, String genre) {

        KeyHolder keyHolder = new GeneratedKeyHolder();

        jdbcTemplate.update(connection -> {
            PreparedStatement ps = connection
                .prepareStatement(SQL_INSERT, Statement.RETURN_GENERATED_KEYS);
            ps.setInt(1, age);
            ps.setString(2, name);
            ps.setString(3, genre);

            return ps;
        }, keyHolder);

        return keyHolder.getKey().longValue();
    }
}
```

이 예제에서 PreparedStatement는 Statement.RETURN_GENERATED_KEYS를 통해 자동 생성된 키를 반환하도록 설정된다. 또는 다음과 같은 방법으로 동일한 작업을 처리할 수 있다.

```java
// 다른 방법 1
PreparedStatement ps = connection
        .prepareStatement(SQL_INSERT, new String[]{"id"});
```

```
// 다른 방법 2
PreparedStatement ps = connection
        .prepareStatement(SQL_INSERT, new int[] {1});
```

SimpleJdbcInsert를 통한 자동 생성 키 가져오기

최종적으로 SimpleJdbcInsert.executeAndReturnKey() 메서드를 호출해 author 테이블에 새 레코드를 등록하고 자동 생성된 키를 다시 가져올 수 있다.

```
@Repository
public class SimpleJdbcInsertDao implements AuthorDao {

    private final SimpleJdbcInsert simpleJdbcInsert;

    public SimpleJdbcInsertDao(DataSource dataSource) {

        this.simpleJdbcInsert = new SimpleJdbcInsert(dataSource)
                .withTableName("author").usingGeneratedKeyColumns("id");
    }

    @Override
    @Transactional
    public long insertAuthor(int age, String name, String genre) {

        return simpleJdbcInsert.executeAndReturnKey(
            Map.of("age", age, "name", name, "genre", genre)).longValue();
    }
}
```

전체 애플리케이션은 깃허브[13]에서 확인할 수 있다.

---

13. HibernateSpringBootReturnGeneratedKeys

항목 73: 커스텀 시퀀스 ID를 생성하는 방법

항목 66과 67에서 hi/lo 알고리듬과 최적화에 대해 자세히 살펴봤다. 이제 애플리케이션에 커스텀 시퀀스 기반 ID가 필요하다고 생각해보자. 예를 들어 A-0000000001, A-0000000002, A-0000000003, ... 유형의 ID다. 이 경우 다음과 같이 하이버네이트의 SequenceStyleGenerator를 확장하고 generate()와 configure() 메서드를 오버라이드해 이런 종류의 ID(또는 기타 커스텀 형식 패턴)를 생성할 수 있다.

```java
public class CustomSequenceIdGenerator extends SequenceStyleGenerator {

    public static final String PREFIX_PARAM = "prefix";
    public static final String PREFIX_DEFAULT_PARAM = "";
    private String prefix;

    public static final String NUMBER_FORMAT_PARAM = "numberFormat";
    public static final String NUMBER_FORMAT_DEFAULT_PARAM = "%d";
    private String numberFormat;

    @Override
    public Serializable generate(SharedSessionContractImplementor session,
            Object object) throws HibernateException {
        return prefix + String.format(numberFormat, super.generate(session,
                object));
    }

    @Override
    public void configure(Type type, Properties params,
            ServiceRegistry serviceRegistry) throws MappingException {

        super.configure(LongType.INSTANCE, params, serviceRegistry);

        prefix = ConfigurationHelper.getString(
            PREFIX_PARAM, params, PREFIX_DEFAULT_PARAM);
        numberFormat = ConfigurationHelper.getString(
            NUMBER_FORMAT_PARAM, params, NUMBER_FORMAT_DEFAULT_PARAM);
    }
}
```

이름에서 알 수 있듯 generate() 메서드를 호출해 ID를 생성한다. 구현에는 super.generator()를 통해 시퀀스 다음 값을 가져오고 추출된 값을 사용해 커스텀 ID를 생성하는 두 단계가 있다.

CustomSequenceIdGeneator 생성 시 configure() 메서드가 호출된다. 이 구현에는 시퀀스가 Long 값으로 생성되기에 Type을 LongType으로 설정한 후 다음과 같이 지정된 생성자 파라미터를 처리하는 두 단계가 있다.

```
@Id
@GeneratedValue(strategy = GenerationType.SEQUENCE,
    generator = "hilopooledlo")
@GenericGenerator(name = "hilopooledlo",
    strategy = "com.bookstore.generator.id.CustomSequenceIdGenerator",
    parameters = {
        @Parameter(name = CustomSequenceIdGenerator.SEQUENCE_PARAM,
                value = "hilo_sequence"),
        @Parameter(name = CustomSequenceIdGenerator.INITIAL_PARAM,
                value = "1"),
        @Parameter(name = CustomSequenceIdGenerator.OPT_PARAM,
                value = "pooled-lo"),
        @Parameter(name = CustomSequenceIdGenerator.INCREMENT_PARAM,
                value = "100"),
        @Parameter(name = CustomSequenceIdGenerator.PREFIX_PARAM,
                value = "A-"),
        @Parameter(name = CustomSequenceIdGenerator.NUMBER_FORMAT_PARAM,
                value = "%010d")
    }
)
private String id;
```

이 예제를 기반으로 여러 종류의 커스텀 시퀀스 기반 ID를 구현할 수 있다. 전체 애플리케이션은 깃허브[14]에서 확인할 수 있다.

---

14. HibernateSpringBootCustomSequenceGenerator

항목 74: 복합 기본키를 효율적으로 구현하는 방법

복합^{composite} 기본키는 지정된 테이블의 기본키로 함께 사용되는 2개 이상의 칼럼으로 구성된다.

단순 기본키와 복합 기본키에 대한 몇 가지 문제를 간단하게 살펴보자.

- 일반적으로 기본키(및 외래키)에는 기본 인덱스(index)를 갖지만 다른 인덱스도 만들 수 있다.
- 작은 기본키(예: 숫자 키)는 작은 인덱스를 생성하고, 큰 기본키(예: 복합 또는 UUID 키)는 큰 인덱스를 생성한다. 따라서 기본키를 작게 유지하는 것이 좋은데, 성능 관점(요구되는 공간 및 인덱스 사용)에서 숫자 기본키가 최선의 선택이다.
- 복합 기본키는 큰 인덱스를 생성하고 느리기 때문에(JOIN문을 생각해보자) 피해야 한다. 또는 다중 칼럼 인덱스도 더 큰 메모리 공간을 가지므로 관련 칼럼 수를 가능한 한 최소화해야 한다.
- 기본키는 JOIN문에서도 사용되므로 기본키를 작게 유지해야 하는 또 다른 이유가 된다.
- 기본키는 작아야 하지만 여전히 고유해야 한다. 이는 숫자 기본키가 충돌(conflict)되기 쉬운 클러스터 환경에서 문제가 될 수 있다. 클러스터 환경에서 충돌을 피하고자 대부분 관계형 데이터베이스는 숫자 시퀀스에 의존한다. 즉, 클러스터의 각 노드에는 식별자를 생성하는 데 사용되는 자체 오프셋(offset)을 갖고 있다. UUID 기본키를 사용하는 것은 더 좋지는 않지만 대안이 될 수 있다. UUID는 순차성이 없고 메모리 공간도 더 크기 때문에 클러스터된 인덱스에서 성능이 저하된다(자세한 내용은 이 항목의 마지막 절을 확인하자).
- 테이블 간 기본키를 공유하면 더 적은 수의 인덱스를 사용하고 외래키 칼럼을 사용하지 않아 메모리 사용량을 줄일 수 있다(@MapsId, **항목 11** 참고). 따라서 공유 기본키를 사용하자.

세 번째 항목에서 설명된 부분처럼 복합키는 그다지 효율적이지 않으므로 피해야 한다. 피할 수 없다면 올바르게 구현돼야 하는데, 다음과 같은 4가지 규칙을 준수해야 한다.

- 복합키 클래스는 public이어야 한다.
- 복합키 클래스는 Serializable을 구현해야 한다.
- 복합키는 equals()와 hashCode()가 정의돼야 한다.

- 복합키는 인자 없는 생성자를 가져야 한다.

이제 Author와 Book이 지연 양방향 @OneToMany 연관관계를 갖는 두 엔터티라고 가정해보자. Author 식별자는 name과 age 칼럼으로 구성된 복합 식별자이고, Book 엔터티는 이 복합키를 사용해 Author 엔터티를 참조한다. Book 식별자는 일반적인 데이터베이스 생성 숫자 식별자다.

Author의 복합 기본키를 정의하고자 @Embeddable - @EmbeddedId 조합 또는 @IdClass JPA 어노테이션을 사용할 수 있다.

@Embeddable 및 @EmbeddedId를 사용한 복합키

첫 번째 단계는 별도 클래스로 복합키 칼럼을 분리하고 @Embeddable 어노테이션을 지정하는 것으로 시작한다. 여기서는 다음과 같이 AuthorId라는 클래스에 name과 age 칼럼을 분리한다.

```
@Embeddable
public class AuthorId implements Serializable {

    private static final long serialVersionUID = 1L;

    @Column(name = "name")
    private String name;

    @Column(name = "age")
    private int age;

    public AuthorId() {
    }

    public AuthorId(String name, int age) {
        this.name = name;
        this.age = age;
    }

    public String getName() {
```

```java
        return name;
    }

    public int getAge() {
        return age;
    }

    @Override
    public int hashCode() {

        int hash = 3;
        hash = 23 * hash + Objects.hashCode(this.name);
        hash = 23 * hash + this.age;
        return hash;

    }

    @Override
    public boolean equals(Object obj) {

        if (obj == null) {
            return false;
        }

        if (this == obj) {
            return true;
        }

        if (getClass() != obj.getClass()) {
            return false;
        }

        final AuthorId other = (AuthorId) obj;
        if (this.age != other.age) {
            return false;
        }

        if (!Objects.equals(this.name, other.name)) {
            return false;
        }

        return true;
```

```
    }

    @Override
    public String toString() {
        return "AuthorId{" + "name=" + name + ", age=" + age + '}';
    }
}
```

AuthorId는 Author 엔터티의 복합 기본키가 되는데, 코드에서 이는 다음과 같이
@EmbeddedId 어노테이션이 지정된 AuthorId 타입의 필드를 추가하는 것이다.

```
@Entity
public class Author implements Serializable {

    private static final long serialVersionUID = 1L;

    @EmbeddedId
    private AuthorId id;

    private String genre;

    @OneToMany(cascade = CascadeType.ALL,
                mappedBy = "author", orphanRemoval = true)
    private List<Book> books = new ArrayList<>();

    public void addBook(Book book) {
        this.books.add(book);
        book.setAuthor(this);
    }

    public void removeBook(Book book) {
        book.setAuthor(null);
        this.books.remove(book);
    }

    public void removeBooks() {

        Iterator<Book> iterator = this.books.iterator();
```

```
        while (iterator.hasNext()) {
            Book book = iterator.next();
            book.setAuthor(null);
            iterator.remove();
        }
    }

    public AuthorId getId() {
        return id;
    }

    public void setId(AuthorId id) {
        this.id = id;
    }

    public String getGenre() {
        return genre;
    }

    public void setGenre(String genre) {
        this.genre = genre;
    }

    public List<Book> getBooks() {
        return books;
    }

    public void setBooks(List<Book> books) {
        this.books = books;
    }

    @Override
    public String toString() {
        return "Author{" + "id=" + id + ", genre=" + genre + '}';
    }
}
```

Book 엔터티는 AuthorId 복합키를 사용해 Author를 참조한다. 이를 위해

@ManyToOne 매핑은 다음과 같이 복합키 일부인 두 칼럼을 사용한다.

```java
@Entity
public class Book implements Serializable {

    private static final long serialVersionUID = 1L;

    @Id
    @GeneratedValue(strategy = GenerationType.IDENTITY)
    private Long id;

    private String title;
    private String isbn;

    @ManyToOne(fetch = FetchType.LAZY)
    @JoinColumns({
        @JoinColumn(
            name = "name",
            referencedColumnName = "name"),
        @JoinColumn(
            name = "age",
            referencedColumnName = "age")
    })
    private Author author;

    public Long getId() {
        return id;
    }

    public void setId(Long id) {
        this.id = id;
    }

    public String getTitle() {
        return title;
    }

    public void setTitle(String title) {
        this.title = title;
```

```java
    }

    public String getIsbn() {
        return isbn;
    }

    public void setIsbn(String isbn) {
        this.isbn = isbn;
    }

    public Author getAuthor() {
        return author;
    }

    public void setAuthor(Author author) {
        this.author = author;
    }

    @Override
    public boolean equals(Object obj) {

        if (obj == null) {
            return false;
        }

        if (this == obj) {
            return true;
        }

        if (getClass() != obj.getClass()) {
            return false;
        }

        return id != null && id.equals(((Book) obj).id);
    }

    @Override
    public int hashCode() {
        return 2021;
    }
```

```
    @Override
    public String toString() {
        return "Book{" + "id=" + id + ", title=" + title + ",
                isbn=" + isbn + '}';
    }
}
```

테스트 확인

Author 엔터티 처리와 관련된 몇 가지 일반적인 작업을 생각해보고, 트리거된 SQL문을 살펴보자.

Author 및 3권의 Book 저장

첫 번째로 3권의 도서를 갖는 저자를 저장한다. 저자의 기본키를 생성하고자 AuthorId를 인스턴스화하는 방법에 주목하자.

```
@Transactional
public void addAuthorWithBooks() {

    Author author = new Author();
    author.setId(new AuthorId("Alicia Tom", 38));
    author.setGenre("Anthology");

    Book book1 = new Book();
    book1.setIsbn("001-AT");
    book1.setTitle("The book of swords");

    Book book2 = new Book();
    book2.setIsbn("002-AT");
    book2.setTitle("Anthology of a day");

    Book book3 = new Book();
    book3.setIsbn("003-AT");
```

```
        book3.setTitle("Anthology today");

        author.addBook(book1);
        author.addBook(book2);
        author.addBook(book3);

        authorRepository.save(author);
    }
```

addAuthorWithBooks()를 호출하면 다음과 같은 SQL문이 트리거된다.

```
SELECT
    author0_.age AS age1_0_1_,
    author0_.name AS name2_0_1_,
    author0_.genre AS genre3_0_1_,
    books1_.age AS age4_1_3_,
    books1_.name AS name5_1_3_,
    books1_.id AS id1_1_3_,
    books1_.id AS id1_1_0_,
    books1_.age AS age4_1_0_,
    books1_.name AS name5_1_0_,
    books1_.isbn AS isbn2_1_0_,
    books1_.title AS title3_1_0_
FROM author author0_
LEFT OUTER JOIN book books1_
    ON author0_.age = books1_.age
    AND author0_.name = books1_.name
WHERE author0_.age = ?
AND author0_.name = ?

INSERT INTO author (genre, age, name)
    VALUES (?, ?, ?)

INSERT INTO book (age, name, isbn, title)
    VALUES (?, ?, ?, ?)
```

```
INSERT INTO book (age, name, isbn, title)
    VALUES (?, ?, ?, ?)

INSERT INTO book (age, name, isbn, title)
    VALUES (?, ?, ?, ?)
```

단순 기본키의 경우와 동일하게 발생한다. 이것은 명시적으로 할당된 기본키이
므로 하이버네이트는 데이터베이스에 이 ID를 갖는 다른 레코드가 없는지 확인
하는 SELECT를 실행한다. 그런 후에 문제가 없으면 하이버네이트는 적절한
INSERT문을 트리거하는데, 하나는 author 테이블에 대한 것이고 3개는 book 테
이블에 대한 것이다.

이름으로 Author 찾기

여기서 name 칼럼은 복합 기본키의 일부지만 쿼리에서도 사용할 수 있다. 다음
쿼리는 이름으로 저자를 찾는데, id를 통한 name 칼럼을 참조하는 방법에 주목
하자.

```
@Query("SELECT a FROM Author a WHERE a.id.name = ?1")
Author fetchByName(String name);
```

fetchByName()을 호출하는 서비스 메서드는 다음과 같이 작성할 수 있다.

```
@Transactional(readOnly = true)
public void fetchAuthorByName() {

    Author author = authorRepository.fetchByName("Alicia Tom");

    System.out.println(author);
}
```

fetchByName()을 호출하면 다음 SELECT문이 실행된다.

```
SELECT
    author0_.age AS age1_0_,
    author0_.name AS name2_0_,
    author0_.genre AS genre3_0_
FROM author author0_
WHERE author0_.name = ?
```

단순 기본키의 경우와 동일하게 처리된다. 저자를 name으로 가져오려면 하나의
SELECT가 필요하다. 마찬가지로 복합키의 일부인 다른 칼럼인 age별로 저자를
가져올 수 있다.

Author의 Book 삭제

다음과 같은 JOIN FETCH 쿼리로 저자와 관련 도서를 로드했다고 가정해보자.

```
@Query("SELECT a FROM Author a "
        + "JOIN FETCH a.books WHERE a.id = ?1")
Author fetchWithBooks(AuthorId id);
```

이제 다음과 같은 서비스 메서드를 통해 첫 번째 도서를 제거해보자.

```
@Transactional
public void removeBookOfAuthor() {

    Author author = authorRepository.fetchWithBooks(
            new AuthorId("Alicia Tom", 38));
    author.removeBook(author.getBooks().get(0));
}
```

removeBookOfAuthor()를 호출하면 다음과 같은 SQL문이 실행된다.

```
SELECT
    author0_.age AS age1_0_0_,
    author0_.name AS name2_0_0_,
    books1_.id AS id1_1_1_,
    author0_.genre AS genre3_0_0_,
    books1_.age AS age4_1_1_,
    books1_.name AS name5_1_1_,
    books1_.isbn AS isbn2_1_1_,
    books1_.title AS title3_1_1_,
    books1_.age AS age4_1_0__,
    books1_.name AS name5_1_0__,
    books1_.id AS id1_1_0__
FROM author author0_
INNER JOIN book books1_
    ON author0_.age = books1_.age
    AND author0_.name = books1_.name
WHERE (author0_.age, author0_.name)=(?, ?)

DELETE FROM book WHERE id = ?
```

단순 기본키의 경우와 동일하게 발생한다. SELECT문의 WHERE 절을 주목해보자. WHERE a.id = ?1은 WHERE (author0_.age, author0_.name)=(?, ?)로 변경됐다.

Author 삭제

다음과 같이 저자를 삭제하면 연관된 도서에도 삭제가 전이된다.

```
@Transactional
public void removeAuthor() {
    authorRepository.deleteById(new AuthorId("Alicia Tom", 38));
}
```

트리거된 SQL문은 다음과 같다.

```sql
SELECT
    author0_.age AS age1_0_0_,
    author0_.name AS name2_0_0_,
    author0_.genre AS genre3_0_0_
FROM author author0_
WHERE author0_.age = ? AND author0_.name = ?

SELECT
    books0_.age AS age4_1_0_,
    books0_.name AS name5_1_0_,
    books0_.id AS id1_1_0_,
    books0_.id AS id1_1_1_,
    books0_.age AS age4_1_1_,
    books0_.name AS name5_1_1_,
    books0_.isbn AS isbn2_1_1_,
    books0_.title AS title3_1_1_
FROM book books0_ WHERE books0_.age = ? AND books0_.name = ?

-- 아래 DELETE는 연관된 book마다 트리거됨
DELETE FROM book WHERE id = ?

DELETE FROM author
WHERE age = ? AND name = ?
```

단순 기본키의 경우와 동일한 처리가 발생한다. 삭제할 데이터가 영속성 콘텍스트에 없기 때문에 하이버네이트는 2개의 **SELECT**문(저자에 대한 하나의 SELECT와 연관된 도서에 대한 하나)을 통해 데이터를 로드한다. 다음으로 하이버네이트는 삭제를 처리한다. 분명 현재 콘텍스트에서 deleteById()를 사용하는 것은 효율적이지 않으므로 삭제 최적화를 하려면 항목 6을 참고하자. 전체 애플리케이션은 깃허브[15]에서 확인할 수 있다.

---

15. HibernateSpringBootCompositeKeyEmbeddable

@IdClass를 사용한 복합키

@Embeddable을 사용하는 것은 매우 간단하지만 항상 가능한 것은 아니다. 복합키로 사용돼야 할 클래스를 수정할 수 없어 @Embeddable을 추가할 수 없는 경우를 생각해보자. 다행히 이런 경우 @IdClass라는 어노테이션을 활용할 수 있다. 이 어노테이션은 복합키를 @IdClass(name_of_the_composite_key_class)로 사용해 엔터티에 클래스 레벨에 적용된다. 따라서 AuthorId가 Author 엔터티의 복합키인 경우 @IdClass는 다음과 같이 사용된다.

```java
@Entity
@IdClass(AuthorId.class)
public class Author implements Serializable {

    private static final long serialVersionUID = 1L;

    @Id
    private String name;
    @Id
    private int age;

    private String genre;

    @OneToMany(cascade = CascadeType.ALL,
            mappedBy = "author", orphanRemoval = true)
    private List<Book> books = new ArrayList<>();

    // ...
}
```

@IdClass 외에 복합키 칼럼에 @Id 어노테이션이 추가된 것을 확인하자. 이는 @EmbeddedId 대신 필요하다.

이게 전부다. 나머지 코드는 테스트 결과를 포함해 @Embeddable 경우와 동일하며, 전체 애플리케이션은 깃허브[16]에서 확인할 수 있다.

---

16. HibernateSpringBootCompositeKeyIdClass

UUID는 어떨까?

가장 일반적으로 사용되는 가상(synthetic) 식별자(또는 대리(surrogate) 식별자)[17]는 숫자 또는
UUID(Universally Unique Identifier)이며, 자연키와 비교해 대리 식별자는 현실에서 의미가 없거
나 적절한 대상이 없다. 이 대리 식별자는 숫자 시퀀스 생성자(Numerical Sequence Generator)
(예: identity 또는 sequence) 또는 의사 난수 생성자(Pseudorandom Number Generator)(예:
GUID 및 UUID)에 의해 생성될 수 있다.

일반적으로 UUID[18] 대리 식별자는 대리 숫자 기본키가 충돌되기 쉬운 클러스터
환경에서 논의된다. UUID 기본키는 이런 환경에서 충돌 가능성이 적고 복제
_{replication}가 단순하다. 예를 들어 MySQL의 경우 UUID가 AUTO_INCREMENT 기본키 대
안으로 사용되고 PostgreSQL에서는 (BIG)SERIAL의 대안으로 사용된다.

클러스터 환경에서 대부분 관계형 데이터베이스는 충돌 위험을 피하고자 숫자 시퀀스와 노드마다
서로 다른 오프셋에 의존한다. UUID보다 적은 메모리가 필요하고(UUID는 16바이트가 필요한 반
면 BIGINT는 8바이트 및 INTEGER는 4바이트가 필요함) 인덱스 사용이 더 효율적이기 때문에
UUID 대신 숫자 시퀀스를 사용하자. 더욱이 UUID는 순차적이지 않기 때문에 클러스터 인덱스 레
벨에서 성능이 저하된다. 좀 더 정확히는 UUID가 임의적이기 때문에 발생하는 인덱스 조각(index
fragmentation)으로 알려진 문제에 대해 논의한다. 일부 데이터베이스(예: MySQL 8.0)는 UUID
성능 페널티(3가지 새로운 기능: UUID_TO_BIN, BIN_TO_UUID, IS_UUID)를 완화하는 데 있어 상당
한 개선을 제공하지만 다른 데이터베이스는 여전히 성능 문제가 발생하기 쉽다. 릭 제임스(Rick
James)가 강조한 것처럼 "UUID를 피할 수 없는 경우(첫 번째 권장 사항)..." 주요 문제와 잠재적
해결책에 대한 깊은 이해를 위해 그의 기사[19]를 읽어보기를 추천한다.

이제 UUID를 사용해야 한다고 가정하고 가장 좋은 방법을 살펴보자.

---

17. 각각 가상키, 대리키를 나타내며 식별자가 너무 길거나 여러 속성으로 구성된 경우에 인위적으로 사용되는 키를 나타낸다.
 인공키(artificial key)라고도 하며 반대의 경우는 자연키라고 한다. — 옮긴이
18. https://www.ietf.org/rfc/rfc4122.txt
19. http://mysql.rjweb.org/doc.php/uuid

GenerationType.AUTO를 통한 UUID 생성

JPA를 사용하는 경우 다음 예제와 같이 GenerationType.AUTO를 통해 UUID를 자동으로 할당할 수 있다.

```java
import java.util.UUID;
// ...

@Entity
public class Author implements Serializable {

    private static final long serialVersionUID = 1L;

    @Id
    @GeneratedValue(strategy = GenerationType.AUTO)
    private UUID id;

    // ...

    public UUID getId() {
        return id;
    }

    public void setId(UUID id) {
        this.id = id;
    }

    //...
}
```

다음과 같은 서비스 메서드를 통해 저자를 쉽게 등록할 수 있다(authorRepository는 Author 엔터티에 대한 일반적인 스프링 리포지터리다).

```java
public void insertAuthor() {

    Author author = new Author();
    author.setName("Joana Nimar");
```

```
        author.setGenre("History");
        author.setAge(34);

        authorRepository.save(author);
    }
```

insertAuthor()를 호출하면 다음과 같은 INSERT문이 따르다(강조된 UUID에 주목).

```
    INSERT INTO author (age, genre, name, id)
        VALUES (?, ?, ?, ?)
    Binding:[34, History, Joana Nimar, 3636f5d5-2528-4a17-9a90-758aa416da18]
```

기본적으로 MySQL 8은 java.util.UUID 식별자를 BINARY(255) 칼럼 타입으로 매핑하는데, 이는 너무 크고 BINARY(16) 정도가 바람직하다. 따라서 스키마가 적정히 조정돼야 한다. JPA 어노테이션을 통해(프로덕션 환경에서는 권장되지 않음) 다음과 같이 columnDefinition을 사용할 수 있다.

```
    @Id
    @GeneratedValue(strategy = GenerationType.AUTO)
    @Column(columnDefinition = "BINARY(16)")
    private UUID id;
```

일반적으로 얘기하자면 데이터베이스에 UUID 전용 타입이 없으면 BINARY(16)을 사용하자. 오라클의 경우 RAW(16)을 사용하고, PostgreSQL과 SQL 서버에는 UUID 전용 데이터 타입이 있다.

GenerationType.AUTO와 UUID는 등록 배치 처리에도 잘 작동한다.

전체 애플리케이션은 깃허브[20]에서 확인할 수 있다.

---

20. HibernateSpringBootAutoUUID

직접 할당되는 UUID

@GeneratedValue를 생략해 UUID를 다음과 같이 직접 할당할 수 있다.

```java
import java.util.UUID;
// ...

@Entity
public class Author implements Serializable {

    private static final long serialVersionUID = 1L;

    @Id
    @Column(columnDefinition = "BINARY(16)")
    private UUID id;

    // ...

    public UUID getId() {
        return id;
    }

    public void setId(UUID id) {
        this.id = id;
    }

    // ...
}
```

이후 UUID를 수동으로 직접 할당한다. 예를 들어 UUID#randomUUID() 메서드로 처리한다.

```java
public void insertAuthor() {

    Author author = new Author();
    author.setId(UUID.randomUUID());
    author.setName("Joana Nimar");
    author.setGenre("History");
```

```
        author.setAge(34);

        authorRepository.save(author);
    }
```

insertAuthor()를 호출하면 다음 INSERT문이 따른다(강조된 UUID에 주목).

```
INSERT INTO author (age, genre, name, id)
    VALUES (?, ?, ?, ?)
Binding:[34, History, Joana Nimar, 24de5cbe-a542-432e-9e08-b77964dbf0d0]
```

전체 애플리케이션은 깃허브[21]에서 확인할 수 있다.

하이버네이트 uuid2

하이버네이트는 추가로 다음과 같이 UUID 식별자를 생성할 수 있다.

```
import java.util.UUID;
// ...

@Entity
public class Author implements Serializable {

    private static final long serialVersionUID = 1L;

    @Id
    @Column(columnDefinition = "BINARY(16)")
    @GeneratedValue(generator = "uuid2")
    @GenericGenerator(name = "uuid2", strategy = "uuid2")
    private UUID id;

    // ...
```

---

21. HibernateSpringBootAssignedUUID

```
public UUID getId() {
    return id;
}

public void setId(UUID id) {
    this.id = id;
}

// ...
}
```

하이버네이트의 uuid2 생성자는 RFC 4122[22] 표준을 준수하며 `java.util.UUID`, `byte[]`, String의 자바 타입과 함께 작동한다. 하이버네이트 ORM에는 uuid라는 RFC 4122 비준수 UUID 생성자도 있지만 이 레거시 UUID 생성자는 사용을 피해야 한다.

전체 애플리케이션은 깃허브[23]에서 확인할 수 있다.

항목 75: 복합키에서 관계를 정의하는 방법

복합 기본키에 대해 익숙하지 않은 경우 항목 74를 먼저 읽어보는 것이 좋다. 여기서 양방향 지연 @OneToMany 연관관계를 갖는 Author와 Book 엔터티를 생각해보자. Author는 출판사(Publisher)와 저자 이름으로 구성된 복합키를 갖는다. 저자의 이름은 String이지만 출판사는 실제로 엔터티이며 더 많은 저자가 같은 출판사를 갖는다. Publisher 엔터티는 출판사 이름과 URC[Unique Registration Code]를 매핑한다.

```
@Entity
```

---

22. https://www.ietf.org/rfc/rfc4122.txt
23. HibernateSpringBootUUID2

```java
public class Publisher implements Serializable {

    private static final long serialVersionUID = 1L;

    @Id
    @GeneratedValue(strategy = GenerationType.IDENTITY)
    private Long id;

    private int urc;
    private String name;

    public Long getId() {
        return id;
    }

    public void setId(Long id) {
        this.id = id;
    }

    public int getUrc() {
        return urc;
    }

    public void setUrc(int urc) {
        this.urc = urc;
    }

    public String getName() {
        return name;
    }

    public void setName(String name) {
        this.name = name;
    }

    @Override
    public int hashCode() {
        int hash = 3;
        hash = 79 * hash + this.urc;
        hash = 79 * hash + Objects.hashCode(this.name);
        return hash;
```

```
        }

        @Override
        public boolean equals(Object obj) {

            if (obj == null) {
                return false;
            }

            if (this == obj) {
                return true;
            }

            if (getClass() != obj.getClass()) {
                return false;
            }

            final Publisher other = (Publisher) obj;
            if (this.urc != other.urc) {
                return false;
            }

            if (!Objects.equals(this.name, other.name)) {
                return false;
            }

            return true;
        }

        @Override
        public String toString() {
            return "Publisher{" + "id=" + id + ", urc=" + urc + ",
                    name=" + name + '}';
        }
    }
```

저자의 기본키에는 Publisher를 포함하므로 복합 기본키 클래스는 다음과 같이 @ManyToOne 관계를 정의해야 한다.

```java
@Embeddable
public class AuthorId implements Serializable {

    private static final long serialVersionUID = 1L;

    @ManyToOne
    @JoinColumn(name = "publisher")
    private Publisher publisher;

    @Column(name = "name")
    private String name;

    public AuthorId() {
    }

    public AuthorId(Publisher publisher, String name) {
        this.publisher = publisher;
        this.name = name;
    }

    public Publisher getPublisher() {
        return publisher;
    }

    public String getName() {
        return name;
    }

    @Override
    public int hashCode() {
        int hash = 7;
        hash = 97 * hash + Objects.hashCode(this.publisher);
        hash = 97 * hash + Objects.hashCode(this.name);
        return hash;
    }

    @Override
    public boolean equals(Object obj) {

        if (obj == null) {
            return false;
```

```
        }
        if (this == obj) {
            return true;
        }
        if (getClass() != obj.getClass()) {
            return false;
        }
        final AuthorId other = (AuthorId) obj;
        if (!Objects.equals(this.name, other.name)) {
            return false;
        }
        if (!Objects.equals(this.publisher, other.publisher)) {
            return false;
        }
        return true;
    }
    @Override
    public String toString() {
        return "AuthorId{ " + "publisher=" + publisher + ",
                name=" + name + '}';
    }
}
```

다음으로 Author 엔터티는 '@Embeddable 및 @EmbeddId를 통한 복합키' 절에서와 같은 방식으로 AuthorId 클래스를 식별자로 사용한다.

```
@Entity
public class Author implements Serializable {
    private static final long serialVersionUID = 1L;

    @EmbeddedId
```

```
    private AuthorId id;

    private String genre;

    @OneToMany(cascade = CascadeType.ALL,
            mappedBy = "author", orphanRemoval = true)
    private List<Book> books = new ArrayList<>();

    // ...
}
```

마지막으로 Book 엔터티는 Author 식별자를 다음과 같이 참조한다.

```
@Entity
public class Book implements Serializable {

    private static final long serialVersionUID = 1L;

    @Id
    @GeneratedValue(strategy = GenerationType.IDENTITY)
    private Long id;

    private String title;
    private String isbn;

    @ManyToOne(fetch = FetchType.LAZY)
    @JoinColumns({
        @JoinColumn(
            name = "publisher",
            referencedColumnName = "publisher"),
        @JoinColumn(
            name = "name",
            referencedColumnName = "name")
    })
    private Author author;

    // ...
}
```

테스트 확인

이 절에서는 Author 엔터티 처리와 관련된 몇 가지 일반적인 작업을 고려하며 트리거된 SQL문을 살펴보자.

Publisher 저장

Author에 대한 복합키를 정의하려면 하나 이상의 Publisher가 필요하므로 다음과 같이 하나를 저장하자.

```
@Transactional
public void addPublisher() {

    Publisher publisher = new Publisher();
    publisher.setName("GreatBooks Ltd");
    publisher.setUrc(92284434);

    publisherRepository.save(publisher);
}
```

이 메서드는 다음과 같은 간단한 INSERT를 생성한다.

```
INSERT INTO publisher (name, urc)
    VALUES (?, ?)
```

2명의 Author 저장

이제 기존에 저장된 출판사를 사용해 다음과 같이 두 저자의 복합키를 정의해 보자.

```
@Transactional
```

```
public void addAuthorsWithBooks() {

    Publisher publisher = publisherRepository.findByUrc(92284434);

    Author author1 = new Author();
    author1.setId(new AuthorId(publisher, "Alicia Tom"));
    author1.setGenre("Anthology");

    Author author2 = new Author();
    author2.setId(new AuthorId(publisher, "Joana Nimar"));
    author2.setGenre("History");

    Book book1 = new Book();
    book1.setIsbn("001-AT");
    book1.setTitle("The book of swords");

    Book book2 = new Book();
    book2.setIsbn("002-AT");
    book2.setTitle("Anthology of a day");

    Book book3 = new Book();
    book3.setIsbn("003-AT");
    book3.setTitle("Anthology today");

    author1.addBook(book1);
    author1.addBook(book2);
    author2.addBook(book3);

    authorRepository.save(author1);
    authorRepository.save(author2);
}
```

addAuthorsWithBooks()를 호출하면 다음과 같은 SQL문이 실행된다.

```
-- 복합키 구성에 사용되는 publisher 가져오기
SELECT
    publisher0_.id AS id1_2_,
    publisher0_.name AS name2_2_,
```

```
        publisher0_.urc AS urc3_2_
FROM publisher publisher0_
WHERE publisher0_.urc = ?

-- 첫 번째 author가 데이터베이스에 존재하지 않음을 확인
SELECT
        author0_.name AS name1_0_1_,
        author0_.publisher AS publishe3_0_1_,
        author0_.genre AS genre2_0_1_,
        books1_.name AS name4_1_3_,
        books1_.publisher AS publishe5_1_3_,
        books1_.id AS id1_1_3_,
        books1_.id AS id1_1_0_,
        books1_.name AS name4_1_0_,
        books1_.publisher AS publishe5_1_0_,
        books1_.isbn AS isbn2_1_0_,
        books1_.title AS title3_1_0_
FROM author author0_
LEFT OUTER JOIN book books1_
        ON author0_.name = books1_.name
        AND author0_.publisher = books1_.publisher
WHERE author0_.name = ?
AND author0_.publisher = ?

-- 첫 번째 author 저장
INSERT INTO author (genre, name, publisher)
        VALUES (?, ?, ?)

-- 해당 author는 2권의 book을 가짐
INSERT INTO book (name, publisher, isbn, title)
        VALUES (?, ?, ?, ?)

INSERT INTO book (name, publisher, isbn, title)
        VALUES (?, ?, ?, ?)

-- 두 번째 author가 데이터베이스에 존재하지 않음을 확인
SELECT
        author0_.name AS name1_0_1_,
```

```
            author0_.publisher AS publishe3_0_1_,
            author0_.genre AS genre2_0_1_,
            books1_.name AS name4_1_3_,
            books1_.publisher AS publishe5_1_3_,
            books1_.id AS id1_1_3_,
            books1_.id AS id1_1_0_,
            books1_.name AS name4_1_0_,
            books1_.publisher AS publishe5_1_0_,
            books1_.isbn AS isbn2_1_0_,
            books1_.title AS title3_1_0_
FROM author author0_
LEFT OUTER JOIN book books1_
    ON author0_.name = books1_.name
    AND author0_.publisher = books1_.publisher
WHERE author0_.name = ?
AND author0_.publisher = ?

-- 두 번째 author 저장
INSERT INTO author (genre, name, publisher)
    VALUES (?, ?, ?)

-- 해당 author는 1권의 book을 가짐
INSERT INTO book (name, publisher, isbn, title)
    VALUES (?, ?, ?, ?)
```

이름으로 Author 조회

복합 기본키의 일부인 name 칼럼은 쿼리에서도 사용할 수 있다. 다음 쿼리는
이름으로 저자를 찾는데, id를 통한 name 칼럼 참조 방법에 주목하자.

```
@Query("SELECT a FROM Author a WHERE a.id.name = ?1")
Author fetchByName(String name);
```

fetchByName()을 호출하는 서비스 메서드는 다음과 같이 작성된다.

```
@Transactional(readOnly = true)
public void fetchAuthorByName() {

    Author author = authorRepository.fetchByName("Alicia Tom");

    System.out.println(author);
}
```

fetchAuthorByName()을 호출하면 다음 SELECT문이 트리거된다.

```
SELECT
    author0_.name AS name1_0_,
    author0_.publisher AS publishe3_0_,
    author0_.genre AS genre2_0_
FROM author author0_
WHERE author0_.name = ?
SELECT
    publisher0_.id AS id1_2_0_,
    publisher0_.name AS name2_2_0_,
    publisher0_.urc AS urc3_2_0_
FROM publisher publisher0_
WHERE publisher0_.id = ?
```

두 번째 SELECT는 방금 가져온 저자에 대한 출판사를 가져오는 데 필요한데, 분명 효율적이진 않지만 Author 식별자를 가져와야 하는 데 지불해야 할 대가다.

Author의 Book 삭제

다음과 같은 JOIN FETCH 쿼리로 저자와 연관 도서를 로드했다고 가정해보자.

```
@Query("SELECT a FROM Author a "
        + "JOIN FETCH a.books WHERE a.id = ?1")
Author fetchWithBooks(AuthorId id);
```

다음으로 서비스 메서드를 통해 첫 번째 도서를 삭제해보자.

```
@Transactional
public void removeBookOfAuthor() {

    Publisher publisher = publisherRepository.findByUrc(92284434);
    Author author = authorRepository.fetchWithBooks(
            new AuthorId(publisher, "Alicia Tom"));

    author.removeBook(author.getBooks().get(0));
}
```

removeBookOfAuthors()를 호출하면 다음과 같은 SQL문이 실행된다.

```
SELECT
    publisher0_.id AS id1_2_,
    publisher0_.name AS name2_2_,
    publisher0_.urc AS urc3_2_
FROM publisher publisher0_
WHERE publisher0_.urc = ?

SELECT
    author0_.name AS name1_0_0_,
    author0_.publisher AS publishe3_0_0_,
    books1_.id AS id1_1_1_,
    author0_.genre AS genre2_0_0_,
    books1_.name AS name4_1_1_,
    books1_.publisher AS publishe5_1_1_,
    books1_.isbn AS isbn2_1_1_,
    books1_.title AS title3_1_1_,
```

```
        books1_.name AS name4_1_0__,
        books1_.publisher AS publishe5_1_0__,
        books1_.id AS id1_1_0__
    FROM author author0_
    INNER JOIN book books1_
        ON author0_.name = books1_.name
        AND author0_.publisher = books1_.publisher
    WHERE (author0_.name, author0_.publisher)=(?, ?)

    DELETE FROM book
    WHERE id = ?
```

Author 삭제

저자를 삭제하면 연관된 도서에도 삭제가 전이된다.

```
@Transactional
public void removeAuthor() {

    Publisher publisher = publisherRepository.findByUrc(92284434);
    authorRepository.deleteById(new AuthorId(publisher, "Alicia Tom"));
}
```

트리거된 SQL문은 매우 간단하다. 출판사, 저자, 연관 도서를 가져오는 3개의
SELECT문 다음에 2개의 DELETE문이 처리된다. 이 저자는 하나의 도서만을 갖고
있으므로 book 테이블로 트리거된 단일 DELETE가 있다. 마지막으로 두 번째
DELETE는 author 테이블에서 해당 행을 삭제한다.

```
    SELECT
        publisher0_.id AS id1_2_,
        publisher0_.name AS name2_2_,
```

```
        publisher0_.urc AS urc3_2_
FROM publisher publisher0_
WHERE publisher0_.urc = ?

SELECT
    author0_.name AS name1_0_0_,
    author0_.publisher AS publishe3_0_0_,
    author0_.genre AS genre2_0_0_
FROM author author0_
WHERE author0_.name = ?
AND author0_.publisher = ?

SELECT
    books0_.name AS name4_1_0_,
    books0_.publisher AS publishe5_1_0_,
    books0_.id AS id1_1_0_,
    books0_.id AS id1_1_1_,
    books0_.name AS name4_1_1_,
    books0_.publisher AS publishe5_1_1_,
    books0_.isbn AS isbn2_1_1_,
    books0_.title AS title3_1_1_
FROM book books0_
WHERE books0_.name = ?
AND books0_.publisher = ?

DELETE FROM book
WHERE id = ?

DELETE FROM author
WHERE name = ?
    AND publisher = ?
```

복합키의 매핑 관계가 기술적으로 문제없이 작동하는 것처럼 보이지만 쿼리 수준에서는 효율이지 않다. 하이버네이트가 엔터티 식별자를 구성해야 할 때마다 추가 SELECT를 트리거해야 한다. 다만 엔터티 식별자의 해당 부분이 2차 캐시에 저장되는 경우 추가 SELECT는 완화될 수 있다.

전체 애플리케이션은 깃허브[24]에서 확인할 수 있다.

항목 76: 연결 테이블에 대한 엔터티 사용 방법

그림 7-5와 같이 다대다 연관관계의 연결 테이블을 생각해보자.

그림 7-5. 다대다 테이블 관계

예상대로 author_book 테이블은 author와 book 테이블의 기본키를 매핑한다. 하지만 더 많은 칼럼을 추가할 수 있을까? 예를 들어 각 도서가 출판된 날짜를 저장하고자 publishedOn이라는 칼럼을 추가할 수 있을까? 지금까지는 불가능하다.

이 테이블에 대한 엔터티를 정의하면 author_book 연결 테이블에 더 많은 칼럼을 추가할 수 있다.

연결 테이블에 대한 복합 기본키 정의

복합키에 대해 익숙하지 않은 경우 항목 74를 참고하자.

첫 번째 단계는 다음과 같이 @Embeddable을 통해 복합키의 author_id와 book_id 키를 합치는 것이다(연결 테이블에 해당되는 엔터티의 기본키임).

---

24. HibernateSpringBootCompositeKeyEmbeddableMapRel

```java
@Embeddable
public class AuthorBookId implements Serializable {

    private static final long serialVersionUID = 1L;

    @Column(name = "author_id")
    private Long authorId;

    @Column(name = "book_id")
    private Long bookId;

    public AuthorBookId() {
    }

    public AuthorBookId(Long authorId, Long bookId) {
        this.authorId = authorId;
        this.bookId = bookId;
    }

    // 간결함을 위해 getter/setter 생략

    @Override
    public int hashCode() {
        int hash = 7;
        hash = 31 * hash + Objects.hashCode(this.authorId);
        hash = 31 * hash + Objects.hashCode(this.bookId);
        return hash;
    }

    @Override
    public boolean equals(Object obj) {
        if (obj == null) {
            return false;
        }

        if (this == obj) {
            return true;
        }

        if (getClass() != obj.getClass()) {
            return false;
```

```
        }

        final AuthorBookId other = (AuthorBookId) obj;
        if (!Objects.equals(this.authorId, other.authorId)) {
            return false;
        }

        if (!Objects.equals(this.bookId, other.bookId)) {
            return false;
        }

        return true;
    }
}
```

연결 테이블에 대한 엔터티 정의

다음으로 전용 엔터티를 사용해 연결 테이블을 매핑한다.

```
@Entity
public class AuthorBook implements Serializable {

    private static final long serialVersionUID = 1L;

    @EmbeddedId
    private AuthorBookId id;

    @MapsId("authorId")
    @ManyToOne(fetch = FetchType.LAZY)
    private Author author;

    @MapsId("bookId")
    @ManyToOne(fetch = FetchType.LAZY)
    private Book book;

    private Date publishedOn = new Date();

    public AuthorBook() {
```

```java
}

public AuthorBook(Author author, Book book) {
    this.author = author;
    this.book = book;
    this.id = new AuthorBookId(author.getId(), book.getId());
}

// 간결함을 위해 getter/setter 생략

@Override
public int hashCode() {
    int hash = 7;
    hash = 29 * hash + Objects.hashCode(this.author);
    hash = 29 * hash + Objects.hashCode(this.book);
    return hash;
}

@Override
public boolean equals(Object obj) {
    if (obj == null) {
        return false;
    }

    if (this == obj) {
        return true;
    }

    if (getClass() != obj.getClass()) {
        return false;
    }

    final AuthorBook other = (AuthorBook) obj;
    if (!Objects.equals(this.author, other.author)) {
        return false;
    }

    if (!Objects.equals(this.book, other.book)) {
        return false;
```

```
        }
        return true;
    }
}
```

Author와 Book 연결

마지막으로 Author와 Book을 AuthorBook에 연결해야 한다. 즉, Author와 Book은 author와 book 속성에 대해 다음과 같이 @OneToMany를 정의하는 것이다.

```
@Entity
public class Author implements Serializable {

    private static final long serialVersionUID = 1L;

    @Id
    @GeneratedValue(strategy = GenerationType.IDENTITY)
    private Long id;

    private String name;
    private String genre;
    private int age;

    @OneToMany(mappedBy = "author",
            cascade = CascadeType.ALL, orphanRemoval = true)
    private List<AuthorBook> books = new ArrayList<>();

    // 간결함을 위해 getter/setter 생략

    @Override
    public boolean equals(Object obj) {
        if (obj == null) {
            return false;
        }

        if (this == obj) {
```

```
            return true;
        }

        if (getClass() != obj.getClass()) {
            return false;
        }

        return id != null && id.equals(((Author) obj).id);
    }

    @Override
    public int hashCode() {
        return 2021;
    }
}
```

그리고 Book은 다음과 같다.

```
@Entity
public class Book implements Serializable {

    private static final long serialVersionUID = 1L;

    @Id
    @GeneratedValue(strategy = GenerationType.IDENTITY)
    private Long id;

    private String title;
    private String isbn;

    @OneToMany(mappedBy = "book",
            cascade = CascadeType.ALL, orphanRemoval = true)
    private List<AuthorBook> authors = new ArrayList<>();

    // 간결함을 위해 getter/setter 생략

    @Override
    public boolean equals(Object obj) {
        if (obj == null) {
```

```
            return false;
        }

        if (this == obj) {
            return true;
        }

        if (getClass() != obj.getClass()) {
            return false;
        }

        return id != null && id.equals(((Book) obj).id);
    }

    @Override
    public int hashCode() {
        return 2021;
    }
}
```

현 상황에서 연결 테이블은 엔터티를 갖고, 다대다 연관관계는 2개의 양방향 일대다 연관관계로 변환됐다.

## 8장

산출 속성

항목 77: 산출된 비영속 속성 매핑 방법

이번 항목은 영속적 엔터티 속성을 기반으로 산출된^{calculated} 엔터티의 비영속적^{non-persistent} 속성을 매핑하는 방법에 관한 것이다. 그림 8-1에 표시된 Book 엔터티 매핑을 사용한다.

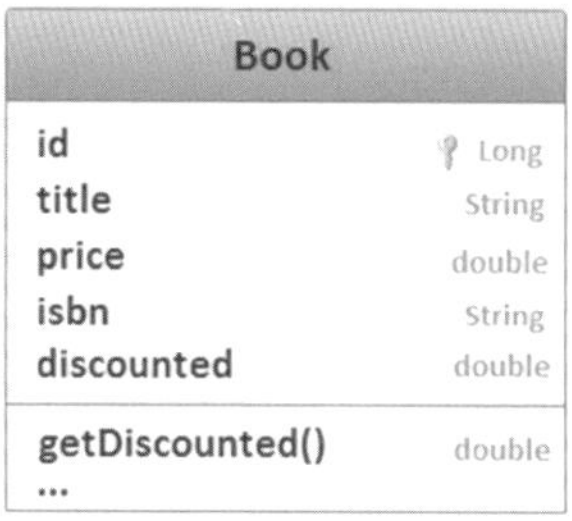

Book	
id	⚲ Long
title	String
price	double
isbn	String
discounted	double
getDiscounted()	double
...	

그림 8-1. Book 클래스 다이어그램

각 도서에는 price라는 영속 필드를 통해 매핑된 가격 정보를 갖고, price를 기준으로 개발자는 비영속 필드인 discounted의 값을 계산해야 한다. 이 가격은 할인된 가격이다. 각 도서에 25% 할인이 적용된다고 가정해보자. 즉, Book이 로드된 후 getDiscounted() 속성은 할인이 적용된 가격인 price - price * 0.25 를 반환해야 한다.

JPA 빠른 접근

JPA의 빠른 접근 방식은 다음과 같이 JPA @Transient로 getDiscounted() 속성에
어노테이션을 추가하는 것으로 시작된다.

```
@Transient
public double getDiscounted() {
    return this.price - this.price * 0.25;
}
```

이는 getDiscounted() 메서드가 호출될 때마다 산출^{computation}이 수행됨을 의미한
다. 산출이 상당히 복잡하거나(예: 다른 산출 결과에 의존) 속성을 여러 번 호출해야 하는
경우 이 구현은 다음 구현 방식보다 덜 효율적이다.

JPA @PostLoad

좀 더 효과적인 접근 방법은 다음과 같은 두 단계로 구성된다.

- @Transient로 discounted 필드에 어노테이션 지정
- @PostLoad 어노테이션이 지정된 private 메서드를 선언하고 discounted
  값을 산출

코드 라인으로 이 두 항목은 다음과 같이 나타난다.

```
@Entity
public class Book implements Serializable {
    // ...
    @Transient
    private double discounted;
    // ...
```

```java
    public double getDiscounted() {
        return discounted;
    }

    @PostLoad
    private void postLoad() {
        this.discounted = this.price - this.price * 0.25;
    }
}
```

JPA 콜백(callback)에 대한 좀 더 자세한 사항은 **항목 104**를 참고하자.

이번에는 엔터티가 로드된 후에 산출이 수행되며 getDiscounted()를 호출할 때마다 산출을 반복하지 않고 discounted 값을 반환한다.

전체 코드는 깃허브[1]에서 확인할 수 있다.

하이버네이트 @Formula

SQL 쿼리 표현식으로도 discounted 산출을 작성할 수 있다. 이를 위해 하이버네이트에 @Formula 어노테이션을 활용할 수 있는데, 다음 코드 조각은 해당 케이스에 대한 @Formula 사용 방법을 제시한다.

```java
@Entity
public class Book implements Serializable {

    // ...
    @Formula("price - price * 0.25")
    private double discounted;
    // ...
```

---

1. HibernateSpringBootCalculatePropertyPostLoad

```
    @Transient
    public double getDiscounted() {
        return discounted;
    }
}
```

Book 엔터티를 가져오는 것은 다음과 같은 SQL문을 통해 처리된다(지정된 공식 formula 은 쿼리의 일부로 포함된 점을 주목하자).

```
SELECT
    book0_.id AS id1_0_,
    book0_.isbn AS isbn2_0_,
    book0_.price AS price3_0_,
    book0_.title AS title4_0_,
    book0_.price - book0_.price * 0.25 AS formula0_
FROM book book0_
```

그리고 getDiscounted()를 호출하면 쿼리 시점에 산출된 discounted 값을 반환한다.

전체 코드는 깃허브[2]에서 확인할 수 있다.

산출된 discounted를 처리하는 2가지 접근 방법은 동일한 범주에 속한다. 둘 다 Book 엔터티가 로드되고 영속 속성이 비영속 속성인 discounted 산출에 사용된다. 주요 차이점은 공식이 작성된 방법이다. @PostLoad는 자바로 작성됐으며 @Formula는 SQL 쿼리 표현식으로 작성됐다.

---

2. HibernateSpringBootCalculatePropertyFormula

항목 78: @Generated를 통한 산출된 영속 속성 매핑 방법

이번 항목은 다른 영속적 엔터티 속성을 기반으로 산출된 엔터티의 영속적 속성을 매핑하는 방법에 관한 것이다. 그림 8-2에 표시된 Book 엔터티 매핑을 사용한다.

그림 8-2. Book 클래스 다이어그램

각 도서에는 price라는 영속 필드를 통해 매핑된 가격 정보를 갖고 price를 기준으로 개발자는 영속 필드인 discounted의 값을 계산해야 한다. 이 가격은 할인된 가격이며 각 도서에 25% 할인이 적용된다고 가정해보자. 즉, 주어진 가격으로 Book을 저장하면 price - price * 0.25의 discounted가 저장돼야 하며, price가 업데이트되면 discounted 필드도 업데이트된다.

다음으로 INSERT 또는 UPDATE 시점에 discounted를 산출하는 방법을 살펴보자.

하이버네이트 @Generated

Book 엔터티의 영속 필드로 discounted는 price 영속 필드로부터 산출돼야 한다고 가정해보자. 따라서 discounted 필드는 book 테이블의 칼럼으로 구체화되며 해당 값은 INSERT 또는 UPDATE 시점에 산출된디. 이는 생성된 칼럼으로, 테이블에 대한 뷰를 위한 칼럼이다.

하이버네이트는 @Generated 어노테이션을 제공하며, 이 어노테이션을 통해 개발자는 관련 칼럼 값이 산출되는 시점을 하이버네이트(데이터베이스가 아님)에게 지시한다. 이 어노테이션은 GenerationTime.INSERT(INSERT 시점에만) 또는 GenerationTime. ALWAYS(INSERT 및 UPDATE 시점)일 수 있으며, 값이 생성되지 않아야 하는 경우 GenerationTime.NEVER가 사용될 수 있다.

다음으로 discounted 필드에 대한 커스텀 @Column 정의를 사용하며, 일반적인 규칙으로 생성된 칼럼은 직접적으로 INSERT 또는 UPDATE문을 사용할 수 없다. 코드로는 다음과 같다.

```java
@Entity
public class Book implements Serializable {

    // ...

    @Generated(value = GenerationTime.ALWAYS)
    @Column(insertable = false, updatable = false)
    private double discounted;
    // ...

    public double getDiscounted() {
        return discounted;
    }
}
```

GenerationTime.INSERT의 경우 칼럼은 @Column(insertable = false)로 어노테이션이 지정 돼야 한다.

그럼 discounted 값을 계산하는 공식은 어디 있을까? 수식을 지정하는 방법에는 2가지가 있다.

columnDefinition 항목을 통한 공식

공식은 다음과 같이 @Column 어노테이션의 columnDefinition 항목을 통해 SQL 쿼리식으로 지정될 수 있다.

```
@Generated(value = GenerationTime.ALWAYS)
@Column(insertable = false, updatable = false,
        columnDefinition = "double AS (price - price * 0.25)")

private double discounted;
```

데이터베이스 스키마가 JPA 어노테이션(예: spring.jpa.hibernate.ddl-auto=create)으로 생성된 경우 다음과 같이 columnDefinition 존재는 CREATE TABLE 쿼리에 반영된다(동일한 쿼리가 GenerationTime.INSERT에 대해서도 생성된다).

```
CREATE TABLE book (
    id BIGINT NOT NULL AUTO_INCREMENT,
    discounted DOUBLE AS (price - price * 0.25),
    isbn VARCHAR(255),
    price DOUBLE PRECISION NOT NULL,
    title VARCHAR(255),
    PRIMARY KEY (id)
)
```

그러나 columnDefinition을 활용하려면 JPA 어노테이션으로 데이터베이스 스키마를 생성해야 하는데, 이는 프로덕션 솔루션으로 적절하지 않다. 프로덕션에서는 spring.jpa. hibernate. ddl-auto를 비활성화(지정하지 않음)하거나 validate로 설정해야 하며, 데이터베이스 마이그레이션은 Flyway 또는 Liquibase와 같은 진용 노구를 통해 관리해야 한다.

분명 이는 eclipselink.ddl-generation(EclipseLink 영속성 공급자에 따라 다름)과 데이터베이스 스키마용 DDL 생성에 사용되는 기타 유사 메커니즘에 적용된다. 이런 메커니즘은 데이터베이스 스키마를 프로토타이핑(prototyping)하는 데에만 사용해야 한다.

데이터베이스(예: MySQL, PostgreSQL)는 일반적으로 stored 칼럼과 virtual 칼럼이라는 생성된 2가지 칼럼을 인식하는데, columnDefinition을 통해 칼럼은 사용된 데이터베이스에 설정된 기본값을 사용한다(MySQL 및 PostgreSQL은 기본값이 virtual임). 이 2개 개념은 다음 절에서 설명한다.

CREATE TABLE을 통한 공식

프로덕션에서 공식은 columnDefinition이 아닌 CREATE TABLE을 통해 데이터베이스 스키마 일부로 지정돼야 한다. MySQL에서 생성되는 칼럼을 정의하는 구문은 다음과 같다(다른 데이터베이스는 문서 참고).

```
칼럼_이름 데이터_타입 [GENERATED ALWAYS] AS (표현식)
    [VIRTUAL | STORED] [UNIQUE [KEY]]
```

먼저 칼럼 이름과 해당 데이터 타입을 지정한다.

다음으로 선택적 GENERATED AWAYS 절을 추가해 칼럼이 생성된 칼럼임을 나타낸다. 실제로 AS (expression)은 칼럼이 생성됐음을 나타내지만 선택적 GENERATED AWAYS는 이를 좀 더 명시적으로 강조하고자 사용되며, GENERATED INSERT는 없다.

칼럼 타입은 VIRTUAL 또는 STORED일 수 있는데, 기본적으로 MySQL은 타입을 명시적으로 지정하지 않으면 VIRTUAL이 사용된다.

- **VIRTUAL**: 칼럼 값은 저장되지 않지만 BEFORE 트리거trigger 직후에 행을 읽을 때 평가되며, virtual 칼럼은 저장 공간storage을 사용하지 않는다(InnoDB는 virtual 칼럼에 대해 보조secondary 인덱스를 지원한다).
- **STORED**: 칼럼 값은 행이 추가되거나 업데이트될 때 평가되고 저장된다. 저장된 칼럼은 저장 공간이 필요하며 인덱싱할 수 있다.

다음으로 표현식을 지정한다. 표현식은 연산자, 리터럴, 파라미터가 없는 내장 함수 또는 동일한 테이블 내의 칼럼에 대한 참조가 포함될 수 있다. 함수는 스칼라^{scalar}이며 결정적^{deterministic}이어야 한다.[3]

마지막으로, 생성된 칼럼이 stored이면 고유 제약 조건^{unique constraint}을 정의할 수 있다.

CREATE TABLE에 공식을 지정하는 것은 columnDefinition을 사용하는 것보다 더 유연하며 Flyway 또는 Liquibase와 같은 전용 도구를 통해 데이터베이스 스키마 유지 보수성 (maintainability)를 유지할 수 있다.

생성된 칼럼을 저장하기 위한 MySQL **CREATE TABLE** 샘플은 다음과 같이 작성할 수 있다.

```
CREATE TABLE book (
    id BIGINT NOT NULL AUTO_INCREMENT,
    discounted DOUBLE GENERATED ALWAYS AS ((`price` - `price` * 0.25)) STORED,
    isbn VARCHAR(255),
    price DOUBLE PRECISION NOT NULL,
    title VARCHAR(255),
    PRIMARY KEY (id)
)
```

이 책에 함께 제공되는 애플리케이션에서 DDL은 schema-sql.sql에 추가돼 있다. 그러나 프로덕션 환경에서는 자동 스키마 마이그레이션을 제공하는 Flyway 나 Liquibase를 사용하는 것이 좋다.

---

3. 스칼라는 하나의 값을 반환한다는 의미며, 결정적은 동일한 입력에 대해 항상 같은 결과를 갖는다는 수학적 용어다. – 옮긴이

테스트 확인

$13.99인 도서를 저장하면 다음과 같은 SQL문이 생성된다.

```
INSERT INTO book (isbn, price, title)
    VALUES (?, ?, ?)
Binding:[001-AH, 13.99, Ancient History]
SELECT
    book_.discounted AS discount2_0_
FROM book book_
WHERE book_.id = ?
Binding:[1], Extracted:[10.4925]
```

INSERT를 트리거하고 플러시한 후 하이버네이트는 자동으로 SELECT를 생성해 계산된 discounted 값을 가져온다. 이는 관리되는 엔터티를 기본 테이블 행과 동기화하는 데 필요하다. getDiscounted()를 호출하면 10.4925가 반환되는데, 이는 @Generated의 효과다.

다음으로 UPDATE를 트리거해 새 가격을 $9.99로 변경해보자. 결과 SQL문은 다음과 같다.

```
UPDATE book
SET isbn = ?,
    price = ?,
    title = ?
WHERE id = ?
Binding:[001-AH, 9.99, Ancient History, 1]
SELECT
    book_.discounted AS discount2_0_
FROM book book_
WHERE book_.id = ?
```

```
Binding:[1], Extracted:[7.4925]
```

UPDATE를 트리거하고 플러시한 후 하이버네이트는 자동으로 SELECT를 생성해 계산된 discounted 값을 가져오는데, 이는 관리되는 엔터티를 기본 테이블 행과 동기화하는 데 필요하다. getDiscounted()를 호출하면 7.4925가 반환되는데, @Generated의 효과다.

전체 코드는 깃허브[4]에서 확인할 수 있다.

항목 79: JPQL 쿼리에서 여러 파라미터와 함께 SQL 함수 사용 방법

JPQL 쿼리에 있는 SQL 함수(MySQL, PostgreSQL 등)는 하이버네이트가 이를 인식할 수 없는 경우 예외가 발생할 수 있다.

SELECT 부분의 함수

예를 들어 MySQL concat_ws() 함수(분리 기호로 여러 문자열을 연결하는 데 사용됨)는 하이버네이트에서 인식되지 않는다. 하이버네이트 5.3(또는 정확히 말하면 5.2.18)부터 이와 같은 함수는 MetadataBuilderContributor를 통해 등록할 수 있으며 metadata_builder_contributor 속성을 통해 하이버네이트에 알려야 한다.

그림 8-3은 concat_ws()의 사용 예를 보여준다.

---

4. HibernateSpringBootCalculatePropertyGenerated

그림 8-3. MySQL concat_ws() 함수

concat_ws() 함수는 공백으로 구분된 $ 기호, 현재 날짜(애플리케이션으로부터)와 함께 Book의 title과 price(데이터베이스로부터)를 연결하는 데 사용되고 있다.

스프링 스타일로는 다음과 같이 @Query를 통해 쿼리를 작성할 수 있다.

```
@Repository
@Transactional(readOnly = true)
public interface BookRepository extends JpaRepository<Book, Long> {

    @Query(value = "SELECT concat_ws(b.title, ?1, b.price, ?2) " +
            "FROM Book b WHERE b.id = 1")
    String fetchTitleAndPrice(String symbol, Instant instant);
}
```

순수 JPA 스타일에서는 다음과 같이 EntityManager로 쿼리를 작성한다.

```
@Repository
public class Dao<T, ID extends Serializable> implements GenericDao<T, ID> {

    @PersistenceContext
    private EntityManager entityManager;

    @Override
    @Transactional(readOnly = true)
    public String fetchTitleAndPrice(String symbol, Instant instant) {

        return (String) entityManager.createQuery(
```

```
                "SELECT concat_ws(b.title, :symbol, b.price, :instant) " +
                    "FROM Book b WHERE b.id = 1"
        )
            .setParameter("symbol", symbol)
            .setParameter("instant", instant)
            .getSingleResult();
    }
}
```

그러나 다음과 같이 MetadataBuilderContributor를 통해 concat_ws() 함수가 등
록될 때까지는 해당 시도가 동작하지 않는다.

```
public class SqlFunctionsMetadataBuilderContributor
                    implements MetadataBuilderContributor {

    @Override
    public void contribute(MetadataBuilder metadataBuilder) {
        metadataBuilder.applySqlFunction(
            "concat_ws",
            new SQLFunctionTemplate(
                StandardBasicTypes.STRING,
                "concat_ws(' ', ?1, ?2, ?3, ?4)"
            )
        );
    }
}
```

이 예제와 유사하게 다른 SQL 함수를 등록할 수 있는데, 예를 들어 다음과 같이 유명한
date_trunc()를 등록할 수 있다.

```
    @Override
```

```
public void contribute(MetadataBuilder metadataBuilder) {

    metadataBuilder.applySqlFunction(
        "date_trunc", new SQLFunctionTemplate(
            StandardBasicTypes.TIMESTAMP, "date_trunc('minute', ?1)"
        )
    );
}
```

마지막으로 다음과 같이 application.properties에 spring.jpa.properties. hibernate.metadata_builder_contributor를 설정한다.

```
spring.jpa.properties.hibernate.metadata_builder_contributor=
    com.bookstore.config.SqlFunctionsMetadataBuilderContributor
```

코드를 실행하면 다음과 유사한 출력이 표시된다.

```
A People's History $ 32 2019-07-16 11:17:49.949732
```

전체 코드는 깃허브[5]에서 확인할 수 있다.

WHERE 부분의 함수

JPA 2.1에서는 함수를 등록하지 않고도 JPQL 쿼리의 WHERE 부분에 함수를 사용할 수 있는데, JPA 2.1은 다음과 같은 인수를 갖는 function()을 도입했다.

- 첫 번째 인수로 호출할 함수의 이름
- 함수의 모든 파라미터

---

5. HibernateSpringBootJpqlFunctionsParams

동일한 concat_ws() 함수를 이번에는 WHERE 절에서 호출해보자.

```
@Transactional(readOnly = true)
@Query(value = "SELECT b FROM Book b WHERE b.isbn "
            + "= function('concat_ws', '-', ?1, ?2)")
Book fetchByIsbn(String code, String author);
```

서비스 메서드에서 fetchByIsbn()의 호출은 다음과 같이 수행된다.

```
public Book fetchBookByIsbn() {
    return bookRepository.fetchByIsbn("001", "JN");
}
```

트리거된 SQL은 다음과 같다.

```
SELECT
    book0_.id AS id1_0_,
    book0_.isbn AS isbn2_0_,
    book0_.price AS price3_0_,
    book0_.title AS title4_0_
FROM book book0_
WHERE book0_.isbn = concat_ws('-', ?, ?)
Binding:[001, JN]
```

다음과 같은 방법으로 SQL 함수(표준 또는 사용자 정의 함수)를 호출할 수 있다.

- JPQL 쿼리에서 이 링크[6]의 참조되는 표준 함수
- WHERE 부분과 JPA 2.1에서 function()을 통해 직접 SQL 함수를 호출할 수 있음
- SELECT 부분에서 인식할 수 없는 SQL 함수는 등록돼야 함

---

6. https://en.wikibooks.org/wiki/Java_Persistence/JPQL#JPQL_supported_functions

끝이다. 전체 애플리케이션은 깃허브[7]에서 확인할 수 있다.

항목 80: @JoinFormula를 통해 @ManyToOne 관계를 SQL 쿼리에 매핑하는 방법

그림 8-4의 테이블과 그림 8-5의 데이터에 반영된 단방향 @ManyToOne 관계를 갖는 Author와 Book 엔터티를 고려해보자.

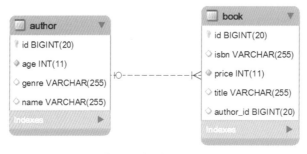

그림 8-4. 일대다 테이블 관계

author			
id	age	genre	name
1	23	Anthology	Mark Janel
2	43	Horror	Olivia Goy
3	51	Anthology	Quartis Young
4	34	History	Joana Nimar

book				
id	isbn	price	title	author_id
1	001-JN	23	A History of Ancient Prague	4
2	002-JN	34	A People's History	4
3	001-MJ	55	The Beatles Anthology	1
4	002-MJ	44	Anthology Of '99	1
5	001-OG	33	Carrie	2
6	002-OG	25	Last Day	2
7	003-JN	41	History Today	4
8	003-MJ	21	Anthology Of A Game	1

그림 8-5. 데이터 스냅숏

이 시나리오에서는 주어진 도서보다 어떤 도서가 더 저렴한지 알아내야 한다. 즉, ID로 도서를 가져오는 동안(도서 A라고 부름) 도서 A의 가격과 비교해 가격이 다음으로 저렴한 동일한 저자의 도서 B라는 다른 도서를 가져오려 한다. 이를 달성

---

7. HibernateSpringBootJpqlFunction

하는 방법은 다음과 같다.

```java
@Transactional(readOnly = true)
public void fetchBooks() {

    Book book = bookRepository.findById(7L).orElseThrow();
    Book nextBook = bookRepository.fetchNextSmallerPrice(
        book.getPrice(), book.getAuthor().getId());

    System.out.println("Fetched book with id 7: " + book);
    System.out.println("Fetched book with next smallest price: " + nextBook);
}
```

여기서 fetchNextSmallerPrice()는 다음과 같은 네이티브 쿼리다.

```java
@Transactional(readOnly = true)
@Query(value="SELECT * FROM book WHERE price < ?1 AND author_id = ?2 "
        + "ORDER BY price DESC LIMIT 1",
    nativeQuery = true)
Book fetchNextSmallerPrice(int price, long authorId);
```

2개의 SELECT문이 book과 nextBook을 가져오는 데 필요하다. 또는 하이버네이트의 @JoinFormula를 통해 @ManyToOne을 이전 쿼리에 매핑하는 것을 다음과 같이 더 간단하게 작성할 수 있다.

```java
@Entity
public class Book implements Serializable {

    private static final long serialVersionUID = 1L;

    @Id
    @GeneratedValue(strategy = GenerationType.IDENTITY)
    private Long id;
```

```java
    private String title;
    private String isbn;
    private int price;

    @ManyToOne(fetch = FetchType.LAZY)
    @JoinColumn(name = "author_id")
    private Author author;

    @ManyToOne(fetch = FetchType.LAZY)
    @JoinFormula("(SELECT b.id FROM book b "
        + "WHERE b.price < price AND b.author_id = author_id "
        + "ORDER BY b.price DESC "
        + "LIMIT 1)")
    private Book nextBook;

    public Book getNextBook() {
        return nextBook;
    }

    public void setNextBook(Book nextBook) {
        this.nextBook = nextBook;
    }

    // ...
}
```

이 매핑을 기반으로 서비스 메서드 fetchBooks()는 다음과 같이 변경된다.

```java
@Transactional(readOnly = true)
public void fetchBooks() {

    Book book = bookRepository.findById(7L).orElseThrow();
    Book nextBook = book.getNextBook();

    System.out.println("Fetched book with id 7: " + book);
    System.out.println("Fetched book with next smallest price: " + nextBook);
}
```

다음과 같은 SELECT문은 book과 nextBook을 가져오고자 2번 실행된다.

```
SELECT
    book0_.id AS id1_1_0_,
    book0_.author_id AS author_i5_1_0_,
    book0_.isbn AS isbn2_1_0_,
    book0_.price AS price3_1_0_,
    book0_.title AS title4_1_0_,
    (SELECT
        b.id
    FROM book b
    WHERE b.price < book0_.price AND b.author_id = book0_.author_id
    ORDER BY b.price DESC LIMIT 1)
    AS formula1_0_
FROM book book0_
WHERE book0_.id = ?
Binding:[7] Extracted:[4, 003-JN, 2, 41, History Today]
```

세 번째 추출된^{extracted} 값인 2는 공식에 의한 결과에 해당되는데[8], 이는 nextBook 의 ID다. 따라서 이 쿼리는 다음 파라미터를 사용해 nextBook을 가져오고자 다 시 실행된다.

```
Binding:[2] Extracted:[4, 002-JN, 1, 34, A People's History]
```

다시 세 번째 추출 값(1)이 공식에 의한 결과에 해당되며, 이는 getNextBook()을 계속 호출할 수 있게 한다. 더 저렴한 다른 도서가 없다면 수식 결과는 null이 된다.

---

8. select 칼럼의 순서와 다르다. - 옮긴이

일반적으로 하이버네이트 @JoinFormula 어노테이션은 두 엔터티 간의 관계를 제공하고자 SELECT 쿼리를 정의하는 데 사용한다. 예를 들어 저자의 가장 저렴한 도서를 가져오는 데 사용할 수 있으며, 이를 위해 Author에 @ManyToOne도 다음과 같이 추가한다.

```java
@Entity
public class Author implements Serializable {

    // ...

    @ManyToOne(fetch = FetchType.LAZY)
    @JoinFormula("(SELECT b.id FROM book b "
        + "WHERE b.author_id = id "
        + "ORDER BY b.price ASC LIMIT 1)")
    private Book cheapestBook;

    // ...
}
```

사용 방법은 다음과 같다.

```java
Author author = authorRepository.findById(1L).orElseThrow();
Book cheapestBook = author.getCheapestBook();
```

전체 애플리케이션은 깃허브[9]에서 확인할 수 있다.

---

9. HibernateSpringBootJoinFormula

## 9장

모니터링

항목 81: SQL문 카운트 및 어설션 사용 이유와 방법

그림 9-1과 같이 테이블에 매핑된 Author 엔터티가 있다고 가정하고 다음과 같은 간단한 시나리오를 원자적으로 수행하는 것을 목표로 생각해보자.

- Author를 데이터베이스로부터 로드
- 해당 Author의 genre를 업데이트

그림 9-1. Author 엔터티 테이블

다음과 같은 간단한 서비스 메서드로 이 시나리오를 구현할 수 있다.

```
@Service
```

```
public class BookstoreService {

    private final AuthorRepository authorRepository;

    // ...

    public void updateAuthor() {

        Author author = authorRepository.findById(1L).orElseThrow();
        author.setGenre("History");

        authorRepository.save(author);
    }
}
```

그러나 해당 작업은 원자적으로 처리될까? 개발자가 실수로 메서드 수준에서
@Transactional을 추가하는 것을 잊어버리고 상속된 트랜잭션 콘텍스트가 없기
때문에 그렇지 않다. 각 작업은 별도 트랜잭션에서 실행되기 때문에 성능도
저하되며, 코드는 예기치 않은 동작과 데이터 불일치가 발생하기 쉽다. 그러나
이 실수가 트리거된 SQL의 개수 또는 유형에 부정적인 영향을 미칠까? 기대에
반하는 SQL문의 수를 카운트^{count}하고 어설션하면 이 질문에 쉽게 답할 수 있다.

트리거된 SQL문을 카운트하고 어설션하기 위한 메커니즘을 강화하려면 2개의
라이브러리가 필요하다. 카운트는 DataSource-Proxy 라이브러리의 역할이며,
이 라이브러리의 여러 장점(항목 83 참고) 중에서 데이터 소스를 프록시해 실제 파라
미터 값과 SQL문 실행 수 같은 중요한 정보를 얻을 수 있게 한다.

핵심은 프록시 구성 시에 countQuery() 메서드를 호출하는 것인데, 이는
DataSource-Proxy가 DataSourceQueryCountListener를 생성하도록 지시한다. 데
이터 소스 이름 외에도 이 리스너^{listener}는 데이터베이스 호출 수, 총 쿼리 실행
시간, 유형별 쿼리 수와 같은 메트릭^{metrics}을 제공한다.

```
public ProxyDataSourceInterceptor(final DataSource dataSource) {
```

```
        super();

        this.dataSource = ProxyDataSourceBuilder.create(dataSource)
            .name("DATA_SOURCE_PROXY")
            .logQueryBySlf4j(SLF4JLogLevel.INFO)
            .multiline()
            .countQuery()
            .build();
    }
```

이 리스너가 등록되면 트리거된 SQL문을 QueryCount API를 통해 직접 가져올 수 있다. 또는 더 좋은 방법은 db-util 라이브러리를 사용하는 것인데, 이 라이브러리 사용의 이점은 SQLStatementCountValidator라는 기본 자동화 유효성 검사기^{validator}다. 이 유효성 검사기는 assertSelectCount(), assertInsertCount(), assertUpdateCount(), assertDeleteCount() 등의 static 어설션을 제공한다.

이 검사기 사용은 다음과 같은 3가지 주요 단계가 필요하다.

- SQLStatementCountValidator.reset()을 통한 QueryCount 재설정
- SQL문 실행
- 적절한 어설션 적용

다시 updateAuthor() 메서드로 돌아가서 개발자가 @Transactional 누락을 인식하지 못하고 트랜잭션 콘텍스트에서 코드를 판단하면 예상되는 SQL문의 개수는 SELECT 하나와 UPDATE 하나, 총 2개다. INSERT와 DELETE는 예상되지 않기에 다음과 같이 예상 쿼리를 어설션할 수 있다.

```
private final BookstoreService bookstoreService;
// ...

SQLStatementCountValidator.reset();
```

```
bookstoreService.updateAuthorWithoutTransactional();

assertSelectCount(1);
assertUpdateCount(1);
assertInsertCount(0);
assertDeleteCount(0);
```

일반적인 규칙으로 이런 어설션은 단위 테스트에 추가할 수 있다. 발생 가능한 예상 작업뿐만 아니라 모든 유형의 작업을 어설션하는 것이 좋다. 예를 들어 예기치 않은 DELETE가 트리거되는데, assertDeleteCount(0)가 생략되는 경우 이를 포착하지 못한다.

이 애플리케이션을 실행하면 다음과 같은 예외가 발생한다.

```
com.vladmihalcea.sql.exception.SQLSelectCountMismatchException: Expected 1
statements but recorded 2 instead!
```

예상되는 SQL문의 수가 실행된 SQL문의 수와 다른 경우 SQLStatementCountValidator는 SQLFooCountMismatchException 유형의 예외를 발생시킨다. 여기서 Foo는 SQL 유형에 따라 Select, Insert, Update, Delete 중 하나가 된다.

애플리케이션은 하나의 **SELECT**를 어설션하지만 2개가 트리거됐다. 예상 SQL문의 수가 정확하지 않은 이유는 뭘까? 각 명령문이 별도 트랜잭션에서 실행되기 때문에 다음과 같은 SQL문이 실제로 실행된다(오른쪽 주석을 확인하면 실제로 예상과 다름을 알 수 있다).

```
Author author = authorRepository.findById(1L).orElseThrow(); // 1 select
author.setGenre("History");
authorRepository.save(author); // 1 select, 1 update
```

SQL문을 나열하면 다음과 같다.

```sql
-- author 가져오기
SELECT
    author0_.id AS id1_0_0_,
    author0_.age AS age2_0_0_,
    author0_.genre AS genre3_0_0_,
    author0_.name AS name씨4_0_0_
FROM author author0_
WHERE author0_.id = ?

-- 가져온 author는 관리 상태(managed)가 아니며,
-- 따라서 수정 전에 다시 가져와야 함
SELECT
    author0_.id AS id1_0_0_,
    author0_.age AS age2_0_0_,
    author0_.genre AS genre3_0_0_,
    author0_.name AS name4_0_0_
FROM author author0_
WHERE author0_.id = ?

-- author 수정
UPDATE author
SET age = ?,
    genre = ?,
    name = ?
WHERE id = ?
```

따라서 개발자는 2개의 SQL문을 기대하지만 실제로는 3개의 SQL문이 실행되고, 2번이 아닌 3번의 데이터베이스 호출이 있게 된다. SQL문을 카운트하고 어실선한 넉분에 실수가 발견되지 않은 채로 남지 않았다. 실수를 깨닫고 개발자는 다음과 같이 updateAuthor() 메서드를 수정하면 된다.

```
@Service
public class BookstoreService {

    private final AuthorRepository authorRepository;

    // ...

    @Transactional
    public void updateAuthor() {

        Author author = authorRepository.findById(1L).orElseThrow();
        author.setGenre("History");

        authorRepository.save(author);
    }
}
```

카운트와 어설션을 다시 실행하면 예상되는 SQL문의 수와 유형이 실제와 일치함을 확인할 수 있다. 이번에는 하나의 SELECT와 하나의 UPDATE만 트리거됐으며, INSERT와 DELETE는 없다.

하지만 잠깐! 이제 트랜잭션 콘텍스트가 제공되므로 명시적으로 save() 메서드를 호출해야 할까? 대답은 "아니요"다. 항목 107에서 확인할 수 있듯 이 경우 save() 호출은 불필요하다. 이 명시적 호출을 제거하면 하이버네이트 더티 체킹 메커니즘이 UPDATE를 대신 실행하기 때문에 트리거된 SQL문의 개수에 영향을 주지 않는다. 따라서 updateAuthor() 메서드를 작성하는 가장 좋은 방법은 다음과 같다(물론 실제로는 저자 ID를 메서드 파라미터로 전달하고 orElseThrow()를 활용하지 않는다. 여기서는 단지 간결함을 위해 사용됐다).

```
@Transactional
public void updateAuthor() {

    Author author = authorRepository.findById(1L).orElseThrow();
    author.setGenre("Anthology");
```

```
    }
```

소스코드는 깃허브[1]에서 확인할 수 있다.

항목 82: 프리페어드 스테이트먼트 바인딩 및 추출 파라미터 로깅 방법

Author 엔터티와 INSERT 및 SELECT로 구성된 2개의 프리페어드 스테이트먼트 prepared statement를 가정해보자. 해당 SQL문을 표시하면 다음과 같다.

```
INSERT INTO author (age, genre, name)
    VALUES (?, ?, ?)
SELECT
    author0_.id AS id1_0_0_,
    author0_.age AS age2_0_0_,
    author0_.genre AS genre3_0_0_,
    author0_.name AS name4_0_0_
FROM author author0_
WHERE author0_.id = ?
```

여기 모든 물음표(?)에 주목하자. 이는 binding과 extracted 파라미터에 대한 위치 지정자인데, 대부분의 경우 위치 지정자 대신 파라미터의 실제 값을 보는 것이 더 유용하다. 이를 위한 몇 가지 방법이 있는데, 그중 3가지를 살펴보자.

TRACE

이 문제에 대한 가장 쉬운 해결 방법은 다음과 같이 application.properies에

---

1. HibernateSpringBootCountSQLStatements

TRACE 로깅 레벨을 활성화하는 것이다.

```
logging.level.org.hibernate.type.descriptor.sql=TRACE
```

이제 출력은 다음과 같게 된다.

```
insert into author (age, genre, name) values (?, ?, ?)
binding parameter [1] as [INTEGER] - [34]
binding parameter [2] as [VARCHAR] - [History]
binding parameter [3] as [VARCHAR] - [Joana Nimar]

select author0_.id as id1_0_0_, author0_.age as age2_0_0_, author0_.genre
as genre3_0_0_, author0_.name as name4_0_0_ from author author0_ where
author0_.id=?
binding parameter [1] as [BIGINT] - [1]
extracted value ([age2_0_0_] : [INTEGER]) - [34]
extracted value ([genre3_0_0_] : [VARCHAR]) - [History]
extracted value ([name4_0_0_] : [VARCHAR]) - [Joana Nimar]
```

각 파라미터의 출력에는 해당 타입(binding 파라미터 또는 extracted 값), 위치 또는 이름, 데이터 타입과 값이 포함된다.

코드는 깃허브[2]에서 확인할 수 있다.

스타터[3]를 사용하는 경우 스프링 부트는 기본적으로 Logback을 사용한다. 혹 application.properties에 TRACE 로깅 레벨을 설정하지 않으려면 Logback 구성 파일을 추가하거나 새로 만들어야 한다. 클래스 경로(classpath)에 있는 logback-spring.xml, logback.xml, logback-spring.groovy, logback.groovy 파일은 스프링 부트에서 자동으로 인식하고 그에 따라 처리된다. 다음은 logback-spring.xml의 샘플이다(전체 파일은 깃허브[4]에서 확인 가능).

---

2. HibernateSpringBootLogTraceViewBindingParameters
3. 스프링 부트 initializr인 https://start.spring.io 또는 IDE에서 제공하는 부트 생성 위저드 등을 말한다. - 옮긴이
4. HibernateSpringBootLogTraceViewBindingParameters

```
...
<logger name="org.hibernate.type.descriptor.sql"
        level="trace" additivity="false">
    <appender-ref ref="Console" />
</logger>
...
```

Log4j 2

Log4j 2를 통해서도 동일한 결과를 얻을 수 있다. 이를 활성화하려면 먼저 스프링 부트의 기본 로깅을 제외하고 다음과 같이 Log4j 2 종속성을 추가한다.

```
<!-- Spring Boot의 기본 로깅 제외 -->
<dependency>
    <groupId>org.springframework.boot</groupId>
    <artifactId>spring-boot-starter</artifactId>
    <exclusions>
        <exclusion>
            <groupId>org.springframework.boot</groupId>
            <artifactId>spring-boot-starter-logging</artifactId>
        </exclusion>
    </exclusions>
</dependency>

<!-- Log4j2 종속성 추가 -->
<dependency>
    <groupId>org.springframework.boot</groupId>
    <artifactId>spring-boot starter-log4j2</artifactId>
</dependency>
```

다음으로 아래와 같은 log4j.xml에 TRACE 레벨을 구성한다(이 파일은 application. properties와 같은 /resources 폴더에 있어야 함).

```
<Loggers>
    <Logger name="org.hibernate.type.descriptor.sql" level="trace"/>
    ...
</Loggers>
```

아울러 Log4j 2 문서에 따라 로깅을 추가로 조정할 수 있다.

전체 코드는 깃허브[5]에서 확인할 수 있다.

더불어 binding과 extracted 파라미터 외에 다른 방법으로 쿼리에 대한 자세한 정보를 얻을 수 있다. 실행 시간, 배치 처리 정보, 쿼리 유형 등과 같은 세부 사항은 항목 83에 제시된 접근 방법으로 얻을 수 있다.

MySQL과 profileSQL=true

MySQL의 경우만 바인딩 파라미터(추출된 파라미터는 아님)가 다음 2단계를 통해 표시된다.

- spring.jpa.show-sql 끄기(생략하거나 false로 설정)
- JDBC URL상에 logger=Slf4JLogger&profileSQL=true를 추가로 구성

전체 코드는 깃허브[6]에서 확인할 수 있다.

항목 83: 쿼리 상세 정보 로깅 방법

프리페어드 스테이트먼트의 binding 파라미터와 extracted 값만을 로깅하려면 항목 82를 참고하자.

---

5. HibernateSpringBootLog4j2ViewBindingParameters
6. HibernateSpringBootLogBindingParametersMySQL

여러 가지 방법으로 SQL 쿼리에 대한 세부 정보를 얻을 수 있다. 그중 3가지를 살펴보자.

DataSource-Proxy 사용

DataSource-Proxy는 '프록시를 통한 JDBC 상호작용 및 쿼리 실행을 위한 리스너 프레임워크를 제공'하는 오픈소스 프로젝트다. 다른 라이브러리에 대한 종속성이 없으며, 모든 것은 선택적이다. 구성과 유연성, 확장성이 뛰어나며, 좋은 선택이 된다.

스프링 부트 애플리케이션에서 이 라이브러리를 활성화하려면 여러 단계가 필요한데, 먼저 pom.xml에 datasource-proxy 종속성을 다음과 같이 추가한다.

```
<dependency>
    <groupId>net.ttddyy</groupId>
    <artifactId>datasource-proxy</artifactId>
    <version>${datasource-proxy.version}</version>
</dependency>
```

다음으로 DataSource 빈[bean]을 인터셉트하기 위한 후처리기[post processor] 빈을 생성하고 이 DataSource 빈을 ProxyFactory와 MethodInterceptor 구현을 통해 래핑한다. 최종 결과는 다음 코드 조각과 같다.

```
private static class ProxyDataSourceInterceptor
        implements MethodInterceptor {

    private final DataSource dataSource;

    public ProxyDataSourceInterceptor(final DataSource dataSource) {
        super();
        this.dataSource = ProxyDataSourceBuilder.create(dataSource)
            .name("DATA_SOURCE_PROXY")
```

```
        .logQueryBySlf4j(SLF4JLogLevel.INFO)
        .multiline()
        .build();
    }

    // ...
}
```

여기에서 세부 정보 수준을 커스터마이징할 수 있는데, 리치^{rich} 및 플루언트^{fluent} API를 통해 세부 사항을 조정한다(문서 확인). 모든 설정이 완료되고 build()를 호출하기만 하면 되는데, 일반적인 출력은 다음과 같다.

```
Name:DATA_SOURCE_PROXY, Connection:5, Time:131, Success:True
Type:Prepared, Batch:False, QuerySize:1, BatchSize:0
Query:["insert into author (age, genre, name) values (?, ?, ?)"]
Params:[(34,History,Joana Nimar)]
```

전체 코드는 깃허브[7]에서 확인할 수 있다.

log4jdbc 사용

log4jdbc 공식 사이트에는 'log4jdbc는 SLF4J^{Simple Logging Facade For Java} 로깅 시스템을 사용해 다른 JDBC 드라이버에 대한 SQL 또는 JDBC 호출(및 선택적으로 SQL 타이밍 정보)을 기록할 수 있는 자바 JDBC 드라이버'라고 한다.

스프링 부트 애플리케이션은 pom.xml에 다음과 같은 종속성[8]을 추가한 후 log4jdbc를 활용한다.

---

7. HibernateSpringBootDataSourceProxy
8. 원서에는 1.0.2 버전이 사용됐지만 스프링 부트 2.X을 지원하려면 최종 버전인 2.0.0을 사용하는 것이 좋다. – 옮긴이

```
<dependency>
    <groupId>com.integralblue</groupId>
    <artifactId>log4jdbc-spring-boot-starter</artifactId>
    <version>2.0.0</version>
</dependency>
```

공식 문서는 출력 커스터마이징에 대한 상세 정보를 제공한다. 일반적인 출력에는 그림 9-2와 같이 SQL(실행 시간 포함), 관련된 메서드의 감사와 결과 세트가 테이블로 포함된다.

```
|---------|----|--------|------------|
|id       |age |genre   |name        |
|---------|----|--------|------------|
|[unread] |34  |History |Joana Nimar |
|---------|----|--------|------------|
```

그림 9-2. log4jdbc 출력 샘플

소스코드는 깃허브[9]에서 확인할 수 있다.

P6spy 사용

공식 문서에서 P6Spy는 '… 애플리케이션에 대한 코드 변경 없이 데이터베이스 데이터를 원활하게 가로채고 기록할 수 있는 프레임워크'라고 나와 있다. P6spy를 활성화하려면 해당 종속성을 pom.xml에 추가해야 한다.

```
<dependency>
    <groupId>p6spy</groupId>
    <artifactId>p6spy</artifactId>
    <version>${p6spy.version}</version>
</dependency>
```

---

9. HibernateSpringBootLog4JdbcViewBindingParameters

다음으로 application.properties에 다음과 같은 JDBC URL와 드라이버 클래스 이름을 설정한다.

```
spring.datasource.url=jdbc:p6spy:mysql://localhost:3306/bookstoredb
spring.datasource.driverClassName=com.p6spy.engine.spy.P6SpyDriver
```

마지막으로 애플리케이션 루트 폴더에 spy.properties 파일을 추가하는데, 이 파일에는 P6Spy 설정이 포함된다. 이 애플리케이션에서는 로그가 콘솔에 출력되지만 파일로 전환하는 매우 쉬운 방법을 제공한다. P6Spy 설정에 대한 자세한 내용은 문서에서 찾을 수 있다.

출력은 다음과 같다.

```
insert into author (age, genre, name) values (?, ?, ?)
insert into author (age, genre, name) values (34, 'History', 'Joana Nimar');
#1562161760396 | took 0ms | commit | connection 0| url jdbc:p6spy:mysql://
localhost:3306/bookstoredb?createDatabaseIfNotExist=true
```

소스코드는 깃허브[10]에서 확인할 수 있다.

항목 84: 임계치를 사용한 느린 쿼리 로그 방법

DataSource-Proxy를 통해 임계치^{threshold}보다 느린 쿼리를 기록할 수 있다. DataSource-Proxy에 익숙해지려면 항목 83을 먼저 참고하자.

DataSource-Proxy 사용이 준비되면 느린 쿼리를 기록하기 위한 다음 단계를 거친다.

---

10. HibernateSpringBootP6spy

- 빈 후처리기에서 느린 쿼리의 임계치를 밀리초 단위로 나타내는 상수를 정의한다.

```
private static final log THRESHOLD_MILLIS = 30;
```

- 다음으로 SLF4JQueryLoggingListener 리스너를 정의하고 afterQuery() 메서드를 오버라이드한다.

```java
SLF4JQueryLoggingListener listener
        = new SLF4JQueryLoggingListener() {

    @Override
    public void afterQuery(ExecutionInfo execInfo,
            List<QueryInfo> queryInfoList) {
        // 지정된 임계치보다 오래 걸릴 때에
        // 쿼리 로깅 로직 호출
        if (THRESHOLD_MILLIS <= execInfo.getElapsedTime()) {
            logger.info("Slow SQL detected ...");
            super.afterQuery(execInfo, queryInfoList);
        }
    }
};

listener.setLogLevel(SLF4JLogLevel.WARN);
```

- 마지막으로 listener를 사용해 datasource 프록시를 설정한다.

```java
this.dataSource = ProxyDataSourceBuilder.create(dataSource)
    .name("DATA_SOURCE_PROXY")
    .multiline()
    .listener(listener)
    .build();
```

이상이다. 기록된 SQL은 임계치를 초과하는 SQL뿐이며, 소스코드는 깃허브[11]에서 확인할 수 있다.

하이버네이트 5.4.5부터는 hibernate.session.events.log.LOG_QUERIES_SLOWER_ THAN_MS라는 새로운 속성을 통해 밀리초 단위의 임계치로 느린 쿼리를 기록할 수 있다. 다음 예와 같이 application.properties에 이 속성을 추가하고 밀리초 단위로 임계치를 지정하기만 하면 된다.

```
spring.jpa.properties.hibernate.session
    .events.log.LOG_QUERIES_SLOWER_THAN_MS=25
```

전체 코드는 깃허브[12]에서 확인할 수 있다. 하이버네이트 5.4.5 이상을 사용하지 않는 경우 느린 쿼리 로깅은 서드파티 라이브러리를 사용해 처리할 수 있다.

항목 85: 트랜잭션 및 쿼리 메서드 상세 로깅

때로는 데이터 액세스 레이어에서 어떤 일이 일어나고 있는지 이해하고자 실행 중인 트랜잭션(예: 트랜잭션 전파 시나리오를 이해할 필요 있음)과 쿼리 메서드(예: query-method에 대한 실행 시간을 기록해야 할 필요 있음)에 대해 자세한 정보를 기록해야 한다.

트랜잭션 상세 로깅

기본값으로 로거 INFO 레벨은 실행 중인 트랜잭션에 대한 세부 정보를 표시하지 않지만 다음과 같은 라인을 application.properties에 추가하면 트랜잭션 세부 정보를 쉽게 표시할 수 있다.

---

11. HibernateSpringBootLogSlowQueries
12. HibernateSpringBootLogSlowQueries545

```
logging.level.ROOT=INFO
logging.level.org.springframework.orm.jpa=DEBUG
logging.level.org.springframework.transaction=DEBUG
logging.level.org.hibernate.engine.transaction.internal.
TransactionImpl=DEBUG
```

어떤 경우는 커넥션 풀 상태를 기록하는 것도 유용하다. HikariCP(스프링 부트 애플리케이션 권장 및 기본 커넥션 풀)의 경우 다음 설정을 application.properties에 추가해 이를 처리한다.

```
logging.level.com.zaxxer.hikari.HikariConfig=DEBUG
logging.level.com.zaxxer.hikari=DEBUG
```

더 많은 상세 정보가 필요하면 DEBUG를 TRACE로 대체할 수도 있다.

트랜잭션 콜백을 통한 제어권 확보

스프링 부트에서는 트랜잭션 커밋/완료 이전과 이후를 제어하는 데 유용한 일련의 콜백을 활성화할 수 있다. 이는 전역적으로(애플리케이션 수준에서) 다음과 같이 AOP 컴포넌트를 통해 처리한다.

```
@Aspect
@Component
public class TransactionProfiler extends TransactionSynchronizationAdapter {

    Logger logger = LoggerFactory.getLogger(this.getClass());

    @Before("@annotation(
        org.springframework.transaction.annotation.Transactional)")
    public void registerTransactionSyncrhonization() {
        TransactionSynchronizationManager.registerSynchronization(this);
```

```
        }

        @Override
        public void afterCompletion(int status) {
            logger.info("After completion (global) ...");
        }

        @Override
        public void afterCommit() {
            logger.info("After commit (global) ...");
        }

        @Override
        public void beforeCompletion() {
            logger.info("Before completion (global) ...");
        }

        @Override
        public void beforeCommit(boolean readOnly) {
            logger.info("Before commit (global) ...");
        }
    }
```

예를 들어 다음과 같은 서비스 메서드를 호출할 수 있다.

```
    @Transactional
    public void updateAuthor() {

        Author author = authorRepository.findById(1L).orElseThrow();

        author.setAge(49);
    }
```

그러면 로그에 다음과 같은 내용들이 포함된다.

```
Hibernate: select author0_.id as id1_0_0_, author0_.age as age2_0_0_,
author0_.genre as genre3_0_0_, author0_.name as name4_0_0_ from author
author0_ where author0_.id=?

c.b.profiler.TransactionProfiler: Before commit (global) ...
c.b.profiler.TransactionProfiler: Before completion (global) ...

Hibernate: update author set age=?, genre=?, name=? where id=?

c.b.profiler.TransactionProfiler: After commit (global) ...
c.b.profiler.TransactionProfiler: After completion (global) ...
```

다음과 같이 TransactionSynchronizationManager#registerSynchronization()
을 통해 메서드 수준에서 콜백을 활용할 수도 있다.

```
@Transactional
public void updateAuthor2() {

    TransactionSynchronizationManager.registerSynchronization(
            new TransactionSynchronizationAdapter() {
        @Override
        public void afterCompletion(int status) {
            logger.info("After completion (method) ...");
        }

        @Override
        public void afterCommit() {
            logger.info("After commit (method) ...");
        }

        @Override
        public void beforeCompletion() {
            logger.info("Before completion (method) ...");
        }

        @Override
        public void beforeCommit(boolean readOnly) {
```

```
            logger.info("Before commit (method) ...");
        }
    });

    Author author = authorRepository.findById(1L).orElseThrow();

    author.setAge(51);
}
```

이번 출력은 다음과 같다.

```
Hibernate: select author0_.id as id1_0_0_, author0_.age as age2_0_0_,
author0_.genre as genre3_0_0_, author0_.name as name4_0_0_ from author
author0_ where author0_.id=?

c.b.profiler.TransactionProfiler: Before commit (method) ...
c.b.profiler.TransactionProfiler: Before completion (method) ...

Hibernate: update author set age=?, genre=?, name=? where id=?

c.b.profiler.TransactionProfiler: After commit (method) ...
c.b.profiler.TransactionProfiler: After completion (method) ...
```

TransactionSynchronizationManager 클래스는 isActualTransactionActive(), getCurrentTransactionName(), isCurrentTransactionReadOnly(), getCurrent TransactionIsolationLevel()과 같은 다른 유용한 메서드를 제공하며, 각 메서드에 대한 세터[setter]를 갖는다.

전체 애플리케이션은 깃허브[13]에서 확인할 수 있다.

---

13. HibernateSpringBootTransactionCallback

쿼리 메서드 실행 시간 로깅

AOP를 통해 쿼리 메서드 실행 시간을 쉽게 기록할 수 있으며, 이를 위한 컴포넌트는 매우 간단하다.

```java
@Aspect
@Component
public class RepositoryProfiler {

    Logger logger = LoggerFactory.getLogger(this.getClass());

    @Pointcut("execution(public *
            org.springframework.data.repository.Repository+.*(..))")
    public void intercept() {
    }

    @Around("intercept()")
    public Object profile(ProceedingJoinPoint joinPoint) {
        long startMs = System.currentTimeMillis();

        Object result = null;
        try {
            result = joinPoint.proceed();
        } catch (Throwable e) {
            logger.error(e.getMessage(), e);
            // 원하는 방식으로 예외 처리
        }

        long elapsedMs = System.currentTimeMillis() - startMs;

        // logger.debug를 사용할 수도 있음
        logger.info(joinPoint.getTarget() + "." + joinPoint.getSignature()
                + ": Execution time: " + elapsedMs + " ms");

        // 이 라인은 null을 반환할 수 있음
        return result;
    }
}
```

예를 들어 다음과 같은 서비스 메서드를 호출해보자.

```
@Transactional
public void updateAuthor() {

    Author author = authorRepository.findById(1L).orElseThrow();

    author.setAge(49);
}
```

그러면 로그에는 다음과 유사한 내용이 포함된다.

```
c.bookstore.profiler.RepositoryProfiler :
org.springframework.data.jpa.repository.support.
SimpleJpaRepository@780dbed7.Optional
org.springframework.data.repository.CrudRepository.findById(Object):
Execution time: 47 ms
```

전체 애플리케이션은 깃허브[14]에서 확인할 수 있다.

---

14. HibernateSpringBootRepoIntercept

## 10장

DataSource 및 커넥션 풀 설정

항목 86: HikariCP 설정 커스터마이징 방법

스프링 부트는 HikariCP를 기본 커넥션 풀로 사용한다.

프로젝트에 spring-boot-starter-jdbc 또는 spring-boot-starter-data-jpa '스타터'를 추가하면 기본 설정으로 HikariCP 종속성이 자동으로 추가된다.

커넥션 풀 설정 변경 방법을 아는 것은 중요하며, 대부분의 경우 기본 설정은 프로덕션 요구 사항을 충족하지 못한다. 프로덕션 환경을 위한 커넥션 풀 파라미터 조정의 가장 좋은 방법은 블라드 미하체아의 FlexyPool[1]을 사용하는 것이다. FlexyPool은 커넥션 풀의 고성능을 유지하는 데 필요한 최적의 설정을 결정할 수 있게 하며, 몇 가지 놀라운 도구 중 하나일 뿐이다. 자세한 내용은 부록 J를 참고하자.

10장에서는 커넥션 풀에 대한 최적의 값을 설정했다고 가정하고 HikariCP를 위한 프로덕션에서의 설정에 대한 몇 가지 방법을 살펴본다.

application.properties를 통한 HikariCP 파라미터 최적화

HikariCP의 파라미터는 application.properties를 통해 조정할 수 있는데, 각

---

1. https://github.com/vladmihalcea/flexy-pool

파라미터 값은 spring.datasource.hikari.*로 시작하는 스프링 속성에 이름을 추가함으로써 변경할 수 있다. 여기서 *는 파라미터 이름을 나타내며, 파라미터 목록과 그 의미는 HikariCP 문서에서 확인할 수 있다. 다음 설정의 일부는 가장 일반적인 파라미터에 대한 예를 보여준다.

```
spring.datasource.hikari.connectionTimeout=50000
spring.datasource.hikari.idleTimeout=300000
spring.datasource.hikari.maxLifetime=900000
spring.datasource.hikari.maximumPoolSize=8
spring.datasource.hikari.minimumIdle=8
spring.datasource.hikari.poolName=MyPool
spring.datasource.hikari.connectionTestQuery=select 1 from dual

# 비활성화 auto-commit
spring.datasource.hikari.autoCommit=false

# spring.datasource.hikari.*를 통해 추가 설정 가능
```

또는 다음과 같다.

```
spring.datasource.hikari.connection-timeout=50000
spring.datasource.hikari.idle-timeout=300000
spring.datasource.hikari.max-lifetime=900000
spring.datasource.hikari.maximum-pool-size=8
spring.datasource.hikari.minimum-idle=8
spring.datasource.hikari.pool-name=MyPool
spring.datasource.hikari.connection-test-query=select 1 from dual
```

스프링 부트는 application.properties를 처리하고 해당 값에 따라 HikariCP 커넥션 풀을 구성한다. 전체 코드는 깃허브[2]에서 확인할 수 있다.

---

2. HibernateSpringBootHikariCPPropertiesKickoff

application.properties 및 DataSourceBuilder를 통한 HikariCP 파라미터 최적화

HikariCP의 파라미터는 application.properties와 DataSourceBuilder를 통해서도 조정할 수 있다. 이 클래스는 일반적인 구현과 설정을 사용한 DataSource 구성을 지원하는데, 이번에는 application.properties에서 파라미터 이름을 사용자 지정 속성(예: app.datasource.*)의 접미사를 다음과 같이 지정한다.

```
app.datasource.connection-timeout=50000
app.datasource.idle-timeout=300000
app.datasource.max-lifetime=900000
app.datasource.maximum-pool-size=8
app.datasource.minimum-idle=8
app.datasource.pool-name=MyPool
app.datasource.connection-test-query=select 1 from dual
# 비활성화 auto-commit
app.datasource.auto-commit=false
# app.datasource.*를 통해 추가 설정 가능
```

다음으로 DataSource 구성을 위한 2단계가 필요하다.

- @ConfigurationProperties를 사용해 app.datasource의 속성을 로드한다.
- HikariDataSource 인스턴스를 구성하고자 DataSourceBuilder를 사용한다.

다음 코드가 이에 대한 내용을 나타낸다.

```
@Configuration
public class ConfigureDataSource {

    @Bean
    @Primary
```

```
@ConfigurationProperties("app.datasource")
public DataSourceProperties dataSourceProperties() {
    return new DataSourceProperties();
}

@Bean
@ConfigurationProperties("app.datasource")
public HikariDataSource dataSource(DataSourceProperties properties) {
    return properties.initializeDataSourceBuilder()
        .type(HikariDataSource.class)
        .build();
}
}
```

전체 코드는 깃허브[3]에서 확인할 수 있다.

DataSourceBuilder를 통한 HikariCP 파라미터 최적화

DataSourceBuilder를 통해 프로그래밍 방식으로 HikariCP 파라미터를 조정할 수 있다. 즉, 커넥션 풀의 파라미터는 DataSourceBuilder API를 통해 직접 설정되며, 이는 다음과 같은 2단계를 통해 처리된다.

- HikariDataSource 인스턴스 생성
- 데이터 소스 구성을 위한 전용 메서드 호출

DataSourceBuilder API는 setJdbcUrl(), setUsername(), setPassword() 메서드 외에도 다음 코드와 같이 HikariCP 파라미터에 대한 전용 메서드를 제공한다.

```
@Configuration
public class ConfigureDataSource {
```

---

3. HibernateSpringBootDataSourceBuilderHikariCPKickoff

```
@Bean
public HikariDataSource dataSource() {
    HikariDataSource hds = new HikariDataSource();
    hds.setJdbcUrl("jdbc:mysql://localhost:3306/numberdb"
            + "?createDatabaseIfNotExist=true");
    hds.setUsername("root");
    hds.setPassword("root ");
    hds.setConnectionTimeout(50_000);
    hds.setIdleTimeout(300_000);
    hds.setMaxLifetime(900_000);
    hds.setMaximumPoolSize(8);
    hds.setMinimumIdle(8);
    hds.setPoolName("MyPool");
    hds.setConnectionTestQuery("select 1 from dual");
    hds.setAutoCommit(false);
    return hds;
}
}
```

전체 코드는 깃허브[4]에서 확인할 수 있다.

다른 커넥션 풀 최적화

이번 항목의 주제는 다른 커넥션 풀에도 적용될 수 있다. 큰 그림은 동일하게 유지되지만 개발자는 BoneCP[5], C3P0[6], DBCP[7], Tomcat[8], ViburDBCP[9] 예제들 (application.properties와 DataSourceBuilder 사용)과 같이 약간 조정의 필요하다.

---

4. HibernateSpringBootDataSourceBuilderProgHikariCPKickoff
5. HibernateSpringBootDataSourceBuilderBoneCPKickoff
6. HibernateSpringBootDataSourceBuilderC3P0Kickoff
7. HibernateSpringBootDataSourceBuilderDBCP2Kickoff
8. HibernateSpringBootDataSourceBuilderTomcatKickoff
9. HibernateSpringBootDataSourceBuilderViburDBCPKickoff

중요한 부분으로 앞의 예제들[10]은 다음과 같은 3단계를 갖는다.

- pom.xml(메이븐용)에서 해당되는 종속성을 추가
- application.properties에서 커스텀 접두사(예: app.datasource.*)를 통해 커넥션 풀을 구성
- DataSourceBuilder를 통해 DataSource를 반환하는 @Bean 작성

항목 87: 2개의 커넥션 풀을 갖는 2개의 데이터 소스 구성 방법

이 항목에서는 2개의 커넥션 풀을 갖는 2개의 데이터베이스 구성을 다룬다. 좀 더 정확하게는 Author라는 엔터티는 authorsdb 데이터베이스의 author 테이블에 매핑되고, Book이라는 엔터티는 booksdb 데이터베이스의 book 테이블에 매핑된다. 엔터티는 직접적인 관련은 없고 다음과 같이 매우 간단하다.

```
@Entity
public class Author implements Serializable {

    private static final long serialVersionUID = 1L;

    @Id
    @GeneratedValue(strategy = GenerationType.IDENTITY)
    private Long id;

    private String name;
    private String genre;
    private int age;
    private String books;

    // 간결함을 위해 getter/setter 생략
}
```

---

10. 예제 중 BoneCP, ViburDBCP는 최신 스프링 부트 버전에서는 지원되지 않는다. 자세한 사항은 공식 문서(https://docs.spring.io/spring-boot/docs/current/reference/html/data.html#data.sql.datasource.connection-pool)를 참고하자.
    – 옮긴이

```
@Entity
public class Book implements Serializable {

    private static final long serialVersionUID = 1L;

    @Id
    @GeneratedValue(strategy = GenerationType.IDENTITY)
    private Long id;

    private String title;
    private String isbn;
    private String authors;

    // 간결함을 위해 getter/setter 생략
}
```

AuthorRepository의 쿼리 메서드를 호출하면 authorsdb 데이터베이스에 대한 SQL문이 실행되고, BookRepository의 쿼리 메서드 호출은 booksdb 데이터베이스로 SQL문이 트리거된다.

먼저 application.properties를 주목하자. 여기에서 데이터 소스에 대한 구성을 추가해보자. 좀 더 정확하게는 2개의 JDBC URL과 커넥션 풀에 대한 구성을 추가한다. 첫 번째 데이터 소스는 app.datasource.ds1 접두사를 사용하고 두 번째 데이터 소스는 app.datasource.ds2를 사용한다.

```
app.datasource.ds1.url=jdbc:mysql://localhost:3306/authorsdb
                                   ?createDatabaseIfNotExist=true
app.datasource.ds1.username=root
app.datasource.ds1.password=root
app.datasource.ds1.connection-timeout=50000
app.datasource.ds1.idle-timeout=300000
app.datasource.ds1.max-lifetime=900000
app.datasource.ds1.maximum-pool-size=8
app.datasource.ds1.minimum-idle=8
```

```
app.datasource.ds1.pool-name=MyPoolDS1
app.datasource.ds1.connection-test-query=select 1 from dual

app.datasource.ds2.url=jdbc:mysql://localhost:3306/booksdb
                                      ?createDatabaseIfNotExist=true
app.datasource.ds2.username=root
app.datasource.ds2.password=root
app.datasource.ds2.connection-timeout=50000
app.datasource.ds2.idle-timeout=300000
app.datasource.ds2.max-lifetime=900000
app.datasource.ds2.maximum-pool-size=4
app.datasource.ds2.minimum-idle=4
app.datasource.ds2.pool-name=MyPoolDS2
app.datasource.ds2.connection-test-query=select 1 from dual
```

해당 구성은 @Configuration 클래스에서도 프로그래밍 방식으로 설정할 수 있다. 다음은 그 예다.

```java
@Bean
public HikariDataSource dataSource() {

    HikariDataSource hds = new HikariDataSource();

    hds.setJdbcUrl("jdbc:mysql://localhost:3306/numberdb
                        ?createDatabaseIfNotExist=true");

    // ...
    return hds;
}
```

이런 설정은 @Configuration 어노테이션을 갖는 클래스에서 HikariDataSource 인스턴스를 생성하고 로드하는 데 사용된다. 각 데이터베이스는 연결된 HikariDataSource를 갖는다.

```java
@Configuration
public class ConfigureDataSources {

    // 첫 번째 데이터베이스 authorsdb
    @Primary
    @Bean(name = "configAuthorsDb")
    @ConfigurationProperties("app.datasource.ds1")
    public DataSourceProperties firstDataSourceProperties() {
        return new DataSourceProperties();
    }

    @Primary
    @Bean(name = "dataSourceAuthorsDb")
    @ConfigurationProperties("app.datasource.ds1")
    public HikariDataSource firstDataSource(
            @Qualifier("configAuthorsDb") DataSourceProperties properties) {
        return properties.initializeDataSourceBuilder()
            .type(HikariDataSource.class)
            .build();
    }

    // 두 번째 데이터베이스 booksdb
    @Bean(name = "configBooksDb")
    @ConfigurationProperties("app.datasource.ds2")
    public DataSourceProperties secondDataSourceProperties() {
        return new DataSourceProperties();
    }

    @Bean(name = "dataSourceBooksDb")
    @ConfigurationProperties("app.datasource.ds2")
    public HikariDataSource secondDataSource(
            @Qualifier("configBooksDb") DataSourceProperties properties) {
        return properties.initializeDataSourceBuilder()
            .type(HikariDataSource.class)
            .build();
    }
}
```

다음으로 각 HikariDataSource에 대해 LocalContainerEntityManagerFactoryBean
과 PlatformTransactionManager를 구성하는데, 다음과 같이 authorsdb에 매핑된
엔터티는 com.bookstore.ds1 패키지에 있음을 스프링 부트에 알린다.

```
@Configuration
@EnableJpaRepositories(
    entityManagerFactoryRef = "ds1EntityManagerFactory",
    transactionManagerRef = "ds1TransactionManager",
    basePackages = "com.bookstore.ds1"
)
@EnableTransactionManagement
public class FirstEntityManagerFactory {

    @Bean
    @Primary
    public LocalContainerEntityManagerFactoryBean ds1EntityManagerFactory(
                EntityManagerFactoryBuilder builder,
                @Qualifier("dataSourceAuthorsDb") DataSource
                dataSource) {
        return builder
            .dataSource(dataSource)
            .packages(packagesToScan())
            .persistenceUnit("ds1-pu")
            .properties(hibernateProperties())
            .build();
    }

    @Bean
    @Primary
    public PlatformTransactionManager ds1TransactionManager(
                @Qualifier("ds1EntityManagerFactory")
                EntityManagerFactory ds1EntityManagerFactory) {
        return new JpaTransactionManager(ds1EntityManagerFactory);
    }

    protected String[] packagesToScan() {
```

```
            return new String[]{
                "com.bookstore.ds1"
            };
        }

        protected Map<String, String> hibernateProperties() {
            return new HashMap<String, String>() {
                {
                    put("hibernate.dialect",
                        "org.hibernate.dialect.MySQL8Dialect");
                    put("hibernate.hbm2ddl.auto", "create");
                }
            };
        }
    }
```

그다음은 두 번째 데이터 소스에 대한 LocalContainerEntityManagerFactoryBean
과 PlatformTransactionManager를 구성한다. 이번에는 booksdb에 매핑된 엔터
티는 com.bookstore.ds2 패키지에 있음을 다음과 같이 스프링 부트에 알린다.

```
@Configuration
@EnableJpaRepositories(
    entityManagerFactoryRef = "ds2EntityManagerFactory",
    transactionManagerRef = "ds2TransactionManager",
    basePackages = "com.bookstore.ds2"
)
@EnableTransactionManagement
public class SecondEntityManagerFactory {

    @Bean
    public LocalContainerEntityManagerFactoryBean ds2EntityManagerFactory(
            EntityManagerFactoryBuilder builder,
            @Qualifier("dataSourceBooksDb") DataSource dataSource) {
```

```java
        return builder
            .dataSource(dataSource)
            .packages(packagesToScan())
            .persistenceUnit("ds2-pu")
            .properties(hibernateProperties())
            .build();
    }

    @Bean
    public PlatformTransactionManager ds2TransactionManager(
                @Qualifier("ds2EntityManagerFactory")
                EntityManagerFactory secondEntityManagerFactory) {
        return new JpaTransactionManager(secondEntityManagerFactory);
    }

    protected String[] packagesToScan() {

        return new String[]{
            "com.bookstore.ds2"
        };
    }

    protected Map<String, String> hibernateProperties() {

        return new HashMap<String, String>() {
            {
                put("hibernate.dialect",
                    "org.hibernate.dialect.MySQL8Dialect");
                put("hibernate.hbm2ddl.auto", "create");
            }
        };
    }
}
```

테스트 확인

AuthorRepository는 com.bookstore.ds1 패키지에 추가되고 BookRepository는 com.bookstore.ds2 패키지에 추가된다.

```
package com.bookstore.ds1;

// ...

@Repository
public interface AuthorRepository extends JpaRepository<Author, Long> {
}
```

```
package com.bookstore.ds2;

// ...

@Repository
public interface BookRepository extends JpaRepository<Book, Long> {
}
```

저자를 저장하는 것은 다음과 같이 서비스 메서드에서 처리된다.

```
public Author persistAuthor() {

    Author author = new Author();

    author.setName("Joana Nimar");
    author.setGenre("History");
    author.setAge(34);
    author.setBooks("A History of Ancient Prague, A People's History");

    return authorRepository.save(author);
}
```

persistAuthor()를 호출하면 authorsdb 데이터베이스에 저자가 저장된다.

도서를 저장하는 것은 다음 서비스 메서드와 같이 처리된다.

```java
public Book persistBook() {

    Book book = new Book();

    book.setIsbn("001-JN");
    book.setTitle("A History of Ancient Prague");
    book.setAuthors("Joana Nimar");

    return bookRepository.save(book);
}
```

persistBook()을 호출하면 booksdb 데이터베이스에 도서가 저장된다.

전체 애플리케이션은 깃허브[11]에서 확인할 수 있다.

---

11. HibernateSpringBootTwoDataSourceBuilderKickoff

## 11장

감사

항목 88: 생성 및 수정 시간과 엔터티 사용자 추적 방법

이번 항목에서는 생성 및 수정 시간과 사용자를 추적하고자 자동으로 생성되는 영속 필드 추가 방법을 설명한다. 감사auditing는 레코드 기록을 유지 관리하는 데 유용하며, 이를 통해 사용자 활동을 추적할 수 있다.

이런 영속 필드에 대해 다음과 같은 이름을 생각해보자(원하는 대로 이름은 변경할 수 있음).

- **created**: 행이 데이터베이스에 등록된 타임스탬프
- **createdBy**: 해당 행 등록을 트리거한 로그인 사용자
- **lastModified**: 해당 행의 마지막 업데이트 타임스탬프
- **lastModifiedBy**: 마지막 업데이트를 트리거한 로그인 사용자

기본적으로 타임스탬프는 현지 시간대로 저장되지만 여기서는 UTC(또는 GMT)로 저장한다. MySQl에서 UTC(또는 GMT)로 타임스탬프를 저장하는 것은 다음 2단계로 처리한다(**항목 111** 참고).

- application.properties에 useLegacyDatetimeCode=false 추가
- application.properties에 spring.jpa.properties.hibernate.jdbc.time_zone=UTC 설정 추가

이와 같은 자동 생성 영속 필드를 엔터티에 추가하는 것은 스프링 데이터 JPA 감사 또는 하이버네이트 지원을 통해 수행된다. 두 경우 모두 해당 필드들은 @MappedSuperclass로 어노테이션이 지정된 엔터티가 아닌 추상 클래스에 추가 된다(지정된 클래스는 상속을 통해 매핑 정보가 엔터티에 적용됨).

그림 11-1과 같이 이 클래스의 이름을 BaseEntity로 지정하자.

그림 11-1. 기반 엔터티 클래스 다이어그램

엔터티는 BaseEntity를 확장해 해당 필드들을 상속한다. 예를 들어 Author와 Book 엔터티에 대한 사용자 활동을 추적해보자.

그림 11-2는 이를 보여준다.

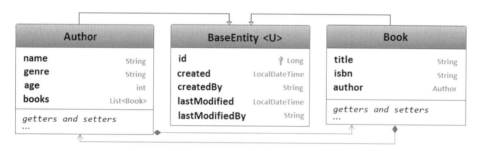

그림 11-2. 도메인 모델

이제 이를 스프링 데이터 JPA 감사 기능을 통해 코드로 작성해보자.

스프링 데이터 감사 기능 활용

스프링 데이터는 해당 목적을 달성하기 위한 4개의 어노테이션을 제공하는데,

@CreatedBy(createdBy 필드용), @CreatedDate(created 필드용), @LastModifiedBy(lastModifiedBy 필드용), @LastModifiedDate(lastModified 필드용)다. 필드에 어노테이션을 추가하는 것은 시작에 불과하다.

아울러 @MappedSuperclass 어노테이션와 함께 BaseEntity에 @EntityListeners({AuditingEntityListener.class}) 어노테이션을 지정해야 한다. 리스너로 지정된 클래스(AuditingEntityListener)는 스프링 데이터 JPA 엔터티 리스너 클래스며, 콜백 메서드(@PrePersist 및 @PreUpdate 어노테이션이 달린)를 사용해 created, createdBy, lastModified, lastModifiedBy 필드를 저장하고 업데이트한다. 이는 엔터티가 저장되거나 업데이트될 때마다 발생한다. 코드는 다음과 같다.

```
@MappedSuperclass
@EntityListeners({AuditingEntityListener.class})
public abstract class BaseEntity<U> {

    @Id
    @GeneratedValue(strategy = GenerationType.IDENTITY)
    protected Long id;

    @CreatedDate
    protected LocalDateTime created;

    @CreatedBy
    protected U createdBy;

    @LastModifiedDate
    protected LocalDateTime lastModified;

    @LastModifiedBy
    protected U lastModifiedBy;
}
```

Author와 Book은 다음과 같이 BaseEntity를 확장한다.

```java
public class Author extends BaseEntity<String> implements Serializable {
    // ...
}



public class Book extends BaseEntity<String> implements Serializable {
    // ...
}
```

그러나 이것도 전부가 아니다. 이 시점에서 JPA는 현재 시스템 시간을 사용해 created와 lastModified 필드를 채울 수 있지만 createdBy와 lastModifiedBy는 채울 수 없다. 이 작업을 위해 JPA는 현재 로그인한 사용자를 알아야 한다. 즉, 개발자는 AuditorAware 구현을 제공하고 getCurrentAuditor() 메서드를 재정의 해야 한다.

현재 로그인한 사용자는 스프링 시큐리티^{Spring Security}를 통해 getCurrentAuditor() 내부에서 가져온다. 이 예제에는 하드코딩된 사용자가 있는 더미 구현을 갖지 만 스프링 시큐리티를 사용하면 실제 사용자를 연결하는 것은 매우 쉽다.

```java
public class AuditorAwareImpl implements AuditorAware<String> {

    @Override
    public Optional<String> getCurrentAuditor() {

        // 현재 로그인 사용자 정보를 가져오고자 스프링 시큐리티를 사용해야 함
        return Optional.of(Arrays.asList("mark1990", "adrianm", "dan555")
                .get(new Random().nextInt(3)));
    }
}
```

마지막 단계는 설정 클래스에서 @EnableJpaAuditing을 지정해 JPA 감사 기능을 활성화하는 것이다. @EnableJpaAuditing은 하나의 구성 요소인 auditAwareRef

를 허용하고, 이 값은 `AuditorAware` 빈의 이름이 된다.

```
@SpringBootApplication
@EnableJpaAuditing(auditorAwareRef = "auditorAware")
public class MainApplication {
    // ...
}
```

끝이다. 애플리케이션의 실행과 출력은 '테스트 확인' 절에서 확인하자. 전체 코드는 깃허브[1]에서 확인할 수 있다.

하이버네이트 지원 기능 활용

어떤 이유로든 제시된 접근 방식이 적합하지 않은 경우 하이버네이트 지원 기능을 활용할 수 있다.

created 및 lastModified 필드

하이버네이트는 바로 사용할 수 있는 내장 어노테이션(@CreationTimestamp 및 @UpdateTimestamp)을 제공해 created와 lastModified 필드에 사용할 수 있다.

@CreationTimestamp와 @UpdateTimestamp는 둘 다 타임스탬프의 메모리 내 생성을 제공한다 (VM 시간 사용).

해당 createdBy와 lastModifiedBy 필드에는 구현해야 할 어노테이션이 필요한데, 곧 보게 될 것이다. 지금은 createdBy를 위한 어노테이션이 @CreatedBy이고 lastModifiedBy를 위한 어노테이션이 @ModifiedBy라고 가정해보자. BaseEntity에 모두 합치면 다음과 같은 코드가 된다.

---

1. HibernateSpringBootAudit

```
import org.hibernate.annotations.CreationTimestamp;
import org.hibernate.annotations.UpdateTimestamp;
// ...

@MappedSuperclass
public abstract class BaseEntity<U> {

    @Id
    @GeneratedValue(strategy = GenerationType.IDENTITY)
    protected Long id;

    @CreationTimestamp
    protected LocalDateTime created;

    @UpdateTimestamp
    protected LocalDateTime lastModified;

    @CreatedBy
    protected U createdBy;

    @ModifiedBy
    protected U lastModifiedBy;
}
```

createdBy 및 lastModifiedBy 필드

하이버네이트에는 createdBy와 lastModifiedBy 필드를 위한 고유의 내장 어노 테이션이 없다. 그러나 하이버네이트의 AnnotationValueGeneration 인터페이 스를 통해 @CreatedBy와 @ModifiedBy 어노테이션을 구성할 수 있다. 이 인터페 이스는 커스텀 자바 생성기 어노테이션 타입을 기반으로 하는 ValueGeneration 을 나타내며, 여기서 ValueGeneration은 속성 값 생성을 제시한다. 먼저 다음과 같이 @ValueGenerationType을 사용해 @CreatedBy 어노테이션을 정의해보자.

```
@ValueGenerationType(generatedBy = CreatedByValueGeneration.class)
```

```
@Retention(RetentionPolicy.RUNTIME)
public @interface CreatedBy {
}
```

@ModifiedBy 어노테이션은 다음과 같다.

```
@ValueGenerationType(generatedBy = ModifiedByValueGeneration.class)
@Retention(RetentionPolicy.RUNTIME)
public @interface ModifiedBy {
}
```

하이버네이트 4.3부터 @ValueGenerationType 메타어노테이션을 통해 생성된 속성과 커스텀 생성기를 선언하는 새로운 접근 방식을 사용할 수 있다. @Generated 어노테이션은 @ValueGenerationType을 사용하도록 개조됐다.

CreatedByValueGeneration 클래스는 AnnotationValueGeneration을 구현하고 사용자 이름(엔티티를 만든 사용자)에 대한 생성기를 제공한다. 관련 코드는 다음에 나열돼 있다(이 타임스탬프는 엔티티가 처음으로 저장될 때만 생성돼야 한다. 따라서 생성 타이밍을 GenerationTiming.INSERT로 설정하자).

```
public class CreatedByValueGeneration
        implements AnnotationValueGeneration<CreatedBy> {

    private final ByValueGenerator generator
            = new ByValueGenerator(new UserService());

    // ...

    @Override
    public GenerationTiming getGenerationTiming() {
        return GenerationTiming.INSERT;
    }
}
```

```
    @Override
    public ValueGenerator<?> getValueGenerator() {
        return generator;
    }

    // ...
}
```

ModifiedByValueGeneration 클래스는 AnnotationValueGeneration을 구현하고
사용자 이름(엔티티를 수정한 사용자)에 대한 생성기를 제공한다. 관련 코드는 다음에 나
열돼 있다(이 타임스탬프는 엔티티가 업데이트될 때마다 생성돼야 한다. 따라서 생성 타이밍을 GenerationTiming.ALWAYS로
설정하자).

```
public class ModifiedByValueGeneration
        implements AnnotationValueGeneration<ModifiedBy> {

    private final ByValueGenerator generator
            = new ByValueGenerator(new UserService());

    // ...

    @Override
    public GenerationTiming getGenerationTiming() {
        return GenerationTiming.ALWAYS;
    }

    @Override
    public ValueGenerator<?> getValueGenerator() {
        return generator;
    }

    // ...
}
```

CreatedByValueGeneration과 ModifiedByValueGeneration에서 반환된 generator

는 ByValueGenerator며, 이는 ValueGenerator 인터페이스의 직관적인 구현을 나타낸다. 이 클래스의 결과는 generateValue() 메서드다.

```java
public class ByValueGenerator implements ValueGenerator<String> {

    public final UserService userService;

    public ByValueGenerator(UserService userService) {
        this.userService = userService;
    }

    @Override
    public String generateValue(Session session, Object entity) {
        // 현재 사용자 정보 등을 얻고자 서비스에 활용함
        return userService.getCurrentUserName();
    }
}
```

UserService는 스프링 시큐리티를 사용해 getCurrentUserName()으로 현재 로그인된 사용자를 반환해야 한다. 지금은 단순히 더미 구현을 사용한다.

```java
@Service
public class UserService {

    public String getCurrentUserName() {
        // 현재 로그인 사용자 정보를 가져오고자 스프링 시큐리티를 사용해야 함
        return Arrays.asList("mark1990", "adrianm", "dan555")
            .get(new Random().nextInt(3));
    }
}
```

당연히 로그인한 사용자를 처리하는 자체 서비스를 쉽게 연결할 수 있다.

전체 코드는 깃허브[2]에서 확인할 수 있다.

테스트 확인

제시된 접근 방식들은 모두 동일한 SQL문과 결과를 만든다. 따라서 다음 논의에서는 2가지 모두를 다루고 있다.

저자를 저장하면 다음 SQL문이 트리거된다.

```
INSERT INTO author (created, created_by, last_modified,
                    last_modified_by, age, genre, name)
    VALUES (?, ?, ?, ?, ?, ?, ?)
```

도서를 저장하면 다음과 같은 SQL문이 생성된다.

```
INSERT INTO book (created, created_by, last_modified,
                  last_modified_by, author_id, isbn, title)
    VALUES (?, ?, ?, ?, ?, ?, ?)
```

저자를 업데이트하면 다음 SQL문이 트리거된다.

```
UPDATE author
SET created = ?,
    created_by = ?,
    last_modified = ?,
    last_modified_by = ?,
    age = ?,
    genre = ?,
    name = ?
```

---

2. HibernateSpringBootTimestampGeneration

```
        WHERE id = ?
```

도서를 업데이트하면 다음과 같은 SQL문이 생성된다.

```
UPDATE book
SET created = ?,
    created_by = ?,
    last_modified = ?,
    last_modified_by = ?,
    author_id = ?,
    isbn = ?,
    title = ?
WHERE id = ?
```

그림 11-3은 저자와 도서 테이블의 스냅숏을 보여주는데, created, created_by, last_modified, last_modified_by 칼럼을 확인해보자.

author

id	created	created_by	last_modified	last_modified_by	age	genre	name
1	2019-07-24 06:30:58	dan555	2019-07-24 06:30:58	dan555	34	Anthology	Quartis Young
2	2019-07-24 06:30:58	dan555	2019-07-24 06:31:04	adrianm	45	Anthology	Mark Janel

book

id	created	created_by	last_modified	last_modified_by	isbn	title	author_id
1	2019-07-24 06:30:58	adrianm	2019-07-24 06:31:09	adrianm	not available	The Beatles Anthology	1
2	2019-07-24 06:30:58	adrianm	2019-07-24 06:31:09	adrianm	not available	A People's Anthology	1
3	2019-07-24 06:30:58	adrianm	2019-07-24 06:30:58	adrianm	003	Anthology Myths	2

그림 11-3. author 및 book 테이블에 대한 데이터 스냅숏

항목 89: 하이버네이트 Envers 감사 활성화 방법

항목 88에서는 스프링 데이터 JPA 감사와 하이버네이트 값 생성기를 통해 엔터티의 생성 및 수정 시간과 사용자 추적 방법을 설명했다. 추가적으로 하이버네이트 ORM에는 엔터티 클래스 감사/버전 관리 전용인 하이버네이트 Envers라는

모듈이 있다. 그 기능 중 하이버네이트 Envers는 감사, 각 revision에 대한 데이터 로깅, 엔터티와 해당 연관관계의 과거 스냅숏 쿼리를 제공한다.

이번 항목은 하이버네이트 Envers 활성화를 위한 모범 사례를 추가로 제시하는데, 먼저 pom.xml(메이븐용)에 하이버네이트 Envers 종속성을 추가해야 한다.

```
<dependency>
    <groupId>org.hibernate</groupId>
    <artifactId>hibernate-envers</artifactId>
</dependency>
```

하이버네이트 Envers는 JAXB(XML 바인딩) API용 자바 아키텍처가 필요하기 때문에 다음 유형의 예외가 발생할 수 있다.

```
Caused by: javax.xml.bind.JAXBException: Implementation of JAXB-API has not
been found on module path or classpath
```

이는 다음과 같은 종속성이 추가로 필요하다.

```
<dependency>
    <groupId>javax.xml.bind</groupId>
    <artifactId>jaxb-api</artifactId>
</dependency>
<dependency>
    <groupId>org.glassfish.jaxb</groupId>
    <artifactId>jaxb-runtime</artifactId>
</dependency>
```

엔터티 감사

하이버네이트 Envers로 감사해야 하는 엔터티를 준비하는 것은 엔터티 클래스 수준에서 `@Audited` 어노테이션을 추가하는 간단한 작업이다. 각 엔터티는 별도 데이터베이스 테이블로 감사되며, 엔터티마다 감사 테이블 이름을 명시적으로 지정하려면 `@AuditTable` 어노테이션을 사용한다(기본적인 이름은 entity_AUD 형식). 이를 Author와 Book 엔터티에 적용하면 다음과 같다.

```
@Entity
@Audited
@AuditTable("author_audit")
public class Author implements Serializable {
    // ...
}
```

```
@Entity
@Audited
@AuditTable("book_audit")
public class Book implements Serializable {
    // ...
}
```

데이터베이스 스키마는 author_audit 테이블을 포함해 그림 11-4의 테이블들과 같이 나타난다.

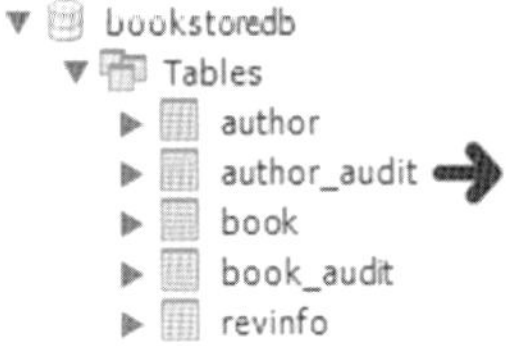

id	rev	revtype	revend	age	genre	name
1	1	0	NULL	34	Anthology	Quartis Young
2	1	0	2	23	Anthology	Mark Janel
2	2	1	NULL	45	Anthology	Mark Janel

그림 11-4. author_audit 테이블

Revision은 하이버네이트 Envers에 한정된 용어인데, 감사된 엔터티(INSERT, UPDATE 또는 DELETE)를 수정한 데이터베이스 트랜잭션을 나타낸다. revinfo 테이블(그림 11-4의 마지막 테이블)은 revision 번호와 에포크(epoch)[3] 타임스탬프를 저장한다.

여기서 author_audit(및 book_audit) 테이블은 특정 개정[revision]에 대한 엔터티의 스냅숏을 저장하며 rev 칼럼에는 개정 번호를 갖는다.

칼럼 revtype 값은 RevisionType 열거형[enum]으로 정의되는데, 다음과 같다.

- **0(또는 ADD)**: 데이터베이스 테이블 행이 추가됨
- **1(또는 MOD)**: 데이터베이스 테이블 행이 수정됨
- **2(또는 DEL)**: 데이터베이스 테이블 행이 삭제됨

칼럼 revend에는 감사 엔터티의 최종 개정 번호가 있다. 이 칼럼은 유효성[validity] 감사 전략이 사용되는 경우에만 나타나는데, ValidityAuditStrategy는 잠시 후에 설명한다.

스키마 생성

하이버네이트 Envers를 사용하려면 실제 엔터티 테이블 외에 여러 테이블이 필요하다. 해당 테이블들은 spring.jpa.hibernate.ddl-auto 설정이 스키마 DDL을 데이터베이스로 내보내도록 설정돼 있으면 JPA 어노테이션(예: @Audited 및 @AuditedTable)으로부터 생성된다. 이런 애플리케이션은 깃허브[4]에서 확인할 수 있다.

그러나 프로덕션 환경에서 이런 방법을 사용하는 것은 좋지 않다. 자동 스키마 마이그레이션이 필요하지 않은 경우 schema-*.sql이 대신 작업을 수행할 수 있으며, 그렇지 않으면 Flyway나 Liquibase와 같은 도구를 활용하는 것이 좋다.

---

3. 유닉스 시간이라고도 하며, 1970년 1월 1일 00:00:00 협정 세계시(UTC)부터의 경과 시간을 초로 환산한 정수로 나타낸다. - 옮긴이
4. HibernateSpringBootEnvers

두 경우 모두 개발자는 Envers 테이블에 대한 CREATE TABLE문이 필요하며, 해당 명령문은 다음과 같다(테이블 이름은 @AuditedTable을 통해 지정된 이름에 해당된다).

```
CREATE TABLE author_audit (
    id BIGINT(20) NOT NULL,
    rev INT(11) NOT NULL,
    revtype TINYINT(4) DEFAULT NULL,
    revend INT(11) DEFAULT NULL,
    age INT(11) DEFAULT NULL,
    genre VARCHAR(255) DEFAULT NULL,
    name VARCHAR(255) DEFAULT NULL,
    PRIMARY KEY (id,rev),
    KEY FKp4vbplw134mimnk3nlxfvmch0 (rev),
    KEY FKdtg6l7ccqhpsdnkltcoisi9l9 (revend));

CREATE TABLE book_audit (
    id BIGINT(20) NOT NULL,
    rev INT(11) NOT NULL,
    revtype TINYINT(4) DEFAULT NULL,
    revend INT(11) DEFAULT NULL,
    isbn VARCHAR(255) DEFAULT NULL,
    title VARCHAR(255) DEFAULT NULL,
    author_id BIGINT(20) DEFAULT NULL,
    PRIMARY KEY (id,rev),
    KEY FKjx5fxkthrd6kxbxb3ukwb04mf (rev),
    KEY FKr9ed64q1nek7vjfbcxm04v8ic (revend));

CREATE TABLE revinfo (
    rev INT(11) NOT NULL AUTO_INCREMENT,
    revtstmp BIGINT(20) DEFAULT NULL,
    PRIMARY KEY (rev));
```

Envers가 사용된 스키마를 자동으로 인식하지 못하는 경우 다음을 통해 스키마 이름을 전달해야 한다.

- MySQL: spring.jpa.properties.org.hibernate.envers.default_catalog
- 다른 DBMS: spring.jpa.properties.org.hibernate.envers.default_schema

---

전체 코드는 깃허브[5]에서 확인할 수 있다.

엔터티 스냅숏 쿼리

하이버네이트 Envers는 엔터티 스냅숏 쿼리를 지원하는데, AuditReader 객체의 팩토리[factory]인 AuditReaderFactory로부터 시작한다.

다음과 같이 JPA EntityManager 또는 하이버네이트 세션을 통해 AuditReader를 구성한다.

```
EntityManager em;

// ...
// EntityManager를 통해
AuditReader reader = AuditReaderFactory.get(em);

// Session을 통해
AuditReader reader = AuditReaderFactory.get(em.unwrap(Session.class));
```

AuditReader는 감사 로그에 대한 다양한 기능의 진입점이다. 그 기능 중 AuditReader를 사용하면 createQuery() 메서드를 통해 감사 로그를 조회할 수 있으며, 다음은 이에 대한 2가지 예다.

- 개정 #3으로 수정된 모든 Book 인스턴스 가져오기

```
List<Book> books = reader.createQuery()
    .forEntitiesAtRevision(Book.class, 3).getResultList();
```

---

5. HibernateSpringBootEnversSchemaSql

- 감사된 모든 상태의 모든 Book 인스턴스를 가져오기

```
List<Book> books = reader.createQuery()
    .forRevisionsOfEntity(Book.class, true, true).getResultList();
```

해당 API에는 많은 기능이 있으므로 잠시 시간을 내어 이 API를 살펴보는 것이 좋다. 특히 고급 조회가 필요한 경우 자세히 살펴보자.

ValidityAuditStrategy 감사 로깅 전략

기본적으로 하이버네이트 Envers는 DefaultAuditStrategy라는 이름으로 구현된 감사 로깅 전략을 사용하며, 다음과 같은 조회를 사용해보자(개정 #3에서 수정된 모든 Book 인스턴스 가져오기).

```
List<Book> books = reader.createQuery()
    .forEntitiesAtRevision(Book.class, 3).getResultList();
```

내부적으로 트리거되는 SELECT는 다음과 같다.

```
SELECT
    book_aud0_.id AS id1_3_,
    book_aud0_.rev AS rev2_3_,
    book_aud0_.revtype AS revtype3_3_,
    book_aud0_.isbn AS isbn4_3_,
    book_aud0_.title AS title5_3_,
    book_aud0_.author_id AS author_i6_3_
FROM book_audit book_aud0_
WHERE book_aud0_.rev =
    (
        SELECT MAX(book_aud1_.rev)
```

```
        FROM book_audit book_aud1_
        WHERE book_aud1_.rev <= ?
        AND book_aud0_.id = book_aud1_.id
    )
    AND book_aud0_.revtype <> ?
```

감사 로그가 상당히 큰 경우(SELECT 서브쿼리 확인) 이 쿼리가 그다지 성능이 좋지 않다는 것은 매우 명백하다.

그러나 DefaultAuditStrategy는 AuditStrategy 구현 중 하나일 뿐이며, 다른 하나는 ValidityAuditStrategy다. 다음과 같이 application.properties를 사용해 스프링 부트 애플리케이션에서 이 전략을 활성화할 수 있다.

```
spring.jpa.properties.org.hibernate.envers.audit_strategy
    =org.hibernate.envers.strategy.ValidityAuditStrategy
```

하이버네이트 버전 5.4 이전에는 org.hibernate.envers.strategy.internal.Validity AuditStrategy가 올바른 값이다.

ValidityAuditStrategy가 활성화되면 동일한 조회를 다시 시도할 수 있는데, 이번에는 SQL문이 좀 더 효율적이다.

```
SELECT
    book_aud0_.id AS id1_3_,
    book_aud0_.rev AS rev2_3_,
    book_aud0_.revtype AS revtype3_3_,
    book_aud0_.revend AS revend4_3_,
    book_aud0_.isbn AS isbn5_3_,
    book_aud0_.title AS title6_3_,
```

```
    book_aud0_.author_id AS author_i7_3_
FROM book_audit book_aud0_
WHERE book_aud0_.rev <= ?
AND book_aud0_.revtype <> ?
AND (book_aud0_.revend > ?
OR book_aud0_.revend IS NULL)
```

이번에는 SELECT 서브쿼리가 없다. 훌륭하다. 더욱이 revend와 rev 칼럼에 대한 인덱스를 추가해 개선할 수 있다. 이렇게 하면 순차 스캔^{sequential scan}이 방지되고 Envers의 성능이 더욱 향상된다. 아울러 revend 칼럼은 ValidityAuditStrategy 를 사용하고 revinfo 테이블을 참조하는 경우에만 나타난다. 그 목적은 이 엔터티 스냅숏이 여전히 유효한 마지막 개정을 표시하는 것이다.

ValidityAuditStrategy는 빠르게 엔터티 스냅숏을 가져오는 것은 뛰어나지만 데이터베이스에서 엔터티 상태를 유지하는 동안에는 DefaultAuditStrategy보다 성능이 떨어진다. 보통은 쓰기 동안 추가 시간을 할애하고 더 빠르게 읽을 수 있지만 일반적으로 사용되는 규칙은 아니다. 필요에 따라 DefaultAuditStrategy를 사용하는 것은 잘못된 선택이 아니다.

항목 90: 영속성 콘텍스트를 확인하는 방법

영속성 콘텍스트에 무엇이 있는지 궁금한 적이 있는가? 또는 특정 엔터티나 컬렉션이 현재 영속성 콘텍스트에 있는지 여부는 어떤가? 이때 org.hibernate. engine.spi.PersistenceContext를 통해 하이버네이트의 영속성 콘텍스트를 검사할 수 있다. 먼저 도우미 메서드는 다음과 같이 SharedSessionContractImplementor 를 활용해 PersistenceContext를 가져온다.

```
@PersistenceContext
```

```
private final EntityManager entityManager;
// ...
private org.hibernate.engine.spi.PersistenceContext getPersistenceContext() {

    SharedSessionContractImplementor sharedSession = entityManager.unwrap(
        SharedSessionContractImplementor.class
    );

    return sharedSession.getPersistenceContext();
}
```

다음으로 PersistenceContext는 구성 내용을 추가, 제거, 검사하기 위한 다양한 메서드를 제공한다. 예를 들어 다음 메서드는 전체 관리되는 엔터티 수와 해당 상태 그리고 하이드레이트된 상태를 포함해 엔터티에 대한 일부 정보를 표시한다.

```
private void briefOverviewOfPersistentContextContent() {

    org.hibernate.engine.spi.PersistenceContext persistenceContext
            = getPersistenceContext();

    int managedEntities = persistenceContext.getNumberOfManagedEntities();
    int collectionEntriesSize =
            persistenceContext.getCollectionEntriesSize();

    System.out.println("Total number of managed entities: " +
            managedEntities);
    System.out.println("Total number of collection entries: " +
            collectionEntriesSize);

    // getEntitiesByKey()는 제거되고 #iterateEntities()로 대체될 예정임
    Map<EntityKey, Object> entitiesByKey =
            persistenceContext.getEntitiesByKey();

    if (!entitiesByKey.isEmpty()) {
        System.out.println("\nEntities by key:");
```

```
        entitiesByKey.forEach((key, value) ->
                System.out.println(key + ": " + value));

        System.out.println("\nStatus and hydrated state:");
        for (Object entry : entitiesByKey.values()) {
            EntityEntry ee = persistenceContext.getEntry(entry);
            System.out.println(
                "Entity name: " + ee.getEntityName()
                + " | Status: " + ee.getStatus()
                + " | State: " + Arrays.toString(ee.getLoadedState()));
        }
    }

    if (collectionEntriesSize > 0) {
        System.out.println("\nCollection entries:");
        persistenceContext.forEachCollectionEntry(
            (k, v) -> System.out.println("Key:" + k
                + ", Value:" + (v.getRole() == null ? "" : v)), false);
    }
}
```

그럼 양방향 지연 @OneToMany 연관관계를 갖는 Author와 Book 엔터티를 살펴보자. 서비스 메서드는 다음과 같은 처리를 한다.

- 저자를 가져옴
- 연관된 도서들을 가져옴
- 저자와 연관된 도서들을 삭제함
- 하나의 도서를 갖는 새로운 저자를 생성함

위와 같은 각 처리 다음에 briefOverviewOfPersistentContextContent() 메서드를 다음과 같이 호출한다.

```
@Transactional
```

```
public void sqlOperations() {

    briefOverviewOfPersistentContextContent();

    Author author = authorRepository.findByName("Joana Nimar");
    briefOverviewOfPersistentContextContent();

    author.getBooks().get(0).setIsbn("not available");
    briefOverviewOfPersistentContextContent();

    authorRepository.delete(author);
    authorRepository.flush();
    briefOverviewOfPersistentContextContent();

    Author newAuthor = new Author();
    newAuthor.setName("Alicia Tom");
    newAuthor.setAge(38);
    newAuthor.setGenre("Anthology");

    Book book = new Book();
    book.setIsbn("001-AT");
    book.setTitle("The book of swords");

    newAuthor.addBook(book); // addBook() 도우미 사용

    authorRepository.saveAndFlush(newAuthor);
    briefOverviewOfPersistentContextContent();
}
```

sqlOperations()를 호출하면 출력은 다음과 같다.

초기 영속성 콘텍스트가 비어 있다.

```
Total number of managed entities: 0
Total number of collection entities: 0
```

Joana Nimar에 대한 SELECT가 트리거된 후에는 다음과 같다.

```
Total number of managed entities: 1
Total number of collection entries: 1
```

Entities by key:
```
EntityKey[com.bookstore.entity.Author#4]:
    Author{id=4, name=Joana Nimar, genre=History, age=34}
```

Status and hydrated state (because we required the hydrated state,
Hibernate will trigger a SELECT to fetch the books of this author):
```
Entity name: com.bookstore.entity.Author
    | Status: MANAGED
    | State: [34, [Book{id=1, title=A History of Ancient Prague, isbn=001-JN},
               Book{id=2, title=A People's History, isbn=002-JN}],
               History, Joana Nimar]
```

Collection entries:
```
Key:[Book{id=1, title=A History of Ancient Prague, isbn=001-JN}, Book{id=2,
title=A People's History, isbn=002-JN}],
    Value:CollectionEntry[com.bookstore.entity.Author.books#4]
```

Joana Nimar의 도서에 대한 **SELECT**문이 트리거된 후에는 다음과 같다(2권의 도서가 있음).

```
Total number of managed entities: 3
Total number of collection entries: 1
```

Entities by key:
```
EntityKey[com.bookstore.entity.Book#2]:
    Book{id=2, title=A People's History, isbn=002-JN}
EntityKey[com.bookstore.entity.Author#4]:
    Author{id=4, name=Joana Nimar, genre=History, age=34}
EntityKey[com.bookstore.entity.Book#1]:
    Book{id=1, title=A History of Ancient Prague, isbn=not available}
```

Status and hydrated state:
```
Entity name: com.bookstore.entity.Book
    | Status: MANAGED
```

```
    | State: [Author{id=4, name=Joana Nimar, genre=History, age=34},
              002-JN, A People's History]

  Entity name: com.bookstore.entity.Author
    | Status: MANAGED
    | State: [34, [Book{id=1, title=A History of Ancient Prague,
              isbn=not available}, Book{id=2, title=A People's History,
              isbn=002-JN}], History, Joana Nimar]
  Entity name: com.bookstore.entity.Book
    | Status: MANAGED
    | State: [Author{id=4, name=Joana Nimar, genre=History, age=34},
              001-JN, A History of Ancient Prague]

Collection entries:
Key:[Book{id=1, title=A History of Ancient Prague, isbn=not available},
Book{id=2, title=A People's History, isbn=002-JN}],
Value:CollectionEntry[com.bookstore.entity.Author.books#4]
```

저자와 연관 도서의 DELETE문이 트리거된 후는 다음과 같다.

```
  Total number of managed entities: 0
  Total number of collection entities: 0
```

새 저자와 해당 도서를 저장하는 INSERT문이 트리거된 후에는 다음과 같다.

```
  Total number of managed entities: 2
  Total number of collection entities: 1

Entities by key:
EntityKey[com.bookstore.entity.Book#5]:
    Book{id=5, title=The book of swords, isbn=001-AT}
EntityKey[com.bookstore.entity.Author#5]:
    Author{id=5, name=Alicia Tom, genre=Anthology, age=38}
```

```
Status and hydrated state:
Entity name: com.bookstore.entity.Book
    | Status: MANAGED
    | State: [Author{id=5, name=Alicia Tom, genre=Anthology, age=38},
              001-AT, The book of swords]

Entity name: com.bookstore.entity.Author
    | Status: MANAGED
    | State: [38, [Book{id=5, title=The book of swords, isbn=001-AT}],
              Anthology, Alicia Tom]

Collection entries:
Key:[Book{id=5, title=The book of swords, isbn=001-AT}],
Value:CollectionEntry[com.bookstore.entity.Author.books#5]
    ->[com.bookstore.entity.Author.books#5]
```

이 예제는 PersistenceContext API에 익숙해지기 위한 예일 뿐이며, 유용한 메서드를 찾으려면 문서를 숙독하자.

전체 애플리케이션은 깃허브[6]에서 확인할 수 있다.

항목 91: 테이블 메타데이터 추출 방법

하이버네이트 SPI[7]인 org.hibernate.integrator.spi.Integrator를 통해 테이블 메타데이터(또는 일반적으로 얘기되는 데이터베이스 메타데이터)를 추출할 수 있다. Integrator 구현은 다음과 같이 integrate() 메서드 재정의와 metadata.getDatabase()를 반환하는 것으로 구성된다.

---

6. HibernateSpringBootInspectPersistentContext
7. 서비스 제공자 인터페이스(Service Provider Interface)의 약자로, 구현체의 인터페이스를 외부에 제공하는 API와 달리 외부에서 구현해야 할 인터페이스를 정의한다. 보통 외부에서 처리가 필요한 기능을 주입하거나 확장하는 방법이다. – 옮긴이

```
public class DatabaseTableMetadataExtractor
        implements org.hibernate.integrator.spi.Integrator {

    public static final DatabaseTableMetadataExtractor EXTRACTOR
        = new DatabaseTableMetadataExtractor();

    private Database database;

    // 이 메서드는 하이버네이트 6.0부터는 권장되지 않음(deprecated)
    @Override
    public void integrate(
        Metadata metadata,
        SessionFactoryImplementor sessionImplementor,
        SessionFactoryServiceRegistry serviceRegistry) {

        database = metadata.getDatabase();
    }

    @Override
    public void disintegrate(
        SessionFactoryImplementor sessionImplementor,
        SessionFactoryServiceRegistry serviceRegistry) {
    }

    public Database getDatabase() {
        return database;
    }
}
```

다음으로 아래와 같이 LocalContainerEntityManagerFactoryBean을 통해 이 Integrator를 등록한다.

```
@Configuration
@EnableJpaRepositories(
    entityManagerFactoryRef = "entityManagerFactory",
    transactionManagerRef = "transactionManager",
    basePackages = "com.bookstore.*"
```

```java
)
@EnableTransactionManagement
public class EntityManagerFactoryConfig {

    @Bean
    @Primary
    public LocalContainerEntityManagerFactoryBean entityManagerFactory(
            EntityManagerFactoryBuilder builder, DataSource dataSource) {

        return builder
            .dataSource(dataSource)
            .packages(packagesToScan())
            .persistenceUnit("ds-pu")
            .properties(hibernateProperties())
            .build();
    }

    @Bean
    @Primary
    public PlatformTransactionManager transactionManager(
            @Qualifier("entityManagerFactory") EntityManagerFactory
            entityManagerFactory) {
        return new JpaTransactionManager(entityManagerFactory);
    }

    protected String[] packagesToScan() {
        return new String[]{
            "com.bookstore.*"
        };
    }

    protected Map<String, Object> hibernateProperties() {
        return new HashMap<String, Object>() {
            {
                put("hibernate.dialect",
                    "org.hibernate.dialect.MySQL8Dialect");
                put("hibernate.hbm2ddl.auto", "create");
                put("hibernate.integrator_provider",
```

```
                    (IntegratorProvider) () -> Collections.singletonList(
                        DatabaseTableMetadataExtractor.EXTRACTOR
                    ));
                }
            };
        }
    }
```

끝이다. 이제 그림 11-5에 표시된 도메인 모델을 사용해보자.

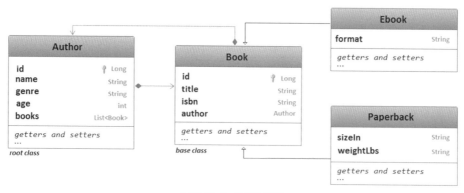

그림 11-5. 도메인 모델

다음과 같이 매핑 테이블의 메타데이터를 추출하고 표시할 수 있다(엔터티 클래스당 하나의 매핑 테이블이 있음).

```
public void extractTablesMetadata() {
    for (Namespace namespace : DatabaseTableMetadataExtractor.EXTRACTOR
            .getDatabase()
            .getNamespaces()) {

        namespace.getTables().forEach(this::displayTablesMetadata);
    }
}
```

```java
private void displayTablesMetadata(Table table) {
    System.out.println("\nTable: " + table);
    Iterator<Column> it = table.getColumnIterator();
    while (it.hasNext()) {
        System.out.println(it.next());
    }
}
```

extractTablesMetadata()를 호출하면 다음과 같은 출력이 나타난다.

```
Table: org.hibernate.mapping.Table(Author)
org.hibernate.mapping.Column(id)
org.hibernate.mapping.Column(age)
org.hibernate.mapping.Column(genre)
org.hibernate.mapping.Column(name)

Table: org.hibernate.mapping.Table(Book)
org.hibernate.mapping.Column(id)
org.hibernate.mapping.Column(isbn)
org.hibernate.mapping.Column(title)
org.hibernate.mapping.Column(author_id)

Table: org.hibernate.mapping.Table(Ebook)
org.hibernate.mapping.Column(format)
org.hibernate.mapping.Column(ebook_book_id)

Table: org.hibernate.mapping.Table(Paperback)
org.hibernate.mapping.Column(sizeIn)
org.hibernate.mapping.Column(weightLbs)
org.hibernate.mapping.Column(paperback_book_id)
```

전체 애플리케이션은 깃허브[8]에서 확인할 수 있다.

---

8. HibernateSpringBootTablesMetadata

## 12장

스키마

항목 92: 스프링 부트에서 Flyway 설정 방법

프로덕션 환경의 경우 스키마 DDL을 데이터베이스로 반영하고자 `hibernate.ddl-auto`(또는 대응되는 항목)를 사용하지 말아야 한다. 간단히 `hibernate.ddl-auto`를 제거(비활성화)하거나 `validate`로 설정하고 Flyway 또는 Liquibase를 활용해야 한다. 이번 항목에서는 Flyway를 스프링 부트에서 데이터베이스 마이그레이션 도구로 설정하는 여러 측면을 살펴본다.

이번 절에는 MySQL과 PostgreSQL용 애플리케이션을 포함하고 있다.

맥락적으로 데이터베이스, 스키마(schema), 카탈로그(catalog)라는 용어가 MySQL에서 동일한 반면 PostgreSQL에서는 데이터베이스가 카탈로그와 같지만 여러 스키마를 가질 수 있음을 아는 것이 중요하다(동일한 이름을 갖는 2개의 테이블이 같은 데이터베이스에는 존재할 수 있지만 다른 스키마에 있어야 함).

신속한 Flyway 설정(MySQL 및 PostgreSQL)

프로젝트에 `Flyway` 종속성을 추가하면 기본 설정과 함께 간단히 구성할 수 있다. 메이븐의 경우 pom.xml에 다음 종속성을 추가하면 된다.

```
<dependency>
    <groupId>org.flywaydb</groupId>
    <artifactId>flyway-core¹</artifactId>
</dependency>
```

스프링 부트에는 spring.flyway.enabled라는 플래그 설정이 있는데, 기본적으로 true로 지정된다. 즉, 스프링 부트가 Flyway 존재를 인식하면 데이터베이스 마이그레이션을 위한 Flyway의 기본 설정을 활용하게 된다.

기본적으로 스프링 부트는 classpath:/db/migration 경로(spring.flyway.locations를 통해 설정 가능)에서 SQL 파일을 찾는데, 파일 이름은 Flyway 명명 규칙을 준수해야 한다(예: V1.1_Description.sql). 개발자는 Flyway 콜백에 해당되는 SQL 파일(예: afterMigrate.sql, beforeClean.sql 등)을 이 경로에 추가할 수 있는데, 해당 파일들은 적절히 처리된다.

Flyway와 MySQL을 사용하는 킥오프[kickoff] 애플리케이션은 깃허브[2]에서 확인할 수 있다.

MySQL 데이터베이스는 JDBC URL상에 createDatabaseIfNotExist=true 파라미터로 생성할 수 있고, Flyway는 JDBC URL로 지정된 이 데이터베이스에 연결하고 SQL 파일을 실행한다.

추가적으로 Flyway와 PostgreSQL을 사용하는 킥오프 애플리케이션은 깃허브[3]에서도 확인할 수 있다.

이 애플리케이션은 기본 postgres 데이터베이스와 public 스키마를 사용하고 SQL은 이 스키마에 대해 실행된다.

---

1. 최신 MySQL에서는 flyway-core가 아닌 flyway-mysql로 artifactId를 변경해야 한다. 관련된 내용은 https://flywaydb.org/documentation/database/mysql#java-usage를 참고하자. – 옮긴이
2. HibernateSpringBootFlywayMySQLQuick
3. HibernateSpringBootFlywayPostgreSQLQuick

CREATE TABLE에 사용된 테이블 이름이 엔터티 이름과 동일하지 않은 경우(예: Author 엔터티의 경우 테이블 이름은 author여야 하다) @Table(name="table name")을 사용해 해당 테이블에 대해 JPA에 알려야 한다. 예를 들어 author_history인 테이블의 경우 엔터티 이름이 AuthorHistory이거나 @Table을 엔터티에 @Table(name="author_history")로 지정해야 한다.

Flyway를 통한 데이터베이스 생성

이번에는 Flyway가 사용자를 대신해 MySQL 데이터베이스를 생성하도록 지시해보자.

Flyway는 데이터베이스를 생성하도록 설계되진 않았다(예: CREATE DATABASE문 실행). 기존(비어 있든 없든) 데이터베이스로 연결하고 연결이 설정되면 데이터베이스에 대해 지정된 모든 스크립트를 실행하도록 설계됐다. 그럼에도 Flyway는 CREATE SCHEMA로 스키마를 생성할 수 있다.

일반적으로 spring.flyway.schemas 설정을 통해 스키마를 업데이트하도록 Flyway에 지시할 수 있다. 스키마가 둘 이상인 경우 이름을 쉼표로 구분해야 하고, 스키마가 존재하지 않으면 Flyway는 자동으로 생성한다.

MySQL

MySQL에서 스키마는 데이터베이스와 동일하다. 따라서 Flyway는 MySQL 데이터베이스를 생성할 수 있으며, 이 작업을 하려면 다음과 같은 3단계가 필요하다.

- JDBC URL에서 데이터베이스 이름 제거

```
spring.datasource.url=jdbc:mysql://localhost:3306/
```

- Flyway에 spring.flywa.schemas를 통해 데이터베이스를 업데이트(및 존재하지 않은 경우 생성)하도록 지시

  ```
  spring.flyway.schemas=bookstoredb
  ```

- 다음 예와 같이 데이터베이스 이름을 엔터티에게 알림

  ```
  @Entity
  @Table(schema = "bookstoredb") // 또는 @Table(catalog = "bookstoredb")
  public class Author implements Serializable {
      // ...
  }
  ```

끝이다. 이제 Flyway는 대신 bookstoredb 데이터베이스를 생성한다.

전체 애플리케이션은 깃허브[4]에서 확인할 수 있다.

PostgreSQL

MySQL과 비교해 PostgreSQL 데이터베이스는 여러 스카마를 가질 수 있기 때문에 PostgreSQL에서는 상황이 다르다. 이번에는 스카마를 생성해도 데이터베이스가 생성되지 않고 스키마만 생성된다.

PostgreSQL에서 커넥션은 항상 특정 데이터베이스로 한정되며 다른 데이터베이스로 전환하려면 새 커넥션이 필요하다. Flyway는 기존 데이터베이스에 연결하고 CREATE SCHEMA(spring.flyway.schemas를 통해 트리거된다)는 해당 데이터베이스에 스키마를 생성한다.

이와 같은 동작을 수행하는 단계는 다음과 같다.

---

4. HibernateSpringBootFlywayMySQLDatabase

- JDBC URL로 연결할 데이터베이스를 지정(예: 기본 postgres 데이터베이스 또는 자체 데이터베이스)

```
spring.datasource.url=jdbc:postgresql://localhost:5432/postgres
```

- Flyway에 spring.flywa.schemas를 통해 데이터베이스를 업데이트(및 존재하지 않은 경우 생성)하도록 지시

```
spring.flyway.schemas=bookstoredb
```

- 다음 예와 같이 데이터베이스 이름을 엔터티에게 알림

```
@Entity
@Table(schema = "bookstore")
public class Author implements Serializable {
    // ...
}
```

끝이다. 이제 Flyway는 대신 bookstore 스키마를 생성할 것이다. 전체 애플리케이션은 깃허브[5]에서 확인할 수 있다.

그림 12-1. MySQL 및 PostgreSQL에서의 스키마

---

5. HibernateSpringBootFlywayPostgreSqlSchema

결과에 대한 비교는 그림 12-1에서 볼 수 있다.

@FlywayDataSource를 통한 Flyway 설정

Flyway는 spring.flyway.* 접두사를 갖는 스프링 부트 속성을 application. properties 파일에 지정함으로써 설정된다. 다른 접근 방법은 @FlywayDataSource 어노테이션과 Flyway의 플루언트 API를 사용하는 것이다.

이런 측면에서 대부분의 DataSource는 프로그래밍 방식으로도 구성되며, 다음과 같은 MySQL DataSource를 고려해볼 수 있다(자세한 사항은 항목 86 참고).

```java
@Bean(name = "dataSource")
public HikariDataSource dataSource() {

    HikariDataSource hds = new HikariDataSource();
    hds.setJdbcUrl("jdbc:mysql://localhost:3306/bookstoredb
                        ?createDatabaseIfNotExist=true");

    hds.setUsername("root");
    hds.setPassword("root");
    hds.setConnectionTimeout(50_000);
    hds.setIdleTimeout(300_000);
    hds.setMaxLifetime(900_000);
    hds.setMaximumPoolSize(8);
    hds.setMinimumIdle(8);
    hds.setPoolName("MyPool");
    hds.setConnectionTestQuery("select 1 from dual");
    hds.setAutoCommit(false);

    return hds;
}
```

다음으로 이 DataSource를 Flyway에 전달해야 한다. 이를 위해 DataSource를 인자로 받는 메서드를 정의하고 @FlywayDataSource로 어노테이션을 지정한 후 다음과 같이 구현한다.

```
@FlywayDataSource
@Bean(initMethod = "migrate")
public Flyway flyway(@Qualifier("dataSource") HikariDataSource dataSource) {

    return Flyway.configure()
        .dataSource(dataSource)
        .locations("classpath:db/migration") // 이 경로가 기본값임
        .load();
}
```

Flyway는 dataSource의 JDBC URL에 지정된 데이터베이스에 연결하고 classpath:
db/migration의 SQL 파일을 실행한다.

자유롭게 API를 확인해 어떤 설정을 커스텀할 수 있는지 확인해보자.

MySQL[6]과 PostgreSQL[7]을 위한 전체 애플리케이션은 깃허브에서 확인할 수 있다.

Flyway와 다중 스키마

Flyway는 동일한 벤더 또는 다른 벤더의 여러 스키마를 마이그레이션하도록
설정할 수 있다. 이런 예의 경우 다음을 확인해보자.

- MySQL[8]에서 2개의 데이터베이스 자동 생성 및 마이그레이션
- PostgreSQL[9]에서 2개의 데이터베이스 생성 및 마이그레이션
- 2개의 DataSource(MySQL 및 PostgreSQL)[10] 자동 생성 및 마이그레이션

---

6. HibernateSpringBootFlywayMySQLProg
7. HibernateSpringBootFlywayPostgreSQLProg
8. HibernateSpringBootFlywayMySQLTwoDatabases
9. HibernateSpringBootFlywayPostgreSqlTwoSchemas
10. HibernateSpringBootFlywayTwoVendors

항목 93: schema-*.sql을 통한 두 데이터베이스 생성과 엔터티 매칭 방법

프로덕션 환경의 경우 스키마 DDL을 데이터베이스로 반영하고자 hibernate.ddl-auto(또는 대응되는 항목)를 사용하지 말아야 한다. 간단히 hibernate.ddl-auto를 제거(비활성화)하거나 validate로 설정한 후 schema-*.sql을 활용해야 하거나 Flyway(항목 92) 또는 Liquibase를 활용해야 한다.

JPA 어노테이션의 스키마 생성을 피하고자 schema-*.sql에 의존하는 것은 유용하다. 그러나 버전이 지원되지 않기 때문에 스키마 마이그레이션이 지원되지 않는데, schema-*.sql로 개발자는 애플리케이션을 시작할 때마다 실행될 SQL문을 호출할 수 있다.

예를 들어 다음 schema-mysql.sql에는 2개의 데이터베이스와 2개 테이블(authorsdb 데이터베이스의 author 테이블과 booksdb 데이터베이스의 book 테이블)을 생성하기 위한 MySQL 고유의 DDL문이 포함돼 있다.

```
CREATE DATABASE IF NOT EXISTS authorsdb;

CREATE TABLE IF NOT EXISTS authorsdb.author
    (
        id BIGINT(20) NOT NULL auto_increment,
        age INT(11) NOT NULL,
        genre VARCHAR(255) DEFAULT NULL,
        name VARCHAR(255) DEFAULT NULL,
        PRIMARY KEY (id)
    );

CREATE DATABASE IF NOT EXISTS booksdb;

CREATE TABLE IF NOT EXISTS booksdb.book
    (
        id BIGINT(20) NOT NULL auto_increment,
        isbn VARCHAR(255) DEFAULT NULL,
```

```
    title VARCHAR(255) DEFAULT NULL,
    PRIMARY KEY (id)
);
```

스프링 부트가 schema-mysql.sql에서 DDL문을 실행하게 지시하려면 application.properties에 다음 설정을 추가해야 한다.

```
spring.datasource.initialization-mode=always
spring.datasource.platform=mysql
```

여기서 spring.datasource.initialization-mode[11]로 설정 가능한 값은 always, embedded, never인데, always 및 never는 명확하며 embedded 값(기본값)은 내장된 데이터베이스(예: H2)를 사용하는 경우만 스키마를 초기화하도록 스프링 부트에 지시한다.

추가적으로 application.properties에 명시적 데이터베이스 설정 없이 JDBC URL만 설정할 수 있다.

```
spring.datasource.url=jdbc:mysql://localhost:3306
```

다음으로 Author 엔터티는 authorsdb.author 테이블에 명시적으로 매핑돼야 하고 Book 엔터티는 booksdb.book 테이블에 매핑돼야 한다. 이를 위해 @Table(schema="authorsdb")로 Author 엔터티에 어노테이션을 지정하고 @Table(schema="booksdb")로 Book 엔터티에 지정한다.

```
@Entity
```

---

11. 스프링 부트 v2.5부터 spring.sql.init.mode 속성으로 변경됐으며, spring.datasource.platform도 spring.sql.init.platform로 변경해야 한다. – 옮긴이

```
@Table(schema="authorsdb")
public class Author implements Serializable {
    // ...
}


@Entity
@Table(schema = "booksdb")
public class Book implements Serializable {
    // ...
}
```

이게 전부다. 평소처럼 AuthorRepository와 BookRepository를 사용할 수 있다. AuthorRepository의 쿼리 메서드는 authorsdb에 대해 트리거되고 BookRepository 쿼리 메서드는 booksdb로 트리거된다.

전체 애플리케이션은 깃허브[12]에서 확인할 수 있다.

하이버네이트를 통해 SQL 스크립트 파일을 임포트하려면 hibernate.hbm2ddl. import_files 속성을 사용해야 하는데, 로드할 파일을 이 속성의 값으로 전달하면 된다. 또는 JPA 2.1 스키마 생성 기능을 통해서도 처리할 수 있으며, 스크립트를 로드하고자 단순히 javax.persistence.sql-load-script-source 속성을 사용하면 된다. 전체 애플리케이션은 깃허브[13]에서 확인할 수 있다.

---

12. HibernateSpringBootMatchEntitiesToTablesTwoSchemas
13. HibernateSpringBootSchemaGeneration

## 13장

페이지네이션

항목 94: 오프셋 페이지네이션 성능 저하 발생 시기와 이유

오프셋 페이지네이션^{offset pagination}은 많이 사용되며 스프링 부트(더 정확하게는 스프링 데이터 Commons)는 Page와 Slice API를 통해 이를 지원한다. 그러나 프로젝트가 진행되고 데이터가 축적되는 동안 오프셋 페이지네이션을 활용하는 것은 시작 시에는 문제가 되지 않더라도 결국 성능이 저하될 수 있다.

오프셋 페이지네이션으로 처리되는 것은 원하는 오프셋에 도달하기 전에 n개의 레코드를 버림으로써 발생되는 성능 저하를 무시한다는 것을 의미하며, n이 클수록 성능이 크게 저하된다. 또 다른 단점은 총 레코드 수 계산에 필요한 추가 SELECT다(특히 가져온 모든 페이지를 계산해야 하는 경우). 키세트^{keyset}(탐색^{seek}) 페이지네이션이 대체될 수 있는 방법(다른 접근 방식으로)이지만 오프셋 페이지네이션은 항목 95와 항목 96에서 설명된 것 같이 추가 SELECT를 피해 최적화할 수 있다. 이 주제에 대해 잘 알고 최적화된 오프셋 페이지네이션에 대한 최적화 방법에 대해서만 필요하면 바로 항목 95와 항목 96으로 이동하면 된다. 자, 그럼 이제 계속 진행해보자.

상대적으로 적은 데이터 세트^{dataset}에서는 오프셋과 키세트 방식이 거의 비슷한 성능을 제공한다. 그러나 시간이 지남에 따라 데이터 세트가 증가하지 않을 것이라고 보장할 수 있을까? 아니면 증가하는 프로세스를 제어할 수 있을까?

대부분의 비즈니스는 소량의 데이터로 시작하지만 성공이 가속화되면 데이터 양도 매우 빠르게 증가한다.

오프셋 및 키세트 인덱스 스캔

오프셋 인덱스 스캔은 처음부터 지정된 오프셋까지 인덱스 범위를 순회^{traverse}한 다. 기본적으로 오프셋은 결과에 도달하기 전에 건너뛰어야 하는 레코드 수를 나타내며, 결과에 포함될 레코드의 개수와도 관련된다.

오프셋에서 가져오고 건너뛰어야 하는 데이터의 양에 따라(그리고 일반적으로 테이블이 빠르게 '증가'한다는 점에 염두에 둬야 함) 이 접근 방식은 상당한 성능 저하를 초래할 수 있다. 오프 셋 접근 방식은 이미 표시된 레코드도 순회할 수 있는데, 그림 13-1을 참고하자.

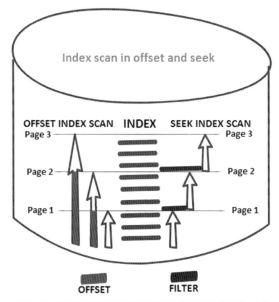

그림 13-1 오프셋 대 키세트 페이지네이션에서의 인덱스 스캔

반면 키세트 인덱스 스캔은 마지막 이전 값부터 시작해 필요한 값만 순회한다(이 전에 가져온 마지막 값까지 건너뛴다). 키세트에서 성능은 테이블 레코드 증가와 관련해 거의 일정하게 유지된다.

오프셋 페이지네이션 장단점

오프셋 페이지네이션에 대한 다음과 같은 장단점을 생각해보자.

단점:

- 등록은 페이지 손실이 발생될 수 있다.[1]
- 매번 처음부터 행 번호를 매겨야 한다.
- 불필요한 행 제거를 위한 필터가 적용된다.
- 오프셋이 정렬된 결과의 행수보다 큰 경우 행이 반환되지 않는다.

장점:

- 임의의 페이지를 가져올 수 있다.

USE THE INDEX, LUKE[2] 웹 사이트에서 오프셋 페이지네이션 사용에 대한 중요한 참고 자료와 설득력 있는 주장을 확인할 수 있다. 오프셋 및 키세트 페이지네이션에서 인덱스와 row values (PostgreSQL에서 지원된다)를 사용하는 것처럼 페이지네이션-SQL을 튜닝하는 데 중요한 주제를 다루는 마르쿠스 비난드(Markus Winand)의 훌륭한 프레젠테이션[3]도 시간을 갖고 시청하기를 바란다.

페이지네이션 구현을 시작하기 전에 최소한 다음 2가지 측면을 생각해보는 것이 좋다.

- 때로는 모든 페이지에 대해 SELECT COUNT를 트리거할 필요는 없다(등록/삭제가 드문 경우). 이런 경우 SELECT COUNT는 주기적 또는 한 번만 호출하는 것이 좋다.
- 수많은 페이지를 반환하는 대신 강력한 필터링 기능을 사용하는 것이 좋다. 웹 사이트의 몇 페이지를 마지막으로 탐색한 때를 생각해보자. 기억이 나지 않는다면 고객도 동일한 행동을 했다는 의미다. 그들은 수많은 페이지를 탐색하는 대신 필터를 수정하는 것을 선호한다. 따

---

1. 중간에 새로운 데이터가 등록되는 경우를 말한다. - 옮긴이
2. https://use-the-index-luke.com/no-offset
3. https://www.slideshare.net/MarkusWinand/p2d2-pagination-done-the-postgresql-way?ref=https://use-the-index-luke.com/no-offset

라서 반환된 결과가 몇 페이지 안에 맞도록 필터를 강화하자.

스프링 부트 오프셋 페이지네이션

오프셋 페이지네이션이 채택된 경우 스프링 부트는 Page API로 오프셋 페이지 네이션에 대한 내장된 지원 기능을 제공한다. 그림 13-2의 Author 엔터티에 해당되는 author 테이블을 생각해보자.

그림 13-2. Author 엔터티 테이블

다음 예제는 Author 엔터티와 AuthorRepository 리포지터리를 사용해 페이지네이션을 구현하는 간단한 방법을 제공한다. 먼저 다음과 같이 결과 세트를 가져오는 5가지 이상의 방법이 있다.

Pageable를 인자로 갖는 쿼리 메서드에서 페이지네이션을 억제해야 하는 경우 Pageable. unpaged()를 전달하면 된다.

- 명시적 정렬 없이 내장된 findAll(Pageable) 호출(권장되지 않음)

```
authorRepository.findAll(PageRequest.of(page, size));
```

- 정렬과 함께 내장된 findAll(Pageable) 호출

```
authorRepository.findAll(PageRequest.of(page, size,
                        Sort.by(Sort.Direction.ASC, "price")));
```

- 스프링 데이터 쿼리 빌더 메커니즘을 사용해 리포지터리에 다음과 같은
  메서드 정의

```
Page<Author> findByName(String name, Pageable pageable);
Page<Author> queryFirst10ByName(String name, Pageable pageable);
```

- 명시적 SELECT COUNT를 사용하거나 사용하지 않고 JPQL 및 @Query 사용

```
@Query(value = "SELECT a FROM Author a WHERE a.genre = ?1",
    countQuery = "SELECT COUNT(*) FROM Author a WHERE a.genre = ?1")
Page<Author> fetchByGenreExplicitCount(
            String genre, Pageable pageable);

@Query("SELECT a FROM Author a WHERE a.genre = ?1")
Page<Author> fetchByGenre(String genre, Pageable pageable);
```

- 명시적 SELECT COUNT를 사용하거나 사용하지 않고 네이티브 쿼리 및
  @Query 사용

```
@Query(value = "SELECT * FROM author WHERE genre = ?1",
    countQuery = "SELECT COUNT(*) FROM author WHERE genre = ?1",
    nativeQuery = true)
Page<Author> fetchByGenreNativeExplicitCount(
                String genre, Pageable pageable);

@Query(value = "SELECT * FROM author WHERE genre = ?1",
```

```
                nativeQuery = true)
        Page<Author> fetchByGenreNative(String genre, Pageable pageable);
```

다음으로 Author의 페이지네이션 지원에 필요한 일반적인 리포지터리를 다음과 같이 PagingAndSortingRepository로 확장한다.

```
@Repository
public interface AuthorRepository
                extends PagingAndSortingRepository<Author, Long> {
}
```

주로 서비스 메서드는 다음과 같이 Author의 페이지를 연령별 오름차순으로 가져온다.

```
public Page<Author> fetchNextPage(int page, int size) {

    return authorRepository.findAll(PageRequest.of(page, size,
                            Sort.by(Sort.Direction.ASC, "age")));
}
```

컨트롤러에서는 다음과 같이 호출한다.

```
@GetMapping("/authors/{page}/{size}")
public Page<Author> fetchAuthors(@PathVariable int page,
                                    @PathVariable int size) {

    return bookstoreService.fetchNextPage(page, size);
}
```

다음은 가능한 요청과 그에 대한 출력이다(5명의 저자가 포함된 첫 번째 페이지와 세부 정보를 포함한 pageable 요소를 가져온다).

```
http://localhost:8080/authors/1/5
{
    "content":[
        {
            "id":22,
            "age":24,
            "name":"Kemal Ilias",
            "genre":"History"
        },
        {
            "id":28,
            "age":24,
            "name":"Sandra Ostapenco",
            "genre":"History"
        },
        {
            "id":16,
            "age":24,
            "name":"Joana Leonte",
            "genre":"History"
        },
        {
            "id":46,
            "age":24,
            "name":"Alp Ran",
            "genre":"History"
        },
        {
            "id":12,
            "age":26,
            "name":"Katre Mun",
```

```
            "genre":"Anthology"
        }
    ],
    "pageable":{
        "sort":{
            "sorted":true,
            "unsorted":false,
            "empty":false
        },
        "pageNumber":1,
        "pageSize":5,
        "offset":5,
        "paged":true,
        "unpaged":false
    },
    "totalPages":11,
    "totalElements":51,
    "last":false,
    "numberOfElements":5,
    "first":false,
    "sort":{
        "sorted":true,
        "unsorted":false,
        "empty":false
    },
    "number":1,
    "size":5,
    "empty":false
}
```

여기서 결과를 가져오고자 2개의 SQL문이 필요하다(두 번째 SELECT는 레코드 개수를 세고 가져오는 모든 페이지에 대해 트리거된다).

```
SELECT
    author0_.id AS id1_0_,
    author0_.age AS age2_0_,
    author0_.genre AS genre3_0_,
    author0_.name AS name4_0_
FROM author author0_
ORDER BY author0_.age ASC
LIMIT 5, 5
SELECT
    Count(author0_.id) AS col_0_0_
FROM author author0_
```

신규 등록이나 삭제가 매우 드물다면 각 페이지마다 SELECT COUNT를 트리거할 필요가 없는 경우도 있는데, 행수는 오랫동안 고정된 상태로 유지된다. 이런 경우에는 첫 번째 페이지를 가져올 때 SELECT COUNT를 한 번만 트리거하고 Page 대신 페이지네이션에 Slice나 List를 사용한다. 또는 주기적으로 SELECT COUNT를 호출할 수도 있다(예: 15분마다, 10페이지마다 등).

페이지네이션의 경우 고정된 정렬 순서는 필수적이다. 따라서 ORDER BY 절을 잊지 말자.

Pageable 객체를 컨트롤러에 추가하면 스프링은 Pageable 객체를 처리할 수 있다는 점에 유의하자. 이때 요청 파라미터는 다음과 같은 규칙을 따른다.

- page 요청 파라미터는 검색할 페이지를 나타낸다(기본값은 0).
- size 요청 파라미터는 검색할 페이지의 크기를 나타낸다(기본값은 20).
- sort 요청 파라미터는 property, property(,ASC|DESC)로 정렬 속성을 나타낸다(오름차순이 기본값임).

다음은 컨트롤러 엔드포인트의 예다.

```
@GetMapping("/authors")
public Page<Author> fetchAuthors(Pageable pageable) {

    return bookstoreService.fetchNextPagePageable(pageable);
}
```

다음은 크기가 3이고 이름별로 내림차순으로 정렬된 1 페이지에 대한 요청이다.

    http://localhost:8080/authors?page=1&size=3&sort=name,desc

또는 이름 내림차순과 장르 오름차순으로 정렬은 다음과 같다.

    http://localhost:8080/authors?page=1&size=3&sort=name,desc&sort=genre,asc

소스코드는 깃허브[4]에서 확인할 수 있다.

어떤 페이지네이션 유형이 가장 적합한지 결정하기 전에 13장 전체를 먼저 읽어보기를 바란다. 이 항목에 제시된 접근 방식은 성능 저하에 가장 취약하기 때문에 다음 항목에 대한 기준점으로만 생각하자. 다음의 항목 95와 96에서는 오프셋 페이지네이션에 대한 최적화를 설명한다.

더 정확하게는 COUNT(*) OVER() 윈도우 함수와 SELECT COUNT 서브쿼리를 통해 추가 SELECT COUNT를 피할 수 있다.

그림 13-3에 표시된 시간-성능 추이 그래프는 COUNT(*) OVER()가 2개의 SELECT문이나 SELECT COUNT 서브쿼리 사용보다 더 나은 성능을 보이는 경향이 있음을 강조한다. 반면 SELECT COUNT 서브쿼리는 2개의 SELECT문을 트리거하는 것보다 중요한 이점이 없는 것 같다. 이는 애플리케이션과 데이터베이스가 같은 시스

---

4. HibernateSpringBootOffsetPagination

템에서 실행되기 때문에 발생한다. 네트워크를 통해 데이터베이스에 접근하는 경우 2개의 SELECT문을 실행하면 네트워크 오버헤드가 2번 추가되지만 SELECT COUNT 서브쿼리는 해당 오버헤드가 한 번만 추가된다. 그림 13-3에서는 100만 개 레코드가 있는 author 테이블을 가정하고 100개의 엔터티 페이지를 가져온다. 더 정확하게는 첫 번째 페이지(0), 5,000번째 페이지, 9,999번째 페이지를 가져온다.

그림 13-3의 시간-성능 추이 그래프는 인텔 i7, 2.10Ghz 및 6GB RAM을 가진 윈도우 7 시스템에서 MySQL로 얻어진 결과며, 애플리케이션과 MySQL은 같은 시스템에서 실행됐다.

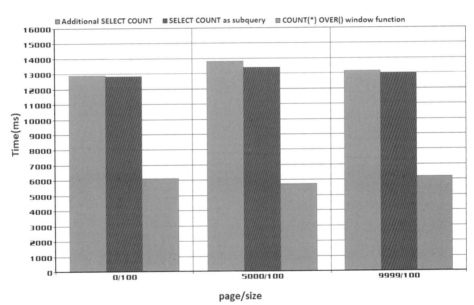

그림 13-3. 오프셋 페이지네이션을 사용한 엔터티 조회

MySQL에는 레코드 개수를 세고자 SQL_CALC_FOUND_ROWS 쿼리 한정자(modifier)와 수반된 FOUND_ROWS() 함수도 있다. 이 방식은 MySQL 8.0.17부터 더 이상 권장되지 않으며 향후 MySQL 버전에서는 제거될 예정이기에 이 책에서는 생략한다. 그럼에도 SQL_CALC_FOUND_ROWS 성능에

대해 흥미로운 논문은 여기[5]에서 볼 수 있다.

항목 95: COUNT(*) OVER 및 Page⟨entity/dto⟩를 사용한 오프셋 페이지네이션 최적화 방법

항목 94에서는 오프셋 페이지네이션의 2가지 잠재적인 성능 저하를 강조하는데, 이미 가져온 레코드에 대한 순회와 페이지마다 2개의 개별 SELECT문(2번의 데이터베이스 호출) 발생으로 인한 것이다. 하나의 SELECT는 데이터를 가져오고 다른 하나는 전체 레코드 수를 계산한다. 이제 2개의 SELECT를 통해 가져온 정보를 단 하나의 쿼리(한 번의 데이터베이스 호출)를 통해 가져와 보자. 이 방법으로 두 번째 호출로 추가되는 성능 저하를 제거할 수 있다. 트레이드오프$^{trade-off}$로 데이터를 가져오는 SELECT도 계산하는 데 약간의 시간이 더 필요하다.

COUNT(*) OVER() 윈도우 집계

COUNT(*) OVER()는 COUNT() 집계 함수(aggregate function)와 OVER() 절 조합으로 윈도우 함수(window function)[6]는 OVER을 통해 다른 함수와 구분된다.

RDBMS가 윈도우 함수를 지원(예: MySQL 8)하는 경우 COUNT(*) OVER() 윈도우 집계를 사용해 전체 레코드 수를 가져오는 데 필요한 두 번째 데이터베이스 호출을 제거할 수 있다. RDBMS가 윈도우 함수를 지원하지 않는 경우는 SELECT COUNT 서브쿼리를 사용하는 **항목 96**을 참고하자.

네이티브 쿼리를 통해 COUNT(*) OVER() 쿼리를 작성할 수 있는데, COUNT(*) OVER()는 데이터를 가져오는 쿼리의 일부로 쓰인다. 그 목적은 총 레코드 수를 계산하는 것으로, 가져온 각 페이지는 엔터티에 대한 페이지(수정이 필요한 경우에만 해당)

---

5. https://www.percona.com/blog/to-sql_calc_found_rows-or-not-to-sql_calc_found_rows/
6. 윈도우 함수는 행과 행 사이를 비교하거나 연산 및 정의하는 함수로, rank와 같은 순위 계산, sum과 같은 집계 등이 있다.
   – 옮긴이

이거나 DTO에 대한 페이지(읽기 전용 데이터의 경우)일 수 있다. 먼저 Page<dto>를 가져오는 방법을 살펴보자.

Page〈dto〉 페이지

Page<dto>를 가져오는 단순한 접근 방법은 다음과 같다.

```
public Page<AuthorDto> findAll(Pageable pageable) {

    Page<Author> page = authorRepository.findAll(pageable);

    // AuthorConverter.convert()는 List<Author>를 List<AuthorDto>로
    // 변환하는 클래스 예시
    return new PageImpl<>(AuthorConverter.convert(page.getContent()),
            pageable, page.getTotalElements());
}
```

일부 개발자는 모두 사실이 아닌 다양한 이유로 위 예제가 올바른 방법이라고 주장한다. 그러나 결론을 내리기 전에 이 안티패턴(anti-pattern)[7]에 반대하는 블라드 미하체아의 트윗(tweet)[8]을 읽어보자. 블라드는 "엔터티를 가져오지 말고 매퍼를 사용해 DTO를 생성하세요. 매우 비효율적이지만 이 안티패턴이 계속해서 홍보되는 것을 볼 수 있습니다."라고 이야기한다.

이 메서드는 Page<AuthorDto>를 반환하지만 authorRepository.findAll()이 호출될 때 여전히 데이터를 영속성 콘텍스트로 가져온다. 그러나 내장 findAll()에 @Transactional(readOnly = true) 어노테이션이 지정돼 있어 영속성 콘텍스트는 하이드레이티드 상태를 저장하지 않는다. 즉, 엔터티는 읽기 전용 모드로 로드된다.

읽기 전용 엔터티로 데이터를 가져오기 위한 하나의 목적으로만 데이터를 DTO

---

7. 소프트웨어 공학 용어로, 많이 사용되지만 비효율적이고 문제가 있는 패턴을 나타낸다. - 옮긴이
8. https://twitter.com/vlad_mihalcea/status/1207887006883340288

로 변환하는 것은 좋지 않다. 이런 경우 DTO는 엔터티의 모든 속성을 포함하는 데(엔터티를 미러링함), 대부분의 경우 속성의 일부 집합(웹 애플리케이션의 일반적인 시나리오)만 필요하다. 즉, 엔터티를 DTO로 필요한 속성만 추출하고 나머지는 버린다. 필요한 것보다 더 많은 데이터를 가져오는 것은 나쁜 습관이다. 따라서 두 시나리오에서 매퍼를 DTO로 변환하는 하나의 목적만으로 엔터티를 가져오면 성능 저하를 가져온다.

Page<dto>에는 DTO가 필요하다. 따라서 가져와야 하는 데이터에 해당되는 게터를 포함한 스프링 프로젝션(DTO)을 정의한다. 이 경우 다음과 같이 Author 엔터티의 age와 name이다.

```
public interface AuthorDto {
    String getName();

    int getAge();

    @JsonIgnore
    long getTotal();
}
```

강조된 2줄의 코드를 확인해보자. 여기 getTotal()은 COUNT(*) OVER()의 결과를 매핑하는 데 필요하다. Author 엔터티의 속성이 아니며 클라이언트에 전송되는 JSON 응답에 직렬화하지 않고자 @JsonIgnore 어노테이션을 지정하고 있다. 그리고 Page<AuthorDto>를 생성하고자 PageImpl의 생성자에 사용하기 위한 결과로, 데이터를 가져오고 전체 레코드 수를 단일 데이터베이스 호출로 함께 가져오는 JPQL 쿼리가 다음과 같이 지정된다(WHERE 절도 함께 사용될 수 있다).

```
@Repository
public interface AuthorRepository
            extends PagingAndSortingRepository<Author, Long> {
```

```
@Query(value = "SELECT name, age, COUNT(*) OVER() AS total FROM
            author", nativeQuery = true)
List<AuthorDto> fetchAll(Pageable pageable);
}
```

여기서 쿼리는 결과 세트를 정렬하고 제한하는 데 필요한 ORDER BY와 LIMIT 절이 명시적으로 지정되지 않았다. 그러나 페이지, 크기, 정렬 정보가 포함된 Pageable이 사용되면 해당 작업은 잘 수행된다. 이 Pageable은 지정된 크기, 페이지, 정렬 정보를 기반으로 누락된 ORDER BY 및 LIMIT 절을 생성되는 SQL문에 추가한다. Pageable 객체를 2개의 정수로 대체하고 쿼리에 ORDER BY age LIMIT ?1, ?2를 추가하는 것은 문제가 되지 않는다.

LIMIT 절은 MySQL과 PostgreSQL에서 인식된다. SQL 서버는 SELECT TOP 절을 지원하고, 오라클은 ROWNUM 또는 ROWS FETCH NEXT n ORWS ONLY를 사용한다.

---

fetchAll()을 호출하면 다음과 같은 SQL문이 트리거된다.

```
SELECT
    name,
    age,
    COUNT(*) OVER() AS total
FROM author
ORDER BY age ASC
LIMIT ? ?
```

COUNT(*) OVER() 결과는 getTotal()로 저장되고 fetchAll()은 List<AuthorDto>를 반환하므로 Page<AuthorDto>로 변환해야 하는데, 서비스 메서드에서 Pageable을 생성하고 fetchAll()을 호출한다. fetchAll()의 결과는 다음과 같은 PageImpl 생성자를 통해 Page<AuthorDto>를 만드는 데 사용된다.

```
public PageImpl(List<T> content, Pageable pageable, long total)
```

서비스 메서드는 다음과 같이 간단하다.

```
public Page<AuthorDto> fetchNextPage(int page, int size) {

    Pageable pageable = PageRequest.of(page, size,
            Sort.by(Sort.Direction.ASC, "age"));

    List<AuthorDto> authors = authorRepository.fetchAll(pageable);
    Page<AuthorDto> pageOfAuthors = new PageImpl(authors, pageable,
            authors.isEmpty() ? 0 : authors.get(0).getTotal());

    return pageOfAuthors;
}
```

REST 컨트롤러 엔드포인트는 다음과 같이 **fetchNextPage()** 메서드를 호출한다.

```
@GetMapping("/authors/{page}/{size}")
public Page<AuthorDto> fetchAuthors(
        @PathVariable int page, @PathVariable int size) {

    return bookstoreService.fetchNextPage(page, size);
}
```

가능한 JSON 출력은 다음과 같다(총 레코드 수는 51개).

```
http://localhost:8080/authors/1/3
{
    "content":[
        {
            "age":23,
            "name":"Wuth Troll"
```

```json
        },
        {
            "age":23,
            "name":"Nagir Turok"
        },
        {
            "age":24,
            "name":"Alp Ran"
        }
    ],
    "pageable":{
        "sort":{
            "sorted":true,
            "unsorted":false,
            "empty":false
        },
        "pageSize":3,
        "pageNumber":1,
        "offset":3,
        "paged":true,
        "unpaged":false
    },
    "totalPages":17,
    "totalElements":51,
    "last":false,
    "numberOfElements":3,
    "first":false,
    "sort":{
        "sorted":true,
        "unsorted":false,
        "empty":false
    },
    "number":1,
    "size":3,
    "empty":false
```

```
    }
```

소스코드는 깃허브[9]에서 확인할 수 있다.

추가적으로 다른 애플리케이션[10]과 같이 List<AuthorDto>로 데이터(pageable 없이)만 쉽게 자져올 수도 있다.

Page<entity> 페이지

Page<dto>는 읽기 전용 데이터에 대한 페이지네이션에 적합한 반면 Page <entity>는 수정할 항목이 있는 경우에 적합하다.

엔터티를 가져오는 것 자체는 COUNT(*) OVER() 결과를 매핑하지 못한다. 엔터티 자체의 속성 집합(id, age, name, genre)이 정의되지만 데이터베이스에서 총 레코드 수를 나타내는 특별한 속성을 갖지 못한다. 이 문제를 해결하고자 추가로 논의할 접근 방식을 알아보자.

전용 속성 사용

COUNT(*) OVER()로 반환된 총 레코드 수를 매핑하는 한 가지 방법은 해당 엔터티에 전용 속성을 추가하는 것이다. 이 속성은 다음 예제와 같이 insertable 또는 updatable하지 못하는 열에 매핑된다(total 속성에 대한 세터 없음).

```
@Entity
public class Author implements Serializable {

    private static final long serialVersionUID = 1L;

    @Id
```

---

9. HibernateSpringBootPageDtoOffsetPaginationWF
10. HibernateSpringBootListDtoOffsetPaginationWF

```
    @GeneratedValue(strategy = GenerationType.IDENTITY)
    private Long id;

    private int age;
    private String name;
    private String genre;

    @Column(insertable = false, updatable = false)
    long total;

    // ...

    public long getTotal() {
        return total;
    }
}
```

다음으로 AuthorRepository에 다음과 같이 COUNT(*) OVER()를 포함하는 네이티브 SQL을 사용한다.

```
@Repository
public interface AuthorRepository
                    extends PagingAndSortingRepository<Author, Long> {

    @Transactional
    @Query(value = "SELECT id, name, age, genre, COUNT(*) OVER() AS total
               FROM author", nativeQuery = true)
    List<Author> fetchAll(Pageable pageable);
}
```

fetchAll()을 호출하면 다음과 같은 SELECT문이 실행된다(데이터에 대한 페이지를 List <Author>로 가져오기 위한 단일 쿼리가 있음에 유의).

```
    SELECT
```

```
        id,
        name,
        age,
        genre,
        COUNT(*) OVER() AS total
    FROM author
    ORDER BY age ASC
    LIMIT ?, ?
```

fetchAll()을 호출하는 서비스 메서드는 다음과 같이 Page<Author> 준비를 담당한다.

```
public Page<Author> fetchNextPage(int page, int size) {

    Pageable pageable = PageRequest.of(page, size,
            Sort.by(Sort.Direction.ASC, "age"));

    List<Author> authors = authorRepository.fetchAll(pageable);
    Page<Author> pageOfAuthors = new PageImpl(authors, pageable,
            authors.isEmpty() ? 0 : authors.get(0).getTotal());

    return pageOfAuthors;
}
```

소스코드는 깃허브[11]에서 확인할 수 있다. 애플리케이션은 http://localhost:8080/authors/{page}/{size} 유형의 REST 엔드포인트를 제공하며, 반환된 결과는 다음 예제와 같은 JSON이다(author 테이블에 51개 레코드가 있으며 이는 total 필드에 의해 제공됨).

```
http://localhost:8080/authors/1/3
{
    "content":[
```

---

11. HibernateSpringBootPageEntityOffsetPaginationExtraColumnWF

```
        {
            "id":7,
            "age":23,
            "name":"Wuth Troll",
            "genre":"Anthology"
        }
        {
            "id":48,
            "age":23,
            "name":"Nagir Turok",
            "genre":"Anthology"
        },
        {
            "id":46,
            "age":24,
            "name":"Alp Ran",
            "genre":"History"
        }
    ],
    "pageable":{
        "sort":{
            "sorted":true,
            "unsorted":false,
            "empty":false
        },
        "pageSize":3,
        "pageNumber":1,
        "offset":3,
        "paged":true,
        "unpaged":false
    },
    "totalPages":17,
    "totalElements":51,
    "last":false,
    "numberOfElements":3,
```

```
    "first":false,
    "sort":{
        "sorted":true,
        "unsorted":false,
        "empty":false
    },
    "number":1,
    "size":3,
    "empty":false
}
```

다른 애플리케이션[12]에서와 같이 List<Author>로 데이터(pageable 항목 없이)만 쉽게 가져올 수도 있다.

항목 96: SELECT COUNT 서브쿼리 및 Page〈entity/dto〉를 사용한 오프셋 페이지네이션 최적화 방법

항목 94에서는 오프셋 페이지네이션의 2가지 잠재적인 성능 저하를 강조했다. 이미 가져온 레코드에 대한 순회와 페이지마다 2개의 개별 SELECT문(2번의 데이터베이스 호출) 발생으로 인한 것으로, 하나의 SELECT는 데이터를 가져오고 다른 하나는 전체 레코드 수를 계산한다. 이제 단 하나의 쿼리(1번의 데이터베이스 호출)로 두 SELECT를 트리거하려고 한다. 이렇게 하면 두 번째 호출로 추가되는 성능 저하를 제거할 수 있다. 트레이드오프로서 데이터를 가져오는 SELECT도 계산하는 데 약간의 시간이 더 소요된다.

---

12. HibernateSpringBootListEntityOffsetPaginationExtraColumnWF

SELECT COUNT 서브쿼리

RDBMS가 윈도우 함수를 지원하지 않는 경우(예: 버전 8 이전의 MySQL) 총 레코드 수를 가져오는 데 필요한 두 번째 데이터베이스 호출을 제거하고자 SELECT COUNT 서브쿼리를 사용하자. RDBMS가 윈도우 함수를 지원하는 경우 **항목 95**의 방법을 고려하자.

네이티브 쿼리 또는 JPQL을 통해 SELECT COUNT 서브쿼리를 작성할 수 있으며, 서브쿼리이므로 SELECT COUNT는 데이터를 가져오는 SELECT에 중첩되며 목적은 총 레코드 수를 세는 것이다. 아울러 가져온 각 데이터 페이지는 엔터티 페이지(수정 계획이 있는 경우만 해당) 또는 DTO 페이지(읽기 전용 데이터의 경우)일 수 있다. 먼저 Page<dto>로 가져오는 방법을 살펴보자.

Page⟨dto⟩ 페이지

Page<dto>를 가져오는 단순한 접근 방법은 다음과 같다.

```
public Page<AuthorDto> findAll(Pageable pageable) {

    Page<Author> page = authorRepository.findAll(pageable);

    return new PageImpl<>(Mapper.map(page.getContent()),
            pageable, page.getTotalElements());
}
```

이 메서드는 Page<AuthorDto>를 반환하지만 authorRepository.findAll()이 호출될 때 여전히 데이터를 영속성 콘텍스트로 가져온다. 데이터를 읽기 전용 엔터티로 가져오는 것을 피하고 이후에 DTO로 변환하는 것이 더 좋은 방법이다. 더욱이 이 경우 DTO는 엔터티의 모든 속성을 포함하는데(엔터티를 미러링함), 일부 속성만을 사용하면 목적 없이 가져와 버려지는 데이터들이 생기게 된다.

Page<dto>에는 DTO가 필요하다. 따라서 가져와야 하는 데이터에 해당되는 게터를 포함한 스프링 프로젝션(DTO)을 정의한다. 이 경우 다음과 같이 Author 엔터티의 age와 name이다.

```
public interface AuthorDto {

    String getName();
    int getAge();

    @JsonIgnore
    long getTotal();
}
```

강조된 2줄의 코드를 확인해보자. 여기서 getTotal()은 SELECT COUNT 서브쿼리 결과를 매핑하는 데 필요하다. Author 엔터티의 속성이 아니며 클라이언트에 전송되는 JSON 응답에 직렬화하기 않고자 @JsonIgnore 어노테이션을 지정하고 있다. 그리고 Page<AuthorDto>를 생성하고자 PageImpl의 생성자에 사용하기 위한 결과로, 데이터를 가져오고 전체 레코드 수를 단일 데이터베이스 호출로 함께 가져오는 JPQL 쿼리가 다음과 같이 지정된다.

```
@Repository
public interface AuthorRepository
            extends PagingAndSortingRepository<Author, Long> {

    @Query(value = "SELECT a.name as name, a.age as age, "
        + "(SELECT count(a) FROM Author a) AS total FROM Author a")
    List<AuthorDto> fetchAllJpql(Pageable pageable);
}
```

여기서 fetchAllJpql()은 Pageable(페이지 크기, 전체 구성 요소, 페이지 번호, 정렬 등 데이터에 대한 페이지에 필요한 메타데이터를 래핑하는 객체) 타입의 인자를 취하고 있는 점에 유의하자. JPQL은 쿼리를 제한(limit)하는 메커니즘을 제공하지 않는다. 따라서 명시적으로 LIMIT(또는 유사한) 추가는 불가능하다. 대신 Query에서 setMaxResults() 메서드를 사용해 대부분 처리 가능하지만 Pageable을 사용하는 방법으로도 잘 수행된다. Pageable이 전달되면 생성되는 SQL문에 ORDER BY와 LIMIT 절이 추가된다.

fetchAllJpql()을 호출하면 다음과 같은 SQL문이 트리거된다.

```sql
SELECT
    author0_.name AS col_0_0_,
    author0_.age AS col_1_0_,
    (SELECT COUNT(author1_.id)
    FROM author author1_)
    AS col_2_0_
FROM author author0_
ORDER BY author0_.age ASC
LIMIT ? ?
```

다음과 같은 네이티브 쿼리를 통해서도 동일한 결과를 얻을 수 있다.

```java
@Repository
public interface AuthorRepository
        extends PagingAndSortingRepository<Author, Long> {

    @Query(value = "SELECT t.total, name, age FROM author, "
        + "(SELECT count(*) as total FROM author) AS t",
        nativeQuery = true)
    List<AuthorDto> fetchAllNative(Pageable pageable);
}
```

SELECT COUNT 서브쿼리 결과는 getTotal()로 저장되고 fetchAllJpql()은 List<AuthorDto>를 반환하므로 Page<AuthorDto>로 변환해야 한다. 서비스 메서드에서 Pageable을 생성하고 fetchAllJpql()을 호출한 후 fetchAllJqpl()의 결과는 다음과 같은 PageImpl 생성자를 통해 Page<AuthorDto>를 만드는 데 사용된다.

```
public PageImpl(List<T> content, Pageable pageable, long total)
```

서비스 메서드는 다음과 같이 간단하다.

```
public Page<AuthorDto> fetchNextPageJpql(int page, int size) {
    Pageable pageable = PageRequest.of(page, size,
            Sort.by(Sort.Direction.ASC, "age"));

    List<AuthorDto> authors = authorRepository.fetchAllJpql(pageable);
    Page<AuthorDto> pageOfAuthors = new PageImpl(authors, pageable,
            authors.isEmpty() ? 0 : authors.get(0).getTotal());

    return pageOfAuthors;
}
```

REST 컨트롤러 엔드포인트는 다음과 같이 **fetchNextPageJpql()** 메서드를 호출한다.

```
@GetMapping("/jpql/authors/{page}/{size}")
public Page<AuthorDto> fetchAuthorsJpql(
        @PathVariable int page, @PathVariable int size) {

    return bookstoreService.fetchNextPageJpql(page, size);
}
```

가능한 JSON 출력은 다음과 같다(총 레코드 수는 51개임).

```
http://localhost:8080/authors/1/3

{
    "content":[
        {
```

```json
        "age":23,
        "name":"Tylor Ruth"
    },
    {
        "age":23,
        "name":"Wuth Troll"
    },
    {
        "age":24,
        "name":"Kemal Ilias"
    }
],
"pageable":{
    "sort":{
        "unsorted":false,
        "sorted":true,
        "empty":false
    },
    "pageSize":3,
    "pageNumber":1,
    "offset":3,
    "paged":true,
    "unpaged":false
},
"totalPages":17,
"totalElements":51,
"last":false,
"numberOfElements":3,
"first":false,
"sort":{
    "unsorted":false,
    "sorted":true,
    "empty":false
},
"number":1,
```

```
        "size":3,
        "empty":false
    }
```

소스코드는 깃허브[13]에서 확인할 수 있다.

추가적으로 다른 애플리케이션[14]과 같이 List<AuthorDto>로 데이터(pageable 없이)만 쉽게 가져올 수도 있다.

Page<entity> 페이지

Page<dto>는 읽기 전용 데이터에 대한 페이지네이션에 적합한 반면 Page <entity>는 수정할 항목이 있는 경우에 적합하다.

엔터티를 가져오는 것 자체는 SELECT COUNT 서브쿼리 결과를 매핑하지 못한다. 엔터티 자체의 속성 집합이 정의되지만 데이터베이스에서 총 레코드 수를 나타내는 특별한 속성을 갖지 못한다. 이 문제를 해결하고자 여러 접근 방식이 있으며 이에 대해 알아보자.

추가 속성 사용

SELECT COUNT 서브쿼리로 반환된 총 레코드 수를 매핑하는 한 가지 방법은 해당 엔터티에 추가 속성을 포함하는 것이다. 이 속성은 다음 예제와 같이 insertable 또는 updatable하지 못하는 열에 매핑된다(total 속성에 대한 세터 없음).

```
    @Entity
    public class Author implements Serializable {

        private static final long serialVersionUID = 1L;
```

---

13. HibernateSpringBootPageDtoOffsetPagination
14. HibernateSpringBootListDtoOffsetPagination

```
@Id
@GeneratedValue(strategy = GenerationType.IDENTITY)
private Long id;

private int age;
private String name;
private String genre;

@Column(insertable = false, updatable = false)
long total;

// ...

public long getTotal() {
    return total;
}
}
```

다음으로 AuthorRepository에 다음과 같이 SELECT COUNT 서브쿼리를 포함하는
네이티브 SQL을 사용한다.

```
@Repository
public interface AuthorRepository
            extends PagingAndSortingRepository<Author, Long> {

    @Transactional
    @Query(value = "SELECT t.total, id, name, age, genre FROM author, "
        + "(SELECT count(*) as total FROM author) AS t",
        nativeQuery = true)
    List<Author> fetchAll(Pageable pageable);
}
```

fetchAll()을 호출하면 다음과 같은 SELECT문이 실행된다(데이터에 대한 페이지를 List
<Author>로 가져오기 위한 단일 쿼리가 있음에 유의).

```
SELECT
    t.total,
    id,
    name,
    age,
    genre
FROM author,
    (SELECT COUNT(*) AS total
    FROM author) AS t
ORDER BY age ASC
LIMIT ?, ?
```

fetchAll()을 호출하는 서비스 메서드는 다음과 같이 Page<Author> 준비를 담당한다.

```
public Page<Author> fetchNextPage(int page, int size) {

    Pageable pageable = PageRequest.of(page, size,
            Sort.by(Sort.Direction.ASC, "age"));

    List<Author> authors = authorRepository.fetchAll(pageable);
    Page<Author> pageOfAuthors = new PageImpl(authors, pageable,
            authors.isEmpty() ? 0 : authors.get(0).getTotal());

    return pageOfAuthors;
}
```

소스코드는 깃허브[15]에서 확인할 수 있다. 애플리케이션은 http://localhost:8080/authors/{page}/{size} 유형의 REST 엔드포인트를 제공하며, 반환된 결과는 다음 예제와 같은 JSON이다(author 테이블에 51개 레코드가 있으며 이는 total 필드에 의해 제공됨).

---

15. HibernateSpringBootPageEntityOffsetPaginationExtraColumn

```
http://localhost:8080/authors/1/3

{
    "content":[
        {
            "id":25,
            "age":23,
            "name":"Tylor Ruth",
            "genre":"Anthology"
        },
        {
            "id":7,
            "age":23,
            "name":"Wuth Troll",
            "genre":"Anthology"
        },
        {
            "id":22,
            "age":24,
            "name":"Kemal Ilias",
            "genre":"History"
        }
    ],
    "pageable":{
        "sort":{
            "sorted":true,
            "unsorted":false,
            "empty":false
        },
        "pageSize":3,
        "pageNumber":1,
        "offset":3,
        "paged":true,
        "unpaged":false
    },
```

```
    "totalPages":17,
    "totalElements":51,
    "last":false,
    "numberOfElements":3,
    "first":false,
    "sort":{
        "sorted":true,
        "unsorted":false,
        "empty":false
    },
    "number":1,
    "size":3,
    "empty":false
}
```

다른 애플리케이션[16]에서와 같이 List<Author>로 데이터(pageable 항목 없이)만 쉽게 가져올 수도 있다.

항목 97: JOIN FETCH 및 Pageable 사용 방법

양방향 지연 @OneToMany 연관관계를 갖는 두 엔터티(Author와 Book)를 고려해보자. (LEFT) JOIN FETCH(항목 39 및 항목 41)를 통해 하나의 쿼리로 관련 도서와 함께 저자를 효율적으로 가져올 수 있다. (LEFT) JOIN FETCH와 함께 Pageable을 결합해 결과 세트에 페이지네이션을 적용해보자. 그러나 해당 조합을 구현하려고 시도하면 예외가 발생한다. 예를 들어 다음과 같은 쿼리를 생각해보자.

```
@Transactional(readOnly = true)
@Query(value = "SELECT a FROM Author a JOIN FETCH a.books WHERE a.genre = ?1")
```

---

16. HibernateSpringBootListEntityOffsetPaginationExtraColumn

```
Page<Author> fetchWithBooksByGenre (String genre, Pageable pageable);
```

fetchWithBooksByGenre()를 호출하면 다음과 같은 예외가 발생한다.

```
org.hibernate.QueryException: query specified join fetching, but the owner of
the fetched association was not present in the select list [FromElement
{explicit, not a collection join, fetch join, fetch non-lazy properties,
classAlias=null, role=com.bookstore.entity.Author.books, tableName=book,
tableAlias=books1_, origin=author author0_, columns={author0_.id,
className=com.bookstore.entity.Book}}]
```

이 예외의 주요 원인은 스프링 데이터에서 카운트 쿼리^{count query}가 누락됐기 때문이다.

실제로 Page가 필요하지 않은 경우(예: 총 레코드 수 등에 관심이 없는 경우) Page는 Slice 또는 List로 변경하자. 이렇게 하면 해당 예외가 발생되지 않는다.

다음과 같이 countQuery 항목을 통해 누락된 SELECT COUNT를 추가할 수 있다.

```
@Transactional
@Query(value = "SELECT a FROM Author a
               LEFT JOIN FETCH a.books WHERE a.genre = ?1",
    countQuery = "SELECT COUNT(a) FROM Author a WHERE a.genre = ?1")
Page<Author> fetchWithBooksByGenre(String genre, Pageable pageable);
```

또는 다음과 같이 애드혹 엔터티 그래프를 통해 추가할 수도 있다(엔터티 그래프에 대한 자세한 내용은 항목 7, 항목 8, 항목 9에서 확인할 수 있다).

```
@Transactional
@EntityGraph(attributePaths = {"books"},
                type = EntityGraph.EntityGraphType.FETCH)
@Query(value = "SELECT a FROM Author a WHERE a.genre = ?1")
Page<Author> fetchWithBooksByGenre(String genre, Pageable pageable);
```

이제는 fetchWithBooksByGenre() 메서드 중 하나를 호출하면 다음과 같은 SQL 문이 생성된다.

```
SELECT
    author0_.id AS id1_0_0_,
    books1_.id AS id1_1_1_,
    author0_.age AS age2_0_0_,
    author0_.genre AS genre3_0_0_,
    author0_.name AS name4_0_0_,
    books1_.author_id AS author_i4_1_1_,
    books1_.isbn AS isbn2_1_1_,
    books1_.title AS title3_1_1_,
    books1_.author_id AS author_i4_1_0__,
    books1_.id AS id1_1_0__
FROM author author0_
LEFT OUTER JOIN book books1_
    ON author0_.id = books1_.author_id
WHERE author0_.genre = ?
ORDER BY author0_.name ASC

SELECT
    COUNT(author0_.id) AS col_0_0_
FROM author author0_
WHERE author0_.genre = ?
```

페이지네이션은 메모리에서 처리된다(위 SQL문에는 데이터베이스 페이지네이션이 없음). 더욱이 다음과 같은 HHH000104 유형의 메시지가 표시된다.

```
firstResult/maxResults specified with collection fetch;
applying in memory!
```

메모리에서의 페이지네이션 사용은 특히 가져온 컬렉션이 큰 경우 성능 저하가 발생된다. 따라서 이 코드는 각별히 주의해서 사용해야 한다. HHH000104를 이해하고 해결하려면 **항목 98**을 참고 하자.

다른 한편으로 연관된 저자와 함께 모든 도서를 가져와보자. 예를 들면 다음과 같다.

```
@Transactional
@Query(value = "SELECT b FROM Book b
                LEFT JOIN FETCH b.author WHERE b.isbn LIKE ?1%",
       countQuery = "SELECT COUNT(b) FROM Book b WHERE b.isbn LIKE ?1%")
Page<Book> fetchWithAuthorsByIsbn(String isbn, Pageable pageable);
```

```
@Transactional
@EntityGraph(attributePaths = {"author"},
             type = EntityGraph.EntityGraphType.FETCH)
@Query(value = "SELECT b FROM Book b WHERE b.isbn LIKE ?1%")
Page<Book> fetchWithAuthorsByIsbn(String isbn, Pageable pageable);
```

두 쿼리 모두 다음과 같은 쿼리를 호출한다.

```
SELECT
    book0_.id AS id1_1_0_,
    author1_.id AS id1_0_1_,
    book0_.author_id AS author_i4_1_0_,
```

```
        book0_.isbn AS isbn2_1_0_,
        book0_.title AS title3_1_0_,
        author1_.age AS age2_0_1_,
        author1_.genre AS genre3_0_1_,
        author1_.name AS name4_0_1_
    FROM book book0_
    LEFT OUTER JOIN author author1_
        ON book0_.author_id = author1_.id
    WHERE book0_.isbn LIKE ?
    ORDER BY book0_.title ASC LIMIT ?

    SELECT
        COUNT(book0_.id) AS col_0_0_
    FROM book book0_
    WHERE book0_.isbn LIKE ?
```

이번에는 페이지네이션이 데이터베이스에 의해 처리되며 메모리 사용 방식보다 훨씬 나은 방법이다.

전체 애플리케이션은 깃허브[17]에서 확인할 수 있다.

항목 98: HHH000104 조치 방법

항목 97에서는 HHH000104가 결과 세트에 대한 페이지네이션 처리가 메모리에서 발생되고 있다는 점을 알리는 경고임을 확인했다. 예를 들어 양방향 지연 @OneToMany 연관관계를 갖는 Author와 Book 엔터티 및 다음과 같은 쿼리를 생각해보자.

```
    @Transactional
```

---

17. HibernateSpringBootJoinFetchPageable

```
@Query(value = "SELECT a FROM Author a
                LEFT JOIN FETCH a.books WHERE a.genre = ?1",
        countQuery = "SELECT COUNT(a) FROM Author a WHERE a.genre = ?1")
Page<Author> fetchWithBooksByGenre(String genre, Pageable pageable);
```

fetchWithBooksByGenre() 호출은 다음과 같은 경고가 표시되는 것을 제외하고 잘 동작한다. HHH00104: firstResult/maxResults specified with collection fetch; applying in memory! 분명한 것은 메모리로 페이지네이션을 처리하는 것은 성능 관점에서 볼 때 좋을 수가 없다.

일반적으로 말하자면 하이버네이트 ORM/JPA 어노테이션으로 가져온 컬렉션의 크기를 제한하는 것은 불가능하다. 예를 들어 @OneToMany 컬렉션의 크기 제한은 불가능하며, 하이버네이트는 전체 컬렉션 엔터티 상태 전환을 관리해야 하므로 컬렉션 하위 세트에서 작동하지 않는다.

이 경우 하이버네이트는 일부 Book 행을 자체적으로 자르는 경향이 있기 때문에 SQL 수준의 페이지네이션을 사용해 결과 세트를 간단히 자를 수 없다. 이로 인해 Author가 Book의 하위 세트 전체만 가질 수 있는데, 하이버네이트가 전체 결과 세트를 제어할 수 있는 메모리에서 페이지네이션이 수행되는 이유다. 안타깝게도 결과 세트가 큰 경우 특히 성능이 크게 저하될 수 있다.

HHH000104는 경고로 보고되기 때문에 로그에서 놓칠 가능성이 매우 높다. 그래서 하이버네이트 5.2.13부터 hibernate.query.fail_on_pagination_over_collection_fetch 속성이 활성화된 경우 HHH000104는 예외로 보고된다. 스프링에서는 이 속성을 다음과 같이 application.properties에서 활성화할 수 있다.

```
spring.jpa.properties.hibernate.query.fail_on_pagination_
over_collection_fetch=true
```

이 경우 HHH000104를 놓치는 것은 피해야 하므로 프로젝트에서 항상 이 속성을 활성화하는 것을 잊지 말자.

이제 다음으로 HHH000104를 조치하고 데이터베이스에서 페이지네이션을 수행하는 방법을 살펴보자.

관리되는 엔터티 가져오기

결과 세트는 Page, Slice 또는 List로 가져올 수 있다.

Page〈Author〉 가져오기

우선 Page에 초점을 맞춰 주어진 장르의 저자 ID들을 가져와보자.

```
@Transactional(readOnly = true)
@Query(value = "SELECT a.id FROM Author a WHERE a.genre = ?1")
Page<Long> fetchPageOfIdsByGenre(String genre, Pageable pageable);
```

다음으로 해당 저자의 도서들을 가져온다(가져온 ID로).

```
@Transactional(readOnly = true)
@QueryHints(value = @QueryHint(name = HINT_PASS_DISTINCT_THROUGH,
                              value = "false"))
@Query(value = "SELECT DISTINCT a FROM Author a
                LEFT JOIN FETCH a.books WHERE a.id IN ?1")
List<Author> fetchWithBooks(List<Long> authorIds);
```

또는 엔터티 그래프를 사용할 수 있다.

```
@Transactional(readOnly = true)
@EntityGraph(attributePaths = {"books"},
             type = EntityGraph.EntityGraphType.FETCH)
@QueryHints(value = @QueryHint(name = HINT_PASS_DISTINCT_THROUGH,
```

```
                              value = "false"))
   @Query(value = "SELECT DISTINCT a FROM Author a WHERE a.id IN ?1")
   List<Author> fetchWithBooksEntityGraph(List<Long> authorIds);
```

서비스 메서드는 다음과 같이 이 두 쿼리를 호출한다(fetchWithBooks()를 호출하기 전에 pageOfIds.getContent()가 비어 있는지 확인하는 것이 좋다).

```
   @Transactional
   public Page<Author> fetchAuthorsWithBooksByGenre(int page, int size) {

       Pageable pageable = PageRequest.of(
           page, size, Sort.by(Sort.Direction.ASC, "name"));

       Page<Long> pageOfIds = authorRepository
           .fetchPageOfIdsByGenre("Anthology", pageable);
       List<Author> listOfAuthors = authorRepository
           .fetchWithBooks(pageOfIds.getContent());
       Page<Author> pageOfAuthors = new PageImpl(
           listOfAuthors, pageable, pageOfIds.getTotalElements());

       return pageOfAuthors;
   }
```

마찬가지로 fetchWithBooksEntityGraph()를 호출할 수 있다.

서비스 메서드에 @Transactional 어노테이션이 추가됐다는 점에 유의하자. 이는 엔터티가 읽기 –쓰기 모드로 로드됨을 의미한다. 읽기 전용 엔터티가 필요한 경우 @Transactional (readOnly=true)를 추가한다.

트리거된 SQL문은 다음과 같다(엔터티 그래프 사용과 동일).

```
   SELECT
```

```
        author0_.id AS col_0_0_
    FROM author author0_
    WHERE author0_.genre = ?
    ORDER BY author0_.name ASC LIMIT ? ?

    SELECT
        COUNT(author0_.id) AS col_0_0_
    FROM author author0_
    WHERE author0_.genre = ?

    SELECT
        author0_.id AS id1_0_0_,
        books1_.id AS id1_1_1_,
        author0_.age AS age2_0_0_,
        author0_.genre AS genre3_0_0_,
        author0_.name AS name4_0_0_,
        books1_.author_id AS author_i4_1_1_,
        books1_.isbn AS isbn2_1_1_,
        books1_.title AS title3_1_1_,
        books1_.author_id AS author_i4_1_0__,
        books1_.id AS id1_1_0__
    FROM author author0_
    LEFT OUTER JOIN book books1_
        ON author0_.id = books1_.author_id
    WHERE author0_.id IN (?, ?, ?, ?)
```

JSON 샘플 출력은 다음과 같다.

```
{
    "content":[
        {
            "id":1,
            "name":"Mark Janel",
            "genre":"Anthology",
            "age":23,
```

```
        "books":[
            {
                "id":3,
                "title":"The Beatles Anthology",
                "isbn":"001-MJ"
            },
            {
                "id":8,
                "title":"Anthology From Zero To Expert",
                "isbn":"002-MJ"
            },
            {
                "id":9,
                "title":"Quick Anthology",
                "isbn":"003-MJ"
            }
        ]
    },
    {
        "id":6,
        "name":"Merci Umaal",
        "genre":"Anthology",
        "age":31,
        "books":[
            {
                "id":7,
                "title":"Ultimate Anthology",
                "isbn":"001-MU"
            },
            {
                "id":10,
                "title":"1959 Anthology",
                "isbn":"002-MU"
            }
        ]
```

```
            }
        ],
        "pageable":{
            "sort":{
                "sorted":true,
                "unsorted":false,
                "empty":false
            },
            "pageSize":2,
            "pageNumber":0,
            "offset":0,
            "paged":true,
            "unpaged":false
        },
        "totalElements":4,
        "totalPages":2,
        "last":false,
        "numberOfElements":2,
        "first":true,
        "sort":{
            "sorted":true,
            "unsorted":false,
            "empty":false
        },
        "number":0,
        "size":2,
        "empty":false
    }
```

다음으로 오프셋 페이지네이션을 위한 별도 SELECT COUNT를 방지하도록 구현을 최적화할 수 있다. 간단한 방법은 다음과 같이 COUNT(*) OVER()를 사용하는 네이티브 쿼리다.

```
@Transactional(readOnly = true)
@Query(value = "SELECT a.id AS id, COUNT(*) OVER() AS total " +
              "FROM Author a WHERE a.genre = ?1",
       nativeQuery = true)
List<Tuple> fetchTupleOfIdsByGenre(String genre, Pageable pageable);
```

서비스 메서드는 저자의 ID와 전체 개수를 가져오기 위한 List<Tuple>로 처리해야 한다.

```
@Transactional
public Page<Author> fetchPageOfAuthorsWithBooksByGenreTuple(
        int page, int size) {

    Pageable pageable = PageRequest.of(page, size,
        Sort.by(Sort.Direction.ASC, "name"));

    List<Tuple> tuples = authorRepository.fetchTupleOfIdsByGenre(
        "Anthology", pageable);

    List<Long> listOfIds = new ArrayList<>(tuples.size());
    for(Tuple tuple: tuples) {
        listOfIds.add(((BigInteger) tuple.get("id")).longValue());
    }

    List<Author> listOfAuthors
        = authorRepository.fetchWithBooksJoinFetch(listOfIds);
    Page<Author> pageOfAuthors = new PageImpl(listOfAuthors, pageable,
        ((BigInteger) tuples.get(0).get("total")).longValue());

    return pageOfAuthors;
}
```

이번에는 추가 SELECT COUNT가 제거된다. 따라서 3개에서 2개의 SELECT문으로 줄일 수 있다.

Slice〈Author〉 가져오기

Slice를 사용하는 것도 하나의 옵션이다. **Page** 대신 **Slice**를 사용하면 추가 **SELECT COUNT** 쿼리가 필요하지 않으며 총 레코드 수 없이 페이지(레코드)와 일부 메타데이터를 반환한다. **Slice**에서 제공하는 메타데이터가 필요하지만 총 레코드 수가 필요하지 않거나 별도의 **SELECT COUNT**를 통해 총 레코드 수를 가져올 때 유용하다. 일반적으로 등록/삭제가 트리거되지 않거나 거의 호출되지 않을 때 사용된다. 이 경우 페이지 탐색 간 레코드 수가 변경되지 않기 때문에 모든 페이지에 대해 **SELECT COUNT**를 호출할 필요가 없다.

3개의 SQL문이 2개로 되며 **Slice** 기반 구현은 다음과 같다.

```
@Transactional(readOnly = true)
@Query(value = "SELECT a.id FROM Author a WHERE a.genre = ?1")
Slice<Long> fetchSliceOfIdsByGenre(String genre, Pageable pageable);



@Transactional
public Slice<Author> fetchAuthorsWithBooksByGenre(int page, int size) {

    Pageable pageable = PageRequest.of(page, size,
        Sort.by(Sort.Direction.ASC, "name"));

    Slice<Long> pageOfIds = authorRepository
        .fetchSliceOfIdsByGenre("Anthology", pageable);
    List<Author> listOfAuthors = authorRepository
        .fetchWithBooks(pageOfIds.getContent());
    Slice<Author> sliceOfAuthors = new SliceImpl(
        listOfAuthors, pageable, pageOfIds.hasNext());

    return sliceOfAuthors;
}
```

이렇게 하면 2개의 SQL SELECT문만 트리거된다. 전체 행수에 대한 정보는 없지만 더 많은 페이지가 있는지 여부는 알 수 있다. 샘플 JSON은 다음과 같다_(last 항목 확인).

```json
{
    "content":[
        {
            "id":1,
            "name":"Mark Janel",
            "genre":"Anthology",
            "age":23,
            "books":[
                {
                    "id":3,
                    "title":"The Beatles Anthology",
                    "isbn":"001-MJ"
                },
                {
                    "id":8,
                    "title":"Anthology From Zero To Expert",
                    "isbn":"002-MJ"
                },
                {
                    "id":9,
                    "title":"Quick Anthology",
                    "isbn":"003-MJ"
                }
            ]
        },
        {
            "id":6,
            "name":"Merci Umaal",
            "genre":"Anthology",
            "age":31,
            "books":[
```

```
            {
                "id":7,
                "title":"Ultimate Anthology",
                "isbn":"001-MU"
            },
            {
                "id":10,
                "title":"1959 Anthology",
                "isbn":"002-MU"
            }
        ]
    }
],
"pageable":{
    "sort":{
        "sorted":true,
        "unsorted":false,
        "empty":false
    },
    "pageSize":2,
    "pageNumber":0,
    "offset":0,
    "paged":true,
    "unpaged":false
},
"numberOfElements":2,
"first":true,
"last":false,
"sort":{
    "sorted":true,
    "unsorted":false,
    "empty":false
},
"number":0,
"size":2,
```

```
    "empty":false
}
```

List〈Author〉 가져오기

데이터를 List<Author>로 가져올 수도 있다. 이는 Page나 Slice가 제공하는 메타데이터가 필요하지 않을 때에 유용하다.

```
@Transactional(readOnly = true)
@Query(value = "SELECT a.id FROM Author a WHERE a.genre = ?1")
List<Long> fetchListOfIdsByGenre(String genre, Pageable pageable);
```

이번에는 Pageable을 사용하는데, 스프링의 지원을 통해 정렬과 페이징을 위한 SQL 절이 추가된다. 특히 페이징을 할 때 스프링은 다이얼렉트에 따라 적절한 SQL 절을 선택한다(예: MySQL의 경우 LIMIT 추가). Pageable을 제거하고 네이티브 쿼리를 사용하는 것도 또 다른 옵션이다.

이제 fetchListOfIdsByGenre()를 호출하는 서비스 메서드는 다음과 같다.

```
@Transactional
public List<Author> fetchListOfAuthorsWithBooksByGenre(int page, int size) {

    Pageable pageable = PageRequest.of(page, size,
        Sort.by(Sort.Direction.ASC, "name"));

    List<Long> listOfIds = authorRepository.fetchListOfIdsByGenre(
        "Anthology", pageable);
    List<Author> listOfAuthors
        = authorRepository.fetchWithBooksJoinFetch(listOfIds);

    return listOfAuthors;
}
```

이 호출은 다음과 같은 두 SELECT문을 트리거한다.

```
SELECT
    author0_.id AS col_0_0_
FROM author author0_
WHERE author0_.genre = ?
ORDER BY author0_.name
ASC LIMIT ? ?

SELECT
    author0_.id AS id1_0_0_,
    books1_.id AS id1_1_1_,
    author0_.age AS age2_0_0_,
    author0_.genre AS genre3_0_0_,
    author0_.name AS name4_0_0_,
    books1_.author_id AS author_i4_1_1_,
    books1_.isbn AS isbn2_1_1_,
    books1_.title AS title3_1_1_,
    books1_.author_id AS author_i4_1_0__,
    books1_.id AS id1_1_0__
FROM author author0_
LEFT OUTER JOIN book books1_
    ON author0_.id = books1_.author_id
WHERE author0_.id IN (?, ?)
```

그리고 샘플 결과 세트에 대한 JSON은 다음과 같다.

```
[
    {
        "id":3,
        "name":"Quartis Young",
        "genre":"Anthology",
        "age":51,
        "books":[
```

```
                    {
                        "id":5,
                        "title":"Anthology Of An Year",
                        "isbn":"001-QY"
                    }
                ]
            },
            {
                "id":5,
                "name":"Pyla Lou",
                "genre":"Anthology",
                "age":41,
                "books":[
                    {
                        "id":6,
                        "title":"Personal Anthology",
                        "isbn":"001-KL"
                    }
                ]
            }
        ]
```

전체 애플리케이션은 깃허브[18]에서 확인할 수 있다.

항목 99: Slice⟨T⟩ findAll() 구현 방법

스프링 부트는 Page 또는 Slice를 반환하는 오프셋 기반 내장 페이징 메커니즘을 제공한다. 각 API는 데이터에 대한 페이지와 일부 페이지 메타데이터를 제공하며 주요 차이점은, Page는 총 레코드 수를 포함하는 반면 Slice는 다른 페이지가 있는지 여부만 알 수 있다는 것이다. Page의 경우 스프링 부트는 Pageable

---

18. HibernateSpringBootHHH000104

및 Specification이나 Example을 인자로 받는 findAll() 메서드를 제공한다. 총 레코드 수를 포함하는 Page를 생성하고자 이 메서드는 현재 페이지의 데이터를 가져오는 쿼리와 별도로 SELECT COUNT 추가 쿼리를 트리거한다. 페이지가 요청될 때마다 SELECT COUNT 쿼리가 실행되기 때문에 이로 인해 성능 저하가 발생될 수 있으며, 이 추가 쿼리를 피하고자 스프링 부트는 좀 더 완화된 API인 Slice API를 제공한다. Page 대신 Slice를 사용하면 추가 SELECT COUNT 쿼리가 필요하지 않으며 총 레코드 수 없이 페이지(레코드)와 페이지에 대한 일부 메타데이터를 제공한다. 따라서 Slice는 총 레코드 수를 알 수 없지만 현재 페이지 다음에 사용 가능한 다음 페이지가 있는지 또는 마지막 페이지인지는 알 수 있다. 문제는 Slice가 SQL WHERE 절을 포함하는 쿼리(스프링 데이터 내장 쿼리 빌더 메커니즘을 사용하는 쿼리 포함)에 대해서는 잘 작동하지만 findAll()에 대해서는 작동하지 않는다는 것이다. 이 메서드는 여전히 Slice 대신 Page를 반환하기 때문에 Slice<T> findAll(...)에 대해 SELECT COUNT 쿼리가 트리거된다.

신속한 구현

모든 데이터의 Slice를 가져오기 위한 손쉬운 방법은 명시적 쿼리(JPQL)와 Pageable 객체를 활용하는 메서드를 정의하는 것으로 구성된다.

Slice〈entity〉 가져오기

해당 메서드 이름을 fetchAll()로 사용해서 다음과 같이 리포지터리에 추가할 수 있다(AuthorRepository는 Author 엔터티에 대한 리포지터리임).

```
@Repository
@Transactional(readOnly = true)
public interface AuthorRepository
        extends PagingAndSortingRepository<Author, Long> {
```

```
@Query(value = "SELECT a FROM Author a")
Slice<Author> fetchAll(Pageable pageable);
}
```

fetchAll()을 호출하면 다음과 같은 하나의 SELECT 쿼리가 실행된다.

```
SELECT
    author0_.id AS id1_0_,
    author0_.age AS age2_0_,
    author0_.genre AS genre3_0_,
    author0_.name AS name4_0_
FROM author author0_
ORDER BY author0_.age ASC
LIMIT ? ?
```

fetchAll()을 호출하는 서비스 메서드는 다음과 같이 작성한다.

```
public Slice<Author> fetchNextSlice(int page, int size) {

    return authorRepository.fetchAll(PageRequest.of(page, size,
            Sort.by(Sort.Direction.ASC, "age")));
}
```

REST 엔드포인트가 localhost:8080/authors/{page}/{size} 형식으로 author 테이블에 총 51개의 레코드가 있다고 생각해보자. 크기 3인 두 번째 페이지에 대한 요청은 localhost:8080/authors/1/3으로 호출될 수 있으며 결과(JSON)는 다음과 같다.

```
{
    "content":[
```

```json
        {
            "id":7,
            "age":23,
            "name":"Wuth Troll",
            "genre":"Anthology"
        },
        {
            "id":25,
            "age":23,
            "name":"Tylor Ruth",
            "genre":"Anthology"
        },
        {
            "id":16,
            "age":24,
            "name":"Joana Leonte",
            "genre":"History"
        }
    ],
    "pageable":{
        "sort":{
            "sorted":true,
            "unsorted":false,
            "empty":false
        },
        "pageSize":3,
        "pageNumber":1,
        "offset":3,
        "paged":true,
        "unpaged":false
    },
    "numberOfElements":3,
    "first":false,
    "last":false,
    "sort":{
```

```
        "sorted":true,
        "unsorted":false,
        "empty":false
      },
      "number":1,
      "size":3,
      "empty":false
  }
```

총 레코드 수에 대한 정보는 없지만 **"last": false**는 마지막 페이지가 아니라는 표시를 나타낸다.

Slice〈dto〉 가져오기

다음과 같은 스프링 부트 프로젝션(DTO)을 생각해보자.

```
public interface AuthorDto {

    String getName();

    int getAge();
}
```

이 메서드 이름을 **fetchAllDto()**로 지정하고 다음과 같이 리포지터리에 추가할 수 있다(AuthorRepository는 Author 엔터티에 대한 리포지터리임).

```
@Repository
@Transactional(readOnly = true)
public interface AuthorRepository
            extends PagingAndSortingRepository<Author, Long> {

    @Query(value = "SELECT a.name as name, a.age as age FROM Author a")
```

```
        Slice<AuthorDto> fetchAllDto(Pageable pageable);
    }
```

fetchAllDto()를 호출하면 다음과 같이 단일 SELECT 쿼리가 트리거된다.

```
    SELECT
        author0_.name AS col_0_0_,
        author0_.age AS col_1_0_
    FROM author author0_
    ORDER BY author0_.age ASC
    LIMIT ? ?
```

fetchAllDto()를 호출하는 서비스 메서드는 다음과 같이 작성한다.

```
    public Slice<AuthorDto> fetchNextSlice(int page, int size) {

        return authorRepository.fetchAllDto(PageRequest.of(page, size,
                Sort.by(Sort.Direction.ASC, "age")));
    }
```

REST 엔드포인트가 localhost:8080/authors/{page}/{size} 형식으로 author 테이블에 총 51개의 레코드가 있다고 생각해보자. 크기 3인 두 번째 페이지에 대한 요청은 localhost:8080/authors/1/3으로 호출할 수 있으며 결과(JSON)는 다음과 같다.

```
    {
        "content":[
            {
                "age":23,
                "name":"Wuth Troll"
```

```json
        },
        {
            "age":23,
            "name":"Tylor Ruth"
        },
        {
            "age":24,
            "name":"Joana Leonte"
        }
    ],
    "pageable":{
        "sort":{
            "sorted":true,
            "unsorted":false,
            "empty":false
        },
        "pageSize":3,
        "pageNumber":1,
        "offset":3,
        "paged":true,
        "unpaged":false
    },
    "numberOfElements":3,
    "first":false,
    "last":false,
    "sort":{
        "sorted":true,
        "unsorted":false,
        "empty":false
    },
    "number":1,
    "size":3,
    "empty":false
}
```

소스코드는 깃허브[19]에서 확인할 수 있다.

Slice〈T〉 findAll(Pageable pageable) 구현

메서드 이름을 `findAll`로 유지한다는 것은 커스텀 구현을 작성해야 함을 의미하며, 먼저 추상 클래스를 작성하고 다음과 같이 `findAll()`을 정의한다.

```java
@Repository
@Transactional(readOnly = true)
public abstract class SlicePagingRepositoryImplementation<T> {

    @Autowired
    private EntityManager entityManager;

    private final Class<T> entityClass;

    public SlicePagingRepositoryImplementation(Class<T> entityClass) {
        this.entityClass = entityClass;
    }

    public Slice<T> findAll(Pageable pageable) {

        return findAll(pageable, entityClass);
    }

    // ...
}
```

`findAll(Pageable, Class<T>)`는 쿼리 구성을 담당하는 `private` 메서드이며, 간단한 구현 방법은 다음과 같다.

```java
private Slice<T> findAll(Pageable pageable, Class<T> entityClass) {

    final String sql = "SELECT e FROM " + entityClass.getSimpleName() + " e";
```

19. HibernateSpringBootSliceAllViaFetchAll

```
    TypedQuery<T> query = entityManager.createQuery(sql, entityClass);

    return this.readSlice(query, pageable);
}
```

마지막으로 readSlice()는 SliceImpl과 주어진 query를 통해 Slice<T>를 생성하는 private 메서드다.

```
private Slice<T> readSlice(final TypedQuery<T> query,
                                    final Pageable pageable) {

    query.setFirstResult((int) pageable.getOffset());
    query.setMaxResults(pageable.getPageSize() + 1);

    final List<T> content = query.getResultList();

    boolean hasNext = content.size() == (pageable.getPageSize() + 1);
    if (hasNext) {
        content.remove(content.size() - 1);
    }

    return new SliceImpl<>(content, pageable, hasNext);
}
```

전체 구현은 깃허브[20]에서 확인할 수 있다. 이 외에도 다음과 같은 몇 가지 다른 구현이 있다.

- 하드코딩된 SQL 대신 CriteriaBuilder 기반 구현[21]
- Sort를 제공하는 구현[22]
- Sort와 Specification을 제공하는 구현[23]

---

20. HibernateSpringBootSliceAllSimpleSql
21. HibernateSpringBootSliceAllCriteriaBuilder
22. HibernateSpringBootSliceAllCriteriaBuilderAndSort
23. HibernateSpringBootSliceAllCriteriaBuilderSortAndSpecification

- Sort, LockModeType, QueryHints, Specification을 제공하는 구현[24]
- SimpleJpaRepository에서 Page<T> readPage(...) 메서드를 재정의하는 구현[25]

항목 100: 키세트 페이지네이션 구현 방법

계속 진행하기 전에 항목 94를 먼저 읽어보는 것을 추천한다.

대규모 데이터 세트의 경우 오프셋 페이지네이션은 필요한 오프셋에 도달하기 위해 이미 가져온 레코드를 탐색함으로써 발생하는 상당한 성능 저하를 수반한다. 이런 경우 증가하는 데이터에 대해 '일정한' 시간을 유지하는 키세트 페이지네이션을 활용하는 것이 좋으며, 키세트 페이지네이션의 장단점을 다음과 같다.

단점:

- 임의 페이지를 가져오지 못한다.
- WHERE 절 작성이 (항상) 쉽지 않다.

장점:

- 이전 페이지 마지막 항목을 검색한다.
- 다음 행들만 가져온다.
- 무한 스크롤^{infinite scrolling} 메커니즘
- 등록으로 인한 페이지 손실^{leeway}이 발생하지 않는다.

고려해야 할 또 다른 단점은 스프링 부트가 키세트 페이지네이션에 대한 기본 제공을 지원하지 않는 것이다. 실제로 키세트 페이지네이션보다 오프셋에 사용하는 주된 이유는 도구 지원이 부족하기 때문이다.

---

24. HibernateSpringBootSliceAllCriteriaBuilderSortAndSpecificationAndQueryHints
25. HibernateSpringBootSliceAllCriteriaBuilderSimpleJpaRepository

그림 13-4와 같은 Author 엔터티에 해당되는 author 테이블을 생각해보자.

그림 13-4. Author 엔터티 테이블

목표는 저자를 엔터티와 DTO로 가져오는 키세트 페이지네이션을 구현하는 것이다.

가장 최근에 방문한 레코드/행(예: id 칼럼)으로 사용할 칼럼을 선택하고 WHERE와 ORDER BY 절에 이 칼럼을 사용한다. 해당 id 칼럼을 사용하는 관용구^{idiom}는 다음과 같다(여러 칼럼을 기준으로 정렬하는 것은 동일한 아이디어에 따른다).

```
SELECT ...
  FROM ...
 WHERE id < {last_seen_id}
 ORDER BY id DESC
 LIMIT {how_many_rows_to_fetch}
```

또는 다음과 같다.

```
SELECT ...
  FROM ...
 WHERE ...
   AND id < {last_seen_id}
 ORDER BY id DESC
```

```
LIMIT {how_many_rows_to_fetch}
```

예를 들어 이 경우 첫 번째 관용구를 적용하면 다음과 같은 네이티브 쿼리가 생성될 수 있다(첫 번째 쿼리는 엔터티를 가져오고 두 번째 쿼리는 DTO를 가져온다).

```
@Repository
@Transactional(readOnly = true)
public interface AuthorRepository extends JpaRepository<Author, Long> {

    @Query(value = "SELECT * FROM author AS a WHERE a.id < ?1 " +
            "ORDER BY a.id DESC LIMIT ?2", nativeQuery = true)
    List<Author> fetchAll(long id, int limit);

    @Query(value = "SELECT name, age FROM author AS a WHERE a.id < ?1 " +
            "ORDER BY a.id DESC LIMIT ?2", nativeQuery = true)
    List<AuthorDto> fetchAllDto(long id, int limit);
}
```

페이지네이션의 경우 결정적 정렬 순서가 필요이므로 ORDER BY 절을 잊지 말자.

LIMIT 절은 MySQL과 PostgreSQL에서 인식된다. SQL 서버는 SELECT TOP 절을 지원하는 반면 오라클은 ROWNUM 또는 ROWS FETCH NEXT n ROWS ONLY를 사용한다.

AuthorDto는 다음과 같이 간단한 스프링 부트 프로젝션이다.

```
public interface AuthorDto {

    String getName();
    int getAge();
}
```

서비스 메서드는 다음과 같이 fetchAll() 및 fetchAllDto()를 호출한다.

```
public List<Author> fetchNextPage(long id, int limit) {
    return authorRepository.fetchAll(id, limit);
}

public List<AuthorDto> fetchNextPageDto(long id, int limit) {
    return authorRepository.fetchAllDto(id, limit);
}
```

REST 엔드포인트가 localhost:8080/authors/{id}/{limit} 형식으로 서비스 메서드에 대한 테스트를 지원하며, localhost:8080/authors/5/3을 통해 fetchNextPage()를 호출하는 결과의 예는 다음과 같다.

```
[
    {
        "id":4,
        "age":34,
        "name":"Joana Nimar",
        "genre":"History"
    },
    {
        "id":3,
        "age":51,
        "name":"Quartis Young",
        "genre":"Anthology"
    },
    {
        "id":2,
        "age":43,
        "name":"Olivia Goy",
        "genre":"Horror"
    }
```

]

그림 13-5에 표시된 시간-성능 추이 그래프는 키세트 페이지네이션이 오프셋 페이지네이션보다 매우 빠르다는 것을 보여준다. 100만 개의 레코드가 있는 author 테이블을 가정하고 100개의 레코드를 갖는 첫 번째 페이지(0), 5,000번째 페이지, 9,999번째 페이지를 가져온다.

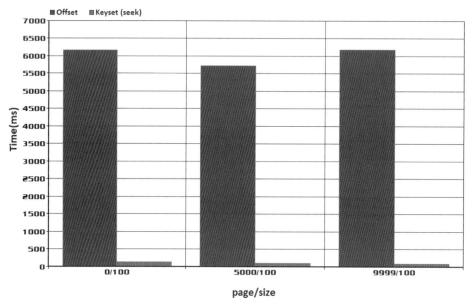

그림 13-5. 오프셋과 키세트

소스코드는 깃허브[26]에서 확인할 수 있다.

항목 101: 키세트 페이지네이션에 다음 페이지 버튼 추가 방법

계속 진행하기 전에 항목 100을 먼저 읽어보는 것을 추천한다.

---

26. HibernateSpringBootKeysetPagination

키세트 페이지네이션을 전체 구성 요소의 수에 의존하지 않는다. 그러나 약간의 트릭^{trick}을 사용하면 클라이언트 응답에 가져올 레코드가 더 있는지 여부를 나타내는 정보를 추가할 수 있다. 클라이언트 측은 이 정보를 사용해 다음 페이지 버튼을 표시한다. 예를 들어 localhost:8080/authors/5/3과 같은 REST 엔드포인트는 3개의 레코드_(ID 4, 3, 2)를 반환하지만 author 테이블에는 레코드가 하나 더 있다_(ID 1). 응답의 last 요소는 현재 마지막 페이지가 아님을 나타낸다.

```
{
    "authors":[
        {
            "id":4,
            "age":34,
            "name":"Joana Nimar",
            "genre":"History"
        },
        {
            "id":3,
            "age":51,
            "name":"Quartis Young",
            "genre":"Anthology"
        },
        {
            "id":2,
            "age":43,
            "name":"Olivia Goy",
            "genre":"Horror"
        }
    ],
    "last":false
}
```

따라서 localhost:8080/authors/2/3을 통해 다음 페이지를 가져올 수 있다. 이번에는 응답에 하나의 레코드_(ID 1)가 포함되고 last가 true다. 이는 현재가 마지막 페이지이므로 다음 페이지 버튼을 비활성화해야 함을 의미한다.

```
{
    "authors":[
        {
            "id":1,
            "age":23,
            "name":"Mark Janel",
            "genre":"Anthology"
        }
    ],
    "last":true
}
```

그러면 last 요소를 어떻게 추가할까? 먼저 가져온 데이터와 추가 요소를 그룹화하는 클래스를 다음과 같이 정의한다(이 경우 last만 있지만 다른 것도 추가될 수 있다).

```
public class AuthorView {

    private final List<Author> authors;
    private final boolean last;

    public AuthorView(List<Author> authors, boolean last) {
        this.authors = authors;
        this.last = last;
    }

    public List<Author> getAuthors() {
        return authors;
    }

    public boolean isLast() {
        return last;
    }
}
```

다음은 서비스 메서드에서 **limit + 1** 레코드를 가져오고 다음과 같이 **last** 값을 결정한다.

```
public AuthorView fetchNextPage(long id, int limit) {

    List<Author> authors = authorRepository.fetchAll(id, limit + 1);

    if (authors.size() == (limit + 1)) {
        authors.remove(authors.size() - 1);
        return new AuthorView(authors, false);
    }

    return new AuthorView(authors, true);
}
```

마지막으로 List<Author> 대신 List<AuthorView>를 반환하도록 REST 컨트롤러 엔드포인트를 수정한다.

```
@GetMapping("/authors/{id}/{limit}")
public AuthorView fetchAuthors(
        @PathVariable long id, @PathVariable int limit) {

    return bookstoreService.fetchNextPage(id, limit);
}
```

끝이다. 소스코드는 깃허브[27]에서 확인할 수 있으며, DTO 사례를 포함하고 있다.

---

27. HibernateSpringBootKeysetPaginationNextPage

항목 102: ROW_NUMBER()을 통한 페이지네이션 구현 방법

지금까지 페이지네이션 주제를 여러 항목에서 다뤘다. 페이지로 데이터를 가져오는 또 다른 방법은 항목 119에서 소개하는 ROW_NUMBER() 윈도우 함수를 사용하는 것이다. ROW_NUMBER()에 익숙하지 않은 경우 항목 119를 읽을 때까지 이 항목을 미루는 것이 좋다.

이미 익숙한 Author 엔터티 및 다음과 같은 DTO를 생각해보자.

```
public interface AuthorDto {

    String getName();
    int getAge();
}
```

다음은 네이티브 쿼리가 ROW_NUMBER()를 통해 페이지로 저자를 가져오는 예다.

```
@Repository
@Transactional(readOnly = true)
public interface AuthorRepository extends JpaRepository<Author, Long> {

    @Query(value = "SELECT * FROM (SELECT name, age, "
        + "ROW_NUMBER() OVER (ORDER BY age) AS row_num "
        + "FROM author) AS a WHERE row_num BETWEEN ?1 AND ?2",
        nativeQuery = true)
    List<AuthorDto> fetchPage(int start, int end);
}
```

또는 총 행수도 가져와야 하는 경우 다음과 같이 total 필드와 COUNT(*) OVER() 윈도우 함수가 있는 쿼리로 DTO를 보완한다.

```java
public interface AuthorDto {

    String getName();
    int getAge();
    long getTotal();
}
```

```java
@Repository
@Transactional(readOnly = true)
public interface AuthorRepository extends JpaRepository<Author, Long> {

    @Query(value = "SELECT * FROM (SELECT name, age, "
        + "COUNT(*) OVER() AS total, "
        + "ROW_NUMBER() OVER (ORDER BY age) AS row_num FROM author) AS a "
        + "WHERE row_num BETWEEN ?1 AND ?2",
        nativeQuery = true)
    List<AuthorDto> fetchPage(int start, int end);
}
```

전체 애플리케이션은 깃허브[28]에서 확인할 수 있다.

---

28. HibernateSpringBootPaginationRowNumber

14장

쿼리

항목 103: 하이버네이트 HINT_PASS_DISTINCT_THROUGH를 통한 SELECT DISTINCT 최적화 방법

양방향 지연 일대다 연관관계를 갖는 Author와 Book 엔터티를 고려해보자. 데이터 스냅샷은 그림 14-1과 같다(2권의 도서를 쓴 저자가 1명 있음).

author

id	age	genre	name
1	34	History	Joana Nimar

book

id	isbn	title	author_id
1	001-JN	A History of Ancient Prague	1
2	002-JN	A People's History	1

그림 14-1. 데이터 스냅샷(HINT_PASS_DISTINCT_THROUGH)

다음으로 모든 Book 자식 엔터티와 함께 Author 엔터티 목록을 가져와보자. 사실 SQL 수준 결과 세트 크기는 book 테이블에서 가져온 행의 수와 같다. 이로 인해 Author 중복(객체 참조 중복)이 발생할 수 있다. 다음과 같은 쿼리를 생각해보자.

```
@Repository
@Transactional(readOnly = true)
public interface AuthorRepository extends JpaRepository<Author, Long> {

    @Query("SELECT a FROM Author a LEFT JOIN FETCH a.books")
```

```
        List<Author> fetchWithDuplicates();
    }
```

fetchWithDuplicates()를 호출하면 다음과 같은 SQL이 트리거된다.

```
    SELECT
        author0_.id AS id1_0_0_,
        books1_.id AS id1_1_1_,
        author0_.age AS age2_0_0_,
        author0_.genre AS genre3_0_0_,
        author0_.name AS name4_0_0_,
        books1_.author_id AS author_i4_1_1_,
        books1_.isbn AS isbn2_1_1_,
        books1_.title AS title3_1_1_,
        books1_.author_id AS author_i4_1_0__,
        books1_.id AS id1_1_0__
    FROM author author0_
    LEFT OUTER JOIN book books1_
        ON author0_.id = books1_.author_id
```

가져온 List<Author>에는 2개의 동일한 항목이 포함돼 있다.

```
    List<Author> authors = authorRepository.fetchWithDuplicates();

    authors.forEach(a -> {
        System.out.println("Id: " + a.getId()
                + ": Name: " + a.getName() + " Books: " + a.getBooks());
    });
```

출력은 다음과 같다.

```
Id: 1: Name: Joana Nimar Books: [Book{id=1, title=A History of Ancient
Prague, isbn=001-JN}, Book{id=2, title=A People's History, isbn=002-JN}]

Id: 1: Name: Joana Nimar Books: [Book{id=1, title=A History of Ancient
Prague, isbn=001-JN}, Book{id=2, title=A People's History, isbn=002-JN}]
```

확인을 위해 그림 14-2에 표시된 PostgreSQL(왼쪽)과 MySQL(오른쪽)의 실행 계획을
살펴보자.

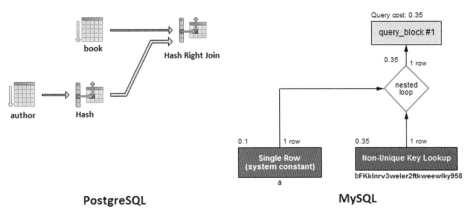

그림 14-2. DISTINCT가 없는 PostgreSQL 및 MySQL 실행 계획

가져온 List<Author>에는 동일한 Author 엔터티 객체에 대한 2개의 참조가 포함
된다. 20권의 도서를 저술한 다작 저자를 상상해보자. 동일한 Author 엔터티에
대한 20개 참조를 갖는 것은 감당할 수 없는(원하지 않은) 성능 저하가 된다.

중복이 발생한 이유는 무엇일까? 하이버네이트는 단순히 왼쪽 외부 조인(left outer join)으로 가져
온 결과를 반환하기 때문이다. 5명의 저자가 있고 각 저자가 3권의 도서를 갖고 있는 경우 결과
세트는 5 x 3 = 15개 행이 있다. 따라서 List<Author>에는 모두 Author 타인인 15개의 요소를
갖는다. 그럼에도 하이버네이트는 5개의 인스턴스만 생성하지만 중복은 5개의 인스턴스에 대한
중복 참조가 유지된다. 따라서 자바 힙(heap)에는 5개의 인스턴스와 이에 대한 10개의 참조가 존
재한다.

한 가지 해결 방법은 다음과 같이 DISTINCT 키워드를 사용하는 것이다.

```
@Repository
@Transactional(readOnly = true)
public interface AuthorRepository extends JpaRepository<Author, Long> {

    @Query("SELECT DISTINCT a FROM Author a LEFT JOIN FETCH a.books")
    List<Author> fetchWithoutHint();
}
```

fetchWithoutHint()를 호출하면 다음과 같은 SQL문이 실행된다(SQL 쿼리에 DISTINCT 키워드가 있음에 유의).

```
SELECT DISTINCT
    author0_.id AS id1_0_0_,
    books1_.id AS id1_1_1_,
    author0_.age AS age2_0_0_,
    author0_.genre AS genre3_0_0_,
    author0_.name AS name4_0_0_,
    books1_.author_id AS author_i4_1_1_,
    books1_.isbn AS isbn2_1_1_,
    books1_.title AS title3_1_1_,
    books1_.author_id AS author_i4_1_0__,
    books1_.id AS id1_1_0__
FROM author author0_
LEFT OUTER JOIN book books1_
    ON author0_.id = books1_.author_id
```

JPQL에서 DISTINCT 키워드의 목적은 자식 연관관계를 갖는 부모를 JOIN-FETCH할 때 동일한 부모 엔터티를 반환하지 않게 하는 것이다. 쿼리 결과에서 중복된 값을 제거해야 한다.

출력을 확인하면 List<Author>에서 중복 항목이 제거됐음을 확인할 수 있다.

```
Id: 1: Name: Joana Nimar Books: [Book{id=1, title=A History of Ancient
Prague, isbn=001-JN}, Book{id=2, title=A People's History, isbn=002-JN}]
```

그러나 문제는 DISTINCT 키워드가 데이터베이스로 전달됐다는 사실이다(트리거된 SQL문 확인). 이제 그림 14-3에 표시된 PostgreSQL(왼쪽)과 MySQL(오른쪽) 실행 계획을 다시 살펴보자.

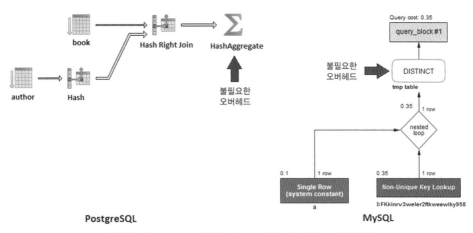

그림 14-3. DISTINCT를 갖는 PostgreSQL 및 MySQL 실행 계획

결과 세트에 고유한 부모-자식 레코드가 포함돼 있어도(JDBC 결과 세트에는 중복된 항목 없음) 선택된 실행 계획은 DISTINCT에 의해 영향을 받았다. PostgreSQL 실행 계획은 중복 제거를 위해 **HasAggregate** 단계를 사용하고 MySQL은 중복 제거를 위해 임시 테이블을 추가했다. 이는 불필요한 오버헤드다. 더욱이 대부분의 데이터베이스는 실제로 중복 레코드를 자동으로 필터링한다.

달리 표현하면 결과 세트에서 중복 레코드를 필터링해야 하는 경우에만 DISTINCT를 데이터베이스에 전달해야 한다.

이 문제는 HHH-10965[1]에서 해결됐으며 하이버네이트 5.2.2의 QueryHints.HINT_ PASS_DISTINCT_THROUGH로 처리된다. 이제 다음과 같이 해당 힌트를 추가하면 된다.

```
@Repository
@Transactional(readOnly = true)
public interface AuthorRepository extends JpaRepository<Author, Long> {

    @Query("SELECT DISTINCT a FROM Author a LEFT JOIN FETCH a.books")
    @QueryHints(value = @QueryHint(name = HINT_PASS_DISTINCT_THROUGH,
                value = "false"))
    List<Author> fetchWithHint();
}
```

fetchWithHint()를 호출하면 다음 SQL문이 트리거된다(SQL 쿼리에 DISTINCT 키워드가 없음을 확인).

```
SELECT
    author0_.id AS id1_0_0_,
    books1_.id AS id1_1_1_,
    author0_.age AS age2_0_0_,
    author0_.genre AS genre3_0_0_,
    author0_.name AS name4_0_0_,
    books1_.author_id AS author_i4_1_1_,
    books1_.isbn AS isbn2_1_1_,
    books1_.title AS title3_1_1_,
    books1_.author_id AS author_i4_1_0__,
    books1_.id AS id1_1_0__
FROM author author0_
LEFT OUTER JOIN book books1_
    ON author0_.id = books1_.author_id
```

---

1. https://hibernate.atlassian.net/browse/HHH-10965

출력을 확인하면 List<Author>에서 중복 항목이 제거됐음을 확인할 수 있다.

```
Id: 1: Name: Joana Nimar Books: [Book{id=1, title=A History of Ancient
Prague, isbn=001-JN}, Book{id=2, title=A People's History, isbn=002-JN}]
```

아울러 실행 계획에도 더 이상 불필요한 오버헤드가 포함되지 않는다.

이 힌트는 JPQL 쿼리 엔터티에만 유용하다. 스칼라 쿼리(예: List<Integer>) 또는 DTO에는 유용하지 않으며, 이 경우 기본 SQL 쿼리에 DISTINCT JPQL 키워드를 전달해야 한다. 이렇게 하면 결과 세트에서 중복 항목을 제거하도록 데이터베이스에 지시한다.

HINT_PASS_DISTINCT_THROUGH는 hibernate.use_sql_comments 속성이 활성화된 경우 작동하지 않는 점에 주의하자. 자세한 내용은 HHH-13280[2]을 참고하자.

아울러 HHH-13782[3]도 계속 주시하자.

전체 애플리케이션은 깃허브[4]에서 확인할 수 있다.

항목 104: JPA 콜백 설정 방법

JPA 콜백은 애플리케이션이 영속성 메커니즘 내에서 발생되는 특정 이벤트에 대응하도록 지시하는 데 사용할 수 있는 사용자 정의 메서드다. 항목 77에서는 비영속 속성을 산출하고자 JPA @PostLoad 콜백을 사용하는 방법을 확인했다. 공식 문서에서 가져온 전체 콜백 목록은 그림 14-4에 나와 있다.

---

2. https://hibernate.atlassian.net/browse/HHH-13280
3. https://hibernate.atlassian.net/browse/HHH-13782
4. HibernateSpringBootHintPassDistinctThrough

타입	설명
@PrePersist	엔터티 관리자의 영속 처리가 실제로 실행 또는 전이되기 전에 호출된다. 이 호출은 영속 처리와 동기화된다.
@PreRemove	엔터티 관리자의 삭제 처리가 실제로 실행 또는 전이되기 전에 호출된다. 이 호출은 삭제 처리와 동기화된다.
@PostPersist	엔터티 관리자의 영속 처리가 실제로 실행 또는 전이된 후에 호출된다. 이 호출은 데이터베이스 INSERT가 실행된 후에 호출된다.
@PostRemove	엔터티 관리자의 삭제 처리가 실제로 실행 또는 전이된 후에 호출된다. 이 호출은 삭제 처리와 동기화된다.
@PreUpdate	데이터베이스 UPDATE 처리 전에 호출된다.
@PostUpdate	데이터베이스 UPDATE 처리 후에 호출된다.
@PostLoad	엔터티가 현재 영속성 콘텍스트에 로딩되거나 엔터티가 리프레시된(refreshed) 후 실행된다.

그림 14-4. JPA 콜백

이제 다음과 같이 모든 콜백을 Author 엔터티에 추가해보자.

```
@Entity
public class Author implements Serializable {

    private static final Logger logger =
            Logger.getLogger(Author.class.getName());
    private static final long serialVersionUID = 1L;

    @Id
    @GeneratedValue(strategy = GenerationType.IDENTITY)
    private Long id;

    private int age;
    private String name;
    private String genre;

    // ...
```

```
@PrePersist
private void prePersist() {
    logger.info("@PrePersist callback ...");
}

@PreUpdate
private void preUpdate() {
    logger.info("@PreUpdate callback ...");
}

@PreRemove
private void preRemove() {
    logger.info("@PreRemove callback ...");
}

@PostLoad
private void postLoad() {
    logger.info("@PostLoad callback ...");
}

@PostPersist
private void postPersist() {
    logger.info("@PostPersist callback ...");
}

@PostUpdate
private void postUpdate() {
    logger.info("@PostUpdate callback ...");
}

@PostRemove
private void postRemove() {
    logger.info("@PostRemove callback ...");
}
// ...
}
```

새로운 Author를 저장하면 @PrePersist와 @PostPersist가 실행되고, Author를

가져오면 @PostLoad 콜백이 트리거된다. Author를 수정하면 @PreUpdate와 @PostUpdate 콜백이 트리거되고, 마지막으로 Author를 삭제하면 @PreRemove와 @PostRemove 콜백이 실행된다. 전체 코드는 깃허브[5]에서 확인할 수 있다.

@EntityListeners를 통한 분리된 리스너 클래스

경우에 따라 여러 엔터티에 대해 JPA 콜백을 호출해야 한다. 예를 들어 Paperback과 Ebook이라는 2개의 엔터티가 있고 해당 엔터티 인스턴스가 로드, 저장 등이 될 때마다 알림을 받고 싶다고 가정해보자. 이 작업을 수행하려면 @MappedSuperclass를 통해 엔터티가 아닌 클래스(Book)를 정의하는 것으로 시작한다.

```
@MappedSuperclass
public abstract class Book implements Serializable {
    // ...
}
```

다음으로 Paperback과 Ebook은 이 클래스를 확장한다.

```
@Entity
public class Ebook extends Book implements Serializable {
    // ...
}
```

```
@Entity
public class Paperback extends Book implements Serializable {
    // ...
}
```

---

5. HibernateSpringBootJpaCallbacks

다음으로 JPA 콜백을 포함하는 클래스를 정의한다. 각 콜백의 인자로 Book을 사용한다는 점에 주목하자. 이렇게 하면 Paperback 또는 Ebook(또는 Book을 확장한 다른 엔터티)이 저장되고 로드될 때마나 콜백에 의해 알림이 전송된다.

```
public class BookListener {

    @PrePersist
    void onPrePersist(Book book) {
        System.out.println("BookListener.onPrePersist(): " + book);
    }

    @PostPersist
    void onPostPersist(Book book) {
        System.out.println("BookListener.onPostPersist(): " + book);
    }

    // ...
}
```

마지막으로 JPA 어노테이션인 @EntityListeners를 사용해 BookListener와 Book 엔터티를 연결한다.

```
@MappedSuperclass
@EntityListeners(BookListener.class)
public abstract class Book implements Serializable {
    // ...
}
```

물론 여러 리스너 클래스를 정의하고 원하는 엔터티에만 어노테이션을 시성할 수 있다. @MappedSuperclass 사용이 필수는 아니다.

전체 애플리케이션은 깃허브[6]에서 확인할 수 있다.

항목 105: 스프링 데이터 쿼리 빌더를 통한 결과 세트 크기 제한과 카운트 및 삭제 파생 쿼리 사용 방법

스프링 데이터는 JPA를 위한 쿼리 빌더 메커니즘을 제공하며 쿼리 메서드 이름 (또는 메서드 이름에서 파생된 쿼리인 파생 쿼리derived query)을 해석해 이를 SQL문으로 변환한다. 이 메커니즘이 제시하는 명명 규칙을 따르기만 하면 된다.

결과 세트 크기 제한

일반적으로 개발자는 결과 세트의 크기를 제어하고 시간에 따른 데이터 크기 변화를 항상 인식해야 하며, 필요한 것보다 더 많은 데이터를 가져오지 말아야 한다. 처리할 데이터에 대한 결과 세트 크기를 제한하고 상대적으로 작은 결과 세트로 작업하도록 노력해야 한다(페이지네이션은 결과 세트를 분리하는 데 매우 유용하다).

기본적으로 쿼리 메서드 이름을 통해 스프링 데이터는 생성되는 SQL 쿼리에 LIMIT 절(또는 RDBMS에 따라 유사한 절)을 추가하는 방법을 제공한다.

가져와야 하는 결과 세트는 키워드 first 또는 top으로 제한할 수 있으며, 어떤 것을 써도 된다(원하는 것을 사용). 선택적으로 숫자 값을 top/first에 추가해 반환할 최대 결과 크기를 지정하며, 숫자가 생략되면 결과 크기는 1로 간주된다.

그림 14-5와 같은 Author 엔터티를 생각해보자.

---

6. HibernateSpringBootEntityListener

그림 14-5. Author 엔터티 테이블

목표는 56세인 첫 5명의 저자를 가져오는 것이다. 쿼리 빌더 메커니즘을 사용한다는 것은 AuthorRepository에 다음과 같은 쿼리를 작성하는 정도로 간단하다.

    List<Author> findTop5ByAge(int age);

또는 first 키워드를 사용한다.

    List<Author> findFirst5ByAge(int age);

내부적으로 이 메서드 이름은 다음과 같은 SQL 쿼리로 변환된다.

```
SELECT
    author0_.id AS id1_0_,
    author0_.age AS age2_0_,
    author0_.genre AS genre3_0_,
    author0_.name AS name4_0_
FROM
    author author0_
WHERE
    author0_.age =? LIMIT ?
```

결과 세트를 정렬해야 하는 경우 OrderByPropertyDesc/Asc를 사용하면 된다. 예를 들어 다음과 같이 56세인 첫 5명의 저자를 name 기준 내림차순으로 가져올 수 있다.

```
List<Author> findFirst5ByAgeOrderByNameDesc(int age);
```

이번에는 다음과 같은 SQL이 트리거된다.

```
SELECT
    author0_.id AS id1_0_,
    author0_.age AS age2_0_,
    author0_.genre AS genre3_0_,
    author0_.name AS name4_0_
FROM
    author author0_
WHERE
    author0_.age =?
ORDER BY
    author0_.name DESC LIMIT ?
```

50세 미만인 Horror 장르의 첫 5명의 저자를 name 내림차순으로 가져오는 것은 어떨까? 메서드 이름에 LessThan 키워드를 다음과 같이 추가하면 된다.

```
List<Author> findFirst5ByGenreAndAgeLessThanOrderByNameDesc(
    String genre, int age);
```

이 메서드 이름으로 만들어지는 SQL은 다음과 같다.

```
SELECT
```

```
    author0_.id AS id1_0_,

    author0_.age AS age2_0_,

    author0_.genre AS genre3_0_,

    author0_.name AS name4_0_

FROM

    author author0_

WHERE

    author0_.genre =?

    AND author0_.age <?

ORDER BY

    author0_.name DESC LIMIT ?
```

소스코드는 깃허브[7]에서 확인할 수 있다.

지원되는 키워드의 전체 리스트는 다음과 같다.

키워드	예	SQL
And	findByNameAndAge	...where a.name = ?1 and a.age = ?2
Or	findByNameOrAge	...where a.name = ?1 or a.age = ?2
Is, Equals	findByName, findByNameIs, findByNameEquals	...where a.name = ?1
Between	findByStartDateBetween	...where a.startDate between ?1 and ?2
LessThan	findByAgeLessThan	...where a.age < ?1
LessThanEquals	findByAgeLessThanEquals	...where a.age <= ?1
GreaterThan	findByAgeGreaterThan	...where a.age > ?1
GreaterThanEquals	findByAgeGreaterThanEquals	...where a.age >= ?1

(이어짐)

---

7. HibernateSpringBootLimitResultSizeViaQueryCreator

키워드	예	SQL
After	findByStartDateAfter	...where a.startDate > ?1
Before	findByStartDateBefore	...where a.startDate < ?1
IsNull	findByAgeIsNull	...where a.age is null
IsNotNull, NotNull	findByAge(Is)NotNull	...where a.age not null
Like	findByNameLike	...where a.name like ?1
NotLike	findByNameNotLike	...where a.name not like ?1
StartingWith	findByNameStartingWith	...where a.name like ?1 (parameter bound with appended %)
EndingWith	findByNameEndingWith	...where a.name like ?1 (parameter bound with appended %)
Containing	findByNameContaining	...where a.name like ?1 (parameter bound with appended %)
OrderBy	findByAgeOrderByNameAsc	...where a.age = ?1 order by a.name asc
Not	findByNameNot	...where a.name <> ?1
In	findByAgeIn(Collection<Age>)	...where a.age in ?1
NotIn	findByAgeNotIn(Collection<Age>)	...where a.age not in ?1
True	findByActiveTrue	...where a.active = true
False	findByActiveFalse	...where a.active = false
IgnoreCase	findByNameIgnoreCase	...where UPPER(a.name) = UPPER(?1)

WHERE 절이 없는 경우 findBy() 메서드를 사용하면 된다. 물론 findFirst5By() 또는 findTop5By()를 통해 결과 세트를 제한할 수 있다.

아울러 find...By는 사용 가능한 유일한 접두사는 아니다. 쿼리 빌더 메커니즘은 메서드에서 find...By, read...By, query...By, get...By를 제거하고 나머지 부분에 대한 구문 분석을 시작한다. 모든 접두사는 동일한 의미를 가지며 같은 방식으로 작동한다.

쿼리 빌더 메커니즘은 매우 편리하지만 긴 이름이 필요한 복잡한 쿼리는 피하는 것이 좋은데, 쉽게 통제에서 벗어날 수 있다.

해당 키워드 외에도 다음과 같이 Page와 Slice로 가져올 수 있다.

```
Page<Author> queryFirst10ByName(String name, Pageable p)
Slice<Author> findFirst10ByName(String name, Pageable p)
```

결론적으로 쿼리 빌더 메커니즘은 매우 유연하고 편리하다. 그러나 이게 전부는 아니다. 이 메커니즘의 놀라운 점은 스프링 프로젝션(DTO)과 함께 사용할 수 있다는 점이다. 다음과 같은 프로젝션을 생각해보자.

```
public interface AuthorDto {

    String getName();
    String getAge();
}
```

다음과 같이 쿼리 빌더 메커니즘을 통해 결과 세트를 가져올 수 있다(첫 5명의 저자에 대한 데이터를 연령별로 오름차순해 가져오기).

```
List<AuthorDto> findFirst5ByOrderByAgeAsc();
```

생성된 SQL은 필요한 데이터만을 가져온다. 영속성 콘텍스트에는 아무것도 로드되지 않는다. 아울러 중첩된 프로젝션과 함께 쿼리 빌더 메커니즘을 사용하지 말아야 한다. 이 부분은 완전히 다른 이야기로, **항목 28**과 **항목 29**를 확인해보자.

카운트 및 삭제 파생 쿼리

쿼리 빌더 메커니즘에는 find...By 타입의 쿼리 외에도 파생된 카운트 쿼리와 삭제 쿼리를 지원한다.

파생 카운트 쿼리

파생 카운트 쿼리는 다음과 같이 count...By로 시작한다.

```
long countByGenre(String genre);
```

트리거된 SELECT는 다음과 같다.

```
SELECT
    COUNT(author0_.id) AS col_0_0_
FROM author author0_
WHERE author0_.genre = ?
```

다음은 또 다른 예다.

```
long countDistinctAgeByGenre(String genre);
```

파생 삭제 쿼리

파생 삭제 쿼리는 삭제된 레코드 수 또는 삭제된 레코드의 목록을 반환할 수 있다. 삭제된 레코드 수를 반환하는 파생된 삭제 쿼리는 다음 예와 같이 delete...By 또는 remove...By로 시작하고 long을 반환한다.

```
long deleteByGenre(String genre);
```

삭제된 레코드 목록을 반환하는 파생 삭제 쿼리는 다음 예와 같이 delete...By 또는 remove...By로 시작해 List/Set<entity>를 반환한다.

```
List<Author> removeByGenre(String genre);
```

두 예 모두 실행되는 SQL문은 영속성 콘텍스트에서 엔터티를 가져오는 SELECT 와 삭제해야 하는 각 엔터티에 대한 DELETE로 구성된다.

```
SELECT
    author0_.id AS id1_0_,
    author0_.age AS age2_0_,
    author0_.genre AS genre3_0_,
    author0_.name AS name4_0_
FROM author author0_
WHERE author0_.genre = ?

-- 삭제해야 하는 각 author에 대해 다음과 같은 DELETE문 생성
DELETE FROM author
WHERE id = ?
```

다음은 또 다른 예다.

```
List<Author> removeDistinctByGenre(String genre);
```

전체 애플리케이션은 깃허브[8]에서 확인할 수 있다.

항목 106: 포스트 커밋에서 시간 소요가 많은 작업을 피해야 하는 이유

일반적으로 이 항목에서 설명하는 성능 문제는 무거운 부하 상황과 관련돼 있어 프로덕션 환경에서만 직접 관찰된다(부하 테스트에서도 관찰될 수 있음).

해당 현상은 스프링 포스트 커밋post-commit 후크hook에만 해당되며 증상은 커넥션 풀에 반영된다. 가장 일반적인 증상은 풀 커넥션 메서드 some_pool.getConnection()에서 관찰되는데, 증상은 커넥션 획득이 전체 응답 시간의 약 50%를 차지하는 것이다. 특히 SQL 쿼리가 빠르고(예: 5ms 미만) 사용 가능한 커넥션 수와 유효 커넥션 수가 매우 잘 조정돼 있는 커넥션 풀의 경우에 그렇다.

실제 원인은 포스트 커밋 후크에 시간 소요가 많은 작업이 있다는 점이다. 기본적으로 스프링 구현에서 커넥션은 다음과 같은 순서를 거친다.

```
private void processCommit(DefaultTransactionStatus status)
        throws TransactionException {

    try {
        prepareForCommit(status);
        triggerBeforeCommit(status);
        triggerBeforeCompletion(status);
        doCommit(status);
        triggerAfterCommit(status);
```

---

8. HibernateSpringBootDerivedCountAndDelete

```
                triggerAfterCompletion(status);
        } finally {
            // 커넥션 해제
            cleanupAfterCompletion(status);
        }
    }
```

따라서 포스트 커밋 후크가 실행된 후에만 커넥션이 풀로 다시 해제된다. 후크에 시간이 많이 소요되는 경우(예: JMS 메시지 전송 또는 I/O 작업) 처리해야 하는 심각한 성능 문제가 발생한다. 전체 솔루션을 재설계하는 것이 최선의 선택일 수 있지만 후크를 비동기적으로 구현하거나 작업을 보류하는 것도 수용 가능한 해결책이 될 수 있다.

그럼에도 다음과 같은 코드는 이런 문제가 나타난다. 해당 코드는 Author의 나이를 업데이트하고 60초 더미 지연을 통해 시간이 많이 걸리는 포스트 커밋 작업을 시뮬레이션하고 있다. 이는 HikariCP(풀 커넥션) 로그를 캡처하고 포스트 커밋에서 커넥션이 여전히 활성 상태인지 확인하기에 충분한 시간이어야 한다.

```
@Transactional
public void updateAuthor() {

    TransactionSynchronizationManager.registerSynchronization(
                    new TransactionSynchronizationAdapter() {
        @Override
        public void afterCommit() {
            logger.info(() -> "Long running task right after commit ...");

            // 커밋 직후 다른 작업을 수행하지만
            // 이 코드가 완료될 때까지 커넥션이 풀로 반환되지
            // 않는다는 점을 명심하자.
            // 따라서 여기에서 시간 소요가 많은 작업을 피해야 한다.
            try {
```

```
            // 아래 sleep()은 커넥션이 해제되지 않기 위한 처리일 뿐이다.
            // HikariCP 로그 확인
            Thread.sleep(60 * 1000);
        } catch (InterruptedException ex) {
            Thread.currentThread().interrupt();
            logger.severe(() -> "Exception: " + ex);
        }
        logger.info(() -> "Long running task done ...");
    }
});

logger.info(() -> "Update the author age and commit ...");
Author author = authorRepository.findById(1L).get();

author.setAge(40);
}
```

출력 로그는 코드가 지연되고 있는 동안 커넥션이 오픈 상태임을 보여준다.
따라서 커넥션은 아무런 의미 없이 열린 상태로 유지된다.

```
Update the author age and commit ...
update author set age=?, name=?, surname=? where id=?
Long running task right after commit ...
Pool stats (total=10, active=1, idle=9, waiting=0)
Long running task done ...
Pool stats (total=10, active=0, idle=10, waiting=0)
```

전체 코드는 깃허브[9]에서 확인할 수 있다.

---

9. HibernateSpringBootPostCommit

항목 107: 중복된 save() 호출을 피하는 방법

Author라는 엔터티를 생각해보자. 속성 중에 age가 있고, 애플리케이션은 다음과 같은 메서드를 통해 저자의 age를 업데이트하려 한다.

```
@Transactional
public void updateAuthorRedundantSave() {

    Author author = authorRepository.findById(1L).orElseThrow();
    author.setAge(44);

    authorRepository.save(author);
}
```

해당 메서드를 호출하면 다음과 같은 2개의 SQL문이 실행된다.

```
SELECT
    author0_.id AS id1_0_0_,
    author0_.age AS age2_0_0_,
    author0_.genre AS genre3_0_0_,
    author0_.name AS name4_0_0_
FROM author author0_
WHERE author0_.id = ?

UPDATE author
SET age = ?, genre = ?, name = ?
WHERE id = ?
```

굵은 줄(authorRepository.save(author))을 확인해보자. 이 줄은 필요할까? 정답은 '아니요'다. 애플리케이션이 데이터베이스에서 author를 가져오면 관리되는 인스턴스가 된다. 무엇보다도 이는 인스턴스가 수정되면 하이버네이트가 UPDATE문 실행을 처리할 것임을 의미하며, 하이버네이트 더티 체킹 메커니즘에 의해 플러시 시점에 수행된다. 즉, 다음 메서드는 동일한 동작을 수행하게 된다.

```
@Transactional
public void updateAuthorRecommended() {

    Author author = authorRepository.findById(1L).orElseThrow();
    author.setAge(49);
}
```

이 메서드를 호출하면 정확히 동일한 쿼리가 실행된다. 하이버네이트가 가져온 엔터티가 수정됐음을 감지하고 사용자를 대신해 UPDATE를 트리거함을 의미한다.

여기서 save() 유무는 쿼리 수나 유형에 영향을 미치진 않지만 성능 저하는 발생하는데, save()가 MergeEvent를 내부적으로 발생시키고 이런 상황에서 필요하지 않은 하이버네이트 내부 여러 동작을 실행하기 때문이다. 따라서 이와 같은 시나리오에서는 save() 메서드의 명시적 호출을 피해야 한다.

소스코드는 깃허브[10]에서 확인할 수 있다.

항목 108: N+1 문제 방지 이유와 방법

N+1 문제는 지연 가져오기와 관련이 있지만 즉시 가져오기에도 예외가 되지 않는다.

일반적인 N+1 시나리오는 그림 14-6과 같이 Author와 Book 간의 양방향 지연 @OneToMany 연관관계로부터 시작한다.

---

10. HibernateSpringBootRedundantSave

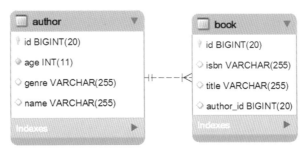

그림 14-6. @OneToMany 테이블 관계

개발자는 엔터티 컬렉션(예: N+1에서 1에 해당되는 쿼리의 List<Book>)을 가져오는 것으로 시작하고 이후에 해당 컬렉션의 각 엔터티(Book)에 대한 Author 엔터티를 지연 방식으로 가져온다(N 쿼리의 결과로 N은 Book 컬렉션의 크기에 해당). 즉, 전통적인 N+1 상황이다.

데이터 스냅숏은 그림 14-7과 같다.

author					book			
id	age	genre	name		id	isbn	title	author_id
1	23	Anthology	Mark Janel		1	001-JN	A History of Ancient Prague	4
2	43	Horror	Olivia Goy		2	001-QY	Modern Anthology	3
3	51	Anthology	Quartis Young		3	001-MJ	The Beatles Anthology	1
4	34	History	Joana Nimar		4	001-OG	Carrie	2

그림 14-7. 데이터 스냅숏

이제 N+1 문제를 일으키는 코드를 살펴보자. 간단히 Author와 Book 소스코드를 건너뛰고 저자 및 도서를 가져오는 코드로 바로 이동한다.

```
@Transactional(readOnly = true)
public void fetchBooksAndAuthors() {

    List<Book> books = bookRepository.findAll();

    for (Book book : books) {
        Author author = book.getAuthor();
        System.out.println("Book: " + book.getTitle()
                    + " Author: " + author.getName());
```

```
            }
        }
```

데이터 샘플에 대한 `fetchBooksAndAuthors()`를 호출하면 다음과 같은 SQL문이 실행된다.

```sql
-- 모든 도서를 가져오는 SELECT(1에 해당)
SELECT
    book0_.id AS id1_1_,
    book0_.author_id AS author_i4_1_,
    book0_.isbn AS isbn2_1_,
    book0_.title AS title3_1_
FROM book book0_

-- 이어 각 도서에 대해 4개 SELECT가 따름(N에 해당)
SELECT
    author0_.id AS id1_0_0_,
    author0_.age AS age2_0_0_,
    author0_.genre AS genre3_0_0_,
    author0_.name AS name4_0_0_
FROM author author0_
WHERE author0_.id = ?
```

물론 개발자는 먼저 List<Author>를 가져온 후에 각 Author에 연관된 도서를 List<Book>으로 가져올 수 있는데, 이 방식도 N+1 문제가 발생한다.

확실히 N이 상대적으로 크면(컬렉션이 시간이 지남에 따라 '증가'할 수 있음을 명심하자) 이로 인해 상당한 성능 저하가 발생한다. 이는 N+1 문제에 대해 아는 것이 중요한 이유다. 하지만 어떻게 피할 수 있을까? 해결책은 조인(JOIN FETCH 또는 JOIN(DTO)) 또는 N+1을 1로 줄이는 엔터티 그래프를 활용하는 것이다.

전체 소스코드는 깃허브[11]에서 확인할 수 있다.

하이버네이트 @Fetch(FetchMode.JOIN)과 N+1

N+1 문제를 일으키는 일반적인 시나리오 중 하나는 하이버네이트 관련 @Fetch (FetchMode.JOIN)의 부적절한 사용이다. 하이버네이트는 org.hibernate. annotations.FetchMode와 org.hibernate.annotatioins.Fetch 어노테이션을 통해 3가지 가져오기 모드를 지원한다.

- **FetchMode.SELECT(기본값)**: 부모-자식 연관관계에서 N개의 부모에 대해 부모 및 연관된 자식을 로드하는 N+1 SELECT문이 발생한다. 이 가져오기 모드는 @BatchSize(항목 54)를 통해 최적화될 수 있다.
- **FetchMode.SUBSELECT**: 부모-자식 연관관계에서 하나의 SELECT는 부모를 로드하고 하나의 SELECT는 연관된 모든 자식을 로드한다. 2개의 SELECT 문이 발생한다.
- **FetchMode.JOIN**: 부모-자식 연관관계에서 부모와 연관된 자식은 하나의 SELECT문으로 로드한다.

이번 절에서는 FetchMode.JOIN에 집중해보자.

FetchMode.JOIN을 사용하기로 결정하기 전에 먼저 JOIN FETCH(**항목 39**) 및 엔터티 그래프를 염두에 두자. 이 두 방법은 모두 쿼리 기반으로 활용되며 둘 다 HINT_PASS_DISTINCT_ THROUGH 최적화(**항목 103**)를 지원해 중복을 제거할 수 있다. Specification을 사용해야 하는 경우에는 엔터티 그래프를 사용하면 된다. JOIN FETCH에서는 Specification이 무시된다.

FetchMode.JOIN 가져오기 모드는 항상 EAGER 로드를 트리거하기 때문에 필요하지 않은 경우에도 부모가 로드될 때에 자식도 함께 로드된다. 이런 단점 외에도 FetchMode.JOIN은 중복 결과를 반환할 수 있고 직접 중복 항목을 제거해야 한다(예: 결과를 Set에 저장).

---

11. HibernateSpringBootSimulateNPlus1

그러나 FetchMode.JOIN을 사용하기로 결정했다면 적어도 다음에 논의되는 N+1 문제를 피하고
자 노력해야 한다.

Author, Book, Publisher라는 3개의 엔터티를 생각해보자. Author와 Book 사이에
는 양방향 지연 @OneToMany 연관관계가 있고, Author와 Publisher 사이에는 단
방향 지연 @ManyToOne 연관관계가 있다(저자는 출판사와 독점 계약을 맺음). Book과 Publisher
사이에는 연관관계가 없다.

저자와 저자의 출판사를 포함해 모든 도서(스프링 데이터 기본 findAll() 메서드를 통해)를 가져
오려 한다. 그런 경우 하이버네이트의 FetchMode.JOIN을 다음과 같이 사용할
수 있다.

```
@Entity
public class Author implements Serializable {

    // ...
    @ManyToOne(fetch = FetchType.LAZY)
    @JoinColumn(name = "publisher_id")
    @Fetch(FetchMode.JOIN)
    private Publisher publisher;

    // ...
}


@Entity
public class Book implements Serializable {

    // ...
    @ManyToOne(fetch = FetchType.LAZY)
    @JoinColumn(name = "author_id")
    @Fetch(FetchMode.JOIN)
    private Author author;
```

```
        // ...
    }



    @Entity
    public class Publisher implements Serializable {
        // ...
    }
```

서비스 메서드는 다음과 같이 findAll()을 통해 모든 Book을 가져온다.

```
    List<Book> books = bookRepository.findAll();
```

FetchMode.JOIN 덕분에 위 코드 라인이 저자와 해당 저자의 출판사를 가져오는 적절한 JOIN문을 포함한 단일 SELECT가 실행된다고 생각할 수 있다. 그러나 하이버네이트의 @Fetch (FetchMode. JOIN)은 쿼리 메서드에 대해 동작하지 않는다. EntityManager#find(), 스프링 데이터, findById(), findOne()을 사용해 ID(기본키)에 의해 엔터티를 가져올 때만 작동한다. 위와 같은 방식으로 FetchMode.JOIN을 사용하면 N+1 문제는 발생한다.

그럼 N+1 케이스가 발생하는 트리거된 SQL문을 살펴보자.

```
    -- 모든 도서 조회
    SELECT
        book0_.id AS id1_1_,
        book0_.author_id AS author_i5_1_,
        book0_.isbn AS isbn2_1_,
        book0_.price AS price3_1_,
        book0_.title AS title4_1_
    FROM book book0_
```

```
-- 각 도서에 대해 저자 및 저자의 출판사 가져오기
SELECT
    author0_.id AS id1_0_0_,
    author0_.age AS age2_0_0_,
    author0_.genre AS genre3_0_0_,
    author0_.name AS name4_0_0_,
    author0_.publisher_id AS publishe5_0_0_,
    publisher1_.id AS id1_2_1_,
    publisher1_.company AS company2_2_1_
FROM author author0_
LEFT OUTER JOIN publisher publisher1_
    ON author0_.publisher_id = publisher1_.id
WHERE author0_.id = ?
```

확실히 예상되는 동작은 아니며, 성능 페널티 영향은 N의 크기에 영향을 받는다. N이 클수록 성능 페널티 영향이 커진다. 그러나 JOIN FETCH 또는 엔터티 그래프를 사용하면 이 문제를 해결할 수 있다.

FetchMode.JOIN 대신 JOIN FETCH 사용

findAll()을 오버라이드해 FetchMode.JOIN 대신 JOIN FETCH(항목 39)를 사용할 수 있다.

```
@Override
@Query("SELECT b FROM Book b LEFT JOIN FETCH b.author a " +
        "LEFT JOIN FETCH a.publisher p")
List<Book> findAll();
```

또는 다음과 같이 INNER JOIN 사용을 원할 수 있다.

```
@Override
@Query("SELECT b, b.author, b.author.publisher FROM Book b")
List<Book> findAll();
```

이제 findAll()을 호출하면 하나의 SELECT가 실행된다.

```
SELECT
    book0_.id AS id1_1_0_,
    author1_.id AS id1_0_1_,
    publisher2_.id AS id1_2_2_,
    book0_.author_id AS author_i5_1_0_,
    book0_.isbn AS isbn2_1_0_,
    book0_.price AS price3_1_0_,
    book0_.title AS title4_1_0_,
    author1_.age AS age2_0_1_,
    author1_.genre AS genre3_0_1_,
    author1_.name AS name4_0_1_,
    author1_.publisher_id AS publishe5_0_1_,
    publisher2_.company AS company2_2_2_
FROM book book0_
LEFT OUTER JOIN author author1_
    ON book0_.author_id = author1_.id
LEFT OUTER JOIN publisher publisher2_
    ON author1_.publisher_id = publisher2_.id
```

FetchMode.JOIN 대신 엔터티 그래프 사용

다음과 같이 findAll()을 오버라이드해 FetchMode.JOIN 대신 엔터티 그래프(항목 7 및 항목 8)를 사용할 수 있다.

```
@Override
```

```
@EntityGraph(attributePaths = {"author.publisher"})
List<Book> findAll();
```

이제 findAll()을 호출하면 다음과 같은 단일 SELECT가 트리거된다.

```
SELECT
    book0_.id AS id1_1_0_,
    author1_.id AS id1_0_1_,
    publisher2_.id AS id1_2_2_,
    book0_.author_id AS author_i5_1_0_,
    book0_.isbn AS isbn2_1_0_,
    book0_.price AS price3_1_0_,
    book0_.title AS title4_1_0_,
    author1_.age AS age2_0_1_,
    author1_.genre AS genre3_0_1_,
    author1_.name AS name4_0_1_,
    author1_.publisher_id AS publishe5_0_1_,
    publisher2_.company AS company2_2_2_
FROM book book0_
LEFT OUTER JOIN author author1_
    ON book0_.author_id = author1_.id
LEFT OUTER JOIN publisher publisher2_
    ON author1_.publisher_id = publisher2_.id
```

전체 애플리케이션은 깃허브[12]에서 확인할 수 있다.

항목 109: 하이버네이트 기반 소프트 삭제 지원 사용 방법

소프트 삭제(또는 논리적 삭제)는 데이터베이스 레코드를 삭제된 것으로 표시하지만 실제로(물리적으로) 삭제하지는 않는 것을 말한다. 삭제된 것으로 표시돼 있는 동안

---

12. HibernateSpringBootFetchJoinAndQueries

에는 이 레코드를 사용할 수 없다(예: 결과 세트에 포함되지 않고 실제로 삭제된 것처럼 처리된다). 레코드는 나중에 영구적으로 삭제(하드 삭제)되거나 복원(삭제 취소)될 수 있다.

일반적으로 이 작업은 삭제된 레코드에 대해 true로 설정되거나 사용 가능한(또는 활성화된) 레코드에 대해 false로 지정된 플래그 값을 보유하는 추가 칼럼을 통해 구현된다. 그러나 플래그 값을 사용하는 것이 유일한 가능성은 아니다. 소프트 삭제 메커니즘은 타임스탬프 또는 @Enumerated로도 제어될 수 있다.

소프트 삭제는 한정된 사례에 대해 적합한 선택이 될 수 있는데, 잘 알려진 활용 사례로는 사용자, 장치, 서비스 등을 일시적으로 비활성화하는 아이디어가 포함된다. 예를 들어 게시물에 악의적인 댓글을 추가한 사용자와 논의해 문제를 해결하거나 계정을 물리적으로 삭제하기로 결정할 때까지 해당 사용자를 블랙리스트에 올릴 수 있다. 또는 등록된 이메일 주소를 확인할 수 있을 때까지 사용자를 대기 상태로 둘 수 있는데, 이메일 확인을 위한 유예 기간이 만료되면 등록의 물리적 삭제를 수행한다.

성능 관점에서 개발자가 이 접근 방식을 사용하기 전에 몇 가지 사항을 고려한다면 소프트 삭제를 사용해도 괜찮다.

- 데이터가 손실되지는 않지만 소프트 삭제된 레코드가 전체 레코드에서 상당한 양을 차지하고 거의 복원하거나 영구적으로 삭제 계획이 없는 경우 '행아웃(hangout)' 데이터가 있는 것만으로도 성능에 영향을 미친다. 대부분의 경우 과거 데이터, 금융 데이터, 소셜 미디어 데이터 등과 같이 삭제될 수 없는 데이터다.
- 분명 테이블에 소프트 삭제가 있다는 것은 이 테이블이 필요한 데이터만 저장되지 않는다는 것을 의미한다. 이것이 문제가 되면(처음부터 이를 정확히 예상하는 것이 바람직함) 불필요한 데이터를 보관 테이블(archived table)로 옮기는 것이 해결책이 될 수 있다. 또 다른 해결책은 원본 테이블의 트리거를 통해 모든 삭제/업데이트를 기록하는 미러 테이블(mirror-table)을 갖는 것도 가능하다. 더욱이 일부 RDBMS는 코드 변경 필요가 없는 지원 기능을 제공한다(예: 오라클에는 플래시백(Flashback) 기술이 있고 SQL 서버에는 임시 테이블(Temporal Tables)이 있다).
- 필연적으로 쿼리의 일부는 사용 가능한 레코드와 소프트 삭제된 레코드를 구별하고자 WHERE

- 절로 '오염'된다. 그런 쿼리가 상당히 많으면 성능이 저하될 수 있다.
- 채택된 방법이 전이 소프트 삭제에 대해 고려되는가? 이 기능이 필요할 수 있으며 수동으로 수행되면 오류와 데이터 문제가 발생할 수 있다.
- 많은 소프트 삭제는 인덱싱에 영향을 미칠 수 있다.

스프링 데이터가 소프트 삭제에 대한 기본 지원을 제공할 때까지_{(DATAJPA-307}[13]을 참고하자) 하이버네이트 기능을 통해 이런 문제를 해결하는 방법을 살펴보자.

하이버네이트 소프트 삭제

소프트 삭제 구현은 하이버네이트 중심으로 이뤄진다. @MappedSuperclass로 어노테이션이 지정된 추상 클래스를 정의하고 deleted라는 플래그 필드를 포함하는 것으로 시작한다. 이 필드는 삭제된 레코드의 경우 true가 되고 유효한 레코드의 경우 false(기본값)가 된다.

```
@MappedSuperclass
public abstract class BaseEntity {

    @Column(name = "deleted")
    protected boolean deleted;
}
```

다음으로 소프트 삭제를 활용해야 하는 엔터티는 BaseEntity를 확장한다. 예를 들어 Author와 Book 사이에 양방향 지연 @OneToMany 연관관계를 갖는 Author와 Book 엔터티가 있다.

BaseEntity를 확장하는 것 외에 해당 엔터티는 다음과 같은 처리가 돼야 한다.

- 하이버네이트의 @Where 어노테이션으로 @Where(clause = "deleted = false")로 표시돼야 하는데, 이는 SQL 조건을 엔터티 쿼리에 추가해 하

---

13. https://jira.spring.io/browse/DATAJPA-307

이버네이트가 소프트 삭제된 레코드를 필터링하는 데 도움이 된다.

- DELETE SQL문 대신 UPDATE SQL문을 트리거하고자 하이버네이트의 @SQLDelete 어노테이션으로 지정되는데, 엔터티를 제거하면 레코드의 물리적 삭제 대신 deleted 칼럼이 true로 업데이트된다.

코드는 다음과 같다.

```
@Entity
@SQLDelete(sql
    = "UPDATE author "
    + "SET deleted = true "
    + "WHERE id = ?")
@Where(clause = "deleted = false")
public class Author extends BaseEntity implements Serializable {

    private static final long serialVersionUID = 1L;

    @Id
    @GeneratedValue(strategy = GenerationType.IDENTITY)
    private Long id;

    private String name;
    private String genre;
    private int age;

    @OneToMany(cascade = CascadeType.ALL,
                mappedBy = "author", orphanRemoval = true)
    private List<Book> books = new ArrayList<>();

    public void removeBook(Book book) {
        book.setAuthor(null);
        this.books.remove(book);
    }

    // 간결함을 위해 getter/setter 생략
}
```

```
@Entity
@SQLDelete(sql
    = "UPDATE book "
    + "SET deleted = true "
    + "WHERE id = ?")
@Where(clause = "deleted = false")
public class Book extends BaseEntity implements Serializable {

    private static final long serialVersionUID = 1L;

    @Id
    @GeneratedValue(strategy = GenerationType.IDENTITY)
    private Long id;

    private String title;
    private String isbn;

    @ManyToOne(fetch = FetchType.LAZY)
    @JoinColumn(name = "author_id")
    private Author author;

    // 간결함을 위해 getter/setter 생략
}
```

테스트 확인

그림 14-8과 같은 데이터 스냅숏을 고려해보자(삭제된 값이 0 또는 false이므로 모든 레코드가 사용 가능하고 활성 상태임).

author

id	deleted	age	genre	name
1	0	23	Anthology	Mark Janel
2	0	43	Horror	Olivia Goy
3	0	51	Anthology	Quartis Young
4	0	34	History	Joana Nimar

book

id	deleted	isbn	title	author_id
1	0	001-JN	A History of Ancient Prague	4
2	0	002-JN	A People's History	4
3	0	001-MJ	The Beatles Anthology	1
4	0	001-OG	Carrie	2

그림 14-8. 데이터 스냅숏(소프트 삭제된 레코드 없음)

단순함을 위해 다음 예에서는 하드코딩된 식별자와 직접 가져오기를 사용한다.

Author 삭제

저자를 삭제하는 것은 매우 쉽다. 다음 메서드는 내장된 delete(T entity) 메서드를 통해 ID가 1인 저자를 삭제한다(이 메서드는 내부에서 EntityManager.remove()를 사용한다).

```
@Transactional
public void softDeleteAuthor() {

    Author author = authorRepository.findById(1L).get();

    authorRepository.delete(author);
}
```

softDeleteAuthor()를 호출하면 다음 SQL문이 트리거된다.

```
SELECT
    author0_.id AS id1_0_0_,
    author0_.deleted AS deleted2_0_0_,
    author0_.age AS age3_0_0_,
    author0_.genre AS genre4_0_0_,
    author0_.name AS name5_0_0_
FROM author author0_
WHERE author0_.id = ?
AND (author0_.deleted = 0)

SELECT
    books0_.author_id AS author_i5_1_0_,
    books0_.id AS id1_1_0_,
    books0_.id AS id1_1_1_,
    books0_.deleted AS deleted2_1_1_,
    books0_.author_id AS author_i5_1_1_,
    books0_.isbn AS isbn3_1_1_,
    books0_.title AS title4_1_1_
FROM book books0_
WHERE (books0_.deleted = 0)
```

```
AND books0_.author_id = ?

UPDATE book
SET deleted = TRUE
WHERE id = ?

UPDATE author
SET deleted = TRUE
WHERE id = ?
```

두 SELECT문 모두 소프트 삭제되지 않은 레코드만 가져온다(WHERE 절 확인). 다음으로 저자가 삭제되고(deleted가 true로 업데이트됨), 이어 전이 메커니즘으로 자식 삭제가 트리거돼 다른 업데이트가 발생한다. 그림 14-9는 소프트 삭제된 레코드를 강조 표시하고 있다.

author

id	deleted	age	genre	name
1	1	23	Anthology	Mark Janel
2	0	43	Horror	Olivia Goy
3	0	51	Anthology	Quartis Young
4	0	34	History	Joana Nimar

book

id	deleted	isbn	title	author_id
1	0	001-JN	A History of Ancient Prague	4
2	0	002-JN	A People's History	4
3	1	001-MJ	The Beatles Anthology	1
4	0	001-OG	Carrie	2

그림 14-9. 데이터 스냅숏(저자 소프트 삭제 후)

Book 삭제

도서를 삭제하려면 다음과 같은 서비스 메서드를 생각해보자.

```
@Transactional
public void softDeleteBook() {

    Author author = authorRepository.findById(4L).get();
    Book book = author.getBooks().get(0);

    author.removeBook(book);
}
```

softDeleteBook()을 호출하면 다음과 같은 SQL문이 실행된다.

```
SELECT
    author0_.id AS id1_0_0_,
    author0_.deleted AS deleted2_0_0_,
    author0_.age AS age3_0_0_,
    author0_.genre AS genre4_0_0_,
    author0_.name AS name5_0_0_
FROM author author0_
WHERE author0_.id = ?
AND (author0_.deleted = 0)

SELECT
    books0_.author_id AS author_i5_1_0_,
    books0_.id AS id1_1_0_,
    books0_.id AS id1_1_1_,
    books0_.deleted AS deleted2_1_1_,
    books0_.author_id AS author_i5_1_1_,
    books0_.isbn AS isbn3_1_1_,
    books0_.title AS title4_1_1_
FROM book books0_
WHERE (books0_.deleted = 0)
AND books0_.author_id = ?

UPDATE book
SET deleted = TRUE
WHERE id = ?
```

다시 두 SELECT문은 소프트 삭제되지 않은 레코드만 가져온다(WHERE 절 확인). 다음으로 이 저자의 첫 번째 도서가 삭제된다(deleted가 true로 업데이트됨). 그림 14-10은 소프트 삭제된 레코드를 강조 표시한다.

author				
id	deleted	age	genre	name
1	1	23	Anthology	Mark Janel
2	0	43	Horror	Olivia Goy
3	0	51	Anthology	Quartis Young
4	0	34	History	Joana Nimar

book				
id	deleted	isbn	title	author_id
1	1	001-JN	A History of Ancient Prague	4
2	0	002-JN	A People's History	4
3	1	001-MJ	The Beatles Anthology	1
4	0	001-OG	Carrie	2

그림 14-10. 데이터 스냅숏(도서 소프트 삭제 후)

Author 복원

저자가 삭제되면 전이 메커니즘이 연관된 도서를 자동으로 삭제한다는 점을 기억하자. 따라서 저자를 복원한다는 것은 연관된 도서도 같이 복원한다는 것을 의미한다.

이는 JPQL을 통해 수행할 수 있다. ID로 작성자를 복원하려면 deleted를 false(또는 0)로 설정하는 JPQL을 통해 UPDATE문을 트리거하기만 하면 된다. 이 쿼리는 AuthorRepository에 나열될 수 있다.

```
@Transactional
@Query(value = "UPDATE Author a SET a.deleted = false WHERE a.id = ?1")
@Modifying
void restoreById(Long id);
```

저자의 도서를 복원하는 것은 연관된 각 도서의 deleted를 false(또는 0)로 설정하는 것과 같다. 작성자 ID를 사용해 BookRepository에서 JPQL로 이 작업을 수행한다.

```
@Transactional
@Query(value = "UPDATE Book b SET b.deleted = false WHERE b.author.id = ?1")
@Modifying
void restoreByAuthorId(Long id);
```

다음 서비스 메서드는 이전에 삭제된 저자를 복원한다.

```
@Transactional
public void restoreAuthor() {

    authorRepository.restoreById(1L);
    bookRepository.restoreByAuthorId(1L);
}
```

SQL문은 다음과 같다.

```
UPDATE author
SET deleted = 0
WHERE id = ?

UPDATE book
SET deleted = 0
WHERE author_id = ?
```

Book 복원

다음과 같이 JPQL을 통해 ID로 특정 도서를 복원할 수 있다.

```
@Transactional
@Query(value = "UPDATE Book b SET b.deleted = false WHERE b.id = ?1")
@Modifying
void restoreById(Long id);
```

다음 서비스 메서드는 이전에 삭제된 도서를 복원한다.

```
@Transactional
public void restoreBook() {
    bookRepository.restoreById(1L);
```

```
        }
```

SQL문은 다음과 같다.

```
UPDATE book
SET deleted = 0
WHERE id = ?
```

유용한 쿼리

소프트 삭제로 작업하는 동안 매우 편리한 2가지 쿼리가 있다. 예를 들어 소프트 삭제 콘텍스트에서 내장 findAll() 메서드를 호출하면 delete = false인 레코드만 가져온다. 다음과 같이 네이티브 쿼리(저자에 대한 쿼리)를 통해 소프트 삭제된 레코드를 포함한 모든 레코드를 가져올 수 있다.

```
@Query(value = "SELECT * FROM author", nativeQuery = true)
List<Author> findAllIncludingDeleted();
```

또 다른 편리한 네이티브 쿼리는 다음과 같이 소프트 삭제된 레코드만 가져올 수 있다.

```
@Query(value = "SELECT * FROM author AS a WHERE a.deleted = true",
        nativeQuery = true)
List<Author> findAllOnlyDeleted();
```

소프트 삭제를 필터링할 때 하이버네이트가 WHERE 절을 추가하지 못하게 하는 것이 목표이기 때문에 이런 쿼리들은 JPQL로 작성할 수 없다.

현재 영속성 콘텍스트에서 Deleted 속성 업데이트

하이버네이트는 deleted 속성을 업데이트하지 않는다. 즉, @SQLDelete를 통해 트리거되는 기본 UPDATE는 deleted 칼럼을 수정하지만 소프트 삭제된 엔터티의 deleted 속성은 업데이트하지 않는다.

일반적으로 참조된 엔터티는 삭제 후 즉시 해제되기 때문에 deleted 속성을 업데이트할 필요가 없다.

데이터베이스 레코드가 업데이트되는 즉시 모든 후속 쿼리는 새 deleted 값을 사용한다. 따라서 유효하지 않은 deleted 속성은 무시해도 된다.

그럼에도 참조된 엔터티가 여전히 사용 중인 경우에는 deleted 속성을 직접 업데이트해야 한다. 가장 좋은 방법은 JPA @PreRemove 수명주기 콜백을 사용하는 것이다(JPA 수명주기 콜백에 대한 자세한 내용은 항목 104 참고).

authorRemove() 메서드를 Author 엔터티에 추가한다.

```
@PreRemove
private void authorRemove() {
    deleted = true;
}
```

그리고 Book 엔터티에서는 다음과 같다.

```
@PreRemove
private void bookRemove() {
    deleted = true;
}
```

이제 하이버네이트는 Author와 Book 엔터티에서 삭제 작업을 수행하기 전에 해당 메서드를 자동으로 호출한다.

소프트 삭제된 엔터티도 가져오는 경우(예: @ManyToOne 연관관계 또는 기타 연관관계에서 직접 가져오기를 통해) deleted 칼럼을 다음과 같이 포함하는 전용 @Loaded를 엔터티 수준에서 추가해야 할 가능성이 높다. 예를 들어 Author 엔터티에서 다음과 같이 처리된다.

```
@Loader(namedQuery = "findAuthorById")
@NamedQuery(name = "findAuthorById", query =
    "SELECT a " +
    "FROM Author a " +
    "WHERE" +
    " a.id = ?1 AND " +
    " a.deleted = false")
```

전체 애플리케이션은 깃허브[14]에서 확인할 수 있다.

항목 110: OSIV 안티패턴 회피 이유와 방법

OSIV^{Open Session In View}는 스프링 부트에서 기본적으로 사용되며, 다음과 같은 로그 메시지를 통해 해당 정보를 얻을 수 있다.

```
spring.jpa.open-in-view is enabled by default. Therefore, database queries
may be performed during view rendering. Explicitly configure spring.jpa.open
in-view to disable this warning.
```

이는 application.properties 파일에 다음과 같은 설정을 추가해 비활성화할 수 있다.

---

14. HibernateSpringBootSoftDeletes

- spring.jpa.open-in-view=false

Open Session In View는 좋은 패턴이 아니라 안티패턴으로, 최소한 OSIV는 비생산적이다. 그렇다면 OSIV를 사용하는 이유는 무엇일까? 대부분의 경우 잘 알려진 하이버네이트의 LazyInitializationException을 피하고자 사용된다.

하이버네이트의 LazyInitializationException에 대한 짧은 이야기: 엔터티는 연관관계를 가질 수 있으며, 하이버네이트는 연관관계가 필요할 때까지 개발자가 가져오기를 지연할 수 있는 프록시(Proxy)를 함께 제공한다. 그러나 이를 성공적으로 수행하려면 가져올 때에 Session이 열려 있어야 한다. 즉, 영속성 콘텍스트가 닫혀 있을 때 프록시를 초기화하려고 하면 LazyInitializationException이 발생한다. 일반적인 시나리오에서 개발자는 연관관계 없이 엔터티를 가져오고 영속성 콘텍스트를 닫은 다음 나중에 연관관계 지연 가져오기를 시도하며, 이로 인해 악명 높은 LazyInitializationException이 발생한다.

OSIV는 뷰 계층(또는 개발자)이 프록시를 초기화할 수 있도록 영속성 콘텍스트를 열린 상태로 유지해 LazyInitializationException을 방지한다. 즉, 요청이 처리되는 전체 시간 동안 JPA EntityManager를 스레드에 바인딩한다. 좋은 건가 아니면 나쁜 건가? 요청-응답 수명만큼 Session이 지속되면 LazyInitializationException 발생을 방지할 수 있지만 성능 저하와 나쁜 관행의 문으로 들어선다. 그래서 확실히 나쁘다.

@OneToMany 양방향 지연 연관관계(저자는 여러 권의 저서를 저술함)를 갖는 두 엔터티 Author와 Book을 생각해보자. 코드로는 다음과 같다.

```java
@Entity
public class Author implements Serializable {

    private static final long serialVersionUID = 1L;

    @Id
    @GeneratedValue(strategy = GenerationType.IDENTITY)
    private Long id;
```

```java
    private String name;
    private String genre;
    private int age;

    @OneToMany(cascade = CascadeType.ALL,
                mappedBy = "author", orphanRemoval = true)
    @JsonManagedReference
    private List<Book> books = new ArrayList<>();

    // 간결함을 위해 getter/setter 생략
}


@Entity
public class Book implements Serializable {

    private static final long serialVersionUID = 1L;

    @Id
    @GeneratedValue(strategy = GenerationType.IDENTITY)
    private Long id;

    private String title;
    private String isbn;

    @ManyToOne(fetch = FetchType.LAZY)
    @JoinColumn(name = "author_id")
    @JsonBackReference
    private Author author;

    // 간결함을 위해 getter/setter 생략
}
```

@JsonManagedReference와 @JsonBackReference는 필드 간 양방향 연관관계(하나는 Author용, 다른 하나는 Book용)을 처리하도록 설계됐다. 이는 Jackson 무한 재귀 문제를 피하기 위한 일반적인 접근 방식이다.

- @JsonManagedReference는 참조의 앞부분에 해당됨(직렬화됨)
- @JsonBackReference는 참조의 뒷부분에 해당됨(직렬화되지 않음)

이 두 어노테이션에 대한 다른 선택은 @JsonIdentityInfo, @JsonIgnore, @JsonView 또는 사용자 정의 직렬 변환기(serializer)다.

다음으로 일반적인 AuthorRepository, BookstoreService, BookstoreController를 가정하고 OSIV가 내부적으로 어떻게 작동하는지 살펴보자.

- **단계 1:** OpenSessionInViewFilter는 SessionFactory#openSession()을 호출하고 새 Session을 얻는다.
- **단계 2:** Session은 TransactionSynchronizationManager에 바인딩된다.
- **단계 3:** OpenSessionInViewFilter는 FilterChain#doFilter()를 호출하고 요청이 계속 처리된다.
- **단계 4:** DispatcherServlet이 호출된다.
- **단계 5:** DispatcherServlet은 HTTP 요청을 기본 BookstoreController로 라우팅한다.
- **단계 6:** BookstoreController는 BookstoreService를 호출해 Author 엔터티 목록을 가져온다.
- **단계 7:** BookstoreService는 OpenSessionInViewFilter에서 연 동일한 Session을 사용해 트랜잭션을 오픈한다.
- **단계 8:** 이 트랜잭션은 커넥션 풀의 새 커넥션을 사용한다.
- **단계 9:** AuthorRepository는 Book 연관관계를 초기화하지 않고 Author 엔터티 목록을 가져온다.
- **단계 10:** BookstoreService는 기본 트랜잭션을 커밋하지만 Session은 OpenSessionInViewFilter에 의해 외부에 열렸기 때문에 닫히지 않는다.
- **단계 11:** DispatcherServlet은 UI를 렌더링한다. 이를 위해서는 지연된 Book 연관관계가 필요하므로 지연된 연관관계의 초기화를 호출한다.
- **단계 12:** OpenSessionInViewFilter는 Session을 닫을 수 있으며 기본 데

이터베이스 커넥션이 커넥션 풀로 해제된다.

OSIV의 주요 단점은 무엇일까? 적어도 다음과 같다.

- 장기 실행 커넥션 해제를 기다리는 동시 요청들이 대기열에 있기 때문에 커넥션 풀에 많은 부담이 가해진다. 이로 인해 커넥션 풀이 조기에 고갈될 수 있다.
- 명시적 트랜잭션 지정 없어 UI 렌더링 단계에서 실행된 명령문은 자동 커밋 모드에서 실행된다. 이로 인해 데이터베이스는 많은 I/O 작업을 수행하게 된다(트랜잭션 로그를 디스크로 전송). 하나의 최적화 방법은 Connection을 읽기 전용으로 지정해 데이터베이스 서버가 트랜잭션 로그에 쓰지 않게 하는 것이다.
- 서비스와 UI 계층은 데이터베이스에 대해 명령문을 트리거할 수 있게 된다. 이는 SoC^(Separation of Concerns)에 위배되며 테스트의 복잡성을 증가시킨다.

당연히 OSIV 오버헤드를 방지하기 위한 해결책은 잠재적인 LazyInitializationException을 피하고자 지연 로딩을 제어(예: JOIN 및/또는 JOIN FETCH를 통해)하는 쿼리를 작성하고 이를 비활성화하는 것이다. 그러나 이것은 View 계층에서 트리거된 지연 로드로 인해 발생하는 문제를 개선하지 못한다. View 계층이 강제적으로 지연 로딩할 때 활성화된 하이버네이트 Session이 없으며, 이로 인해 지연 로딩 예외가 발생한다. 이를 개선하려면 Hibernate5Module을 사용하거나 명시적으로 로드되지 않는 지연 연관관계를 초기화해야 한다.

Hibernate5Module

Hibernate5Module은 jackson-datatype-hibernate 프로젝트의 일부다. 공식 문서에 따르면 이 프로젝트의 목표는 "하이버네이트 특정 데이터 타입과 속성의 JSON 직렬화 및 역직렬화 지원을 위해 Jackson 모듈(jar)을 구축하는 것으로, 특히 지연 로딩 측면을 지원한다."

> Hibernate5Module은 Jackson에게 기본적으로 로드되지 않은 지연 연관관계를 초기화하도록 지시한다(예: 지연 연관관계는 null로 초기화된다). 즉, Jackson은 더 이상 OSIV를 사용해 지연 연관관계를 가져오지 않는다. 그럼에도 Hibernate5Module은 지연 연관관계에 대해 잘 작동하지만 지연 기본 속성에 대해서는 작동하지 않는다(**항목 23**).

Hibernate5Module을 프로젝트에 추가하는 것은 2단계로 이뤄진다. 먼저 pom.xml에 다음과 같은 종속성을 추가한다.

```
<dependency>
    <groupId>com.fasterxml.jackson.datatype</groupId>
    <artifactId>jackson-datatype-hibernate5</artifactId>
</dependency>
```

둘째, 다음과 같은 @Bean을 설정한다.

```
@SpringBootApplication
public class MainApplication {

    public static void main(String[] args) {
        SpringApplication.run(MainApplication.class, args);
    }

    @Bean
    public Hibernate5Module hibernate5Module() {
        return new Hibernate5Module();
    }
}
```

테스트 확인

BookstoreService의 간단한 서비스 메서드를 통해 연관된 Book 엔터티 없이

Author를 가져와보자.

```
public Author fetchAuthorWithoutBooks() {

    Author author = authorRepository.findByName("Joana Nimar");

    return author;
}
```

BookstoreController에서 다음과 같이 메서드를 호출해보자.

```
// View는 도서의 지연 초기화를 강제하지 않음
@RequestMapping("/fetchwithoutbooks")
public Author fetchAuthorWithoutBooks() {

    Author author = bookstoreService.fetchAuthorWithoutBooks();

    return author;
}
```

http://localhost:8080/fetchwithoutbooks URL에 액세스하면 다음과 같은 SQL문이 트리거된다.

```
SELECT
    author0_.id AS id1_0_,
    author0_.age AS age2_0_,
    author0_.genre AS genre3_0_,
    author0_.name AS name4_0_
FROM author author0_/
WHERE author0_.name = ?
```

반환된 JSON은 다음과 같다.

```
{
    "id":4,
    "name":"Joana Nimar",
    "genre":"History",
    "age":34,
    "books":null
}
```

연관된 도서를 가져오지 않으며 books 속성은 null로 초기화되는데, 아마 직렬화를 원하지 않을 것이다. 이를 위해 Author 엔터티에 @JsonInclude(Include. NON_EMPTY)로 어노테이션을 지정한다. 다시 동일한 요청을 트리거하면 다음과 같은 JSON을 얻는다.

```
{
    "id":4,
    "name":"Joana Nimar",
    "genre":"History",
    "age":34
}
```

전체 코드는 깃허브[15]에서 확인할 수 있다.

로드되지 않은 속성에 대한 명시적(수동) 초기화

로드되지 않은^{unfetched} 지연 연관관계를 명시적으로(수동으로) 초기화함으로써 개발자는 View가 지연 로드를 트리거하지 않게 한다. OSIV에 의해 열려 있는 Session은 더 이상 사용되지 않으므로 걱정 없이 OSIV를 비활성화할 수 있게 된다.

---

15. HibernateSpringBootJacksonHibernate5Module

테스트 확인

BookstoreService의 간단한 서비스 메서드를 통해 연관된 Book 엔터티 없이 Author를 가져와보자.

```
public Author fetchAuthorWithoutBooks() {

    Author author = authorRepository.findByName("Joana Nimar");

    // Author의 Book을 데이터베이스에서 가져오지 않게
    // 명시적으로 null로 설정함
    author.setBooks(null);

    // 또는 빈 컬렉션으로 지정
    // author.setBooks(Collections.emptyList());
    return author;
}
```

BookstoreController에서 다음과 같은 메서드를 호출해보자.

```
// View는 도서의 지연 초기화를 강제하지 않음
@RequestMapping("/fetchwithoutbooks")
public Author fetchAuthorWithoutBooks() {

    Author author = bookstoreService.fetchAuthorWithoutBooks();

    return author;
}
```

http://localhost:8080/fetchwithoutbooks URL에 액세스하면 다음 SQL문이 실행된다.

```
SELECT
    author0_.id AS id1_0_,
```

```
    author0_.age AS age2_0_,
    author0_.genre AS genre3_0_,
    author0_.name AS name4_0_
FROM author author0_
WHERE author0_.name = ?
```

반환된 JSON은 다음과 같다.

```
{
    "id":4,
    "name":"Joana Nimar",
    "genre":"History",
    "age":34,
    "books":null
}
```

연관된 도서를 가져오지 않으며 이전과 마찬가지로 @JsonInclude(Include.NON_ EMPTY)로 Author 엔터티에 어노테이션을 지정해 books 속성의 직렬화를 방지 한다.

전체 코드는 깃허브[16]에서 확인할 수 있다.

OSIV가 활성화된 경우 개발자는 플러시 방지를 위해 트랜잭션 외부에서 이 작업을 수행하는 한 가져오지 않은 지연 연관관계를 수동으로 초기화할 수 있다. 이것이 작동하는 이유는 무엇일까? Session이 열려 있는데, 관리되는 엔터티 연관관계의 수동 초기화가 플러시를 트리거하지 않는 이유는 무엇일까? 대답은 OpenSessionInViewFilter의 문서에서 찾을 수 있다. "이 필터는 기본 적으로 플러시 모드가 FlushMode.NEVER/MANUAL로 설정된 하이버네이트 Session을 플러시하지 않는다. 플러시를 관리하는 서비스 계층 트랜잭션과 함께 사용되는 것으로 가정한다. 활성 트랜잭 션 관리자는 읽기-쓰기 트랜잭션 중에 일시적으로 플러시 모드를 FlushMode.AUTO로 변경하고

---

16. HibernateSpringBootSuppressLazyInitInOpenSessionInView

플러시 모드는 각 트랜잭션 종료 시에 FlushMode.NEVER/ MANUAL로 재설정한다. 트랜잭션 없이 이 필터를 사용하려는 경우 기본 플러시 모드 변경을 고려하라(flushMode 속성을 통해)."

하이버네이트의 hibernate.enable_lazy_load_no_trans에 대해

하이버네이트의 hibernate.enable_lazy_load_no_trans 설정에 대해 들어본 적이 없어도 문제는 없다. 그러나 이 설정에 대해 듣고 사용하는 경우라면 이 절을 읽고 피해야 하는 이유를 알아보자. 간단히 말해 hibernate.enable_lazy_load_no_trans는 LazyInitializationException을 피하기 위한 또 다른 속임수다.

다음과 같은 2가지 서비스 메서드를 생각해보자.

```
public List<Book> fetchBooks() {

    return bookRepository.findByPriceGreaterThan(30);
}
public void displayAuthors(List<Book> books) {

    books.forEach(b -> System.out.println(b.getAuthor()));
}
```

fetchBooks()를 호출하면 $30보다 비싼 모든 도서가 포함된 목록이 반환된다. 그런 다음 이 목록을 displayAuthors() 메서드에 전달한다. 분명히 해당 콘텍스트에서 getAuthor()를 호출하면 저자가 지연 로드되고 현재 활성화된 하이버네이트 세션이 없기 때문에 LazyInitializationException이 발생한다.

이제 application.properties에서 다음과 같이 hibernate.enable_lazy_load_no_trans를 설정해보자.

```
spring.jpa.properties.hibernate.enable_lazy_load_no_trans=true
```

이번에는 LazyInitializationException이 발생하지 않고 저자가 표시된다. 문제점은 뭘까? 하이버네이트는 가져온 각 저자에 대해 Session을 오픈하고, 데이터베이스 트랜잭션과 커넥션은 각 저자에 대해 사용된다. 분명히 이것은 상당한 성능 저하를 가져온다. @Transactional (readOnly=true)로 displayAuthors() 메서드에 어노테이션을 지정해서 단일 트랜잭션을 사용해 상황을 완화할 것이라고 생각조차 하지 말자. 실제로 하이버네이트에서 사용하는 것 외에 추가로 하나 더 많은 트랜잭션과 데이터베이스 커넥션을 소비함으로써 상황은 더욱 악화된다. 항상 이 설정을 사용하지 말자.

전체 애플리케이션은 깃허브[17]에서 확인할 수 있다.

항목 111: UTC 시간대로 날짜/시간 저장 방법(MySQL)

날짜와 시간 작업은 민감한 부분이므로 데이터베이스에 날짜, 시간, 타임스탬프를 UTC(또는 GMT) 형식으로만 저장하고 현지 시간대 변환은 UI에서 처리하는 것이 좋다.

다음과 같은 엔터티를 생각해보자.

```java
@Entity
public class Screenshot implements Serializable {

    private static final long serialVersionUID = 1L;

    @Id
    @GeneratedValue(strategy = GenerationType.IDENTITY)
    private Long id;

    private String name;

    private Timestamp createOn;
```

---

17. HibernateSpringBootEnableLazyLoadNoTrans

```
        // 간결함을 위해 getter/setter 생략
    }
```

중요한 부분은 createOn 타임스탬프인데, 다음과 같이 America/Los_Angeles 시간대(시간대는 임의로 선택됨)에 있는 컴퓨터에서 createOn은 2018-03-30 10:15:55 UTC로 설정하고 ScreenshotRepository를 통해 저장해보자.

```
public void saveScreenshotInUTC() {

    TimeZone.setDefault(TimeZone.getTimeZone("America/Los_Angeles"));

    Screenshot screenshot = new Screenshot();

    screenshot.setName("Screenshot-1");
    screenshot.setCreateOn(new Timestamp(
        ZonedDateTime.of(2018, 3, 30, 10, 15, 55, 0,
            ZoneId.of("UTC")
        ).toInstant().toEpochMilli()
    ));

    System.out.println("Timestamp epoch milliseconds before insert: "
            + screenshot.getCreateOn().getTime());

    screenshotRepository.save(screenshot);
}
```

저장하기 전에 타임스탬프 에포크 밀리초는 1522404955000으로 표시된다.

나중에 다른 트랜잭션에서 애플리케이션은 다음과 같이 이 데이터를 가져온다.

```
public void displayScreenshotInUTC() {
    Screenshot fetchScreenshot = screenshotRepository
        .findByName("Screenshot-1");
    System.out.println("Timestamp epoch milliseconds after fetching: "
```

```
                + fetchScreenshot.getCreateOn().getTime());
    }
```

해당 정보를 가져온 후 타임스탬프 에포크 밀리초는 동일한 값인 1522404955000 을 갖는다.

그러나 데이터베이스에서 타임스탬프는 UTC가 아닌 America/Los_Angeles 시 간대로 저장됐다. 그림 14-11의 왼쪽이 우리가 원하는 형태이고 오른쪽이 실제 저장된 값이다.

그림 14-11. UTC 및 로컬 시간대의 날짜-시간 저장

하이버네이트 5.2.3은 UTC로 날짜, 시간, 타임스탬프를 저장하도록 설정하는 속성을 제공한다. 이 속성은 spring.jpa.properties.hibernate.jdbc.time_zone 이며, MySQL의 경우에는 JDBC URL상에 useLegacyDatetimeCode=false도 지정 돼 있어야 한다. 따라서 다음과 같은 설정이 필요하다

- spring.jpa.properties.hibernate.jdbc.time_zone=UTC
- spring.datasource.url=jdbc:mysql://...?useLegacyDatetimeCode=false

해당 설정이 application.properties에 추가되면 타임스탬프가 UTC 시간대로 저 장되며, 타임스탬프 에포크 밀리초는 등록 전과 가져온 후 동일한 값(1522404955000) 을 갖는다.

소스코드는 깃허브[18]에서 확인할 수 있다.

---

18. HibernateSpringBootUTCTimezone

항목 112: ORDER BY RAND()를 통해 작은 결과 세트를 뒤섞는 방법

데이터 스냅숏은 그림 14-12에 나와 있는 것과 같이 book 테이블(Book 엔터티)에서 가져온 작은 결과 세트를 생각해보자.

book

id	isbn	title
1	001-JN	A History of Ancient Prague
2	002-JN	A People's History
3	001-MJ	The Beatles Anthology
4	001-OG	Carrie
5	003-JN	World History

그림 14-12. 데이터 스냅숏

목표는 이 결과 세트를 뒤섞는 것인데, 동일한 SELECT를 실행하면 동일한 결과 세트가 생성되지만 행의 순서는 달라야 한다.

쉬운 접근 방법은 SELECT 쿼리에 ORDER BY 절을 추가해 SQL 결과 세트를 정렬하고, 다음으로 결과 세트를 무작위화할 수 있는 데이터베이스 함수를 ORDER BY에 지정하는 것이다. MySQL에서 해당 함수는 RAND()이며, 대부분의 데이터베이스는 이와 같은 함수를 지원한다(예: PostgreSQL에서는 random()).

JPQL에서는 결과 세트를 섞는 쿼리는 다음과 같이 작성할 수 있다.

```
@Repository
@Transactional(readOnly = true)
public interface BookRepository extends JpaRepository<Book, Long> {

    @Query("SELECT b FROM Book b ORDER BY RAND()")
    List<Book> fetchOrderByRnd();
}
```

생성된 SQL은 다음과 같다.

```
SELECT
    book0_.id AS id1_0_,
    book0_.isbn AS isbn2_0_,
    book0_.title AS title3_0_
FROM book book0_
ORDER BY RAND()
```

이 쿼리를 2번 실행하면 잘 섞여지는지 확인할 수 있다.

```
run 1:
    {id=1, title=A History of Ancient Prague, isbn=001-JN},
    {id=3, title=The Beatles Anthology, isbn=001-MJ},
    {id=2, title=A People's History, isbn=002-JN}
    {id=5, title=World History, isbn=003-JN},
    {id=4, title=Carrie, isbn=001-OG}]

run 2:
    {id=4, title=Carrie, isbn=001-OG},
    {id=5, title=World History, isbn=003-JN},
    {id=3, title=The Beatles Anthology, isbn=001-MJ},
    {id=1, title=A History of Ancient Prague, isbn=001-JN},
    {id=2, title=A People's History, isbn=002-JN}]
```

비용이 많이 들기 때문에 큰 결과 세트에 이 기술을 사용하지 말아야 한다.

대규모 결과 세트의 경우 TABLESAMPLE 또는 SAMPLE(n)과 같은 다른 방법을 사용하면 된다. 전자는 PostgreSQL과 SQL 서버에서 지원되고, 후자는 오라클에서 지원된다.

전체 애플리케이션은 깃허브[19]에서 확인할 수 있다.

---

19. HibernateSpringBootOrderByRandom

항목 113: WHERE/HAVING 절에서 서브쿼리를 사용하는 방법

JPQL 쿼리는 서브쿼리를 포함할 수 있다. 좀 더 정확하게는 JPQL을 사용하면 WHERE와 HAVING 절에서만 서브쿼리를 사용할 수 있다. 따라서 네이티브 SQL만큼 다재다능하지 않다. 그럼 이를 확인해보자.

Author와 Bestseller라는 2개의 관련 없는 엔터티를 가정해보자. Author와 Bestseller 사이에 명시적인 관계가 없더라도 Bestseller 엔터티는 저자 ID를 저장하기 위한 칼럼을 정의한다. 이 칼럼 이름은 authorId이며, 코드로는 다음과 같다.

```
@Entity
public class Author implements Serializable {

    private static final long serialVersionUID = 1L;

    @Id
    @GeneratedValue(strategy = GenerationType.IDENTITY)
    private Long id;

    private int age;
    private String name;
    private String genre;

    // ...
}


@Entity
public class Bestseller implements Serializable {

    private static final long serialVersionUID = 1L;

    @Id
    @GeneratedValue(strategy = GenerationType.IDENTITY)
    private Long id;
```

```
        private String title;
        private int ranking;
        private Long authorId;

        // ...
    }
```

그림 14-13은 데이터 스냅숏을 보여준다.

author					bestseller			
id	age	genre	name		id	author_id	ranking	title
1	23	Anthology	Mark Janel		1	6	3022	Modern Anthology
2	43	Horror	Olivia Goy		2	4	2443	A History of Ancient Prague
3	51	Anthology	Quartis Young		3	2	1433	Carrie
4	34	History	Joana Nimar					
5	38	Anthology	Alicia Tom					
6	56	Anthology	Katy Loin					

그림 14-13. 데이터 스냅숏

베스트셀러 시집 저자는 Katy Loin이며, 베스트셀러 역사 저자는 Joana Nimar, 베스트셀러 공포 저자는 Olivia Goy다. 해당 저자들은 다음과 같이 INNER JOIN 으로 가져올 수 있다.

```
@Transactional(readOnly = true)
@Query(value = "SELECT a FROM Author a "
            + "INNER JOIN Bestseller b ON a.id = b.authorId")
List<Author> fetchTheBest();
```

이는 다음과 같은 SQL을 트리거한다.

```
SELECT
    author0_.id AS id1_0_,
    author0_.age AS age2_0_,
    author0_.genre AS genre3_0_,
```

```
        author0_.name AS name4_0_
    FROM author author0_
    INNER JOIN bestseller bestseller1_
        ON (author0_.id = bestseller1_.author_id)
```

또 다른 방법으로 다음과 같이 WHERE 절 안에 SELECT 서브쿼리를 사용할 수
있다.

```
@Transactional(readOnly = true)
@Query("SELECT a FROM Author a WHERE a.id IN "
        + "(SELECT b.authorId FROM Bestseller b)")
List<Author> fetchTheBest();
```

이번에 트리거되는 SQL문은 다음과 같다.

```
SELECT
    author0_.id AS id1_0_,
    author0_.age AS age2_0_,
    author0_.genre AS genre3_0_,
    author0_.name AS name4_0_
FROM author author0_
WHERE author0_.id IN (
    SELECT
        bestseller1_.author_id
    FROM bestseller bestseller1_)
```

그럼 어떤 게 더 좋을까? 가독성 측면에서 또는 Fetch from A, conditional from
B 타입의 논리적 문제 해결 방법 측면에서 서브쿼리(조인이 아닌 서브쿼리에 B 지정)가 선호
되는 방법이다. 그러나 성능과 관련해서는 그림 14-14에 표시된 MySQL 실행
계획에 주목하자.

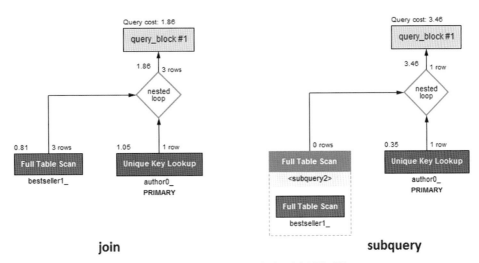

그림 14-14. MySQL JOIN 대 서브쿼리 실행 계획

PostgreSQL 실행 계획은 그림 14-15와 같다.

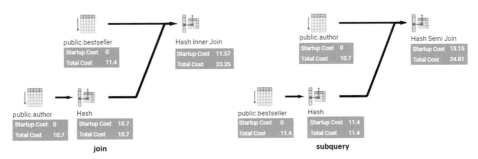

그림 14-15. PostgreSQL JOIN 대 서브쿼리 실행 계획

그림 14-15에서 JOIN을 사용하는 것이 서브쿼리를 사용하는 것보다 빠르다는 것이 명확하다.[20]

서브쿼리와 조인 쿼리는 의미상 동일할 수도 있고 그렇지 않을 수도 있다(조인은 DISTINCT를 통해 제거될 수 있는 중복 항목을 포함할 수 있다).

---

20. 그림 14-14의 MySQL 경우도 동일하다. – 옮긴이

실행 계획이 데이터베이스에 따라 다르더라도 전통적으로 여러 데이터베이스에서 조인은 서브쿼리보다 빠르다. 그러나 이는 절대적 규칙은 아니다(예: 데이터의 양이 결과에 상당한 영향을 미칠 수 있다). 물론 서브쿼리가 주의를 기울일 필요가 없이 조인을 대체할 수 있다고도 단정 짓지 말아야 한다. 서브쿼리를 튜닝하면 성능도 향상될 수 있지만 이는 SQL 전반에 걸친 주제이며 벤치마킹이 필요하다.

전체 애플리케이션은 깃허브[21]에서 확인할 수 있다.

JPQL은 GROUP BY도 지원하는데, 일반적으로 GROUP BY를 사용할 때 List나 Set 대신 Map을 반환해야 한다. 예를 들어 Map<Group, Count>를 사용해야 하는데, 이런 경우 이 애플리케이션[22]을 확인해보자.

항목 114: 저장 프로시저 호출 방법

저장 프로시저stored procedure를 호출하는 가장 좋은 방법은 반환 타입에 따라 다르다. 결과 세트가 아닌 값을 반환하는 저장 프로시저 호출부터 확인해보자.

일반적인 규칙으로 애플리케이션에서 데이터가 많은 작업을 구현하지 말아야 한다. 이런 작업은 저장 프로시저로 데이터베이스 수준으로 이동하는 것이 좋다. 간단한 작업은 특정 함수를 호출해 해결할 수 있지만 복잡한 작업에는 저장 프로시저를 사용한다. 데이터베이스는 많은 양의 데이터를 처리하도록 고도로 최적화돼 있지만 애플리케이션은 그렇지 않으며, 일반적으로 저장 프로시저는 데이터베이스 호출도 아낄 수 있다.

결과를 반환하지 않는 저장 프로시저를 호출하는 것은 매우 간단하다. 스칼라 값 또는 결과 세트로 반환하는 저장 프로시저를 호출할 때에 어려운 부분이

---

21. HibernateSpringBootSubqueryInWhere
22. HibernateSpringBootResultSetMap

생긴다. 몇 개의 MySQL 저장 프로시저 호출 방법을 살펴보자.

값(스칼라 데이터 타입)을 반환하는 저장 프로시저 호출

주어진 동일한 장르의 저자 수를 세는 다음과 같은 MySQL 저장 프로시저를 생각해보자. 이 프로시저는 정수를 반환한다.

```
CREATE PROCEDURE
    COUNT_AUTHOR_BY_GENRE(IN p_genre CHAR(20), OUT p_count INT)
BEGIN
    SELECT COUNT(*) INTO p_count FROM author WHERE genre = p_genre;
END;
```

2단계로 이 저장 프로시저를 호출한다. 먼저 Author 엔터티는 다음과 같이 JPA 의 @NamedStoredProcedureQuery와 @StoredProcedureParameter 어노테이션을 통해 저장 프로시저 이름과 파라미터를 정의한다.

저장 프로시저에서 정의되는 파라미터에는 IN, OUT, INOUT, REF_CURSOR의 4가지 타입이 있다. 첫 3가지 타입은 대부분 RDBMS에서 지원된다. 참조 커서(Ref Cursor)는 일부 RDBMS(예: 오라클, PostgreSQL 등)에서 사용할 수 있지만 다른 RDBMS(예: MySQL)에는 참조 커서가 없다. REF_CURSOR 설정은 일반적으로 다음과 같이 지정된다.

```
@StoredProcedureParameter(type = void.class, mode =
                    ParameterMode.REF_CURSOR)
```

```
@Entity
@NamedStoredProcedureQueries({
    @NamedStoredProcedureQuery(
            name = "CountByGenreProcedure",
```

```
            procedureName = "COUNT_AUTHOR_BY_GENRE",
            resultClasses = {Author.class},
            parameters = {
                @StoredProcedureParameter(
                        name = "p_genre",
                        type = String.class,
                        mode = ParameterMode.IN),
                @StoredProcedureParameter(
                        name = "p_count",
                        type = Integer.class,
                        mode = ParameterMode.OUT)})
    })
    public class Author implements Serializable {
        // ...
    }
```

두 번째로 AuthorRepository에서 스프링 @Procedure 어노테이션을 사용하고 저장 프로시저 이름만 지정하면 된다.

```
    @Repository
    public interface AuthorRepository extends JpaRepository<Author, Long> {

        @Transactional
        @Procedure(name = "CountByGenreProcedure")
        Integer countByGenre(@Param("p_genre") String genre);
    }
```

countByGenre() 메서드를 호출하면 다음과 같은 실행문이 트리거된다.

```
    {call COUNT_AUTHOR_BY_GENRE(?,?)}
```

전체 애플리케이션은 깃허브[23]에서 확인할 수 있다.

결과 세트를 반환하는 저장 프로시저 호출

결과 세트 반환을 포함하는 저장 프로시저 호출은 @Procedure의 이점을 얻을 수 없는데, 이에 대해서는 DATAJPA-1092[24] JIRA 지원 사항을 검토해보자.

이 경우 @Procedure는 예상대로 작동하지 않는다(적어도 이 책이 써진 스프링 부트 2.3.0에서는 작동하지 않음[25]).

다음과 같은 2가지 MySQL 저장 프로시저를 생각해보자.

- 동일한 장르 저자(1명 또는 여러 명의 저자일 수 있음)의 닉네임과 나이 칼럼을 반환하는 저장 프로시저

```
CREATE PROCEDURE
    FETCH_NICKNAME_AND_AGE_BY_GENRE(IN p_genre CHAR(20))
BEGIN
    SELECT nickname, age FROM author WHERE genre = p_genre;
END;
```

- 주어진 동일 장르의 모든 저자를 반환하는 저장 프로시저

```
CREATE PROCEDURE
    FETCH_AUTHOR_BY_GENRE(IN p_genre CHAR(20))
BEGIN
    SELECT * FROM author WHERE genre = p_genre;
END;
```

---

23. HibernateSpringBootCallStoredProcedureReturnValue
24. https://jira.spring.io/browse/DATAJPA-1092
25. 해당 JIRA 이슈가 아직 오픈 상태로 번역 시 최신 스프링 부트 2.7.X에서도 지원되지 않는다. - 옮긴이

이제 JdbcTemplate, 네이티브 SQL, EntityManager를 통해 해당 저장 프로시저의 호출 방법을 살펴보자.

JdbcTemplate을 통한 저장 프로시저 호출

먼저 다음과 같이 JdbcTemplate의 도움을 얻는 서비스를 준비한다.

```java
@Service
public class BookstoreService {

    private final JdbcTemplate jdbcTemplate;

    public BookstoreService(JdbcTemplate jdbcTemplate) {
        this.jdbcTemplate = jdbcTemplate;
    }

    @PostConstruct
    void init() {
        jdbcTemplate.setResultsMapCaseInsensitive(true);
    }

    // 저장 프로시저를 호출하는 메서드들
}
```

다음으로 DTO 클래스를 준비한다.

```java
public class AuthorDto implements Serializable {

    private static final long serialVersionUID = 1L;

    private String nickname;
    private int age;

    public AuthorDto() {
    }

    // 간결함을 위해 getter/setter 생략
```

```
    }
```

이제 이 두 저장 프로시저의 호출 방법을 알아보자.

주어진 장르 저자의 닉네임 및 나이 칼럼을 반환하는 저장 프로시저 호출(1명 또는 여러 명의 저자일 수 있음)

BeanPropertyRowMapper를 통해 DTO로 결과 세트를 가져올 수 있다. 이렇게 하면 다음과 같이 결과 세트를 DTO에 매핑한다.

```java
public List<AuthorDto> fetchNicknameAndAgeByGenre() {

    SimpleJdbcCall simpleJdbcCall = new SimpleJdbcCall(jdbcTemplate)
        .withProcedureName("FETCH_NICKNAME_AND_AGE_BY_GENRE")
        .returningResultSet("AuthorResultSet",
            BeanPropertyRowMapper.newInstance(AuthorDto.class));

    Map<String, Object> authors = simpleJdbcCall.execute(
        Map.of("p_genre", "Anthology"));

    return (List<AuthorDto>) authors.get("AuthorResultSet");
}
```

하나의 AuthorDto도 반환할 수 있다. 예를 들어 장르 대신 ID로 가져오면 결과 세트가 단일 행으로 반환된다.

주어진 장르의 모든 저자를 반환하는 저장 프로시저 호출

다음과 같이 JdbcTemplate과 SimpleJdbcCall을 통해 해당 저장 프로시저를 호출해 List<Author>를 얻을 수 있다.

```java
public List<Author> fetchAnthologyAuthors() {
```

```
SimpleJdbcCall simpleJdbcCall = new SimpleJdbcCall(jdbcTemplate)
    .withProcedureName("FETCH_AUTHOR_BY_GENRE")
    .returningResultSet("AuthorResultSet",
        BeanPropertyRowMapper.newInstance(Author.class));

Map<String, Object> authors = simpleJdbcCall.execute(
    Map.of("p_genre", "Anthology"));

return (List<Author>) authors.get("AuthorResultSet");
}
```

결과 세트가 List<AuthorDto>가 아닌 List<Author>로 어떻게 매핑되는지 확인하자.

전체 애플리케이션은 깃허브[26]에서 확인할 수 있다. 이 애플리케이션은 단일 행을 반환하고자 MySQL의 **SELECT-INTO**를 사용하는 저장 프로시저 호출 예도 포함하고 있다. 아울러 DTO 클래스로 직접 여러 결과 세트를 가져오는 예도 있다(여러 결과 세트를 반환하는 저장 프로시저 호출). **BeanPropertyRowMapper**를 활용하지 않고 결과 세트를 직접 분석하는 예[27]도 확인해보자.

> 스프링 데이터의 @Procedure가 더 유연해질 때까지 JdbcTemplate을 활용하는 것이 저장 프로시저를 호출하는 가장 다양한 방법을 제공한다.

네이티브 쿼리를 통한 저장 프로시저 호출

네이티브 쿼리를 통해 저장 프로시저를 호출하는 것도 좋은 대안이 될 수 있다.

---

26. HibernateSpringBootCallStoredProcedureJdbcTemplateBeanPropertyRowMapper
27. HibernateSpringBootCallStoredProcedureJdbcTemplate

주어진 장르 저자의 닉네임 및 나이 칼럼을 반환하는 저장 프로시저 호출(1명 또는 여러 명의 저자일 수 있음)

다음과 같이 저장 프로시저를 호출할 수 있다.

```
@Repository
@Transactional(readOnly = true)
public interface AuthorRepository extends JpaRepository<Author, Long> {

    @Query(value = "{CALL FETCH_NICKNAME_AND_AGE_BY_GENRE (:p_genre)}",
            nativeQuery = true)
    List<Object[]> fetchNicknameAndAgeByGenreDto(
        @Param("p_genre") String genre);

    @Query(value = "{CALL FETCH_NICKNAME_AND_AGE_BY_GENRE (:p_genre)}",
            nativeQuery = true)
    List<AuthorNicknameAndAge> fetchNicknameAndAgeByGenreProj(
        @Param("p_genre") String genre);
}
```

fetchNicknameAngAgeByGenreDto()를 호출하면 결과 세트를 List<Object[]>로 가져와 서비스 메서드에서 다음과 같이 직접 DTO 클래스로 매핑한다.

```
public class AuthorDto implements Serializable {

    private static final long serialVersionUID = 1L;

    private final String nickname;
    private final int age;

    public AuthorDto(String nickname, int age) {
        this.nickname = nickname;
        this.age = age;
    }
    // 간결함을 위해 getter 생략
}
```

```java
public void fetchAnthologyAuthorsNameAndAgeDto() {

    List<Object[]> authorsArray =
            authorRepository.fetchNicknameAndAgeByGenreDto("Anthology");

    List<AuthorDto> authors = authorsArray.stream()
        .map(result -> new AuthorDto(
            (String) result[0],
            (Integer) result[1]
        )).collect(Collectors.toList());

    System.out.println("Result: " + authors);
}
```

fetchNicknameAndAgeByGenreProj()를 호출하면 List<AuthorNicknameAndAge>의 결과 세트를 가져온다. 결과 세트는 간단히 스프링 프로젝션인 AuthorNickname AndAge에 자동으로 매핑된다.

```java
public interface AuthorNicknameAndAge {

    String getNickname();
    int getAge();
}
```

```java
public void fetchAnthologyAuthorsNameAndAgeProj() {

    List<AuthorNicknameAndAge> authorsDto
            = authorRepository.fetchNicknameAndAgeByGenreProj("Anthology");

    System.out.println("Result: ");
    authorsDto.forEach(a -> System.out.println(
            a.getNickname() + ", " + a.getAge()));
}
```

주어진 장르의 모든 저자를 반환하는 저장 프로시저 호출

다음과 같이 저장 프로시저를 호출할 수 있다.

```
@Repository
@Transactional(readOnly = true)
public interface AuthorRepository extends JpaRepository<Author, Long> {

    @Query(value = "{CALL FETCH_AUTHOR_BY_GENRE (:p_genre)}",
            nativeQuery = true)
    List<Author> fetchByGenre(@Param("p_genre") String genre);
}
```

서비스 메서드는 매우 간단하다.

```
public void fetchAnthologyAuthors() {
    List<Author> authors = authorRepository.fetchByGenre("Anthology");
    System.out.println("Result: " + authors);
}
```

전체 애플리케이션은 깃허브[28]에서 확인할 수 있다.

EntityManager를 통한 저장 프로시저 호출

EntityManager는 저장 프로시저 호출에 대한 견고한 지원을 제공한다. 두 저장 프로시저에 대한 처리 방법을 살펴보자.

주어진 장르 저자의 닉네임 및 나이 칼럼을 반환하는 저장 프로시저 호출(1명 또는 여러 명의 저자일 수 있음)

이번 방법은 EntityManager를 주입하고 JPA의 StoredProcedureQuery를 통해 직

---

28. HibernateSpringBootCallStoredProcedureNativeCall

접 동작하는 커스텀 리포지터리를 활용한다. 동일한 장르에서 모든 저자의 넥네임과 나이를 반환하는 저장 프로시저 호출은 다음과 같이 DTO를 정의하는 것으로 시작한다.

```
public class AuthorDto implements Serializable {

    private static final long serialVersionUID = 1L;

    private final String nickname;
    private final int age;

    public AuthorDto(String nickname, int age) {
        this.nickname = nickname;
        this.age = age;
    }

    // 간결함을 위해 getter 생략
}
```

다음으로 Author 엔터티에서 @SqlResultSetMapping을 사용해 결과 세트를 AuthorDto에 매핑한다.

```
@Entity
@SqlResultSetMapping(name = "AuthorDtoMapping",
    classes = @ConstructorResult(targetClass = AuthorDto.class,
    columns = {
        @ColumnResult(name = "nickname"),
        @ColumnResult(name = "age")}))
public class Author implements Serializable {
    // ...
}
```

마지막으로 다음과 같이 EntityManager와 StoredProcedureQuery를 사용한다.

```
@Transactional
public List<AuthorDto> fetchByGenre(String genre) {

    StoredProcedureQuery storedProcedure
        = entityManager.createStoredProcedureQuery(
            "FETCH_NICKNAME_AND_AGE_BY_GENRE", "AuthorDtoMapping");

    storedProcedure.registerStoredProcedureParameter(GENRE_PARAM,
        String.class, ParameterMode.IN);

    storedProcedure.setParameter(GENRE_PARAM, genre);

    List<AuthorDto> storedProcedureResults;
    try {
        storedProcedureResults = storedProcedure.getResultList();
    } finally {
        storedProcedure.unwrap(ProcedureOutputs.class).release();
    }

    return storedProcedureResults;
}
```

이 메서드를 호출하면 다음과 같은 실행문이 생성된다.

```
{call FETCH_NICKNAME_AND_AGE_BY_GENRE(?)}
```

결과 세트를 AuthorDto로 직접 매핑하는 것도 가능하며, 이 경우 Author 엔터티가 매우 간단하다.

```
@Entity
public class Author implements Serializable {
    // ...
}
```

매핑은 다음과 같은 fetchByGenre() 메서드에서 수행된다.

```
@Transactional
public List<AuthorDto> fetchByGenre(String genre) {

    StoredProcedureQuery storedProcedure
        = entityManager.createStoredProcedureQuery(
            "FETCH_NICKNAME_AND_AGE_BY_GENRE");

    storedProcedure.registerStoredProcedureParameter(GENRE_PARAM,
        String.class, ParameterMode.IN);
    storedProcedure.setParameter(GENRE_PARAM, genre);

    List<AuthorDto> storedProcedureResults;
    try {
        List<Object[]> storedProcedureObjects =
                storedProcedure.getResultList();

        storedProcedureResults = storedProcedureObjects.stream()
            .map(result -> new AuthorDto(
                (String) result[0],
                (Integer) result[1]
            )).collect(Collectors.toList());
    } finally {
        storedProcedure.unwrap(ProcedureOutputs.class).release();
    }

    return storedProcedureResults;
}
```

이 메서드 호출은 다음과 같은 실행문을 호출한다.

```
{call FETCH_NICKNAME_AND_AGE_BY_GENRE(?)}
```

주어진 장르의 모든 저자를 반환하는 저장 프로시저 호출

2단계로 FETCH_AUTOHR_BY_GENRE를 호출할 수 있다. 먼저 Author 엔터티는 다음과 같이 @NamedStoreProcedureQuery와 @StoreProcedureParameter를 통해 저장 프로시저와 파라미터를 정의한다.

```java
@Entity
@NamedStoredProcedureQueries({
    @NamedStoredProcedureQuery(
            name = "FetchByGenreProcedure",
            procedureName = "FETCH_AUTHOR_BY_GENRE",
            resultClasses = {Author.class},
            parameters = {
                @StoredProcedureParameter(
                    name = "p_genre",
                    type = String.class,
                    mode = ParameterMode.IN)})
})
public class Author implements Serializable {
    // ...
}
```

둘째로 커스텀 리포지터리는 다음과 같이 StoredProcedureQuery를 사용한다.

```java
private static final String GENRE_PARAM = "p_genre";

@PersistenceContext
private EntityManager entityManager;

@Transactional
public List<Author> fetchByGenre(String genre) {

    StoredProcedureQuery storedProcedure
        = entityManager.createNamedStoredProcedureQuery(
```

```
            "FetchByGenreProcedure");

    storedProcedure.setParameter(GENRE_PARAM, genre);

    List<Author> storedProcedureResults;
    try {
        storedProcedureResults = storedProcedure.getResultList();
    } finally {
        storedProcedure.unwrap(ProcedureOutputs.class).release();
    }

    return storedProcedureResults;
}
```

이 메서드를 호출하면 다음 실행문이 생성된다.

```
{call FETCH_AUTHOR_BY_GENRE(?)}
```

또 다른 접근 방법은 createNamedStoredProcedure() 대신 createStoredProcedure
Query()를 통해 커스텀 리포지터리에 직접 저장 프로시저를 정의하는 것이다.
이번에도 Author 엔터티는 매우 간단하다.

```
@Entity
public class Author implements Serializable {
    // ...
}
```

fetchByGenre()는 다음과 같이 작성된다.

```
@Transactional
public List<Author> fetchByGenre2(String genre) {
```

```
        StoredProcedureQuery storedProcedure
            = entityManager.createStoredProcedureQuery(
                "FETCH_AUTHOR_BY_GENRE", Author.class);

        storedProcedure.registerStoredProcedureParameter(GENRE_PARAM,
            String.class, ParameterMode.IN);
        storedProcedure.setParameter(GENRE_PARAM, genre);

        List<Author> storedProcedureResults;
        try {
            storedProcedureResults = storedProcedure.getResultList();
        } finally {
            storedProcedure.unwrap(ProcedureOutputs.class).release();
        }

        return storedProcedureResults;
    }
```

이 메서드를 호출하면 다음과 같은 실행문이 호출된다.

```
{call FETCH_AUTHOR_BY_GENRE(?)}
```

전체 애플리케이션은 깃허브[29]에서 확인할 수 있다.

지금까지의 예제들은 다음과 같이 finally 절에서 저장 프로시저를 호출하고자 내부에서 사용된 CallableStatement를 직접 닫는 것을 선호한다.

```
storedProcedure.unwrap(ProcedureOutputs.class).release();
```

더 이상 필요하지 않을 때 CallableStatement를 열어 두는 성능 저하를 피하고자 필요하다. CallableStatement는 결과 세트를 가져온 후에도 열려 있으며, release()를 호출하면 가능한

29. HibernateSpringBootCallStoredProcedureReturnResultSet

한 빠르게 CallableStatement가 닫힌다.

아울러 다음과 같이 CallableStatement가 열려 있는지 쉽게 테스트할 수 있다.

```
ProcedureOutputs procedureOutputs = storedProcedure
        .unwrap(ProcedureOutputs.class);
Field csField = procedureOutputs.getClass()
        .getDeclaredField("callableStatement");
csField.setAccessible(true);
Call ableStatement cs = (CallableStatement) csField
        .get(procedureOutputs);
System.out.println("Is closed? " + cs.isClosed()); // false
```

관련 이슈는 하이버네이트 6(HHH-13215[30])에서 수정될 예정이다.

항목 115: 프록시를 언프록시하는 방법

EntityManager#getReference() 메서드를 통해 하이버네이트의 프록시를 얻을 수 있으며, 스프링 부트에서 이 메서드는 다음 소스코드에서와 같이 getOne() 메서드[31]로 래핑돼 있다.

```
@Override
public T getOne(ID id) {

    Assert.notNull(id, ID_MUST_NOT_BE_NULL);
    return em.getReference(getDomainClass(), id);
}
```

---

30. https://hibernate.atlassian.net/browse/HHH-13215
31. 스프링 부트 2.7 이상에서는 getReferenceById() 메서드로 대체 사용해야 하는데, 기능상 차이는 없다. — 옮긴이

프록시 객체란?

조만간 지연 로딩 개념을 접한 모든 개발자는 하이버네이트의 프록시를 발견하게 될 것이다. 일부 개발자는 "지연 로딩은 어떻게 작동합니까?"라고 물을 수 있고, 다른 개발자는 "하이버네이트의 프록시를 사용합니다."라고 대답할 것이다. 즉, 프록시 객체는 엔터티 지연 로드를 지원한다.

하이버네이트의 지연 로딩을 스프링 데이터 JPA 지연 부트스트랩 모드(deferred bootstrap mode)[32]와 혼동하면 안 된다. 후자는 스프링 JPA 인프라와 리포지터리 부트스트랩[33]을 나타낸다.

프록시 객체는 어떤 걸까? 우선 프록시 객체는 런타임 시 하이버네이트에 의해 생성되고 원래 엔터티(작성된 엔터티)를 확장한다. 특히 하이버네이트는 원래 엔터티 컬렉션(예: List)을 적절한 하이버네이트 영속 래퍼 컬렉션(예: PersistentList)으로 대체한다. Set의 경우 PersistentSet로, Map의 경우 PersistentMap을 갖는다. 해당 클래스들은 org.hibernate.collection.* 패키지에서 찾을 수 있다.

생성된 프록시는 잘 알려진 프록시 디자인 패턴을 따른다. 일반적으로 말하면 이 디자인 패턴의 의도는 다른 객체에 대한 대리자surrogate를 노출해 해당 객체에 대한 제어를 제공하는 것이다. 주로 프록시 객체는 원래 객체에 대한 커스텀 액세스를 지원하고 원 객체 복잡성을 감싸는 추가 레벨의 간접 참조다.

하이버네이트의 프록시는 2가지 주요 역할을 갖는다.

- 기본 속성에 대한 액세스를 원래 엔터티에 위임한다.
- 영속 래퍼(PersistentList, PersistentSet, PersistentMap)를 사용해 초기화되지 않은 컬렉션(List, Set, Map)에 액세스하는 호출을 가로채며, 가로채진 호출을 연관된 리스너에 의해 처리한다. 이는 해당 컬렉션의 올바른 초기화 쿼리

---

32. https://github.com/spring-projects/spring-data-examples/tree/main/jpa/deferred
33. JPA 관련 빈과 리포지터리에 대해 즉시(DEFAULT) 초기화하거나, ApplicationContext가 초기화될 때까지 연기(DEFERRED) 하거나, 처음 사용 시에 초기하도록 지연(LAZY)시키는 설정을 갖는다. - 옮긴이

를 발생하는 일을 담당한다.

LazyInitializationException이 발생하면 하이버네이트 프록시가 있는 콘텍스트가 누락됐음을 의미한다. 즉, 사용 가능한 영속성 콘텍스트 또는 Session이 없는 경우다.

엔터티 객체와 프록시 객체는 동일하지 않음

EntityManager#find() 메서드를 통해 엔터티 객체를 가져올 수 있는데, 스프링 부트에서 이 메서드 호출은 findById() 메서드로 래핑된다. 엔터티 객체는 데이터로 채워지지만 프록시 객체는 그렇지 않다. 다음과 같은 Author 엔터티를 생각해보자.

```
@Entity
public class Author implements Serializable {

    private static final long serialVersionUID = 1L;

    @Id
    @GeneratedValue(strategy = GenerationType.IDENTITY)
    private Long id;

    private String name;
    private String genre;
    private int age;

    // 간결함을 위해 getter/setter 생략

    @Override
    public boolean equals(Object obj) {

        if (obj == null) {
            return false;
        }

        if (this == obj) {
```

```
            return true;
        }

        if (getClass() != obj.getClass()) {
            return false;
        }

        return id != null && id.equals(((Author) obj).id);
    }

    @Override
    public int hashCode() {
        return 2021;
    }
}
```

다음 코드는 엔터티 객체가 프록시 객체와 같지 않음을 나타낸다.

```
@Service
public class BookstoreService {

    private final AuthorRepository authorRepository;
    private Author author;

    // ...

    public void authorNotEqualsProxy() {

        // findById() 내부적으로 EntityManager#find() 사용
        author = authorRepository.findById(1L).orElseThrow();

        // getOne() 내부적으로 EntityManager#getReference() 사용
        Author proxy = authorRepository.getOne(1L);

        System.out.println("Author class: " + author.getClass().getName());
        System.out.println("Proxy class: " + proxy.getClass().getName());
        System.out.println("'author' equals 'proxy'? "
                + author.equals(proxy));
    }
```

```
    }
```

authorNotEqualsProxy()를 호출하면 다음과 같은 출력이 나타난다.

```
Author class: com.bookstore.entity.Author
Proxy class: com.bookstore.entity.Author$HibernateProxy$sfwzCCbF
'author' equals 'proxy'? false
```

프록시에 대한 언프록시

하이버네이트 5.2.10부터 개발자는 전용 메서드인 Hibernate.unproxy()를 통해 프록시 객체를 언프록시^{unproxy}할 수 있다. 예를 들어 다음과 같이 proxy 객체를 언프록시한다.

```
Object unproxy = Hibernate.unproxy(proxy);
```

프록시를 언프록시하면 프록시는 엔터티 객체가 된다. 따라서 이전 코드는 다음과 같은 SQL SELECT를 호출한다.

```
SELECT
    author0_.id AS id1_0_0_,
    author0_.age AS age2_0_0_,
    author0_.genre AS genre3_0_0_,
    author0_.name AS name4_0_0_
FROM author author0_
WHERE author0_.id = ?
```

이제 unproxy를 Author로 형 변환할 수 있다.

```
Author authorViaUnproxy = (Author) unproxy;
```

이제 getName(), getGenre() 등을 호출하면 원하는 데이터를 얻을 수 있다.

하이버네이트 5.2.10 이전에는 다음과 같이 프록시 객체를 LazyInitializer로 언프록시할 수 있다.

```
HibernateProxy hibernateProxy = (HibernateProxy) proxy;
LazyInitializer initializer
    = hibernateProxy.getHibernateLazyInitializer();
Object unproxy = initializer.getImplementation();
```

프록시 객체의 특정 속성이 초기화됐는지 확인하려면 Hibernate.isPropertyInitialized() 메서드를 호출한다. 예를 들어 프록시 객체 name 속성이 언프록시 전에 초기화됐는지 다음과 같이 확인할 수 있다.

```
// false
boolean nameIsInitialized
    = Hibernate.isPropertyInitialized(proxy, "name");
```

프록시 객체를 언프록시한 후 동일한 코드를 호출하면 true가 반환된다.

엔터티 객체와 언프록시 객체는 동일함

BookstoreService에 다음과 같은 메서드를 추가해 엔터티 객체와 언프록시된 객체가 동일한지 확인할 수 있다(author 객체는 이전 authorNotEqualsProxy()를 통해 가져온 객체다).

```
@Transactional(readOnly = true)
public void authorEqualsUnproxy() {
```

```
                // getOne() 내부적으로 EntityManager#getReference() 사용
                Author proxy = authorRepository.getOne(1L);

                Object unproxy = Hibernate.unproxy(proxy);

                System.out.println("Author class: " + author.getClass().getName());
                System.out.println("Unproxy class: " + unproxy.getClass().getName());
                System.out.println("'author' equals 'unproxy'? "
                        + author.equals(unproxy));
        }
```

authorEqualsUnproxy()를 호출한 출력은 다음과 같다.


```
    Author class: com.bookstore.entity.Author
    Unproxy class: com.bookstore.entity.Author
    'author' equals 'unproxy'? true
```

전체 애플리케이션은 깃허브[34]에서 확인할 수 있다.

항목 116: 데이터베이스 뷰 매핑 방법

양방향 지연 @OneToMany 연관관계를 갖는 Author와 Book 엔터티를 생각해보자.
그리고 다음과 같이 정의된 MySQL 데이터베이스 뷰를 살펴보자.

```
    CREATE OR REPLACE VIEW GENRE_AND_TITLE_VIEW
    AS
    SELECT
        a.genre,
        b.title
```

---

34. HibernateSpringBootUnproxyAProxy

```
FROM
    author a
INNER JOIN
    book b ON b.author_id = a.id;
```

이 뷰는 INNER JOIN을 통해 저자의 장르와 도서 제목을 가져온다. 이제 애플리케이션에서 해당 데이터베이스 뷰를 가져와 내용을 표시해보자.

일반적으로 데이터베이스 뷰는 데이터베이스 테이블과 정확히 매핑된다. 즉, 뷰를 해당 이름과 칼럼에 매핑하는 엔터티를 정의해야 한다. 기본적으로 테이블 매핑은 읽기 전용이 아니므로 내용을 수정할 수 있지만 데이터베이스에 따라 뷰는 수정되거나 수정되지 못할 수 있다(항목 117). 여기에 표시된 대로 @Immutable로 엔터티 뷰에 어노테이션을 지정해 하이버네이트가 뷰를 수정하는 것을 쉽게 방지할 수 있다(예: 수정 가능한 데이터베이스 뷰에 대한 MySQL 요구 사항은 문서[35]에서 확인할 수 있음).

```
@Entity
@Immutable
@Table(name="genre_and_title_view")
public class GenreAndTitleView implements Serializable {

    private static final long serialVersionUID = 1L;

    @Id
    private String title;

    private String genre;

    public String getTitle() {
        return title;
    }
```

---

35. https://dev.mysql.com/doc/refman/8.0/en/view-updatability.html

```
        public String getGenre() {
            return genre;
        }

        @Override
        public String toString() {
            return "AuthorBookView{" + "title=" + title + ", genre=" + genre + '}';
        }
    }
```

다음으로 일반적인 스프링 리포지터리를 정의한다.

```
    @Repository
    public interface GenreAndTitleViewRepository
            extends JpaRepository<GenreAndTitleView, Long> {

        List<GenreAndTitleView> findByGenre(String genre);
    }
```

이제 findAll()을 호출해 뷰 데이터를 가져와 표시해보자.

```
    private final GenreAndTitleViewRepository genreAndTitleViewRepository;
    // ...
    public void displayView() {
        List<GenreAndTitleView> view = genreAndTitleViewRepository.findAll();
        System.out.println("View: " + view);
    }
```

displayView()를 호출하면 다음과 같은 SELECT문이 트리거된다.

```
    SELECT
```

```
        genreandti0_.title AS title1_2_,
        genreandti0_.genre AS genre2_2_
    FROM genre_and_title_view genreandti0_
```

또는 특정 장르 레코드만 가져올 수 있다.

```
public void displayViewByGenre() {
    List<GenreAndTitleView> view
            = genreAndTitleViewRepository.findByGenre("History");
    System.out.println("View: " + view);
}
```

이번에는 displayViewByGenre()를 호출하면 다음 SELECT문이 실행된다.

```
SELECT
    genreandti0_.title AS title1_2_,
    genreandti0_.genre AS genre2_2_
FROM genre_and_title_view genreandti0_
WHERE genreandti0_.genre = ?
```

전체 애플리케이션은 깃허브[36]에서 확인할 수 있다.

항목 117: 데이터베이스 뷰 수정 방법

그림 14-16에 표시된 author 테이블(Author 엔티티에 해당)과 데이터 스냅숏을 살펴
보자.

---

36. HibernateSpringBootDatabaseView

그림 14-16. author 테이블 데이터 스냅숏

Anthology 저자는 유명하고 성공한 것 같으며, 다음과 같이 데이터베이스 뷰로
추출된다.

```
CREATE OR REPLACE VIEW AUTHOR_ANTHOLOGY_VIEW
AS
SELECT
    a.id,
    a.name,
    a.age,
    a.genre
FROM
    author a
WHERE a.genre = "Anthology";
```

이 뷰는 다음과 같은 엔터티 뷰entity-view로 매핑된다.

```
@Entity
@Table(name = "author_anthology_view")
public class AuthorAnthologyView implements Serializable {
```

```java
        private static final long serialVersionUID = 1L;

        @Id
        @GeneratedValue(strategy = GenerationType.IDENTITY)
        private Long id;

        private String name;
        private int age;
        private String genre;

        // ...
    }
```

읽기 전용 데이터베이스 뷰가 아니므로 AuthorAnthologyView 엔터티에 @Immutable 어노테이션이 지정되지 않는다(불변 엔터티에 대한 자세한 내용은 **항목 16** 참고).

UPDATE문 트리거

해당 데이터베이스 뷰는 저자 나이를 업데이트하기 위한 것 외에는 수정이 거의 없다. 해당 업데이트가 필요한 경우 애플리케이션은 데이터베이스 뷰에 대해 UPDATE문을 트리거해야 하며, 데이터베이스는 대상 테이블을 자동으로 수정한다. 다음 코드 샘플은 저자의 나이를 수정한다. 먼저 리포지터리를 보자.

```java
@Repository
public interface AuthorAnthologyViewRepository extends
        JpaRepository<AuthorAnthologyView, Long> {

    AuthorAnthologyView findByName(String name);
}
```

서비스 메서드(Quartis Young의 나이가 51세에서 52세로 업데이트된다. 엄격한 기준에 따라 저자의 출생 정보를 요구하진 않는다)는 다음과 같다.

```
private final AuthorAnthologyViewRepository authorAnthologyViewRepository;

// ...

@Transactional
public void updateAuthorAgeViaView() {

    AuthorAnthologyView author
            = authorAnthologyViewRepository.findByName("Quartis Young");

    author.setAge(author.getAge() + 1);
}
```

updateAuthorAgeViaView()를 호출하면 다음과 같은 SQL문이 실행된다.

```
SELECT
    authoranth0_.id AS id1_1_,
    authoranth0_.age AS age2_1_,
    authoranth0_.genre AS genre3_1_,
    authoranth0_.name AS name4_1_
FROM author_anthology_view authoranth0_
WHERE authoranth0_.name = ?

UPDATE author_anthology_view
SET age = ?,
    genre = ?,
    name = ?
WHERE id = ?
```

UPDATE문은 데이터베이스 뷰와 관련 테이블을 수정한다.

뷰를 업데이트할 수 있으려면 뷰의 행과 해당 테이블 행 간에 일대일 관계가 있어야 한다. 이는 주요 요구 사항이지만 MySQL에서는 추가로 다른 요구 사항[37]을 갖는다.

---

37. https://dev.mysql.com/doc/refman/8.0/en/view-updatability.html

INSERT문 트리거

신규 저자를 등록하는 것은 매우 드문 경우[38]이지만 필요하다면 다음 서비스 메서드와 같이 처리한다.

```java
public void insertAuthorViaView() {

    AuthorAnthologyView newAuthor = new AuthorAnthologyView();
    newAuthor.setName("Toij Kalu");
    newAuthor.setGenre("Anthology");
    newAuthor.setAge(42);

    authorAnthologyViewRepository.save(newAuthor);
}
```

다시 얘기하지만 뷰를 통한 등록은 데이터베이스에 의해 대상 author 테이블로 자동 전파되며, insertAuthorViaView()가 호출되면 다음 INSERT가 트리거된다.

```sql
INSERT INTO author_anthology_view (age, genre, name)
    VALUES (?, ?, ?)
```

업데이트 가능한 뷰는 뷰 칼럼에 대한 다음 요구 사항도 충족돼야 등록 가능해진다. 중복 뷰 칼럼이 없어야 하고 뷰의 기본값이 없는 기본 테이블의 모든 칼럼이 포함돼야 하며, 뷰 칼럼이 단순 참조여야 한다(표현식이 아니어야 함). 여기서 author 테이블의 스키마가 데이터베이스 뷰에 없는 칼럼에 대한 기본값이 지정돼 있어 INSERT가 작동한다는 점에 주목하자(아래에 표시된 굵은 선 참고).

```sql
CREATE TABLE author (
    id bigint(20) NOT NULL AUTO_INCREMENT,
```

---

38. 뷰를 통해 등록하거나 삭제하는 경우를 말한다. - 옮긴이

```
        age int(11) NOT NULL,
        genre varchar(255) NOT NULL,
        name varchar(255) NOT NULL,
        sellrank int(11) NOT NULL DEFAULT -1,
        royalties int(11) NOT NULL DEFAULT -1,
        rating int(11) NOT NULL DEFAULT -1,
        PRIMARY KEY (id)
    );
```

이는 주요 요구 사항이지만 MySQL에는 다른 요구 사항[39]을 포함한다.

지금 상태로 Anthology와 다른 장르의 저자도 등록할 수 있다. 이에 대해 INSERT/UPDATE가 뷰 정의를 준수하게 하고자 WITH CHECK OPTION에 대해 살펴보는 항목 118을 참고하자.

DELETE문 트리거

저자를 삭제하는 경우도 매우 드물다. 그러나 필요하다면 다음 예와 같이 처리할 수 있다.

```
@Transactional
public void deleteAuthorViaView() {

    AuthorAnthologyView author
        = authorAnthologyViewRepository.findByName("Mark Janel");

    authorAnthologyViewRepository.delete(author);
}
```

이제 deleteAuthorViaView()를 호출하면 데이터베이스 뷰와 대상 테이블에서

---

39. https://dev.mysql.com/doc/refman/8.0/en/view-updatability.html

지정된 저자가 삭제된다.

```
SELECT
    authoranth0_.id AS id1_1_,
    authoranth0_.age AS age2_1_,
    authoranth0_.genre AS genre3_1_,
    authoranth0_.name AS name4_1_
FROM author_anthology_view authoranth0_
WHERE authoranth0_.name = ?

DELETE FROM author_anthology_view
WHERE id = ?
```

DELETE문에 의해 삭제될 테이블은 병합된 뷰(merged view)여야 하면 조인 뷰(join view)는 허용되지 않는다.[40] 이는 주요 요구 사항이지만 MySQL에는 다른 요구 사항[41]이 있다.

UPDATE, INSERT, DELETE가 적용된 후에 그림 14-17에 표시된 데이터 스냅숏을 얻을 수 있다(왼쪽은 데이터베이스 뷰, 오른쪽은 대상 테이블).

author_anthology_view

id	name	age	genre
3	Quartis Young	52	Anthology
5	Kakki Jou	47	Anthology
6	Fair Pouille	56	Anthology
7	Toij Kalu	42	Anthology

author

id	age	genre	name	sellrank	royalties	rating
2	43	Horror	Olivia Goy	490	4000	5
3	52	Anthology	Quartis Young	122	900	4
4	34	History	Joana Nimar	554	5600	4
5	47	Anthology	Kakki Jou	231	1000	5
6	56	Anthology	Fair Pouille	344	3400	5
7	42	Anthology	Toij Kalu	-1	-1	-1

그림 14-17. 데이터베이스 뷰 및 대상 테이블

선제 애플리케이션은 깃허브[42]에서 확인할 수 있다.

---

40. 조인 뷰는 FROM에 여러 테이블을 갖는, 말 그대로 조인을 포함하는 뷰이고 병합 뷰는 하나의 테이블에 WHERE 조건으로 필터링되는 형태 등의 뷰를 나타낸다. – 옮긴이

41. https://dev.mysql.com/doc/refman/8.0/en/view-updatability.html

42. HibernateSpringBootDatabaseViewUpdateInsertDelete

항목 118: WITH CHECK OPTION을 사용하는 이유와 방법

간단히 말해 데이터베이스 뷰를 통해 대상 테이블의 행을 추가하거나 수정할 때마다 MySQL은 데이터베이스 뷰 정의에 명시적으로 WITH CHECK OPTION이 설정돼 있으면 작업이 뷰 정의를 준수하는지 확인한다.

항목 117(AuthorAnthologyView에 매핑됨)의 데이터베이스 뷰를 다시 살펴보자.

```
CREATE OR REPLACE VIEW AUTHOR_ANTHOLOGY_VIEW
AS
SELECT
    a.id,
    a.name,
    a.age,
    a.genre
FROM
    author a
WHERE a.genre = "Anthology";
```

항목 117에서 알 수 있듯 이 데이터베이스 뷰는 업데이트될 수 있으며, 애플리케이션은 뷰를 통해 볼 수 없는 데이터를 수정하는 업데이트를 트리거할 수 있다. 예를 들어 뷰를 통해 다음과 같은 INSERT를 생각해보자.

```java
public void insertAnthologyAuthorInView() {

    AuthorAnthologyView author = new AuthorAnthologyView();
    author.setName("Mark Powell");
    author.setGenre("History");
    author.setAge(45);

    authorAnthologyViewRepository.save(author);
}
```

해당 뷰에는 Anthology 장르의 저자만 포함되지만 메서드는 뷰를 통해 History 장르 저자를 등록한다. 무슨 일이 일어날까? 새로 등록된 저자는 장르가 History 이기 때문에 뷰를 통해 볼 수 없지만 대상 author 테이블에는 추가된다.

그러나 이 방식을 원하지 않을 수 있다. 아마도 Mark Powell의 장르는 Anthology(insertAnthlogyAuthorInView()라는 메서드를 호출한다는 점에 유의)이지만 실수로 History를 선택하고, 해당 저자가 뷰에 노출되지 않으며 대상 테이블에 추가됐기 때문에 결과는 많이 혼란스럽다.

이때 WITH CHECK OPTION은 도움이 된다. WITH CHECK OPTION은 뷰가 보이지 않는 행을 업데이트하거나 등록하는 것을 방지한다. 이를 위해 다음과 같이 데이터 베이스 뷰 정의를 수정해보자.

```
CREATE OR REPLACE VIEW AUTHOR_ANTHOLOGY_VIEW
AS
SELECT
    a.id,
    a.name,
    a.age,
    a.genre
FROM
    author a
WHERE a.genre = "Anthology" WITH CHECK OPTION;
```

insertAnthologyAuthorInView()를 다시 호출하면 다음과 같이 SQLException 예외가 발생한다. CHECK OPTION failed 'bookstoredb.author_anthology_view'. 따라서 이번에는 INSERT 작업이 방지된다.

History를 Anthology로 변경한 후에는 INSERT가 성공하고 새로운 저자가 뷰와 대상 테이블에 나타난다.

```java
public void insertAnthologyAuthorInView() {

    AuthorAnthologyView author = new AuthorAnthologyView();
    author.setName("Mark Powell");
    author.setGenre("Anthology");
    author.setAge(45);

    authorAnthologyViewRepository.save(author);
}
```

전체 애플리케이션은 깃허브[43]에서 확인할 수 있다.

항목 119: 데이터베이스 임시 순위를 행에 효율적으로 할당하는 방법

어떤 종류의 작업(예: 항목 102와 항목 120 참고)에서는 데이터베이스 임시 값을 행에 할당해야 하는데, 이를 효율적으로 수행하는 방법은 ROW_NUMBER() 윈도우 함수를 사용하는 것이다. 이 윈도우 함수는 RANK(), DENSE_RANK(), NTILE()와 동일한 분류의 윈도우 함수며 순위 함수ranking functions로 알려져 있다.

ROW_NUMBER() 윈도우 함수는 1에서 시작해 1씩 증가하는 일련의 값을 생성한다. 이는 쿼리 실행 시 동적으로 계산되는 임시 값(비영속적) 시퀀스다. 이 윈도우 함수 문법은 다음과 같다.


```
ROW_NUMBER() OVER (<partition_definition> <order_definition>)
```


OVER 절은 ROW_NUMBER()가 작동하는 행의 윈도우를 정의한다. PARTITION BY 절(<partition_definition>)은 선택 항목이며 행을 더 작은 단위로 나누는 데 사용된다(이

---

43. HibernateSpringBootDatabaseViewWithCheckOption

절이 없으면 전체 결과 세트가 파티션으로 간주된다). 문법은 다음과 같다.

```
PARTITION BY <expression>,[{,<expression>}]...
```

ORDER BY 절(<order_definition>)의 목적은 행의 순서를 설정하는 것으로, 값의 순서는 이 순서에 따라 적용된다(즉, 윈도우 함수는 이 순서로 행을 처리한다). 문법은 다음과 같다.

```
ORDER BY <express> [ASC|DESC],[{,<expression>}]...
```

이 윈도우 함수는 거의 모든 데이터베이스에서 사용할 수 있으며 MySQL은 버전 8.x부터 사용 가능하다.

ROW_NUMBER() 윈도우 함수는 MySQL 8+, 오라클 9.2+, PostgreSQL 8.4+, SQL 서버 2005+, Firebird 3.0+, DB2, Sybase, Teradata, Vertica 등에서 지원된다.

그림 14-18은 author 테이블(왼쪽)과 데이터 스냅숏(오른쪽)을 보여준다.

그림 14-18. author 테이블 및 데이터 스냅숏

그림과 같은 데이터 스냅숏을 결과 세트로 가져오려면 다음과 같은 스프링 프로젝션(DTO)를 정의해야 한다(결과 세트에서 rowNum 칼럼을 가져오기 위한 getRowNum() 메서드가 추가됨).

```
public interface AuthorDto {

    String getName();
    int getAge();
    int getRowNum();
}
```

다음으로, 네이티브 쿼리를 작성한다.

```
@Repository
@Transactional(readOnly = true)
public interface AuthorRepository extends JpaRepository<Author, Long> {

    @Query(value = "SELECT ROW_NUMBER() OVER(ORDER BY age) "
                    + "rowNum, name, age FROM author",
        nativeQuery = true)
    List<AuthorDto> fetchWithSeqNumber();
}
```

다음과 같은 서비스 메서드를 통해 fetchWithSeqNumber()를 호출하고 결과 세트를 표시한다.

```
public void fetchAuthorsWithSeqNumber() {

    List<AuthorDto> authors = authorRepository.fetchWithSeqNumber();

    authors.forEach(a -> System.out.println(a.getRowNum()
        + ", " + a.getName() + ", " + a.getAge()));
}
```

이전 쿼리에서 OVER 절에 ORDER BY를 사용했는데, 쿼리에서 ORDER BY를 사용해 동일한 결과를 얻을 수도 있다.

```
@Query(value = "SELECT ROW_NUMBER() OVER() "
                + "rowNum, name, age FROM author ORDER BY age",
    nativeQuery = true)
List<AuthorDto> fetchWithSeqNumber();
```

그럼에도 쿼리의 ORDER BY는 OVER 절의 ORDER BY와 같지 않다.

쿼리와 OVER 절에 ORDER BY 절 사용

이전 쿼리에서는 OVER 절 또는 쿼리에서 ORDER BY 절을 사용했다. 이제 두 위치 모두에서 사용해보자. OVER 절의 ORDER BY에 따라 임시 시퀀스 값을 할당하고 쿼리의 ORDER BY에 따라 정렬된 결과 세트를 반환하려고 한다. 다음 쿼리와 그림 14-19는 쿼리의 ORDER BY가 OVER의 ORDER BY와 동일하지 않음을 강조한다. 값의 시퀀스는 OVER의 ORDER BY에 할당되지만 결과 세트는 쿼리의 ORDER BY에 의해 정렬된다.

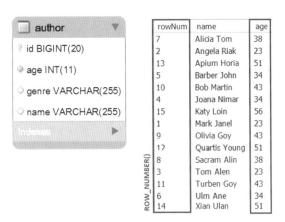

그림 14-19. author 테이블 및 데이터 스냅숏

```
@Query(value = "SELECT ROW_NUMBER() OVER(ORDER BY age) "
            + "rowNum, name, age FROM author ORDER BY name",
    nativeQuery = true)
List<AuthorDto> fetchWithSeqNumber();
```

OVER 절에 여러 칼럼 사용

OVER 절은 여러 칼럼을 지원한다. 예를 들어 다음 쿼리에서는 임시 시퀀스 값을
ORDER BY age, name DESC로 지정한다.

```
@Query(value = "SELECT ROW_NUMBER() OVER(ORDER BY age, name DESC) "
            + "rowNum, name, age FROM author",
    nativeQuery = true)
List<AuthorDto> fetchWithSeqNumber();
```

결과는 그림 14-20과 같다.

rowNum	name	age
1	Tom Alen	23
2	Mark Janel	23
3	Angela Riak	23
4	Ulm Ane	34
5	Joana Nimar	34
6	Barber John	34
7	Sacram Alin	38
8	Alicia Tom	38
9	Turben Goy	43
10	Olivia Goy	43
11	Bob Martin	43
12	Xian Ulan	51
13	Quartis Yo...	51
14	Apium Horia	51
15	Katy Loin	56

그림 14-20. author 테이블 및 데이터 스냅숏

일반적으로 결과 세트에서 ROW_NUMBER()에 의해 생성된 임시 시퀀스 값을 가져올 필요는 없고, 쿼리 내부적으로만 사용한다. 항목 120에서 모든 그룹의 상위 N개 행을 찾고자 PARTITION BY 및 CTE^{Common Table Expression}[44]와 함께 ROW_NUMBER()를 사용하는 예를 볼 수 있다.

전체 애플리케이션은 깃허브[45]에서 확인할 수 있다.

SQL을 중점적으로 다루는 책이 아니므로 RANK(), DENSE_RANK(), NTILE()와 같은 다른 순위 함수(ranking function)에 대해 자세히 다루진 않는다. 그러나 해당 윈도우 함수들은 매우 유용할 수 있으므로 학습하는 것이 좋다. MySQL은 버전 8.x부터 모든 것을 지원한다.

간단히 정리하면 다음과 같다.

- RANK()는 결과 세트의 각 행에 대한 순위를 지정하는 데 유용하다. 샘플 애플리케이션은 깃허브[46]에서 확인할 수 있다.
- RANK() 윈도우 함수와 비교해 DENSE_RANK()는 파티션 내 차이를 방지한다. 샘플 애플리케이션은 깃허브[47]에서 확인할 수 있다.
- NTILE(N)은 지정된 N개 그룹에 행수를 분산하는 데 유용하다. 샘플 애플리케이션은 깃허브[48]에서 확인할 수 있다.

항목 120: 모든 그룹의 상위 N개 행을 효율적으로 찾는 방법

그림 14-21을 살펴보자. 왼쪽에는 저자 테이블의 데이터 스냅숏이 있고 오른쪽에는 필요한 결과 세트가 있다. 그림 14-21에 표시된 결과 세트에는 내림차순으로 모든 저자의 처음 2개 행이 포함돼 있다.

---

44. 공통 테이블 표현식으로, 여러 명령문에서 참조될 수 있는 이름이 있는 임시 결과 세트로 가상의 임시 테이블이라고 생각하면 된다. – 옮긴이
45. HibernateSpringBootAssignSequentialNumber
46. HibernateSpringBootRankFunction
47. HibernateSpringBootDenseRankFunction
48. HibernateSpringBootNTilleFunction

author table			
id	name	sold	title
1	Mark Janel	100	Anthology of past
2	Mark Janel	90	One summer day
3	Mark Janel	110	Table please
4	Mark Janel	290	Running fast
5	Olivia Goy	430	House of pain
6	Olivia Goy	330	Horror day
7	Olivia Goy	130	Night call
8	Joana Nimar	230	History in a nutshell
9	Joana Nimar	70	Ancient history
10	Joana Nimar	170	Roman history
11	Joana Nimar	540	History of Prague
12	Joana Nimar	310	Modern history

result set			
id	name	sold	title
11	Joana Nimar	540	History of Prague
12	Joana Nimar	310	Modern history
4	Mark Janel	290	Running fast
3	Mark Janel	110	Table please
5	Olivia Goy	430	House of pain
6	Olivia Goy	330	Horror day

그림 14-21. 데이터 스냅숏

일반적으로 모든 그룹의 상위 N개 행을 가져오는 것은 CTE와 ROW_NUMBER() 윈도우 함수(항목 119)를 통해 효율적으로 얻을 수 있다. 그림 14-21에서 결과 세트를 가져오는 데 필요한 기본 쿼리는 다음과 같다.

```
@Repository
@Transactional(readOnly = true)
public interface AuthorRepository extends JpaRepository<Author, Long> {

    @Query(value = "WITH sales AS (SELECT *, ROW_NUMBER() "
                + "OVER (PARTITION BY name ORDER BY sold DESC) AS row_num"
                + " FROM author) SELECT * FROM sales WHERE row_num <= 2",
        nativeQuery = true)
    List<Author> fetchTop2BySales();
}
```

물론 다음과 같이 행수를 쉽게 파라미터화할 수 있다.

```
@Repository
@Transactional(readOnly = true)
public interface AuthorRepository extends JpaRepository<Author, Long> {
```

```
        @Query(value = "WITH sales AS (SELECT *, ROW_NUMBER() "
                     + "OVER (PARTITION BY name ORDER BY sold DESC) AS row_num"
                     + " FROM author) SELECT * FROM sales WHERE row_num <= ?1",
            nativeQuery = true)
        List<Author> fetchTopNBySales(int n);
    }
```

전체 애플리케이션은 깃허브[49]에서 확인할 수 있다.

항목 121: Specification API를 통한 고급 검색 구현 방법

여러 필터를 기반으로 페이지에서 데이터를 가져오는 것은 일반적 상황이다. 예를 들어 전자상거래 웹 사이트는 페이지에 제품을 나열하고 고객이 특정 제품 또는 제품 범주를 찾는 데 도움이 되는 필터들을 제공한다. 이런 종류의 동적 쿼리를 구현하는 일반적인 방법은 JPA Criteria API를 사용하는 것이다. 반면 스프링 부트 애플리케이션은 Specification API를 활용할 수 있다. 이번 항목에서는 일반적인 방법으로 해당 작업을 수행하기 위한 주요 단계를 다룬다.

각 필터는 조건(예: age > 40, price > 25, name = 'Joana Nimar' 등)을 나타낸다고 생각해보자. 단순 필터(단일 조건만 포함)와 복합 필터(AND와 OR 같은 논리 연산자를 통해 결합된 여러 조건 포함)가 있다. 조건(예: age > 40)이 왼쪽 부분(age), 오른쪽 부분(40), 연산자(>)의 세 부분으로 구성된다고 가정해보자. 아울러 조건에는 AND나 OR인 논리 연산자를 포함할 수 있다. 다음과 같이 Condition이라는 클래스에서 해당 정보를 매핑한다(END 값은 논리 연산자가 아니며 복합 필터의 끝을 표시하는 데 사용된다).

```
    public final class Condition {
```

---

49. HibernateSpringBootTopNRowsPerGroup

```java
public enum LogicalOperatorType {

    AND, OR, END
}

public enum OperationType {

    EQUAL, NOT_EQUAL, GREATER_THAN, LESS_THAN, LIKE
}

private final String leftHand;
private final String rightHand;
private final OperationType operation;
private final LogicalOperatorType operator;

public Condition(String leftHand, String rightHand,
        OperationType operation, LogicalOperatorType operator) {
    this.leftHand = leftHand;
    this.rightHand = rightHand;
    this.operation = operation;
    this.operator = operator;
}

public String getLeftHand() {
    return leftHand;
}

public String getRightHand() {
    return rightHand;
}

public OperationType getOperation() {
    return operation;
}

public LogicalOperatorType getOperator() {
    return operator;
}
}
```

다음으로 지원되는 각 조건(물론 이전 열거형에 더 많은 작업을 추가할 수 있음)에 대해 해당 Predicate를 정의해보자. 각 조건은 Specification 구현에 전달되고 다음과 같이 toPredicate() 메서드로 변환된다.

```java
public class SpecificationChunk<T> implements Specification<T> {

    private final Condition condition;

    public SpecificationChunk(Condition condition) {
        this.condition = condition;
    }

    @Override
    public Predicate toPredicate(Root<T> root,
            CriteriaQuery<?> cquery, CriteriaBuilder cbuilder) {

        switch (condition.getOperation()) {
            case EQUAL:
                return cbuilder.equal(root.get(condition.getLeftHand()),
                    condition.getRightHand());
            case NOT_EQUAL:
                return cbuilder.notEqual(root.get(condition.getLeftHand()),
                    condition.getRightHand());
            case GREATER_THAN:
                return cbuilder.greaterThan(root.get(condition.getLeftHand()),
                    condition.getRightHand());
            case LESS_THAN:
                return cbuilder.lessThan(root.get(condition.getLeftHand()),
                    condition.getRightHand());
            case LIKE:
                return cbuilder.like(root.get(condition.getLeftHand()),
                    condition.getRightHand());
            default:
                return null;
        }
    }
}
```

```
        }
```

마지막으로 SpecificationChunk를 사용해 Specification 빌더를 구현한다. 다음 구현의 절정은 지정된 논리 연산자를 준수하는 SpecificationChunk를 연결하는 것이다.

```java
public class SpecificationBuilder<T> {

    private final List<Condition> conditions;

    public SpecificationBuilder() {
        conditions = new ArrayList<>();
    }

    public SpecificationBuilder<T> with(String leftHand, String rightHand,
            OperationType operation, LogicalOperatorType operator) {

        conditions.add(new Condition(leftHand, rightHand,
            operation, operator));
        return this;
    }

    public Specification<T> build() {

        if (conditions.isEmpty()) {
            return null;
        }

        List<Specification<T>> specifications = new ArrayList<>();
        for (Condition condition : conditions) {
            specifications.add(new SpecificationChunk(condition));
        }

        Specification<T> finalSpecification = specifications.get(0);
        for (int i = 1; i < conditions.size(); i++) {
            if (!conditions.get(i - 1).getOperator()
                    .equals(LogicalOperatorType.END)) {
```

```
                    finalSpecification = conditions.get(i - 1).getOperator()
                            .equals(LogicalOperatorType.OR)
                        ? Specification.where(finalSpecification)
                                .or(specifications.get(i))
                        : Specification.where(finalSpecification)
                                .and(specifications.get(i));
            }
        }

        return finalSpecification;
    }
}
```

테스트 확인

이 구현을 테스트하고자 Author 및 Book 엔터티(둘 사이 연관관계는 없음)와 다음 두 리포
지터리를 살펴보자.

```
@Repository
public interface AuthorRepository extends
    JpaRepository<Author, Long>,
    JpaSpecificationExecutor<Author> {
}
```

```
@Repository
public interface BookRepository extends
    JpaRepository<Book, Long>,
    JpaSpecificationExecutor<Book> {
}
```

장르 Anthology의 40세 이상 저자 모두 가져오기

다음 서비스 메서드는 40세 이상이며 Anthology 장르인 모든 저자를 가져온다.

```java
public void fetchAuthors() {

    SpecificationBuilder<Author> specBuilder = new SpecificationBuilder();

    Specification<Author> specAuthor = specBuilder
        .with("age", "40", GREATER_THAN, AND)
        .with("genre", "Anthology", EQUAL, END)
        .build();

    List<Author> authors = authorRepository.findAll(specAuthor);

    System.out.println(authors);
}
```

이 경우 트리거된 SQL SELECT는 다음과 같다.

```sql
SELECT
    author0_.id AS id1_0_,
    author0_.age AS age2_0_,
    author0_.genre AS genre3_0_,
    author0_.name AS name4_0_,
    author0_.rating AS rating5_0_
FROM author author0_
WHERE author0_.age > 40
AND author0_.genre = ?
```

가격이 60 미만인 도서에 대한 페이지 가져오기

다음 서비스 메서드는 가격이 60보다 저렴한 도서의 Page를 가져온다.

```
public void fetchBooksPage(int page, int size) {

    SpecificationBuilder<Book> specBuilder = new SpecificationBuilder();

    Specification<Book> specBook = specBuilder
        .with("price", "60", LESS_THAN, END)
        .build();

    Pageable pageable = PageRequest.of(page, size,
        Sort.by(Sort.Direction.ASC, "title"));

    Page<Book> books = bookRepository.findAll(specBook, pageable);

    System.out.println(books);
    books.forEach(System.out::println);
}
```

이 경우 생성되는 SQL SELECT문은 다음과 같다.

```
SELECT
    book0_.id AS id1_1_,
    book0_.isbn AS isbn2_1_,
    book0_.name AS name3_1_,
    book0_.price AS price4_1_,
    book0_.title AS title5_1_
FROM book book0_
WHERE book0_.price < 60
ORDER BY book0_.title ASC LIMIT ?
```

결론적으로 필터를 동적으로 생성하는 것은 어렵지 않다.

다음 단계

구현을 더 진행하려면 다음과 같은 처리가 더 필요할 수 있다.

- 더 많은 연산과 연산자 추가
- 복잡한 필터에 대한 추가 지원(예: 대괄호 사용 (x AND y) OR (x AND z))
- 조인 추가
- DTO 지원 추가
- URL 쿼리 파라미터에서 조건을 구문 분석할 수 있는 분석기 추가

전체 애플리케이션은 깃허브[50]에서 확인할 수 있다.

항목 122: IN 절 파라미터 패딩을 통한 SQL 캐싱 향상 방법

Author 엔터티와 다음과 같은 쿼리를 생각해보자.

```
@Repository
@Transactional(readOnly=true)
public interface AuthorRepository extends JpaRepository<Author, Long> {

    @Query("SELECT a FROM Author a WHERE a.id IN ?1")
    List<Author> fetchIn(List<Long> ids);
}
```

쿼리는 주어진 ID 목록과 일치하는 저자의 리스트를 가져오며, 다음과 같은 서비스 메서드에서 여러 크기의 ID 목록을 활용한다(ID가 2개 ~ 10개).

```
@Transactional(readOnly=true)
public void fetchAuthorsIn() {

    List twoIds = List.of(1L, 2L);
    List threeIds = List.of(1L, 2L, 3L);
    List fourIds = List.of(1L, 2L, 3L, 4L);
```

---

50. HibernateSpringBootSearchViaSpecifications

```
        List fiveIds = List.of(1L, 2L, 3L, 4L, 5L);
        List sixIds = List.of(1L, 2L, 3L, 4L, 5L, 6L);
        List sevenIds = List.of(1L, 2L, 3L, 4L, 5L, 6L, 7L);
        List eightIds = List.of(1L, 2L, 3L, 4L, 5L, 6L, 7L, 8L);
        List nineIds = List.of(1L, 2L, 3L, 4L, 5L, 6L, 7L, 8L, 9L);
        List tenIds = List.of(1L, 2L, 3L, 4L, 5L, 6L, 7L, 8L, 9L, 10L);

        authorRepository.fetchIn(twoIds);
        authorRepository.fetchIn(threeIds);
        authorRepository.fetchIn(fourIds);
        authorRepository.fetchIn(fiveIds);
        authorRepository.fetchIn(sixIds);
        authorRepository.fetchIn(sevenIds);
        authorRepository.fetchIn(eightIds);
        authorRepository.fetchIn(nineIds);
        authorRepository.fetchIn(tenIds);
    }
```

fetchAuthorsIn()을 호출하면 바인딩 파라미터의 개수를 제외하고 동일한 10개의 SELECT문이 생성된다.

```
SELECT
    author0_.id AS id1_0_,
    author0_.age AS age2_0_,
    author0_.genre AS genre3_0_,
    author0_.name AS name4_0_
FROM author author0_
WHERE author0_.id IN (?, ?)

...

SELECT
    author0_.id AS id1_0_,
    author0_.age AS age2_0_,
    author0_.genre AS genre3_0_,
```

```
        author0_.name AS name4_0_
    FROM author author0_
    WHERE author0_.id IN (?, ?, ?, ?, ?, ?, ?, ?, ?, ?)
```

10개의 SELECT문에 대해 10개의 실행 계획이 생성되며, 데이터베이스가 실행 계획 캐시를 지원하는 경우 10개의 실행 계획이 캐시된다(예: 오라클, SQL 서버). 이는 각 IN 절에 서로 다른 수의 바인딩 파라미터가 존재하기 때문이다.

캐시에서 실행 계획을 재사용하는 것은 SQL문 문자열이 캐시된 실행 계획과 일치하는 경우에만 가능하다. 즉, 다른 수의 IN 절 바인딩 파라미터에 대해 정확히 동일한 SELECT를 생성해야만 더 적은 수의 실행 계획이 캐시된다. 다시 말하지만 이는 오라클 및 SQL 서버와 같이 실행 계획 캐시를 지원하는 데이터베이스에서만 유효하다.

이제 하이버네이트의 hibernate.query.in_clause_parameter_padding 설정을 다음과 같이 활성화해보자.

```
spring.jpa.properties.hibernate.query.in_clause_parameter_padding=true
```

이번에 생성된 SELECT문은 다음과 같다.

```
SELECT
    ...
FROM author author0_
WHERE author0_.id IN (1, 2)

-- 3, 4개 파라미터에 대해 4개 바인딩 파라미터 사용(2^2)
SELECT
    ...
FROM author author0_
WHERE author0_.id IN (1, 2, 3, 3)
```

```
SELECT
    ...
FROM author author0_
WHERE author0_.id IN (1, 2, 3, 4)

-- 5, 6, 7, 8개 파라미터에 대해 8개 바인딩 파라미터 사용(2³)
SELECT
    ...
FROM author author0_
WHERE author0_.id IN (1, 2, 3, 4, 5, 5, 5, 5)

SELECT
    ...
FROM author author0_
WHERE author0_.id IN (1, 2, 3, 4, 5, 6, 6, 6)

SELECT
    ...
FROM author author0_
WHERE author0_.id IN (1, 2, 3, 4, 5, 6, 7, 7)

SELECT
    ...
FROM author author0_
WHERE author0_.id IN (1, 2, 3, 4, 5, 6, 7, 8)

-- 9, 10, 11, 12, 13, 14, 15, 16개 파라미터에 대해 16개 바인딩 파라미터 사용(2⁴)
SELECT
    ...
FROM author author0_
WHERE author0_.id IN (1, 2, 3, 4, 5, 6, 7, 8, 9, 9, 9, 9, 9, 9, 9, 9)

SELECT
    ...
FROM author author0_
WHERE author0_.id IN (1, 2, 3, 4, 5, 6, 7, 8, 9, 10, 10, 10, 10, 10, 10, 10)
```

동일한 SELECT 문자열을 생성하고자 하이버네이트는 다음과 같이 패딩 파라미터에 대한 알고리듬을 사용한다.

- 3개와 4개 파라미터의 경우 4개 바인딩 파라미터 사용(2^2)
- 5, 6, 7, 8개 파라미터의 경우 8개 바인딩 파라미터 사용(2^3)
- 9, 10, 11, 12, 13, 14, 15, 16개 파라미터의 경우 16 사용(2^4)
- …

제시된 예의 경우 실행 계획 캐시를 지원하는 데이터베이스는 10개가 아닌 4개의 계획만 캐시되고 재사용된다. 정말 멋지다. 전체 애플리케이션(SQL 서버용)은 깃허브[51]에서 확인할 수 있다.

항목 123: Specification 쿼리 페치 조인 생성 방법

양방향 지연 연관관계를 갖는 **Author**와 **Book** 엔터티를 생각해보자. 이 항목의 목표는 JPQL 조인 페치join-fetch 연산을 에뮬레이트emulate하고자 Specification을 정의하는 것이다.

메모리 기반 조인 페치 및 페이지네이션

메모리에서의 조인 페치와 페이지네이션은 항목 97과 항목 98에서 자세히 설명한 중요한 주제다. 이 주제와 하이버네이트의 HHH000104 경고에 대해 익숙하지 않은 경우 해당 항목을 먼저 읽어보는 것이 좋다.

이제 JoinType를 통해 Specification에서 조인 페치를 지정해보자. 메서드를 findAll(Specification spec, Pageable pageable)(다음 예제에서 사용됨)로 지원하려면 CriteriaQuery의 resultType을 확인하고 Long(이는 오프셋 페이지네이션에 한정된 카운트 쿼리에 대한 resultSet다)이 아닌 경우에만 조인을 적용해야 한다.

---

51. HibernateSpringBootINListPadding

```
public class JoinFetchSpecification<Author> implements
        Specification<Author> {

    private final String genre;

    public JoinFetchSpecification(String genre) {
        this.genre = genre;
    }

    @Override
    public Predicate toPredicate(Root<Author> root,
            CriteriaQuery<?> cquery, CriteriaBuilder cbuilder) {

        // Pageable 쿼리 지원에 필요함
        // 메모리에서의 페이지네이션 발생(HHH000104)
        Class clazz = cquery.getResultType();
        if (clazz.equals(Long.class) || clazz.equals(long.class)) {
            return null;
        }

        root.fetch("books", JoinType.LEFT);
        cquery.distinct(true);

        // Specification을 통해 순서(order)를 추가해야 하는 경우
        //cquery.orderBy(cbuilder.asc(root.get("...")));

        return cbuilder.equal(root.get("genre"), genre);
    }
}
```

중복되지 않는 결과는 distinct(true) 메서드 호출로 적용된다. 아울러 항목 103에서 설명한 성능 최적화를 위해 이 예제에서 사용하는 findAll() 메서드를 다음과 같이 새정의해보자.

```
@Repository
public interface AuthorRepository extends JpaRepository<Author, Long>,
        JpaSpecificationExecutor<Author> {
```

```
    @Override
    @QueryHints(value = @QueryHint(name = HINT_PASS_DISTINCT_THROUGH,
                value = "false"))
    Page<Author> findAll(Specification<Author> spec, Pageable pageable);
}
```

JoinFetchSpecification을 사용하는 서비스 메서드는 다음과 같이 작성할 수 있다(장르가 Anthology인 저자의 Page와 연관된 도서 조회).

```
    public Page<Author> fetchViaJoinFetchSpecification(int page, int size) {

        Pageable pageable = PageRequest.of(page, size,
                Sort.by(Sort.Direction.ASC, "name"));

        Page<Author> pageOfAuthors = authorRepository
                .findAll(new JoinFetchSpecification("Anthology"), pageable);

        return pageOfAuthors;
    }
```

fetchViaJoinFetchSpecification()을 호출하면 다음과 같은 두 SELECT문이 트리거된다.

```
    SELECT
        author0_.id AS id1_0_0_,
        books1_.id AS id1_1_1_,
        author0_.age AS age2_0_0_,
        author0_.genre AS genre3_0_0_,
        author0_.name AS name4_0_0_,
        books1_.author_id AS author_i4_1_1_,
        books1_.isbn AS isbn2_1_1_,
        books1_.title AS title3_1_1_,
        books1_.author_id AS author_i4_1_0__,
```

```
        books1_.id AS id1_1_0__
    FROM author author0_
    LEFT OUTER JOIN book books1_
        ON author0_.id = books1_.author_id
    WHERE author0_.genre = ?
    ORDER BY author0_.name ASC

    SELECT
        COUNT(author0_.id) AS col_0_0_
    FROM author author0_
```

결국에는 결과가 Page\<Author\>지만 페이지네이션은 메모리에서 수행됐기에 HHH000104 경고를 받는다.

데이터베이스에서 조인 페치 및 페이지네이션

메모리상 페이지네이션은 성능을 크게 저하시킬 수 있으므로 데이터베이스의 페이지네이션을 사용하는 구현을 재고하는 것이 좋다. 그리고 항목 98에서는 2개의 SELECT 쿼리에 의존하는 HHH000104 경고(메모리에서 페이지네이션이 발생한다는 신호)를 해결하기 위한 방법을 살펴봤다.

첫 번째 SELECT 쿼리는 ID 페이지(예: 지정된 장르의 저자 ID 페이지)만 가져온다. 이 쿼리는 다음과 같이 AuthorRepository에 추가될 수 있다.

```
@Repository
public interface AuthorRepository extends JpaRepository<Author, Long>,
        JpaSpecificationExecutor<Author> {

    @Transactional(readOnly = true)
    @Query(value = "SELECT a.id FROM Author a WHERE a.genre = ?1")
    Page<Long> fetchPageOfIdsByGenre(String genre, Pageable pageable);
}
```

이번에는 데이터베이스가 ID를 페이징 처리한다(LIMIT 연산을 확인하려면 해당 SQL을 체크). 저자의 ID를 갖는 것으로 문제의 절반이 해결된다. 이제 조인을 정의하는 데 Specification이 사용된다.

```java
public class JoinFetchInIdsSpecification implements Specification<Author> {

    private final List<Long> ids;

    public JoinFetchInIdsSpecification(List<Long> ids) {
        this.ids = ids;
    }

    @Override
    public Predicate toPredicate(Root<Author> root,
            CriteriaQuery<?> cquery, CriteriaBuilder cbuilder) {

        root.fetch("books", JoinType.LEFT);
        cquery.distinct(true);

        // Specification을 통해 순서(order)를 추가해야 하는 경우
        //cquery.orderBy(cbuilder.asc(root.get("...")));

        Expression<String> expression = root.get("id");
        return expression.in(ids);
    }
}
```

중복 없는 결과를 갖는 것은 distinct(true) 메서드 호출로 적용된다. 항목 103에서 설명한 성능 최적화를 위해 이 예제에서 사용되는 findAll() 메서드를 다음과 같이 재정의해보자.

```java
@Override
@QueryHints(value = @QueryHint(name = HINT_PASS_DISTINCT_THROUGH,
            value = "false"))
List<Author> findAll(Specification<Author> spec);
```

JoinFetchInIdsSpecification을 사용하는 서비스 메서드는 다음과 같이 작성한
다(장르가 Anthology인 저자의 Page와 연관된 도서 조회).

```java
@Transactional(readOnly = true)
public Page<Author> fetchViaJoinFetchInIdsSpecification(int page, int size) {

    Pageable pageable = PageRequest.of(page, size,
        Sort.by(Sort.Direction.ASC, "name"));

    Page<Long> pageOfIds = authorRepository.fetchPageOfIdsByGenre(
        "Anthology", pageable);
    List<Author> listOfAuthors = authorRepository.findAll(
        new JoinFetchInIdsSpecification(pageOfIds.getContent()));
    Page<Author> pageOfAuthors = new PageImpl(
        listOfAuthors, pageable, pageOfIds.getTotalElements());

    return pageOfAuthors;
}
```

fetchViaJoinFetchInIdsSpecification()을 호출하면 다음과 같은 3개의 SELECT
문이 생성된다.

```sql
SELECT
    author0_.id AS col_0_0_
FROM author author0_
WHERE author0_.genre = ?
ORDER BY author0_.name ASC LIMIT ?

SELECT
    COUNT(author0_.id) AS col_0_0_
FROM author author0_
WHERE author0_.genre = ?

SELECT
    author0_.id AS id1_0_0_,
    books1_.id AS id1_1_1_,
```

```
    author0_.age AS age2_0_0_,
    author0_.genre AS genre3_0_0_,
    author0_.name AS name4_0_0_,
    books1_.author_id AS author_i4_1_1_,
    books1_.isbn AS isbn2_1_1_,
    books1_.title AS title3_1_1_,
    books1_.author_id AS author_i4_1_0__,
    books1_.id AS id1_1_0__
FROM author author0_
LEFT OUTER JOIN book books1_
    ON author0_.id = books1_.author_id
WHERE author0_.id IN (?, ?, ?)
```

이 방식은 3개의 SELECT문을 트리거하지만 데이터베이스가 페이징을 처리한다. 전체 애플리케이션은 깃허브[52]에서 확인할 수 있다.

항목 124: 하이버네이트 쿼리 실행 계획 캐시 사용 방법

쿼리는 실행되기 전에 컴파일된다. 예를 들어 10번 실행된 쿼리는 10번 컴파일된다. 이런 동작을 방지하고자 하이버네이트는 쿼리 계획 캐시[QPC, Query Plan Cache]를 제공하며, 해당 콘텍스트에서는 10번 실행되는 쿼리는 한 번만 컴파일되고 캐시된다. 후속되는 9개 실행에서는 캐시된 계획을 사용한다. 기본적으로 쿼리 계획 캐시는 엔터티 쿼리[JPQL 및 Criteria API]에 대해 2,048개와 네이티브 쿼리에 대해 128개 계획을 캐시할 수 있으며, QPC는 엔터티와 네이티브 쿼리 간에 공유된다. 엔터티 쿼리[JPQL 및 Criteria API]의 경우 hibernate.query.plan_cache_max_size를 통해 기본값을 변경할 수 있으며 네이티브 쿼리의 경우 hibernate.query.plan_parameter_metadata_max_size를 사용한다. 그럼 Author 엔터티 및 다음과 같은 두 JPQL 쿼리를 생각해보자.

---

52. HibernateSpringBootSpecificationQueryFetchJoins

```
@Repository
@Transactional(readOnly = true)
public interface AuthorRepository extends JpaRepository<Author, Long> {

    @Query("SELECT a FROM Author a WHERE a.genre = ?1")
    List<Author> fetchByGenre(String genre);

    @Query("SELECT a FROM Author a WHERE a.age > ?1")
    List<Author> fetchByAge(int age);
}
```

이제 엔터티 쿼리의 QPC 크기를 2로 설정해보자. 이는 두 쿼리가 모두 캐시됨을 의미한다. 다음으로 엔터티 쿼리에 대한 QPC 크기를 1로 설정하는데, 이는 하나의 JPQL 계획만 캐시되고 하나는 실행될 때마나 컴파일됨을 의미한다. 각 시나리오를 5,000회 실행하면 그림 14-22와 같은 시간-성능 추이 그래프를 얻을 수 있다.

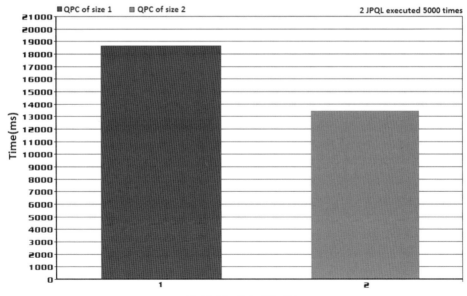

그림 14-22. 쿼리 계획 캐시

그림 14-22에 표시된 시간-성능 추이 그래프는 인텔 i7, 2.10GHz 및 6GB RAM을 가진 윈도우 7 시스템에서 MySQL을 통해 얻은 것이며, 애플리케이션과 MySQL은 동일한 시스템에서 실행했다.

그림 14-22는 명확한 결론에 도달하는 데 도움이 된다. QPC 크기가 실행 중인 모든 쿼리를 캐시할 수 있는지 항상 확인해야 하며, 이는 엔터티 쿼리(JPQL 및 Criteria API)에 특히 필요하다. 캐시되지 않은 쿼리가 있으면 실행될 때마다 다시 컴파일되며 이로 인해 심각한 시간 성능 저하가 발생한다.

전체 애플리케이션은 깃허브[53]에서 확인할 수 있다.

항목 125: 스프링 QBE(Query By Example)를 통한 비영속 엔터티의 데이터베이스 존재 여부 확인 방법

Book 엔터티가 id, title, genre, price, author, isbn 속성을 갖는다고 생각해보자. 서점 직원은 데이터베이스에 얼마나 많은 도서가 추가됐는지 확인하고 이에 대한 보고서를 작성해야 한다. 단순히 도서 세부 정보(제목, 장르, 가격)로 양식을 작성하고 제출한다. 양식 데이터는 엔드포인트를 public String checkBook (@Validated @ModelAttribute Book book, ...)으로 노출되는 스프링 컨트롤러를 통해 비영속 Book 인스턴스로 구체화된다.

특정 도서가 데이터베이스에 존재하는지 확인하려면 명시적 JPQL이나 스프링 데이터 쿼리 빌더 메커니즘 또는 더 좋은 방법으로 QBE[Query By Example] API를 사용할 수 있다. 여러 측면에서 QBE는 엔터티에 많은 수의 속성이 있고 다음과 같은 경우에 매우 유용하다.

---

53. HibernateSpringBootQueryPlanCache

- 모든 속성에 대해 각 속성 값을 해당 칼럼 값과 직접 비교해야 한다(예: 제목, 장르, 가격, 저자, ISBN이 데이터베이스 행과 일치하는 경우 지정된 도서가 존재한다).

- 속성의 하위 집합에 대해 각 속성 값을 해당 칼럼 값과 일대일로 비교해야 한다(예: 제목, 저자, ISBN이 데이터베이스 행과 일치하는 경우 지정된 도서가 존재한다).

- 속성의 하위 집합에 대해 속성 값과 해당 칼럼 값이 처음 일치할 때에 **true**를 반환한다(예: 제목, 저자, ISBN 중 하나라도 데이터베이스 행과 일치하는 경우 지정된 도서가 존재한다).

- 다른 시나리오.

스프링 데이터 QBE는 프로브^{probe}라 불리는 예제 엔터티 인스턴스를 기반으로 실행 가능한 쿼리를 생성할 수 있는 편리한 방법이다. 스프링 데이터 JPA에서 프로브를 org.springframework.data.domain.Example 인스턴스에 전달하고, 이 Example은 QueryByExampleExecutor 인터페이스를 확장하는 리포지터리에 정의된 쿼리 메서드에 전달한다(예: BookRepository는 QueryByExampleExecutor를 확장한다).

```
@Repository
public interface BookRepository extends JpaRepository<Book, Long>,
        QueryByExampleExecutor<Book> {
}
```

QueryByExampleExecutor는 다음과 같은 메서드를 제공한다(현재 예의 경우 마지막 메서드인 exists()에 주목).

- <S extends T> Optional<S> findOne(Example<S> ex);
- <S extends T> Iterable<S> findAll(Example<S> ex);
- <S extends T> Iterable<S> findAll(Example<S> ex, Sort sort);
- <S extends T> Page<S> findAll(Example<S> ex, Pageable pg);
- <S extends T> long count(Example<S> ex);
- <S extends T> boolean exists(Example<S> ex);

기본적으로 null 값을 갖는 필드는 무시되고 문자열은 데이터베이스 기본값을 통해 매치된다.

이제 Book 인스턴스(일명 프로브)를 생각해보자.

```
Book book = new Book();

book.setTitle("Carrie");
book.setGenre("Horror");
book.setIsbn("001-OG");
book.setAuthor("Olivia Goy");
book.setPrice(23);
```

모든 속성의 일대일 비교

팩토리 메서드 중 of()를 사용하거나 ExampleMatcher를 사용해 Example을 생성한다. 여기서는 of() 메서드를 사용한다.

```
public boolean existsBook(Book book) {

    Example<Book> bookExample = Example.of(book);

    return bookRepository.exists(bookExample);
}
```

existsBook()을 호출하면 다음과 같은 SQL문이 생성된다.

```
SELECT
    book0_.id AS id1_0_,
    book0_.author AS author2_0_,
    book0_.genre AS genre3_0_,
    book0_.isbn AS isbn4_0_,
    book0_.price AS price5_0_,
    book0_.title AS title6_0_
FROM book book0_
WHERE book0_.author = ?
```

```
    AND book0_.title = ?
    AND book0_.genre = ?
    AND book0_.price = ?
    AND book0_.isbn = ?
    Binding: [Olivia Goy, Carrie, Horror, 23, 001-OG]
```

일부 속성의 일대일 비교

이번에는 도서 제목, 저자, ISBN만 비교하고 가격과 장르는 무시하려 한다. 이를 위해 특정 속성을 매칭하는 방법에 대한 세부 정보를 갖는 ExampleMatcher를 사용한다. ExampleMatcher는 주목할 만한 많은 기능을 포함한 포괄적인 인터페이스지만 지금은 2가지 매처^{matcher}에 중점을 둔다.

- **matchingAll()**: null이 아닌 모든 속성에 대해 and 결합^{conjunction}을 적용
- **withIgnorePaths()**: 제공된 속성 경로 무시

existsBook()은 다음과 같다.

```
public boolean existsBook(Book book) {

    Example<Book> bookExample = Example.of(book,
        ExampleMatcher.matchingAll().withIgnorePaths("genre", "price"));
    return bookRepository.exists(bookExample);
}
```

트리거되는 SQL문은 다음과 같다.

```
SELECT
    book0_.id AS id1_0_,
    book0_.author AS author2_0_,
```

```
    book0_.genre AS genre3_0_,
    book0_.isbn AS isbn4_0_,
    book0_.price AS price5_0_,
    book0_.title AS title6_0_
FROM book book0_
WHERE book0_.author = ?
AND book0_.title = ?
AND book0_.isbn = ?
Binding: [Olivia Goy, Carrie, 001-OG]
```

하위 속성 집합에 대한 Or 결합 적용

다음으로 or 결합을 적용하려면 matchingAny() 매처가 필요하다.

```java
public boolean existsBook(Book book) {

    Example<Book> bookExample = Example.of(book,
        ExampleMatcher.matchingAny().withIgnorePaths("genre", "price"));
    return bookRepository.exists(bookExample);
}
```

생성되는 SQL문은 다음과 같다.

```
SELECT
    book0_.id AS id1_0_,
    book0_.author AS author2_0_,
    book0_.genre AS genre3_0_,
    book0_.isbn AS isbn4_0_,
    book0_.price AS price5_0_,
    book0_.title AS title6_0_
FROM book book0_
WHERE book0_.author = ?
```

```
OR book0_.title = ?
OR book0_.isbn = ?
Binding: [Olivia Goy, Carrie, 001-OG]
```

물론 이 3가지 방법을 하나로 결합하고 QBE를 활용해 동적 쿼리를 생성할 수도 있다.

QBE API에는 다음가 같은 몇 가지 제한 사항이 있다.

- 쿼리 술어(predicate)는 AND 키워드로 결합된다.
- author = ?1 or (title = ?2 and isbn = ?3)과 같은 중첩/그룹화된 속성 제약 조건에 대한 지원이 없다.
- 문자열에 대한 시작/포함/정규식 일치와 기타 속성 타입에 대한 정확한 일치만 지원한다.

전체 애플리케이션은 깃허브[54]에서 확인할 수 있다.

항목 126: 하이버네이트 @DynamicUpdate를 통해 수정된 칼럼만 UPDATE문에 포함하는 방법

엔터티가 id, name, genre, age, sellrank, royalties, rating 영속 필드를 갖고. 다음과 같은 행을 갖는다고 가정해보자.

```
INSERT INTO author (age, name, genre, royalties, sellrank, rating, id)
    VALUES (23, "Mark Janel", "Anthology", 1200, 289, 3, 1);
```

목표는 다음과 같은 서비스 메서드를 통해 처리되는 sellrank를 222로 수정하는 것이다.

---

54. HibernateSpringBootExampleApi

```
@Transactional
public void updateAuthor() {

    Author author = authorRepository.findById(1L).orElseThrow();

    author.setSellrank(222);
}
```

updateAuthor()를 호출하면 다음과 같은 UPDATE문이 생성된다,

```
UPDATE author
SET age = ?,
    genre = ?,
    name = ?,
    rating = ?,
    royalties = ?,
    sellrank = ?
WHERE id = ?
Binding: [23, Anthology, Mark Janel, 3, 1200, 222, 1]
```

여기서 sellrank 값만 수정한 경우에도 트리거된 UPDATE에는 모든 칼럼이 포함된다. 수정된 칼럼만 포함하는 UPDATE를 생성하도록 하이버네이트에 지시하려면 다음과 같이 하이버네이트의 @DynamicUpdate를 사용해 클래스 수준에 엔터티 어노테이션을 지정한다.

```
@Entity
@DynamicUpdate
public class Author implements Serializable {
    // ...
}
```

이번에 트리거된 UPDATE는 다음과 같다.

```
UPDATE author
SET sellrank = ?
WHERE id = ?
Binding: [222, 1]
```

이제 생성된 UPDATE문에는 sellrank 칼럼만 나타난다.

이 방법을 사용하면 다음과 같은 장점과 단점을 갖는다.

- 인덱싱된 칼럼을 업데이트하지 않는 경우 큰 이점이 있다. 모든 칼럼을 포함하는 UPDATE를 호출하면 수정되지 않은 인덱스도 필연적으로 업데이트되며 이로 인해 상당한 성능 저하가 발생할 수 있다.
- 단점은 JDBC 명령문 캐싱에 반영된다는 점이다. JDBC 명령문 캐싱을 통해 칼럼의 다른 하위 집합에 대한 동일한 UPDATE를 재사용할 수 없다(트리거된 각 UPDATE 문자열은 그에 따라 캐시되고 재사용된다).

전체 애플리케이션은 깃허브[55]에서 확인할 수 있다.

항목 127: 스프링에서 네임드 (네이티브) 쿼리를 사용하는 방법

네임드[named] (네이티브) 쿼리는 연관된 이름을 통해 참조되는 정적[static]으로 사전 정의된[predefined] 변경 불가능한 쿼리 문자열이다. 일반적으로 자바 코드에서 JPQL/SQL 쿼리 문자열을 추출해 코드 구성을 개선하는 데 사용된다. 이는 JPQL/SQL이 EJB 컴포넌트의 자바 코드로 끼워진 자바 EE 애플리케이션에서 특히 유용하다. 스프링에서는 @Query 어노테이션을 동해 리쏘시터리에서 JPQL/SQL을 분리할 수 있지만, 그럼에도 네임드 (네이티브) 쿼리를 사용할 수 있다.

아쉽게도 지원되는 방법 중 어느 것도 스프링 기능과 네임드 (네이티브) 쿼리 간

---

55. HibernateSpringBootDynamicUpdate

완전한 호환성을 제공하지 않는다. 적어도 스프링 2.3.0까지는 그렇다.[56] 그럼 가장 유리한 트레이드오프를 찾아보자. 우선 잘 알고 있는 Author 엔터티를 id, name, age, genre 필드와 함께 사용하고 스프링 부트 2.3.0을 사용한다.

네임드 (네이티브) 쿼리 참조

네임드 (네이티브) 쿼리는 이름으로 참조된다. 예를 들어 AllFooQuery라는 네임드 (네이티브) 쿼리는 다음과 같이 @Query 어노테이션의 name 항목을 통해 일반적인 스프링 리포지터리에서 참조할 수 있다.

```
AllFooQuery="SELECT f FROM Foo f";
```

```java
public interface FooRepository extends JpaRepository<Foo, Long> {

    @Query(name="AllFooQuery")
    List<Foo> fetchAllFoo();
}
```

스프링 데이터에서는 @Query(name="...")이 필요하지 않는 명명 규칙도 지원한다. 네임드 (네이티브) 쿼리의 이름은 엔터티 클래스의 이름으로 시작하고 점(.)과 리포지터리 메서드의 이름을 붙인다. 네임드 (네이티브) 쿼리의 명명 규칙 패턴은 EntityName.RepositoryMethodName이며 RepositoryMethodName과 동일한 이름으로 리포지터리 인터페이스에 쿼리 메서드를 정의한다. 예를 들어 엔터티가 Foo 인 경우 다음과 같이 네임드 (네이티브) 쿼리를 사용할 수 있다.

```
Foo.fetchAllFoo="SELECT f FROM Foo f";
```

---

56. Sort를 지원하지 못하는 점 등으로 최신 버전에서도 동일하다. 이는 스프링 데이터 JPA의 구조적 한계로 보인다. — 옮긴이

```
public interface FooRepository extends JpaRepository<Foo, Long> {

    List<Foo> fetchAllFoo();

}
```

그럼 같은 예제를 살펴보자.

@NamedQuery 및 @NamedNativeQuery 사용

네임드 (네이티브) 쿼리를 사용하는 가장 일반적인 방법은 클래스 수준에서 엔터티에 추가되는 @NamedQuery와 @NamedNativeQuery를 활용하는 것이다.

```
@NamedQueries({
    @NamedQuery(name = "Author.fetchAll",
                query = "SELECT a FROM Author a"),

    @NamedQuery(name = "Author.fetchByNameAndAge",
                query = "SELECT a FROM Author a
                         WHERE a.name=?1 AND a.age=?2"),
})
@NamedNativeQueries({
    @NamedNativeQuery(name = "Author.fetchAllNative",
                      query = "SELECT * FROM author",
                      resultClass = Author.class),

    @NamedNativeQuery(name = "Author.fetchByNameAndAgeNative",
                  query = "SELECT * FROM author
                           WHERE name=?1 AND age=?2",
                  resultClass = Author.class),
})
@Entity
public class Author implements Serializable {
    // ...
}
```

AuthorRepository는 다음과 같이 네임드 (네이티브) 쿼리를 참조한다.

```
@Repository
@Transactional(readOnly = true)
public interface AuthorRepository extends
        PagingAndSortingRepository<Author, Long> {

    List<Author> fetchAll();
    Author fetchByNameAndAge(String name, int age);

    @Query(nativeQuery = true)
    List<Author> fetchAllNative();

    @Query(nativeQuery = true)
    Author fetchByNameAndAgeNative(String name, int age);
}
```

이 방식을 통해서는 동적 정렬(Sort)과 함께 네임드 (네이티브) 쿼리를 사용할 수 없다. Pageable 의 Sort는 무시되므로 쿼리에 명시적으로 ORDER BY를 추가해야 하는데, 적어도 스프링 부트 2.3.0 에서는 해당 방식으로 동작한다. 전체 애플리케이션은 깃허브[57]에서 확인할 수 있으며 스프링 부트 릴리스에서 테스트할 수 있는 Sort와 Pageable에 대한 사용 사례를 포함한다.

속성 파일(jpa-named-queries.properties) 사용

다른 방법으로 jpa-named-queries.properties라는 속성 파일에 네임드 (네이티브) 쿼리를 나열할 수도 있다. 이 파일은 애플리케이션 클래스패스상에 있는 META-INF라는 폴더에 놓는다.

이 파일 위치를 변경하려면 @EnableJpaRepositories(namedQueriesLocation ="...")을 사용 하면 된다.

---

57. HibernateSpringBootNamedQueriesViaAnnotations

```
# Named Queries
# Find all authors
Author.fetchAll
    =SELECT a FROM Author a

# Find author by name and age
Author.fetchByNameAndAge
    =SELECT a FROM Author a WHERE a.name=?1 AND a.age=?2

...
# Named Native Queries
# Find all authors (native)
Author.fetchAllNative
    =SELECT * FROM author

# Find author by name and age (native)
Author.fetchByNameAndAgeNative
    =SELECT * FROM author WHERE name=?1 AND age=?2
```

AuthorRepository는 @NamedQuery와 @NamedNativeQuery를 사용할 때와 동일하다.

이번에는 다음과 같이 Sort를 통해 동적 정렬을 사용하는 네임드 쿼리(네이티브 쿼리가 아님)를 선언할 수 있다.

```
# Find authors older than 30 ordered descending by name via Sort
Author.fetchViaSortWhere
    =SELECT a FROM Author a WHERE a.age > ?1
```

```
// 리포지터리
List<Author> fetchViaSortWhere(int age, Sort sort);
```

```
// fetchViaSortWhere()를 호출하는 서비스 메서드
```

```
public List<Author> fetchAuthorsViaSortWhere() {

    return authorRepository.fetchViaSortWhere(
            30, Sort.by(Direction.DESC, "name"));
}
```

트리거된 SELECT(ORDER BY author0_.name DESC 포함 확인)는 다음과 같다.

```
SELECT
    author0_.id AS id1_0_,
    author0_.age AS age2_0_,
    author0_.genre AS genre3_0_,
    author0_.name AS name4_0_
FROM author author0_
WHERE author0_.age > ?
ORDER BY author0_.name DESC
```

또는 Sort를 포함하는 Pageable을 사용할 수 있다(이는 네임드 쿼리 및 네임드 네이티브 쿼리에 대해 작동한다).

```
# Find page of authors older than 30 ordered descending by name via Pageable
(native)
Author.fetchPageSortWhereNative
    =SELECT * FROM author WHERE age > ?1



// 리포지터리
@Query(nativeQuery = true)
Page<Author> fetchPageSortWhereNative(int age, Pageable pageable);
```

```
// fetchPageSortWhereNative()를 호출하는 서비스 메서드
public Page<Author> fetchAuthorsPageSortWhereNative() {

    return authorRepository.fetchPageSortWhereNative(
        30, PageRequest.of(1, 3, Sort.by(Sort.Direction.DESC, "name")));
}
```

트리거된 SELECT문은 다음과 같다(ORDER BY author0_.name DESC LIMIT ?, ? 및 생성된 SELECT COUNT 포함 확인).

```
SELECT
    author0_.id AS id1_0_,
    author0_.age AS age2_0_,
    author0_.genre AS genre3_0_,
    author0_.name AS name4_0_
FROM author author0_
WHERE author0_.age > ?
ORDER BY author0_.name DESC LIMIT ?, ?

SELECT
    COUNT(author0_.id) AS col_0_0_
FROM author author0_
WHERE author0_.age > ?
```

이 방식으로 동적 정렬(Sort)과 함께 네임드 네이티브 쿼리를 사용할 수 없다. 이 단점은 @NamedQuery와 @NamedNativeQuery를 사용하는 경우에도 존재하며, 적어도 스프링 부트 2.3.0에서 작동하는 방식이다. 전체 애플리케이션은 깃허브[58]에서 확인할 수 있다.

그러나 이 방식(jpa named-queries.properties 속성 파일 사용)을 사용하면 네임드 쿼리에서는 동적 정렬을 사용할 수 있고 Pageable에서 Sort도 잘 동작한다. 해당 기능이 필요한 경우 이 방법을 사용하면 된다.

---

58. HibernateSpringBootNamedQueriesInPropertiesFile

또 다른 방법은 잘 알려진 orm.xml 파일을 사용하는 것이다. 이 파일은 애플리케이션 클래스패스 상에 있는 META-INF라는 폴더에 추가돼야 하며, @NamedQuery와 @NamedNativeQuery를 사용하는 것과 동일한 단점을 갖는다. 적어도 스프링 부트 2.3.0에서 작동하는 방식이며, 전체 애플리케이션은 깃허브[59]에서 확인할 수 있다.

네임드 (네이티브) 쿼리를 스프링 프로젝션과 함께 사용하려면 항목 25를 참고하고, 결과 세트 매핑과 작업하려면 항목 34를 참고하자.

항목 128: 다른 쿼리/요청에서 부모와 자식을 가져오는 가장 좋은 방법

읽기 전용 데이터는 관리되는 엔터티가 아닌 DTO를 통해 처리돼야 하지만 다음과 같은 상황에서는 읽기 전용 엔터티로 가져와도 문제는 없다.

- 엔터티의 모든 속성이 필요(즉, DTO는 엔터티를 단순 미러링함)
- 적은 수의 엔터티만을 처리(예: 여러 권의 도서를 보유한 저자)
- @Transactional(readOnly = true)를 사용

이와 같은 상황에서 많이 접하는 일반적인 경우를 확인해보자.

Author와 Book이 양방향 지연 @OneToMany 연관관계를 갖는다고 가정해보자. 다음으로 ID로 특정 Author를 로드하는 사용자를 생각해보자(연관된 Book은 없음). 관련 도서에 관심이 있을 수도 있고 없을 수도 있다. 따라서 Author와 함께 로드하지 않는다. 사용자가 Book에 관심이 있으면 도서 보기 버튼을 클릭한다. 이제 이 Author와 연관된 List<Book>을 반환해야 한다.

따라서 첫 번째 요청(쿼리)으로 다음과 같이 Author를 가져온다.

---

59. HibernateSpringBootNamedQueriesInOrmXml

```
// 첫 번째 쿼리/요청
public Author fetchAuthor(long id) {

    return authorRepository.findById(id).orElseThrow();
}
```

이 메서드는 SELECT를 트리거해 지정된 ID로 저자를 로드하고 fetchAuthor() 실행이 끝나면 반환된 저자는 분리된다. 사용자가 도서 보기 버튼을 클릭하면 연관된 Book을 반환해야 하며, 다음과 같이 getBooks()로 연관된 Book을 가져오고자 Author를 다시 로드하는 방식은 일반적이다.

```
// 두 번째 쿼리/요청
@Transactional(readOnly = true)
public List<Book> fetchBooksOfAuthorBad(Author a) {

    Author author = fetchAuthor(a.getId());
    List<Book> books = author.getBooks();

    Hibernate.initialize(books); // or, books.size();

    return books;
}
```

이와 같은 일반적인 방법은 2가지 중요한 단점을 갖는다. 첫째, 다음과 같은 라인에 주목하자.

```
Hibernate.initialize(books); // or, books.size();
```

여기서는 단순히 반환만 하면 초기화되지 않으므로 컬렉션 초기화를 강제한다. 컬렉션 초기화를 트리거하고자 개발자는 books.size()를 호출하거나 Hibernate. initialize(books)를 사용한다.

둘째, 이 방법은 다음과 같이 2개의 SELECT문을 실행한다.

```
SELECT
    author0_.id AS id1_0_0_,
    author0_.age AS age2_0_0_,
    author0_.genre AS genre3_0_0_,
    author0_.name AS name4_0_0_
FROM author author0_
WHERE author0_.id = ?

SELECT
    books0_.author_id AS author_i4_1_0_,
    books0_.id AS id1_1_0_,
    books0_.id AS id1_1_1_,
    books0_.author_id AS author_i4_1_1_,
    books0_.isbn AS isbn2_1_1_,
    books0_.title AS title3_1_1_
FROM book books0_
WHERE books0_.author_id = ?
```

그러나 Author를 다시 로드하고 싶지 않고(예를 들어 Author의 업데이트 손실에 대해 신경 쓰지 않음) 단일 SELECT로 연관된 Book을 로드하기를 원할 뿐이다.

이 경우 명시적인 JPQL 또는 쿼리 빌더 속성 표현식^{property expressions}을 사용해 현재의 서투른 해결 방법을 피할 수 있다. 변경된 방법으로는 하나의 SELECT로, size() 또는 Hibernate.initialize()를 호출할 필요가 없다. JPQL은 BookRepository에서 다음과 같이 작성할 수 있다.

```
@Repository
@Transactional(readOnly = true)
public interface BookRepository extends JpaRepository<Book, Long> {

    @Query("SELECT b FROM Book b WHERE b.author = ?1")
```

```
    List<Book> fetchByAuthor(Author author);
}
```

서비스 메서드는 다음과 같이 다시 작성한다.

```
// 두 번째 쿼리/요청
public List<Book> fetchBooksOfAuthor(Author a) {

    return bookRepository.fetchByAuthor(a);
}
```

JPQL을 작성하지 않으려면 다음과 같이 쿼리 빌더 속성 표현식을 사용할 수 있다(SELECT가 자동으로 생성된다).

```
@Repository
@Transactional(readOnly = true)
public interface BookRepository extends JpaRepository<Book, Long> {

    List<Book> findByAuthor(Author author);
}
```

해당 쿼리 메서드를 호출하고자 서비스 메서드는 약간 수정된다.

```
// 두 번째 쿼리/요청
public List<Book> fetchBooksOfAuthor(Author a) {

    return bookRepository.findByAuthor(a);
}
```

쿼리 빌더 속성 표현식에 익숙하지 않은 경우 깃허브[60] 예제를 확인하고 해당

---

60. HibernateSpringBootPropertyExpressions

설명을 읽어보자.

이번에는 두 방법(JPQL 및 쿼리 빌더 속성 표현식을 통해) 모두 하나의 SELECT가 다음과 같이 생성된다.

```
SELECT
    book0_.id AS id1_1_,
    book0_.author_id AS author_i4_1_,
    book0_.isbn AS isbn2_1_,
    book0_.title AS title3_1_
FROM book book0_
WHERE book0_.author_id = ?
```

이 방식이 훨씬 낫다. 전체 애플리케이션은 깃허브[61]에서 확인할 수 있다. 해당 애플리케이션에는 첫 번째 쿼리로 Book을 로드하고 두 번째 쿼리에서 해당 Book 의 Author를 로드하는 경우도 포함돼 있다.

항목 129: 업데이트를 사용한 병합 작업 최적화 방법

스프링 데이터의 save() 메서드 내부에는 EntityManager#persist() 또는 EntityManager#merge() 호출을 포함하며, save() 메서드 소스코드는 다음과 같 이 구성된다.

```
@Transactional
@Override
public <S extends T> S save(S entity) {

    if (entityInformation.isNew(entity)) {
        em.persist(entity);
```

---

61. HibernateSpringBootParentChildSeparateQueries

```
        return entity;
    } else {
        return em.merge(entity);
    }
}
```

병합 작업에 익숙하지 않은 경우 부록 A를 참고하자.

---

save() 메서드는 가장 일반적으로 사용되는 스프링 데이터 기본 메서드이기 때문에 어떻게 동작하는지 아는 것이 중요하다. 작동 방식을 알고 있다면 유리하게 사용하고 성능 저하를 완화하는 방법을 알 수 있기 때문이다. 항목 107에서는 save() 호출이 중복되는 경우를 확인했다. 이제 save()를 호출하면 심각한 성능 저하가 발생할 수 있는 경우를 살펴보자. 이는 분리된 엔터티를 업데이트_(배치 업데이트 포함)할 때다.

양방향 지연 @OneToMany 연관관계를 갖는 Author와 Book 엔터티를 생각해보자. Author를 로드하고 분리한 후 detached 상태에서 업데이트를 해보자.

```
// BookstoreService 클래스에 있는 메서드
public Author fetchAuthorById(long id) {

    return authorRepository.findById(id).orElseThrow();
}
```

하이버네이트 상태 전환에 대해 익숙하지 않은 경우 부록 A를 참고하자.

---

fetchAuthorById()가 실행된 후 반환된 Author는 detached 상태다. 따라서 다음 코드는 detached 상태에서 해당 Author의 age를 업데이트한다.

```
// Author를 가져오고 detached 상태에서 업데이트함
Author author = bookstoreService.fetchAuthorById(1L);
author.setAge(author.getAge() + 1);
```

마지막으로 updateAuthorViaMerge() 메서드를 통해 수정 사항을 데이터베이스에 전달한다.

```
bookstoreService.updateAuthorViaMerge(author);
```

updateAuthorViaMerge()는 다음과 같이 단순히 save() 메서드를 호출한다.

```
public void updateAuthorViaMerge(Author author) {
    authorRepository.save(author);
}
```

authorRepository.save(author) 라인에 의해 트리거된 SQL은 다음과 같다.

```
SELECT
    author0_.id AS id1_0_1_,
    author0_.age AS age2_0_1_,
    author0_.genre AS genre3_0_1_,
    author0_.name AS name4_0_1_,
    author0_.version AS version5_0_1_,
    books1_.author_id AS author_i5_1_3_,
    books1_.id AS id1_1_3_,
    books1_.id AS id1_1_0_,
    books1_.author_id AS author_i5_1_0_,
    books1_.isbn AS isbn2_1_0_,
    books1_.title AS title3_1_0_,
    books1_.version AS version4_1_0_
```

```
FROM author author0_
LEFT OUTER JOIN book books1_
    ON author0_.id = books1_.author_id
WHERE author0_.id = ?

UPDATE author
SET age = ?,
    genre = ?,
    name = ?,
    version = ?
WHERE id = ?
AND version = ?
```

여기서 save()를 호출하는 것은 내부에서 merge()를 호출해 다음과 같은 2가지 문제가 발생한다.

- 2개의 SQL문이 처리되는데, 하나는 SELECT(병합 작업으로 인해 발생)와 하나의 UPDATE(예상되는 업데이트)다.
- SELECT에는 연관관계의 도서도 함께 가져오는 LEFT OUTER JOIN이 포함된 다(여기서 연관된 도서는 필요하지 않음).

2가지 성능 페널티가 있는데, 첫 번째는 SELECT 자체이고 두 번째는 LEFT OUTER JOIN이다.

UPDATE만 트리거하고 잠재적으로 비용이 많이 드는 SELECT를 제거하면 어떨까? 다음과 같이 EntityManager를 주입하고 Session을 얻은 후에 Session#update() 메서드를 호출하면 이 작업을 수행할 수 있다.

```
@PersistenceContext
private final EntityManager entityManager;

// ...
```

```
@Transactional
public void updateAuthorViaUpdate(Author author) {

    Session session = entityManager.unwrap(Session.class);
    session.update(author);
}
```

이번에 생성된 SQL은 다음과 같은 UPDATE문뿐이다.

```
UPDATE author
SET age = ?,
    genre = ?,
    name = ?,
    version = ?
WHERE id = ?
AND version = ?
```

Session#update()는 버전 기반 낙관적 잠금(Versionless Optimistic Locking) 메커니즘과 함께 작동하지 않는다. 이 경우 SELECT는 여전히 트리거된다.

전체 애플리케이션은 깃허브[62]에서 확인할 수 있다.

항목 130: SKIP LOCKED 옵션을 통한 동시 테이블 기반 큐 구현 방법

SQL SKIP LOCKED 옵션 없이 동시 테이블 기반 큐queue(일명 작업 큐 또는 배치 큐)를 구현하는 것은 어려운 작업이다.

---

62. HibernateSpringBootSaveAndMerge

그림 14-23에 표시된 도메인 모델을 생각해보자.

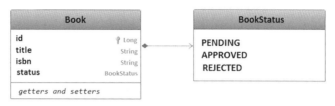

그림 14-23. 도메인 모델

전문적인 북스토어는 판매하는 도서에 대해 매우 신중하다. 높은 품질을 유지하고자 리뷰어는 서평을 작성하고 도서에 대해 승인할지 반려할지를 결정한다.

이 작업은 동시 프로세스이기 때문에 같은 도서를 동시에 리뷰하지 않도록 리뷰어를 조정하는 것이 도전이다. 리뷰할 도서를 고르려면 리뷰어는 이미 리뷰된 도서와 현재 리뷰 중인 도서는 건너뛰어야 한다. 그림 14-24는 작업 큐를 보여준다.

그림 14-24. 리뷰 큐

SKIP LOCKED가 이를 위한 것으로, 이 SQL 옵션은 잠긴 행을 건너뛰고 이전에 잠기지 않은 행을 잠그도록 데이터베이스에 지시한다. MySQL 8과 PostgreSQL 9.5에 이 옵션을 설정해보자(대부분의 RDBMS는 이 옵션을 지원한다).

SKIP LOCKED 설정

MySQL은 버전 8부터 SKIP LOCKED를 도입했고 PostgreSQL은 9.5부터 시작했다.
이 SQL 옵션을 설정하려면 BookRepository에 다음과 같은 설정을 지정한다.

- @Lock(LockModeType.PESSIMISTIC_WRITE) 설정
- @QueryHint를 사용해 javax.persistence.lock.timeout을 SKIP_LOCKED로
  설정

BookRepository의 소스코드는 다음과 같다.

```
@Repository
public interface BookRepository extends JpaRepository<Book, Long> {

    @Lock(LockModeType.PESSIMISTIC_WRITE)
    @QueryHints({
        @QueryHint(name = "javax.persistence.lock.timeout",
                value = "" + LockOptions.SKIP_LOCKED)}
    )
    List<Book> findTop3ByStatus(BookStatus status, Sort sort);
}
```

다음으로 application.properties 파일로 넘어가자.

MySQL의 경우 MySQL 8 다이얼렉트를 지정하도록 spring.jpa.properties.
hibernate.dialect를 설정한다.

```
spring.jpa.properties.hibernate.dialect
    =org.hibernate.dialect.MySQL8Dialect
```

PostgreSQL은 spring.jpa.properties.hibernate.dialect를 PostgreSQL 9.5 다
이얼렉트로 지정한다.

```
spring.jpa.properties.hibernate.dialect
    =org.hibernate.dialect.PostgreSQL95Dialect
```

설정은 끝이다.

테스트 확인

SKIP LOCKED를 테스트하려면 적어도 2개의 동시 트랜잭션이 필요하다. 다른 방법으로도 할 수 있는데, 예를 들어 쉬운 방법은 다음 코드와 같이 TransactionTemplate을 사용하는 것이다.

```
private final TransactionTemplate template;
private final BookRepository bookRepository;
// ...
public void fetchBooksViaTwoTransactions() {
    template.setPropagationBehavior(
        TransactionDefinition.PROPAGATION_REQUIRES_NEW);

    template.execute(new TransactionCallbackWithoutResult() {
        @Override
        protected void doInTransactionWithoutResult(
                        TransactionStatus status) {
            List<Book> books = bookRepository.findTop3ByStatus(
                BookStatus.PENDING, Sort.by(Sort.Direction.ASC, "id"));

            template.execute(new TransactionCallbackWithoutResult() {
                @Override
                protected void doInTransactionWithoutResult(
                                TransactionStatus status) {
                    List<Book> books = bookRepository.findTop3ByStatus(
                        BookStatus.PENDING, Sort.by(
                            Sort.Direction.ASC, "id"));
```

```
            System.out.println("Second transaction: " + books);
        }
    });
    System.out.println("First transaction: " + books);
        }
    });
    System.out.println("Done!");
}
```

fetchBooksViaTwoTransactions()를 실행하면 다음과 같은 SQL문이 트리거된다.

```
SELECT
    book0_.id AS id1_0_,
    book0_.isbn AS isbn2_0_,
    book0_.status AS status3_0_,
    book0_.title AS title4_0_
FROM book book0_
WHERE book0_.status = ?
ORDER BY book0_.id ASC limit ? FOR UPDATE skip locked
```

하이버네이트가 FOR UPDATE 절에 SKIP LOCKED 옵션을 추가했다는 점에 주목하자. 2개의 트랜잭션이 실행되기에 이 쿼리는 2번 트리거된다. 첫 번째 트랜잭션은 ID 1, 2, 3인 도서를 가져온다.

```
First transaction: [
    Book{id=1, title=A History of Ancient Prague, isbn=001-JN, status=PENDING},
    Book{id=2, title=A People's History, isbn=002-JN, status=PENDING},
    Book{id=3, title=The Beatles Anthology, isbn=001-MJ, status=PENDING}
]
```

첫 번째 트랜잭션이 실행되는 동안 두 번째 트랜잭션은 ID가 1, 2, 3인 도서를 건너뛰고 ID가 4, 5, 6인 도서를 가져온다.

```
Second transaction: [
    Book{id=4, title=Carrie, isbn=001-OG, status=PENDING},
    Book{id=5, title=Fragments of Horror, isbn=002-OG, status=PENDING},
    Book{id=6, title=Anthology Mission, isbn=002-MJ, status=PENDING}
]
```

MySQL[63]과 PostgreSQL[64]용 전체 애플리케이션을 확인해보자.

잠금 카테고리에서 PostgreSQL 권고 잠금에 대해 읽어보는 것이 좋다. 이 주제에 대한 훌륭한 기사는 여기[65]에서 찾아 볼 수 있다.

항목 131: 버전 기반(@Version) OptimisticLockException 발생 후 트랜잭션 재시도 방법

낙관적 잠금은 잠금을 사용하지 않는 동시성 제어 기술이다. 이는 업데이트 손실을 방지하는 데 매우 유용하다(예: 스테이트리스 stateless HTTP 프로토콜을 통한 여러 요청에 걸친 긴 상호작용의 경우).

버전 기반 낙관적 잠금 예외

일반적으로 낙관적 잠금은 @Version 어노테이션이 달린 필드를 엔터티에 추가해 구현된다. 이는 버전 기반 낙관적 잠금 Versioned Optimistic Locking 으로 알려져 있으며 JPA 영속성 공급자(하이버네이트)에 의해 자동으로 관리되는(데이터 수정 시 1씩 증가) 숫자 값에

---

63. HibernateSpringBootMySqlSkipLocked
64. HibernateSpringBootPostgresSqlSkipLocked
65. https://vladmihalcea.com/how-do-postgresql-advisory-locks-work/

의존한다. 다소 세련되지 않은 방법으로 이 값을 통해 JPA 영속성 공급자는 현재 트랜잭션이 다루는 데이터가 동시 트랜잭션에 의해 변경됐는지 확인할 수 있다. 따라서 업데이트 손실이 되기 쉽다(SQL 이상 징후^{anomalies}에 대한 자세한 사항은 부록 E 참고).

@Version의 타입은 int, Integer, long, Long, short, Short, java.sql.Timestamp 중 하나며, 효율성을 높이려면 short/Short를 활용하는 것이 좋다. 그러면 데이터베이스는 더 적은 공간을 차지하게 된다(예: MySQL에서 이 타입은 SMALLINT 타입의 칼럼에 저장된다).

할당된 생성자(@GeneratedValue 어노테이션을 사용하지 않고 식별자가 수동으로 할당되는 생성자)의 경우 선택한 기본 타입의 각 래퍼를 사용한다. 이는 하이버네이트가 null 허용 여부를 확인하는 데 도움이 된다. IDENTITY, SEQUENCE 등의 경우 생성자 전략은 기본 타입을 직접 사용하는 것이다.

하이버네이트가 @Version 속성을 관리하기 때문에 세터 메서드를 추가할 필요는 없다.

다음과 같은 엔터티는 할당된 생성자를 사용하고 @Version 어노테이션이 달린 Short 타입의 필드를 갖는다.

```
@Entity
public class Inventory implements Serializable {

    private static final long serialVersionUID = 1L;

    @Id
    private Long id;

    private String title;
    private int quantity;

    @Version
    private Short version;
```

```
    public Short getVersion() {
        return version;
    }

    // 간결함을 위해 getter/setter 생략
}
```

해당 엔터티는 북스토어 재고를 매핑하고 각 도서에 대한 제목과 판매 가능한 수량을 저장한다. 여러 트랜잭션(주문을 나타냄)은 일정 수만큼 수량을 줄인다. 동시 트랜잭션에 대한 처리로 개발자는 다음과 같은 시나리오를 해소해야 한다.

- 초기 수량은 3개다.
- 트랜잭션 A가 사용 가능한 수량(3개)을 조회한다.
- 트랜잭션 B가 사용 가능한 수량(3개)을 조회한다.
- 트랜잭션 A가 커밋되기 전에 트랜잭션 B가 2개의 도서를 주문하고 커밋한다(따라서 수량은 1개가 된다).
- 트랜잭션 A가 2개의 도서를 주문하고 커밋해 수량을 2개 줄인다(따라서 수량은 이제 -1이 된다).

확실히 마이너스 수량을 갖는 것은 고객이 주문을 받지 못하고 애플리케이션에 업데이트 손실이 발생하는 것을 의미한다(또는 UPDATE-IF-ELSE 유형의 기본 조건부 업데이트 트릭을 수행할 수 있다).

엔터티에 @Version이 있으면 시나리오의 마지막 단계에서 OptimisticLockException이 발생한다.

좀 더 정확하게는 스프링 부트에서 OptimisticLockException은 org.springframework.orm.ObjectOptimisticLockingFailureException 또는 상위 클래스인 org.springframework.dao.OptimisticLockingFailureException을 발생시킨다.

따라서 마지막 단계에서 트리거된 UPDATE는 다른 트랜잭션이 관련 데이터를 수정했음을 확인할 수 있다. 이제 비즈니스 로직이 수행할 처리를 결정할 수 있는데, 기본적으로 다음과 같은 2가지 방법이 있다.

- 현재 주문을 충족하기에 도서가 충분하지 않은 경우 고객에게 알린다.
- 도서가 충분하면 성공할 때까지 또는 더 이상 사용할 수 있는 도서가 없을 때까지 주문을 다시 시도한다.

낙관적 잠금 예외 시뮬레이션

낙관적 잠금 예외가 발생하는 애플리케이션을 작성하려면 동일한 데이터를 업데이트하는 동시 트랜잭션이 2개 이상 필요하다. 2개의 동시 스레드(사용자)가 다음과 같은 서비스 메서드를 실행하려고 하는 것과 같다.

```
@Transactional
public void run() {

    Inventory inventory = inventoryRepository.findById(1L).orElseThrow();
    inventory.setQuantity(inventory.getQuantity() - 2);
}
```

낙관적 잠금 예외를 재현하고자 이전 메서드를 Runnable로 변환하고 두 스레드가 동시에 호출하게 한다.

```
@Service
public class InventoryService implements Runnable {

    private final InventoryRepository inventoryRepository;

    public InventoryService(InventoryRepository inventoryRepository) {
        this.inventoryRepository = inventoryRepository;
    }
```

```
    @Override
    @Transactional
    public void run() {

        Inventory inventory = inventoryRepository
            .findById(1L).orElseThrow();
        inventory.setQuantity(inventory.getQuantity() - 2);
    }
}
```

그리고 2개 스레드(사용자)는 Executor를 통해 이 Runnable을 호출한다(이는 트랜잭션 관리자에게 2개의 트랜잭션과 2개의 엔터티 관리자를 생성하도록 지시한다).

```
ExecutorService executor = Executors.newFixedThreadPool(2);
executor.execute(inventoryService);
executor.execute(inventoryService);
```

전체 소스코드는 깃허브[66]에서 확인할 수 있다.

코드를 실행하면 ObjectOptimisticLockingFailureException이 발생한다. 두 스레드가 모두 SELECT를 트리거하고 quantity와 version의 동일한 값을 가져온다. 이후 하나의 스레드만 성공적인 UPDATE를 트리거하고 quantity(2 감소)와 version(1 증가)을 업데이트한다. 두 번째 UPDATE는 낙관적 잠금 예외와 함께 실패하는데, 버전이 일치하지 않기 때문이다(업데이트 손실이 감지된다).

트랜잭션 재시도

별도의 db-util 라이브러리를 사용하면 트랜잭션을 다시 시도할 수 있다. 이 라이브러리는 @Retry라는 어노테이션을 제공하는데, on과 times 속성을 통해

---

66. HibernateSpringBootSimulateVersionedOptimisticLocking

재시도해야 하는 예외 타입과 재시도 횟수를 설정한다. 예를 들어 Optimistic LockException이 발생하면 다음과 같이 트랜잭션을 10번 재시도할 수 있다.

```
@Retry(times = 10, on = OptimisticLockException.class)
public void methodProneToOptimisticLockException() { ... }
```

스프링 부트에서 정확한 예외는 optimisticLockingFailureException이다.

```
@Retry(times = 10, on = OptimisticLockingFailureException.class)
public void methodProneToOptimisticLockingFailureException() { ... }
```

@Retry를 사용하기 전에 개발자는 애플리케이션에 db-util 종속성을 추가하고 여러 설정을 지정해야 한다. 메이븐의 경우 pom.xml에 추가해야 할 종속성은 다음과 같다.

```
<dependency>
    <groupId>com.vladmihalcea</groupId>
    <artifactId>db-util</artifactId>
    <version>1.0.7</version>
</dependency>
```

다음으로 OptimisticConcurrencyControlAspect 빈을 구성한다.

```
@SpringBootApplication
@EnableAspectJAutoProxy
public class MainApplication {

    @Bean
    public OptimisticConcurrencyControlAspect
                optimisticConcurrencyControlAspect() {
```

```
        return new OptimisticConcurrencyControlAspect();
    }
    // ...
}
```

@Retry의 중요한 사항은 @Transactional 어노테이션이 지정된 메서드에서 사용할 수 없다는 것이다(예: run() 메서드에 어노테이션을 추가할 수 없음). 이렇게 하면 다음과 같은 유형의 예외가 발생한다.

```
IllegalTransactionStateException: You shouldn't retry an operation from
within an existing Transaction. This is because we can't retry if the current
Transaction was already rolled back!.
```

공식적인 설명은 "실행 중인 트랜잭션 내에 있지 않을 때 비즈니스 로직 작업을 재시도하는 것이 더 안전하다"는 것이다. 따라서 간단한 방법은 다음과 같이 중간 서비스를 작성하는 것이다.

```
@Service
public class BookstoreService implements Runnable {

    private final InventoryService inventoryService;

    public BookstoreService(InventoryService inventoryService) {
        this.inventoryService = inventoryService;
    }

    @Override
    @Retry(times = 10, on = OptimisticLockingFailureException.class)
    public void run() {
        inventoryService.updateQuantity();
    }
}
```

InventoryService는 다음과 같다.

```java
@Service
public class InventoryService {

    private final InventoryRepository inventoryRepository;

    public InventoryService(InventoryRepository inventoryRepository) {
        this.inventoryRepository = inventoryRepository;
    }

    @Transactional
    public void updateQuantity() {
        Inventory inventory = inventoryRepository.findById(1L).orElseThrow();
        inventory.setQuantity(inventory.getQuantity() - 2);
    }
}
```

Executor는 다음과 같다.

```java
ExecutorService executor = Executors.newFixedThreadPool(2);
executor.execute(bookstoreService);
executor.execute(bookstoreService);
```

전체 코드는 깃허브[67]에서 확인할 수 있다.

@Transactional 대신 TransactionTemplate을 사용해 중간 서비스를 피할 수 있는데, 예를 들면 다음과 같다.

```java
@Service
public class InventoryService implements Runnable {
```

67. HibernateSpringBootRetryVersionedOptimisticLocking

```
private final InventoryRepository inventoryRepository;
private final TransactionTemplate transactionTemplate;

public InventoryService(InventoryRepository inventoryRepository,
        TransactionTemplate transactionTemplate) {
    this.inventoryRepository = inventoryRepository;
    this.transactionTemplate = transactionTemplate;
}

@Override
@Retry(times = 10, on = OptimisticLockingFailureException.class)
public void run() {

    transactionTemplate.execute(new TransactionCallbackWithoutResult() {
        @Override
        public void doInTransactionWithoutResult(
                    TransactionStatus status) {
            Inventory inventory
                = inventoryRepository.findById(1L).orElseThrow();
            inventory.setQuantity(inventory.getQuantity() - 2);
        }
    });
}
}
```

이에 대한 전체 코드도 깃허브[68]에서 확인할 수 있다.

테스트 시나리오

A People's History라는 제목을 갖는 10권의 초기 수량의 도서를 생각해보자. 초기 version 필드는 0이다.

트랜잭션 A는 다음과 같은 SELECT를 트리거해 Inventory 엔터티를 가져온다.

---

68. HibernateSpringBootRetryVersionedOptimisticLockingTT

```
SELECT
    inventory0_.id AS id1_0_0_,
    inventory0_.quantity AS quantity2_0_0_,
    inventory0_.title AS title3_0_0_,
    inventory0_.version AS version4_0_0_
FROM inventory inventory0_
WHERE inventory0_.id = ?
Binding:[1] Extracted:[10, A People's History, 0]
```

트랜잭션 B는 유사한 SELECT를 호출하고 동일한 데이터를 가져온다. 트랜잭션
A가 활성 상태인 동안 트랜잭션 B는 다음과 같은 UPDATE를 트리거해 2권의 도
서를 주문한다(커밋 발생).

```
UPDATE inventory
SET quantity = ?,
    title = ?,
    version = ?
WHERE id = ?
AND version = ?
Binding:[8, A People's History, 1, 1, 0]
```

트랜잭션 B는 quantity를 10에서 8로 줄이고 version을 0에서 1로 증가시킨다.
다음으로 트랜잭션 A는 2권의 도서를 주문하고자 UPDATE를 트리거하려고 시도
한다. 이때 트랜잭션 A는 트랜잭션 B를 인식하지 못하므로 quantity를 10에서
8로 줄이고 version을 0에서 1로 증가시키려 한다.

```
UPDATE inventory
SET quantity = ?,
    title = ?,
    version = ?
```

```
WHERE id = ?
AND version = ?
Binding:[8, A People's History, 1, 1, 0]
```

이 코드에서 UPDATE의 version 값이 데이터베이스의 version 값과 같지 않기 때문에 OptimisticLockException이 발생한다. 이렇게 되면 재시도 메커니즘이 적용된다. 이 메커니즘은 트랜잭션 A를 재시도한다(재시도 횟수 1씩 감소). 트랜잭션 A 는 다음과 같은 SELECT를 다시 트리거한다.

```
SELECT
    inventory0_.id AS id1_0_0_,
    inventory0_.quantity AS quantity2_0_0_,
    inventory0_.title AS title3_0_0_,
    inventory0_.version AS version4_0_0_
FROM inventory inventory0_
WHERE inventory0_.id = ?
Binding:[1] Extracted:[8, A People's History, 1]
```

이번에 가져온 quantity는 8이고 version은 1이다. 따라서 트랜잭션 B에 의해 업데이트된 데이터는 트랜잭션 A가 확인하고, 다음으로 트랜잭션 A는 UPDATE를 호출해 quantity를 8에서 6으로, version을 1에서 2로 증가시킨다.

```
UPDATE inventory
SET quantity = ?,
    title = ?,
    version = ?
WHERE id = ?
AND version = ?
Binding:[6, A People's History, 2, 1, 1]
```

그러는 동안 다른 트랜잭션은 데이터를 변경하지 않았다. 즉, 다른 어떤 트랜잭션도 version을 수정하지 않은 것인데, 이는 트랜잭션 A가 커밋되고 재시도 메커니즘이 훌륭하게 작동했음을 의미한다.

항목 132: 버전 없는 OptimisticLockException의 트랜잭션 재시도 방법

버전 기반 낙관적 잠금 외에도 하이버네이트 ORM은 버전 없는 낙관적 잠금 Versionless Optimistic Locking(@Version이 필요 없음)을 지원한다.

버전 없는 낙관적 잠금 예외

기본적으로 버전 없는 낙관적 잠금은 UPDATE문에 추가되는 WHERE 절을 활용하는데, 이 절은 데이터가 현재 영속성 콘텍스트에서 가져온 이후 변경이 됐는지를 확인한다.

버전 없는 낙관적 잠금은 현재 영속성 콘텍스트가 열려 있는 동안 작동하기에 엔터티 분리를 피해야 한다(하이버네이트는 더 이상 변경 사항을 추적할 수 없음).

버전 없는 낙관적 잠금을 사용하는 바람직한 방법은 다음과 같다.

```
@Entity
@DynamicUpdate
@OptimisticLocking(type = OptimisticLockType.DIRTY)
public class Inventory implements Serializable {

    private static final long serialVersionUID = 1L;

    @Id
```

```
        private Long id;

        private String title;
        private int quantity;

        // 간결함을 위해 getter/setter 생략
    }
```

이 엔터티는 북스토어의 재고에 매핑되는데, 각 도서에 대한 제목과 수량을 저장한다. 여러 트랜잭션(주문을 나타냄)은 일정 수량만큼을 줄인다. 동시 트랜잭션이 발생되기에 개발자는 업데이트 손실을 완화하고 음수 값으로 끝나는 것을 방지해야 한다.

OptimisticLockType.DIRTY를 설정하면 수정된 칼럼(예: quantity 속성에 해당되는 칼럼)을 UPDATE WHERE 절에 자동으로 추가하게 하이버네이트에 지시한다. @DynamicUpdate 어노테이션은 이 경우와 OptimisticLockType.ALL의 경우에 필요하다(엔터티의 모든 속성은 엔터티 버전을 확인하는 데 사용된다).

@OptimisticLock(excluded = true) 어노테이션을 통해 필드 수준에서 특정 필드를 버전 관리에서 제외할 수 있다(예: 하위 컬렉션 변경이 상위 버전 업데이트를 트리거해서는 안 된다). 다음은 일반적인 예다.

```
    @OneToMany(cascade = CascadeType.ALL, orphanRemoval = true)
    @OptimisticLock(excluded = true)
    private List<Foo> foos = new ArrayList<>();
```

낙관적 잠금 예외 시뮬레이션

코드(엔터티 코드 제외)가 동일하므로 항목 131의 '낙관적 잠금 예외 시뮬레이션' 절을 읽어보자. 전체 애플리케이션은 깃허브[69]에서 확인할 수 있다.

---

69. HibernateSpringBootSimulateVersionlessOptimisticLocking

트랜잭션 재시도

추가로 사용되는 **db-util** 라이브러리의 설치와 구성은 항목 131의 '트랜잭션 재시도' 절을 읽어보자. 제시된 고려 사항은 버전 없는 낙관적 잠금에도 유효하며, 코드(엔터티 코드 제외)도 동일하다. 전체 애플리케이션은 깃허브[70, 71]에서 확인할 수 있다.

테스트 시나리오

A People's History라는 제목을 갖는 10권의 초기 수량의 도서를 생각해보자. 트랜잭션 A는 다음과 같은 **SELECT**를 트리거해 Inventory 엔터티를 가져온다.

```
SELECT
    inventory0_.id AS id1_0_0_,
    inventory0_.quantity AS quantity2_0_0_,
    inventory0_.title AS title3_0_0_
FROM inventory inventory0_
WHERE inventory0_.id = ?
Binding:[1] Extracted:[10, A People's History]
```

트랜잭션 B는 유사한 **SELECT**를 호출하고 동일한 데이터를 가져온다. 트랜잭션 A가 활성 상태인 동안 트랜잭션 B는 다음과 같은 **UPDATE**를 트리거해 2권의 도서를 주문한다(커밋 발생).

```
UPDATE inventory
SET quantity = ?
WHERE id = ?
AND quantity = ?
```

---

70. HibernateSpringBootRetryVersionlessOptimisticLocking
71. HibernateSpringBootRetryVersionlessOptimisticLockingTT

```
Binding:[8, 1, 10]
```

트랜잭션 B는 quantity를 10에서 8로 줄인다. 다음으로 트랜잭션 A는 2권의 도서를 주문하고자 UPDATE를 트리거하려고 시도한다. 이때 트랜잭션 A는 트랜잭션 B를 인식하지 못하므로 quantity를 10에서 8로 줄이려고 시도한다.

```
UPDATE inventory
SET quantity = ?
WHERE id = ?
AND quantity = ?
Binding:[8, 1, 10]
```

UPDATE WHERE의 quantity 값이 데이터베이스의 quantity 값과 같지 않기 때문에 OptimisticLockException이 발생한다. 이렇게 되면 재시도 메커니즘이 적용된다. 이 메커니즘은 트랜잭션 A를 재시도한다(재시도 횟수 1씩 감소). 트랜잭션 A는 다음과 같은 SELECT를 다시 트리거한다.

```
SELECT
    inventory0_.id AS id1_0_0_,
    inventory0_.quantity AS quantity2_0_0_,
    inventory0_.title AS title3_0_0_
FROM inventory inventory0_
WHERE inventory0_.id = ?
Binding:[1] Extracted:[8, A People's History]
```

이번에 가져온 quantity는 8이다. 따라서 트랜잭션 B에 의해 업데이트된 데이터는 트랜잭션 A가 확인하고 다음으로 트랜잭션 A는 UPDATE를 호출해 quantity를 8에서 6으로 감소시킨다.

```
UPDATE inventory
SET quantity = ?
WHERE id = ?
AND quantity = ?
Binding:[6, 1, 8]
```

그러는 동안 다른 트랜잭션은 데이터를 변경하지 않았다. 즉, 다른 어떤 트랜잭션도 quantity를 수정하지 않은 것인데, 이는 트랜잭션 A가 커밋되고 재시도 메커니즘이 훌륭하게 작동했음을 의미한다.

항목 133: 버전 기반 낙관적 잠금 및 분리된 엔터티를 처리하는 방법

이번 항목은 항목 134의 서론으로 생각할 수 있다.

하이버네이트 ORM의 버전 없는 낙관적 잠금에는 분리된 엔터티가 작동하지 않지만 버전 기반 낙관적 잠금은 잘 동작한다.

버전 기반에서는 Inventory 엔터티가 이미 @Version으로 준비됐다고 가정한다. 추가적으로 비어 있는(명시적 쿼리가 없는) 일반적인 InventoryRepository와 InventoryService도 사용할 수 있으며, 다음과 같은 간단한 시나리오는 낙관적 잠금 예외를 발생시킨다.

- InventoryService에서 다음 메서드는 ID가 1(트랜잭션 A)인 Inventory 엔터티를 가져온다.

```
public Inventory firstTransactionFetchesAndReturn() {
    Inventory firstInventory
        = inventoryRepository.findById(1L).orElseThrow();
```

```
        return firstInventory;
    }
```

- InventoryService에서 다음 메서드는 동일한 ID[1]의 Inventory 엔터티를 가져오고 데이터를 업데이트한다(트랜잭션 B).

```
@Transactional
public void secondTransactionFetchesAndReturn() {
    Inventory secondInventory
        = inventoryRepository.findById(1L).orElseThrow();

    secondInventory.setQuantity(secondInventory.getQuantity() - 1);
}
```

- 마지막으로 InventoryService에서 다음 메서드는 트랜잭션 A(트랜잭션 C)에서 가져온 항목을 업데이트한다.

```
public void thirdTransactionMergesAndUpdates(Inventory
firstInventory) {
    // 내부적으로 EntityManager#merge() 호출
    inventoryRepository.save(firstInventory);

    // optimistic locking exception 발생
}
```

3개 메서드 중 먼저 firstTransactionFetchesAndReturn()을 호출한다. 그러면 다음 SELECT가 트리거된다.

```
SELECT
    inventory0_.id AS id1_0_0_,
```

```
            inventory0_.quantity AS quantity2_0_0_,
            inventory0_.title AS title3_0_0_,
            inventory0_.version AS version4_0_0_
    FROM inventory inventory0_
    WHERE inventory0_.id = ?
    Binding:[1] Extracted:[10, A People's History, 0]
```

이 시점에서 가져온 version은 0이다. 트랜잭션이 커밋되고 영속성 콘텍스트가 닫히며 반환된 Inventory는 분리된 엔터티가 된다.

다음으로 secondTransactionFetchesAndReturn()을 호출하면 다음과 같은 SQL 문이 호출된다.

```
    SELECT
        inventory0_.id AS id1_0_0_,
        inventory0_.quantity AS quantity2_0_0_,
        inventory0_.title AS title3_0_0_,
        inventory0_.version AS version4_0_0_
    FROM inventory inventory0_
    WHERE inventory0_.id = ?
    Binding:[1] Extracted:[10, A People's History, 0]

    UPDATE inventory
    SET quantity = ?,
        title = ?,
        version = ?
    WHERE id = ?
    AND version = ?
    Binding:[9, A People's History, 1, 1, 0]
```

이 시점에서 version은 1로 업데이트된다. 동일 트랜잭션에서 수량도 수정되며, 영속성 콘텍스트는 닫힌다.

다음으로 thirdTransactionMergesAndUpdates()를 호출하고 이전에 가져온 분리된 엔터티를 인수로 전달한다. 스프링은 엔터티를 검사하고 병합돼야 한다고 결론을 내린 다음, 내부적으로(내부적으로 save() 호출) EntityManager#merge()를 호출한다.

이후 JPA 공급자는 데이터베이스에서 분리된 엔터티에 해당하는 영속 객체(해당 객체가 없기 때문에)를 가져오고(SELECT를 통해) 분리된 엔터티를 영속된 객체로 복사한다.

```
SELECT
    inventory0_.id AS id1_0_0_,
    inventory0_.quantity AS quantity2_0_0_,
    inventory0_.title AS title3_0_0_,
    inventory0_.version AS version4_0_0_
FROM inventory inventory0_
WHERE inventory0_.id = ?
Binding:[1] Extracted:[9, A People's History, 1]
```

병합 시점에 분리된 엔터티는 관리 상태로 되지 않는다. 분리된 엔터티는 관리되는 엔터티로 복사된다(영속성 콘텍스트에서 사용 가능하게).

이 시점에서 하이버네이트는 가져온 엔터티의 version과 분리된 엔터티의 version이 일치하지 않는다고 결론을 내린다. 이로 인해 스프링 부트의 ObjectOptimisticLockingFailureException으로 낙관적 잠금 예외가 발생하게 된다.

소스코드는 깃허브[72]에서 확인할 수 있다.

---

merge()를 사용하는 트랜잭션은 재시도되지 않아야 한다. 재시도할 때마다 버전이 분리된 엔터티의 버전과 일치하지 않는 엔터티를 데이터베이스에서 가져오므로 낙관적 잠금 예외가 항상 발생한다.

---

72. HibernateSpringBootVersionedOptimisticLockingAndDettachedEntity

항목 134: 장기 HTTP 통신에서의 낙관적 잠금 메커니즘 및 분리된 엔터티 사용 방법

다음 시나리오는 웹 애플리케이션에서 일반적인 경우며 장기 통신^{long conversation}이라고 한다. 즉, 논리적으로 관련된 여러 요청(작업)은 사용자의 사고 시간도 포함해 상태를 갖는^{stateful} 장기 통신을 구성한다(예: 위저드 방식 구현에 적합). 주로 read ➤ modify ➤ write 흐름은 여러 물리적 트랜잭션에 걸쳐 있는 논리적 또는 애플리케이션 수준 트랜잭션으로 인식된다(예: 다음 예에서 애플리케이션 수준 트랜잭션은 2개의 물리적 트랜잭션에 걸쳐 있음).

애플리케이션 수준 트랜잭션은 ACID 특성에도 적합해야 한다. 즉, 동시성을 제어하고(예: 애플리케이션 수준과 물리적 트랜잭션 모두에 적합한 낙관적 잠금 메커니즘을 통해) 애플리케이션 수준 반복 읽기가 가능해야 하며, 이 방법으로 업데이트 손실도 방지된다(자세한 내용은 부록 E 참고). 영속성 콘텍스트는 엔터티 쿼리를 사용하는 한 세션 수준의 반복 읽기를 보장한다는 **항목 21**을 기억하자. 그리고 프로젝션은 세션 수준의 반복 가능한 읽기 장점을 활용하지 못한다.

더욱이 장기 통신에서는 데이터베이스에 변경 사항을 전파할 수 있는 것은 오직 마지막 물리적 트랜잭션에만 해당된다는 점에 유의해야 한다(플러시와 커밋). 애플리케이션 수준 트랜잭션에 쓰기 가능한 중간 트랜잭션이 있는 경우 애플리케이션 수준 트랜잭션의 원자성을 유지할 수 없다. 즉, 애플리케이션 수준 트랜잭션의 맥락에서는 물리적 트랜잭션이 커밋되더라도 후속 트랜잭션은 롤백될 수 있는 것이다.

여러 물리적 읽기 전용 트랜잭션과 함께 마지막 쓰기 가능한 트랜잭션으로 구성된 논리적 트랜잭션을 사용하지 않으려면 다음과 같이 자동 플러시를 비활성화하고 마지막 물리적 트랜잭션에서 활성화할 수 있다.

```
// 자동 플러시(auto-flush) 비활성화
entityManager.unwrap(Session.class)
    .setHibernateFlushMode(FlushMode.MANUAL);
```

그런 다음 마지막 물리적 트랜잭션에서 활성화한다.

```
// 자동 플러시 활성화
entityManager.unwrap(Session.class)
    .setHibernateFlushMode(FlushMode.AUTO);
```

분리된 엔터티는 비상태형^{stateless} HTTP 프로토콜을 통해 여러 요청에 걸쳐 있는 장기 통신에서 일반적으로 사용된다(또 다른 접근 방식은 엔터티가 여러 HTTP 요청에 연결된 상태로 유지되는 확장된 영속성 콘텍스트^{Extended Persistence Context}를 활용한다).

- HTTP 요청 A가 컨트롤러 엔드포인트에 도달한다.
- 컨트롤러는 작업을 위임하고 영속성 콘텍스트 A에서 엔터티 A를 가져 온다(엔터티 A는 클라이언트에 의해 수정될 예정임).
- 영속성 콘텍스트 A가 닫히고 엔터티 A는 분리된 상태가 된다.
- 분리된 엔터티 A는 세션에 저장되고 컨트롤러는 이를 클라이언트에 반환한다.
- 클라이언트는 수신된 데이터를 수정하고 다른 HTTP 요청 B에 수정 사항을 전송^{submit}한다.
- 분리된 엔터티 A는 세션에서 가져와 클라이언트가 전송한 데이터와 동기화된다.
- 분리된 엔터티가 병합된다. 즉, 하이버네이트는 데이터베이스(엔터티 B)의 최신 데이터를 영속성 콘텍스트 B에 로드하고 분리된 엔터티 A를 미러링하도록 업데이트한다.
- 병합 후 애플리케이션은 데이터베이스를 적절히 업데이트한다.

이 시나리오는 HTTP 요청 A와 B 사이에서 엔터티 데이터가 수정되지 않는 한 버전 기반 낙관적 잠금 없이도 잘 작동한다. 중간에 데이터 변경 가능성이 있고 이를 원하지 않는 경우(예: 업데이트 손실로 인해) 다음 Inventory 엔터티(북스토어 인벤토리)와 같이 버전 기반 낙관적 잠금을 적용해야 한다.

```
@Entity
public class Inventory implements Serializable {

    private static final long serialVersionUID = 1L;

    @Id
    @GeneratedValue(strategy = GenerationType.IDENTITY)
    private Long id;

    private String title;

    @Min(value = 0)
    @Max(value = 100)
    private int quantity;

    @Version
    private short version;

    public short getVersion() {
        return version;
    }

    // 간결함을 위해 getter/setter 생략
}
```

재고를 업데이트(증가/감소)하고자 북스토어 관리자는 컨트롤러 엔드포인트(HTTP 요청 A에 응답하는 컨트롤러 엔드포인트임)로 간단한 HTTP GET을 요청함으로써 id로 로드한다 (Inventory 인스턴스로 구체화됨). 반환된 Inventory는 다음과 같이 @SessionAttributes를 통해 세션에 기록된다.

```
@Controller
@SessionAttributes({InventoryController.INVENTORY_ATTR})
public class InventoryController {

    protected static final String INVENTORY_ATTR = "inventory";
    private static final String BINDING_RESULT =
        "org.springframework.validation.BindingResult." + INVENTORY_ATTR;
```

```
    private final InventoryService inventoryService;

    public InventoryController(InventoryService inventoryService) {
        this.inventoryService = inventoryService;
    }

    @GetMapping("/load/{id}")
    public String fetchInventory(@PathVariable Long id, Model model) {
        if (!model.containsAttribute(BINDING_RESULT)) {
            model.addAttribute(INVENTORY_ATTR,
                    inventoryService.fetchInventoryById(id));
        }

        return "index";
    }
    // ...
}
```

새로운 수량(해당 제목의 새 재고)을 지정한 후 데이터는 HTTP POST 요청을 통해 다음 컨트롤러 엔드포인트(HTTP 요청 B)에 전송된다. 분리된 Inventory는 HTTP 세션에서 로드되고 전송된 데이터와 동기화된다. 따라서 분리된 Inventory가 업데이트돼 전송된 수정 사항을 반영한다. 이는 @ModelAttribute와 @SessionAttributes의 역할이다. 다음으로 서비스 메서드 updateInventory()는 엔터티를 병합하고 수정 사항을 데이터베이스에 전파한다. 한편 그러는 사이 다른 관리자가 데이터를 수정한 경우 낙관적 잠금 예외가 발생한다. 잠재적 낙관적 잠금 예외를 처리하는 try-catch 블록을 확인해보자.

```
    // ...
    @PostMapping("/update")
    public String updateInventory(
        @Validated @ModelAttribute(INVENTORY_ATTR) Inventory inventory,
        BindingResult bindingResult, RedirectAttributes redirectAttributes,
```

```
        SessionStatus sessionStatus) {
        if (!bindingResult.hasErrors()) {
            try {
                Inventory updatedInventory =
                        inventoryService.updateInventory(inventory);
                redirectAttributes.addFlashAttribute("updatedInventory",
                        updatedInventory);
            } catch (OptimisticLockingFailureException e) {
                bindingResult.reject("", "Another user updated the data.
                    Press the link above to reload it.");
            }
        }

        if (bindingResult.hasErrors()) {
            redirectAttributes.addFlashAttribute(BINDING_RESULT, bindingResult);
            return "redirect:load/" + inventory.getId();
        }

        sessionStatus.setComplete();

        return "redirect:success";
    }
    // ...
```

재고가 성공적으로 업데이트된 경우 데이터는 다음 컨트롤러 엔드포인트를 통해 간단한 HTML 페이지로 표시된다.

```
@GetMapping(value = "/success")
public String success() {
    return "success";
}
```

스프링 서비스 소스코드는 다음과 같다.

```
@Service
public class InventoryService {

    private final InventoryRepository inventoryRepository;

    public InventoryService(InventoryRepository inventoryRepository) {
        this.inventoryRepository = inventoryRepository;
    }

    public Inventory fetchInventoryById(Long id) {
        Inventory inventory = inventoryRepository
                .findById(id).orElseThrow();
        return inventory;
    }

    public Inventory updateInventory(Inventory inventory) {
        return inventoryRepository.save(inventory);
    }
}
```

테스트 확인

테스트의 목적은 낙관적 잠금 예외가 발생하는 시나리오를 실행하는 것이다. 좀 더 정확하게는 그림 14-25와 같은 결과를 얻는 것이 목표다.

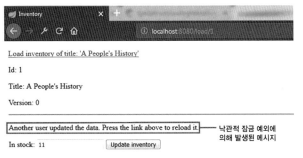

그림 14-25. HTTP 장기 통신 및 분리된 엔터티

그림 14-25는 다음과 같이 진행된다.

- 2개의 클라이언트를 시뮬레이트하고자 2개의 브라우저를 시작하고 localhost:8080으로 액세스한다.

- 두 브라우저 모두에서 화면에 표시된 링크를 클릭한다.

- 첫 번째 브라우저에서 새 재고 값을 입력하고 Update Inventory를 클릭한다.(수정 사항이 포함된 새 페이지가 로드된다).

- 두 번째 브라우저에서 다른 새 재고 값을 등록하고 Update Inventory를 클릭한다.

- 이 시점에서 첫 번째 클라이언트가 데이터를 수정했기 때문에 두 번째 클라이언트는 그림 14-25에서 강조된 메시지를 보게 된다. 따라서 이 경우에는 업데이트 손실이 없다.

소스코드는 깃허브[73]에서 확인할 수 있다.

스프링에서는 위험과 단점 때문에 확장된 영속성 콘텍스트를 사용하지 않는 것이 좋다. 그럼에도 사용하기로 결정했다면 다음 사항에 주의하자.

- readOnly 플래그는 효과가 없다. 즉, 트랜잭션을 읽기 전용으로 표시한 경우에도 모든 수정 사항이 데이터베이스에 전파된다. 해결책은 활성화해야 하는 마지막 트랜잭션을 제외하고 모든 물리적 트랜잭션에 대해 자동 플러시를 비활성화하는 것이다. 그럼에도 확장된 영속성 콘텍스트에서는 읽기 전용 작업(예: find(), refresh(), detach(), 읽기 쿼리)이 트랜잭션 외부에서 실행될 수 있다. 일부 엔터티 변경(예: persist(), merge())도 트랜잭션 외부에서 실행될 수 있는데, 확장된 영속성 콘텍스트가 트랜잭션에 합류할 때까지 대기한다. flush(), lock(), 업데이트/삭제 쿼리와 같은 작업은 트랜잭션 외부에서 실행할 수 없다.
- 메모리 사용량(footprint): 가져오는 각 엔터티는 확장된 영속성 콘텍스트를 증가시키고 결과적으로 더티 체킹 메커니즘을 느리게 한다. 마지막 물리적 트랜잭션에서 필요하지 않은 엔터티를 명시적으로 분리해 상황을 완화할 수 있다.

---

73. HibernateSpringBootHTTPLongConversationDetachedEntity

항목 135: 엔터티가 수정되지 않은 경우에도 잠긴 엔터티 버전을 증가시키는 방법

인쇄를 위해 도서를 준비하는 여러 편집자를 생각해보자. 각 챕터^{chapter}를 로드하고 수정 사항(형식, 문법, 들여쓰기 등)들을 반영한다. 그러는 동안 다른 사람이 수정 사항을 저장하지 않은 경우에만 변경 사항을 저장할 수 있어야 하고, 수정이 있는 경우 변경 사항 적용 전에 챕터를 다시 로드해야 한다. 즉, 수정 사항을 순차적으로 적용하는 것이다.

챕터는 루트^{root} 엔터티인 Chapter로 매핑되고 수정 엔터티는 Modification 엔터티로 매핑된다. Modification(자식 측)과 Chapter(부모 측) 사이에는 그림 14-26의 테이블로 표시되는 단방향 지연 @ManyToOne 연관관계가 존재한다.

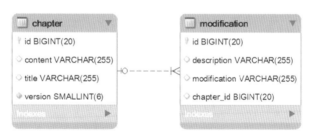

그림 14-26. 일다대 테이블 관계

OPTIMISTIC_FORCE_INCREMENT

이번 시나리오는 @Version과 OPTIMISTIC_FORCE_INCREMENT 잠금 전략을 사용한다. 이 2개 설정을 함께 사용하면 엔터티가 수정되지 않은 경우에도 잠긴 엔터티(Chapter)의 버전을 증가시킬 수 있다. 즉, 각각의 수정(Modification)은 부모 엔터티(Chapter)의 낙관적 잠금 버전으로 강제 반영된다.

따라서 낙관적 잠금 버전을 루트 엔터티인 Chapter에 다음과 같이 추가해야 한다.

```
@Entity
public class Chapter implements Serializable {

    private static final long serialVersionUID = 1L;

    @Id
    @GeneratedValue(strategy = GenerationType.IDENTITY)
    private Long id;

    private String title;
    private String content;

    @Version
    private short version;

    // ...
}
```

Modification 엔터티는 다음과 같다.

```
@Entity
public class Modification implements Serializable {

    private static final long serialVersionUID = 1L;

    @Id
    @GeneratedValue(strategy = GenerationType.IDENTITY)
    private Long id;

    private String description;
    private String modification;

    @ManyToOne(fetch = FetchType.LAZY)
    private Chapter chapter;

    // ...
}
```

편집자는 LockModeType.OPTIMISTIC_FORCE_INCREMENT 잠금 전략을 사용해 ID로

챕터를 로드한다. 이를 위해 ChapterRepository.findById() 메서드를 재정의해 다음과 같이 잠금 모드를 추가해야 한다(기본적으로 findById()는 잠금을 사용하지 않음).

```
@Repository
public interface ChapterRepository extends JpaRepository<Chapter, Long> {

    @Override
    @Lock(LockModeType.OPTIMISTIC_FORCE_INCREMENT)
    Optional<Chapter> findById(Long id);
}
```

이어서 다음과 같은 시나리오를 생각해보자.

> 단계 1: 편집자 1이 챕터 1을 로드한다.
>
> 단계 2: 편집자 2도 챕터 1을 로드한다.
>
> 단계 3: 편집자 2는 수정을 반영하고 저장한다.
>
> 단계 4: 편집자 2는 이 수정 사항을 챕터 1 낙관적 잠금 버전에 강제로 전파한다. 편집자 2의 트랜잭션이 커밋된다.
>
> 단계 5: 편집자 1이 수정을 반영하고 저장하려고 시도한다.
>
> 단계 6: 편집자 1은 그 사이에 편집자 2가 수정을 추가했기 때문에 낙관적 잠금 예외가 발생한다.

다음 코드와 같이 TransactionTemplate을 사용해 2개의 동시 트랜잭션으로 이 시나리오를 구성해보자.

```
@Service
public class BookstoreService {

    private static final Logger log
```

```java
            = Logger.getLogger(BookstoreService.class.getName());

    private final TransactionTemplate template;
    private final ChapterRepository chapterRepository;
    private final ModificationRepository modificationRepository;

    public BookstoreService(ChapterRepository chapterRepository,
            ModificationRepository modificationRepository,
            TransactionTemplate template) {
        this.chapterRepository = chapterRepository;
        this.modificationRepository = modificationRepository;
        this.template = template;
    }

    public void editChapter() {

        template.setPropagationBehavior(
            TransactionDefinition.PROPAGATION_REQUIRES_NEW);

        template.execute(new TransactionCallbackWithoutResult() {

            @Override
            protected void doInTransactionWithoutResult(
                            TransactionStatus status) {

                log.info("Starting first transaction ...");

                Chapter chapter = chapterRepository.findById(1L).orElseThrow();

                Modification modification = new Modification();
                modification.setDescription("Rewording first paragraph");
                modification.setModification("Reword: ... Added: ...");
                modification.setChapter(chapter);

                template.execute(new TransactionCallbackWithoutResult() {

                    @Override
                    protected void doInTransactionWithoutResult(
                                    TransactionStatus status) {

                        log.info("Starting second transaction ...");
```

```
                Chapter chapter
                    = chapterRepository.findById(1L).orElseThrow();

                Modification modification = new Modification();
                modification.setDescription(
                    "Formatting second paragraph");
                modification.setModification("Format ...");
                modification.setChapter(chapter);

                modificationRepository.save(modification);

                log.info("Commit second transaction ...");
            }
        });

        log.info("Resuming first transaction ...");

        modificationRepository.save(modification);

        log.info("Commit first transaction ...");
        }
    });

    log.info("Done!");
    }
}
```

앞서 다룬 editChapter()를 실행하면 하이버네이트는 다음과 같은 출력을 생성한다.

```
Starting first transaction ...

-- 편집자 1이 챕터 1을 로드
SELECT
    chapter0_.id AS id1_0_0_,
    chapter0_.content AS content2_0_0_,
    chapter0_.title AS title3_0_0_,
    chapter0_.version AS version4_0_0_
```

```
FROM chapter chapter0_
WHERE chapter0_.id = 1

Starting second transaction ...

-- 편집자 2도 챕터 1을 로드
SELECT
    chapter0_.id AS id1_0_0_,
    chapter0_.content AS content2_0_0_,
    chapter0_.title AS title3_0_0_,
    chapter0_.version AS version4_0_0_
FROM chapter chapter0_
WHERE chapter0_.id = 1

-- 편집자 2가 수정 사항을 반영하고 저장
INSERT INTO modification (chapter_id, description, modification)
    VALUES (1, "Formatting second paragraph", "Format")

Commit second transaction ...

-- 편집자 2가 수정 사항을 챕터 1의 낙관적 잠금 버전에 강제적으로 전파
UPDATE chapter
SET version = 1
WHERE id = 1
AND version = 0

Resuming first transaction ...

-- 편집자 1이 수정 사항을 반영하고 저장을 시도
INSERT INTO modification (chapter_id, description, modification)
    VALUES (1, "Rewording first paragraph", "Reword: ... Added: ...")

-- 편집자 1은 그 사이 편집자 2가 수정 사항을 추가했기 때문에
-- 낙관적 잠금 예외를 발생시킴
UPDATE chapter
SET version = 1
WHERE id = 1
AND version = 0

-- org.springframework.orm.ObjectOptimisticLockingFailureException
```

```
-- Caused by: org.hibernate.StaleObjectStateException
```

강조 표시된 UPDATE에 주목하자. 이는 version을 증가시키는 UPDATE로, 이 UPDATE는 현재 실행 중인 트랜잭션이 끝날 때 chapter 테이블에 대해 실행된다.

OPTIMISTIC_FORCE_INCREMENT 잠금 전략은 변경 사항을 부모 측 낙관적 잠금 버전에 전파해 순차적인 방식으로 자식 측 상태 변경을 조정하는 데 유용하다. 단일 자식(바로 전에 살펴본) 또는 더 많은 자식의 상태 변경 시퀀스를 조율할 수 있다.

전체 애플리케이션은 깃허브[74]에서 확인할 수 있다.

PESSIMISTIC_FORCE_INCREMENT

OPTIMISTIC_FORCE_INCREMENT는 현재 트랜잭션이 끝날 때 버전을 증가시키는 반면 PESSIMISTIC_FORCE_INCREMENT는 즉시 버전을 증가시킨다. 엔터티 버전 업데이트는 행 수준 잠금을 획득한 직후에 성공됨을 보장하고, 증가는 엔터티가 데이터 액세스 계층으로 반환되기 전에 발생한다.

엔터티가 이전에 잠기지 않은 상태로 로드됐고 PESSIMISTIC_FORCE_INCREMENT 버전 업데이트가 실패한 경우 현재 실행 중인 트랜잭션을 즉시 롤백된다.

이번에는 @Lock(LockModeType.PESSIMISTIC_FORCE_INCREMENT)를 사용한다. 잠금 없이 Chapter를 가져오는 쿼리(findByTitle())도 다음과 같이 추가한다.

```
@Repository
public interface ChapterRepository extends JpaRepository<Chapter, Long> {

    @Override
```

---

74. HibernateSpringBootOptimisticForceIncrement

```
@Lock(LockModeType.PESSIMISTIC_FORCE_INCREMENT)
Optional<Chapter> findById(Long id);

Chapter findByTitle(String title);
}
```

이어서 다음과 같은 시나리오를 생각해보자.

단계 1: 편집자 1은 잠금을 획득하지 않고 챕터 1을 로드한다(논리적 또는 물리적).

단계 2: 편집자 2도 챕터 1을 PESSIMISTIC_FORCE_INCREMENT로 로드한다.

단계 3: 편집자 2는 행 잠금을 얻고 버전을 즉시 증가시킨다.

단계 4: 편집자 2가 수정 사항을 저장한다(트랜잭션이 커밋됨).

단계 5: 편집자 1은 단계 1에서 로드한 챕터 1 엔터티에 대해 PESSIMISTIC_FORCE_INCREMENT를 획득하려고 시도한다.

단계 6: 편집자 1은 낙관적 잠금 예외가 발생된다. 그동안 편집자 2가 버전을 업데이트한 수정 사항을 추가했기 때문이다.

다음 코드와 같이 TransactionTemplate을 사용해 2개의 동시 트랜잭션을 통해 이 시나리오를 구성해보자.

```
public void editChapterTestVersion() {

    template.setPropagationBehavior(
        TransactionDefinition.PROPAGATION_REQUIRES_NEW);

    template.execute(new TransactionCallbackWithoutResult() {

        @Override
        protected void doInTransactionWithoutResult(
```

```
                        TransactionStatus status) {

log.info("Starting first transaction
          (no physical or logical lock) ...");

Chapter chapter = chapterRepository.findByTitle("Locking");

template.execute(new TransactionCallbackWithoutResult() {

    @Override
    protected void doInTransactionWithoutResult(
                        TransactionStatus status) {

        log.info("Starting second transaction ...");

        Chapter chapter
            = chapterRepository.findById(1L).orElseThrow();

        Modification modification = new Modification();
        modification.setDescription("Formatting second paragraph");
        modification.setModification("Format ...");
        modification.setChapter(chapter);

        modificationRepository.save(modification);

        log.info("Commit second transaction ...");
    }
});

log.info("Resuming first transaction ...");

log.info("First transaction attempts to acquire a "
    + "PESSIMISTIC_FORCE_INCREMENT on the
        existing `chapter` entity");

entityManager.lock(chapter,
    LockModeType.PESSIMISTIC_FORCE_INCREMENT);

Modification modification = new Modification();
modification.setDescription("Rewording first paragraph");
modification.setModification("Reword: ... Added: ...");
modification.setChapter(chapter);
```

```
            modificationRepository.save(modification);

            log.info("Commit first transaction ...");
        }
    });

    log.info("Done!");
}
```

앞서 다룬 editChapterTestVersion()을 실행하면 하이버네이트는 다음과 같은
출력을 생성한다.

```
Starting first transaction (no physical or logical lock) ...

-- 편집자 1이 챕터 1을 (논리적 또는 물리적) 잠금 없이 로드
SELECT
    chapter0_.id AS id1_0_,
    chapter0_.content AS content2_0_,
    chapter0_.title AS title3_0_,
    chapter0_.version AS version4_0_
FROM chapter chapter0_
WHERE chapter0_.title = "Locking"

Starting second transaction ...

-- 편집자 2도 챕터 1을 PESSIMISTIC_FORCE_INCREMENT로 로드
SELECT
    chapter0_.id AS id1_0_0_,
    chapter0_.content AS content2_0_0_,
    chapter0_.title AS title3_0_0_,
    chapter0_.version AS version4_0_0_
FROM chapter chapter0_
WHERE chapter0_.id = 1 FOR UPDATE

-- 편집자 2는 행 잠금을 얻고 즉시 버전을 증가시킴
UPDATE chapter
SET version = 1
```

```
WHERE id = 1
AND version = 0

-- 편집자 2는 수정 사항을 저장(트랜잭션은 커밋됨)
INSERT INTO modification (chapter_id, description, modification)
    VALUES (1, " Formatting second paragraph", "Format ...")

Commit second transaction ...

Resuming first transaction ...

First transaction attempts to acquire a PESSIMISTIC_FORCE_INCREMENT
on the existing `chapter` entity

-- 편집자 1은 1단계에서 로드한 Chapter 1 엔터티에 대해
-- PESSIMISTIC_FORCE_INCREMENT를 획득하려고 시도
UPDATE chapter
SET version = 1
WHERE id = 1
AND version = 0

-- 편집자 1은 낙관적 잠금 예외가 발생되는데,
-- 그동안 편집자 2가 버전을 업데이트한 수정 사항을 추가했기 때문임
-- javax.persistence.OptimisticLockException
-- Caused by: org.hibernate.StaleObjectStateException
```

편집자 1이 잠금 없이 챕터 1을 로드하더라도 나중에 PESSIMISTIC_FORCE_INCREMENT에 대한 획득 실패로 인해 현재 트랜잭션이 즉시 롤백된다.

배타적 잠금을 획득하고자 하이버네이트는 기본 Dialect 잠금 절을 사용한다. MySQL의 MySQL5Dialect(MyISAM) 나이얼렉트는 행 수준 잠금을 지원하지 않으며, MySQL5InnoDBDialect (InnoDB)는 FOR UPDATE(타임아웃 설정 가능)를 통해 행 수준 잠금을 획득하고, MySQL8Dialect (InnoDB)는 FOR UPDATE NOWAIT를 통해 행 수준 잠금을 획득한다는 점에 유의하자.

PostgreSQL에서 PostgreSQL95Dialect 다이얼렉트는 FOR UPDATE NOWAIT를 통해 행 수준 잠금

을 획득한다.

엔터티 버전을 증가시키는 트랜잭션은 행 수준 물리적 잠금을 해제할 때(커밋 또는 롤백을 통해)까지 PESSIMISTIC_FORCE_INCREMENT 잠금을 획득하려는 다른 트랜잭션을 차단한다. 이런 맥락에서 교착 상태(deadlock)를 피하고자 항상 NOWAIT 또는 명시적인 짧은 타임아웃을 활용해야 한다(기본 타임아웃은 일반적으로 너무 느슨한 경우가 많으며 짧은 타임아웃을 명시적으로 설정하는 것이 좋다). 데이터베이스가 교착 상태를 감지하고 수정할 수 있지만(트랜잭션 중 하나를 종료해) 타임아웃 후에만 그렇게 할 수 있다. 긴 타임아웃은 오랜 시간 동안 커넥션이 사용 중이므로 성능 저하가 발생한다. 아울러 너무 많은 데이터를 잠그면 확장성에 영향을 미칠 수 있다.

MySQL은 REPEATABLE_READ를 기본 격리 수준으로 사용하는데, 이는 획득한 잠금(명시적 잠금이든 아니든)을 트랜잭션 기간 동안 유지함을 의미한다. 반면 READ_COMMITTED 격리 수준(PostgreSQL 및 기타 RDBMS의 기본값)에서는 STATEMENT가 완료된 후 불필요한 잠금이 해제된다. 자세한 내용은 관련 블로그[75]에서 확인할 수 있다.

전체 애플리케이션은 깃허브[76]에서 확인할 수 있다.

항목 136: PESSIMISTIC_READ/WRITE 작동 방식

PESSIMISTIC_READ와 PESSIMISTIC_WRITE에 대해 다룰 때에 공유와 배타적 잠금에 대해서도 다룬다.

공유 잠금(shared lock) 또는 읽기 잠금(read lock)은 여러 프로세스가 동시에 읽기를 허용하고 쓰기를 허용하지 않는다. 배타적 잠금(exclusive lock) 또는 쓰기 잠금(write lock)은 쓰기 작업이 진행 중인 동안 읽기와 쓰기 모두 허용하지 않는다. 공유/읽기 잠금의 목적은 다른 프로세스가 배타적/쓰기 잠금을 획득하지 못하게 하는 것이다.

---

75. https://www.percona.com/blog/2012/08/28/differences−between−read−committed−and−repeatable−
    read−transaction−isolation−levels/
76. HibernateSpringBootPesimisticForceIncrement

간단히 말해 공유/읽기 잠금은 다음과 같다.

- 다른 독자 옆에서 읽을 수는 있지만, 글을 쓰려면 잠금이 해제될 때가지 기다려야 한다.

배타적/쓰기 잠금은 다음과 같다.

- 누군가 쓰고 있을 때에는 잠금이 해제될 때까지 읽거나 쓸 수 없다.

스프링 부트에서 PESSIMISTIC_READ를 통해 쿼리 수준에서 공유 잠금을 획득하거나 Author 엔터티와 관련된 다음 리포지터리에서와 같이 PESSIMISTIC_WRITE를 통해 배타적 잠금을 획득할 수 있다(동일한 방식으로 스프링 데이터 쿼리 빌더 메커니즘 또는 @Query로 정의되는 쿼리 등을 통해 공유/배타적 잠금을 획득할 수 있음).

```
@Repository
public interface AuthorRepository extends JpaRepository<Author, Long> {

    @Override
    @Lock(LockModeType.PESSIMISTIC_READ)
    // 또는 @Lock(LockModeType.PESSIMISTIC_WRITE)
    Optional<Author> findById(Long id);
}
```

공유 및 배타적 잠금을 획득하기 위한 기능과 구문은 각 데이터베이스에 따라 다르며, 이런 측면에서 동일한 데이터베이스에서도 다이얼렉트에 따라 다를 수 있다. 하이버네이트는 Dialect를 활용해 적절한 구문을 선택한다.

테스트를 위해 2개의 동시 트랜잭션이 포함된 다음과 같은 시나리오를 생각해보자.

단계 1: 트랜잭션 A는 ID가 1인 저자를 가져온다.

단계 2: 트랜잭션 B는 동일한 저자를 가져온다.

단계 3: 트랜잭션 B는 저자의 장르를 수정한다.

단계 4: 트랜잭션 B가 커밋한다.

단계 5: 트랜잭션 A가 커밋한다.

이 시나리오는 다음과 같이 TransactionTemplate을 통해 구현된다.

```
private final TransactionTemplate template;
// ...
public void pessimisticReadWrite() {

    template.setPropagationBehavior(
            TransactionDefinition.PROPAGATION_REQUIRES_NEW);
    template.setTimeout(3); // 3초

    template.execute(new TransactionCallbackWithoutResult() {

        @Override
        protected void doInTransactionWithoutResult(
                            TransactionStatus status) {

            log.info("Starting first transaction ...");

            Author author = authorRepository.findById(1L).orElseThrow();

            template.execute(new TransactionCallbackWithoutResult() {

                @Override
                protected void doInTransactionWithoutResult(
                                    TransactionStatus status) {

                    log.info("Starting second transaction ...");

                    Author author
                        = authorRepository.findById(1L).orElseThrow();

                    author.setGenre("Horror");

                    log.info("Commit second transaction ...");
                }
```

```
        });

        log.info("Resuming first transaction ...");
        log.info("Commit first transaction ...");
    }
});

log.info("Done!");
}
```

이제 해당 시나리오가 PESSIMISTIC_READ와 PESSIMISTIC_WRITE 측면에서 어떻게 동작하는지 살펴보자.

PESSIMISTIC_READ

PESSIMISTIC_READ 맥락에서 해당 시나리오는 다음과 같은 과정을 거친다.

> **단계 1**: 트랜잭션 A는 ID가 1인 저자를 가져오고 공유 잠금을 획득한다.
>
> **단계 2**: 트랜잭션 B는 동일한 저자를 가져오고 공유 잠금을 획득한다.
>
> **단계 3**: 트랜잭션 B는 저자의 장르를 수정하려고 한다.
>
> **단계 4**: 트랜잭션 A가 공유 잠금을 유지하는 한 해당 행을 수정하기 위한 잠금을 획득할 수 없기 때문에 트랜잭션 B는 타임아웃된다.
>
> **단계 5**: 트랜잭션 B로 인해 QueryTimeoutException이 발생한다.

이제 이 과정이 다양한 데이터베이스와 다이얼렉트에서 어떻게 적용되는지 살펴보자.

MySQL에서의 MySQL5Dialect 다이얼렉트(MyISAM)

MySQL5Dialect를 통해 앞서 살펴본 pessimisticReadWrite()를 실행할 때 하이

버네이트는 다음과 같은 출력을 생성한다(SELECT문에 LOCK IN SHARED MODE가 있음에 주목하자. 이는 공유 잠금에 대한 MySQL 고유 문법이다).

```
Starting first transaction ...

-- 트랜잭션 A는 id가 1인 저자를 가져오고 공유 잠금을 획득
SELECT
    author0_.id AS id1_0_0_,
    author0_.age AS age2_0_0_,
    author0_.genre AS genre3_0_0_,
    author0_.name AS name4_0_0_
FROM author author0_
WHERE author0_.id = 1 LOCK IN SHARE MODE

Starting second transaction ...

-- 트랜잭션 B는 동일한 저자를 가져오고 공유 잠금을 획득
SELECT
    author0_.id AS id1_0_0_,
    author0_.age AS age2_0_0_,
    author0_.genre AS genre3_0_0_,
    author0_.name AS name4_0_0_
FROM author author0_
WHERE author0_.id = 1 LOCK IN SHARE MODE

Commit second transaction ...

-- 트랜잭션 B는 저자의 장르를 성공적으로 업데이트
UPDATE author
SET age = 23,
    genre = "Horror",
    name = "Mark Janel"
WHERE id = 1

Resuming first transaction ...
Commit first transaction ...

Done!
```

MySQL에서의 MySQL5InnoDBDialect/MySQL8Dialect 다이얼렉트(InnoDB)

앞서 살펴본 pessimisticReadWrite()를 MySQL5InnoDBDialect 또는 MySQL8Dialect 를 통해 실행하면 결과는 해당 시나리오의 과정을 따른다. 따라서 InnoDB 엔진 을 사용하면 예상대로 잠금이 적용되고 쓰기가 방지된다(공유 잠금이 활성화돼 있는 동안 InnoDB는 다른 트랜잭션이 데이터에 대한 배타적/쓰기 잠금을 획득하지 못하게 한다).

구문으로 MySQL5InnoDBDialect 다이얼렉트는 LOCK IN SHARE MODE를 사용하고 MySQL8Dialect는 FOR SHARE를 사용한다. 다음 출력은 MySQL8Dialect에 해당된다.

```
Starting first transaction ...

-- 트랜잭션 A는 id가 1인 저자를 가져오고 공유 잠금을 획득
SELECT
    author0_.id AS id1_0_0_,
    author0_.age AS age2_0_0_,
    author0_.genre AS genre3_0_0_,
    author0_.name AS name4_0_0_
FROM author author0_
WHERE author0_.id = 1 FOR SHARE

Starting second transaction ...

-- 트랜잭션 B는 동일한 저자를 가져오고 공유 잠금을 획득
SELECT
    author0_.id AS id1_0_0_,
    author0_.age AS age2_0_0_,
    author0_.genre AS genre3_0_0_,
    author0_.name AS name4_0_0_
FROM author author0_
```

```
WHERE author0_.id = 1 FOR SHARE

Commit second transaction ...

-- 트랜잭션 B는 저자의 장르를 업데이트하려고 함
-- 트랜잭션 A가 공유 잠금을 보유하고 있어 트랜잭션 B는 해당 행 수정을 위한
-- 잠금을 획득할 수 없으며, 이로 인해 트랜잭션 B는 타임아웃됨
UPDATE author
SET age = 23,
    genre = "Horror",
    name = "Mark Janel"
WHERE id = 1

-- 트랜잭션 B는 QueryTimeoutException을 발생시킴
-- org.springframework.dao.QueryTimeoutException
-- Caused by: org.hibernate.QueryTimeoutException
```

MySQL5InnoDBDialect 또는 MySQL8Dialect를 통해 InnoDB 엔진을 사용하면 예상대로 작동한다.

PostgreSQL에서의 PostgreSQL95Dialect

PostgreSQL과 **PostgreSQL95Dialect**의 경우 공유 잠금을 획득하고자 FOR SHARE
를 활용하는데, 다음 SELECT가 그 예다.

```
SELECT
    author0_.id AS id1_0_0_,
    author0_.age AS age2_0_0_,
    author0_.genre AS genre3_0_0_,
    author0_.name AS name4_0_0_
FROM author author0_
WHERE author0_.id = ? FOR SHARE
```

다른 RDBMS

오라클은 행 수준 공유 잠금을 지원하지 않는다.

SQL 서버는 WITH (HOLDLOCK, ROWLOCK) 테이블 힌트를 통해 공유 잠금을 획득한다.

PESSIMISTIC_WRITE

PESSIMISTIC_WRITE 맥락에서 해당 시나리오는 다음과 같은 과정을 따른다.

> **단계 1:** 트랜잭션 A는 ID가 1인 저자를 가져오고 배타적 잠금을 획득한다.

> **단계 2:** 트랜잭션 B는 ID가 1인 저자의 장르를 Horror로 수정하려 한다. 즉, 해당 저자를 가져오고 배타적 잠금을 얻으려 시도한다.

> **단계 3:** 트랜잭션 A가 배타적 잠금을 갖고 있는 한 해당 행을 수정하기 위한 잠금을 획득할 수 없어 트랜잭션 B는 타임아웃된다.

> **단계 4:** 트랜잭션 B로 인해 QueryTimeoutException이 발생한다.

이제 이 과정이 다양한 데이터베이스와 다이얼렉트에서 어떻게 적용되는지 살펴보자.

MySQL에서의 MySQL5Dialect 다이얼렉트(MyISAM)

앞에서 살펴본 pessimisticReadWrite()를 MySQL5Dialect를 통해 실행하면 하이버네이트는 다음과 같은 출력을 생성한다. SELECT문에 FOR UPDATE가 있음을 확인하지. 이는 공유 잠금을 위한 MySQL 구문이다.

```
Starting first transaction ...
-- 트랜잭션 A는 id가 1인 저자를 가져오고 배타적 잠금을 획득
```

```
SELECT
    author0_.id AS id1_0_0_,
    author0_.age AS age2_0_0_,
    author0_.genre AS genre3_0_0_,
    author0_.name AS name4_0_0_
FROM author author0_
WHERE author0_.id = 1 FOR UPDATE

Starting second transaction ...

-- 트랜잭션 B는 id가 1인 작성자의 장르를 Horror로 업데이트하려고 함
-- 이를 위해 해당 저자를 가져오고 배타적 잠금을 획득하려고 시도
SELECT
    author0_.id AS id1_0_0_,
    author0_.age AS age2_0_0_,
    author0_.genre AS genre3_0_0_,
    author0_.name AS name4_0_0_
FROM author author0_
WHERE author0_.id = 1 FOR UPDATE

Commit second transaction ...

-- 트랜잭션 B는 저자의 장르를 성공적으로 업데이트
UPDATE author
SET age = 23,
    genre = "Horror",
    name = "Mark Janel"
WHERE id = 1

Resuming first transaction ...
Commit first transaction ...

Done!
```

배타적 잠금 획득을 위한 구문이 존재하더라도(FOR UPDATE) MyISAM 엔진은 실제로 배타적 잠금을 획득하지 않는다. 따라서 MySQL5Dialect 다이얼렉트는 사용하지 말아야 한다.

MySQL에서의 MySQL5InnoDBDialect/MySQL8Dialect 다이얼렉트(InnoDB)

앞서 살펴본 pessimisticReadWrite()를 MySQL5InnoDBDialect 또는 MySQL8Dialect 를 통해 실행하면 결과는 해당 시나리오의 과정을 따른다. 따라서 InnoDB 엔진 을 사용하면 예상대로 잠금이 적용된다.

두 다이얼렉트는 FOR UPDATE를 사용한다. 다음 출력은 MySQL5InnoDBDialect와 MySQL8Dialect에 공통이다.

```
Starting first transaction ...

-- 트랜잭션 A는 id가 1인 저자를 가져오고 배타적 잠금을 획득
SELECT
    author0_.id AS id1_0_0_,
    author0_.age AS age2_0_0_,
    author0_.genre AS genre3_0_0_,
    author0_.name AS name4_0_0_
FROM author author0_
WHERE author0_.id = 1 FOR UPDATE

Starting second transaction ...

-- 트랜잭션 B는 id가 1인 저자의 장르를 Horror로 업데이트하려고 함
-- 이를 위해 저자를 가져오고 배타적 잠금을 획득하려고 시도
-- 트랜잭션 A가 공유 잠금을 보유하고 있어 트랜잭션 B는 해당 행 수정을 위한
-- 잠금을 획득할 수 없으며, 이로 인해 트랜잭션 B는 타임아웃됨
SELECT
    author0_.id AS id1_0_0_,
    author0_.age AS age2_0_0_,
    author0_.genre AS genre3_0_0_,
    author0_.name AS name4_0_0
FROM author author0_
WHERE author0_.id = 1 FOR UPDATE

-- 트랜잭션 B는 QueryTimeoutException를 발생시킴
-- org.springframework.dao.QueryTimeoutException
```

```
-- Caused by: org.hibernate.QueryTimeoutException
```

MySQL5InnoDBDialect 또는 MySQL8Dialect를 통해 InnoDB 엔진을 사용하면 예상대로 작동한다.

PostgreSQL에서의 PostgreSQL95Dialect

PostgreSQL과 PostgreSQL95Dialect의 경우 배타적 잠금을 획득하고자 FOR UPDATE를 활용하는데, 다음 SELECT가 그 예다.

```
SELECT
    author0_.id AS id1_0_0_,
    author0_.age AS age2_0_0_,
    author0_.genre AS genre3_0_0_,
    author0_.name AS name4_0_0_
FROM author author0_
WHERE author0_.id = ? FOR UPDATE
```

다른 RDBMS

오라클은 FOR UPDATE를 통해 배타적 잠금을 획득한다.

SQL 서버는 WITH (UPDLOCK, HOLDLOCK, ROWLOCK) 테이블 힌트를 통해 배타적 잠금을 획득한다.

전체 애플리케이션은 깃허브[77]에서 확인할 수 있다.

---

77. HibernateSpringBootPessimisticLocks

항목 137: PESSIMISTIC_WRITE가 UPDATE/INSERT 및 DELETE 에서 작동하는 방식

PESSIMISTIC_WRITE에 대해 다룰 때에 배타적 잠금에 대해서도 다룬다. Author 엔터티 및 다음과 같은 AuthorRepository 리포지터리를 생각해보자.

```
@Repository
public interface AuthorRepository extends JpaRepository<Author, Long> {

    @Override
    @Lock(LockModeType.PESSIMISTIC_WRITE)
    Optional<Author> findById(Long id);

    @Lock(LockModeType.PESSIMISTIC_WRITE)
    List<Author> findByAgeBetween(int start, int end);

    @Modifying
    @Query("UPDATE Author SET genre = ?1 WHERE id = ?2")
    void updateGenre(String genre, long id);
}
```

UPDATE 트리거

적용하려는 시나리오는 이전 리포지터리를 기반으로 하며 다음과 같은 단계를 따른다.

> **단계 1:** 트랜잭션 A는 findById()를 통해 ID가 1인 저자를 선택하고 배타적 잠금을 획득한다. 이 트랜잭션은 10초 동안 실행된다.

> **단계 2:** 트랜잭션 A가 실행되는 동안 트랜잭션 B는 2초 후에 시작되고 트랜잭션 A에서 가져온 저자의 장르를 수정하고자 updateGenre() 메서드를 호출한다. 트랜잭션 B는 15초 후에 타임아웃된다.

UPDATE가 트리거되는 시점을 확인하고자 2개의 스레드를 사용해 Transaction Template으로 두 트랜잭션을 나타낸다.

```java
public void pessimisticWriteUpdate() throws InterruptedException {

    Thread tA = new Thread(() -> {
        template.setPropagationBehavior(
            TransactionDefinition.PROPAGATION_REQUIRES_NEW);

        template.execute(new TransactionCallbackWithoutResult() {

            @Override
            protected void doInTransactionWithoutResult(
                                TransactionStatus status) {

                log.info("Starting first transaction ...");

                Author author = authorRepository.findById(1L).orElseThrow();

                try {
                    log.info("Locking for 10s ...");
                    Thread.sleep(10000);
                    log.info("Releasing lock ...");
                } catch (InterruptedException ex) {
                    Thread.currentThread().interrupt();
                }
            }
        });

        log.info("First transaction committed!");
    });

    Thread tB = new Thread(() -> {
        template.setPropagationBehavior(
            TransactionDefinition.PROPAGATION_REQUIRES_NEW);
        template.setTimeout(15); // 15 seconds

        template.execute(new TransactionCallbackWithoutResult() {

            @Override
```

```
        protected void doInTransactionWithoutResult(
                            TransactionStatus status) {
            log.info("Starting second transaction ...");

            authorRepository.updateGenre("Horror", 1L);
        }
    });

    log.info("Second transaction committed!");
  });

  tA.start();
  Thread.sleep(2000);
  tB.start();

  tA.join();
  tB.join();
}
```

pessimisticWriteUpdate()를 호출하면 다음과 같은 결과를 얻는다.

```
SELECT
    author0_.id AS id1_0_0_,
    author0_.age AS age2_0_0_,
    author0_.genre AS genre3_0_0_,
    author0_.name AS name4_0_0_
FROM author author0_
WHERE author0_.id = 1 FOR UPDATE

Locking for 10s ...

Starting second transaction ...

UPDATE author
SET genre = "Horror"
WHERE id = 1

Releasing lock ...
```

```
First transaction committed!

Second transaction committed!
```

트랜잭션 B는 트랜잭션 A가 커밋된 후에만 업데이트를 트리거한다. 즉, 트랜잭션 B는 타임아웃되거나 트랜잭션 A가 배타적 잠금을 해제할 때까지 차단된다.

DELETE 트리거

다음으로 잠긴 행을 삭제하려고 시도하는 시나리오를 살펴보자.

> **단계 1:** 트랜잭션 A는 findById()를 통해 ID가 1인 저자를 선택하고 배타적 잠금을 획득한다. 이 트랜잭션은 10초 동안 실행된다.

> **단계 2:** 트랜잭션 A가 실행되는 동안 트랜잭션 B는 2초 후에 시작되고 트랜잭션 A가 가져온 저자를 삭제하고자 쿼리 메서드 findById()를 호출한다. 트랜잭션 B는 15초 후에 타임아웃된다.

DELETE가 트리거되는 시점을 확인하고자 TransactionTemplate으로 두 트랜잭션을 나타내는 2개의 스레드를 사용한다.

```java
public void pessimisticWriteDelete() throws InterruptedException {

    Thread tA = new Thread(() -> {
        template.setPropagationBehavior(
                TransactionDefinition.PROPAGATION_REQUIRES_NEW);

        template.execute(new TransactionCallbackWithoutResult() {

            @Override
            protected void doInTransactionWithoutResult(
                            TransactionStatus status) {
```

```
            log.info("Starting first transaction ...");

            Author author = authorRepository.findById(1L).orElseThrow();

            try {
                log.info("Locking for 10s ...");
                Thread.sleep(10000);
                log.info("Releasing lock ...");
            } catch (InterruptedException ex) {
                Thread.currentThread().interrupt();
            }
        }
    });

    log.info("First transaction comitted!");
});

Thread tB = new Thread(() -> {
    template.setPropagationBehavior(
        TransactionDefinition.PROPAGATION_REQUIRES_NEW);
    template.setTimeout(15); // 15초

    template.execute(new TransactionCallbackWithoutResult() {

        @Override
        protected void doInTransactionWithoutResult(
                            TransactionStatus status) {
            log.info("Starting second transaction ...");

            authorRepository.deleteById(1L);
        }
    });

    log.info("Second transaction comitted!");
});

tA.start();
Thread.sleep(2000);
tB.start();

tA.join();
```

```
    tB.join();
}
```

pessimisticWriteDelete()를 호출하면 다음과 같은 결과를 출력한다.

```
Starting first transaction ...

SELECT
    author0_.id AS id1_0_0_,
    author0_.age AS age2_0_0_,
    author0_.genre AS genre3_0_0_,
    author0_.name AS name4_0_0_
FROM author author0_
WHERE author0_.id = 1 FOR UPDATE

Locking for 10s ...

Starting second transaction ...

SELECT
    author0_.id AS id1_0_0_,
    author0_.age AS age2_0_0_,
    author0_.genre AS genre3_0_0_,
    author0_.name AS name4_0_0_
FROM author author0_
WHERE author0_.id = 1

DELETE FROM author
WHERE id = 1

Releasing lock ...

First transaction committed!

Second transaction committed!
```

INSERT 트리거

일반적으로 배타적 잠금의 경우에도 INSERT문 처리가 가능(예: PostgreSQL)하다. 다음과 같은 시나리오를 살펴보자.

> **단계 1:** 트랜잭션 A는 findByAgeBetween()을 통해 나이가 40~50세인 모든 저자를 선택하고 배타적 잠금을 획득한다. 이 트랜잭션은 10초 동안 실행된다.

> **단계 2:** 트랜잭션 A가 실행되는 동안 트랜잭션 B는 2초 후에 시작해 새로운 저자 등록을 시도한다. 트랜잭션 B는 15초 후에 타임아웃된다.

INSERT가 트리거되는 시점을 확인하고자 2개의 스레드를 사용해 Transaction Template으로 두 스레드를 나타낸다.

```
public void pessimisticWriteInsert(int isolationLevel)
                            throws InterruptedException {

    Thread tA = new Thread(() -> {
        template.setPropagationBehavior(
            TransactionDefinition.PROPAGATION_REQUIRES_NEW);
        template.setIsolationLevel(isolationLevel);

        template.execute(new TransactionCallbackWithoutResult() {

            @Override
            protected void doInTransactionWithoutResult(
                                TransactionStatus status) {

                log.info("Starting first transaction ...");
```

```java
            List<Author> authors
                    = authorRepository.findByAgeBetween(40, 50);

            try {
                log.info("Locking for 10s ...");
                Thread.sleep(10000);
                log.info("Releasing lock ...");
            } catch (InterruptedException ex) {
                Thread.currentThread().interrupt();
            }
        }
    });

    log.info("First transaction committed!");
});

Thread tB = new Thread(() -> {
    template.setPropagationBehavior(
        TransactionDefinition.PROPAGATION_REQUIRES_NEW);
    template.setTimeout(15); // 15초

    template.execute(new TransactionCallbackWithoutResult() {

        @Override
        protected void doInTransactionWithoutResult(
                                TransactionStatus status) {

            log.info("Starting second transaction ...");

            Author author = new Author();
            author.setAge(43);
            author.setName("Joel Bornis");
            author.setGenre("Anthology");

            authorRepository.saveAndFlush(author);
        }
    });

    log.info("Second transaction committed!");
});
```

```
        tA.start();
        Thread.sleep(2000);
        tB.start();

        tA.join();
        tB.join();
    }
```

REPEATABLE_READ와 함께 MySQL에서 INSERT 트리거

언급한 것처럼 배타적 잠금의 경우에도 일반적으로 INSERT문을 사용할 수 있다
(예: PostgreSQL). 기본 격리 수준 REPEATABLE_READ의 경우 잠긴 항목 범위에 대한
INSERT문을 방지할 수 있는 MySQL은 예외가 된다.

앞서 살펴본 pessimisticWriteInsert() 서비스 메서드를 REPEATABLE_READ 격리
수준(MySQL의 기본 격리 수준)으로 다음과 같이 호출해보자.

```
pessimisticWriteInsert(TransactionDefinition.ISOLATION_REPEATABLE_READ);
```

다음 출력은 해당 과정을 나타낸다.

```
Starting first transaction ...
SELECT
    author0_.id AS id1_0_,
    author0_.age AS age2_0_,
    author0_.genre AS genre3_0_,
    author0_.name AS name4_0_
FROM author author0_
WHERE author0_.age BETWEEN ? AND ? FOR UPDATE

Locking for 10s ...
```

```
Starting second transaction ...

INSERT INTO author (age, genre, name)
    VALUES (?, ?, ?)

Releasing lock ...

First transaction committed!

Second transaction committed!
```

트랜잭션 B는 트랜잭션 A가 커밋된 후에만 등록을 트리거한다. 즉, 트랜잭션 B는 타임아웃되거나 트랜잭션 A가 배타적 잠금을 해제할 때까지 차단된다.

READ_COMMITTED와 함께 MySQL에서 INSERT 트리거

이제 다음과 같이 READ_COMMITTED 격리 수준으로 변경해보자.

```
pessimisticWriteInsert(TransactionDefinition.ISOLATION_READ_COMMITTED);
```

이번 출력은 다음과 같다.

```
Starting first transaction ...

SELECT
    author0_.id AS id1_0_,
    author0_.age AS age2_0_,
    author0_.genre AS genre3_0_,
    author0_.name AS name4_0_
FROM author author0_
WHERE author0_.age BETWEEN ? AND ? FOR UPDATE

Locking for 10s ...
```

```
Starting second transaction ...

INSERT INTO author (age, genre, name)
    VALUES (?, ?, ?)

Second transaction committed!

Releasing lock ...

First transaction committed!
```

트랜잭션 B는 트랜잭션 A가 배타적 잠금을 보유하고 있어도 등록을 트리거한다. 즉, 트랜잭션 B는
트랜잭션 A의 배타적 잠금에 의해 차단되지 않는다.

전체 애플리케이션은 깃허브[78]에서 확인할 수 있다.

78. HibernateSpringBootPessimisticLocksDelInsUpd

15장

상속

항목 138: 단일 테이블 상속을 효율적으로 사용하는 방법

단일 테이블 상속$^{\text{single table inheritance}}$은 JPA의 기본 전략^{strategy}[1]이며, 이 전략에 따라 상속 계층 구조에서의 모든 클래스는 데이터베이스에서 하나의 테이블로 표현된다.

그림 15-1에 나타난 상속 계층 구조를 생각해보자.

Author와 Book 사이에 양방향 지연 @OneToMany 연관관계가 있으며, 저자가 없으면 도서도 없기 때문에 Author 엔터티를 루트 클래스$^{\text{root class}}$로 볼 수 있다. Book 엔터티는 기반 클래스$^{\text{base class}}$이며, 단일 테이블 상속 전략을 적용하고자 이 클래스에 @Inheritance 또는 @Inheritance(strategy = InheritanceType.SINGLE_TABLE) 어노테이션이 추가된다. Ebook과 Paperback 엔터티는 Book 엔터티를 확장^{extend}한다. 따라서 자체 @Id는 필요하지 않다.

---

1. 보통은 매핑 전략이라고 한다. - 옮긴이

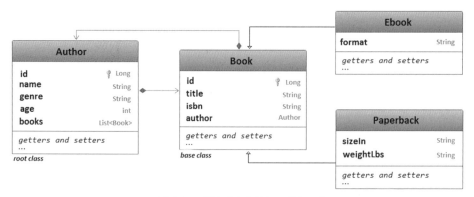

그림 15-1. 단일 테이블 상속 도메인 모델

이 상속 전략에 따라 구성된 테이블은 그림 15-2와 같다.

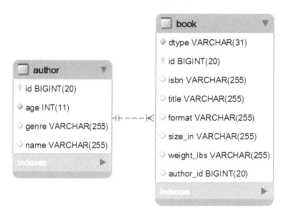

그림 15-2. 단일 테이블 상속 전략에 따른 테이블

여기서 book 테이블은 Book 엔터티와 Ebook 및 Paperback 엔터티의 연관된 모든 칼럼을 포함하고 있으며, dtype이라는 칼럼도 포함한다. 이 칼럼은 **구분자 칼럼** discriminator column이라고 하며, 하이버네이트는 이 칼럼을 사용해 결과 세트를 연관된 하위 클래스 인스턴스에 매핑한다. 기본적으로 구분자 칼럼에는 엔터티 이름을 갖는다.

기존 레거시 데이터베이스에서 SINGLE_TABLE 전략을 사용해야 하는 경우 구분자 칼럼이 없을 가능성이 높으며 테이블 정의를 변경할 수 있다. 이런 경우 @DiscriminatorFormula를 사용해 수식 (파생된 값)을 상속 구분자 칼럼으로 정의할 수 있고, @DiscriminatorFormula에 대해 알고 인지하고 있으면 인터넷에서 쉽게 예제를 찾을 수 있을 것이다.

Book 기반 클래스와 해당 하위 클래스 관련 코드는 다음과 같다.

```java
@Entity
@Inheritance(strategy = InheritanceType.SINGLE_TABLE)
public class Book implements Serializable {
    // ...
}
```

```java
@Entity
public class Ebook extends Book implements Serializable {
    // ...
}
```

```java
@Entity
public class Paperback extends Book implements Serializable {
    // ...
}
```

데이터 저장

일부 데이터를 저장해보자. 다음의 서비스 메서드는 Book, Ebook, Paperback 엔터티를 통해 생성된 3권의 도서를 갖는 저자를 저장한다.

```
public void persistAuthorWithBooks() {

    Author author = new Author();
    author.setName("Alicia Tom");
    author.setAge(38);
    author.setGenre("Anthology");

    Book book = new Book();
    book.setIsbn("001-AT");
    book.setTitle("The book of swords");

    Paperback paperback = new Paperback();
    paperback.setIsbn("002-AT");
    paperback.setTitle("The beatles anthology");
    paperback.setSizeIn("7.5 x 1.3 x 9.2");
    paperback.setWeightLbs("2.7");

    Ebook ebook = new Ebook();
    ebook.setIsbn("003-AT");
    ebook.setTitle("Anthology myths");
    ebook.setFormat("kindle");

    author.addBook(book); // addBook() 도우미 메서드 사용
    author.addBook(paperback);
    author.addBook(ebook);

    authorRepository.save(author);
}
```

다음 SQL문은 author 인스턴스를 저장하면 트리거된다.

```
INSERT INTO author (age, genre, name)
    VALUES (?, ?, ?)
Binding:[38, Anthology, Alicia Tom]

INSERT INTO book (author_id, isbn, title, dtype)
    VALUES (?, ?, ?, 'Book')
```

```
Binding:[1, 001-AT, The book of swords]

INSERT INTO book (author_id, isbn, title, size_in, weight_lbs, dtype)
    VALUES (?, ?, ?, ?, ?, 'Paperback')
Binding:[1, 002-AT, The beatles anthology, 7.5 x 1.3 x 9.2, 2.7]

INSERT INTO book (author_id, isbn, title, format, dtype)
    VALUES (?, ?, ?, ?, 'Ebook')
Binding:[1, 003-AT, Anthology myths, kindle]
```

저자는 author 테이블에 저장되고 도서(book, ebook, paperback)는 book 테이블에 저장된다. 따라서 모든 도서가 동일한 테이블에 저장되므로 데이터를 저장(쓰기)하는 것은 효율적이다.

쿼리 및 단일 테이블 상속

데이터 가져오기에 대한 효율성을 확인해보고자 다음과 같은 BookRepository를 생각해보자.

```
@Repository
@Transactional(readOnly = true)
public interface BookRepository extends JpaRepository<Book, Long> {

    @Query("SELECT b FROM Book b WHERE b.author.id = ?1")
    List<Book> fetchBooksByAuthorId(Long authorId);

    Book findByTitle(String title);
}
```

저자 식별자를 통한 도서 가져오기

다음과 같이 fetchBooksByAuthorId()를 호출해보자.

```
List<Book> books = bookRepository.fetchBooksByAuthorId(1L);
```

트리거된 SELECT는 다음과 같다.

```
SELECT
    book0_.id AS id2_1_,
    book0_.author_id AS author_i8_1_,
    book0_.isbn AS isbn3_1_,
    book0_.title AS title4_1_,
    book0_.format AS format5_1_,
    book0_.size_in AS size_in6_1_,
    book0_.weight_lbs AS weight_l7_1_,
    book0_.dtype AS dtype1_1_
FROM book book0_
WHERE book0_.author_id = ?
```

상속은 다형성^{polymorphic} 쿼리를 지원한다. 즉, 가져온 결과 세트는 기반 클래스 (Book)와 하위 클래스(Ebook과 Paperback)에 올바르게 매핑되는데, 하이버네이트는 가져온 각 행의 구분자 칼럼을 검사해 이를 처리한다.

제목을 통한 도서 가져오기

이어서 각 도서에 대한 findByTitle()을 호출해보자.

```
Book book1 = bookRepository.findByTitle("The book of swords");// Book
Book book2 = bookRepository.findByTitle("The beatles anthology"); // Paperback
Book book3 = bookRepository.findByTitle("Anthology myths");    // Ebook
```

트리거된 SELECT는 3가지 유형의 도서 모두 동일하다.

```
SELECT
    book0_.id AS id2_1_,
    book0_.author_id AS author_i8_1_,
    book0_.isbn AS isbn3_1_,
    book0_.title AS title4_1_,
    book0_.format AS format5_1_,
    book0_.size_in AS size_in6_1_,
    book0_.weight_lbs AS weight_l7_1_,
    book0_.dtype AS dtype1_1_
FROM book book0_
WHERE book0_.title = ?
```

Book 인스턴스로 b1, b2, b3을 하위 클래스로 가져오는 것은 하이버네이트 측면에서 문제가 되지 않는다. 예를 들어 b2는 Paperback이므로 다음과 같이 명시적으로 형을 변환해 크기와 무게를 표시할 수 있다.

```
Paperback paperback = (Paperback) book2;
System.out.println(paperback.getSizeIn());
System.out.println(paperback.getWeightLbs());
```

물론 하위 클래스를 위한 전용 리포지터리를 사용하는 것만큼 효율적이진 않다. BookRepository에 findByTitle()을 정의했지만 EbookRepository 또는 Paperback Repository에서 사용하려고 중복시키는 것도 실용적이지 않다(일반적으로 쿼리 메서드를 중복하는 것은 실용적이지 않음). 이런 경우 @NoRepositoryBean 클래스에 findByTitle()을 다음과 같이 정의할 수 있다.

```
@NoRepositoryBean
@Transactional(readOnly = true)
public interface BookBaseRepository<T extends Book>
                extends JpaRepository<T, Long> {
```

```
    T findByTitle(String title);

    @Query(value="SELECT b FROM #{#entityName} AS b WHERE b.isbn = ?1")
    T fetchByIsbn(String isbn);
}
```

BookRepository, EbookRepository, PaperbackRepository는 BookBaseRepository를 확장한다. 이렇게 하면 기본 리포지터리를 확장하는 모든 리포지터리에서 findByTitle()과 findByIsbn()을 사용할 수 있다. 전체 애플리케이션은 깃허브[2]에서 확인할 수 있다.

Paperback 가져오기

다음과 같은 Paperback 리포지터리를 생각해보자.

```
@Repository
@Transactional(readOnly = true)
public interface PaperbackRepository
        extends JpaRepository<Paperback, Long> {

    Paperback findByTitle(String title);
}
```

이제 2개의 쿼리를 실행해보자. 첫 번째 쿼리는 Book을 식별하는 제목을 사용한다. 두 번째 쿼리는 Paperback을 식별하는 제목을 사용한다.

```
// p1은 Book
Paperback p1 = paperbackRepository.findByTitle("The book of swords");

// p2는 Paperback
Paperback p2 = paperbackRepository.findByTitle("The beatles anthology");
```

---

2. HibernateSpringBootSingleTableRepositoryInheritance

두 쿼리 모두 다음과 같은 동일한 SELECT를 트리거한다.

```
SELECT
    paperback0_.id AS id2_1_,
    paperback0_.author_id AS author_i8_1_,
    paperback0_.isbn AS isbn3_1_,
    paperback0_.title AS title4_1_,
    paperback0_.size_in AS size_in6_1_,
    paperback0_.weight_lbs AS weight_l7_1_
FROM book paperback0_
WHERE paperback0_.dtype = 'Paperback'
AND paperback0_.title = ?
```

WHERE 절에 주목하자. 하이버네이트는 페이퍼백만 가져오고자 dtype 기반 조건을 추가했다. 따라서 p1은 null이고 p2는 Paperback 인스턴스다. 너무 멋지지 않은가?

저자 및 연관된 도서 가져오기

다음과 같은 Author 리포지터리를 생각해보자.

```
@Repository
@Transactional(readOnly = true)
public interface AuthorRepository extends JpaRepository<Author, Long> {

    Author findByName(String name);

    @Query("SELECT a FROM Author a JOIN FETCH a.books b")
    Author findAuthor();
}
```

findByName()을 호출하면 연관된 도서 없이 저자를 가져온다.

```
@Transactional(readOnly = true)
public void fetchAuthorAndBooksLazy() {

    Author author = authorRepository.findByName("Alicia Tom");
    List<Book> books = author.getBooks();
}
```

getBooks()를 호출하면 예상대로 추가 쿼리가 트리거된다.

```
-- author 가져오기
SELECT
    author0_.id AS id1_0_,
    author0_.age AS age2_0_,
    author0_.genre AS genre3_0_,
    author0_.name AS name4_0_
FROM author author0_
WHERE author0_.name = ?

-- getBooks()을 통해 book 가져오기
SELECT
    books0_.author_id AS author_i8_1_0_,
    books0_.id AS id2_1_0_,
    books0_.id AS id2_1_1_,
    books0_.author_id AS author_i8_1_1_,
    books0_.isbn AS isbn3_1_1_,
    books0_.title AS title4_1_1_,
    books0_.format AS format5_1_1_,
    books0_.size_in AS size_in6_1_1_,
    books0_.weight_lbs AS weight_l7_1_1_,
    books0_.dtype AS dtype1_1_1_
FROM book books0_
WHERE books0_.author_id = ?
```

정확히 예상되는 동작이다.

반면 JOIN FETCH 덕분에 findAuthor()를 호출하면 하나의 SELECT로 저자와 연관된 도서를 가져올 수 있다.

```
@Transactional(readOnly = true)
public void fetchAuthorAndBooksEager() {

    Author author = authorRepository.findAuthor();
}
```

실행된 SELECT는 다음과 같이 INNER JOIN을 활용한다.

```
SELECT
    author0_.id AS id1_0_0_,
    books1_.id AS id2_1_1_,
    author0_.age AS age2_0_0_,
    author0_.genre AS genre3_0_0_,
    author0_.name AS name4_0_0_,
    books1_.author_id AS author_i8_1_1_,
    books1_.isbn AS isbn3_1_1_,
    books1_.title AS title4_1_1_,
    books1_.format AS format5_1_1_,
    books1_.size_in AS size_in6_1_1_,
    books1_.weight_lbs AS weight_l7_1_1_,
    books1_.dtype AS dtype1_1_1_,
    books1_.author_id AS author_i8_1_0__,
    books1_.id AS id2_1_0__
FROM author author0_
INNER JOIN book books1_
    ON author0_.id = books1_.author_id
```

멋지다. 단일 테이블 상속이 빠른 읽기와 쓰기를 유지하는 것처럼 보인다.

하위 클래스 속성 Non-Nullability 이슈

다음 예와 같이 기반 클래스(Book)에는 null을 허용하지 않는not-nullable 제약 조건constraint 지정을 간단하게 지원한다.

```
public class Book implements Serializable {
    // ...
    @Column(nullable=false)
    private String title;
    // ...
}
```

다음과 같은 코드에서 Book을 저장하려고 하면 SQLIntegrityConstraintViolation Exception: Column 'title' cannot be null 유형의 예상된 예외가 발생한다.

```
Book book = new Book();
book.setIsbn("001-AT");
book.setTitle(null);
```

그러나 Book의 하위 클래스에 null을 허용하지 않는 제약 조건 추가는 허용되지 않는다. 즉, Ebook 또는 Paperback에 속한 칼럼에 NOT NULL 제약 조건을 추가할 수 없다. 이는 다음과 같은 Ebook 저장이 성공적으로 처리됨을 의미한다.

```
Ebook ebook = new Ebook();
ebook.setIsbn("003-AT");
ebook.setTitle("Anthology myths");
ebook.setFormat(null);
```

분명한 것은 format을 null로 설정하는 것인 Ebook의 활용 목적에 어긋난다. 따라서 Ebook을 만들 때 format에 null을 허용하면 안 된다. 같은 의미로 Paperback도

sizeIn이나 weightLbs에 대해 null을 허용해선 안 된다.

하위 클래스 속성의 null 비허용 여부를 보장하기 위한 몇 가지 해결 방법이 있다. 먼저 도메인 모델에서 다음 예제와 같이 javax.validation.contraints. NotNull을 사용해 해당 필드에 어노테이션을 추가하는 것이다.

```java
public class Ebook extends Book implements Serializable {
    // ...
    @NotNull
    private String format;
    // ...
}
```

```java
public class Paperback extends Book implements Serializable {
    // ...
    @NotNull
    private String sizeIn;
    @NotNull
    private String weightLbs;
    // ...
}
```

이번에는 ebook을 저장하려고 하면 format이 null일 수 없음을 알리는 javax. alidation.ConstraintViolationException 타입의 예외가 발생한다.

이 방법은 문제의 절반만 해결하는데, 네이티브 쿼리를 통해 null 포맷을 등록할 수 있다. 이런 시도를 차단하려면 데이터베이스 수준에서 확인이 필요하다는 의미다.

MySQL의 경우 기반 클래스(또는 PostgreSQL 및 기타 RDBMS에서는 CHECK 제약 조건)에 대해 생성된 일련의 트리거를 통해 처리할 수 있다. 예를 들어 다음 트리거는 데이터베이스 수준에서 작동하며 null 포맷(Ebook의 경우)과 null 크기 및 무게(Paperback의 경우)를 허용하지 않는다.

Ebook에 대한 트리거는 다음과 같다.

```
CREATE TRIGGER ebook_format_trigger
    BEFORE INSERT ON book
        FOR EACH ROW
BEGIN
    IF NEW.DTYPE = 'Ebook' THEN
        IF NEW.format IS NULL THEN
            SIGNAL SQLSTATE '45000'
            SET MESSAGE_TEXT='The format of e-book cannot be null';
        END IF;
    END IF;
END;
```

Paperback에 대한 트리거는 다음과 같다.

```
CREATE TRIGGER paperback_weight_trigger
    BEFORE INSERT ON book
        FOR EACH ROW
BEGIN
    IF NEW.DTYPE = 'Paperback' THEN
        IF NEW.weight_lbs IS NULL THEN
            SIGNAL SQLSTATE '45000'
            SET MESSAGE_TEXT='The weight of paperback cannot be null';
        END IF;
    END IF;
END;

CREATE TRIGGER paperback_size_trigger
    BEFORE INSERT ON book
        FOR EACH ROW
BEGIN
```

```
        IF NEW.DTYPE = 'Paperback' THEN
            IF NEW.size_in IS NULL THEN
                SIGNAL SQLSTATE '45000'
                SET MESSAGE_TEXT='The size of paperback cannot be null';
            END IF;
        END IF;
    END;
```

해당 트리거들은 스키마 파일에 추가돼야 한다. SQL 파일에 배치하려면 application. properties
에 다음과 같은 spring.datasource.separator[3]를 설정해야 한다.

```
    spring.datasource.separator=^;
```

그런 다음 SQL 파일에서는 트리거 내에 있는 모든 ;문을 다음과 같이 새로운 구분자(separator)
로 변경해야 한다.

```
    CREATE TRIGGER ebook_format_trigger
        ...
        END ^;
```

이 책의 코드에는 트리거가 data-mysql.sql에 추가돼 있지만 schema-mysql.sql에 추가하거나
Flyway 또는 Liquibase용 SQL 파일에 추가하는 것이 더 좋다. 하이버네이트는 단일 테이블 상속
어노테이션을 기반으로 DDL 스키마 생성 방법을 확인할 수 있게 이 방법을 사용한다.

일반적인 규칙으로 데이터베이스 트리거는 복잡한 네이터 부결성 제약 조건과 규직을 구현하는
데 매우 유용하다. 이 문장을 뒷받침하는 예제[4]도 확인해보자.

---

3. 최신 버전에서는 spring.sql.init.separator로 변경됐다. — 옮긴이
4. HibernateSpringBootDatabaseTriggers

구분자 칼럼의 메모리 사용량 최적화

칼럼의 크기와 데이터 타입을 조정하는 것은 데이터베이스 메모리 공간을 최적화하기 위한 중요한 단계다. 구분자 칼럼은 JPA 영속성 공급자에 의해 추가되며 해당 데이터 타입과 크기는 VARCHAR(31)이다. 그러나 Paperback 이름을 저장하려면 9바이트가 필요하고 Ebook은 4바이트가 필요하다. 100,000권의 페이퍼백과 500,000권의 전자책을 저장한다고 상상해보자. 구분자 칼럼 인덱스를 저장하려면 100,000 × 9 + 500,000 × 4 = 2,900,000바이트(2.76MB)가 필요하다. 하지만 구분자 칼럼을 TINYINT(1)로 정의하면 어떨까? 이번에는 1바이트가 필요하므로 계산은 100,000 × 1 + 500,000 × 1 = 600,000바이트, 즉 0.57MB가 된다. 이게 훨씬 낫다.

@DiscriminatorColumn과 @DiscriminatorValue를 통해 기본 구분자 칼럼을 변경할 수 있다. 첫째, @DiscriminatorColumn을 사용해 구분자 칼럼의 타입과 크기를 변경한다. 둘째, @DiscriminatorValue를 사용해 각 클래스에 정수를 할당한다(해당 정수는 이후 클래스를 참조하는 데 사용해야 한다).

```java
@Entity
@Inheritance(strategy = InheritanceType.SINGLE_TABLE)
@DiscriminatorColumn(
    discriminatorType = DiscriminatorType.INTEGER,
    columnDefinition = "TINYINT(1)"
)
@DiscriminatorValue("1")
public class Book implements Serializable {
    // ...
}


@Entity
@DiscriminatorValue("2")
```

```
public class Ebook extends Book implements Serializable {
    // ...
}
```

```
@Entity
@DiscriminatorValue("3")
public class Paperback extends Book implements Serializable {
    // ...
}
```

끝이다. 전체 애플리케이션은 깃허브[5]에서 확인할 수 있다.

이제 단일 테이블 상속의 몇 가지 장단점을 살펴보자.

장점:

- 읽기 및 쓰기가 빠르다.
- @ManyTOOne, @OneToOne, @OneToMany가 효율적이다.
- 기반 클래스 속성은 null을 허용하지 않는 제약이 가능하다.

단점:

- NOT NULL 제약 조건은 하위 클래스 칼럼에 허용되지 않지만 이미 살펴본 것처럼 이런 문제에 대한 해결책이 존재한다.

항목 139: SINGLE_TABLE 상속 계층 구조에서 특정 하위 클래스 가져오기

이번 항목은 항목 138의 도메인 모델과 지식을 활용하기 때문에 먼저 해당 항목에 익숙할 필요가 있다.

---

5. HibernateSpringBootSingleTableInheritance

Author와 Book 사이에 양방향 지연 @OneToMany 연관관계가 있다. Ebook과 Paperback 엔터티는 SINGLE_TABLE 상속 전략을 사용해 Book 엔터티를 확장한다.

관련 book 테이블에는 Book 엔터티와 Ebook 및 Paperback 엔터티와 연관된 칼럼들을 포함하고 있다. 아울러 **dtype**이라는 칼럼도 포함하는데, 이를 구분자 칼럼이라 한다.

다음 예제와 같이 전용 리포지터리를 통해 특정 하위 클래스(예: Ebook)를 가져올 수 있다(여기서 쿼리는 제목을 통해 Ebook을 가져온다).

```
@Repository
@Transactional(readOnly = true)
public interface EbookRepository extends JpaRepository<Ebook, Long> {

    Ebook findByTitle(String title);
}
```

```sql
SELECT
    ebook0_.id AS id2_1_,
    ebook0_.author_id AS author_i8_1_,
    ebook0_.isbn AS isbn3_1_,
    ebook0_.title AS title4_1_,
    ebook0_.size_in AS size_in6_1_,
    ebook0_.weight_lbs AS weight_l7_1_
FROM book ebook0_
WHERE ebook0_.dtype = 'Ebook'
AND ebook0_.title = ?
```

여기서 WHERE 절에 주목하자. 하이버네이트는 전자책만을 가져오기 위한 dtype 조건을 추가했다.

이 방식은 훌륭하지만 항상 작동하는 것은 아니다. 예를 들어 EbookRepository 에 다음과 같은 @Query를 생각해보자.

```
@Repository
@Transactional(readOnly = true)
public interface EbookRepository extends JpaRepository<Ebook, Long> {

    @Query("SELECT b FROM Author a JOIN a.books b WHERE a.name = ?1")
    Ebook findByAuthorName(String name);
}
```

이번에 트리거된 SELECT는 다음과 같다.

```
SELECT
    books1_.id AS id2_1_,
    books1_.author_id AS author_i8_1_,
    books1_.isbn AS isbn3_1_,
    books1_.title AS title4_1_,
    books1_.format AS format5_1_,
    books1_.size_in AS size_in6_1_,
    books1_.weight_lbs AS weight_l7_1_,
    books1_.dtype AS dtype1_1_
FROM author author0_
INNER JOIN book books1_
    ON author0_.id = books1_.author_id
WHERE author0_.name = ?
```

구분자 칼럼(dtype)이 WHERE 절에 자동으로 추가되지 않았기 때문에 해당 쿼리는 Ebook만을 가져오지 않는다. 확실히 문제가 있다. 이 문제에 대한 해결책은 다음과 같이 명시적 TYPE 표현식을 사용하는 것이다(굵게 표시된 쿼리 부분 참고).

```
@Repository
@Transactional(readOnly = true)
public interface EbookRepository extends JpaRepository<Ebook, Long> {
```

```
        @Query("SELECT b FROM Author a JOIN a.books b " +
            "WHERE a.name = ?1 AND TYPE(b) = 'Ebook'")
        Ebook findByAuthorName(String name);
    }
```

이번에 트리거된 SELECT는 다음과 같다.

```
    SELECT
        books1_.id AS id2_1_,
        books1_.author_id AS author_i8_1_,
        books1_.isbn AS isbn3_1_,
        books1_.title AS title4_1_,
        books1_.format AS format5_1_,
        books1_.size_in AS size_in6_1_,
        books1_.weight_lbs AS weight_l7_1_,
        books1_.dtype AS dtype1_1_
    FROM author author0_
    INNER JOIN book books1_
        ON author0_.id = books1_.author_id
    WHERE author0_.name = ?
    AND books1_.dtype = 'Ebook'
```

TYPE 표현식 덕분에 모든 것이 정상적인 궤도에 오르고 있다. Author에서 Ebook 타입의 Book을 가져오는 것은 어떨까? 이런 종류의 쿼리도 TYPE 표현식을 통해 다음과 같이 BookRepository에 작성할 수 있다(쿼리 정의는 이전 쿼리 정의와 정확히 동일하지만 BookRepository에 배치되고 Ebook 타입의 Book을 반환한다).

```
    @Repository
    @Transactional(readOnly = true)
    public interface BookRepository extends JpaRepository<Book, Long> {

        @Query("SELECT b FROM Author a JOIN a.books b " +
```

```
                    "WHERE a.name = ?1 AND TYPE(b) = 'Ebook'")
        Book findByAuthorName(String name);
    }
```

전체 애플리케이션은 깃허브[6]에서 확인할 수 있다.

항목 140: 조인 테이블 상속의 효율적 사용 방법

조인 테이블^{join table}은 또 다른 JPA 상속 전략이다. 이 전략에 따라 상속 계층 구조의 모든 클래스는 데이터베이스의 개별 테이블로 표현된다. 그림 15-3에 주어진 상속 계층 구조를 생각해보자.

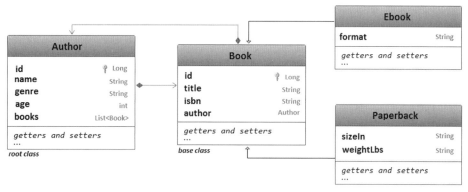

그림 15-3. 조인 테이블 상속 도메인 모델

Author와 Book 사이에는 양방향 지연 @OneToMany 연관관계를 갖는다. Author가 없으면 도서도 없기 때문에 Author 엔터티는 루트 클래스로 볼 수 있다. Book 엔터티는 기반 클래스이며 조인 테이블 상속 전략을 사용하고자 이 클래스에 @Inheritance(strategy = InheritanceType.JOINED) 어노테이션을 추가한다. Ebook 과 Paperback 엔터티는 Book 엔터티를 확장하며, 따라서 자체 @Id가 필요하지

---

6. HibernateSpringBootSpecificSubclassFromInheritance

않다. 이 상속 전략으로 구성되는 테이블은 그림 15-4와 같다.

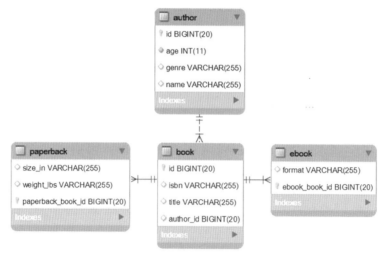

그림 15-4. 조인 테이블 상속 전략의 테이블

Book 기반 클래스와 하위 클래스 관련 코드는 다음과 같다.

```
@Entity
@Inheritance(strategy = InheritanceType.JOINED)
public class Book implements Serializable {
    // ...
}



@Entity
@PrimaryKeyJoinColumn(name="ebook_book_id")
public class Ebook extends Book implements Serializable {
    //. ..
}



@Entity
```

```
@PrimaryKeyJoinColumn(name="paperback_book_id")
public class Paperback extends Book implements Serializable {
    // ...
}
```

기본적으로 하위 클래스 테이블에는 외래키 역할을 하는 기본키 칼럼도 포함된다. 이 외래키는 기반 클래스 테이블의 기본키를 참조하며, 하위 클래스에 @PrimaryKeyJoinColumn 어노테이션을 지정해 외래키를 커스터마이징할 수 있다. 예를 들어 Ebook과 Paperback 하위 클래스는 해당 어노테이션을 통해 외래키 칼럼 이름을 변경할 수 있다.

```
@Entity
@PrimaryKeyJoinColumn(name="ebook_book_id")
public class Ebook extends Book implements Serializable {
    // ...
}
```

```
@Entity
@PrimaryKeyJoinColumn(name="paperback_book_id")
public class Paperback extends Book implements Serializable {
    // ...
}
```

기본적으로는 기반 클래스의 기본키 칼럼과 하위 클래스의 기본키 칼럼 이름은 동일하다.

데이터 저장

다음과 같은 서비스 메서드는 Book, Ebook, Paperback 엔터티로 생성된 3권의 도서와 함께 Author를 저장한다.

```java
public void persistAuthorWithBooks() {

    Author author = new Author();
    author.setName("Alicia Tom");
    author.setAge(38);
    author.setGenre("Anthology");

    Book book = new Book();
    book.setIsbn("001-AT");
    book.setTitle("The book of swords");

    Paperback paperback = new Paperback();
    paperback.setIsbn("002-AT");
    paperback.setTitle("The beatles anthology");
    paperback.setSizeIn("7.5 x 1.3 x 9.2");
    paperback.setWeightLbs("2.7");

    Ebook ebook = new Ebook();
    ebook.setIsbn("003-AT");
    ebook.setTitle("Anthology myths");
    ebook.setFormat("kindle");

    author.addBook(book);        // addBook() 도우미 메서드 사용
    author.addBook(paperback);
    author.addBook(ebook);

    authorRepository.save(author);
}
```

해당 author 인스턴스를 저장하면 다음과 같은 SQL문이 트리거된다.

```sql
INSERT INTO author (age, genre, name)
    VALUES (?, ?, ?)
Binding:[38, Anthology, Alicia Tom]

INSERT INTO book (author_id, isbn, title)
    VALUES (?, ?, ?)
```

```
Binding:[1, 001-AT, The book of swords]

INSERT INTO book (author_id, isbn, title)
    VALUES (?, ?, ?)
Binding:[1, 002-AT, The beatles anthology]

INSERT INTO paperback (size_in, weight_lbs, paperback_book_id)
    VALUES (?, ?, ?)
Binding:[ 7.5 x 1.3 x 9.2, 2.7, 2]

INSERT INTO book (author_id, isbn, title)
    VALUES (?, ?, ?)
Binding:[1, 003-AT, Anthology myths]

INSERT INTO ebook (format, ebook_book_id)
    VALUES (?, ?)
Binding:[kindle, 3]
```

이번에는 단일 테이블 상속 전략의 경우보다 더 많은 INSERT문이 필요하게 된다
(항목 138 참고). 주로 기반 클래스의 데이터는 book 테이블에 저장되고 Ebook 클래스,
Paperback 클래스의 데이터는 각각 ebook 및 paperback 테이블에 저장된다. 등
록이 많을수록 성능이 저하될 가능성이 높아진다.

쿼리 및 조인 테이블 상속

이제 데이터 가져오기의 효율성을 확인해보고자 다음과 같은 BookRepository를
생각해보자.

```java
@Repository
@Transactional(readOnly = true)
public interface BookRepository extends JpaRepository<Book, Long> {

    @Query("SELECT b FROM Book b WHERE b.author.id = ?1")
    List<Book> fetchBooksByAuthorId(Long authorId);
```

```
    Book findByTitle(String title);
}
```

저자 식별자를 통한 도서 가져오기

다음과 같이 fetchBooksByAuthorId()를 호출해보자.

```
List<Book> books = bookRepository.fetchBooksByAuthorId(1L);
```

트리거된 SELECT는 다음과 같다.

```
SELECT
    book0_.id AS id1_1_,
    book0_.author_id AS author_i4_1_,
    book0_.isbn AS isbn2_1_,
    book0_.title AS title3_1_,
    book0_1_.format AS format1_2_,
    book0_2_.size_in AS size_in1_3_,
    book0_2_.weight_lbs AS weight_l2_3_,
    CASE
        WHEN book0_1_.ebook_book_id IS NOT NULL THEN 1
        WHEN book0_2_.paperback_book_id IS NOT NULL THEN 2
        WHEN book0_.id IS NOT NULL THEN 0
    END AS clazz_
FROM book book0_
LEFT OUTER JOIN ebook book0_1_
    ON book0_.id = book0_1_.ebook_book_id
LEFT OUTER JOIN paperback book0_2_
    ON book0_.id = book0_2_.paperback_book_id
WHERE book0_.author_id = ?
```

하나의 SELECT만 있지만 하이버네이트는 각 하위 클래스 테이블을 조인해야 한다. 따라서 하위 클래스 테이블의 수는 다형성 쿼리의 조인 수를 나타내고(n개 하위 클래스의 경우 n개 조인이 있음), 조인 수는 쿼리 속도와 실행 계획 효율성에 영향을 미친다.

제목을 통한 도서 가져오기

다음으로 각 도서에 대한 findByTitle()을 호출해보자.

```
Book book1 = bookRepository.findByTitle("The book of swords"); // Book
Book book2 = bookRepository.findByTitle("The beatles anthology"); // Paperback
Book book3 = bookRepository.findByTitle("Anthology myths");    // Ebook
```

트리거된 SELECT는 3가지 유형의 도서 모두 동일하다.

```
SELECT
    book0_.id AS id1_1_,
    book0_.author_id AS author_i4_1_,
    book0_.isbn AS isbn2_1_,
    book0_.title AS title3_1_,
    book0_1_.format AS format1_2_,
    book0_2_.size_in AS size_in1_3_,
    book0_2_.weight_lbs AS weight_l2_3_,
    CASE
        WHEN book0_1_.ebook_book_id IS NOT NULL THEN 1
        WHEN book0_2_.paperback_book_id IS NOT NULL THEN 2
        WHEN book0_.id IS NOT NULL THEN 0
    END AS clazz_
FROM book book0_
LEFT OUTER JOIN ebook book0_1_
    ON book0_.id = book0_1_.ebook_book_id
LEFT OUTER JOIN paperback book0_2_
    ON book0_.id = book0_2_.paperback_book_id
```

```
WHERE book0_.title = ?
```

동일하게 하나의 **SELECT**가 있지만 하이버네이트는 각 하위 클래스 테이블을 조인해야 한다. 따라서 기반 클래스 리포지터리를 통해 하위 클래스를 가져오는 것은 효율적이지 않다. 하위 클래스의 개별 리포지터리에서 어떤 일이 발생하는지 살펴보자.

Paperback 가져오기

다음과 같은 Paperback 리포지터리를 생각해보자.

```java
@Repository
@Transactional(readOnly = true)
public interface PaperbackRepository
            extends JpaRepository<Paperback, Long> {

    Paperback findByTitle(String title);
}
```

이제 2개의 쿼리를 실행해보자. 첫 번째 쿼리는 Book을 식별하는 제목을 사용한다. 두 번째 쿼리는 Paperback을 식별하는 제목을 사용한다.

```java
// p1은 Book
Paperback p1 = paperbackRepository.findByTitle("The book of swords");

// p2는 Paperback
Paperback p2 = paperbackRepository.findByTitle("The beatles anthology");
```

두 쿼리 모두 다음과 같은 동일한 **SELECT**를 트리거한다(p1은 null이고, p2는 Paperback을 가져온다).

```
SELECT
    paperback0_.paperback_book_id AS id1_1_,
    paperback0_1_.author_id AS author_i4_1_,
    paperback0_1_.isbn AS isbn2_1_,
    paperback0_1_.title AS title3_1_,
    paperback0_.size_in AS size_in1_3_,
    paperback0_.weight_lbs AS weight_l2_3_
FROM paperback paperback0_
INNER JOIN book paperback0_1_
    ON paperback0_.paperback_book_id = paperback0_1_.id
WHERE paperback0_1_.title = ?
```

각각의 리포지터리를 통해 하위 클래스를 가져오려면 기반 클래스 테이블과의 조인 하나가 필요하다.

가능하면 기반 클래스 리포지터리를 통해 하위 클래스를 가져오지 말고 하위 클래스의 전용 리포지터리를 사용하자. 첫 번째 경우에는 하위 클래스의 수가 조인 수에 영향을 미치고 두 번째 경우에는 하위 클래스와 기반 클래스 테이블 사이 하나의 조인만 갖는다. 즉, 하위 클래스 엔터티를 직접 사용하지 말고 쿼리를 사용하자.

물론 하위 클래스의 자체 리포지터리를 사용하는 것만큼 실용적이진 않다. BookRepository에서 findByTitle()을 정의하고, 이를 EbookRepository 또는 PaperbackRepository에서 사용하려고 복사하는 것도 실용적이지 않다(일반적으로 모든 리포지터리에서 쿼리 메서드를 복사해 사용하는 것은 실용적이지 않다). 이런 경우 @NoRepositoryBean 클래스에서 findByTitle()을 정의할 수 있다.

```
@NoRepositoryBean
@Transactional(readOnly = true)
public interface BookBaseRepository<T extends Book>
```

```
                    extends JpaRepository<T, Long> {

    T findByTitle(String title);

    @Query(value="SELECT b FROM #{#entityName} AS b WHERE b.isbn = ?1")
    T fetchByIsbn(String isbn);
}
```

BookRepository, EbookRepository, PaperbackRepository는 BookBaseRepository를 확
장한다. 이렇게 하면 기반 리포지터리를 확장하는 모든 리포지터리에서 findByTitle()과
findByIsbn()을 사용할 수 있다. 전체 애플리케이션은 깃허브[7]에서 확인할 수 있다.

저자 및 연관된 도서 가져오기

다음과 같은 Author 리포지터리를 생각해보자.

```
@Repository
@Transactional(readOnly = true)
public interface AuthorRepository extends JpaRepository<Author, Long> {

    Author findByName(String name);

    @Query("SELECT a FROM Author a JOIN FETCH a.books b")
    Author findAuthor();
}
```

findByName()을 호출하면 연관된 도서 없이 저자를 가져온다.

```
@Transactional(readOnly = true)
public void fetchAuthorAndBooksEager() {

    Author author = authorRepository.findAuthor();
```

7. HibernateSpringBootJoinTableRepositoryInheritance

```
        List<Book> books = author.getBooks();
    }
```

getBooks()를 호출하면 추가 쿼리가 트리거된다.

```
-- author 가져오기
SELECT
    author0_.id AS id1_0_,
    author0_.age AS age2_0_,
    author0_.genre AS genre3_0_,
    author0_.name AS name4_0_
FROM author author0_
WHERE author0_.name = ?

-- getBooks()을 통해 book 가져오기
SELECT
    books0_.author_id AS author_i4_1_0_,
    books0_.id AS id1_1_0_,
    books0_.id AS id1_1_1_,
    books0_.author_id AS author_i4_1_1_,
    books0_.isbn AS isbn2_1_1_,
    books0_.title AS title3_1_1_,
    books0_1_.format AS format1_2_1_,
    books0_2_.size_in AS size_in1_3_1_,
    books0_2_.weight_lbs AS weight_l2_3_1_,
    CASE
        WHEN books0_1_.ebook_book_id IS NOT NULL THEN 1
        WHEN books0_2_.paperback_book_id IS NOT NULL THEN 2
        WHEN books0_.id IS NOT NULL THEN 0
    END AS clazz_1_
FROM book books0_
LEFT OUTER JOIN ebook books0_1_
    ON books0_.id = books0_1_.ebook_book_id
LEFT OUTER JOIN paperback books0_2_
```

```
          ON books0_.id = books0_2_.paperback_book_id
      WHERE books0_.author_id = ?
```

추가 SELECT에는 이전과 동일한 단점이 있다. 즉, 각 하위 클래스 테이블에 대한 조인이 생긴다. 따라서 다형성 쿼리와 여러 단계의 클래스 계층 또는 많은 수의 하위 클래스가 있으면 성능이 저하된다.

반면 JOIN FETCH 덕분에 findAuthor()를 호출하면 하나의 SELECT로 저자와 연관 도서를 가져올 수 있다.

```
@Transactional(readOnly = true)
public void fetchAuthorAndBooksEager() {

    Author author = authorRepository.findAuthor();
}
```

실행된 SELECT는 다음과 같다.

```
SELECT
    author0_.id AS id1_0_0_,
    books1_.id AS id1_1_1_,
    author0_.age AS age2_0_0_,
    author0_.genre AS genre3_0_0_,
    author0_.name AS name4_0_0_,
    books1_.author_id AS author_i4_1_1_,
    books1_.isbn AS isbn2_1_1_,
    books1_.title AS title3_1_1_,
    books1_1_.format AS format1_2_1_,
    books1_2_.size_in AS size_in1_3_1_,
    books1_2_.weight_lbs AS weight_l2_3_1_,
    CASE
        WHEN books1_1_.ebook_book_id IS NOT NULL THEN 1
```

```
        WHEN books1_2_.paperback_book_id IS NOT NULL THEN 2
        WHEN books1_.id IS NOT NULL THEN 0
    END AS clazz_1_,
    books1_.author_id AS author_i4_1_0__, books1_.id AS id1_1_0__
FROM author author0_
INNER JOIN book books1_
    ON author0_.id = books1_.author_id
LEFT OUTER JOIN ebook books1_1_
    ON books1_.id = books1_1_.ebook_book_id
LEFT OUTER JOIN paperback books1_2_
    ON books1_.id = books1_2_.paperback_book_id
```

이번에도 JPA 영속성 공급자에 의해 3개의 조인을 사용한다. 따라서 n개의 하위 클래스에 대해 $n+1$개의 조인이 있고, 이 방식은 효율적이지 않다.

다음은 조인 테이블 상속의 장단점이다.

장점:
- 기반 클래스 및 하위 클래스 속성은 null을 허용하지 않게 처리할 수 있다.
- 다형성 쿼리가 필요하지 않은 한 이 전략은 여러 단계의 클래스 계층 또는 많은 하위 클래스에 적합하다.

단점:
- 하위 클래스 엔터티를 저장하고자 2개의 INSERT문이 필요하다.
- 읽기는 하위 클래스의 전용 리포지터리를 사용할 때만 효율적(또는 하위 클래스 엔터티에 대한 쿼리를 직접 사용)이다.
- 데이터베이스는 기반 클래스와 모든 하위 클래스 기본키를 인덱싱해야 한다.
- 다형성 쿼리의 경우 n개의 하위 클래스에 대해 하이버네이트는 n 또는 n+1 조인을 사용하며, 이로 인해 쿼리 속도가 느려지고 가장 효율적인 실행 계획을 결정하는 시간 곡선이 증가할 수 있다.

전체 애플리케이션은 깃허브[8]에서 확인할 수 있다.

JPA JOINED 상속 전략 및 전략 디자인 패턴 사용 방법

우선적으로 소프트웨어 디자인 패턴(예: 템플릿Template, 상태State, 전략Strategy, 방문자Visitor 등)과 결합된 SINGLE_TABLE, JOINED 또는 TABLE_PER_CLASS와 같은 상속 전략을 사용하도록 노력해야 한다. 소프트웨어 디자인 패턴으로 상속 전략을 구성하는 것이 JPA 상속을 활용하는 가장 좋은 방법이다. 기반 클래스에서 모든 하위 클래스로 특정 속성을 전파하려면 @MappedSuperclass를 사용할 수 있다.

전략 패턴은 잘 알려진 행위 패턴behavioral pattern으로, 간단히 말해 전략 패턴을 사용하면 알고리듬 그룹을 정의하고 각 알고리듬을 클래스로 감싸 상호 교체 가능하게 만들 수 있다.

예를 들어 북스토어에서 매일 저녁 그날 주문된 도서를 배달한다고 가정해보자. 전자도서의 경우 이메일로 다운로드 링크를 보내주고 페이퍼백의 경우 소포로 보낸다. 물론 다른 전략을 채택할 수도 있지만 여기서는 단순화할 것이다.

먼저 다음과 같은 인터페이스를 작성해 개발을 시작한다.

```
public interface Delivery<T extends Book> {

    Class<? extends Book> ofBook();
    void deliver(T book);
}
```

여기서 deliver() 메서드가 실제로 배달이 처리되는 곳이며, ofBook() 메서드는 단순히 전략에 대한 해당 구현을 활용하는 도서의 클래스 유형을 반환한다. 이 메서드가 필요한 이유를 즉시 알 수 있다. 우선 지금은 전략을 추가해보자(단순화를 위해 System.out.println()을 통해 전달을 시뮬레이션한다).

---

8. HibernateSpringBootJoinTableInheritance

```
@Component
public class PaperbackDeliver implements Delivery<Paperback> {

    @Override
    public void deliver(Paperback book) {
        System.out.println("We've sent you a parcel containing the title "
                + book.getTitle() + " with a size of '" + book.getSizeIn()
                + "' and a weight of " + book.getWeightLbs());
    }

    @Override
    public Class<? extends Book> ofBook() {
        return Paperback.class;
    }
}



@Component
public class EbookDeliver implements Delivery<Ebook> {

    @Override
    public void deliver(Ebook book) {
        System.out.println("You can download the book named '"
                + book.getTitle() + "' from the following link: http://
                bookstore/" + book.getFormat() + "/" + book.getTitle());
    }

    @Override
    public Class<? extends Book> ofBook() {
        return Ebook.class;
    }
}
```

다음으로 전략을 사용하는 서비스가 필요하다. 전략 빈(EbookDeliver 및 PaperbackDeliver)은 스프링에 의해 List<Delivery>로 자동 주입되며, 새로운 전략도 DeliverService에 자동으로 주입된다. 이후 이 목록을 하나씩 참조하면서 ofBook()을 사용해 전략 맵을 만든다. 이 맵의 키^{key}는 도서 클래스 타입(예: Ebook.class 및 Paperback.class)이며 값^{value}은 전략 자체(전략 빈 인스턴스)다. 이렇게 하면 도서 유형(ebook 또는 paperback)에 따라 적절한 deliver() 메서드를 호출할 수 있다.

```java
public interface Deliverable {

    void process();
}
```

```java
@Service
public class DeliverService implements Deliverable {

    private final BookRepository bookRepository;
    private final List<Delivery> deliverStrategies;

    private final Map<Class<? extends Book>, Delivery>
        deliverStrategiesMap  = new HashMap<>();

    public DeliverService(BookRepository bookRepository,
                          List<Delivery> deliverStrategies) {
        this.bookRepository = bookRepository;
        this.deliverStrategies = deliverStrategies;
    }

    @PostConstruct
    public void init() {
        deliverStrategies.forEach((deliverStrategy) -> {
            deliverStrategiesMap.put(deliverStrategy.ofBook(),
                                        deliverStrategy);
        });
    }

    @Override
    public void process() {

        List<Book> allBooks = bookRepository.findAll();
```

```
        for (Book book : allBooks) {
            Delivery deliveryStrategy
                = deliverStrategiesMap.get(book.getClass());
            deliveryStrategy.deliver(book);
        }
    }
}
```

여기서 process() 메서드는 전략 적용을 담당한다. 배달해야 할 도서를 하나씩 참조하고 해당 전략을 적용한다. 테스트를 위한 일부 도서를 가져오고자 findAll() 쿼리를 적용할 수 있다.

전체 애플리케이션은 깃허브[9]에서 확인할 수 있다. 아울러 방문자 디자인 패턴을 사용하는 다른 예제도 깃허브[10]에서 찾을 수 있다.

항목 141: 클래스별 테이블 상속의 효율적 사용 방법

클래스별 테이블table-per-class은 또 다른 JPA 상속 전략이다. 이 전략에 따라 상속 계층 구조의 모든 클래스는 데이터베이스의 개별 테이블로 표현된다. 각 하위 클래스 테이블은 상위 클래스 테이블(기반 클래스)에서 상속된 모든 칼럼을 저장한다. 그림 15-5에 주어진 상속 계층 구조를 생각해보자.

---

9. HibernateSpringBootJoinedAndStrategy
10. HibernateSpringBootJoinedAndVisitor

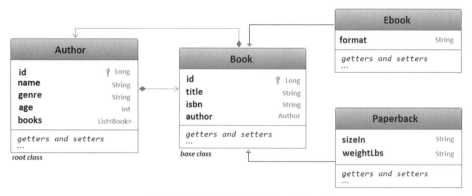

그림 15–5. 클래스별 테이블 상속 도메인 모델

Author와 Book 사이에는 양방향 지연 @OneToMany 연관관계를 갖는다. Author가 없으면 도서도 없기 때문에 Author 엔터티는 루트 클래스로 볼 수 있다. Book 엔터티는 기본 클래스이며, 클래스별 테이블 상속 전략을 사용하고자 이 클래스에 @Inheritance(strategy = InheritanceType.TABLE_PER_CLASS) 어노테이션을 추가한다. Ebook과 Paperback 엔터티는 Book 엔터티를 확장하며, 따라서 자체 @Id가 필요하지 않다. 이 상속 전략으로 구성되는 테이블은 그림 15-6과 같다.

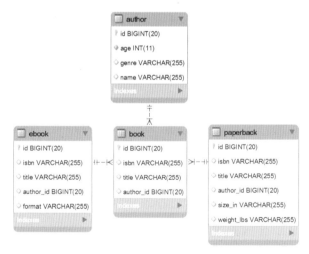

그림 15–6. 클래스별 테이블 상속 전략의 테이블

각 하위 클래스 테이블에는 기본키 칼럼이 포함돼 있다. 하위 클래스 테이블 전체에서 기본키의 고유성을 보장하고자 클래스별 테이블 전략은 IDENTITY 생성기에 의존할 수 없다. IDENTITY 생성기를 사용하려고 하면 Cannot use identity column key generation with <union-subclass> mapping 유형의 예외가 발생한다.

이는 MySQL과 같은 RDBMS의 중요한 결점이 된다. IDENTITY는 허용되지 않으며 SEQUENCE도 지원되지 않는다(MySQL은 데이터베이스 시퀀스가 지원하지 않기 때문에 SEQUENCE 전략이 지원되지 않는다). TABLE 생성기 타입은 잘 확장되지 않으며 단일 데이터베이스 커넥션의 경우에도 IDENTITY와 SEQUENCE 생성기 타입보다 훨씬 느리다. 따라서 MySQL과 클래스별 테이블 상속 전략의 조합을 피하는 것이 좋다.

Book 기반 클래스와 하위 클래스 관련 코드는 다음과 같다.

```
@Entity
@Inheritance(strategy = InheritanceType.TABLE_PER_CLASS)
public class Book implements Serializable {
    // ...
}


@Entity
public class Ebook extends Book implements Serializable {
    // ...
}


@Entity
public class Paperback extends Book implements Serializable {
    // ...
}
```

데이터 저장

다음과 같은 서비스 메서드는 Book, Ebook, Paperback 엔터티로 생성된 3권의 도서와 함께 Author를 저장한다.

```java
public void persistAuthorWithBooks() {

    Author author = new Author();
    author.setName("Alicia Tom");
    author.setAge(38);
    author.setGenre("Anthology");

    Book book = new Book();
    book.setIsbn("001-AT");
    book.setTitle("The book of swords");

    Paperback paperback = new Paperback();
    paperback.setIsbn("002-AT");
    paperback.setTitle("The beatles anthology");
    paperback.setSizeIn("7.5 x 1.3 x 9.2");
    paperback.setWeightLbs("2.7");

    Ebook ebook = new Ebook();
    ebook.setIsbn("003-AT");
    ebook.setTitle("Anthology myths");
    ebook.setFormat("kindle");

    author.addBook(book);       // addBook() 도우미 메서드 사용
    author.addBook(paperback);
    author.addBook(ebook);

    authorRepository.save(author);
}
```

해당 author 인스턴스를 저장하면 다음과 같은 SQL문이 트리거된다.

```sql
INSERT INTO author (age, genre, name)
```

```
    VALUES (?, ?, ?)
Binding:[38, Anthology, Alicia Tom]

INSERT INTO book (author_id, isbn, title, id)
    VALUES (?, ?, ?, ?)
Binding:[1, 001-AT, The book of swords, 1]

INSERT INTO paperback (author_id, isbn, title, size_in, weight_lbs, id)
    VALUES (?, ?, ?, ?, ?, ?)
Binding:[1, 002-AT, The beatles anthology, 7.5 x 1.3 x 9.2, 2.7, 2]

INSERT INTO ebook (author_id, isbn, title, format, id)
    VALUES (?, ?, ?, ?, ?)
Binding:[1, 003-AT, Anthology myths, kindle, 3]
```

클래스별 테이블은 하위 클래스별 단일 INSERT를 트리거하므로 조인된 테이블 상속 전략보다 더 효율적이다.

쿼리 및 클래스별 테이블 상속

이제 데이터 가져오기의 효율성을 확인해보고자 다음과 같은 BookRepository를 생각해보자.

```java
@Repository
@Transactional(readOnly = true)
public interface BookRepository extends JpaRepository<Book, Long> {

    @Query("SELECT b FROM Book b WHERE b.author.id = ?1")
    List<Book> fetchBooksByAuthorId(Long authorId);

    Book findByTitle(String title);
}
```

저자 식별자를 통한 도서 가져오기

다음과 같이 fetchBooksByAuthorId()를 호출해보자.

```
List<Book> books = bookRepository.fetchBooksByAuthorId(1L);
```

트리거된 SELECT는 다음과 같다.

```sql
SELECT
    book0_.id AS id1_1_,
    book0_.author_id AS author_i4_1_,
    book0_.isbn AS isbn2_1_,
    book0_.title AS title3_1_,
    book0_.format AS format1_2_,
    book0_.size_in AS size_in1_3_,
    book0_.weight_lbs AS weight_l2_3_,
    book0_.clazz_ AS clazz_
FROM (SELECT
    id, isbn, title, author_id,
    NULL AS format, NULL AS size_in, NULL AS weight_lbs, 0 AS clazz_
FROM book
UNION
SELECT
    id, isbn, title, author_id, format,
    NULL AS size_in, NULL AS weight_lbs, 1 AS clazz_
FROM ebook
UNION
SELECT
    id, isbn, title, author_id,
    NULL AS format, size_in, weight_lbs, 2 AS clazz_
FROM paperback) book0_
WHERE book0_.author_id = ?
```

다형성 쿼리의 경우 하이버네이트는 기반 클래스와 모든 하위 클래스 테이블에서 데이터를 가져오고자 SQL 유니온^{union}을 활용한다. 확실히 다형성 쿼리는 더 많은 유니온이 필요하므로 효율성이 떨어진다.

제목을 통한 도서 가져오기

다음으로 각 도서에 대한 findByTitle()을 호출해보자.

```
Book book1 = bookRepository.findByTitle("The book of swords"); // Book
Book book2 = bookRepository.findByTitle("The beatles anthology"); // Paperback
Book book3 = bookRepository.findByTitle("Anthology myths");     // Ebook
```

트리거된 SELECT는 3가지 유형의 도서 모두 동일하다.

```
SELECT
    book0_.id AS id1_1_,
    book0_.author_id AS author_i4_1_,
    book0_.isbn AS isbn2_1_,
    book0_.title AS title3_1_,
    book0_.format AS format1_2_,
    book0_.size_in AS size_in1_3_,
    book0_.weight_lbs AS weight_l2_3_,
    book0_.clazz_ AS clazz_
FROM (SELECT
    id, isbn, title, author_id,
    NULL AS format, NULL AS size_in, NULL AS weight_lbs, 0 AS clazz_
FROM book
UNION
SELECT
    id, isbn, title, author_id, format,
    NULL AS size_in, NULL AS weight_lbs, 1 AS clazz_
FROM ebook
```

```
UNION
SELECT
    id, isbn, title, author_id,
    NULL AS format, size_in, weight_lbs, 2 AS clazz_
FROM paperback) book0_
WHERE book0_.title = ?
```

동일하게 하이버네이트는 기반 클래스와 모든 하위 클래스 테이블에서 데이터를 가져오고자 SQL 유니온을 활용한다. 따라서 기반 클래스 리포지터리를 통해하위 클래스 엔터티를 가져오는 것은 효율적이지 않으며 피해야 한다.

Paperback 가져오기

다음과 같은 Paperback 리포지터리를 생각해보자.

```
@Repository
@Transactional(readOnly = true)
public interface PaperbackRepository
        extends JpaRepository<Paperback, Long> {

    Paperback findByTitle(String title);
}
```

이제 2개의 쿼리를 실행해보자. 첫 번째 쿼리는 Book을 식별하는 제목을 사용한다. 두 번째 쿼리는 Paperback을 식별하는 제목을 사용한다.

```
// p1은 Book
Paperback p1 = paperbackRepository.findByTitle("The book of swords");

// p2는 Paperback
Paperback p2 = paperbackRepository.findByTitle("The beatles anthology");
```

두 쿼리 모두 다음과 같은 동일한 SELECT를 트리거한다(p1은 null이고, p2는 Paperback을 가져온다).

```
SELECT
    paperback0_.id AS id1_1_,
    paperback0_.author_id AS author_i4_1_,
    paperback0_.isbn AS isbn2_1_,
    paperback0_.title AS title3_1_,
    paperback0_.size_in AS size_in1_3_,
    paperback0_.weight_lbs AS weight_l2_3_
FROM paperback paperback0_
WHERE paperback0_.title = ?
```

각각의 리포지터리를 통해 하위 클래스를 가져오는 것이 효율적이다.

가능하면 기반 클래스 리포지터리를 통해 하위 클래스를 가져오지 말고 하위 클래스의 전용 리포지터리를 사용하자. 첫 번째 경우에는 하위 클래스의 수가 유니온 수에 영향을 미치고 두 번째 경우에는 별도 유니온이 없게 된다. 즉, 하위 클래스 엔터티에 대해 직접 쿼리를 사용하는 것이 좋다.

물론 하위 클래스의 자체 리포지터리를 사용하는 것만큼 실용적이진 않다. BookRepository에서 findByTitle()을 정의하고, 이를 EbookRepository 또는 PaperbackRepository에서 사용하려는 경우 복사하는 것도 실용적이지 않다(일반적으로 모든 리포지터리에서 쿼리 메서드를 복사해 사용하는 것은 실용적이지 않다). 이런 경우 @NoRepositoryBean 클래스에서 findByTitle()을 정의할 수 있다.

```
@NoRepositoryBean
@Transactional(readOnly = true)
public interface BookBaseRepository<T extends Book>
            extends JpaRepository<T, Long> {
```

```
    T findByTitle(String title);

    @Query(value="SELECT b FROM #{#entityName} AS b WHERE b.isbn = ?1")
    T fetchByIsbn(String isbn);
}
```

BookRepository, EbookRepository, PaperbackRepository는 BookBaseRepository를 확장한다. 이렇게 하면 기반 리포지터리를 확장하는 모든 리포지터리에서 findByTitle()과 findByIsbn()을 사용할 수 있다. 전체 애플리케이션은 깃허브[11]에서 확인할 수 있다.

저자 및 연관된 도서 가져오기

다음과 같은 Author 리포지터리를 생각해보자.

```
@Repository
@Transactional(readOnly = true)
public interface AuthorRepository extends JpaRepository<Author, Long> {

    Author findByName(String name);

    @Query("SELECT a FROM Author a JOIN FETCH a.books b")
    Author findAuthor();
}
```

findByName()을 호출하면 연관된 도서 없이 저자를 가져온다.

```
@Transactional(readOnly = true)
public void fetchAuthorAndBooksEager() {

    Author author = authorRepository.findAuthor();
    List<Book> books = author.getBooks();
```

---

11. HibernateSpringBootTablePerClassRepositoryInheritance

```
    }
```

getBooks()를 호출하면 추가 쿼리가 트리거된다.

```
-- author 가져오기
SELECT
    author0_.id AS id1_0_,
    author0_.age AS age2_0_,
    author0_.genre AS genre3_0_,
    author0_.name AS name4_0_
FROM author author0_
WHERE author0_.name = ?

-- getBooks()을 통해 book 가져오기
SELECT
    books0_.author_id AS author_i4_1_0_,
    books0_.id AS id1_1_0_,
    books0_.id AS id1_1_1_,
    books0_.author_id AS author_i4_1_1_,
    books0_.isbn AS isbn2_1_1_,
    books0_.title AS title3_1_1_,
    books0_.format AS format1_2_1_,
    books0_.size_in AS size_in1_3_1_,
    books0_.weight_lbs AS weight_l2_3_1_,
    books0_.clazz_ AS clazz_1_
FROM (SELECT
    id, isbn, title, author_id,
    NULL AS format, NULL AS size_in, NULL AS weight_lbs, 0 AS clazz_
FROM book
UNION
SELECT
    id, isbn, title, author_id, format,
    NULL AS size_in, NULL AS weight_lbs, 1 AS clazz_
FROM ebook
```

```
UNION
SELECT
    id, isbn, title, author_id,
    NULL AS format, size_in, weight_lbs, 2 AS clazz_
FROM paperback) books0_
WHERE books0_.author_id = ?
```

추가 SELECT에는 이전과 동일한 단점이 있다. 즉, 각 하위 클래스 테이블에 대한 유니온이 생긴다. 따라서 다형성 쿼리와 여러 단계의 클래스 계층 또는 많은 수의 하위 클래스가 있으면 성능이 저하된다.

반면 JOIN FETCH 덕분에 findAuthor()를 호출하면 하나의 SELECT로 저자와 연관 도서를 가져올 수 있다.

```
@Transactional(readOnly = true)
public void fetchAuthorAndBooksEager() {
    Author author = authorRepository.findAuthor();
}
```

그러나 애석하게도 트리거된 SELECT는 각 하위 클래스에 대한 유니온이 필요하기 때문에 효율적이지 않다(n개의 하위 클래스는 n개의 유니온을 갖는다).

```
SELECT
    author0_.id AS id1_0_0_,
    books1_.id AS id1_1_1_,
    author0_.age AS age2_0_0_,
    author0_.genre AS genre3_0_0_,
    author0_.name AS name4_0_0_,
    books1_.author_id AS author_i4_1_1_,
    books1_.isbn AS isbn2_1_1_,
    books1_.title AS title3_1_1_,
```

```
    books1_.format AS format1_2_1_,
    books1_.size_in AS size_in1_3_1_,
    books1_.weight_lbs AS weight_l2_3_1_,
    books1_.clazz_ AS clazz_1_,
    books1_.author_id AS author_i4_1_0__,
    books1_.id AS id1_1_0__
FROM author author0_
INNER JOIN (SELECT
    id, isbn, title, author_id,
    NULL AS format, NULL AS size_in, NULL AS weight_lbs, 0 AS clazz_
FROM book
UNION
SELECT
    id, isbn, title, author_id, format,
    NULL AS size_in, NULL AS weight_lbs, 1 AS clazz_
FROM ebook
UNION
SELECT
    id, isbn, title, author_id,
    NULL AS format, size_in, weight_lbs, 2 AS clazz_
FROM paperback) books1_
    ON author0_.id = books1_.author_id
```

클래스별 테이블 상속의 장단점을 생각해보자.

장점:

- 하위 클래스별 하나의 INSERT만 존재하므로 쓰기가 빠르다.
- 기반 클래스 및 하위 클래스 속성은 null을 허용하지 않게 처리 가능하다.

단점:

- IDENTITY 생성기는 사용할 수 없다.
- 읽기는 하위 클래스의 전용 리포지터리를 사용할 때만 효율적이다(즉, 하위 클래스 엔터티에 대한 쿼리를 직접 사용하는 것이 좋다).

- 다형성 쿼리의 경우 n개의 하위 클래스에 대해 하이버네이트는 n개의 유니온이 필요하며, 이는 심각한 성능 저하로 이어질 수 있다.

전체 애플리케이션은 깃허브[12]에서 확인할 수 있다.

항목 142: @MappedSuperclass 효율적 사용 방법

항목 24와 항목 87에서 @MappedSuperclass 동작 방식을 이미 살펴봤다.

@MappedSuperclass는 클래스별 테이블 전략과 유사하지만 엔터티가 아닌 기반 클래스가 있는 상속 모델을 구성하는 데 유용한 엔터티 수준 어노테이션이며, 데이터베이스 테이블로 구체화되지 않는다. 기반 클래스는 @MappedSuperclass 로 어노테이션이 지정되며 abstract일 수도 있고 아닐 수도 있다. 하위 클래스 는 속성들을 상속하고 자체 속성을 포함하는 하위 클래스 테이블에 저장된다. 그림 15-7에 주어진 상속 계층 구조를 생각해보자.

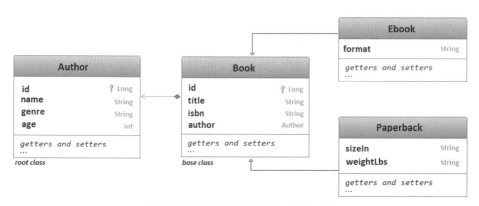

그림 15-7. 매핑된 상위 클래스 도메인 모델

Author와 Book 사이에는 단방향 지연 @ManyToOne 연관관계를 가지며, Book은 엔터티가 아니기에 연관관계를 지원하지 않는다. 따라서 Author 엔터티는

---

12. HibernateSpringBootTablePerClassInheritance

@OneToMany 연관관계를 정의할 수 없다. 저자가 없으면 도서도 없기 때문에 Author 엔터티는 루트 클래스로 볼 수 있으며, Book 엔터티는 엔터티가 아닌 기반 클래스다. Ebook과 Paperback 엔터티는 Book 엔터티를 확장하므로 자체 @Id가 필요하지 않다. 테이블 관계는 그림 15-8과 같다(book 테이블이 없음에 유의).

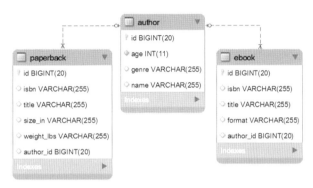

그림 15-8. 매핑된 상위 클래스에 대한 테이블

Book 기반 클래스 관련 코드는 다음과 같다.

```
@MappedSuperclass
public abstract class Book implements Serializable {

    private static final long serialVersionUID = 1L;

    @Id
    @GeneratedValue(strategy = GenerationType.IDENTITY)
    private Long id;

    private String title;
    private String isbn;

    @ManyToOne(fetch - FetchType.LAZY)
    @JoinColumn(name = "author_id")
    private Author author;

    // 간결함을 위해 getter/setter 생략
}
```

```
@Entity
public class Ebook extends Book implements Serializable {
    // ...
}


@Entity
public class Paperback extends Book implements Serializable {
    // ...
}
```

데이터 저장

다음과 같은 서비스 메서드는 Book, Ebook, Paperback 엔터티로 생성된 3권의
도서와 함께 Author를 저장한다.

```
public void persistAuthorWithBooks() {

    Author author = new Author();
    author.setName("Alicia Tom");
    author.setAge(38);
    author.setGenre("Anthology");

    Paperback paperback = new Paperback();
    paperback.setIsbn("002-AT");
    paperback.setTitle("The beatles anthology");
    paperback.setSizeIn("7.5 x 1.3 x 9.2");
    paperback.setWeightLbs("2.7");
    paperback.setAuthor(author);

    Ebook ebook = new Ebook();
    ebook.setIsbn("003-AT");
    ebook.setTitle("Anthology myths");
    ebook.setFormat("kindle");
```

```
        ebook.setAuthor(author);

        authorRepository.save(author);
        paperbackRepository.save(paperback);
        ebookRepository.save(ebook);
    }
```

해당 author, paperback, ebook 인스턴스를 저장하면 다음 SQL문이 트리거된다.

```
    INSERT INTO author (age, genre, name)
        VALUES (?, ?, ?)
    Binding:[38, Anthology, Alicia Tom]

    INSERT INTO paperback (author_id, isbn, title, size_in, weight_lbs)
        VALUES (?, ?, ?, ?, ?)
    Binding:[1, 002-AT, The beatles anthology, 7.5 x 1.3 x 9.2, 2.7]

    INSERT INTO ebook (author_id, isbn, title, format)
        VALUES (?, ?, ?, ?)
    Binding:[1, 003-AT, Anthology myths, kindle]
```

엔터티 인스턴스당 하나의 INSERT가 있기 때문에 쓰기가 효율적이다.

Paperback 가져오기

다음과 같은 Paperback 리포지터리를 생각해보자.

```
    @Repository
    @Transactional(readOnly = true)
    public interface PaperbackRepository
                extends JpaRepository<Paperback, Long> {

        Paperback findByTitle(String title);
```

```
    @Query("SELECT e FROM Paperback e JOIN FETCH e.author")
    Paperback fetchByAuthorId(Long id);
}
```

이제 findByTitle()을 통해 2개의 쿼리를 실행해보자. 첫 번째 쿼리는 EBook을 식별하는 제목을 사용한다. 두 번째 쿼리는 Paperback을 식별하는 제목을 사용한다.

```
// p1은 Ebook
Paperback p1 = paperbackRepository.findByTitle("Anthology myths");

// p2는 Paperback
Paperback p2 = paperbackRepository.findByTitle("The beatles anthology");
```

두 쿼리 모두 다음과 같은 동일한 SELECT를 트리거한다(p1은 null이고, p2는 Paperback을 가져온다).

```
SELECT
    paperback0_.id AS id1_2_,
    paperback0_.author_id AS author_i6_2_,
    paperback0_.isbn AS isbn2_2_,
    paperback0_.title AS title3_2_,
    paperback0_.size_in AS size_in4_2_,
    paperback0_.weight_lbs AS weight_l5_2_
FROM paperback paperback0_
WHERE paperback0_.title = ?
```

이 쿼리는 매우 간단하며 효율적이다.

페이퍼백의 저자를 가져오는 것은 어떨까? 이는 fetchByAuthorId()를 호출해 수행할 수 있다. 이 쿼리 메서드는 JOIN FETCH를 사용하므로 저자는 다음과 같이 페이퍼백을 하나의 SELECT로 가져온다.

```
SELECT
    paperback0_.id AS id1_2_0_,
    author1_.id AS id1_0_1_,
    paperback0_.author_id AS author_i6_2_0_,
    paperback0_.isbn AS isbn2_2_0_,
    paperback0_.title AS title3_2_0_,
    paperback0_.size_in AS size_in4_2_0_,
    paperback0_.weight_lbs AS weight_l5_2_0_,
    author1_.age AS age2_0_1_,
    author1_.genre AS genre3_0_1_,
    author1_.name AS name4_0_1_
FROM paperback paperback0_
INNER JOIN author author1_
    ON paperback0_.author_id = author1_.id
```

쿼리는 하나의 JOIN을 사용하며 효율적이다. Author에는 연관관계가 없으므로 getBooks(), getEbooks(), getPaperbacks() 같은 메서드는 따로 없다.

@MappedSuperclass에 대한 장단점을 생각해보자.

장점:

- 읽기와 쓰기가 빠르다.
- @MappedSuperclass는 기반 클래스가 엔터티일 필요가 없는 경우 클래스당 테이블 상속 전략에 대한 적절한 대안이다.

단점:

- 기반 클래스에 대한 쿼리가 불가능히디.
- 다형성 쿼리 및 연관관계는 허용되지 않는다.

일반적인 규칙으로 @MappedSuperclass는 기반 클래스에서 모든 하위 클래스로 특정 속성을 전파하려는 경우에 적합한데, 객체 계층 구조 가시성이 객체 도메인 수준에서 유지되기 때문이다. 이런 작업을 위해서는 SINGLE_TABLE, JOINED, TABLE_PER_CLASS와 같은 상속 전략을 사용하지 말아야 하며, 대신 소프트웨어 설계 패턴(예: 템플릿, 상태, 전략, 방문자 등)과 결합된 SINGLE_TABLE, JOINED, TABLE_PER_CLASS를 사용하자. 소프트웨어 디자인 패턴으로 상속 전략을 구성하는 것은 JPA 상속을 활용하는 최선의 선택이다.

전체 코드는 깃허브[13]에서 확인할 수 있다.

SINGLE_TABLE, JOINED, TABLE_PER_CLASS의 경우와 마찬가지로 구체화되는 리포지터리로 확장되는 기반 리포지터리를 생성해 쿼리 메서드 중복을 방지할 수 있다. 전체 예제는 깃허브[14]에서 확인할 수 있다.

---

13. HibernateSpringBootMappedSuperclass)
14. HibernateSpringBootMappedSuperclassRepository

## 16장

일반 타입과 하이버네이트 타입

항목 143: 하이버네이트 타입 라이브러리를 통한 하이버네이트 및 미지원 타입 처리 방법

일반적인 규칙으로, 가장 적절한 데이터베이스 칼럼 타입을 선택하도록 노력해야 한다. 대부분의 데이터베이스는 활용 가능한 여러 특정 타입을 제공하기 때문에 시간을 갖고 데이터베이스 타입을 확인해볼 필요가 있다. 예를 들어 MySQL의 MEDIUMINT UNSIGNED는 1에서 99,999 범위의 정수를 저장하고, PostgreSQL의 money 타입은 고정 분수 정밀도(fixed fractional precision)로 통화(currency) 금액을 저장하며, cidr 타입은 IPv4 또는 IPv6 네트워크 정보를 보관한다. 아울러 가급적 작은 크기의 타입을 사용하도록 노력할 필요가 있는데, 인덱스 메모리 공간을 줄이고 데이터베이스가 더 많은 양의 데이터를 처리할 수 있게 한다.

하이버네이트 타입을 자바 타입(객체 또는 기본형)과 SQL 타입 사이의 다리bridge 역할을 한다고 생각할 수 있다. 하이버네이트 ORM은 내장된 여러 지원 타입을 제공하지만 하이버네이트가 지원하지 않는 다른 자바 타입도 있다(예: 자바 8에 도입된 java.time.YearMonth).

특별히 지원되지 않는 타입은 하이버네이트 타입 라이브러리Types Library를 활용할 수 있다.

이 라이브러리는 하이버네이트 ORM에서 지원되지 않는 추가 타입과 유틸리티
모음을 제공하는데, 이런 타입 중 java.time.YearMonth가 있다. 하이버네이트
타입을 통해 이 타입을 저장해보자. 먼저 pom.xml 파일(메이븐의 경우)에 다음과 같
은 종속성을 추가한다.

```
<dependency>
    <groupId>com.vladmihalcea</groupId>
    <artifactId>hibernate-types-52</artifactId>
    <version>2.4.3</version>
</dependency>
```

다음으로 Book 엔터티를 정의하는데, @TypeDef 어노테이션을 통해 java.time.
YearMonth 자바 타입을 하이버네이트의 YearMonthIntegerType(또는 YearMonthDateType)
타입으로 매핑하는 방법에 주목하자.

```
import com.vladmihalcea.hibernate.type.basic.YearMonthIntegerType;
import org.hibernate.annotations.TypeDef;
// ...
@Entity
@TypeDef(
    typeClass = YearMonthIntegerType.class, // or, YearMonthDateType
    defaultForType = YearMonth.class
)
public class Book implements Serializable {
```

---

1. https://github.com/vladmihalcea/hibernate-types

```
    private static final long serialVersionUID = 1L;

    @Id
    @GeneratedValue(strategy = GenerationType.IDENTITY)
    private Long id;

    private String title;
    private String isbn;
    private YearMonth releaseDate;

    // 간결함을 위해 getter/setter 생략
}
```

마지막으로 서비스 메서드에서 데이터베이스에 Book 인스턴스를 저장하도록
처리한다.

```
public void newBook() {

    Book book = new Book();

    book.setIsbn("001");
    book.setTitle("Young Boy");
    book.setReleaseDate(YearMonth.now());

    bookRepository.save(book);
}
```

그림 16-1은 데이터베이스 내용을 보여준다(release_date 칼럼 확인).

id	isbn	release_date	title
1	001	201907	Young Boy

그림 16-1. release_date 칼럼

그리고 Book을 가져오는 서비스 메서드는 다음과 같다.

```
public void displayBook() {

    Book book = bookRepository.findByTitle("Young Boy");

    System.out.println(book);
}
```

출력은 다음과 같다.

```
Book{id = 1, title=Young Boy, isbn=001, releaseDate=2019-07}
```

전체 코드는 깃허브[2]에서 확인할 수 있다.

항목 144: CLOB 및 BLOB 매핑 방법

Author 엔터티를 살펴보자. 속성 중 저자는 avatar(사진)와 biography(여러 페이지의 텍스트)를 가질 수 있으며, avatar는 BLOB^Binary Large OBject 으로, biography는 CLOB^Character Large OBject 으로 처리할 수 있다. BLOB/CLOB에 대한 매핑은 쉬운 사용과 성능 사이의 트레이드오프다.

사용 용이성(성능에 대한 트레이드오프)

JPA 표준에 따르면 BLOB은 byte[]에 매핑될 수 있으며, CLOB은 String에 매핑될 수 있다. 코드로는 다음과 같다.

```
@Entity
public class Author implements Serializable {
```

---

2. HibernateSpringBootYearMonth

```
// ...
@Lob
private byte[] avatar;

@Lob
private String biography;

// ...

public byte[] getAvatar() {
    return avatar;
}

public void setAvatar(byte[] avatar) {
    this.avatar = avatar;
}

public String getBiography() {
    return biography;
}

public void setBiography(String biography) {
    this.biography = biography;
}

// ...
}
```

다음과 같은 서비스 메서드와 같이 avatar와 biography를 저장하고 가져올 수 있다(findByName()은 AuthorRepository 쿼리 메서드이며 저장할 데이터는 2개의 로컬 파일에 있다고 가정한다).

```
public void newAuthor() throws IOException {

    Author mt = new Author();
    mt.setName("Martin Ticher");
    mt.setAge(43);
    mt.setGenre("Horror");
```

```
    mt.setAvatar(Files.readAllBytes(
        new File("avatars/mt_avatar.png").toPath()));
    mt.setBiography(Files.readString(
        new File("biography/mt_bio.txt").toPath()));

    authorRepository.save(mt);
}

public void fetchAuthor() {

    Author author = authorRepository.findByName("Martin Ticher");

    System.out.println("Author bio: "
            + author.getBiography());
    System.out.println("Author avatar: "
            + Arrays.toString(author.getAvatar()));
}
```

BLOB/CLOB을 byte[]와 String에 매핑하는 방법은 쉽지만 성능이 저하될 수 있다. BLOB/CLOB을 가져올 때 모든 정보를 가져와 자바 객체에 매핑하는데, 이로 인해 특히 정보의 양이 많은 경우(예: 비디오, 고화질 이미지, 오디오 등) 성능이 저하된다. 이런 경우 다음에 설명될 JDBC LOB 로케이터(locator)인 java.sql.Clob과 java.sql.Blob을 사용하는 것이 좋다.

전체 애플리케이션은 깃허브[3]에서 확인할 수 있다.

성능 저하 방지(트레이드오프는 사용 용이성)

JDBC LOB 로케이터 Clob 및 Blob으로 BLOB/CLOB을 매핑하면 데이터 스트리밍streaming과 같은 JDBC 드라이버 최적화를 유지할 수 있다. 엔터티 매핑은 다음과 같이 간단하다.

---

3. HibernateSpringBootMappingLobToByteString

```
@Entity
public class Author implements Serializable {

    // ...

    @Lob
    private Blob avatar;

    @Lob
    private Clob biography;

    // ...

    public Blob getAvatar() {
        return avatar;
    }

    public void setAvatar(Blob avatar) {
        this.avatar = avatar;
    }

    public Clob getBiography() {
        return biography;
    }

    public void setBiography(Clob biography) {
        this.biography = biography;
    }

    // ...
}
```

엔터티 매핑은 쉽지만 BLOB/CLOB을 저장하고 가져오려면 하이버네이트의
BlobProxy 및 ClobProxy 클래스와 I/O 코드가 필요하다. 해당 클래스는 Blob과
Clob을 만드는 데 필요한데, 다음과 같은 서비스 메서드는 avatar와 biography
를 저장하고 가져오는 방법을 보여준다.

```
public void newAuthor() throws IOException {
```

```
        Author mt = new Author();

        mt.setName("Martin Ticher");

        mt.setAge(43);

        mt.setGenre("Horror");

        mt.setAvatar(BlobProxy.generateProxy(
            Files.readAllBytes(new File("avatars/mt_avatar.png").toPath())));
        mt.setBiography(ClobProxy.generateProxy(
            Files.readString(new File("biography/mt_bio.txt").toPath())));

        authorRepository.save(mt);
    }

    public void fetchAuthor() throws SQLException, IOException {

        Author author = authorRepository.findByName("Martin Ticher");
        System.out.println("Author bio: "
            + readBiography(author.getBiography()));
        System.out.println("Author avatar: "
            + Arrays.toString(readAvatar(author.getAvatar())));
    }

    private byte[] readAvatar(Blob avatar) throws SQLException, IOException {

        try (InputStream is = avatar.getBinaryStream()) {

            return is.readAllBytes();

        }
    }

    private String readBiography(Clob bio) throws SQLException, IOException {

        StringBuilder sb = new StringBuilder();
        try (Reader reader = bio.getCharacterStream()) {

            char[] buffer = new char[2048];
            for (int i = reader.read(buffer); i > 0; i = reader.read(buffer)) {
                sb.append(buffer, 0, i);
            }

        }

        return sb.toString();
```

```
    }
```

전체 애플리케이션은 깃허브[4]에서 확인할 수 있다.

BLOB/CLOB을 처리할 때 즉시 로딩되고 사용되지 않는 경우 성능이 저하된다. 예를 들어 author 를 로드할 때 avatar와 biography도 함께 로드할 필요가 없다. 이 정보는 **항목 23**과 **항목 24**에 제시된 지연 속성 로드 기술을 통해 요청 시에만 로드할 수 있다.

국가별(nationalized) 문자 데이터 타입(예: NCLOB, NCHAR, NVARCHAR, LONGNVARCHAR)의 경우 다음 과 같이 @Lob을 @Nationalized로 변경한다.

```
    @Nationalized
    Private String biography;
```

항목 145: 자바 열거형을 데이터베이스에 효율적으로 매핑하는 방법

Author 엔터티 및 다음과 같이 자바 열거형으로 표현되는 genre 속성을 생각해 보자.

```
    public enum GenreType {

        HORROR, ANTHOLOGY, HISTORY

    }
```

이제 이 열거형을 데이터베이스에 매핑하기 위한 몇 가지 방법을 살펴보자.

---

4. HibernateSpringBootMappingLobToClobAndBlob

EnumType.STRING을 통한 매핑

간단한 방법은 다음과 같이 @Enumerated(EnumType.STRING)을 사용하는 것이다.

```
@Entity
public class Author implements Serializable {

    // ...
    @Enumerated(EnumType.STRING)
    private GenreType genre;
    // ...
}
```

이 방법은 얼마나 효율적일까? MySQL에서 **genre** 칼럼은 VARCHAR(255)를 갖는다. 분명히 해당 칼럼은 필요 이상으로 많은 공간을 차지한다. 그럼 다음과 같이 하면 어떨까?

```
@Enumerated(EnumType.STRING)
@Column(length = 9)
private GenreType genre;
```

9바이트 길이는 ANTHOLOGY 값을 저장하기에 충분하다. 수백만 개의 레코드가 아니면 괜찮다. 그러나 가능성은 낮지만 저자가 1,500만 명이라고 가정하면 **genre** 칼럼에만 120MB 이상이 필요하다. 이는 전혀 효율적이지 않다.

EnumType.ORDINAL을 통한 매핑

효율성을 높이고자 EnumType.STRING 대신 EnumType.ORDINAL로 변경해보자.

```
@Enumerated(EnumType.ORDINAL)
private GenreType genre;
```

이번에는 MySQL에서 genre 칼럼이 int(11) 타입이 되며, MySQL에서 INTEGER(또는 INT) 타입은 4바이트가 필요하다. VARCHAR(9)보다 훨씬 낫다. 100개 이상의 장르가 필요치 않기에 다음과 같이 TINYINT로 충분할 것이다.

```
@Enumerated(EnumType.ORDINAL)
@Column(columnDefinition = "TINYINT")
private GenreType genre;
```

MySQL에서 TINYINT는 -128에서 127 사이 값을 나타내는 1바이트만 필요하다. 이 경우 1,500만 명의 저자를 저장하는 데 14MB 정도만 필요하게 된다.

또는 특정 시나리오에서는 TINYINT로 충분하지 않을 수 있다. 더 큰 범위의 2바이트가 필요하면 -32,768에서 32,767 사이의 범위를 갖는 SMALLINT를 사용할 수 있지만 그렇게 많은 값을 가진 열거형이 있을 가능성은 거의 없다.

결론적으로 EnumType.STRING보다 EnumType.ORDINAL을 사용하는 것이 더 효율적이지만, 그럼에도 트레이드오프는 가독성이다.

전체 애플리케이션은 깃허브[5]에서 확인할 수 있다.

열거형을 커스텀 표현 방식으로 매핑

기본적으로 EnumType.ORDINAL을 사용하면 HORROR는 0, ANTHOLOGY는 1, HISTORY는 2로 처리된다. 이를 HORROR는 10, ANTHOLOGY는 20, HISTORY는 30으로 처리한다고 가정해보자.

열거형을 커스텀 표현 방식에 매핑하는 한 가지 방법은 AttributeConverter를 활용하는 것이다. 항목 19에서 AttributeConverter를 사용했으므로 다음 구현

---

5. HibernateSpringBootEnumStringInt

은 데자뷰^{déjà}여야 한다.

```java
public class GenreTypeConverter
                implements AttributeConverter<GenreType, Integer> {

    @Override
    public Integer convertToDatabaseColumn(GenreType attr) {

        if (attr == null) {
            return null;
        }

        switch (attr) {
            case HORROR:
                return 10;
            case ANTHOLOGY:
                return 20;
            case HISTORY:
                return 30;
            default:
                throw new IllegalArgumentException("The " + attr
                                            + " not supported.");
        }
    }

    @Override
    public GenreType convertToEntityAttribute(Integer dbData) {

        if (dbData == null) {
            return null;
        }

        switch (dbData) {
            case 10:
                return HORROR;
            case 20:
                return ANTHOLOGY;
            case 30:
```

```
                return HISTORY;
            default:
                throw new IllegalArgumentException("The " + dbData
                                            + " not supported.");
        }
    }
}
```

마지막으로 @Converter를 사용해 변환기를 적용하도록 하이버네이트에 지시한다.

```
@Entity
public class Author implements Serializable {

    // ...

    @Convert(converter = GenreTypeConverter.class)
    @Column(columnDefinition = "TINYINT")
    private GenreType genre;

    // ...
}
```

전체 애플리케이션은 깃허브[6]에서 확인할 수 있다.

열거형을 데이터베이스 Enum 타입에 매핑(PostgreSQL)

PostgreSQL은 다음 예제와 같이 CREATE TYPE 명령을 통해 사용 가능한 ENUM 타입을 정의한다.

```
CREATE TYPE genre_info AS ENUM ('HORROR', 'ANTHOLOGY', 'HISTORY');
```

---

6. HibernateSpringBootEnumAttributeConverter

커스텀 타입 작성

하이버네이트는 해당 타입을 지원하지 않기 때문에(하이버네이트는 enum 값을 int나 String에 매핑할 수 있지만 PostgreSQL은 값을 Object로 매핑해야 한다) 자바 enum을 PostgreSQL ENUM으로의 매핑은 커스텀 하이버네이트 타입을 구현해야 한다. 이 커스텀 하이버네이트 타입을 정의하다는 것은 다음과 같이 하이버네이트 EnumType을 확장하고 nullSafeSet() 메서드를 오버라이드해서 원하는 동작을 구성해야 함을 의미한다.

```
public class PostgreSQLEnumType extends EnumType {

    @Override
    public void nullSafeSet(PreparedStatement ps, Object obj, int index,
            SharedSessionContractImplementor session)
                throws HibernateException, SQLException {

        if (obj == null) {
            ps.setNull(index, Types.OTHER);
        } else {
            ps.setObject(index, obj.toString(), Types.OTHER);
        }
    }
}
```

마지막으로 @TypeDef 어노테이션을 사용해 해당 타입을 등록하고 이를 package-info.java 파일[7]에 넣는다.

```
@org.hibernate.annotations.TypeDef(
        name = "genre_enum_type", typeClass = PostgreSQLEnumType.class)

package com.bookstore.type;
```

---

7. 패키지에 대한 Javadoc 문서를 포함하는 소스 파일로 패키지 수준의 어노테이션 정의를 포함한다. — 옮긴이

이제 다음과 같이 사용한다.

```
@Entity
public class Author implements Serializable {

    // ...

    @Enumerated(EnumType.STRING)
    @Type(type = "genre_enum_type")
    @Column(columnDefinition = "genre_info")
    private GenreType genre;

    // ...
}
```

저자를 저장하면 해당 genre가 그림 16-2와 같이 PostgreSQL ENUM 타입인 genre_info 타입임을 알 수 있다.

id [PK] bigint	age integer	genre genre_info	name character varying (255)
1	34	HORROR	Maryus Yarn

그림 16-2. PostgreSQL ENUM 타입

전체 애플리케이션은 깃허브[8]에서 확인할 수 있다.

하이버네이트 타입 라이브러리 사용

하이버네이트 타입 라이브러리는 항목 143에서 소개했다. 다행히도 이 라이브러리에는 자바 열거형과 PostgreSQL ENUM 타입 매핑을 포함하고 있다. 먼저 다음과 같은 종속성을 통해 이 라이브러리를 애플리케이션에 추가한다.

---

8. HibernateSpringBootEnumPostgreSQLCustomType

```
<dependency>
    <groupId>com.vladmihalcea</groupId>
    <artifactId>hibernate-types-52</artifactId>
    <version>2.4.3</version>
</dependency>
```

그런 다음 아래와 같이 엔터티 클래스에 @TypeDef 어노테이션을 사용하고 엔터티 필드에 @Type을 사용한다.

```
@Entity
@TypeDef(
    name = "genre_enum_type",
    typeClass = PostgreSQLEnumType.class
)
public class Author implements Serializable {
    // ...

    @Enumerated(EnumType.STRING)
    @Type(type = "genre_enum_type")
    @Column(columnDefinition = "genre_info")
    private GenreType genre;

    // ...
}
```

전체 애플리케이션은 깃허브[9]에서 확인할 수 있다.

---

9. HibernateSpringBootEnumPostgreSQLHibernateTypes

항목 146: JSON 자바 객체를 MySQL JSON 칼럼에 효율적으로 매핑하는 방법

JSON은 구조화되지 않은 데이터를 표현하는 데 적합하다.

MySQL은 버전 5.7부터 JSON 타입을 지원하지만 하이버네이트 코어[Core]는 JSON 자바 객체와 데이터베이스 JSON 칼럼에 대해 작동하는 JSON 타입을을 제공하지 않는다.

다행스럽게도 하이버네이트 타입 라이브러리(항목 143의 해당 라이브러리에 익숙해야 함)는 해당 차이를 메우는 JsonStringType과 JsonBinaryType의 2가지 일반적인 JSON 타입을 지원한다. MySQL의 경우 JDBC 측면에서 JSON 타입을 String으로 표현해야 하므로 JsonStringType이 적합하다.

그럼 Author 엔터티와 Book JSON 자바 객체을 사용해보자. Author 엔터티는 다음과 같다.

```java
@Entity
@TypeDef(
    name = "json", typeClass = JsonStringType.class
)
public class Author implements Serializable {

    private static final long serialVersionUID = 1L;

    @Id
    @GeneratedValue(strategy = GenerationType.IDENTITY)
    private Long id;

    private String name;
    private String genre;
    private int age;
```

```
@Type(type = "json")
@Column(columnDefinition = "json")
private Book book;

    // 간결함을 위해 getter/setter 생략
}
```

Book JSON 자바 객체는 다음과 같다(JPA 엔터티가 아님).

```
public class Book implements Serializable {

    private static final long serialVersionUID = 1L;

    private String title;
    private String isbn;
    private int price;

    // 간결함을 위해 getter/setter 생략
}
```

Author 저장

서비스 메서드는 다음과 같이 저자를 쉽게 저장할 수 있다.

```
public void newAuthor() {

    Book book = new Book();
    book.setIsbn("001-JN");
    book.setTitle("A History of Ancient Prague");
    book.setPrice(45);

    Author author = new Author();
    author.setName("Joana Nimar");
    author.setAge(34);
    author.setGenre("History");
```

```
        author.setBook(book);

        authorRepository.save(author);
    }
```

INSERT문은 다음과 같다.

```
INSERT INTO author (age, book, genre, name)
    VALUES (34, '{"title":"A History of Ancient Prague",
                 "isbn":"001-JN","price":45}', 'History', 'Joana Nimar')
```

그림 16-3에서는 author 테이블을 보여준다.

author

id	age	book	genre	name
1	34	{"isbn": "001-JN", "price": 45, "title": "A History of Ancient Prague"}	History	Joana Nimar

그림 16-3. MySQL에서의 JSON

Author 가져오기/수정하기

저자를 조회하면 가져온 JSON을 Book 객체에 매핑한다. 예를 들어 다음과 같은
쿼리를 생각해보자.

```
public Author findByName(String name);
```

findByName()을 호출하면 다음 SELECT문이 트리거된다.

```
Author author = authorRepository.findByName("Joana Nimar");
```

```
SELECT
    author0_.id AS id1_0_,
    author0_.age AS age2_0_,
    author0_.book AS book3_0_,
    author0_.genre AS genre4_0_,
    author0_.name AS name5_0_
FROM author author0_
WHERE author0_.name = ?
```

가져온 author를 통해 getBook().getTitle(), getBook().getIsbn(), getBook().
getPrice()를 호출할 수 있고, getBook().setTitle(), getBook().setIsbn(),
getBook().setPrice()를 호출하면 JSON 업데이트가 실행된다. 예를 들어
getBook().setPrice(40)과 같은 UPDATE는 다음과 같다.

```
UPDATE author
SET age = 34,
    book = '{"title":"A History of Ancient Prague","isbn":"001-JN","price":40}',
    genre = 'History',
    name = 'Joana Nimar'
WHERE id = 1
```

JSON 쿼리를 통한 Author 가져오기

MySQL은 주어진 경로 표현식path expression을 기반으로 JSON 문서 일부를 추출하
거나 수정하는 기능을 제공한다. 이런 함수 중 하나는 JSON_EXTRACT()인데, 쿼
리할 JSON과 경로 표현식 2가지 인자를 갖는다. 경로 구문은 선행 $ 문자를
사용해 JSON 문서를 나타내며, 선택적으로 문서의 특정 부분을 지정하는 셀렉
터selector가 연이어 온다. 더 자세한 내용은 MySQL 문서[10]를 확인해보자.

---

10. https://dev.mysql.com/doc/refman/8.0/en/json.html

WHERE 절에서 JSON_EXTRACT()는 JPQL function() 또는 네이티브 쿼리를 통해 호출한다. JPQL을 사용하는 예는 다음과 같다(주어진 isbn으로 도서를 집필한 저자를 찾는다).

```
@Query("SELECT a FROM Author a "
    + "WHERE function('JSON_EXTRACT', a.book, '$.isbn') = ?1")
Author findByBookIsbn(String isbn);
```

또는 네이티브 쿼리는 다음과 같다.

```
@Query(value = "SELECT a.* FROM author a " +
                "WHERE JSON_EXTRACT(a.book, '$.isbn') = ?1",
        nativeQuery = true)
Author findByBookIsbnNativeQuery(String isbn);
```

쿼리의 SELECT 부분에서 JSON_EXTRACT()(JSON_SET(), JSON_MERGE_FOO(), JSON_OBJECT() 등)를 호출하는 것은 **항목 97**에서와 같이 네이티브 쿼리를 사용하거나 함수를 등록해 처리할 수 있다.

전체 애플리케이션은 깃허브[11]에서 확인할 수 있다.

항목 147: JSON 자바 객체를 PostgreSQL JSON 칼럼에 효율적으로 매핑하는 방법

항목 146은 MySQL JSON 타입을 다뤘다. 이제 PostgreSQL을 확인해보자.

PostgreSQL은 버전 9.2부터 JSON 타입을 지원하며, JSON 타입은 json과 jsonb이다. PostgreSQL JSON 타입은 바이너리 데이터 형식으로 표현되므로 **JsonBinaryType**을 사용해야 한다(항목 146에서 하이버네이트 타입 라이브러리는 JsonStringType과

---

11. HibernateSpringBootJsonToMySQL

이제 Author 엔터티와 Book JSON 자바 객체를 사용해보자. Author 엔터티는 다음과 같다.

```java
@Entity
@TypeDef(
    name = "jsonb", typeClass = JsonBinaryType.class
)
public class Author implements Serializable {

    private static final long serialVersionUID = 1L;

    @Id
    @GeneratedValue(strategy = GenerationType.IDENTITY)
    private Long id;

    private String name;
    private String genre;
    private int age;

    @Type(type = "jsonb")
    @Column(columnDefinition = "jsonb") // or, json
    private Book book;

    // 간결함을 위해 getter/setter 생략
}
```

Book JSON 자바 객체는 다음과 같다(JPA 엔터티가 아님).

```java
public class Book implements Serializable {

    private static final long serialVersionUID = 1L;

    private String title;
    private String isbn;
    private int price;
```

```
        // 간결함을 위해 getter/setter 생략
    }
```

Author 저장

서비스 메서드는 다음과 같이 저자를 쉽게 저장할 수 있다.

```
public void newAuthor() {

    Book book = new Book();
    book.setIsbn("001-JN");
    book.setTitle("A History of Ancient Prague");
    book.setPrice(45);

    Author author = new Author();
    author.setName("Joana Nimar");
    author.setAge(34);
    author.setGenre("History");
    author.setBook(book);

    authorRepository.save(author);
}
```

INSERT문은 다음과 같다.

```
INSERT INTO author (age, book, genre, name)
    VALUES (34, '{"title":"A History of Ancient Prague",
                "isbn":"001-JN","price":45}', 'History', 'Joana Nimar')
```

그림 16-4에서는 author 테이블을 보여준다.

author

id [PK] bigint	age integer	book jsonb	genre character varying (255)	name character varying (255)
1	34	{"isbn":"001-JN","price":45,"title":"A History of Ancient Prague"}	History	Joana Nimar

그림 16-4. PostgreSQL에서의 JSON

Author 가져오기/수정하기

저자를 조회하면 가져온 JSON을 Book 객체에 매핑한다. 예를 들어 다음과 같은
쿼리를 생각해보자.

```
public Author findByName(String name);
```

findByName()을 호출하면 다음 SELECT문이 트리거된다.

```
Author author = authorRepository.findByName("Joana Nimar");
```

```
SELECT
    author0_.id AS id1_0_,
    author0_.age AS age2_0_,
    author0_.book AS book3_0_,
    author0_.genre AS genre4_0_,
    author0_.name AS name5_0_
FROM author author0_
WHERE author0_.name = ?
```

가져온 author를 통해 getBook().getTitle(), getBook().getIsbn(), getBook().
getPrice()를 호출할 수 있고 getBook().setTitle(), getBook().setIsbn(),
getBook().setPrice()를 호출하면 JSON 업데이트가 실행된다. 예를 들어
getBook().setPrice(40)과 같은 UPDATE는 다음과 같다.

```
UPDATE author
SET age = 34,
    book = '{"title":"A History of Ancient Prague",
             "isbn":"001-JN","price":40}',
    genre = 'History',
    name = 'Joana Nimar'
WHERE id = 1
```

JSON 쿼리를 통한 Author 가져오기

PostgreSQL은 JSON 데이터 쿼리를 위해 2가지 기본 연산자를 제공한다(자세한 사항은 PostgreSQL[12] 문서 참고).

- -> 연산자는 키로 JSON 객체 필드를 반환한다.
- ->> 연산자는 텍스트로 JSON 객체 필드를 반환한다.

네이티브 연산자이기 때문에 네이티브 쿼리에서 사용해야 한다. 예를 들어 주어진 ISBN으로 도서를 집필한 저자를 조회하는 것은 다음과 같이 수행한다.

```
@Query(value = "SELECT a.* FROM author a "
             + "WHERE a.book ->> 'isbn' = ?1",
       nativeQuery = true)
Author findByBookIsbnNativeQuery(String isbn);
```

경우에 따라서는 JSON 필드를 적절한 데이터 타입으로 형 변환해야 한다. 예를 들이 도서의 price를 소선에 포함시키려면 다음과 같이 INTEGER로 변환해야 한다.

---

12. https://www.postgresql.org/docs/9.4/datatype-json.html

```
@Query(value = "SELECT a.* FROM author a "
            + "WHERE CAST(a.book ->> 'price' AS INTEGER) = ?1",
        nativeQuery = true)
Author findByBookPriceNativeQueryCast(int price);
```

전체 애플리케이션은 깃허브[13]에서 확인할 수 있다.

---

13. HibernateSpringBootJsonToPostgreSQL

(하이버네이트) JPA 기본 사항

영속성 유닛이란?

영속성 유닛^{Persistence unit}은 EntityManagerFactory 인스턴스를 생성하는 데 필요한 모든 정보가 담긴 상자라고 생각하면 된다(그림 A-1 참고).

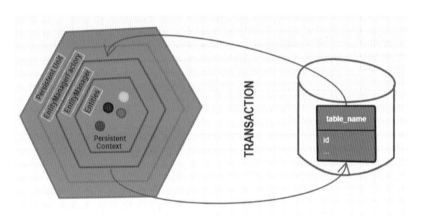

그림 A-1. 영속성 유닛

이 정보 중에는 데이터 소스(JDBC URL, 사용자, 패스워드, SQL 다이얼렉트 등), 관리되는 엔터티 목록, 기타 속성에 대한 세부 정보 등이 있으며, 당연히 영속성 유닛의 트랜잭션 타입은 resource-local(하나의 데이터 소스)이거나 JTA(여러 데이터 소스)일 수 있다. 자바 EE에서는 해당 세부 정보를 persistence.xml이라는 XML 파일에 지정하고 스프링 부트에서는 application.properties를 사용하는데, 스프링 부트가 이를 활용해 영속성 유닛을 대신 생성한다. 대안으로 javax.persistence.spi.PersistenceUnitInfo 구현을 통해 JPA를 프로그래밍 방식으로 부트스트래핑[bootstrapping]하는 것도 가능하다(자바 EE 및 스프링에서). 아울러 HHH-13614[1]에서 확인할 수 있듯이 선택한 이름으로 영속성 유닛을 식별하고 하나의 애플리케이션에서 여러 영속성 유닛을 갖고 이를 이름으로 식별할 수 있다. 따라서 동일한 애플리케이션에서 여러 데이터베이스에 연결할 수 있다.

EntityManagerFactory란?

이름에서 알 수 있듯 EntityManagerFactory는 온디맨드[on-demand] EntityManager 인스턴스를 생성하는 팩토리다.

기본적으로 영속성 유닛으로 제공된 정보를 통해 호출될 때마다 애플리케이션에서 관리되는 새로운 EntityManager 인스턴스를 반환하는 createEntityManager() 라는 메서드를 제공한다.

프로그래밍 방식으로 주입(@PersistenceUnit)되거나 Persistence#createEntityManagerFactory()를 통해 EntityManagerFactory를 만들 수 있으며, isOpened() 메서드를 통해 EntityManagerFactory의 상태를 확인하고 close() 메서드를 사용해 닫을 수 있다. EntityManagerFactory를 닫으면 모든 엔터티 관리자는 닫힌 상태로 간주된다.

---

1. https://hibernate.atlassian.net/browse/HHH-13614

EntityManager란?

EntityManager가 무엇인지 이해하고자 데이터베이스에서 추출된 데이터에 무슨 일이 일어나는지 먼저 얘기해보자.

- 데이터베이스에서 데이터를 가져오면 메모리에 해당 데이터의 복사본이 생성된다(일반적으로 JDBC 결과 세트 또는 단순히 결과 세트 또는 데이터 스냅숏이라고 한다). 가져온 데이터를 보관하는 메모리 영역을 영속성 콘텍스트 또는 1차 캐시, 아니면 단순히 캐시라고 한다. 해당 내용은 그림 A-2를 참고하자.

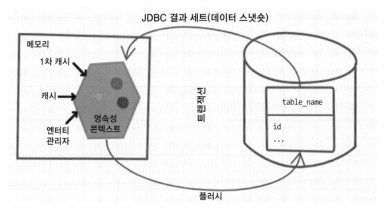

그림 A-2. 영속성 콘텍스트

- 인출 작업 후 가져온 결과 세트는 데이터베이스 외부 메모리에 상주한다. 애플리케이션에서는 엔터티를 통해(즉, 자바 객체를 통해) 해당 결과 세트를 액세스/관리한다. 그리고 해당 콘텍스트 활용을 용이하게 하고자 하이버네이트 JPA는 가져온 결과 세트를 원[raw] 데이터 배열(Object[] − 하이드레이티드/로드된 상태)과 관리된 엔터티[managed entities]로 일컫는 관리 가능한 표현 방식으로 변환하는 고유 기술을 적용한다.

가져온 엔터티 객체를 수정하려는 작업은 영속성 콘텍스트가 엔터티에 대한 캐시 역할뿐만 아니라 엔터티 상태 전환에 대한 버퍼(buffer)와 트랜잭션 쓰기 지연(write-behind) 캐시 역할도 한다는 사실을 활용해야 한다. 플러시 시점에 하이버네이트는 버퍼링된 엔터티 상태 전환을, 메모리 내 영속된 상태를 데이터베이스와 최적으로 동기화하기 위한 DML(Data Manipulation Language) 구문으로 변환하는 작업을 담당한다.

- 하나의 단일 활성 영속성 콘텍스트가 현재 활성화된 데이터베이스 트랜잭션에 할당돼야 한다. 현재 데이터베이스 트랜잭션 수명 동안 EntityManager 메서드(동사^{verbs}/행위^{actions})를 통해 엔터티를 조작할 수 있으며 하이버네이트 JPA는 엔터티의 상태 전환을 버퍼링한다. 객체 찾기, 객체 유지 및 병합, 데이터베이스에서 객체 제거 등과 같은 작업은 EntityManager를 통해 이뤄진다. 통상적으로 EntityManager 인스턴스를 현재의 영속성 콘텍스트라고 말하는 것은 잘못된 것이 아니며, 일반적인 규칙으로 데이터베이스 물리적 트랜잭션당 하나 이상의 영속성 콘텍스트를 사용하지 말아야 한다. 그림 A-3을 참고하자.

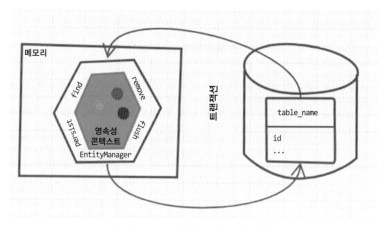

그림 A-3. 영속성 콘텍스트 작업 처리

- 엔터티 상태 관리 메서드(예: persist(), remove() 등)를 통해 메모리 내의 영속성 콘텍스트를 수정했다면 수정 사항이 데이터베이스에 반영될 것으로 생

각할 것이다. 이 작업을 플러시^{flush}라고 하며 트랜잭션 수명 동안 자동 또는 수동(권장하지 않음)으로 여러 번 트리거할 수 있다(플러싱에 대한 자세한 내용은 부록 H 참고). 보통 플러시 시점에 영속성 콘텍스트를 해당 데이터베이스에 동기화한다고 말하며, 다른 플러시 전략도 존재한다. 가장 일반적으로 사용되는 방법은 하이버네이트 JPA: AUTO(플러시는 모든 쿼리 실행(SELECT) 전과 트랜잭션 커밋 이전에 자동으로 트리거됨)와 COMMIT(플러시는 트랜잭션 커밋 이전에만 발생)이다. 대략적으로 플러시 작업은 수정 사항을 전파하고자 데이터베이스로 전송해야 하는 SQL(DML) 묶음으로 생각하면 되며, 그림 A-4를 참고하자.

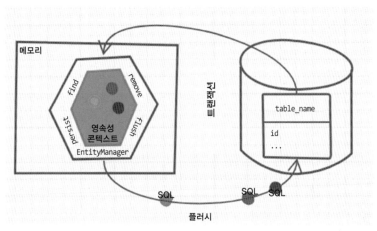

그림 A-4. 영속성 콘텍스트 플러시 시점

- 현재 트랜잭션이 완료되면(커밋 또는 롤백에 의해) 영속성 콘텍스트에 있던 모든 객체가 분리^{detached}된다. 모든 엔터티의 분리는 EntityManager가 clear() 메서드를 통해 클리어되거나 close() 메서드에 의해 닫힐 때 발생되며, 특정 엔터티는 detach()(또는 하이버네이트 ORM에서는 evict())라는 메서드를 호출해 분리될 수 있다. 이는 해당 객체에 대한 추가 수정 사항이 데이터베이스에 반영되지 않음을 의미한다. 후속 변경 사항을 전파하는 것은 활성화된 트랜잭션 콘텍스트에서 객체를 병합^{merging}(merge()를 통해)하거나 재결합 reattaching(하이버네이트 ORM update(), saveOrUpdate(), lock()을 통해) 후에만 가능하다. 이는

트랜잭션 영역 ^{transactional-scoped} EntityManager(일명 트랜잭션 영속성 콘텍스트)의 기본적인 동작이며, 확장된 영속성 콘텍스트로 알려진 여러 트랜잭션에 걸친 ^{extended-scope} EntityManager도 존재한다.

JPA의 병합과 하이버네이트의 재결합이 동일하다는 결론을 내리지 말아야 한다.

JPA 병합은 데이터베이스에서 새 엔터티 객체를 로드하고(데이터베이스로부터 최신 정보를 가져온다) 분리된 엔터티의 내부 상태를 복사해 업데이트하는 작업이다. 그러나 신규 엔터티를 로드하기 전에 JPA 병합은 현재 영속성 콘텍스트에서 관리되는 엔터티를 확인한다. 즉, 현재 영속성 콘텍스트에 이미 필요한 엔터티가 관리되고 있으면 데이터베이스에서 새 엔터티를 로드할 필요가 없고, 단순히 세션 수준의 반복 읽기(session-level repeatable reads)를 활용한다. 아울러 이 작업은 현재 세션 상태 동안 관리 엔터티상에 적용된 변경 사항을 덮어쓰고(분리된 엔터티의 속성 값이 관리 엔터티로 복사됨), merge() 메서드는 새로 업데이트되고 관리되는 인스턴스를 반환한다.

하이버네이트 재결합은 하이버네이트 자체 작업으로, 주로 분리된 엔터티 자체에 수행된다. 목적은 전달된 엔터티 객체를 분리된 상태에서 병합된(persistent) 상태로 전환하는 것이며, transient 엔터티나 현재 영속성 콘텍스트에 로드된 엔터티를 재결합하려고 하면 예외가 발생한다. 이 작업은 더티 체킹 메커니즘을 우회하고 영속성 콘텍스트 플러시 시점에 트리거되는 UPDATE로 구체화된다. 하이버네이트는 해당 데이터베이스에서 엔터티의 최신 상태를 읽지 않기 때문에 더티 체킹을 수행할 수 없다. 즉, 엔터티와 데이터베이스가 동기화(동일한 값을 가진다)된 상태에도 UPDATE가 항상 발생한다. 엔터티에 @SelectBeforeUpdate 어노테이션을 지정해 이 문제를 해결할 수도 있다. 이 어노테이션의 이름에서 알 수 있듯 UPDATE문을 생성하기 전에 엔터티를 가져오고 더티 체킹을 수행하기 위한 SELECT를 트리거하도록 하이버네이트에 지시한다. 그리고 update()는 void를 반환한다.

@SelectBeforeUpdate로 update(obj)을 호출하면 obj만 가져오지만(select)만 merge (obj)를 호출하면 obj와 함께 CascadeType.MERGE의 모든 연관관계도 가져온다는 점을 명심하자. 이는 JPA 병합이 엔터티 그래프에 적합한 선택임을 의미한다.

일반적으로 얘기해 다음과 같은 규칙을 준수하도록 노력하자.

- 분리된 엔터티 상태를 복사하려면 JPA merge()를 사용한다.
- 배치 처리를 하려면 하이버네이트 update()를 사용한다.
- 엔터티를 저장하려면 JPA persist()를 사용한다.

- 분리가 되면 객체는 영속성 콘텍스트를 떠나 계속해 외부에 유지된다. 이는 JPA가 더 이상 이를 관리하지 않음을 의미하며, 특별한 대우를 받지 않는 일반적인 자바 객체일 뿐이다. 예를 들어 EntityManager#remove (detached_entity)를 호출하면 적절한 예외가 발생한다. 그림 A-5를 참고하자.

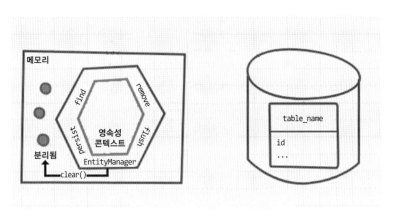

그림 A-5. 분리된 엔터티를 갖는 영속성 콘텍스트

프로그래밍 방식으로 주입(@PersistenceContext)되거나 EntityManagerFactory# createEntityManager()를 통해 EntityManager를 열 수 있다. 이후 isOpen() 메서드로 EntityManager의 상태를 확인하고 clear() 메서드로 클리어하거나 close() 메서드로 닫을 수 있다.

엔터티 상태 전이

JPA 엔터티는 다음 중 하나의 상태가 될 수 있다.

- **Transient(또는 New)**: 데이터베이스에게 완전히 알려지지 않은 새로운 엔터티(플러시 시점에 하이버네이트는 INSERT문을 발생시킨다)다.
- **Managed(또는 Persistent)**: 엔터티는 데이터베이스에 해당 행이 존재하며 현재 영속성 콘텍스트에 로드돼 있다. 읽기-쓰기 모드에서 플러시

시점에 하이버네이트는 해당 엔터티에 대한 더티 체킹 메커니즘을 실행하고 수정 사항을 감지하면 사용자 대신 적절한 UPDATE문을 발생시킨다.

- **Detached:** 엔터티가 영속성 콘텍스트에 있었지만 영속성 콘텍스트가 닫혔거나 엔터티가 지워졌거나 제거된(evicted) 경우다(detached 엔터티의 모든 수정 사항은 데이터베이스에 자동으로 전파되지 않음).

- **Removed:** 엔터티는 영속성 콘텍스트에 있었고 삭제되게 표시됐다(플러시 시점에 하이버네이트는 적절한 DELETE문을 발생시켜 데이터베이스에서 해당 행을 삭제한다).

Transient에서 managed로 변경된 엔터티는 INSERT문으로 변환된다.

Managed에서 removed로 변경된 엔터티는 DELETE문으로 변환된다.

Managed인 엔터티가 수정이 되면 더티 체킹에 의해 UPDATE가 발생된다.

그림 A-6과 A-7은 하이버네이트 JPA와 하이버네이트 ORM의 엔터티 상태 전이entity state transitions를 나타낸다.

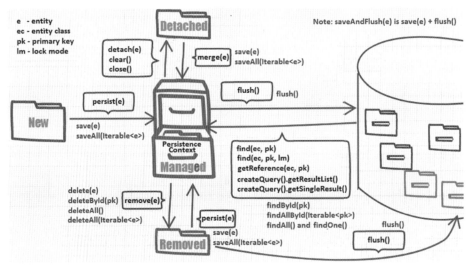

그림 A-6. 하이버네이트 JPA 엔터티 상태 전이 및 스프링 데이터 대응 항목

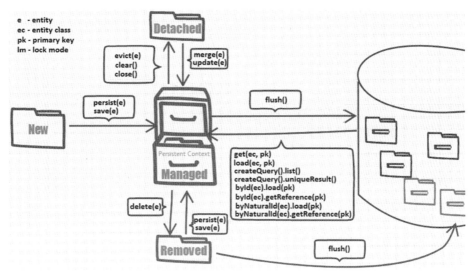

그림 A-7. 하이버네이트 ORM 엔터티 상태 전이

연관관계 효율성

1장에서 효율적인 연관관계 작성을 위한 모범 사례를 다뤘다. 간단한 가이드로 다음과 같은 규칙을 따르자.

일대일^{One-to-One}

- @MapsId를 사용하는 단방향/양방향 @OneToOne과 Bytecode Enhancement 를 사용하는 양방향 @OneToOne이 효율적이다.
- @MapsId와 Bytecode Enhancement를 사용하지 않는 양방향 @OneToOne 및 Bytecode Enhancement와 optional=true가 사용하는 양방향 @OneToOne 은 효율성이 떨어진다.

일대다^{One-to-Many}

- 양방향 @OneToMany와 단방향 @ManyToOne은 효율적이다.
- @JoinColumn(name = "foo_id", insertable = false, updatable = false)을 갖는 양방향 @OneToMany와 Set, @JoinColumn 또는 @OrderColumn을 갖는 단방향 @OneToMany는 덜 효율적이다.
- List를 갖는 단방향 @OneToMany는 매우 비효율적이다.

다대다 ^{Many-to-Many}

- Set를 갖는 단방향/양방향 @ManyToMany와 2개의 양방향 @OneToMany 연관 관계는 효율적이다.

- @OrderColumn을 갖는 단방향/양방향 @ManyToMany는 덜 효율적이다.

- List를 갖는 양방향/단방향 @ManyTo@Many는 매우 비효율적이다.

하루를 절약할 수 있는 5가지 SQL 성능 팁

WHERE 절에서의 SQL 함수 사용

데이터베이스 인덱스가 SQL 쿼리의 성능을 향상시킨다는 점은 잘 알려진 사실이다. 인덱스는 느린 SQL을 빠른 SQL로 전환하고 실행 계획 선택에 영향을 줄 수 있다.

데이터베이스가 인덱스를 사용하려면 인덱스 자체가 필요하지만 그것만으로는 충분하지 않다. 즉, SQL 작성 방법에 따라 사용되거나 무시된다.

예를 들어 WHERE 절에 SQL 함수를 적용하는 테이블 칼럼(예: addr)의 인덱스를 생각해보자. 이 경우 인덱스는 사용되지 않는다. 데이터베이스가 function_name(addr)에 해당하는 인덱스를 사용할 수 없기 때문이며, 인덱스는 해당 칼럼 자체에만 존재한다.

한 가지 가능한 해결책은 function_name(addr)에 인덱스를 만드는 것이다. 이는 함수 기반^{function-based} 인덱스로 일러저 있다(그림 C-1 참고).

```
CREATE INDEX addridx ON address (TRIM(addr));
```

또는 함수 기반 인덱스가 지원되지 않으면 다음과 같이 가능하다.

```
ALTER TABLE address ADD trim_addr AS TRIM(addr);
CREATE INDEX addridx ON address (trim_addr);
```

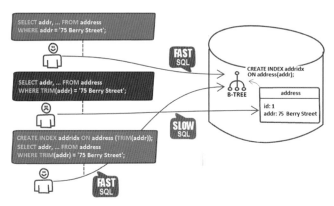

그림 C-1. 함수 기반 인덱스

인덱스 칼럼 순서의 중요성

데이터베이스 인덱스는 하나의 칼럼 또는 여러 칼럼으로 생성될 수 있다. 후자의 경우 해당 인덱스는 결합concatenated 인덱스라고 한다.

결합 인덱스의 칼럼 순서가 인덱스 사용성에 큰 영향을 미친다는 점을 고려하지 않으면 SQL문의 성능에 부정적인 영향을 미친다.

그림 C-2는 2개의 칼럼으로 생성된 결합 인덱스의 유용성을 보여주는데, 결합 인덱스 칼럼의 순서가 다음의 두 번째 쿼리에 어떤 영향을 미치는지 확인해보자.

```
SELECT id, type, engine FROM car WHERE engine = 'V8';
```

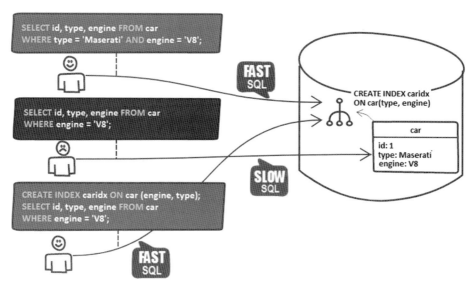

그림 C-2. 결합 인덱스

기본키와 고유키

기본키와 고유키^{unique key} 사이의 결정은 다음과 같은 주요 차이점을 인식해야 한다.

- 기본키는 테이블에서 행을 유일하게 식별하는 반면 고유키는 칼럼의 고유한 값을 보장한다.
- 기본키는 NULL일 수 없는 반면 고유키는 NULL이 가능하다.
- 테이블은 하나의 기본키만을 지원하지만 여러 고유키는 가능하다.
- 기본적으로 기본키는 클러스터 인덱스^{clustered index}인 반면 고유키는 비클러스터 인덱스^{unclustered index}다.
- 기본키는 복합^{composite}(고유키를 갖는 칼럼을 포함해 동일한 테이블의 여러 칼럼 결합)일 수 있는 반면 고유키는 여러 칼럼을 함께 고유하게 만드는 데 사용할 수 있다(복합 고유 제약 조건).

- 기본키는 삭제/수정될 수 없는 반면 고유키는 삭제/수정이 가능하다.
- 기본키는 기본키 제약 조건^{primary key constraint}과 고유 제약 조건^{unique constraint}을 통해 구성(후자는 자동으로 추가됨)되는 반면 고유키는 고유 제약 조건을 통해 구성된다(고유 제약 조건은 해당 칼럼에서 중복된 값이 없음을 보장한다).

일반적으로 성능과 관련될 때에 고유 인덱스가 역할을 한다. 예를 들어 데이터베이스가 WHERE a = ?1 유형의 조건에 대해 적합한 레코드가 하나만 있음을 알고 있으면 최적화된 실행 계획을 준비할 수 있다.

LIKE와 동등(=)

LIKE 연산자와 동등^{equals}(=) 사용에 대한 논쟁이 있다.

LIKE 연산자는 유연한 문자열 일치에 유용하지만 동등(=)은 와일드카드^{wildcard}가 필요하지 않을 때에 유용하다. LIKE 식에서 와일드카드의 위치는 실행 계획 선택과 검색해야 하는 인덱스 범위에 상당한 영향을 미친다. LIKE 연산자의 경우 일반적인 규칙으로 패턴 매칭 부분에서 와일드카드는 가능한 한 뒤쪽에 넣고 첫 번째 위치에는 와일드카드를 사용하지 않아야 한다. 이로 인해 전체 테이블/인덱스 스캔이 발생할 수 있으며 결과적으로 성능이 저하된다.

연산자 비교 측면이 아니라 SARGability[1] 측면에서 LIKE 성능과 LIKE 대 동등(=)을 생각해 볼 수 있다. LIKE 연산자 사용은 인덱스 활용과 밀접한 관련이 있다. 인덱스가 있더라도 검색

문자열이 와일드카드로 시작(예: LIKE '%abc')하거나 SARGable 표현식을 유지할 인덱스가 없는 경우 쿼리는 테이블의 모든 행을 읽는다(전체 테이블 스캔). 이 경우 대부분 LIKE와 동등(=)은 동일하게 작동한다.

---

1. SARG는 Search ARGument의 약자로 DBMS에서 인덱스를 통해 성능을 높일 수 있는 쿼리 상태를 말한다. – 옮긴이

LIKE 연산자가 상당한 성능 저하가 발생하기 시작하면 전체 텍스트 인덱싱(full-text indexing) 또는 전체 텍스트 검색 도구(예: 하이버네이트 Search, Lucene, Solr 등)를 고려해야 한다. 이런 도구는 LIKE보다 고급 연산자를 제공한다.

그림 C-3에서 LIKE를 사용해 maryland 문자열을 검색하는 것을 볼 수 있다.

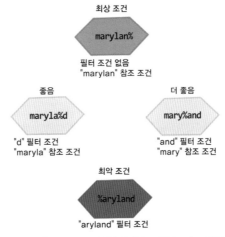

최상 조건

marylan%

필터 조건 없음
"marylan" 참조 조건

좋음

maryla%d

"d" 필터 조건
"maryla" 참조 조건

더 좋음

mary%and

"and" 필터 조건
"mary" 참조 조건

최악 조건

%aryland

"aryland" 필터 조건

그림 C-3. LIKE 연산자에서 % 와일드카드 위치

일반적인 규칙으로 다음과 같은 것들이 있다.

- 와일드카드는 가능한 한 뒤쪽에 배치하고 첫 번째 위치에는 배치하지 말아야 한다.
- '일관된' 참조 조건(access predicate)을 제공해야 한다.

UNION과 UNION ALL 및 JOIN 형태

먼저 UNION과 UNION ALL을 간단히 살펴보자.

- UNION은 중복을 제거하지만(결과 세트에 DISTINCT를 수행한다) UNION ALL은 중복을 제거하지 않는다.

- 반환된 모든 레코드가 고유하다는 것을 알고 있으면 UNION 대신 UNION ALL을 사용하자.
- UNION은 특히 중복이 많은 경우 성능이 떨어진다. 반면 네트워크를 통해 더 많은 데이터(중복 포함)를 전송하는 것은 DISTINCT를 적용하고 더 적은 데이터를 전송하는 것보다 느릴 수 있다.
- UNION은 최종 출력을 정렬하지만 UNION ALL은 그렇지 않다(정렬하려면 ORDER BY를 지정해야 한다).

다음으로 JOIN도 함께 검토해보자. JOIN을 UNION(ALL) 대신 사용 가능한 경우 결정 전에 먼저 실행 계획과 벤치마크를 확인하자. UNION(ALL)은 블로킹blocking 연산자이지만 JOIN은 그렇지 않다. 같은 결과로 수렴되더라도 UNION(ALL)과 JOIN은 용도가 다르다. UNION(ALL) 연산자는 2개(또는 그 이상) SELECT문의 결과를 결합하는 데 사용되는 반면 JOIN은 데이터를 새로운 칼럼으로 결합한다. 일반적으로 JOIN이 UNION보다 성능이 좋지만 반드시 그런 것은 아니다.

JOIN과 UNION이 작동하는 방식에 대해 유명하고 영감을 주는 표현[2]이 그림 C-4에 나와 있다.

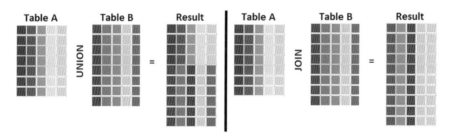

그림 C-4. UNION vs. JOIN

이 부록과 관련된 기사[3]도 읽어보기를 강력히 권장한다. 그리고 여러 집합 함수를 하나의 쿼리로 계산하는 방법이 궁금하다면 두 번째 기사 링크[4]를 참고하자.

---

2. https://www.essentialsql.com/what-is-the-difference-between-a-join-and-a-union/
3. https://blog.jooq.org/2016/04/25/10-sql-tricks-that-you-didnt-think-were-possible/
4. https://blog.jooq.org/2017/04/20/how-to-calculate-multiple-aggregate-functions-in-a-single-query/

유용한 데이터베이스 인덱스를 만드는 방법

SQL **CREATE INDEX**문(부록 D에서 본 것처럼)을 통해 인덱스를 생성하거나 JPA 2.1 또는 하이버네이트 관련 어노테이션을 통해 프로그래밍 방식으로 인덱스를 생성할 수 있다.

JPA 2.1 @Index

JPA 2.1부터는 다음 예제와 같이 @Index 어노테이션을 통해 인덱스를 쉽게 생성할 수 있다.

```
import javax.persistence.Column;
import javax.persistence.Entity;
import javax.persistence.Index;
import javax.persistence.Table;

@Entity
@Table(
    name = "author",
    indexes = {
            @Index(
```

```
                        name = "index_name",
                        columnList="name",
                        unique = true
                    ),
                    @Index(
                        name = "index_genre",
                        columnList="genre",
                        unique = false
                    )
            }
    )
    public class Author {

        @Column(name = "name", nullable = false)
        private String name;

        @Column(name = "genre", nullable = false)
        private String genre;
    }
```

또는 여러 칼럼 인덱스를 정의하려면 다음 예와 같이 하면 된다.

```
    import javax.persistence.Column;
    import javax.persistence.Entity;
    import javax.persistence.Index;
    import javax.persistence.Table;

    @Entity
    @Table(
        name = "author",
        indexes = {
                    @Index(
                        name = "index_name_genre",
                        columnList="name, genre",
                        unique = true
```

```
                )
            }
    )
    public class Author {

        @Column(name = "name", nullable = false)
        private String name;

        @Column(name = "genre", nullable = false)
        private String genre;
    }
```

하이버네이트 ORM도 **org.hibernate.annotations.Index**를 제공하지만 더 이상 사용되지 않기 때문에 JPA 2.1 방식을 사용해야 한다.

이상적으로는 인덱스를 사용해 데이터베이스와 SQL 쿼리의 성능을 최적화하고 테이블 공간 스캔을 피하고자 상당히 빠른 데이터 액세스 경로를 생성해야 한다. 그러나 말처럼 쉽진 않다. 테이블에서 가장 적합한 인덱스 구성은 무엇일까? 인덱스가 필요한 시기를 어떻게 결정할까? 인덱스가 쓸모없는지 어떻게 결정할까? 이는 어려운 질문들이며 답변은 실행되는 쿼리와 밀접하게 연관돼 있다.

그럼에도 부록 D는 대부분의 경우에 적용되는 개발자를 위한 가이드라인을 설명한다.

인덱스를 추측하지 말자

수년에 걸쳐 데이디베이스 인덱스 생성에 대한 나쁜 관행을 목격했다. 개발자는 테이블(스키마)을 관찰하고 해당 테이블이 어떻게 액세스되는지 모른 채 적절한 인덱스가 무엇인지 추측하려 한다. 이는 어떤 쿼리가 실행될지 추측하는 것과 같으며, 대부분 옳지 않은 추측이 된다.

일반적인 규칙으로 적절한 인덱스 구성을 생성하려면 다음을 수행해야 한다.

- 사용될 SQL 쿼리 리스트 구성
- 각 SQL 쿼리의 빈도 추정
- 각 SQL 쿼리 중요도 점수 산정

이 3개 항목을 통해 가장 높은 최적화와 최소한의 절충점을 갖는 적절한 인덱스 구성을 찾을 수 있다.

인덱싱을 위해 가장 많이 사용되는 SQL 쿼리 우선순위 지정

이 팁은 앞 절의 두 번째 항목인 '각 SQL 쿼리의 빈도 추정'을 강조하는데, 가장 자주 사용되는 SQL 쿼리는 인덱싱에 대한 우선순위를 가져야 한다는 것이다. 가장 자주 사용되는 SQL 쿼리가 최적화되면 최적의 애플리케이션 성능을 얻을 가능성이 높아진다.

일반적인 규칙으로, 가장 많이 사용되는(많이 악용되는) SQL 쿼리에 대한 인덱스를 생성하고 조건을 기반으로 인덱스를 구성해야 한다.

인덱스가 필요한 중요한 SQL 쿼리

쿼리의 중요도에 대해 얘기할 때 일차적으로는 비즈니스에 대한 쿼리의 중요성과 관련되고 이차적으로는 사용자와 관련된다. 예를 들어 쿼리가 은행 거래를 위해 매일 실행되거나 중요한 사용자(예: CIO/CDIO)에 의해 실행되는 경우 인덱스가 필요하다. 그러나 쿼리가 단순 루틴이거나 은행원에 의해 실행되는 경우 기존 인덱스만으로 적절히 최적화돼야 한다. 물론 이것이 쿼리의 중요성을 결정하는 정해진 규칙은 아니다. 상황에 맞게 결정해야 한다.

GROUP BY 및 ORDER BY 인덱싱을 통한 정렬 작업 방지

GROUP BY 또는 ORDER BY와 같은 SQL 절은 정렬 작업을 포함하는데, 이런 작업 종류는 일반적으로 느리고(자원 집약적) 성능 저하가 발생하기 쉽다(예: ORDER BY가 페이지네이션과 관련된 SQL 쿼리에서 수행되는 것처럼).

GROUP BY와 ORDER BY에 지정되는 칼럼을 인덱싱하면 정렬 작업을 피하는 최적화를 활용할 수 있다. 인덱스는 인덱싱된 데이터의 정렬된 데이터를 제공하므로 미리 정렬된 상태로 유지되며, 정렬 작업을 적용하는 대신 관계형 데이터베이스는 인덱스를 사용할 수 있게 된다. 다음은 그 예다.

```
SELECT
    *
    FROM book
WHERE genre = "History"
    AND (publication_date, id) < (prev_publication_date, prev_id)
ORDER BY publication_date DESC, id DESC
LIMIT 50;
```

이 쿼리를 최적화하고자 다음과 같은 인덱스를 만들 수 있다.

```
CREATE INDEX book_idx ON book (publication_date, id);
```

또는 더 나은 방법은 다음과 같다.

```
CREATE INDEX book_idx ON book (genre, publication_date, id);
```

이번에는 데이터베이스가 인덱스 순서를 사용하고 명시적인 정렬 작업을 하지 않는다.

고유성을 위한 인덱스 사용

대부분의 데이터베이스에는 기본키와 고유 제약 조건에 대한 고유 인덱스를 필요로 한다. 이런 요구 사항은 스키마 유효성 검사의 일부이며, 구성된 인덱스를 중심으로 SQL 쿼리를 작성하려고 노력하면 중요한 이점을 얻을 수 있다.

외래키에 대한 인덱스 사용

이전 단계에서 언급했듯 기본키 제약 조건에는 고유 인덱스가 필요하다. 이 인덱스는 자동으로 생성되며, 따라서 부모 테이블 측은 인덱싱을 활용한다. 반면 외래키는 자식 테이블에 나타나는 칼럼(또는 칼럼 조합)이며 관계를 정의하고 부모 테이블과 자식 테이블의 무결성을 보장하는 데 사용된다.

자식 테이블의 각 외래키 제약 조건에 대해 인덱스를 생성하는 것이 좋다.

기본키에 대한 고유 인덱스는 자동으로 생성되지만 외래키에 대한 고유 인덱스는 데이터베이스 관리자 또는 개발자의 책임이다. 즉, 데이터베이스가 외래키에 대한 인덱스를 자동으로 생성하지 않는 경우(예: SQL 서버) 인덱스는 데이터베이스 관리자 또는 개발자가 직접 생성해야 한다.

외래키에 인덱스를 사용하면 다음과 같은 이점이 있다.

- 자식 테이블 칼럼과 부모 테이블 칼럼 사이의 SQL JOIN에서 인덱싱된 외래키를 호출하면 성능이 향상된다.
- 전이식(CASCADE) 또는 작업 없음(NO ACTION)을 의미하는 UPDATE와 DELETE 수행 비용이 줄어든다.

일반적으로 스키마 수정 후 현재/추가 인덱스가 성능에 부정적인 영향을 미치지 않도록 인덱스를 테스트하고 모니터링하는 것이 좋다.

인덱스 전용 액세스를 위한 칼럼 추가

칼럼을 인덱스 전용^{index-only} 액세스를 위해 추가하는 것은 인덱스 오버로딩^{index overloading}으로 알려진 기술이다. 일반적으로 쿼리를 충족하는 데 필요한 모든 칼럼을 포함하는 인덱스를 만든다. 이는 쿼리가 추가 테이블 공간 데이터를 필요로 하지 않음을 의미한다. 따라서 더 적은 I/O 작업이 발생한다.

예를 들어 다음과 같은 쿼리를 생각해보자.

```
SELECT
    isbn
    FROM book
WHERE genre = "History";
```

인덱스는 다음과 같다.

```
CREATE INDEX book_idx ON book (genre);
```

인덱스는 지정된 genre 칼럼을 액세스하는 데 사용되지만 데이터베이스는 isbn을 반환하고자 테이블 공간의 데이터에 액세스해야 한다. 인덱스에 isbn 칼럼을 추가할 수 있다.

```
CREATE INDEX book_idx ON book (genre, isbn);
```

이 경우 쿼리에 필요한 모든 데이터가 인덱스에 존재하며 추가 테이블 공간 작업이 필요하지 않게 된다.

나쁜 표준을 피하자

코딩 스타일 표준에서 특정 문제에 대한 권장 코드 조각[snippet]에 이르기까지 회사는 표준을 사용하기 좋아한다. 때론 이런 표준 사이에 나쁜 표준도 슬쩍 끼어 있다. 경험한 나쁜 표준 중 하나는 테이블당 인덱스 수를 특정 값으로 제한하는 것이다. 이 값은 표준(예: 3, 5, 8 등)에 따라 다르지만 뭔가 잘못됐다는 시작 신호임을 알아야 한다.

테이블당 생성하는 인덱스 수는 중요하지 않다. 중요한 것은 모든 인덱스가 쿼리 성능을 향상시키거나 유지해야 하며 데이터 수정 효율성에 심각한 문제를 일으키지 않아야 한다는 것이다. 데이터 수정(INSERT, UPDATE, DELETE)에는 인덱스를 유지 관리하기 위한 특정 작업도 필요하다. 간단히 말해 데이터베이스 인덱스는 검색 프로세스(SELECT)의 속도를 높이지만 수정 속도(INSERT, UPDATE, DELETE)는 늦춘다. 따라서 일반적 규칙으로 검색과 데이터 수정 간 균형을 만족하면서 데이터베이스 쿼리를 지원하는 데 필요한 만큼만 인덱스를 생성해야 한다.

SQL 현상

SQL 현상^{phenomena}(또는 이상 현상^{anomalies})은 다음과 같다.

- 더티 읽기$^{Dirty\ Reads}$
- 반복 불가능 읽기$^{Non\text{-}repeatable\ Reads}$
- 팬텀 읽기$^{Phantom\ Reads}$
- 더티 쓰기$^{Dirty\ Writes}$
- 읽기 왜곡$^{Read\ Skews}$
- 쓰기 왜곡$^{Write\ Skews}$
- 업데이트 손실$^{Lost\ Updates}$

이름으로 알 수 있듯 이런 현상들은 개발자가 **SERIALIZABLE** 격리 수준$^{isolation\ level}$을 완화된 다른 격리 수준으로 트랜잭션 동시성을 처리해 성능을 끌어올리려고 할 때 발생되는 일련의 데이터 무결성 이상을 나타낸다.

트랜잭션 격리 수준 선택과 트랜잭션 동시성 성능 사이에는 항상 트레이드오프가 있다.

더티 쓰기

더티 쓰기^{Dirty Write}는 업데이트 손실이며, 이 상황에서는 트랜잭션이 다른 동시 트랜잭션을 덮어쓴다. 즉, 두 트랜잭션이 동시에 동일한 행에 영향을 미칠 때에 발생한다. 그림 E-1은 더티 쓰기의 범주에 드는 시나리오를 보여준다.

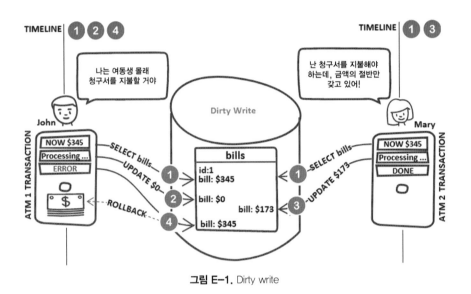

그림 E-1. Dirty write

단계 1: 존^{John}은 메리^{Mary}의 청구서를 지불하려 한다. 첫째, 존의 트랜잭션은 지불해야 할 금액을 쿼리하고자 SELECT를 호출한다. 메리는 동일 청구서를 동시에 지불하려 한다. 따라서 메리는 정확히 동일한 쿼리를 호출하고 존과 동일한 결과(\$345)를 얻는다.

단계 2: 존의 트랜잭션은 전체 금액을 지불하려고 시도한다. 결과적으로 지불할 금액이 \$0로 업데이트된다.

단계 3: 메리의 트랜잭션은 존의 업데이트를 인식하지 못한 채 지불 금액의 절반을 반환하려고 시도하고 성공한다(트랜잭션 커밋). 실행된 UPDATE는 지불할 금액을 \$173로 변경한다.

단계 4: 불행히 존의 트랜잭션은 커밋되지 않고 롤백돼야 한다. 따라서 지불할 금액은 $345로 복원된다. 이는 메리가 방금 $172를 잃었다는 것을 의미하게 된다.

현재와 같은 상황에서 비즈니스 결정을 내리는 것은 매우 위험하다. 좋은 소식은 기본적으로 모든 데이터베이스 시스템은 (READ_UNCOMMITTED 격리 수준에서도) 더티 쓰기를 방지한다.

더티 읽기

더티 읽기^Dirty Read는 일반적으로 READ_UNCOMMITTED 격리 수준과 연관되며, 이 케이스에서는 최종적으로 롤백되는 다른 동시 트랜잭션의 커밋되지 않은 수정사항을 읽는다. 그림 E-2는 더티 읽기 범주에 속하는 시나리오를 보여준다.

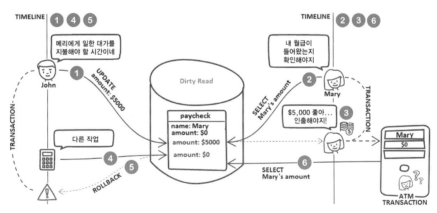

그림 E-2. Dirty read

단계 1: 존은 메리에게 일한 대가를 지불하려 한다. 존의 트랜잭션은 급여 금액을 $5,000로 설정하는 UPDATE를 호출한다.

단계 2: 이후 메리는 컴퓨터를 사용해 월급을 조회하고 존이 돈을 이체했음을 확인한다. 메리의 트랜잭션이 커밋된다.

단계 3: 메리는 돈을 인출하고자 ATM에 가기로 결정한다.

단계 4: 한편 존의 트랜잭션은 더 많은 쿼리를 처리한다.

단계 5: 존의 트랜잭션이 실패하고 롤백된다. 따라서 메리의 급여 금액은 $0으로 복원된다.

단계 6: 결국 메리는 ATM에 도착해 월급을 인출하려 하지만 안타깝게도 ATM에서 월급이 $0이기 때문에 인출은 불가능하다.

그림 E-2에서 볼 수 있듯 커밋되지 않은 값을 기반으로 비즈니스 결정을 내리는 것은 매우 위험할 수 있으며 데이터 무결성에 영향을 미친다. 쉬운 해결 방법은 단순히 좀 더 높은 격리 수준을 사용하는 것으로, 일반적인 규칙으로 데이터베이스 시스템의 기본 격리 수준을 확인해야 한다. 대부분의 경우 기본값은 READ_UNCOMMITTED는 아니지만 그래도 알고 있어야 하므로 확인하는 것이 좋다.

반복 불가능 읽기

반복 불가능 읽기^{Non-repeatable Read}는 일반적으로 READ_COMMITTED 격리 수준과 연관된다. 동시 트랜잭션이 동일한 레코드(필드 또는 칼럼)를 쓰고 커밋하는 동안 다른 트랜잭션은 해당 레코드를 읽는다. 나중에 첫 번째 트랜잭션은 똑같은 레코드를 이후 다시 읽을 때 다른 값(두 번째 트랜잭션의 변경 사항을 반영한 값)을 얻는다. 그림 E-3은 해당 상황에서 가능한 시나리오를 기술하고 있다.

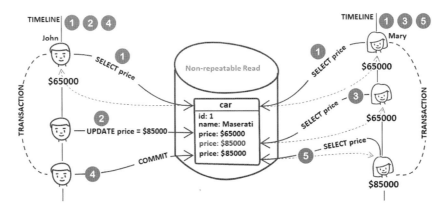

그림 E-3. Non-repeatable Reads

단계 1: 존의 트랜잭션은 SELECT를 호출하고 $65,000 금액을 가져온다. 동시에 메리의 트랜잭션도 정확히 동일한 처리를 한다.

단계 2: 존의 트랜잭션은 가격을 $65,000에서 $85,000로 업데이트한다.

단계 3: 메리의 트랜잭션은 가격을 다시 읽는다. 가격은 여전히 $65,000 이다(따라서 Dirty Read는 방지된다).

단계 4: 존의 트랜잭션은 커밋된다.

단계 5: 메리의 트랜잭션은 가격을 다시 읽는다. 이번엔 가격이 $85,000 다. 존의 트랜잭션으로 인해 가격이 업데이트됐다. 이는 반복 불가능 읽기에 해당된다.

반복 불가능 읽기는 현재 트랜잭션(예: 메리의 트랜잭션)이 첫 번째 읽은 값을 기반으로 비즈니스 결정을 내릴 때 문제가 될 수 있다. 한 가지 해결책은 격리 수준을 REPEATABLE_ READ 또는 SERIALIZABLE로 설정하는 것이다(둘 다 기본적으로 이 이상 현상을 방지한다). 또는 READ_COMMITTED를 유지하면서 명시적으로 SELECT FOR SHARE를 통해 공유 잠금(shared lock)을 획득할 수 있다. 아니면 대부분의 데이터베이스가 사용하는 MVCC(Multi-Version Concurrency Control)는 행 버전을 확인해 현재 트랜잭션과 동시 트랜잭션에 의해 수정됐는지 확인함으로써 반복 불가능 읽기를 방지한다. 수정됐다면 현재 트랜잭션을 중단시킨다.

하이버네이트는 세션 수준의 반복 읽기(REPEATABLE_READ)를 보장한다(**항목 21** 참고). 즉, 가져온 엔터티(다이렉트 페치 또는 엔터티 쿼리를 통해)는 영속성 콘텍스트에 캐시되며, 동일한 엔터티의 후속 가져오기(다이렉트 페치 또는 엔터티 쿼리를 통해)도 영속성 콘텍스트에서 처리된다. 그럼에도 여러 (HTTP) 요청에 걸쳐 있는 통신에는 문제가 될 수 있다. 이 경우 해결책은 확장된 영속성 콘텍스트 또는 분리된 엔터티(웹 애플리케이션에서는 분리된 엔터티를 HTTP 세션에 저장할 수 있음)를 활용하는 권장 방법을 사용할 수 있다. 또한 업데이트 손실을 방지하고자 낙관적 잠금과 같은 애플리케이션 수준의 동시성 제어 전략도 필요하다(**항목 131** 참고).

팬텀 읽기

팬텀 읽기^{Phantom Read}는 일반적으로 REPEATABLE_READ 격리 수준과 연관되며, 트랜잭션은 조건에 따라 레코드의 범위를 읽는다. 한편 동시 트랜잭션은 동일한 레코드 범위에 새 레코드를 삽입하고 커밋한다(예: 동일한 조건을 만족하는 새 레코드 등록). 나중에 첫 번째 트랜잭션은 동일한 범위를 다시 읽고 새 레코드를 볼 수 있다. 그림 E-4는 해당 맥락에서 가능한 시나리오를 묘사한다.

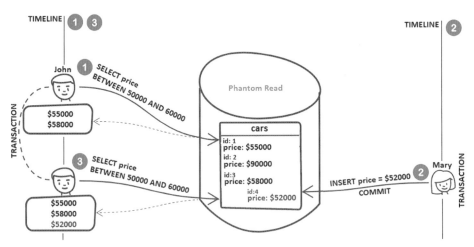

그림 E-4. Phantom Read

단계 1: 존은 $50,000에서 $60,000 사이 자동차 가격을 가져온다. 2개의 레코드를 얻는다.

단계 2: 메리는 $52,000의 새로운 가격을 등록한다(존이 검색한 가격 범위의 새 레코드). 메리는 트랜잭션을 커밋한다.

단계 3: 존은 $50,000에서 $60,000 사이의 가격을 다시 가져온다. 이번엔 메리가 등록한 레코드를 포함해 3개 레코드를 가져온다. 이를 팬텀 읽기 라고 한다.

이 이상 현상은 SERIALIZABLE 격리 수준 또는 MVCC 일관된 스냅숏을 통해 방지할 수 있다.

읽기 왜곡

읽기 왜곡^{Read Skew}은 최소 2개의 테이블(예: car와 engine)과 관련된 이상 현상이다. 트랜잭션은 첫 번째 테이블에서 데이터를 읽고(예: car 테이블에서 레코드 읽기) 이후 동시 트랜잭션은 동기화된 두 테이블을 업데이트한다(예: 첫 번째 트랜잭션으로 가져온 자동차와 해당 엔진에 대한 업데이트). 두 테이블이 모두 업데이트된 후 첫 번째 트랜잭션은 다시 두 번째 테이블에서 데이터를 읽는다(예: 이전에 가져온 자동차에 해당하는 엔진 정보를 읽음). 첫 번째 트랜잭션은 car 레코드의 이전 버전(업데이트를 인식하지 않음)과 관련 engine의 최신 버전을 보게 된다. 그림 E-5는 이와 같은 상황에서 가능한 시나리오를 보여준다.

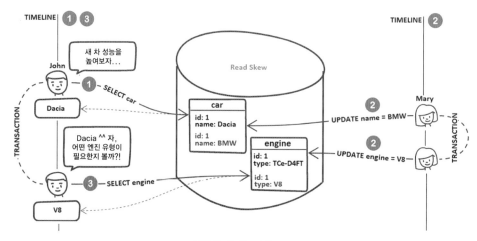

그림 E-5. Read Skew

단계 1: 존은 car 테이블에서 Dacia[1]라는 자동차를 조회한다.

단계 2: 메리는 car와 engine 테이블을 동기화로 업데이트하는데, Dacia 자동차에 해당 엔진을 TCe-D4FT에서 V8로 업데이트한다.

단계 3: 존은 Dacia 자동차에 해당하는 엔진을 조회하고 V8을 얻는다. 이는 Read Skew에 해당한다.

모든 읽기에서 공유 잠금을 획득하거나 REPEATABLE_READ 격리 수준(또는 SERIALIZABLE)의 MVCC 구현을 통해 읽기 왜곡을 방지할 수 있다.

쓰기 왜곡

쓰기 왜곡^{Write Skew}은 최소 2개의 테이블(예: car 및 engine)과 관련된 이상 현상으로, 두 테이블 모두 동기식으로 업데이트돼야 하지만 쓰기 왜곡으로 인해 2개의 동시 트랜잭션이 해당 제약을 깨뜨릴 수 있다. 그림 E-6에 표시된 시나리오를 통해 이를 명확히 확인해보자.

---

1. 루마니아의 자동차 제조사다. - 옮긴이

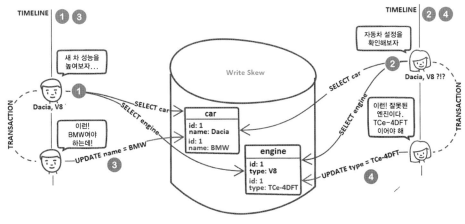

그림 E-6. Write Skew

단계 1: 존은 자동차 Dacia와 해당 엔진인 V8을 조회한다.

단계 2: 메리는 존과 같은 쿼리를 수행하고 동일한 결과를 얻는다(둘 다 Dacia와 V8이 호환 가능한 구성이 아니며 자동차 이름이나 엔진 유형이 잘못됐음을 알게 된다).

단계 3: 존은 자동차 이름을 Dacia에서 BMW로 업데이트하기로 결정한다.

단계 4: 메리는 엔진 유형을 V8에서 TCe-4DFT로 업데이트하기로 결정한다. 이것이 쓰기 왜곡이다.

모든 읽기에서 공유 잠금을 획득하거나 REPEATABLE_READ 격리 수준(또는 SERIALIZABLE)의 MVCC 구현을 통해 쓰기 왜곡을 방지할 수 있다.

업데이트 손실

업데이트 손실^{lost update}은 데이터 무결성에 심각한 영향을 줄 수 있는 유명한 이상 현상이다. 트랜잭션은 레코드를 읽고 이 정보를 사용해 비즈니스 의사 결정(예: 해당 레코드를 수정해야 하는 결정)을 내리는 동안 동시 트랜잭션이 해당 레코드를 수정하고 커밋했음을 인식하지 못한다. 첫 번째 트랜잭션이 커밋될 때 업데이트 손실을 전혀 인식하지 못하고, 이로 인해 데이터 무결성 문제가 발생한다(예: 재고가 음수 수량으로 될 수 있음). 그림 E-7에 나타난 가능성 있는 시나리오를 생각해보자.

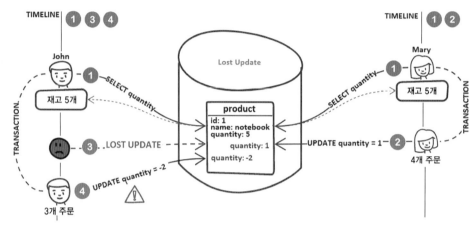

그림 E-7. Lost Update

단계 1: 존과 메리는 공책 수량을 가져온다(재고가 5개 있음).

단계 2: 메리는 공책 4개를 구입하기로 결정한다. 따라서 수량은 5에서 1로 줄어든다.

단계 3: 존의 트랜잭션은 메리의 업데이트를 인식하지 못한다.

단계 4: 존은 3개의 공책을 구입하기로 결정한다. 따라서 수량은 -2가 된다(원래 기준으로 양의 정수여야 함).

이 이상 현상은 READ_COMMITTED 격리 수준에 영향을 미치며 REPEATABLE_READ 또는 SERIALIZABLE 격리 수준을 설정해 방지할 수 있다. MVCC가 없는 REPEATABLE_READ 격리 수준의 경우 데이터베이스는 공유 잠금을 사용해 이미 가져온 레코드를 수정하려는 다른 트랜잭션의 시도를 거부한다.

MVCC의 경우는 동시 트랜잭션(트랜잭션 B)이 선행 트랜잭션(트랜잭션 A)에서 이미 가져온 레코드에 대한 변경을 수행할 수 있다. 선행 트랜잭션(트랜잭션 A)이 변경 사항을 커밋하려고 시도하면 데이터베이스는 레코드 버전(동시 트랜잭션 커밋(트랜잭션 B)에 의해 수정됨)의 현재 값을 트랜잭션 A를 통해 반영될 버전과 비교한다. 일치하지 않는 경우(트랜잭션 A에 오래된 데이터가 있음을 의미) 트랜잭션 A는 애플리케이션에 의해 롤백된다. 정상적으로 레코드가 수정되면 하이버네이트는 애플리케이션 수준의 낙관적 잠금 메커니즘을 통해 해당 SQL에 레코드 버전을 자동으로 포함시킨다.

애플리케이션 수준 낙관적 잠금 메커니즘 외에 여러 HTTP 요청에 걸쳐 있는 긴 통신의 경우 확장된 영속성 콘텍스트를 통해 또는 권장되는 방식인 분리된 엔터티를 통해 이전 엔터티 스냅숏을 유지해야 한다(웹 애플리케이션에서는 HTTP 세션에 저장된다).

스프링 트랜잭션 격리 수준

트랜잭션 격리 수준은 트랜잭션 ACID 속성과 직접 관련되며 개발자는 트랜잭션 격리 수준을 설정 가능한 값을 사용해 트랜잭션의 데이터 변경 사항이 동시 트랜잭션에 미치는 영향을 제어할 수 있다. 더욱이 각 트랜잭션 격리 수준은 여러 현상^{phenomena} 문제를 해결한다. 이 설정은 @Transactional 어노테이션의 isolation 속성을 통해 설정된다.

@Transactional(isolation=Isolation.READ_UNCOMMITTED)

	MySQL	PostgreSQL	SQL 서버	오라클
READ_UNCOMMITTED	더티 쓰기만 방지	미지원	더티 쓰기만 방지	미지원

READ_UNCOMMITTED 격리 수준은 가장 완화된 격리 수준으로, 트랜잭션이 아직 커밋되지 않은 데이터를 읽을 수 있음을 나타낸다. 그림 F-1은 이런 상황에서 나타날 수 있는 시나리오를 보여준다(더티 읽기 현상에 주목).

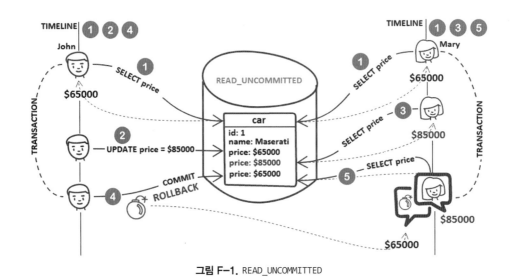

그림 F-1. READ_UNCOMMITTED

단계 1: 존과 메리는 각자 트랜잭션으로 Maserati의 가격을 조회한다.

단계 2: 존은 가격을 $65,000에서 $85,000으로 업데이트한다.

단계 3: 메리는 다시 가격을 $85,000로 조회한다(READ_UNCOMMITTED에 의해 발생).

단계 4: 존은 트랜잭션을 커밋하지만 오류가 발생하고 트랜잭션은 롤백된다. 따라서 Maserati의 가격은 다시 $65,000으로 리셋된다.

단계 5: 메리는 다시 $65,000으로 가격을 조회하지만 이미 조회했던 $85,000 가격을 기준으로 중요한 결정을 내렸다.

@Transactional(isolation=Isolation.READ_COMMITTED)

	MySQL	PostgreSQL	SQL 서버	오라클
READ_ COMMITTED	더티 읽기와 더티 쓰기만 방지	더티 읽기와 더티 쓰기만 방지	더티 읽기와 더티 쓰기만 방지	더티 읽기와 더티 쓰기만 방지

READ_COMMITTED 격리 수준은 트랜잭션이 다른 동시 트랜잭션의 커밋되지 않은 데이터를 읽을 수 없음을 나타낸다. 이 격리 수준을 기본 설정으로 갖는 것이 일반적 접근 방식이긴 하지만 더티 쓰기와 더티 읽기는 방지되더라도 다른 현상들에 대한 문제는 여전히 갖고 있다. 그림 F-2는 이런 상황에서 발생 가능한 시나리오를 보여준다(Non-repeatable Read 현상에 주목).

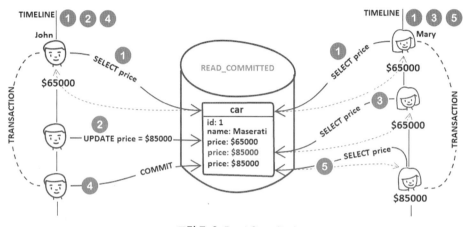

그림 F-2. Read Committed

단계 1: 존과 메리는 각자 트랜잭션으로 Maserati의 가격을 조회한다.

단계 2: 존은 가격을 $65,000에서 $85,000으로 업데이트한다.

단계 3: 메리는 다시 가격을 $65,000로 조회한다. READ_COMMITTED 격리 수준 덕분에 메리는 존의 트랜잭션이 아직 커밋하기 않은 새로운 $85,000 가격을 보지 못한다.

단계 4: 존은 성공적으로 트랜잭션을 커밋하고 가격은 $85,000이 된다.

단계 5: 메리는 다시 가격을 $85,000으로 조회한다(존의 트랜잭션이 이전에 커밋됐다).

@Transactional(isolation=Isolation.REPEATABLE_READ)

	MySQL	PostgreSQL	SQL 서버	오라클
REPEATABLE_READ	여전히 업데이트 손실과 쓰기 왜곡 허용	여전히 쓰기 왜곡 허용	여전히 팬텀 읽기 허용	미지원

이름으로 알 수 있듯 REPEATABLE_READ 격리 수준은 트랜잭션이 여러 읽기에서 동일한 결과를 얻는다는 점을 나타낸다. 예를 들어 데이터베이스에서 하나의 레코드를 여러 번 읽는 트랜잭션은 읽을 때마다 동일한 결과를 얻는다.[1]

그림 F-3은 이와 같은 상황에서 가능한 시나리오를 보여준다(업데이트 손실을 방지하지 못하지만 Non-repeatable Read는 방지하는 MySQL에만 해당된다).

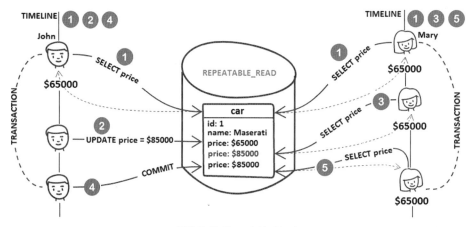

그림 F-3. Repeatable Read

단계 1: 존과 메리는 각자 트랜잭션으로 Maserati의 가격을 조회한다.

단계 2: 존은 가격을 $65,000에서 $85,000으로 업데이트한다(MySQL에서는 허용된다).

단계 3: 메리는 다시 가격을 $65,000로 조회한다.

---

1. 동일한 결과는 동시 트랜잭션이 현재 트랜잭션과 걸쳐 있는 경우에 발생되는 것으로, 다른 시점에 발생한 트랜잭션은 당연히 다른 결과를 가질 수 있다. - 옮긴이

단계 4: 존은 성공적으로 트랜잭션을 커밋하고 가격은 $85,000이 된다.

단계 5: 메리는 다시 가격을 $65,000으로 조회한다(MySQL은 Non-repeatable Read를 방지한다).

@Transactional(isolation=Isolation.SERIALIZABLE)

	MySQL	PostgreSQL	SQL 서버	오라클
SERIALIZABLE	모든 현상 방지	모든 현상 방지	모든 현상 방지 (MVCC는 여전히 쓰기 왜곡 허용)	여전히 쓰기 왜곡 허용

SERIALIZABLE 격리 수준은 매우 엄격하지만 성능과 트레이드오프가 된다. 모든 수준에서 잠금을 사용하므로 순차적인 실행과 같다. 이론적으로 말하면 SERIALIZABLE 은 모든 현상을 방지할 수 있지만 실제로는 그렇지 않다. 세부 구현은 각 데이터베이스에 따라 다르며 그중 일부는 여전히 여러 현상이 발생하기 쉽다(이전의 표 참고). 그림 F-4는 SERIALIZABLE 가능 동작을 보여준다.

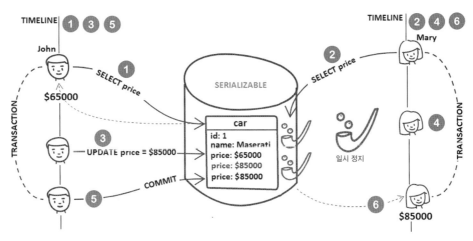

그림 F-4. SERIALIZABLE

단계 1: 존은 트랜잭션으로 Maserati의 가격을 조회한다.

단계 2: 메리는 트랜잭션에서 동일한 레코드를 조회하려 하지만 존의 트랜잭션이 해당 데이터를 잠그고 있기 때문에 메리의 트랜잭션은 잠금이 해제될 때까지 일시 중지된다.

단계 3: 존은 가격을 $65,000에서 $85,000으로 업데이트한다.

단계 4: 메리의 트랜잭션은 여전히 일시 중지된다.

단계 5: 존의 트랜잭션이 성공적으로 커밋되고 잠금은 해제된다.

단계 6: 메리의 트랜잭션은 다시 시작되고 가격을 $85,000으로 읽는다.

스프링 트랜잭션 전파

스프링을 사용하면 트랜잭션 전파^{transaction propagation} 메커니즘을 통해 논리적 및 물리적 트랜잭션의 동작을 제어할 수 있으며, org.springframework.transaction.annotation.Propagation을 통해 스프링 애플리케이션에 설정될 수 있는 7가지 유형의 트랜잭션 전파 메커니즘이 존재한다.

기본적으로 트랜잭션을 롤백시키는 유일한 예외는 unchecked 예외[1](예: RuntimeException)들이다. 다만 @Transactional의 noRollbackFor, noRollbackForClassName, rollbackFor, rollbackForClassName 속성을 통해 이 사항을 제어할 수 있다.

Propagation.REQUIRED

Propagation.REQUIRED는 @Transactional 어노테이션의 기본 설정이며, REQUIRED는 다음과 같이 이해하면 된다.

---

1. Unchecked 예외는 RuntimeException으로부터 상속된 예외로, 메서드 정의에 throws로 별도 지정하거나 try/catch 구문으로 반드시 처리를 하지 않아도 되는 예외들이다. 보통 의미 없이 상위 메서드로 throws하거나 try/catch로 필요하지 않은 처리를 강제하는 checked 예외보다 unchecked 예외를 주로 활용하는 것이 효율적인 코드나 클린 코드 관점에서 좋을 수 있다. - 옮긴이

- 기존 물리적 트랜잭션이 없으면 스프링 컨테이너가 트랜잭션을 새로 생성한다.
- 기존 물리적 트랜잭션이 있는 경우 REQUIRED 어노테이션이 달린 메서드가 현재 물리적 트랜잭션에 참여한다.
- REQUIRED 어노테이션이 달린 각 메서드는 논리적 트랜잭션을 구분하며 해당 논리적 트랜잭션은 동일한 물리적 트랜잭션에 참여한다.
- 각 논리적 트랜잭션에는 고유 범위^{scope}가 있지만 이 전파 메커니즘의 경우 모든 범위가 동일한 물리적 트랜잭션에 매핑된다.

논리적 트랜잭션의 모든 범위는 동일한 물리적 트랜잭션에 매핑되기 때문에 논리적 트랜잭션 중 하나가 롤백되면 현재 물리적 트랜잭션의 모든 논리적 트랜잭션이 롤백된다.

다음과 같은 2개의 논리적 트랜잭션을 생각해보자(또는 내부^{inner} 논리적 트랜잭션을 포함하는 하나의 외부^{outer} 논리적 트랜잭션으로 생각할 수 있다).

```
@Transactional(propagation=Propagation.REQUIRED)
public void insertFirstAuthor() {

    Author author = new Author();
    author.setName("Joana Nimar");

    authorRepository.save(author);

    insertSecondAuthorService.insertSecondAuthor();
}
```

```
@Transactional(propagation = Propagation.REQUIRED)
public void insertSecondAuthor() {

    Author author = new Author();
    author.setName("Alicia Tom");
```

```
        authorRepository.save(author);

        if (new Random().nextBoolean()) {
            throw new RuntimeException("DummyException: this should cause
                    rollback of both inserts!");
        }
    }
}
```

단계 1: insertFirstAuthor() 메서드가 호출될 때 물리적 트랜잭션이 없으며, 스프링은 외부 논리적 트랜잭션(이 메서드 코드)을 실행하고자 하나를 생성한다.

단계 2: insertFirstAuthor()에서 insertSecondAuthor()를 호출할 때에는 기존 물리적 트랜잭션이 존재한다. 따라서 스프링은 해당 물리적 트랜잭션에 참여하고자 insertSecondAuthor() 메서드로 표현되는 내부^{inner} 논리적 트랜잭션을 초대한다.

단계 3: insertSecondAuthor() 메서드의 끝에서 RuntimeException이 무작위로 발생하면 스프링은 두 논리적 트랜잭션을 모두 롤백한다. 따라서 데이터베이스에 아무것도 등록되지 않는다.

그림 G-1은 Propagation.REQUIRED가 어떻게 흐르는지 보여준다(1은 첫 번째 메서드 호출인 insertFirstAuthor()를 나타내는 START 지점이고, 2는 두 번째 메서드 호출인 insertSecondAuthor()다).

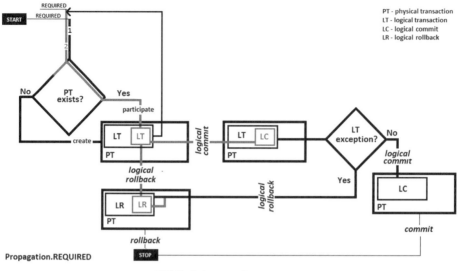

Propagation.REQUIRED

그림 G-1. Propagation.REQUIRED

해당 insertFirstAuthor()에서 RuntimeException을 캐치해 처리해도 여전히 외부 논리적 트랜잭션은 롤백된다. 이는 내부 논리적 트랜잭션이 롤백 전용(rollback-only) 마커를 설정하고 두 논리적 트랜잭션의 범위가 동일한 물리적 트랜잭션에 매핑된 상태에서 외부 논리적 트랜잭션도 롤백되기 때문이다. 스프링은 두 논리적 트랜잭션을 자동으로 롤백한 후 다음과 같은 예외를 발생시킨다.

```
org.springframework.transaction.UnexpectedRollbackException:
Transaction silently rolled back because it has been marked as
rollback-only
```

외부 논리적 트랜잭션은 내부 논리적 트랜잭션이 롤백됐고 이에 따라 자체도 롤백돼야 함을 명확하게 나타내고자 UnexpectedRollbackException을 수신해야 한다.

Propagation.REQUIRES_NEW

Propagation.REQUIRES_NEW는 항상 새로운 물리적 트랜잭션을 생성하도록 스프링 컨테이너에 지시한다. 또한 해당 트랜잭션은 자체적인 타임아웃, 읽기 전용 여부, 격리 수준 설정을 선언할 수 있으며 외부 물리적 트랜잭션의 특성을 상속하지 않을 수 있다.

그림 G-2는 Propagation.REQUIRES_NEW의 흐름을 보여준다.

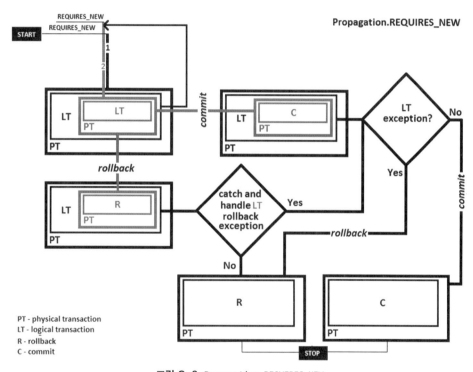

그림 G-2. Propagation.REQUIRES_NEW

물리적 각 트랜잭션에는 자체 데이터베이스 커넥션이 필요하다는 측면에서 처리 방법에 주의해야 한다. 이는 외부 물리적 트랜잭션에는 자체 데이터베이스 커넥션을 가져야 하는 반면 REQUIRES_NEW는 내부 물리적 트랜잭션을 생성하고 새 데이터베이스 커넥션을 바인딩한다. 동기식 실행에서는 내부 물리적 트랜잭션이 실행되는 동안 외부 물리적 트랜잭션은 일시 중단되고 해당 데이터베이스 커넥션은 열린 상태로 유지되며, 내부 물리적 트랜잭션이 커밋된 후 외부 물리적 트랜잭션이 재개돼 계속 실행되고 이후 커밋 또는 롤백된다.

내부 물리적 트랜잭션이 롤백되면 외부 물리적 트랜잭션에 영향을 미칠 수도 있고 그렇지 않을 수도 있다.

```
@Transactional(propagation = Propagation.REQUIRED)
public void insertFirstAuthor() {

    Author author = new Author();
    author.setName("Joana Nimar");

    authorRepository.save(author);

    insertSecondAuthorService.insertSecondAuthor();
}



@Transactional(propagation = Propagation.REQUIRES_NEW)
public void insertSecondAuthor() {

    Author author = new Author();
    author.setName("Alicia Tom");

    authorRepository.save(author);

    if (new Random().nextBoolean()) {
        throw new RuntimeException("DummyException: this should cause
            rollback of second insert only!");
    }
}
```

단계 1: 기존 물리적 트랜잭션이 없기 때문에 insertFirstAuthor()를 호출하면 첫 번째 물리적 트랜잭션(외부)이 생성된다.

단계 2: insertFirstAuthor()에서 insertSecondAuthor()를 호출하면 스프링은 다른 물리적 트랜잭션(내부)을 생성한다.

단계 3: RuntimeException이 발생하면 두 물리적 트랜잭션(내부가 먼저, 외부가 나중에)이 롤백되는데, 이는 insertSecondAuthor()에서 발생한 예외가 호출자인 insertFirstAuthor()로 전파돼 외부 물리적 트랜잭션의 롤백을 유발하기 때문이다. 이 방식은 원하는 동작이 아니고 외부 실제 트랜잭션에 영향을 주지 않고 내부 실제 트랜잭션만 롤백하려 한다면 다음과 같이 insertFirstAuthor()에서 RuntimeException을 캐치해 처리해야 한다.

```
@Transactional(propagation = Propagation.REQUIRED)
public void insertFirstAuthor() {

    Author author = new Author();
    author.setName("Joana Nimar");

    authorRepository.save(author);

    try {
        insertSecondAuthorService.insertSecondAuthor();
    } catch (RuntimeException e) {
        System.err.println("Exception: " + e);
    }
}
```

이제 외부 물리적 트랜잭션은 내부 물리적 트랜잭션이 롤백되더라도 커밋된다.

내부 물리적 트랜잭션이 커밋된 후 외부 물리적 트랜잭션이 롤백돼도 내부 물리적 트랜잭션은 영향을 받지 않는다.

Propagation.NESTED

NESTED는 REQUIRED처럼 작동하지만 중첩된 호출 사이에 세이브 포인트^{savepoint}를 사용한다. 즉, 내부 논리적 트랜잭션은 외부 논리적 트랜잭션과 독립적으로 롤백될 수 있다.

그림 G-3은 Propagation.NESTED가 처리되는 방식을 보여준다.

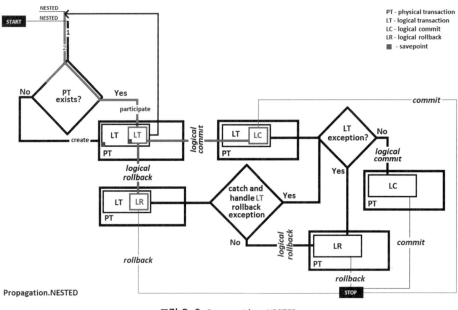

그림 G-3. Propagation.NESTED

NESTED를 하이버네이트 JPA와 함께 사용하려 하면 다음과 같은 스프링 예외가 발생한다.

```
NestedTransactionNotSupportedException: JpaDialect does not support
savepoints - check your JPA provider's capabilities
```

이는 하이버네이트 JPA가 중첩된 트랜잭션을 지원하지 않기 때문에 발생하는데, 예외를 일으키는 스프링 코드는 다음과 같다.

```
private SavepointManager getSavepointManager() {

    // ...
    SavepointManager savepointManager
        = getEntityManagerHolder().getSavepointManager();
    if (savepointManager == null) {
        throw new NestedTransactionNotSupportedException(
            "JpaDialect does not support ...");
    }
    return savepointManager;
}
```

가능한 해결책은 중첩된 트랜잭션을 지원하는 JdbcTemplate 또는 JPA 공급자를 사용하는 것이다.

Propagation.MANDATORY

Propagation.MANDATORY는 기존 물리적 트랜잭션이 필요한데, 없는 경우 다음과 같은 예외를 발생시킨다.

```
org.springframework.transaction.IllegalTransactionStateException: No
existing transaction found for transaction marked with propagation
'mandatory'.
```

그림 G-4는 Propagation.MANDATORY가 어떻게 흐르는지 보여준다.

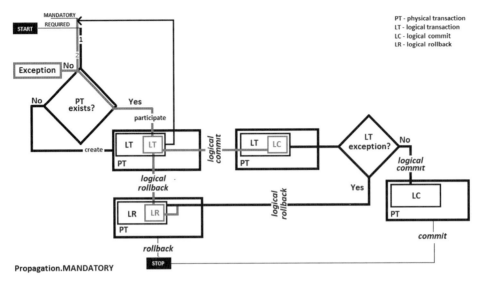

Propagation.MANDATORY

그림 **G-4**. Propagation.MANDATORY

다음과 같은 코드를 생각해보자.

```java
@Transactional(propagation = Propagation.REQUIRED)
public void insertFirstAuthor() {

    Author author = new Author();
    author.setName("Joana Nimar");

    authorRepository.save(author);

    insertSecondAuthorService.insertSecondAuthor();
}
```

```java
@Transactional(propagation = Propagation.MANDATORY)
public void insertSecondAuthor() {

    Author author = new Author();
    author.setName("Alicia Tom");

    authorRepository.save(author);
```

```
        if (new Random().nextBoolean()) {
            throw new RuntimeException("DummyException: this should cause
                rollback of both inserts!");
        }
    }
```

여기서 insertSecondAuthor()가 insertFirstAuthor()로부터 호출될 때 기존 물리적 트랜잭션(Propagation.REQUIRED를 통해 생성)이 존재한다. 이후 insertSecondAuthor() 코드에 의해 표현되는 내부 논리적 트랜잭션이 이 물리적 트랜잭션에 참여한다. 내부 논리적 트랜잭션이 롤백되면 Propagation.REQUIRED의 경우와 마찬가지로 외부 논리적 트랜잭션도 롤백된다.

Propagation.NEVER

Propagation.NEVER는 물리적 트랜잭션이 없어야 함을 명시하며, 물리적 트랜잭션이 있는 경우 NEVER는 다음과 같은 예외를 발생시킨다.

```
org.springframework.transaction.IllegalTransactionStateException: Existing
transaction found for transaction marked with propagation 'never'
```

그림 G-5는 Propagation.NEVER의 처리 흐름을 보여준다.

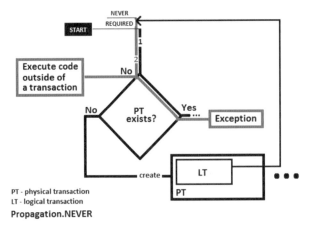

그림 G-5. Propagation.NEVER

다음과 같은 코드를 고려해보자.

```java
@Transactional(propagation = Propagation.NEVER)
public void insertFirstAuthor() {

    Author author = new Author();
    author.setName("Joana Nimar");

    authorRepository.save(author);
}
```

단계 1: insertFirstAuthor()가 호출되면 스프링은 기존 물리적 트랜잭션을 확인한다.

단계 2: 트랜잭션이 없으면 스프링은 예외를 발생시키지 않고 물리적 트랜잭션 외부에서 이 메서드 코드를 실행한다.

단계 3: 코드가 save() 메서드에 도달하면 스프링은 특별히 이 호출을 실행하고자 물리적 트랜잭션을 오픈한다. 이는 save()가 기본 Propagation.REQUIRED를 활용하기 때문에 발생한다.

NEVER 어노테이션이 달린 메서드를 호출할 때 열려 있는 물리적 트랜잭션이 없는지 확인해야 하지만 해당 메서드 내부의 코드는 문제없이 물리적 트랜잭션을 열 수 있다.

Propagation.NOT_SUPPORTED

Propagation.NOT_SUPPORTED는 실제 트랜잭션이 존재하는 경우 계속되기 전에 트랜잭션을 일시 중단함을 나타낸다. 해당 물리적 트랜잭션은 마지막에 자동으로 재개되며, 재개된 후 롤백(실패할 때)하거나 커밋할 수 있다.

그림 G-6은 Propagation.NOT_SUPPORTED가 흐르는 방식을 보여준다.

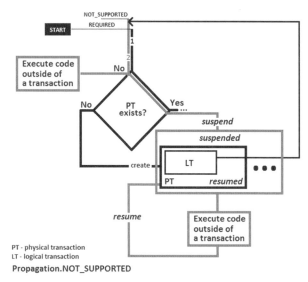

그림 G-6. Propagation.NOT_SUPPORTED

다음과 같은 코드를 살펴보자.

```
@Transactional(propagation = Propagation.REQUIRED)
```

```
public void insertFirstAuthor() {

    Author author = new Author();
    author.setName("Joana Nimar");

    authorRepository.save(author);

    insertSecondAuthorService.insertSecondAuthor();
}
```

```
@Transactional(propagation = Propagation.NOT_SUPPORTED)
public void insertSecondAuthor() {

    Author author = new Author();
    author.setName("Alicia Tom");

    authorRepository.save(author);

    if (new Random().nextBoolean()) {
        throw new RuntimeException("DummyException: this should cause "
            + "rollback of the insert triggered in insertFirstAuthor() !");
    }
}
```

단계 1: insertFirstAuthor()가 호출될 때 사용 가능한 물리적 트랜잭션이 없다. 따라서 스프링은 Propagation.REQUIRED를 준수하는 트랜잭션을 생성한다.

단계 2: 다음으로 코드는 등록을 호출한다(저자 Joana Nimar는 데이터베이스에 저장된다).

단계 3: insertSecondAuthor()문은 insertFirstAuthor()에서 호출되며 스프링은 Propagation.NOT_SUPPORTED의 존재를 확인한다. 기존 물리적 트랜잭션이 있기 때문에 계속하기 전에 스프링은 이를 일시 중단한다.

단계 4: insertSecondAuthor()의 코드는 처리가 save() 호출에 도달할 때까지 물리적 트랜잭션 외부에서 실행된다. 기본적으로 이 메서드는

Propagation.REQUIRED 호출 안에 있다. 따라서 스프링은 물리적 트랜잭션을 생성하고 INSERT(Alicia Tom)를 수행하고 이 트랜잭션을 커밋한다.

단계 5: insertSecondAuthor()의 나머지 코드가 물리적 트랜잭션 외부에서 실행된다.

단계 6: insertSecondAuthor() 코드가 완료된 후 스프링은 중단된 물리적 트랜잭션을 재개하고 중단된 위치에서 insertFirstAuthor() 논리적 트랜잭션의 실행을 다시 시작한다. RuntimeException이 insertSecondAuthor()에서 발생했다면 이 예외는 insertFirstAuthor()로 전파돼 논리적 트랜잭션은 롤백된다.

Propagation.NOT_SUPPORTED에 의해 트랜잭션이 일시 중지되더라도 장기 실행 작업을 피하도록 노력해야 한다. 트랜잭션이 일시 중지된 동안 연결된 데이터베이스 커넥션은 여전히 활성 상태이므로 커넥션 풀에서 재사용되지 않는다. 즉, 바인딩된 트랜잭션이 일시 중단된 경우에도 데이터베이스 커넥션은 활성화돼 있다.

```
...
Suspending current transaction
HikariPool-1 - Pool stats (total=10, active=1, idle=9, waiting=0)
Resuming suspended transaction after completion of inner transaction
```

Propagation.SUPPORTS

Propagation.SUPPORTS는 불리적 트랜잭션이 존재하는 경우 해당 물리적 트랜잭션 콘텍스트에서 구분된 메서드를 논리적 트랜잭션으로 실행한다는 것을 나타낸다. 그렇지 않으면 물리적 트랜잭션 외부에서 이 메서드를 실행한다. 몇 가지 코드를 살펴보자.

```
@Transactional(propagation = Propagation.REQUIRED)
public void insertFirstAuthor() {

    Author author = new Author();
    author.setName("Joana Nimar");

    authorRepository.save(author);

    insertSecondAuthorService.insertSecondAuthor();
}
```

```
@Transactional(propagation = Propagation.SUPPORTS)
public void insertSecondAuthor() {

    Author author = new Author();
    author.setName("Alicia Tom");

    authorRepository.save(author);

    if (new Random().nextBoolean()) {
        throw new RuntimeException("DummyException: this should cause " +
            "rollback of both inserts!");
    }
}
```

단계 1: insertFirstAuthor()가 호출될 때에 사용 가능한 물리적 트랜잭션이 없다. 따라서 스프링은 Propagation.REQUIRED를 준수하는 트랜잭션을 생성한다.

단계 2: 다음으로 스프링은 insertFirstAuthor() 메서드로 표시되는 외부 논리적 트랜잭션의 실행을 시작하고 save() 메서드를 통해 등록을 트리거한다(저자 Joana Nimar는 데이터베이스에 저장된다).

단계 3: insertSecondAuthor()는 insertFirstAuthor()로부터 호출되며, 스프링은 Propagation.SUPPORTS의 존재를 확인한다. 기존 물리적 트랜잭

션이 있기 때문에 insertSecondAuthor()의 코드는 이 물리적 트랜잭션의 콘텍스트에서 내부 논리적 트랜잭션으로 실행된다. RuntimeException이 발생하면 내부 및 외부 논리적 트랜잭션이 롤백된다.

해당 insertFirstAuthor()에서 RuntimeException을 캐치해 처리해도 여전히 외부 논리적 트랜잭션은 롤백된다. 이는 내부 논리적 트랜잭션이 롤백 전용 마커를 설정하고 두 논리적 트랜잭션의 범위가 동일한 물리적 트랜잭션에 매핑되기 때문이다.

그림 G-7은 Propagation.SUPPORTS가 어떻게 처리되는지 보여준다.

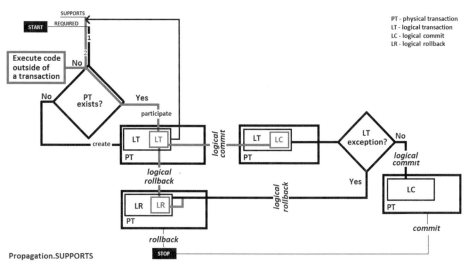

그림 G-7. Propagation.SUPPORTS

이제 insertFirstAuthor()에서 @Transactional(propagation = Propagation. REQUIRED)를 제거하고 흐름을 다시 확인해보자.

　　단계 1: insertFirstAuthor()가 호출될 때에 사용 가능한 물리적 트랜잭션이 없으며 @Transactional도 없기 때문에 스프링은 트랜잭션을 생성하지 않는다.

단계 2: insertFirstAuthor()의 코드가 물리적 트랜잭션 외부에서 실행되기 시작해 흐름이 save() 호출에 도달한다. 기본적으로 이 메서드는 Propagation.REQUIRED 범주 아래에 있으므로 스프링은 물리적 트랜잭션을 생성하고 등록을 수행하고(Joana Nimar) 트랜잭션을 커밋한다.

단계 3: insertSecondAuthor()가 insertFirstAuthor()로부터 호출될 때 스프링은 Propagation.SUPPORTS의 존재를 확인한다. 물리적 트랜잭션이 존재하지 않으며 스프링은 Propagation.SUPPORTS 정의에 따라 트랜잭션을 생성하지 않는다.

단계 4: 흐름이 insertSecondAuthor()에 있는 save() 메서드에 도달할 때까지 코드는 물리적 트랜잭션 외부에서 실행된다. 기본적으로 save()는 Propagation.REQUIRED 범주 아래에 있으므로 스프링은 물리적 트랜잭션을 생성하고 등록을 수행하고(Alicia Tom) 트랜잭션을 커밋한다.

단계 5: RuntimeException이 발생해도 물리적 트랜잭션이 없기에 아무것도 롤백되지 않는다.

부록 F에 사용된 예제 모음은 깃허브[2]에서 확인할 수 있다.

---

2. HibernateSpringBootTransactionPropagation

플러싱 메커니즘

플러싱^{Flushing}은 메모리 내의 영속성 콘텍스트$^{Persistence\ Context}$를 데이터베이스와 동기화하는 메커니즘으로, 트랜잭션 수명^{lifespan} 동안 여러 번 발생될 수 있으며 수동으로도 호출할 수 있다(EntityManager#flush() 메서드 또는 하이버네이트의 Session#flush()를 통해 명시적으로 호출할 수 있지만 가능하면 필요한 경우에만 사용해야 한다). 자동으로 처리되기도 하는데, 이 자동 플러시는 명시적인 flush() 메서드 호출을 잊을 수 있기 때문에(특히 트랜잭션이 커밋되기 전에) 편리하다. 자동 플러시 없이 영속성 콘텍스트가 닫히거나 클리어되고 보류 중인 수정 사항을 플러시하는 것을 잊었다면 수정 사항은 손실되고 데이터베이스에서 사용할 수 없게 된다. 아울러 자동 플러시는 세련된 최적화를 제공된다.

엔터티를 저장하거나 캐싱하는 것 외에도(영속성 콘텍스트가 1차 캐시라고도 함을 기억) 영속성 콘텍스트는 엔터티의 상태 전환을 위한 버퍼 역할을 한다. 즉, 영속성 콘텍스트는 EntityManager API(또는 하이버네이트 ORM에서 Session API에 의해 제공됨)가 제공하는 엔터티 상태 관리 메서드(예: persist(), remove() 등)를 통해 수행하는 엔터티의 수정 사항을 버퍼링한다.

아울러 영속성 콘텍스트는 트랜잭션 쓰기 지연[1] 캐시 역할을 하는데, 이는 무엇을 의미할까? 무엇보다도 엔터티의 상태 수정이 버퍼링되기 때문에 하이버네이

---

1. 여러 캐시 전략 중 하나로 write back 전략으로도 알려져 있으며, 실제 데이터 쓰기가 비동기적으로 나중에 이뤄지는 방식을 말한다. ─ 옮긴이

트는 영속성 콘텍스트 플러시를 마지막 순간까지 연기한다. 어쨌든 플러시 시점(트랜잭션 중 여러 번 발생될 수 있음)에 하이버네이트는 버퍼링된 엔터티의 상태 전환을 DML^{Data Manipulation Language} 구문(INSERT, UPDATE, DELETE)으로 변환하는데, 메모리 내의 영속적인 상태를 데이터베이스와 동기화함을 의미한다. 아울러 엔터티 상태를 INSERT 또는 UPDATE문으로 복사하는 것을 하이버네이트에서는 디하이드레이션 ^{dehydration}이라고 하며, 보류 중인 수정 사항을 마지막 순간까지 지연시키므로 하이버네이트는 메모리 내의 영속성 콘텍스트를 데이터베이스와 동기화하는 데 필요한 최소 개수의 DML 구문을 결정할 수 있다. 확실히 수동으로 플러시를 강제하면(명시적으로 플러시 메서드를 호출하게) 하이버네이트가 최상의 플러시 계획을 결정하는 이점이 줄어들 수 있다. 이와 같은 트랜잭션 쓰기 지연 캐시의 이점에 대한 예는 다음과 같다.

- JDBC 배치 처리가 사용된다.
- 엔터티가 2번 이상 업데이트돼도 하이버네이트는 하나의 UPDATE문만 실행한다.
- 엔터티가 업데이트된 후 삭제되면 DELETE만 수행된다.

엄격한 플러시 작업 순서

플러시 시점까지 하이버네이트는 영속성 콘텍스트, 더 정확하게는 ActionQueue에서 엔터티의 수정(작업)을 버퍼링한다. 그리고 플러시 시점에 하이버네이트는 다음과 같이 일련의 작업을 엄격한 순서로 처리한다.

1. OrphanRemovalAction
2. EntityInsertAction 및 EntityIdentityInsertAction
3. EntityUpdateAction
4. CollectionRemoveAction
5. CollectionUpdateAction

6. CollectionRecreateAction

7. EntityDeleteAction

해당 순서를 아는 것이 매우 중요하다. 간단히 말해 엔터티 처리에 해당하는 DML은 INSERT문으로 시작하고, UPDATE문을 다음으로, DELETE문을 마지막으로 처리한다. 이 엄격한 순서는 데이터 액세스 레이어 부분 작업을 제어하고 제약 조건 위반 가능성을 최소화하도록 선택됐으므로 데이터 액세스 레이어 코드를 작성하고 해석하는 방법에 주의를 기울여야 한다. 해당된 엄격한 순서를 따르지 않고 코딩하면 예기치 않은 동작과 예외(예: ConstraintViolationException)가 발생할 수 있다. 이런 상황에 처할 때마다 시간을 갖고 올바른 해결책을 찾아야 한다. 대부분 잘못된 수정(속임수)은 플러시 메서드를 명시적으로 호출해 플러시를 강제함으로써 이 순서를 방해하는 것이다. 명시적 플러시는 코드 스멜이며 일부의 경우에만 사용해야 한다(예: 배치 처리 등록 또는 삭제와 같은 벌크 작업).

데이터 질의어(DQL) 실행 전 플러시: SELECT 쿼리

JPA과 하이버네이트 ORM은 직접 쓴 것을 읽는read-your-own-writes 일관성을 유지하고자 쿼리 이전 플러시flush-before-query 전략을 지원한다.

2차 캐시를 사용하지 않는 한 DQL[2] SELECT 쿼리는 데이터베이스에 대해 실행되며 쿼리는 메모리 내의 변경 사항도 확인해야 한다. 따라서 사전 플러시가 필요하다. 즉, 쿼리 실행 전 플러시가 트리거되지 않으면 쿼리가 쓰일 데이터를 읽지 않아 데이터 불일치가 발생할 수 있다. 그러나 일단 플러시가 트리거되면 플러시된 변경 사항이 쿼리와 현재 데이터베이스 트랜잭션에 적용된다. 해당 트랜잭션이 커밋된 후에만 다른 트랜잭션과 영속성 콘텍스트에 반영된다.

---

2. 일반적으로 해당 용어는 잘 사용되진 않지만 테이블과 같은 DB 객체를 정의하는 DDL(Data Definition Language), 데이터를 등록/수정/삭제하는 DML(Data Manipulation Language), 권한을 관리하는 DCL(Data Control Language)과 함께 SQL의 하위 그룹의 종류로, 데이터를 조회하기 위한 SELECT로 생각하면 된다. – 옮긴이

트랜잭션 커밋 전 플러시

현재 트랜잭션이 커밋된 후 영속성 콘텍스트는 클리어되고 닫힌다(확장된 지속성 콘텍스트를 사용하는 경우 제외).

영속성 콘텍스트가 클리어되고 닫히면 엔터티의 메모리 내 변경 사항은 손실되는데, 이를 방지하고자 JPA와 하이버네이트 ORM은 트랜잭션이 커밋되기 직전에 플러시를 트리거한다. 이렇게 하면 엔터티의 메모리 내 변경 사항이 데이터베이스에 전파되고 해당 변경 사항은 지속된다.

자동 플러시 모드

쿼리 실행 전과 트랜잭션 커밋 전의 플러시는 자동 플러시 모드를 통해 JPA와 하이버네이트 ORM에 의해 수행된다.

영속성 콘텍스트의 자동 플러시 모드는 다음과 같은 경우에 작동한다.

- DQL SELECT, JPA JPQL 또는 하이버네이트 HQL 쿼리 실행 전
- 네이티브 DQL SELECT 쿼리 실행 전
- 트랜잭션 커밋 전

JPA는 `javax.persistence.FlushModeType`을 통해 2가지 플러시 모드를 정의한다.

- **AUTO**: 모든 쿼리 실행 전(네이티브 쿼리 포함)과 트랜잭션 커밋 전에 플러시를 트리거하는 기본 플러시 모드다. 이 플러시 모드는 JPA 표준을 준수하는데, AUTO는 실행 중인 모든 쿼리에서 보류 중인 모든 변경 내용을 볼 수 있게 보장해야 한다. 스프링 부트(스프링) 애플리케이션에서 JPA 공급자로 하이버네이트를 부트스트랩하는 경우 기본 플러시 모드다.
- **COMMIT**: 트랜잭션이 커밋되기 전에만 플러시를 트리거한다.

하이버네이트 ORM은 `org.hibernate.FlushMode`를 통해 4가지 플러시 모드를 정의한다.

- **AUTO:** 데이터 액세스 레이어의 성능 향상을 위한 하이버네이트 고유 최적화 플러싱 메커니즘의 기본 플러싱 모드다. 이 최적화의 목표는 플러시가 필수일 때와 피할 수 있을 때를 감지하는 지능형 알고리듬을 사용해 플러시 수를 줄이는 것이며, 주요 대상은 현재 실행 중인 쿼리에 보류 중인 DML(INSERT, UPDATE, DELETE문)이 필요한 경우에만 플러시 작업을 수행하게 하는 것이다. 즉, 트랜잭션 커밋 전에 플러시가 트리거되는 동안 쿼리 실행 전 조기 플러시의 오버헤드를 건너뛸 수 있으며, 이렇게 하면 조기 플러시가 최대한 지연된다. 이상적으로는 트랜잭션이 커밋되기 전에 트리거되는 하나의 플러시만 가지며, 이 플러시는 필요한 모든 DML 구문을 반영한다.

하이버네이트의 스마트한 AUTO 플러시 모드에도 주요 단점이 있다. 네이티브 쿼리에는 작동하지 않는다는 점인데, 필요한 경우에도 네이티브 쿼리가 실행될 때 영속성 콘텍스트 플러시를 트리거하지 않는다.

하이버네이트는 제한된 SQL 구문만을 이해하기 때문에 네이티브 쿼리를 구문 분석할 수 없다(데이터베이스 벤더는 SQL 네이티브 쿼리로 제공되는 많은 기능을 지원한다). 따라서 플러시가 필요한 참조된 테이블을 결정할 수 없다.

해당 방식으로 인해 read-your-writes 불일치가 발생할 수 있는데, 이런 경우 ALWAYS 플러시 모드로 전환하거나 `org.hibernate.SQLQuery`(하이버네이트 5.2 이전) 또는 `org.hibernate.NativeQuery`(하이버네이트 5.3 이상) 전용 메서드(예: `addSynchronizedEntityClass()` 메서드)를 통해 테이블 공간 동기화를 추가하는 것이 좋다. 이에 대한 자세한 사항은 공식 문서를 참고하자.

순수 하이버네이트를 부트스트랩하는 경우(예: 하이버네이트 `SessionFactoryBuilder`, `BootstrapServiceRegistryBuilder` 등을 통해)에만 이 AUTO 플러시 모드는 자동으로 사용된다. 하이버네이트를 JPA 공급자로 부트스트랩하는 경우에 이 플러스 모드는 자동으로 사용되지 않는다. 따라서 데이터 불일치의 위험은 없다.

스프링 부트와 하이버네이트를 스프링 데이터 JPA에서 사용하기 위한 spring-boot-starter-data-jpa 스타터를 사용하면 하이버네이트의 AUTO 플러시 모드가 아닌 JPA의 AUTO 플러시 모드를 사용한다.

- **ALWAYS:** JPA AUTO 모드와 같으며, 모든 쿼리 실행(네이티브 쿼리 포함) 전에 플러시를 트리거한다.

하이버네이트의 AUTO 플러시 모드가 자동으로 사용될 때에(예를 들어 하이버네이트 BootstrapServiceRegistryBuilder, SessionFactoryBuilder 등을 통해 순수 하이버네이트를 부트스트랩하는 경우) 이 플러시 모드와 네이티브 모드에 대해 설명된 단점을 고려해야 한다. 예를 들어 순수 하이버네이트를 부트스트랩했으며 트랜잭션에서 실행 중인 다음과 같은 코드를 가정해 보자.

```
entityManager.persist(new Book().setTitle("Carrie"));

entityManager.createNativeQuery("SELECT COUNT(*) FROM book")
    .getSingleResult();
```

플러시는 트랜잭션이 커밋될 때까지 지연되기 때문에 트리거된 SQL문은 다음과 같다.

```
SELECT COUNT(*) FROM book
INSERT INTO book (title, ...) VALUES ("Carrie", ...);
```

이는 일반적인 read-your-writes 불일치 시나리오로, 네이티브 SQL 쿼리가 사전 플러시의 이점을 얻지 못하므로 Carrie 도서를 포함하지 않는다.

이 문제를 쉽게 해결하려면 다음과 같이 네이티브 쿼리에 대해 ALWAYS 플러시 모드로 전환할 수 있다.

```
entityManager.createNativeQuery("SELECT COUNT(*) FROM book")
    .unwrap(org.hibernate.query.Query.class)
```

```
        .setHibernateFlushMode(FlushMode.ALWAYS)
        .getSingleResult();
```

이번에는 플러시가 SQL 네이티브 쿼리 실행 전에 발생하고, 이는 read-your-writes 불일치가 제거됐음을 의미한다.

```
INSERT INTO book (title, ...) VALUES ("Carrie", ...);
SELECT COUNT(*) FROM book
```

현재 세션의 모든 쿼리에 대한 플러시 모드 설정은 다음과 같이 처리할 수 있다.

```
entityManager.unwrap(Session.class)
    .setHibernateFlushMode(FlushMode.ALWAYS);
```

또는 application.properties를 통해 모든 세션(애플리케이션 레벨)은 다음과 같이 설정한다.

```
spring.jpa.properties.org.hibernate.flushMode=ALWAYS
```

ALWAYS 플러시 모드를 사용하면 read-your-writes 일관성이 보장된다. 네이티브 쿼리는 플러시 시점에 실행되도록 예약된 보류 중인 모든 수정 사항이 반영된다.

일반적인 규칙으로 데이터 일관성과 애플리케이션 효율성을 맞바꿔서는 안 된다. 즉, 몇 번의 조기 플러시를 피하고자 데이터 불일치를 허용해선 안 된다.

- **COMMIT:** JPA COMMIT 모드와 같다.
- **MANUAL:** 이 플러시 모드는 자동 플러시 모드를 비활성화하고 전용 플러시 메서드를 명시적으로 호출해야 한다.

코드 이야기

무엇보다도 리포지터리의 flush() 메서드가 호출될 때(자동 또는 수동으로) 스프링 부트는 내부적으로 EntityManager#flush()를 호출하는 점을 알아야 한다. 이 flush() 메서드는 SimpleJpaRepository에서 다음과 같이 정의된다.

```
// em은 EntityManager
@Transactional
Override
public void flush() {
    em.flush();
}
```

이는 하이버네이트 JPA 기반으로 스프링 부트에 의해 제공되는 EntityManager이며, 해당 구현은 단순히 내부 Session으로 호출을 위임한다. 이는 하이버네이트 ORM 구현상 다음과 같은 AbstractEntityManagerImpl에서 확인할 수 있다.

```
public void flush() {
    if (!isTransactionInProgress()) {
        throw new TransactionRequiredException(
            "no transaction is in progress");
    }

    try {
        getSession().flush();
    } catch (RuntimeException e) {
        throw convert( e );
    }
}
```

> 스프링 부트 애플리케이션에서 하이버네이트를 JPA 공급자로 사용하면 플러시 처리는 내부의 현재 Session을 통해 데이터베이스와 동기화된다.

다음 예제에서는 평소와 같이 application.properties를 통해 구성된 JPA 공급자로 하이버네이트를 사용하고 플러시 모드 설정 방법을 살펴보자.

다음과 같이 JPA EntityManager의 현재 플러시 모드를 확인할 수 있다.

```
System.out.println(
    "Flush mode, Hibernate JPA (EntityManager#getFlushMode()): "
    + entityManager.getFlushMode());

System.out.println(
    "Flush mode, Hibernate JPA (Session#getFlushMode()): "
    + (entityManager.unwrap(Session.class)).getFlushMode());
```

아울러 다음과 같이 하이버네이트 Session에 대한 현재 플러시 모드도 확인할 수 있다(하이버네이트 5.2부터).

```
System.out.println(
    "Flush mode, Hibernate Session (Session#getHibernateFlushMode()): "
    + (entityManager.unwrap(Session.class)).getHibernateFlushMode());
```

@Transactional 어노테이션을 갖는 서비스 메서드에서 이 코드를 실행하면 다음과 같이 출력된다.

```
Flush mode, Hibernate JPA (EntityManager#getFlushMode()): AUTO
Flush mode, Hibernate JPA (Session#getFlushMode()): AUTO
Flush mode, Hibernate Session (Session#getHibernateFlushMode()): AUTO
```

@Transactional(readOnly=true) 어노테이션이 달린 서비스 메서드에서 이 코드를 실행하면 다음과 같이 출력된다.

```
Flush mode, Hibernate JPA (EntityManager#getFlushMode()): COMMIT
Flush mode, Hibernate JPA (Session#getFlushMode()): COMMIT
Flush mode, Hibernate Session (Session#getHibernateFlushMode()): MANUAL
```

@Transactional(readOnly=true)를 설정하면 플러시 모드가 MANUAL로 설정된다.
@Transactional(readOnly=true) 작동 방식에 대한 자세한 내용은 **항목 61**을 참고하자.

하이버네이트 JPA를 사용하는 스프링 부트 애플리케이션에서 플러시 모드 설정은 application.properties를 통해 글로벌하게 처리되거나 세션 수준 또는 전용 메서드를 통한 쿼리 수준에서 가능하다. 다음 절에서 해당 내용을 다룬다.

글로벌 플러시 모드

애플리케이션 수준에서 플러시 모드 설정은 application.properties의 `spring.jpa.properties.org.hibernate.flushMode` 속성을 통해 처리한다.

* 플러시 모드를 COMMIT으로 설정한다.

JPA와 하이버네이트의 COMMIT 플러시 모드는 동일한 방식으로 동작한다.

```
spring.jpa.properties.org.hibernate.flushMode=COMMIT
```

@Transactional 어노테이션이 지정된 서비스 메서드에서 출력은 다음과 같다.

```
Flush mode, Hibernate JPA (EntityManager#getFlushMode()): COMMIT
Flush mode, Hibernate JPA (Session#getFlushMode()): COMMIT
Flush mode, Hibernate Session (Session#getHibernateFlushMode()): COMMIT
```

@Transactional(readOnly=true) 어노테이션이 달린 서비스 메서드에서의 출력
은 다음과 같다.

```
Flush mode, Hibernate JPA (EntityManager#getFlushMode()): COMMIT
Flush mode, Hibernate JPA (Session#getFlushMode()): COMMIT
Flush mode, Hibernate Session (Session#getHibernateFlushMode()): MANUAL
```

COMMIT 플러시 모드를 application.properties에 명시적으로 설정하더라도 readOnly=true(어노
테이션이 있는 메서드는 데이터베이스 쓰기 작업이 포함돼 있지 않음을 지정)가 있으면 스프링
부트는 하이버네이트의 MANUAL 플러시 모드로 전환하게 지시한다. 이는 설정이 현재 콘텍스트에
영향을 미치지 않음을 의미하고, 트랜잭션이 커밋되기 전에 자동 플러시가 처리 되지 않는다.

- 플러시 모드를 ALWAYS로 설정한다.

```
spring.jpa.properties.org.hibernate.flushMode=ALWAYS
```

@Transactional 어노테이션이 지정된 서비스 메서드에서 출력은 다음과 같다.

```
Flush mode, Hibernate JPA (EntityManager#getFlushMode()): AUTO
Flush mode, Hibernate JPA (Session#getFlushMode()): AUTO
Flush mode, Hibernate Session (Session#getHibernateFlushMode()): ALWAYS
```

@Transactional(readOnly=true) 어노테이션이 달린 서비스 메서드에서의 출력
은 다음과 같다.

```
Flush mode, Hibernate JPA (EntityManager#getFlushMode()): COMMIT
Flush mode, Hibernate JPA (Session#getFlushMode()): COMMIT
Flush mode, Hibernate Session (Session#getHibernateFlushMode()): MANUAL
```

네이티브 메커니즘을 사용해 하이버네이트를 부트스트랩하고 하이버네이트의 스마트한 AUTO 플러시를 피해야 하는 경우에만 하이버네이트 플러시 모드를 ALWAYS로 지정해야 함을 기억하자. 잠재적인 read-your-writes 불일치를 방지하고자 하이버네이트가 JPA FlushModeType. AUTO 모드로 설정되는 것처럼 처리되게 지시한다(네이티브 SQL 쿼리를 포함해 모든 쿼리 전에 영속성 콘텍스트 플러시를 트리거한다).

- 플러시 모드를 MANUAL로 설정한다.

```
spring.jpa.properties.org.hibernate.flushMode=MANUAL
```

@Transactional 어노테이션이 지정된 서비스 메서드에서 출력은 다음과 같다.

```
Flush mode, Hibernate JPA (EntityManager#getFlushMode()): AUTO
Flush mode, Hibernate JPA (Session#getFlushMode()): AUTO
Flush mode, Hibernate Session (Session#getHibernateFlushMode()): AUTO
```

MANUAL 플러시 모드를 application.properties에 명시적으로 설정하더라도 @Transactional(어노테이션이 있는 메서드는 데이터베이스 쓰기 작업이 포함돼 있음을 지정)이 있으면 스프링 부트가 JPA의 AUTO 플러시 모드로 전환하게 지시한다. 이는 해당 설정이 현재 콘텍스트에 영향을 미치지 않음을 의미한다. MANUAL을 통해 비활성화했기 때문에 자동 플러시가 없을 것이라고 생각할 수 있으므로 주의가 필요하다.

@Transactional(readOnly=true) 어노테이션이 달린 서비스 메서드에서 출력은 다음과 같다(자동 플러시가 발생하지 않음).

```
Flush mode, Hibernate JPA (EntityManager#getFlushMode()): COMMIT
Flush mode, Hibernate JPA (Session#getFlushMode()): COMMIT
Flush mode, Hibernate Session (Session#getHibernateFlushMode()): MANUAL
```

세션 수준 플러시 모드

EntityManager#setFlushMode(), Session#setFlushMode(), Session#setHibernate
FlushMode() 메서드를 통해 현재 세션의 모든 쿼리에 대한 세션 수준의 플러시
모드를 설정할 수 있다. EntityManager#setFlushMode()와 Session#setFlushMode()
를 통해 다음 예제와 같이 JPA의 FlushModeType.AUTO 또는 COMMIT 플러시 모드
를 설정한다.

```
@Transactional
public void foo() {
    entityManager.setFlushMode(FlushModeType.COMMIT);
    // 또는
    (entityManager.unwrap(Session.class)).setFlushMode(FlushModeType.COMMIT);
    // ...
}
```

출력은 다음과 같다.

```
Flush mode, Hibernate JPA (EntityManager#getFlushMode()): COMMIT
Flush mode, Hibernate JPA (Session#getFlushMode()): COMMIT
Flush mode, Hibernate Session (Session#getHibernateFlushMode()): COMMIT
```

@Transactional(readOnly = true)에 대해서도 동일한 결과를 얻는다. 그러나 @Transactional (readOnly = true) 어노테이션이 달린 메서드는 데이터베이스 쓰기 작업을 허용하지 않기 때문에(SQLException: Connection is read-only. Queries leading to data modification are not allowed) 플러시 작업이 필요하지 않다.

FlushMode.ALWAYS 또는 MANUAL과 같은 하이버네이트 플러시 모드를 설정하려면 Session#setHibernateFlushMode()를 사용해야 하는데, 하이버네이트 5.2부터 사용할 수 있다. 예를 들어 @Transactional 메서드에서 수동 플러시를 다음과 같이 제공한다.

```
@Transactional
public void deleteAuthor() {

    (entityManager.unwrap(Session.class))
        .setHibernateFlushMode(FlushMode.MANUAL);

    Author author = authorRepository.findByName("Joana Nimar");

    authorRepository.delete(author);

    // 명시적으로 flush()를 호출하지 않으면 author가 삭제되지 않음
    // 자동 플러시가 없음
    authorRepository.flush();
}
```

해당 유형의 사용 사례에 주의를 기울여야 한다. 자동 플러시가 비활성화돼 있는 동안 플러시를 수동으로 관리해야 하는데, 이는 해당 flush 메서드 호출을 잊어버리기 쉽다. 그리고 명시적으로 flush 메서드를 호출하기 전에 다시 한 번 더 생각해봐야 한다. 이는 코드 스멜이기 때문인데, 해당 내용은 부록 H의 앞부분에서 자세히 설명하고 있다.

쿼리 수준 플러시 모드

EntityManager#setFlushMode(), Session#setFlushMode(), Session#setHibernate FlushMode() 메서드를 통해 현재 세션의 특정 쿼리에 대해서만 쿼리 수준의 플러시 모드를 설정할 수 있다. EntityManager#setFlushMode()와 Session# setFlushMode()를 통해 다음 예제와 같이 JPA의 FlushModeType.AUTO 또는 COMMIT 플러시 모드를 설정한다.

```
entityManager.createNativeQuery("DELETE FROM book")
    .setFlushMode(FlushModeType.COMMIT)
    .getSingleResult();

(entityManager.unwrap(Session.class))
    .createNativeQuery("DELETE FROM book")
    .setFlushMode(FlushModeType.COMMIT)
    .getSingleResult();
```

FlushMode.ALWAYS 또는 MANUAL과 같은 세션 수준 하이버네이트 플러시 모드를 설정하려면 Session#setHibernateFlushMode()를 사용해야 하는데, 하이버네이트 5.2부터 제공된다.

```
entityManager.createNativeQuery("SELECT COUNT(*) FROM book")
    .unwrap(org.hibernate.query.Query.class)
    .setHibernateFlushMode(FlushMode.ALWAYS)
    .getSingleResult();

(entityManager.unwrap(Session.class))
    .createNativeQuery("SELECT COUNT(*) FROM book")
    .setHibernateFlushMode(FlushMode.ALWAYS)
    .getSingleResult();
```

끝이다. 이제 플러시 처리를 다루는 방법을 알았다.

2차 캐시

스레드에 안전하지 않은 Session에 기반을 둔 영속성 콘텍스트(1차 캐시First-Level Cache 라고도 함) 외에도 하이버네이트 ORM은 SessionFactory에 기반을 둔 스레드에 안전한 2차 캐시Second Level Cache를 함께 제공한다. 2차 캐시의 일반적인 구현은 EhCache, Infinispan, Hazelcast, OSCache, SwarmCache를 사용한다.

2차 캐시 활성화를 위해서는 다음과 같은 단계를 거친다.

- **hibernate.cache.use_second_level_cache**: true(기본값)
- **hibernate.cache.provider_class**: 캐시 구현 공급자의 FQCN^{Fully-qualified} class name
- **hibernate.cache.regioin.factory_class**: CacheRegionFactory 서드파티 구현의 FQCN
- **hibernate.cache.use_reference_entries**: true로 설정하면 전체 불변 데이터 세트를 복사하는 대신 하이버네이트가 이제 데이터에 대한 참조를 캐시에 저장할 수 있음을 알린다. 다시 얘기하면 어떤 종류의 연관관계도 없는 불변(@Immutable) 데이터 객체는 2차 캐시에 복사되지 않고, 대신 해당 항목에 대한 참조만 저장된다.
- @Cache(usage = CacheConcurrencyStrategy.READ_WRITE)와 함께 @Cache를

통해 캐시돼야 할 엔터티를 지정한다.

캐시할 모든 엔터티에 대해 동일한 동기화 전략을 설정하는 것은 cache.default_cache_ concurrency_strategy 항목을 통해 처리된다. 이후 @Cache를 사용해 엔터티 수준에서 또는 @Cache(javax.persistence.Cacheable)을 통해 동기화 전략을 오버라이드할 수 있다.

2차 캐시는 엔터티를 행 수준 데이터 포맷으로 저장한다. 즉, 2차 캐시는 해체 상태^{disassembled state}라고 표현되는 하이드레이티드 상태^{hydrated state}로 엔터티를 지정한다.

캐시 영역^{region}을 확인하려면 다음과 같은 메서드를 사용한다.

```java
public void inspectCacheRegion(String region) {

    SecondLevelCacheStatistics stats = getSessionFactory().getStatistics()
        .getSecondLevelCacheStatistics(region);

    System.out.println("Region: " + region);                // region 로그
    System.out.println("Stats: " + stats);                  // stats 로그
    System.out.println("Entries: " + stats.getEntries());   // entries 로그
}
```

EntityManager를 통해 가져온 SessionFactory로는 다음과 같다.

```java
EntityManager em;
// ...
public SessionFactory getSessionFactory() {

    return em.getEntityManagerFactory().unwrap(SessionFactory.class);
}
```

하이버네이트의 2차 캐시는 다음과 같은 4가지 전략을 지원한다.

- NONSTRICT_READ_WRITE

- READ_ONLY

- READ_WRITE

- TRANSACTIONAL

NONSTRICT_READ_WRITE

이 전략은 캐시 기반 읽기^{read-through}이며 잠금을 사용하지 않는다. 데이터가 거의 수정되지 않을 때 유용하고, 다음과 같은 주요 기능을 갖는다.

- 등록, 수정, 삭제는 캐시 기반 읽기 전략을 통해 수행된다.
- 수정 및 삭제는 플러시 시점과 커밋 후 캐시에서 해당 항목이 제거된다.
- 해당 처리는 엔터티 및 컬렉션에 적용된다.

READ_ONLY

이 전략은 불변 데이터에 유용하며, 주요 기능은 다음과 같다.

- 엔터티 식별자 생성 전략이 IDENTITY인 경우 엔터티 등록은 캐시 기반 읽기를 사용한다.
- 엔터티 식별자 생성 전략이 SEQUENCE 또는 TABLE이면 엔터티 등록에 write-through를 사용한다.
- 컬렉션에 등록하는 것은 항상 캐시 기반 읽기를 사용한다.
- 엔터티/컬렉션 수정은 지원되지 않는다.
- 엔터티를 삭제하면 해당 캐시 항목도 삭제된다.
- 하이버네이트 5.1.0부터 컬렉션을 삭제하면 해당 CacheEntry가 삭제되지만 CollectionCacheEntry가 무효화되진 않는다.

READ_WRITE

이 전략은 소프트 잠금^{soft lock}을 사용해 데이터 무결성을 보장하며, 비동기식이다. 아울러 JTA 트랜잭션을 요구하지 않고 캐시 기반 쓰기^{write-through} 전략을 지원한다. 주요 기능은 다음과 같다.

- 엔터티 식별자 생성 전략이 IDENTITY인 경우 엔터티 등록은 캐시 기반 읽기를 사용한다.
- 엔터티 식별자 생성 전략이 SEQUENCE 또는 TABLE이면 엔터티 등록에 캐시 기반 쓰기를 사용한다.
- 컬렉션에 등록하는 것은 항상 캐시 기반 읽기를 사용한다.
- 엔터티 수정은 캐시 기반 쓰기를 사용하며 다음 두 단계를 따른다.
  - 플러시 시점에 캐시 항목은 소프트 잠금으로 대체된다(커밋되지 않은 데이터 읽기를 방지한다).
  - 커밋 이후 소프트 잠금은 실제 값으로 대체된다.
- 컬렉션 수정은 다음 두 단계가 필요하다.
  - 플러시 시점에 캐시 항목은 소프트 잠금으로 대체된다(커밋되지 않은 데이터 읽기를 방지한다).
  - 커밋 이후에도 캐시 기반 읽기 전략을 통해 실제 값으로 대체될 소프트 잠금을 여전히 갖고 있다.
- 엔터티 또는 컬렉션 삭제는 다음 두 단계가 필요하다.
  - 플러시 시점에 캐시 항목은 소프트 잠금으로 대체된다(커밋되지 않은 데이터 읽기를 방지한다).
  - 커밋 이후 소프트 잠금은 제한 시간이 더 늘어난 다른 잠금으로 대체된다(소프트 잠금은 롤백할 수 없으며 트랜잭션 롤백 시 만료돼야 한다).

TRANSACTIONAL

이 전략은 데이터가 자주 수정되고 롤백되는 경우 적절한 선택이다. 최대의 일관성을 제공하지만 동기식이며 JTA 트랜잭션(예: Bitronix)이 필요하며, 주요 기능은 다음과 같다.

- 엔터티 식별자 생성 전략이 IDENTITY인 경우 엔터티 등록은 캐시 기반 읽기를 사용한다.
- 엔터티 식별자 생성 전략이 SEQUENCE 또는 TABLE이면 엔터티 등록에 캐시 기반 쓰기를 사용한다.
- 컬렉션에 등록하는 것은 항상 캐시 기반 읽기를 사용한다.
- 엔터티 또는 컬렉션 수정은 다음 단계를 따른다.
  - 플러시 시점에 엔터티의 수정은 처리되는 반면 컬렉션 캐시 영역은 무효화되는데, 이는 현재 트랜잭션에만 볼 수 있다.
  - 커밋 이후 수정 사항은 모든 트랜잭션에서 볼 수 있다(컬렉션의 캐시 영역은 읽힐 때까지 유효하지 않은 상태로 유지된다).
- 엔터티 또는 컬렉션 삭제는 단순히 해당 캐시 항목 모두를 제거한다.

쿼리 캐시

엔터티와 컬렉션 외에도 하이버네이트는 쿼리 결과를 캐시할 수 있다. 반환된 결과에 조회(SELECT)를 연결하기만 하면 된다.

쿼리 캐시 활성화는 hibernate.cache.use_query_cache=true를 통해 가능하다.

쿼리 캐시의 경우 하이버네이트는 캐시 기반 읽기 전략을 사용하므로 쿼리가 실행되고 결과는 org.hibernate.cache.internal.StandardQueryCache라는 영역에 캐시된다.

JPQL/HQL의 경우 하이버네이트는 테이블 공간 변경 사항을 사용해 강력한 일관성

보장을 위한 무효화 프로세스를 구성한다. 그럼에도 하이버네이트가 영향을 받는 테이블 공간을 감지할 수 없는 네이티브 쿼리에서는 불가능하다. 이 경우 하이버네이트는 StandardQueryCache 영역의 모든 항목을 무효화하며, 이 단점을 방지하려면 네이티브 쿼리가 영향 받는 테이블 공간을 addSynchronizedEntityClass()를 통해 명시적으로 지정해야 한다.

일반적인 규칙으로, 쿼리 캐시를 사용할 때 변경 불가능한 엔터티와 거의 수정되지 않는 엔터티를 사용하면 최상의 결과를 얻을 수 있다.

스프링 부트 애플리케이션에서는 다음 예제와 같이 JPA 힌트인 HINT_CACHEABLE 을 통해 쿼리 결과를 캐시할 수 있다.

```
@Query("SELECT b FROM Book b WHERE b.price > ?1")
@QueryHints(value = @QueryHint(name = HINT_CACHEABLE, value = "true"))
public List<Book> fetchByPrice(int price);
```

EhCache를 사용하는 하이버네이트와 2차 캐시를 사용하는 전체 애플리케이션 은 깃허브[1]에서 확인할 수 있다.

하이버네이트의 2차 캐시를 스프링 캐시 지원 기능과 혼동하지 말자. 스프링 캐싱은 @EnableCaching 어노테이션을 통해 활성화되며 @Cacheable, @CachePut, @CacheEvict, @CacheConfig 등과 같은 여러 어노테이션을 통해 제어되며, 스프링은 메모리 내 동시성 지원 맵 (concurrent map)을 사용하는 EhCache, JCache, Hazelcast, Caffeine 등과 같은 공급자를 지원 한다. EhCache를 사용하는 기본 스프링 캐싱 애플리케이션은 깃허브[2]에서 확인할 수 있다.

---

1. HibernateSpringBootHibernateSLCEhCacheKickoff
2. HibernateSpringBootSpringCacheEhCacheKickoff

도구

마무리 부분에서 몇 가지 놀라운 도구를 소개하고자 한다.

FlexyPool[1]이라는 첫 번째 도구는 최상의 성능을 위해 커넥션 풀 파라미터를 조정하는 데 사용한다.

두 번째는 Hypersistence Optimizer[2]인데, JPA와 하이버네이트를 올바르게 사용하고 있는지 자동으로 감지한다. 관련 기사[3]와 비디오[4]에서 볼 수 있듯 이 도구는 스프링 애플리케이션에도 매우 유용하다. 이 도구의 설정은 다음과 같은 메이븐 종속성을 추가하면 된다.

```
<dependency>
    <groupId>io.hypersistence</groupId>
    <artifactId>hypersistence-optimizer</artifactId>
    <version>${hypersistence-optimizer.version}</version>
</dependency>
```

그리고 통합 테스트^{integration test}에 다음을 추가하기만 하면 된다.

1. https://github.com/vladmihalcea/flexy-pool
2. https://vladmihalcea.com/hypersistence-optimizer/
3. https://vladmihalcea.com/spring-petclinic-hypersistence-optimizer/
4. https://www.youtube.com/watch?reload=9&v=x1nOVct9P2g

```
public void testNoPerformanceIssues() {

    ListEventHandler listEventHandler = new ListEventHandler();

    new HypersistenceOptimizer(
        new JpaConfig(entityManagerFactory())
            .addEventHandler(listEventHandler)
    ).init();

    assertTrue(listEventHandler.getEvents().isEmpty());
}
```

세 번째 도구는 Querydsl[5]이다. Querydsl은 플루언트^{fluent} API를 통해 정적 타입 안정성^{statically type-safe} 쿼리를 지원하는 프레임워크다. 여러 스프링 데이터 모듈은 내부 **QueryDslPredicateExecutor** 인터페이스를 통해 Querydsl과의 통합을 제공한다. 이에 대해 더 자세히 살펴봐도 좋지만(좋은 시작점은 스프링 데이터 참조 문서임) 먼저 jOOQ를 고려해보자.

네 번째 도구는 jOOQ[6]다. jOOQ는 다양한 데이터베이스(예: MySQL, PostgreSQL, 오라클 등)에 대한 SQL을 생성하는 탁월한 쿼리 빌더 프레임워크다. 복잡하고 최적화된 쿼리를 작성하는 데 유용하며 키세트 페이지네이션^{keyset pagination}, 스트리밍^{streaming} 등을 지원한다.

다섯 번째 도구는 Codata[7,8]이다. 이 도구는 IntelliJ IDEA, Android Studio, Eclipse용 플러그인을 제공하는데, 견고한 AI를 통해 코딩을 지원하는 것이 주 목적이다. 예를 들어 Codota는 Criteria API의 사용을 단순화할 수 있다.

---

5. http://www.querydsl.com/
6. https://www.jooq.org/
7. https://www.codota.com/
8. 현재는 tabnine로 이름이 변경됐다. – 옮긴이

하이버네이트 6

이 책을 쓸 당시 하이버네이트 6는 버전 6.0.0.Alpha3[1]까지 나왔다. 하이버네이트 6이 출시되면 스프링은 이에 대한 지원을 추가할 것이며, 하이버네이트 ORM JIRA에서 사용 가능한 전체 기능 목록(추가, 수정, 제거 등)을 확인하는 것이 좋다. 해당 목록에서 다음과 같은 몇 가지를 정리했다.

- LIMIT 및 OFFSET 절에 대한 지원을 구현한다(HHH-11474[2]).
- ResultTransformer를 TupleTransformer와 ResultSetTransformer로 분리한다(HHH-11104[3]). 결과 변환기를 람다 방식으로 만드는 것을 논의 중이다(HHH-10581[4]).
- 미리 구성된 데이터베이스 이름에 대해 버전이 지정된 다이얼렉트dialect를 지원한다(HHH-13253[5]).
- ProcedureCall은 AutoCloseable을 구현해야 한다(HHH-13215[6]).
- 맵 키 요소의 단일 속성 선택을 허용한다(HHH-11668[7]).

---

1. 번역 당시에는 6.2.3 정식 버전이 최신이지만, 아직 5 버전이 많이 사용된다. 특히 스프링 부트 2.x 대에서 아직 5.6.14를 사용하고 있다. - 옮긴이
2. https://hibernate.atlassian.net/browse/HHH-11474
3. https://hibernate.atlassian.net/browse/HHH-11104
4. https://hibernate.atlassian.net/browse/HHH-10581
5. https://hibernate.atlassian.net/browse/HHH-13253
6. https://hibernate.atlassian.net/browse/HHH-13215
7. https://hibernate.atlassian.net/browse/HHH-11668

- 생성자 표현식^{constructor expression}과 함께 다른 선택 표현식^{select expression}을 사용하도록 지원한다(HHH-9877[8]).

- RevisionTimestamp에 대해 java.time.LocalDateTime 타입을 허용한다(HHH-10496[9]).

- 엔터티 조인은 다형적^{polymorphic}이지 않다(HHH-11437[10]).

8. https://hibernate.atlassian.net/browse/HHH-9877
9. https://hibernate.atlassian.net/browse/HHH-10496
10. https://hibernate.atlassian.net/browse/HHH-11437

찾아보기

스프링 부트 JPA 모범 사례

스프링 부트 기반 애플리케이션에서의 JPA 성능 최적화

발 행 | 2024년 3월 29일

지은이 | 안겔 레오나르드
옮긴이 | 한 성 곤

펴낸이 | 권 성 준
편집장 | 황 영 주
편 집 | 김 진 아
　　　　임 지 원
　　　　김 은 비
디자인 | 윤 서 빈

에이콘출판주식회사
서울특별시 양천구 국회대로 287 (목동)
전화 02-2653-7600, 팩스 02-2653-0433
www.acornpub.co.kr / editor@acornpub.co.kr

한국어판 ⓒ 에이콘출판주식회사, 2024, Printed in Korea.
ISBN 979-11-6175-830-5
http://www.acornpub.co.kr/book/spring-boot-jpa

책값은 뒤표지에 있습니다.